KB211367

엑스포지멘터리

고린도 전·후서

Corinthians

엑스포지멘터리 고린도전·후서

초판 1쇄 발행 2024년 5월 17일
2쇄 발행 2024년 5월 20일

지은이 송병현

펴낸곳 도서출판 이엠
등록번호 제25100-2015-000063
주소 서울시 강서구 공항대로 222, 1014호
전화 070-8832-4671
E-mail empublisher@gmail.com

내용 및 세미나 문의 스타선교회: 02-520-0877 / EMail: starofkorea@gmail.com / www.star123.kr

ISBN 979-11-93331-05-7 93230

※ 가격은 표지 뒷면에 있습니다.

「이 도서의 국립중앙도서관 출판시 도서목록(CIP)은 서지정보유통지원시스템 홈페이지(http://seoji.nl.go.kr)와 국가자료공동목록시스템(http://www.nl.go.kr/kolisnet)에서 이용하실 수 있습니다. (CIP제어번호:CIP2015000753)」

엑스포지멘터리

고린도전·후서

Corinthians

| 송병현 지음 |

EXPOSItory comMENTARY

EM Exposi Mentary

예수 그리스도의 생명의 복음

송병현 교수님이 오랫동안 연구하고 준비한 엑스포지멘터리 주석 시리즈를 출간할 수 있도록 인도해 주신 여호와 하나님께 감사와 영광을 돌립니다. 함께 수고한 스타선교회 실무진의 수고에도 격려의 말씀을 드립니다.

많은 주석이 있지만 특별히 엑스포지멘터리 주석이 성경을 하나님의 완전한 계시로 믿고 순종하려는 분들에게 위로와 감동을 주었으면 하는 바람입니다. 단지 신학을 학문적으로 풀어내어 깨달음을 주는 수준이 아니라 성경을 통해 하나님의 세미한 음성을 들을 수 있도록 돕는 역할을 했으면 좋겠습니다. 예수 그리스도가 내 안에 내가 예수 그리스도 안에 있는 신앙으로 하나님의 말씀에 순종하는 사람을 길러내는 일에도 기여할 수 있기를 바랍니다.

우리 백석총회와 백석학원(백석대학교, 백석문화대학교, 백석예술대학교, 백석대학교신학교육원)의 신학적 정체성은 개혁주의생명신학입니다. 개혁주의생명신학은 성경의 가르침과 개혁주의 신학을 계승해, 사변화된 신학을 반성하고, 회개와 용서로 하나 되며, 예수 그리스도께서 주신 영적 생명을 회복하고자 하는 신앙 운동입니다. 그리하여 성령의 도우심으로 삶의 모든 영역에서 예수 그리스도의 주권을 실현함으로써 오직 하나님께 영광을 돌리고, 나눔운동과 기도성령운동을 통해 자신과 교회와 세상을 변화시키는 실천 운동입니다.

송병현 교수님은 백석대학교 신학대학원에서 20여 년 동안 구약성경을 가르쳐 왔습니다. 성경 신학자로서 구약을 가르치면서도 기회가 있을 때마다 선교지를 방문해 선교사들을 교육하는 일을 게을리하지 않았습니다. 엑스포지멘터리 주석 시리즈는 오랜 선교 사역을 통해 알게 된 현장을 고려한 주석이라는 점에서 참으로 의미가 있습니다. 그만큼 실용적입니다. 목회자와 선교사님들뿐 아니라 모든 성도가 별다른 어려움 없이 쉽게 읽을 수 있습니다. 개혁주의생명신학이 추구하는 눈높이에 맞는 주석으로서 말씀에 대한 묵상과 말씀에서 흘러나오는 적용을 곳곳에서 만날 수 있습니다. 그래서 성경을 하나님의 말씀으로 믿고 고백하는 사람이라면 궁금했던 내용을 쉽게 배울 수 있고, 설교와 성경 공부를 하는 데도 도움을 받을 수 있습니다. 이번 구약 주석의 완간과 신약 주석 집필의 시작이 예수 그리스도의 생명의 복음을 온 세상에 전하려는 모든 분에게 도움이 되기를 바라는 마음으로 이 책을 추천합니다.

2021년 9월

장종현 목사 | 대한예수교장로회(백석) 총회장·백석대학교 총장

한국 교회를 향한 아름다운 섬김

우리 시대를 포스트모던 시대라고 합니다. 절대적 가치를 배제하고 모든 것을 상대화하는 시대입니다. 이런 시대를 살아가면서 목회자들은 여전히 변하지 않는 절대적인 계시의 말씀인 성경을 들고 한 주간에도 여러 차례 설교하도록 부름을 받습니다. 그런가 하면 진지한 평신도들도 날마다 성경을 읽고 해석하며 삶의 마당에 적용하도록 도전을 받고 있습니다.

이런 시대 속에서 우리는 전통적인 주석과 강해를 종합하는 도움을 기다리고 있었습니다. 저는 이러한 시대적 요청에 송병현 교수가 꼭 필요한 응답을 했다고 믿습니다. 그것이 구약 엑스포지멘터리 전권 발간에 한국 교회가 보여 준 뜨거운 반응의 이유였다고 믿습니다.

물론 정교하고 엄밀한 주석을 기대하거나 혹은 전적으로 강해적 적용을 기대한 분들에게는 이 시리즈가 다소 기대와 다를 수도 있을 것입니다. 그러나 목회 현장에서 설교의 짐을 지고 바쁘게 살아가는 설교자들과 날마다 일상에서 삶의 무게를 감당하며 성경을 묵상하는 성도들에게 이 책은 시대의 선물입니다.

저는 저자가 구약 엑스포지멘터리 전권을 발간하는 동안 얼마나 자신을 엄격하게 채찍질하며 이 저술을 하늘의 소명으로 알고 치열하게 그 임무를 감당해 왔는지 지켜보았습니다. 그리고 그 모습에 큰 감동을 받았습니다. 그렇기에 다시금 신약 전권 발간에 도전하는 그에게 중보 기도와 함께 진심 어린 격려의 박수를 보내고 싶습니다.

구약 엑스포지멘터리에 추천의 글을 쓰며 말했던 것처럼 이는 과거 박윤선 목사님 그리고 이상근 목사님에 이어 한국 교회를 향한 아름다운 섬김으로 기억될 것입니다. 더불어 구약과 신약 엑스포지멘터리 전권을 곁에 두고 설교를 준비하고 말씀을 묵상하는 주님의 종들이 하나님 말씀 안에서 더욱 성숙해 한국 교회의 면류관이 되기를 기도합니다.

이 참고 도서가 무엇보다 성경의 성경 됨을 우리 영혼에 더 깊이 각인해 성경의 주인 되신 주님을 높이고 드러내는 일에 존귀하게 쓰이기를 축복하고 축원합니다. 제가 그동안 이 시리즈로 받은 동일한 은혜가 이 선물을 접하는 모든 분에게 넘치기를 기도합니다.

2021년 1월

이동원 목사 | 지구촌 목회리더십센터 대표

신약 엑스포지멘터리 시리즈를 시작하며

지난 10년 동안 구약에 관해 주석 30권과 개론서 4권을 출판했다. 이 시리즈의 준비 작업은 미국 시카고 근교에 자리한 트리니티복음주의신학교(Trinity Evangelical Divinity School)에서 목회학석사(M. Div.)를 공부할 때 시작되었다. 교수들의 강의안을 모았고, 좋은 주석으로 추천받은 책들은 점심을 굶어가며 구입했다. 덕분에 같은 학교에서 구약학 박사(Ph. D.) 과정을 마무리하고 한국으로 올 때 거의 1만 권에 달하는 책을 가져왔다. 지금은 이 책들 대부분이 선교지에 있는 여러 신학교에 가 있다.

신학교에서 공부할 때 필수과목을 제외한 선택과목은 거의 성경 강해만 찾아서 들었다. 당시 트리니티복음주의신학교가 나에게 참으로 좋았던 점은 교수들의 신학적인 관점의 폭이 매우 넓었고, 다양한 성경 과목이 선택의 폭을 넓혀 주었다는 점이다. 세계적으로 유명한 구약과 신약 교수들의 강의를 들으면서도 내 마음 한구석은 계속 불편했다. 계속 "소 왓?"(So what?, "그래서 어쩌라고?")이라는 질문이 나를 불편하게 했다. 그들의 주옥같은 강의로도 채워지지 않는 부분이 있었기 때문이다.

주석은 대상에 따라 학문적 수준이 천차만별인 매우 다이내믹한 장르다. 평신도들이 성경 말씀을 쉽게 이해하도록 돕기 위해 출판된 주석들은 본문 관찰에 대한 가장 기본적인 내용과 쉬운 언어로 작성된다. 나에게 가장 친숙한 예는 바클레이(Barclay)의 신약 주석이다. 나는 고등학생과 대학생 시절에 바클레이가 저작한 신약 주석 17권으로 큐티(QT)를 했다. 신앙생활뿐 아니라 나중에 신학교에 입학할 때도 많은 도움이 되었다.

평신도들을 위한 주석과는 대조적으로 학자들을 위한 주석은 당연히 말도 어렵고, 논쟁적이며, 일반 성도들이 몰라도 되는 내용을 참으로 많이 포함한다. 나는 당시 목회자 양성을 위한 목회학석사(M. Div.) 과정을 공부하고 있었기 때문에 성경 강해를 통해 설교와 성경 공부를 인도하는 데 도움이 될 만한 강의를 기대했다. 교수들의 강의는 학문적으로 참으로 좋았다. 그러나 그들이 가르치는 내용을 성경 공부와 설교에는 쉽게 적용할 수 없다는 생각이 들었다. 이러한 필요가 채워지지 않았기 때문에 계속 "소 왓"(So what?)을 반복했던 것이다.

그때부터 자료들을 모으고 정리하며 나중에 하나님이 기회를 주시면 목회자들의 설교와 성경 공부에 실질적인 도움을 줄 수 있는 주석을 출판하겠다는 꿈을 품었다. 그러면서 시리즈 이름도 '엑스포지멘터리'(exposimentary=expository+commentary)로 정해 두었다. 그러므로 『엑스포지멘터리 시리즈』는 20여 년의 준비 끝에 10년 전부터 출판을 시작한 주석 시리즈다. 2010년에 첫 책인 창세기 주석을 출판할 무렵, 친구인 김형국 목사에게 사전에도 없는 'Exposimentary'를 우리말로 어떻게 번역하면 좋겠냐고 물었다. 그는 우리말로는 쉽게 설명할 수 없는 개념이니 그냥 영어를 소리 나는 대로 표기해 사용하라고 조언했다. 이렇게 해서 엑스포지멘터리 시리즈 주석이 탄생하게 되었다.

지난 10년 동안 많은 목회자가 이 주석들로 인해 설교가 바뀌고 성경 공부에 자신감을 얻었다고 말해 주었다. 참으로 감사한 일이다. 나는 학자들을 위해 책을 쓰는 것이 아니라, 목회자들을 위해 주석을 집필하고 있다. 그래서 목회자들이 알아야 할 정도의 학문적인 내용과 설교 및 성경 공부에 도움이 될 만한 실용적인 내용이 균형을 이룬 주석을 출판하기 위해 노력하고 있다. 또한 학문적으로 높은 수준의 주석을 추구하지 않기 때문에 구약을 전공한 내가 감히 신약 주석을 집필할 생각을 했다. 나의 목표는 은퇴할 무렵까지 마태복음부터 요한계시록까지 신약 주석을 정경 순서대로 출판하는 것이다. 이 책으로 도움을 받은 독자들이 나를 위해 기도해 준다면 참으로 감사하고 영광스러운 일이 될 것이다.

2021년 1월 방배동에서

시리즈 서문

"너는 50세까지는 좋은 선생이 되려고 노력하고, 그 이후에는 좋은 저자가 되려고 노력해라." 내가 미국 시카고 근교에 위치한 트리니티복음주의신학교(Trinity Evangelical Divinity School) 박사 과정을 시작할 즈음에 지금은 고인이 되신 스승 맥코미스키(Thomas E. McComiskey)와 아처(Gleason L. Archer) 두 교수님이 주신 조언이다. 너무 일찍 책을 쓰면 훗날 아쉬움이 많이 남는다며 하신 말씀이었다. 박사 학위를 마치고 1997년에 한국에 들어와 신학대학원에서 가르치기 시작하면서 나는 이 조언을 마음에 새겼다. 사실 이 조언과 상관없이 당시에 곧장 책을 출판하기는 불가능한 일이었다. 중학생이었던 1970년대 중반에 캐나다로 이민 가서 20여 년 만에 귀국해 우리말로 강의하는 일 자체가 그 당시 나에게 매우 큰 도전이었던 만큼, 책을 출판하는 일은 사치로 느껴질 뿐이었다.

세월이 지나 어느덧 선생님들이 말씀하신 쉰 살을 눈앞에 두었다. 1997년에 귀국한 후 지난 10여 년 동안 나는 구약 전체에 대한 강의안을 만드는 일을 목표로 삼았다. 나 자신에게 동기를 부여하기 위해 몸담고 있는 신대원 학생들에게 매 학기 새로운 구약 강해 과목을 개설해 주었다. 감사한 것은 지혜문헌을 제외한 구약 모든 책의 본문 관찰을 중심으로 한 강의안을 13년 만에 완성할 수 있었다는 점이다. 앞으로 수년에 거쳐 이 강의안들을 대폭 수정해 매년 2-3권씩을 책으로 출판하려 한다. 지혜문헌은 잠시 미루어 두었다. 시편 1권(1-41편)에 대해 강의안을 만든 적이 있는데, 본문 관찰과 주해는 얼마든지 할 수 있었지만 무언가 아쉬움이 남았다. 삶의 연륜이 가미되지 않은 데서 비롯된 부족함이었다. 그래서 지혜문헌에 대한 주석은 예순을 바라볼 때쯤 집필하기로 했다. 삶을 조금 더 경험한 후로 미루어 둔 것이다. 아마도 이 시리즈가 완성될 즈음이면, 자연스럽게 지혜문헌에 대한 책을 출판할 때가 되지 않을까 싶다.

이 시리즈는 설교를 하고 성경 공부를 인도해야 하는 중견 목회자들과 평신도 지도자들을 마음에 두고 집필한 책이다. 나는 이 시리즈의 성향을 'exposimentary'('해설주석')이라고 부르고 싶다. Exposimentary라는 단어는 내가 만든 용어다. 해설/설명을 뜻하는 'expository'라는 단어와 주석을 뜻하는 'commentary'를 합성했다. 대체로 expository는 본문과 별 연관성이 없는 주제와 묵상으로 치우치기 쉽고, commentary는 필요 이상으로 논쟁적이고 기술적일 수 있다는 한계를 의식해 이러한 상황을 의도적으로 피하고 가르치는 사역에 조금이나마 실용적이고 도움이 되는 교재를 만들기 위해 만들어낸 개념이다. 나는 본문의 다양한 요소와 이슈들에 대해 정확하게 석의하면서도 전후 문맥과 책 전체의 문형(文形, literary shape)을 최대한 고려해 텍스트의 의미를 설명하고 우리 삶과 연결하고자 노력했다. 또한 히브리어 사용은 최소화했다.

이 시리즈를 내놓으면서 감사할 사람이 참 많다. 먼저, 지난 25년 동안 내 인생의 동반자가 되어 아낌없는 후원과 격려를 해 준 아내 임우민에게 감사한다. 아내를 생각할 때마다 참으로 현숙한 여인(cf. 잠 31:10-31)을 배필로 주신 하나님께 감사할 뿐이다. 아빠의 사역을 기도와 격려로 도와준 지혜, 은혜, 한빛에게도 고마운 마음을 표한다. 평생

기도와 후원을 아끼지 않는 친가와 처가 친척들에게도 감사하다는 말을 전하고 싶다. 항상 옆에서 돕고 격려해 주는 평생 친구 장병환·윤인옥 부부에게도 고마움을 표하며, 시카고 유학 시절에 큰 힘이 되어 주신 이선구 장로·최화자 권사님 부부에게도 이 자리를 빌려 평생 빚진 마음을 표하고 싶다. 우리 가족이 20여 년 만에 귀국해 정착할 수 있도록 배려를 아끼지 않으신 백석학원 설립자 장종현 목사님에게도 감사드린다. 우리 부부의 영원한 담임 목자이신 이동원 목사님에게도 고마움을 표하고 싶다.

2009년 겨울 방배동에서

감사의 글

스타선교회의 사역에 물심양면으로 헌신해 오늘도 하나님의 말씀이 온 세상에 선포되는 일에 기쁜 마음으로 동참하시는 백영걸, 정진성, 장병환, 임우민, 정채훈, 강숙희 이사님들께 감사의 마음을 전하고 싶습니다. 이사님들의 헌신이 있기에 세상이 조금 더 살맛 나는 곳이 되고 있습니다.

2023년 크리스마스 준비가 한창인 방배동에서

일러두기

엑스포지멘터리(exposimentary)는 '해설/설명'을 뜻하는 엑스포지토리(expository)와 '주석'을 뜻하는 코멘터리(commentary)를 합성한 단어다. 본문의 뜻과 저자의 의도와는 별 연관성이 없는 주제와 묵상으로 치우치기 쉬운 엑스포지토리(expository)의 한계와 필요 이상으로 논쟁적이고 기술적일 수 있는 코멘터리(commentary)의 한계를 극복해 목회 현장에서 가르치고 선포하는 사역에 실질적으로 도움을 주는 새로운 장르다. 본문의 다양한 요소와 이슈에 대해 정확하게 석의하면서도 전후 문맥과 책 전체의 문형(文形, literary shape)을 최대한 고려해 텍스트의 의미를 설명하고 성도의 삶과 연결하고자 노력하는 설명서다. 엑스포지멘터리는 다음과 같은 원칙을 바탕으로 인용한 정보를 표기한다.

1. 참고문헌을 모두 표기하지 않고 선별된 참고문헌으로 대신한다.
2. 출처를 표기할 때 각주(foot note) 처리는 하지 않는다.
3. 출처는 괄호 안에 표기하되 페이지는 밝히지 않는다.
4. 여러 학자가 동일하게 해석할 때는 모든 학자를 표기하지 않고 일부만 표기한다.

5. 한 출처를 인용해 설명할 때 설명이 길어지더라도 문장마다 출처를 표기하지 않는다.
6. 본문 설명을 마무리하면서 묵상과 적용을 위해 "이 말씀은…"으로 시작하는 문단(들)을 두었다. 이 부분만 읽으면 잘 이해되지 않는 것들도 있다. 그러나 본문 설명을 읽고 나면 이해가 될 것이다.
7. 본문을 설명할 때 유대인들의 문헌과 외경과 위경에 관한 언급을 최소화한다.
8. 구약을 인용한 말씀은 장르에 상관없이 가운데 맞춤으로 정렬했으며, NAS의 판단 기준을 따랐다.

주석은 목적과 주된 대상에 따라 인용하는 정보의 출처와 참고문헌 표기가 매우 탄력적으로 제시되는 장르다. 참고문헌 없이 출판되는 주석도 있고, 각주가 전혀 없이 출판되는 주석도 있다. 또한 각주와 참고문헌 없이 출판되는 주석도 있다. 엑스포지멘터리 시리즈는 이 같은 장르의 탄력적인 성향을 고려해 제작된 주석이다.

선별된 약어표

개역	개역한글판
개역개정	개역개정판
공동	공동번역
새번역	표준새번역 개정판
현대	현대인의 성경
아가페	아가페 쉬운성경
BHS	Biblica Hebraica Stuttgartensia
ESV	English Standard Version
KJV	King James Version
LXX	Septuaginta
MT	Masoretic Text
NAB	New American Bible
NAS	New American Standard Bible
NEB	New English Bible
NIV	New International Version
NIRV	New International Reader's Version

NRS	New Revised Standard Bible
TNK	Jewish Publication Society Tanakh
AB	Anchor Bible
ABCPT	A Bible Commentary for Preaching and Teaching
ABD	The Anchor Bible Dictionary, 6 vols. Ed. by D. N. Freedman. New York, 1992.
ABR	Australian Biblical Review
ABRL	Anchor Bible Reference Library
ACCS	Ancient Christian Commentary on Scripture
ANET	The Ancient Near Eastern Texts Relating to the Old Testament. 3rd ed. Ed. by J. B. Pritchard. Princeton: Princeton University Press, 1969.
ANETS	Ancient Near Eastern Texts and Studies
ANTC	Abingdon New Testament Commentary
AOTC	Abingdon Old Testament Commentary
ASTI	Annual of Swedish Theological Institute
BA	Biblical Archaeologist
BAR	Biblical Archaeology Review
BAR	Biblical Archaeology Review
BBR	Bulletin for Biblical Research
BCBC	Believers Church Bible Commentary
BCL	Biblical Classics Library
BDAG	A Greek-English Lexicon of the New Testament and Other Early Christian Literature, 3rd ed. Ed. by Bauer, W., W. F. Arndt, F. W. Gingrich, and F. W. Danker. Chicago, 2000.
BECNT	Baker Exegetical Commentary on the New Testament

BETL	Bibliotheca Ephemeridum Theoloicarum Lovaniensium
BETS	Bulletin of the Evangelical Theological Society
BibOr	Biblia et Orientalia
BibSac	Bibliotheca Sacra
BibInt	Biblical Interpretation
BR	Bible Reseach
BRev	Bible Review
BRS	The Biblical Relevancy Series
BSC	Bible Student Commentary
BST	The Bible Speaks Today
BT	Bible Translator
BTB	Biblical Theology Bulletin
BTC	Brazos Theological Commentary on the Bible
BV	Biblical Viewpoint
BZ	Biblische Zeitschrift
BZNW	Beihefte zur Zeitschrift für die neutestamentliche Wissenschaft
CB	Communicator's Bible
CBC	Cambridge Bible Commentary
CBQ	Catholic Biblical Quarterly
CBQMS	Catholic Biblical Quarterly Monograph Series
CGTC	Cambridge Greek Testament Commentary
CurBS	Currents in Research: Biblical Studies
CurTM	Currents in Theology and Missions
DJG	Dictionary of Jesus and the Gospels. Ed. by J. B. Green, S. McKnight, and I. Howard Marshall. Downers Grove, 1992.
DNTB	Dictionary of New Testament Background. Ed. by C. A. Evans and S. E. Porter. Downers Grove, 2000.

DPL	Dictionary of Paul and His Letters. Ed. by G. F. Hawthorne, R. P. Martin, and D. G. Reid. Downers Grove, 1993.
DSB	Daily Study Bible
ECC	Eerdmans Critical Commentary
ECNT	Exegetical Commentary on the New Testament
EDNT	Exegetical Dictionary of the New Testament. Ed. by H. Balz, G. Schneider. Grand Rapids, 1990–1993.
EvJ	Evangelical Journal
EvQ	Evangelical Quarterly
ET	Expository Times
FCB	Feminist Companion to the Bible
GTJ	Grace Theological Journal
HALOT	The Hebrew and Aramaic Lexicon of the Old Testament. Ed. by L. Koehler and W. Baumgartner. Trans. by M. E. J. Richardson. Leiden, 1994–2000.
Hist. Eccl.	Historia ecclesiastica (Eusebius)
HNTC	Holman New Testament Commentary
HTR	Harvard Theological Review
IB	Interpreter's Bible
IBS	Irish Biblical Studies
ICC	International Critical Commentary
IDB	Interpreter's Dictionary of the Bible
ISBE	The International Standard Bible Encyclopedia. 4 vols. Ed. by G. W. Bromiley. Grand Rapids, 1979–88.
JAAR	Journal of the American Academy of Religion
JBL	Journal of Biblical Literature
JESNT	Journal for the Evangelical Study of the New Testament

JETS	Journal of the Evangelical Theological Society
JQR	Jewish Quarterly Review
JRR	Journal from the Radical Reformation
JSNT	Journal for the Study of the New Testament
JSNTSup	Journal for the Study of the New Testament Supplement Series
JTS	Journal of Theological Studies
LABC	Life Application Bible Commentary
LB	Linguistica Biblica
LCBI	Literary Currents in Biblical Interpretation
LEC	Library of Early Christianity
Louw–Nida	Greek–English Lexicon of the New Testament: Based on Semantic Domains, 2nd ed., 2 vols. By J. Louw, and E. Nida. New York, 1989.
LTJ	Lutheran Theological Journal
MBC	Mellen Biblical Commentary
MenCom	Mentor Commentary
MJT	Midwestern Journal of Theology
NAC	New American Commentary
NCB	New Century Bible
NIB	The New Interpreter's Bible
NIBC	New International Biblical Commentary
NICNT	New International Commentary on the New Testament
NICOT	New International Commentary on the Old Testament
NIDNTT	New International Dictionary of New Testament Theology. Ed. by C. Brown. Grand Rapids, 1986
NIDNTTE	New International Dictionary of New Testament Theology and Exegesis. 2nd Ed. by Moisés Silva. Grand Rapids, 2014.

NIDOTTE	New International Dictionary of Old Testament Theology and Exegesis. Ed. by W. A. Van Gemeren. Grand Rapids, 1996.
NIGTC	New International Greek Testament Commentary
NIVAC	New International Version Application Commentary
NovT	Novum Testamentum
NovTSup	Novum Testamentum Supplements
NSBT	New Studies in Biblical Theology
NTL	New Testament Library
NTM	New Testament Message
NTS	New Testament Studies
PBC	People's Bible Commentary
PNTC	Pillar New Testament Commentary
PRR	The Presbyterian and Reformed Review
PSB	Princeton Seminary Bulletin
ResQ	Restoration Quarterly
RevExp	Review and Expositor
RR	Review of Religion
RRR	Review of Religious Research
RS	Religious Studies
RST	Religious Studies and Theology
RTR	Reformed Theological Review
SacP	Sacra Pagina
SBC	Student's Bible Commentary
SBJT	Southern Baptist Journal of Theology
SBL	Society of Biblical Literature
SBLDS	Society of Biblical Literature Dissertation Series
SBLMS	Society of Biblical Literature Monograph Series

SBT	Studies in Biblical Theology
SHBC	Smyth & Helwys Bible Commentary
SJT	Scottish Journal of Theology
SNT	Studien zum Neuen Testament
SNTSMS	Society for New Testament Studies Monograph Series
SNTSSup	Society for New Testament Studies Supplement Series
ST	Studia Theologica
TBT	The Bible Today
TD	Theology Digest
TDOT	Theological Dictionary of the Old Testament. 11 vols. Ed. by G. J. Botterweck et al. Grand Rapids, 1974–2003.
TDNT	Theological Dictionary of the New Testament. Ed. by G. Kittel and G. Friedrich. Trans. by G. W. Bromiley. 10 vols. Grand Rapids, 1964–76.
Them	Themelios
TJ	Trinity Journal
TNTC	Tyndale New Testament Commentaries
TS	Theological Studies
TT	Theology Today
TTC	Teach the Text Commentary Series
TWBC	The Westminster Bible Companion
TWOT	R. L. Harris, G. L. Archer, Jr., and B. K. Waltke (eds.), Theological Wordbook of the Old Testament, 2 vols. Chicago: Moody, 1980.
TynBul	Tyndale Bulletin
TZ	Theologische Zeitschrift
USQR	Union Seminary Quarterly Review

VE	Vox Evangelica
VT	Vetus Testament
WBC	Word Biblical Commentary
WBCom	Westminster Bible Companion
WCS	Welwyn Commentary Series
WEC	Wycliffe Exegetical Commentary
WTJ	The Westminster Theological Journal
WUNT	Wissenschafliche Untersuchungen zum Neuen Testament und die Kunde der älteren Kirche
WW	Word and World
ZNW	Zeitschrift für die neutestamentliche Wissenschaft

차례

선별된 참고문헌
(Select Bibliography)

Abernathy, D. "Exegetical Problems in 2 Corinthians 3." Notes on Translation 14(2000): 44–56.

Adams, E. *The Earliest Christian Meeting Places: Almost Exclusively Houses?* London: Bloomsbury, 2013.

Adams, E.; D. G. Horrell. *Christianity at Corinth: The Quest for the Pauline Church*. Louisville: Westminster/John Knox, 2004.

Adewuya, J. A. *Holiness and Community in 2 Cor 6:14-7:1: Paul's View of Communal Holiness in the Corinthian Correspondence*. New York: Lang, 2003.

Agnew, F. H. "The Origin of the New Testament Apostle Concept: A Review of Research." JBL 105(1986): 75–86.

Allison, R. W. "Let Women Be Silent in the Churches (1 Cor. 14:33b–36): What Did Paul Really Say, and What Did It Mean?" JSNT 32(1988): 27–60.

Ambrosiaster. *Commentaries on Romans and 1-2 Corinthians*. Trans. by G. L. Bray. Ancient Christian Text. Downers Grove, IL: InterVarsity

Press, 2009.

Anderson, R. D. *Ancient Rhetorical Theory and Paul*. Rev. ed. Leuven: Peeters, 1999.

Andrews, S. Blomberg. "Too Weak Not to Lead: The Form and Function of 2 Cor 11.23b–33." NTS 41(1995): 263–76.

Arens, E. "Was St. Paul Marriet?" Bible Today 66(1973): 1188–91.

Arichea, D. C. "The Silence of Women in the Church: Theology and Translation in 1 Corinthians 14:33b–36." Bible Translator 46(1995): 101–12.

Asher, J. R. *Polarity and Change in 1 Corinthians 15: A Study of Metaphysics, Rhetoric, and Resurrection*. Tübingen: Mohr Sebeck, 2000.

Aune, D. E. *The New Testament in Its Literary Environment*. Philadelphia: Westminster, 1987.

Baird, W. *The Corinthian Church: A Biblical Approach to Urban Culture*. Nashville: Abingdon, 1964.

Baker, D. L. "The Interpretation of 1 Corinthians 12–14." EQ 46(1974): 224–34.

Balch, D. L. "1 Cor 7:32–35 and Stoic Debates about Marriage, Anxiety, and Distraction." JBL 102(1983): 429–39.

Bandstra, A. J. *The Law and the Elements of the World: An Exegetical Study of Aspects of Paul's Teaching*. Grand Rapids: Eerdmans, 1965.

Barclay, W. *The Letters to the Corinthians*. Rev. ed. DSBS. Philadelphia: Westminster, 1975.

Barclay, J. M. G.; S. J. Gathercole, eds. *Divine and Human Agency in Paul and His Cultural Environment*. London: T. & T. Clark, 2008.

Barnett, P. *The Second Epistle to the Corinthians*. NICNT. Grand Rapids:

Eerdmans, 1997.

______. *Paul: Missionary of Jesus*. Grand Rapids: Eerdmans, 2008.

Barrett, C. K. *Commentary on the First Epistle to the Corinthians*. Harper's New Testament Commentary. New York: Harper & Row, 1968.

______. *Commentary on the Second Epistle to the Corinthians*. Peabody, MA: Hendrickson, 1973.

Barrier, J. W. "Visons of Weakness: Apocalyptic Genre and the Identification of Paul's Opponents in 2 Corinthians 12:1–6." Restoration Quarterly 47(2005): 33–42.

Barton, S. C. "'All Things to All People': Paul and the Law in the Light of 1 Corinthians 9:19–23." Pp. 271–85 in *Paul and the Mosaic Law*. Ed. by J. D. G. Dunn. Tübingen: Mohr Sebeck, 1996.

Bassler, J. M. "1 Corinthians." Pp. 411–19 in *The Women's Bible Commentary*. Ed. by C. A. Newsome, S. H. Ringe. Louisville: Westminster John Knox, 1992.

Baumert, N. *Woman and Man in Paul: Overcoming a Misunderstanding*. Trans. by P. Madigan and L. M. Maloney. Collegeville, MN: Liturgical Press, 1996.

Baur, F. C. *Paul: The Apostle of Jesus Christ*. Trans. by A. Menzies. Peabody, MA: Hendrickson, 2003rep.

Beale, G. K. *A New Testament Biblical Theology: The unfolding of the Old Testament in the New*. Grand Rapids: Baker Academic, 2011.

Beale, G. K.; B. L. Gladd. *The Story Retold: A Biblical-Theological Introduction to the New Testament*. Downers Grove, IL: InterVarsity Press, 2020.

Beardslee, W. A. *First Corinthians: A Commentary for Today*. St. Louis: Chalice, 1994.

Beare, F. W. "Speaking with Tongues: A Critical Survey of the New Testament Evidence." JBL 83(1964): 229–46.

Beasley–Murray, G. R. *Baptism in the New Testament*. Grand Rapids: Eerdmans, 1962.

Becker, E. M. *Letter Hermeneutics in 2 Corinthians*. Edinburgh: T&T Clark, 2004.

Becker, J. *Paul: Apostle to the Gentiles*. Trans. by O. C. Dean. Louisville: Westminster John Knox, 1993.

Bedale, S. "The meaning of *Kephalē* in the Pauline Epistles." JTS 5(1954): 211–16.

BeDuhn, J. D. "'Because of the Angels': Unveiling Paul's Anthropology in 1 Corinthians 11." JBL 118(1999): 295–320.

Beker, J. C. *Paul the Apostle: The Triumph of God in Life and Thought*. Philadelphia: Fortress, 1980.

Bell, R. H. *The Irrevocable Call of God: An Inquiry into Paul's Theology of Israel*. WUNT. Tübingen: Mohr Sebeck, 2005.

Belleville, L. L. "Continuity or Discontinuity: A Fresh Look at 1 Corinthians in the Light of First–Century Epistolatory Forms and Conventions." EQ 59(1987): 15–37.

______. *2 Corinthians*. Downers Grove, IL: InterVarsity Press, 1996.

Bender, K. J. *1 Corinthians*. BTCB. Grand Rapids: Brazos, 2022.

Best, E. *Second Corinthians*. Interpretation. Atlanta: John Knox, 1987.

Betz, H. D. *2 Corinthians 8 and 9: A Commentary on Two Administrative Letters of the Apostle Paul*. Hermeneia. Philadelphia: Fortress, 1985.

Bieringer, R.; J. Lambrecht, eds. *Studies on 2 Corinthians*. Leuven: Leuven University Press/Peeters, 2008.

Bieringer, R.; E. Nathan; D. Kurek–Chomycz. *2 Corinthians: A Bibliog-*

raphy. Louvain: Peeters, 2008.

Billings, B. S. "From House Church to Tenement Church" Domestic Space and the Development of Early Urban Christianity—The Examples of Ephesus." JTS 62(2011): 541–69.

Bird, M. F. *The Saving Righteousness of God: Studies on Paul, Justification, and the New Perspective*. Eugene, OR: Wipf & Stock, 2007.

______. *Introducing Paul: The Man, His Mission, and His Message*. Downers Grove, IL: InterVarsity Press, 2008.

Bird, M. F.; P. M. Sprinkle, eds. *The Faith of Jesus Christ: Exegetical, Biblical, and Theological Studies*. Peabody, MA: Hendrickson, 2009.

Black, D. A. *Paul, Apostle of Weakness: Astheneia and Its Cognates in the Pauline Literature*. New York: Peter Lang, 1984.

Blasi, A. J. *Early Christianity as a Social Movement*. New York: Peter Lang, 1988.

Blocher, H. *Original Sin: Illuminating the Riddle*. Downers Grove, IL: InterVarsity Press, 1997.

Blomberg, C. *1 Corinthians*. NIVAC. Grand Rapids: Zondervan, 1994.

Bock, D. L.; B. M. Fanning, eds. *Interpreting the New Testament Text: Introduction to the Art and Science of Exegesis*. Wheaton: Crossway, 2006.

Bock, D. L.; M. Glasser. *The Gospel According to Isaiah 53: Encountering the Suffering Servant in Jewish and Christian Theology*. Grand Rapids: Kregel, 2012.

Bockmuehl, M. *Seeing the Word: Refocusing New Testament Study*. Grand Rapids: Baker, 2006.

Boer, M. C. de. *The Defeat of Death: Apocalyptic Eschatology in 1 Corinthians 15 and Romans 5*. JSNTSup. Sheffield: JSOT Press, 1988.

Boers, H. "2 Corinthians 5:14–6:2: A Fragment of Pauline Christology." CBQ 64(2002): 527–47.

Bond, H. *Jesus, A Very Brief History*. London: SPCK, 2017.

Bonneau, N. "The Logic of Paul's Argument on the Resurrection Body in 1 Cor 15:35–44a." Science et spirit 45(1993): 79–92.

Boswell, J. *Christianity, Social Tolerance, and Homosexuality: Gay People in Western Europe from the Beginning of the Christian Era to the Fourteenth Century*. Chicago: University of Chicago Press, 1980.

Bornkamm, G. *Early Christian Experience*. Trans. by P. L. Hammer. New York: Harper & Row, 1969.

Bray, G. *1-2 Corinthians*. ACCS. Downers Grove, IL: InterVarsity Press, 1999.

Brewer, D. I. "1 Corinthians 9:9–11: A Literal Interpretation of 'Do Not Muzzle the Ox.'" NTS 38(1992): 554–65.

Brookins, T. A.; B. W. Longenecker. *1 Corinthians 1-9: A Handbook on the Greek Text*. Waco: Baylor University Press, 2016.

______. *1 Corinthians 10-16: A Handbook on the Greek Text*. Waco: Baylor University Press, 2016.

Brooten, B. *Love between Women: Early Christian Responses to Female Homoerotism*. Chicago: University of Chicago Press, 1996.

Brown, A. R. *The Cross and Human Transformation: Paul's Apocalyptic Word in 1 Corinthians*. Minneapolis: Fortress, 1995.

Brownson, J. V. *Bible, Gender, Sexuality: Reframing the Church's Debate on Same Sex Relationships*. Grand Rapids: Eerdmans, 2013.

Bruce, F. F. *1 and 2 Corinthians*. NCBC. Grand Rapids: Eerdmans, 1971.

______. *Paul: Apostle of the Heart Set Free*. Grand Rapids: Eerdmans, 1977.

Bultmann, R. *Theology of the New Testament*. 2 vols. Trans. by K. Grobel. New York: Charles Scribner's Sons, 1951–55.

Bultmann, R.; E. Dinkler. *The Second Letter to the Corinthians*. Minneapolis: Fortress, 1985.

Burke, T. J. *Adoption into God's Family: Exploring a Pauline Metaphor*. Downers Grove, IL: InterVarsity Press, 2006.

Byrne, B. "Ministry and Maturity in 1Corinthians 3." ABR 35(1987): 83–87.

Caird, G. B.; L. D. Hurst. *New Testament Theology*. Oxford: Clarendon, 1994.

Callan, T. "Prophecy and Ecstasy in Greco-Roman Religion and 1 Corinthians." NovT 27(1985): 125–40.

Calvin, J. *Commentary on the Epistles of Paul the Apostle to the Corinthians*. Trans. by J. Pringle. Grand Rapids: Baker, 1981.

Campbell, C. R. *Paul and Union with Christ: An Exegetical and Theological Study*. Grand Rapids: Zondervan, 2012.

Caragounis, C. "'Fornication' and 'Concession'? Interpreting 1 Cor 7,1–7." Pp. 543–59 in *The Corinthian Correspondence*. Ed. by R. Bieringer. Leuven: Peeters, 1996.

Carr, A. W. "The Rulers of This Age—I Corinthians ii.6–8." NTS 23(1976): 20–35.

Carson, D. A. "Pauline Inconsistency: Reflections on I Corinthians 9:19–23 and Galatians 2.11–14." Churchman 100(1986): 6–45.

______. *Showing the Spirit: A Theological Exposition of 1 Corinthians 12-14*. Grand Rapids: Baker, 1987.

______. *The Cross and Christian Ministry: An Exposition of Passages from 1 Corinthians*. Grand Rapids: Baker, 1993.

Carson, D. A.; Moo, D. J. *An Introduction to the New Testament*. 2nd. ed. Grand Rapids: Zondervan, 2005.

Carson, D. A.; P. T. O'Brien; M. A. Seifrid, eds. *The Paradoxes of Paul*. Grand Rapids: Eerdmans, 2004.

Cartlidge, D. "1 Corinthians 7 as a Foundation for the Christian Sex Ethic." Journal of Religion 55(1975): 220–34.

Carter, T. L. "'Big Men' in Corinth." JSNT 66(1997): 45–71.

Castelli, E. A. *Imitating Paul: A Discourse of Power*. Louisville: Westminster John Knox, 1991.

Cervin, R. S. "Does κεφαλὴ Mean 'Source' or 'Authority' in Greek Literature? A Rebuttal." TrinJ 10(1989): 85–112.

Ciampa, R. E.; B. S. Rosner. *The First Letter to the Corinthians*. PNTC. Grand Rapids: Eerdmans, 2010.

Clarke, A. D. *Secular and Christian Leadership in Corinth: A Socio-Historical and Exegetical Study of 1 Corinthians 1-6*. Leiden: E. J. Brill, 1993.

Collins, R. F. *First Corinthians*. SacP. Collegeville, MN: Liturgical Press, 1999.

Conzelmann, H. *A Commentary on the First Epistle to the Corinthians*. Hermeneia. Tr. by J. W. Leitch. Philadelphia: Fortress, 1975.

Countryman, L. W. *Dirt, Greed, and Sex: Sexual Ethics in the New Testament and Their Implications for Today*. Philadelphia: Fortress, 1988.

Craig, C. T. "The First Epistle to the Corinthians." Pp. 1–262 in *The Interpreter's Bible*. Vol. 10. Ed. by G. A. Buttrick. Nashville: Abingdon, 1953.

Crüsemann, M. "Irredeemably Hostile to Women: Anti–Jewish Elements in the Exegesis of the Dispute about Women's Right to Speak (1 Cor. 14.34–35)." JNTS 79(2000): 19–36.

Cullman, O. *The Christology of the New Testament*. Philadelphia: Westminster Press, 1959.

Dahl, M. E. *The Resurrection of the Body: A Study of 1 Corinthians 15*. Naperville, IL: Allenson, 1962.

Dahl, N. A. *Studies in Paul: Theology for the Early Christian Mission*. Minneapolis: Augsburg, 1977.

Danker, F. W. *II Corinthians*. Minneapolis: Augsburg, 1989.

Das, A. A. *Paul, the Law, and the Covenant*. Peabody, MA: Hendrickson, 2001.

_____. "1 Corinthians 11:17–34 Revisited." Concordia Theological Review. 62(1998): 187–208.

Daube, D. *The New Testament and Rabbinic Judaism*. London: University of London Press, 1956.

Davis, J. A. *Wisdom and Spirit: An Investigation of 1 Cor. 1:18-3:20 against the Background of Jewish Sapiental Traditions in the Greco-Roman Period*. Lanham, MD: University Press of America, 1984.

Delobel, J. "2 Cor 11:2–16: Towards a Coherent Explanation." Pp. 369–89 *in L'Apotre Paul: Personnalite, style et conception du ministere*. Ed. by A. Vanhoye. Leuven: Leuven University Press, 1986.

DeMaris, R. E. "Corinthian Religion and Baptism for the Dead (1 Corinthians 15:29): Insights from Archaeology and Anthropology." JBL 114(1995): 661–82.

Deming, W. "The Unity of 1 Corinthians 5–6." JBL 115(1992): 289–312.

_____. *Paul on Marriage and Celibacy: The Hellenistic Background of 1 Corinthians 7*. Cambridge: Cambridge University Press, 1995.

Derrett, J. D. M. "Cursing Jesus (I Cor. Xii.3): The Jews as Religious

'Persecutors.'" NTS 21(1974): 544–54.

_____. "Judgment and 1 Corinthians 6." NTS 37(1991): 22–36.

_____. "Paul as Master–Builder." EQ 69(1997): 129–37.

De Vos, C. S. *Church and Community Conflicts: The Relationships of the Thessalonian, Corinthian, and Philippian Churches with Their Wider Civic Communities*. SBLDS. Atlanta: Scholars Press, 1999.

Dickson, J. P. "Gospel as News: εὐαγγελ– from Aristophanes to the Apostle Paul." NTS 51(2005): 212–30.

Dodson, J. R. "The Voices of Scripture: Citations and Personifications in Paul." BBR 20(2010): 419–32.

Donaldson, T. L. *Paul and the Gentiles: Remapping the Apostle's Convictional World*. Minneapolis: Fortress, 1997.

Duff, P. B. "Glory in the Ministry of Death: Gentile Condemnation and Letters of Recommendation in 2 Cor 3:6–18." NovT 46(2004): 313–37.

_____. "'Led in Triumph' in 2 Corinthians 2:14." CBQ 53(1991): 79–92.

Dumbrell, W. J. "The Newness of the New Covenant: The Logic of the Argument in 2 Corinthians 3." RTR 61(2002): 61–84.

Duncan, G. S. *St. Paul's Ephesian Ministry*. London: Hodder and Stoughton, 1929.

Dunn, J. D. G. *Unity and Diversity in the New Testament: An Inquiry into the Character of Earliest Christianity*. Philadelphia: Westminster Press, 1977.

_____. *1 Corinthians*. NTG. Sheffield: Sheffield Academic Press, 1995.

_____. *The Theology of Paul the Apostle*. Grand Rapids: Eerdmans, 1998.

_____. *The New Perspective on Paul: Collected Essays*. WUNT. Tübingen:

Mohr Sebeck, 2005.

_____. *New Testament Theology: An Introduction*. Nashville: Abingdon, 2009.

Edwards. T. C. *A Commentary on the First Epistle to the Corinthians*. Minneapolis: Klock & Klock, 1979rep.

Ellis, E. E. *Paul's Use of the Old Testament*. Grand Rapids: Baker, 1981rep.

_____. "The Structure of Pauline Eschatology (II Corinthians V:1–10)." NTS 6(1959–60): 211–24.

Eskola, T. *Theodicy and Predestination in Pauline Soteriology*. Tübingen: Mohr Sebeck, 1998.

Evans, O. E. "New Wine in Old Wineskins: XIII. The Saints." ExpT 86(1975–75): 196–200.

Fee, G. D. *The First Epistle to the Corinthians*. NICNT. Grand Rapids: Eerdmans, 1987.

_____. *God's Empowering Presence: The Holy Spirit in the Letters of Paul*. Peabody, MA: Hendrickson, 1994.

_____. *Pauline Christology: An Exegetical Theological Study*. Peabody, MA: Hendrickson, 2007.

Ferguson, E. *Backgrounds of Early Christianity*. Grand Rapids: Eerdmans, 1987.

Finlan, S. *The Background and Content of Paul's Cultic Atonement Metaphors*. Atlanta: Society of Biblical Literature, 2004.

Fisk, B. N. *First Corinthians*. Louisville: Geneva, 2000.

Fitzgerald, J. *Cracks in an Earthen Vessel: An Examination of the Catalogues of Hardships in the Corinthian Correspondence*. SBLDS. Atlanta: Scholars Press, 1988.

Fitzmyer, J. A. *First Corinthians*. Rev. ed. AB. New Haven: Yale University Press, 2008.

Fischini, B. M. "'Those Who Are Baptized for the Dead,' 1 Cor. 15:29: An Exegetical Historical Dissertation." CBQ 13(1951): 46–78, 172–98.

Fitch, W. O. "Paul, Apollos, Christ: [1Cor 1:12]." Theology 74(1971): 18–24.

Francis, J. "As Babes in Christ—Some Proposals regarding 1 Cor. 3:1–3." JSNT 7(1980): 41–60.

Fuller, R. H. "First Corinthians 6:1–11—an Exegetical Paper." Ex auditu. 2(1986): 96–104.

Furnish, V. P. *II Corinthians*. AB. Garden City, New York: Doubleday & Company, 1984.

______. *The Theology of the First Letter to the Corinthians*. Cambridge: Cambridge University Press, 1999.

Gaca, K. L.; L. L. Welborn, eds. *Early Patristic Readings of Romans*. New York: T. & T. Clark, 2005.

Gaffin, R. B. "Some Epistological Reflection on 1 Cor 2:6–16." WTJ 57(1995): 103–24.

______. *"By Faith, Not by Sight": Paul and the Order of Salvation*. Waynesboro, GA: Paternoster, 2006.

Gagnon, R. A. J. *The Bible and Homosexual Practice: Texts and Hermeneutics*. Nashville: Abingdon, 2001.

Gardner, P. D. *1 Corinthians*. ZECNT. Grand Rapids: Zondervan, 2018.

Garland, D. E. *1 Corinthians*. BECNT. Grand Rapids: Baker, 2003.

______. *2 Corinthians*. NAC. Nashville: Broadman, 1999.

Garrett, D. A. "Veiled Hearts: The Translation and Interpretation of 2

Corinthians 3." JETS 53(2010): 729–72.

Gathercole, S. *Defending Substitution: An Essay on Atonement in Paul*. Grand Rapids: Baker, 2015.

Gaventa, B. R. *From Darkness to Light: Aspects of Conversion in the New Testament*. Philadelphia: Fortress, 1986.

_____. "Mother's Milk and Ministry in 1 Corinthians 3." Pp. 101–13 in *The Theology and Ethics in Paul and His Interpreters: Essays in Honor of Victor Paul Furnish*. Ed. by E. H. Lovering and J. L. Sumney. Nashville: Abingdon, 1996.

Gehring, R. *House Church and Mission: The Importance of Household Structures in Early Christianity*. Peabody, MA: Hendrickson, 2004.

Georgi, D. *The Opponents of Paul in Second Corinthians: A Study of Religious Propaganda in Late Antiquity*. Philadelphia: Fortress, 1986.

Gibbs, J. G. *Creation and Redemption: A Study in Pauline Theology*. NovT-Sup. Leiden: E. J. Brill, 1971.

Gignilliat, M. S. *Paul and Isaiah's Servants: Paul's Theological Reading of Isaiah 40-66 in 2 Corinthians 5:14-6:10*. London: T&T Clark, 2007.

Gill, D. W. "The Importance of Roman Portraiture for Head–Coverings in 1 Corinthians 11:2–16." TynBul 41(1990): 245–60.

_____. "The Meat–Market at Corinth (1 Corinthians 10:25)." TynBul 43(1992): 389–93.

Gillespie, T. W. *The First Theologians: A Study in Early Christian Prophecy*. Grand Rapids: Eerdmans, 1994.

Gillman, J. "A Thematic Comparison: 1 Cor 15:50–57 and 2 Cor 5:1–5." JBL 107(1988): 439–54.

Godet, F. L. *Commentary on the First Epistle of St. Paul to the Corinthians*. 2 vols. Trans. by A. Cusin. Edinburgh: T&T Clark, 1886–87.

Gooch, P. D. *Dangerous Food: 1 Corinthians 8-10 in Its Context*. Waterloo, ON: Wilfred Laurier University Press, 1993.

Gooch, P. W. "Authority and Justification in Theological Ethics: A Study in 1 Corinthians 7." Journal of Religious Ethics 11(1983): 62–74.

_____. "'Conscience' in 1 Corinthians 8 and 10." NTS 33(1987): 244–54.

Gooder, P. *Only the Third Heaven? 2 Corinthians 12.1-10 and Heavenly Ascent*. London: T&T Clark, 2006.

Gordon, J. D. *Sister or Wife? 1 Corinthians 7 and Cultural Anthropology*. JSNTSup. Sheffield: Sheffield Academic Press, 1997.

Goudge, H. L. *The First Epistle to the Corinthians*. 3rd ed. London: Methuen, 1911.

Goulder, M. D. *Paul and the Competing Mission in Corinth*. Peabody, MA: Hendrickson, 2001.

Green, B. *Christianity in Ancient Rome: The First Three Centuries*. London: T. & T. Clark, 2010.

Green, J. B.; J. K. Brown; N. Perrin, eds. *Dictionary of Jesus and the Gospels*, 2nd ed. Downers Grove, IL: InterVarsity Press, 2013.

Grindheim, S. "The Law Kills but the Gospel Gives Life: The Letter–Spirit Dualism in 2 Corinthians 3.5–18." JSNT 84(2001): 97–115.

_____. "Wisdom for the Perfect: Paul's Challenge to the Corinthian Church (1 Corinthians 2:6–16)." JBL 121(2002): 689–709.

Grosheide, F. W. *Commentary on the First Epistle to the Corinthians*. NICNT. Grand Rapids: Eerdmans, 1953.

Grudem, W. A. *The Gift of Prophecy in 1 Corinthians*. Lanham, MD: University Press of America, 1982.

_____. "Does κεφαλὴ("Head") mean 'Source' or 'Authority Over' in Greek Literature? A Survey of 2,336 Examples." TrinJ 6(1985): 38–59.

Guenther, A. R. "One Woman or Two? 1 Corinthians 7:34." BBR 12(2002): 33–45.

Gundry, R. H. *A Survey of the New Testament*. Rev. ed. Grand Rapids: Zondervan, 1981.

Gundry–Volf, J. M. *Paul and Perseverance: Staying In and Falling Away*. Louisville: Westminster John Knox, 1990.

_____. "Controlling the Bodies: A Theological Profile of the Corinthian Sexual Ascetics (1 Cor 7)." Pp. 519–41 in *The Corinthian Correspondence*. Ed. by R. Bieringer. Leuven: Peeters, 1996.

Guthrie, G. H. *2 Corinthians*. BECNT. Grand Rapids: Baker, 2015.

Hafemann, S. J. *2 Corinthians*. NIVAC. Grand Rapids: Zondervan, 2000.

Hanson, R. P. C. *The Second Epistle to the Corinthians: Introduction and Commentary*. London: SCM, 1961.

Harris, M. J. *The Second Epistle to the Corinthians*. NIGTC. Grand Rapids: Eerdmans, 2005.

_____. "2 Corinthians." Pp. 415–640 in *The Expositor's Bible Commentary*. Rev. ed. Ed. by T. Longman, D. E. Garland. Grand Rapids: Zondervan, 2008.

Harrisville, R. A. *1 Corinthians*. Minneapolis: Fortress, 1987.

Harvey, A. E. *Renewal through Suffering: A Study of 2 Corinthians*. Edinburgh: T&T Clark, 1996.

Hay, D. M.; E. E. Johnson, eds. *Pauline Theology. Vol. 3. Romans*. Minneapolis: Fortress, 1991.

Hays, R. B. *Echoes of Scripture in the Letters of Paul.* New Haven: Yale

University Press, 1989.

______. *First Corinthians*. Interpretation. Louisville: Westminster John Knox, 1997.

Henderson, S. W. "'If Anyone Hungers…': An Integrated Reading of 1 Cor 11.17–34." NTS 48(2002): 195–208.

Hengel, M. *Judaism and Hellenism*. 2 vols. Trans. by J. Bowden. Philadelphia: Fortress, 1974.

______. *Crucifixion in the Ancient World and the Folly of the Message of the Cross*. Philadelphia: Fortress, 1977.

______. *Between Jesus and Paul: Studies in the Earliest History of Christianity*. Trans. by J. Bowden. Philadelphia: Fortress, 1983.

Hengstenberg, E. W. *Christology of the Old Testament, abridged edition*. Grand Rapids: Kregel, 1970.

Héring, J. *The First Epistle of Saint Paul to the Corinthians*. Trans. by A. W. Heathcote and P. J. Allcock. London: Epworth, 1962.

______. *The Second Epistle of Saint Paul to the Corinthians*. Trans. by A. W. Heathcote and P. J. Allcock London: Epworth, 1967.

Hill, C. E. "Paul's Understanding of Christ's Kingdom in I Corinthians 15:20–28." NovT 30(1988): 297–320.

Hjort, B. G. "Gender Hierarchy or Religious Androgyny? Male–Female Interaction in the Corinthian Community—A Reading of 1 Cor. 11,2–16." Studia theologica 55(2001): 58–80.

Hodge, C. *Commentary on the Second Epistle to the Corinthians*. Grand Rapids: Eerdmans, 1994.

______. *If Sons, The Heirs: A Study of Kinship and Ethnicity in the Letters of Paul*. Oxford: Oxford University Press, 2007.

Hofius, O. "The Lord's Supper and the Lord's Supper Tradition: Reflections on 1 Corinthians 11:23b–25." Pp. 75–115 *in One Loaf, One Cambridge: Cambridge University Press: Ecumenical Studies of 1 Cor 11 and Other Eucharistic Texts*. Ed. by B. F. Meyer. Macon, GA: Mercer University Press, 1993.

Holladay, C. R. "1 Corinthians 13: Paul as Apostolic Paradigm." Pp. 80–98 in *Greeks, Romans, and Christians: Essays in Honor of Abraham J. Malherbe*. Ed. by D. L. Balch et al. Philadelphia: Fortress, 1990.

Hollander, H. W. "The Testing by Fire of the Builders' Works: 1 Corinthians 3.10–15." NTS 40(1994): 89–104.

Holleman, J. *Resurrection and Parousia: A Traditio-Historical Study of Paul's Eschatology in 1 Corinthians 15*. NovTSup. Leiden: E. J. Brill, 1996.

Holmberg, R. *Paul and Power: The Structure of Authority in the Primitive Church as Reflected in the Pauline Epistles*. Philadelphia: Fortress, 1978.

Holmyard, H. R. "Does 1 Corinthians 11:2–6 Refer to Women Praying and Prophesying in Church?" BibSac 154(1997): 461–72.

Hood, J. B. "The Temple and the Thorn: 2 Corinthians 12 and Paul's Heavenly Ecclesiology." BBR 21(2011): 357–70.

Hooker, M. D. "Hard Sayings: 1 Cor 3:2." Theology 69(1966): 19–22.

______. "On Becoming the Righteousness of God: Another Look At 2 Cor 5:21." NovT 50(2008): 358–75.

Horrell, D. G. "'The Lord Commanded··· but I Have Not Used···' Exegetical and Hermeneutical Reflections on 1 Cor 9.14–15." NTS 45(1997): 587–603.

______. "Theological Principles or Christological Praxis? Pauline Ethics in

1 Corinthians 8.1–11.1." JSNT 67(1997): 83–114.

______. *An Introduction to the Study of Paul.* 2nd. ed. London: T&T Clark, 2006.

Horsley, R. A. *1 Corinthians.* Nashville: Abingdon, 1998.

Hoskins, P. M. "The Use of Biblical and Extrabiblical Parallels in the Interpretation of First Corinthians 6:2–3." CBQ 63(2001): 287–97.

House, H. W. *Chronological and Background Charts of the New Testament.* Grand Rapids: Zondervan, 1981.

Howard, J. K. "Baptism for the Dead: A Study of 1 Corinthians 15.29." EQ 37(1965): 137–41.

Hughes, P. E. *Paul's Second Epistle to the Corinthians.* NICNT. Grand Rapids: Eerdmans, 1962.

Hughes, R. K. *2 Corinthians: Power and Weakness.* Wheaton, IL: Crossway, 2006.

Hurd, J. C. *The Origin of I Corinthians.* Macon, GA: Mercer University Press, 1983.

Hurley, J. B. "Did Paul Require Veils or the Silence of Women? A Consideration of 1 Cor 11,2–16 and 1 Cor 14,33b–36." WTJ 35(1973): 190–220.

Hurtado, L. W. *Lord Jesus Christ: Devotion to Jesus in Earliest Christianity.* Grand Rapids: Eerdmans, 2003.

Hutson, C. R. "Was Timothy Timid? On the Rhetoric of Fearlessness (1 Cor. 16:10–11) and Cowardice (2 Tim 1:7)." BR 42(1997): 58–73.

Irons, C. L. *The Righteousness of God: A Lexical Examination of the Covenant-Faithfulness Interpretation.* WUNT. Tübingen: Mohr Sebeck, 2015.

Jeffers, J. S. *The Graeco-Roman World of the New Testament: Exploring the*

Background of Early Christianity. Downers Grove, IL: InterVarsity Press, 1999.

Jeremias, J. "Flesh and Blood Cannot Inherit the Kingdom of God." NTS 2(1955–56): 151–59.

Jervis, L. A. "'But I Want You to Know…': Paul's Midrashic Intertextual Response to the Corinthian Worshipers (1 Cor 11:2–16)." JBL 112(1993): 231–46.

Jewett, R. *Paul the Apostle to America: Cultural Trends and Pauline Scholarship*. Louisville: Westminster John Knox, 1994.

Jipp, J. W. *Christ Is King: Paul's Royal Ideology*. Minneapolis: Fortress, 2015.

Johanson, B. C. "Tongues, a Sign for Unbelievers? A Structural and Exegetical Study of I Corinthians xiv. 20–25." NTS 25(1978): 180–203.

Johnson, A. F. *1 Corinthians*. IVPNTC. Downers Grove, IL: InterVarsity Press, 2010.

Jones, P. R. "I Corinthians 15:8: Paul the Last Apostle." TynBul 36(1985): 3–34.

Judge, E. A. "The Reaction against Classical Education in the New Testament." Journal of Christian Education 77(1983): 7–14.

Käsemann, E. *New Testament Questions for Today*. Trans. by W. J. Montague. Minneapolis: Augsburg Fortress, 1969.

______. *Perspectives on Paul*. Trans. by M. Kohl. Philadelphia: Fortress, 1971.

Keck, L. E. *Paul and His Letters*. Philadelphia: Fortress, 1982.

Keener, C. S. *1-2 Corinthians*. NCBC. Cambridge: Cambridge University Press, 2005.

Ker, D. P. "Paul and Apollos—Colleagues or Rivals?" JSNT 77(2000): 75–97.

Kinman, B. "'Apoint the Despised as Judges!' (1 Corinthians 6:4)." TynBul 48(1997): 345–54.

Kistemaker, S. J. *Exposition of the First Epistle to the Corinthians*. Grand Rapids: Baker, 1993.

Klassen, W. "The Sacred Kiss in the NT: An Example of Social Boundary Lines." NTS 39(1993): 122–35.

Klauck, H. J. "Present in the Lord's Supper: 1 Corinthians 11:23–26 in the Context of Hellenistic Religious History. Pp. 57–74 in *One Loaf, One Cambridge: Cambridge University Press: Ecumenical Studies of 1 Cor 11 and Other Eucharistic Texts*. Ed. by B. F. Meyer. Macon, GA: Mercer University Press, 1993.

Knoch, O. "'Do This in Memory of Me!' (Luke 22:20; 1 Cor 11:24–25): The Celebration of the Eucharist in the Primitive Christian Communities." Pp. 1–10 in *One Loaf, One Cambridge: Cambridge University Press: Ecumenical Studies of 1 Cor 11 and Other Eucharistic Texts*. Ed. by B. F. Meyer. Macon, GA: Mercer University Press, 1993.

Koenig, J. *Charismata: God's Gifts for God's People*. Philadelphia: Westminster, 1978.

Kruse, C. G. *The Second Epistle of Paul to the Corinthians: An Introduction and Commentary*. Rev. ed. TNTC. Downers Grove, IL: InterVarsity Press, 1987.

Kuck, D. W. *Judgment and Community Conflict: Paul's Use of Apocalyptic Judgment Language in 1 Corinthians 3:5-4:5*. NovTSup. Leiden: E. J. Brill, 1992.

Kümmel, W. G. *Introduction to the New Testament*. Trans. by H. C. Kee. Nashville: Abingdon, 1975.

Laato, T. *Paul and Judaism: An Anthropological Approach*. Trans. by T. McElwain. Atlanta: Scholars Press, 1995.

Ladd, G. E. *A Theology of the New Testament*. Grand Rapids: Eerdmans, 1974.

Lake, K. *The Earlier Epistles of Paul: Their Motive and Origin*. 2nd ed. London: Rivington, 1914.

Lambrecht, J. *Second Corinthians*. SacPa. Collegeville, MN: Liturgical Press, 1999.

Lampe, P. "Theological Wisdom and the 'Word about Cross': The Rhetorical Scheme in 1 Corinthians 1–4." Interpretation 44(1990): 117–31.

_____. "The Eucharist: Identifying with Christ on the Cross." Interpretation 48(1994): 36–49.

Lanci, J. R. *The New Temple for Corinth: Rhetorical and Archaeological Approaches to Pauline Imagery*. New York: Lang, 1997.

Lassen, E. M. "The Use of the Father Image in Imperial Propaganda and 1 Cor 4:14–21." TynBul 42(1991): 127–36.

Laney, J. C. "Paul and the Permanence of Marriage in 1 Corinthians 7." JETS 25(1982): 283–94.

Laughery, G. J. "Paul: Anti–marriage? Anti–sex? Ascetic? A Dialogue with 1 Corinthians 7:1–40." EQ 69(1997): 109–28.

Leithart, P. J. *Deep Exegesis: The Mystery of Reading Scripture*. Waco: Baylor University Press, 2009.

Lewis, S. M. *"So That God May Be All in All": The Apocalyptic Message of 1 Corinthians 15,12-34*. Rome: Pontifical Gregorian University Press,

1998.

Liefeld, W. L. "Women, Submission and Ministry in 1 Corinthians." Pp. 134–54 in *Women, Authority, and the Bible*. Ed. by A. Mickelsen. Downers Grove, IL: InterVarsity Press, 1986.

Lightfoot, J. B. *Notes on the Epistles of St. Paul*. London: Macmillan, 1895.

Lincoln, A. T. *Paradise Now and Not Yet: Studies in the Role of the Heavenly Dimension in Paul's Thought with Special Reference to His Eschatology*. SNTSMS. Cambridge: Cambridge University Press, 1981.

Litfin, D. *St. Paul's Theology of Proclamation: 1 Corinthians 1-4 and Greco-Roman Rhetoric*. SNTSMS. Cambridge: Cambridge University Press, 1994.

Llewelyn, S. R. "The Use of Sunday for Meetings of Believers in the New Testament." NovT 43(1994): 205–33.

Lockwood, G. *1 Corinthians*. St. Louis: Concordia, 2000.

Luedemann, G. *Paul: Apostle to the Gentiles; Studies in Chronology*. Trans. by F. S. Jones. Philadelphia: Fortress, 1984.

Lull, D. *1 Corinthians*. St. Louis: Chalice, 2007.

Luther, M. *Luther's Works*. 15 vols. Ed. & Trans. by J. J. Pelikan and H. T. Lehmann. St. Louis: Concordia, 1955–1960.

MacDonald, M. Y. "Women Holy in Body and Spirit: The Social Setting of 1 Corinthians 7." NTS 36(1990): 161–81.

Madueme, H.; M. Reeves, eds. *Adam, the Fall, and Original Sin: Theological, Biblical, and Scientific Perspectives*. Grand Rapids: Baker Academic, 2014.

Malcolm, M. R. The *World of 1 Corinthians: An Exegetical Source Book of Literary and Visual Backgrounds*. Eugene, OR: Cascade, 2012.

Malherbe, A. J. "Determinism and Free Will in Paul: The Argument of 1 Corinthians 8 and 9." Pp. 231–55 in *Paul in His Hellenistic Context*. Ed. by T. Engberg–Pedersen. Edinburgh: T&T Clark, 1994.

Mare, W. H. "1 Corinthians." Pp. 173–297 in *The Expositor's Bible Commentary*. Vol. 10. Ed. by F. E. Gaebelein. Grand Rapids: Zondervan, 1976.

Marshall, P. *Enmity in Corinth: Social Conventions in Paul's Relations with the Corinthians*. WUNT. Tübingen: Mohr Sebeck, 1987.

Martin, D. B. *The Corinthian Body*. New Haven: Yale University Press, 1990.

Martin, R. P. *The Spirit and the Congregation: Studies in 1 Corinthians 12-15*. Grand Rapids: Zondervan, 1984.

______. *2 Corinthians*. WBC. Dallas: Word, 1986.

Matera, F. J. *II Corinthians: A Commentary*. Louisville: Westminster/John Knox, 2003.

McCant, J. W. *2 Corinthians*. Readings: A New Biblical Commentary. Sheffield: Sheffield Academic Press, 1999.

McKelvey, R. J. *The New Temple: The Church in the New Testament*. Oxford: Oxford University Press, 1969.

McKnight, S. *Turning to Jesus: The Sociology of Conversion in the Gospels*. Louisville: John Knox Press, 2002.

Meeks, W. A. *The First Urban Christians: The Social World of the Apostle Paul*. New Haven: Yale University Press, 1983.

Meggitt, J. J. "Meat Consumption and Social Conflict in Corinth." JTS 45(1994): 137–41.

______. *Paul, Poverty and Survival.* Edinburgh: T. & T. Clark, 1998.

Metzger, B. *A Textual Commentary on the Greek New Testament*. 2nd ed.

New York: United Bible Societies, 1994.

Meyer, H. A. W. *Critical and Exegetical Handbook to the Epistles to the Corinthians*. Winona Lake, IN: Alpha, 1979.

Mills, W. E. *Glossolalia: A Bibliography*. New York: Mellen, 1985.

Mitchell, M. *Paul and the Rhetoric of Reconciliation: An Exegetical Investigation of the Language and Composition of 1 Corinthians*. Louisville: Westminster John Knox, 1993.

_____. "Paul's Letters to Corinth: The Interpretative Intertwining of Literary and Historical Reconstruction." Pp. 307–38 in *Urban Religion in Roman Corinth*. Ed. by D. N Schowalter and J. Friesen. Cambridge, MA: Harvard University Press, 2005.

Moffatt, J. *The First Epistle of Paul to the Corinthians*. London: Hodder & Stoughton, 1938.

Montague, G. T. *First Corinthians*. Grand Rapids: Baker Academic, 2011.

Morris, L. *The First Epistle of Paul to the Corinthians*. TNTC. Grand Rapids: Eerdmans, 1958.

Moule, C. F. D. *The Phenomenon of the New Testament*. London: SCM, 1967.

_____. *An Idiom Book of New Testament Greek*. 2nd ed. Cambridge: Cambridge University Press, 1959.

Munck, J. *Paul and the Salvation of Mankind*. Richmond, VA: John Knox, 1959.

Munro, W. *Authority in Paul and Peter: The Identification of a Pastoral Stratum in the Pauline Corpus and 1Peter*. NTSMS. Cambridge: Cambridge University Press, 1983.

_____. "Women, Text, and the Canon: The Strange case of 1 Corinthians 14:33–35." *Biblical theology bulletin* 18.1(1988): 26–31.

Murphy–O'Connor, J. *1 Corinthians*. New York: Doubleday, 1998.

______. *The Theology of the Second Letter to the Corinthians*. Cambridge: Cambridge University Press, 1991.

______. *1 Corinthians*. Doubleday Bible Commentaries. New York: Doubleday, 1998.

Niccum, C. "The Voice of the Manuscripts on the Silence of Woman: The External Evidence for 1 Cor 14:34–5." NTS 43(1997): 242–55.

Niebuhr, H. R. *Christ and Culture*. New York: Harper, 1951.

O'Brien, P. T. *Introductory Thanksgivings in the Letters of Paul*. NovTSup. Leiden: E. J. Brill, 1977.

______. *Gospel and Mission in the Writings of Paul: An Exegetical and Theological Analysis*. Grand Rapids: Baker, 1995.

O'Day, G. R. "Jeremiah 9.22–23 and 1 Corinthians 1:26–31: A Study in Intertextuality." JBL 109(1990): 259–67.

O'Neil, J. C. "1 Corinthians 15.29." ET 91(1979): 310–11.

Odell–Scott, D. W. "Editorial Dilemma: The Interpolation of 1 Cor 14:34–35 in the Western Manuscripts of D. G. and 88." BTB 30(2000): 68–74.

Oliver, A. B. "Why Are They Baptized for the Dead? A Study of I Cor. 15:29." Review and Expositor 34(1937): 48–53.

Oropeza, B. J. *1 Corinthians*. Eugene, OR: Cascade, 2017.

Orr, W. F.; J. A. Walther. *1 Corinthians: A New Translation and Commentary*. AB. Garden City, NY: Doubleday, 1976.

Oster, R. *1 Corinthians*. Joplin, MO: College Press, 1995.

Padgett, A. "Paul on Women in the Church: The Contradictions of Coiffure in 1 Corinthians 11:3–16 and Its Context." JSNT 20(1984): 69–86.

Parry, R. *The First Epistle of Paul the Apostle to the Corinthians*. 2nd ed. Cambridge: Cambridge University Press, 1926.

Pascuzzi, M. *Ethics, Ecclesiology, and Church Discipline: A Rhetorical Analysis of 1 Corinthians 5*. Rome: Pontifical Gregorian University Press, 1997.

Passakos, D. C. "Eucharist in First Corinthians: A Sociological Study." RBib 104(1997): 192–210.

Pate, C. M. *Adam Christology as the Exegetical and Theological Substructure of 2 Corinthians 4:7-5:21*. Lanham, MD: University Press of America, 1991.

Peppiatt, L. *Unveiling Paul's Women: Making Sense of 1 Corinthians 11:2-16*. Eugene, OR: Wipf & Stock, 2018.

Perkins, P. *First Corinthians*. Grand Rapids: Baker Academic, 2012.

Perriman, A. C. "The Head of a Woman: The Meaning of κεφαλή in 1 Cor. 11:3." JTS 45(1994): 602–22.

Peterson, B. K. *Eloquence and the Proclamation of the Gospel in Corinth*. SBLDS. Atlanta: Scholars Press, 1998.

Pickett, R. *The Cross in Corinth: The Social Significance of the Death of Jesus*. JSNTSup. Sheffield: Sheffield Academic Press, 1997.

Plummer, A. *A Critical and Exegetical Commentary on the Second Epistle of St. Paul to the Corinthians*. ICC. Edinburgh: T. & T. Clark, 1915.

Pobee, J. S. *Persecution and Martyrdom in the Theology of Paul*. JSNTSup. Sheffield: JSOT Press, 1985.

Pogoloff, S. *Logos and Sophia: The Rhetorical Situation of 1 Corinthians*. SBLDS. Atlanta: Scholars Press, 1992.

Porter, S. E. *Verbal Aspect in the Greek of the New Testament, with Reference to Tense and Mood*. New York: Peter Lang, 1989.

_____. *Idioms of the Greek New Testament*. Sheffield: Almond Press, 1992.

_____. *The Apostle Paul: His Life, Thought, and Letters*. Grand Rapids: Eerdmans, 2016.

Powers, B. W. *First Corinthians: An Exegetical and Explanatory Commentary*. Eugene, OR: Wipf & Stock, 2008.

Prior, D. *The Message of 1 Corinthians: Life in the Local Church*. Downers Grove, IL: InterVarsity Press, 1985.

Ramsaran, R. A. *Liberating Words: Paul's Use of Rhetorical Maxims in 1 Corinthians 1-10*. Valley Forge, PA: Trinity International Press, 1996.

Richards, E. R. *The Secretary in the Letters of Paul*. Tübingen: Mohr Sebeck, 1991.

Richardson, P. "Judgment in Sexual Matters in 1 Corinthians 6:1–11." NovT 25(1983): 37–58.

Ridderbos, H. *Paul: An Outline of His Theology*. Trans. by J. R. de Witt. Grand Rapids: Eerdmans, 1975.

Riesner, R. *Paul's Early Period: Chronology, Mission Strategy, Theology*. Trans. by D. Stott. Grand Rapids: Eerdmans, 1998.

Rosner, B. *Paul and the Law: Keeping the Commandments of God*. Downers Grove, IL: InterVarsity Press, 2013.

Robertson, A.; A. Plummer. *A Critical and Exegetical Commentary on the First Epistle of St. Paul to the Corinthians*. ICC. Edinburgh: T&T Clark, 1914.

Robinson, J. A. T. *The Body: A Study in Pauline Theology*. London: SCM, 1952.

Roetzel, C. J. *2 Corinthians*. Nashville: Abingdon, 2007.

Rosner, B. S. "Temple and Holiness in 1 Corinthians 5." TynBul 42(1991): 137–45.

______. *Paul, Scripture, and Ethics: A Study of 1 Corinthians 5-7*. Grand Rapids: Baker, 1999rep.

Ruef, J. *Paul's First Letter to Corinth*. Philadelphia: Westminster, 1977.

Sampley, J. P. "The First Letter to the Corinthians." Pp. 771–1003 in *The New Interpreter's Bible*. Vol. 10. Nashville: Abingdon, 2002.

Sanders, E. P. *Paul and Palestinian Judaism*. Philadelphia: Fortress, 1977.

______. *Paul, the Law, and the Jewish People*. Philadelphia: Fortress, 1983.

Savage, T. B. *Power through Weakness: Paul's Understanding of the Christian Ministry in 2 Corinthians*. SNTSMS. Cambridge: Cambridge University Press, 1996.

Schatzmann, S. *A Pauline Theology of Charismata*. Peabody, MA: Hendrickson, 1987.

Schmidt, T. E. *Straight and Narrow? Compassion and Clarity in the Homosexuality Debate*. Downers Grove, IL: InterVarsity Press, 1995.

Schnabel, E. J. *Early Christian Mission*. 2 vols. Downers Grove, IL: InterVarsity Press, 2004.

Schnelle, U. *Apostle Paul: His Life and Theology*. Trans. by M. E. Boring. Grand Rapids: Baker Academic, 2005.

Schreiner, T. R. *1 Corinthians*. TNTC. Downers Grove, IL: InterVarsity Press, 2018.

Scott, J. M. *2 Corinthians*. NIBC. Peabody, MA: Hendrickson, 1998.

Scroggs, R. *The New Testament and Homosexuality: Background for Contemporary Debate*. Philadelphia: Fortress, 1983.

Seifrid, M. A. *Justification by Faith: The Origin and Development of a Central Pauline Theme*. NovTSup. Leiden: E. J. Brill, 1992.

______. *Christ, Our Righteousness: Paul's Theology of Justification*. Downers Grove, IL: InterVarsity Press, 2001.

Sider, R. J. "St. Paul's Understanding of the Nature and Significance of the Resurrection in 1 Cor 15:1–19." NovT 19(1977): 124–41.

Sigountos, J. G. "The Genre of 1 Corinthians 13." NTS 40(1994): 246–60.

Silva, M. *Biblical Words and Their Meaning: An Introduction to Lexical Semantics*. Grand Rapids: Zondervan, 1983.

Siker, J. S. *Disinheriting the Jews: Abraham in Early Christian Controversy*. Louisville, KY: Westminster John Knox Press, 1991.

Smit, J. F. M. "The Genre of 1 Corinthians 13 in the Light of Classical Rhetoric." 33(1991): 193–216.

______. "The Rhetorical Disposition of First Corinthians 8:7–9:27." CBQ 59(1997): 476–91.

Soards, M. L. *Scripture and Homosexuality: Biblical Authority and the Church Today*. Louisville: Westminster/John Knox, 1995.

______. *1 Corinthians*. NIBC. Peabody, MA: Hendrickson, 1999.

Sprinkle, P. M. *Paul and Judaism Revisited: A Study of Divine and Human Agency in Salvation*. Downers Grove, IL: InterVarsity Press, 2013.

______. *People to Be Loved: Why Homosexuality Is Not Just an Issue*. Grand Rapids: Zondervan, 2015.

Stanley, C. D. *Paul and the Language of Scripture: Citation Technique in the Pauline Epistles and Contemporary Literature*. Cambridge: Cambridge University Press, 1992.

Starling, D. S. *Uncorinthian Leadership: Thematic Reflections on 1 Corinthians*. Eugene, OR: Cascade, 2014.

Stegman, T. J. *Second Corinthians*. Grand Rapids: Baker Academic,

2007.

Stein, R. H. *Difficult Passages in the Epistles.* Grand Rapids: Baker, 1988.

Stendahl, K. *Paul among Jews and Gentiles and Other Essays*. Philadelphia: Fortress, 1976.

Sterling, G. E. "'A Law to Themselves': Limited Universalism in Philo and Paul." ZNW 107(2016): 30–47.

Stowers, S. K. "Paul on the Use and Abuse of Reason." Pp. 253–86 in *Greeks, Romans, and Christians*. Ed. by D. L. Balch; E. Ferguson; W. A. Meeks. Minneapolis: Fortress, 1990.

Strauss D. F. *The Life of Jesus Critically Examined*. Trans. by G. Eliot. London: SCM, 1973.

Sumney, J. *Identifying Paul's Opponents: The Question of Method in 2 Corinthians*. London: Bloomsbury, 2015.

Talbert, C. H. *Reading Corinthians: A Literary and Theological Commentary.* Rev. ed. Macon, GA: Smyth & Helwys, 2002.

Taylor, M. E. *1 Corinthians*. NAC. Nashville: B&H, 2014.

Theissen, G. *The Social Setting of Pauline Christianity: Essays on Corinth*. Trans. by H. H. Schütz. Philadelphia: Fortress, 1982.

_____. *The Miracle Stories of the Early Christian Tradition*. Trans. by F. McDonagh. Philadelphia: Fortress, 1983.

Thielman, F. "The Coherence of Paul's View of the Law: The Evidence of First Corinthians." NTS 38(1992): 235–53.

_____. *Paul and the Law: A Contextual Approach*. Downers Grove, IL: InterVarsity Press, 1994.

Thiselton, A. C. *The First Epistle to the Corinthians: A Commentary on the Greek Text*. NIGTC. Grand Rapids: Eerdmans, 2000.

_____. *1 Corinthians: A Shorter Exegetical and Pastoral Commentary*. Grand

Rapids: Eerdmans, 2006.

Thompson, K. C. "1 Corinthians 15,29 and Baptism for the Dead." Vol. 2. Pp. 647–59 in *Studia Evangelica*. Edwards. by F. L. Cross. Berlin, Akademie, 1964.

Thornhill, A. C. *The Chosen People: Election, Paul, and Second Temple Judaism*. Downers Grove, IL: InterVarsity Press, 2015.

Thrall, M. E. *I and II Corinthians*. Cambridge: Cambridge University Press, 1965.

______. *A Critical and Exegetical Commentary on the Second Epistle to the Corinthians*. 2 vols. ICC. Edinburgh: T&T Clark, 1994, 2000.

Tomson, P. J. *Paul and the Jewish Law: Halakha in the Letters of the Apostle to the Gentiles*. Minneapolis: Fortress, 1990.

Tuckett, C. M. "The Corinthians Who Say 'There is No Resurrection of the Dead'(1 Cor 15,12)." Pp. 247–75 in *The Corinthian Correspondence*. Ed. by R. Bieringer. Leuven: Peeters, 1996.

Turner, N. *Grammatical Insights into the New Testament*. New York: Bloomsbury Academic, 2015.

Twelftree, G. H. *In the Name of Jesus: Exorcism among Early Christians*. Grand Rapids: Baker, 2007.

VanderKam, J. C. *From Joshua to Caiaphas: High Priests after the Exile*. Minneapolis: Fortress, 2004.

Verbrugge, V. D. "1 Corinthians." Pp. 239–414 in *The Expositor's Bible Commentary*. Rev. ed. Ed. by T. Longman, D. E. Garland. Grand Rapids: Zondervan, 2008.

Vermes, G. *The Religion of Jesus the Jew*. Minneapolis: Fortress, 1993.

Wagner, J. R. "'Not beyond the Things Which Are Written': A Call to Boast Only in the Lord"(1 Cor 4:6)." NTS 44(1998): 279–87.

Walker, P. W. *Jesus and the Holy City: New Testament Perspectives on Jerusalem*. Grand Rapids: Eerdmans, 1996.

Watson, F. *Paul and the Hermeneutics of Faith*. New York: T. & T. Clark, 2004.

______. *Paul, Judaism, and the Gentiles: Beyond the New Perspective*. Rev. ed. Grand Rapids: Eerdmans, 2007.

Weiss, J. *Earliest Christianity: A History of the Period AD 30-150*. 2 vols. Gloucester, MA: Smith, 1970.

Welborn, L. L. *Politics and Rhetoric in the Corinthian Epistles*. Macon, GA: Mercer University Press, 1997.

______. "Paul's Appeal to the Emotions in 2 Corinthians 1.1–2.13; 7.5–16." JSNT 82(2001): 31–60.

Wenham, D. *Paul: Follower of Jesus or Founder of Christianity?* Grand Rapids: Eerdmans, 1995.

Wilkins, M. J. *Following the Master: A Biblical Theology of Discipleship*. Grand Rapids: Zondervan, 1992.

Williams, J. J. *Christ Died for Our Sins: Representation and Substitution in Romans and Their Jewish Martyrological Background*. Eugene, OR: Pickwick, 2015.

Willis, W. L. *Idol Meat in Corinth: The Pauline Argument in 1 Corinthians 8 and 10*. SBLDS. Chico, CA: Scholars Press, 1985.

Winter, B. W. *After Paul Left Corinth: The Influence of Secular Ethics and Social Change.* Grand Rapids: Eerdmans, 2001.

Witherington, B. *Conflict and Community in Corinth: A Socio-Rhetorical Commentary on 1 and 2 Corinthians*. Grand Rapids: Eerdmans, 1995.

______. *A Week in the Life of Corinth*. Downers Grove, IL: InterVarsity

Press, 2012.

Wrede, W. *The Messianic Secret*. Trans. by J. C. G. Greig. Cambridge: James Clarke & Company, 1971.

Wright, N. T. *Paul for Everyone: 1 Corinthians*. Louisville: Westminster/John Knox, 2004.

______. *The Resurrection of the Son of God*. Philadelphia: Augsburg, 2003.

Wright, N. T.; M. F. Bird. *The New Testament in Its World: An Introduction to the History, Literature, and Theology of the First Christians*. Grand Rapids: Zondervan Academic, 2019.

Wuest, K. S. *The Practical Use of the Greek New Testament*. Chicago: Moody Press, 1982.

Yamauchi, E. M. *New Testament Cities in Western Asia Minor: Light from Archaeology on Cities of Paul and the Seven Churches of Revelation*. Eugene, OR: Wipf & Stock, 2003rep.

Yarbrough, O. L. *Not like the Gentiles: Marriage Rules in the Letters of Paul*. SBLDSS. Atlanta: Scholars Press, 1985.

Yates, J. W. *The Spirit and Creation in Paul*. Tübingen: Mohr Sebeck, 2008.

Yinger, K. L. *Paul, Judaism, and Judgement according to Deeds*. Cambridge: Cambridge University Press, 1999.

Zerwick, M. *A Grammatical Analysis of the Greek New Testament, 5th ed*. Trans. by M. Grosvenor. Rome: Biblical Institute Press, 1996.

고린도전·후서

사랑은 오래 참고 사랑은 온유하며 시기하지 아니하며 사랑은 자랑하지 아니하며 교만하지 아니하며 무례히 행하지 아니하며 자기의 유익을 구하지 아니하며 성내지 아니하며 악한 것을 생각하지 아니하며 불의를 기뻐하지 아니하며 진리와 함께 기뻐하고 모든 것을 참으며 모든 것을 믿으며 모든 것을 바라며 모든 것을 견디느니라 사랑은 언제까지나 떨어지지 아니하되 예언도 폐하고 방언도 그치고 지식도 폐하리라 … 그런즉 믿음, 소망, 사랑, 이 세 가지는 항상 있을 것인데 그 중의 제일은 사랑이라

(고전 13:4–8, 13)

그리스도께서 죽은 자 가운데서 다시 살아나셨다 전파되었거늘 너희 중에서 어떤 사람들은 어찌하여 죽은 자 가운데서 부활이 없다 하느냐 만일 죽은 자의 부활이 없으면 그리스도도 다시 살아나지 못하셨으리라 그리스도께서 만일 다시 살아나지 못하셨으면 우리가 전파하는 것도 헛것이요 또 너희 믿음도 헛것이며 또 우리가 하나님의 거짓 증인으로 발견되리니 우리가 하나님이 그리스도를 다시 살리셨다고 증언하였음이라 만일 죽은 자가 다시 살아나는 일이 없으면 하나님이 그리스도를 다시 살리지 아니하셨으리라 만일 죽은 자가

다시 살아나는 일이 없으면 그리스도도 다시 살아나신 일이 없었을 터이요 그리스도께서 다시 살아나신 일이 없으면 너희의 믿음도 헛되고 너희가 여전히 죄 가운데 있을 것이요 또한 그리스도 안에서 잠자는 자도 망하였으리니 만일 그리스도 안에서 우리가 바라는 것이 다만 이 세상의 삶뿐이면 모든 사람 가운데 우리가 더욱 불쌍한 자이리라 그러나 이제 그리스도께서 죽은 자 가운데서 다시 살아나사 잠자는 자들의 첫 열매가 되셨도다

(고전 15:12-20)

소개

주변에서 "초대교회로 돌아가자!"라는 말을 종종 듣는다. 성경에 언급된 초대교회의 모습이 참으로 이상적이고 건강한 정체성을 고스란히 지녔다고 생각하기 때문이다. 그러나 이러한 생각은 오늘날 그리스도인들의 착각이지 사실이 아니다. 초대교회는 많은 문제를 안고 있었다. 어떤 이슈들은 당시 문화와 사회적 정황에 국한된 것들이지만, 오늘날 교회들이 당면하는 것과 같은 문제도 많았다.

초대교회 중에서도 고린도 교회는 단연 가장 많은 문제를 지닌 공동체였다. 오죽하면 학자들은 바울이 고린도 교회를 생각할 때마다 괴로워하며 자기 머리를 쥐어뜯거나, 고린도 교회를 염려하느라 폭삭 늙었을 것이라고 한다(Wright & Bird). 고린도 교회는 온갖 분란과 무질서와 윤리적 문제가 산재한 공동체였다. 심지어 바울에게는 사도 자격이 없다며 고린도 교회를 세운(개척한) 그의 정당성에 대해 문제를 제기하기도 했다.

그럼에도 불구하고 바울은 고린도 교회를 생각할 때마다 하나님께 감사드린다며(cf. 고전 1:4) 그들에게 복을 빌어 준다(cf. 고후 1:2). 사도 바울은 고린도 교회의 현재 상황에 좌절하지 않고, 그들이 더 성장하고 성숙해 하나님이 기뻐하시는 교회로 변화할 것을 확신했다. 그러므로 그는 신학자뿐 아니라 목회자로서, 또한 고린도 성도들의 영적 아버지로서 아버지의 권위에 반항하는 자녀들을 껴안듯 고린도 성도들을 껴안았다. 고린도 교회에 대한 바울의 애정과 애착을 엿볼 수 있다.

바울은 2차 선교 여행 때 고린도를 방문했다. 이곳에 18개월간 머물며 전도하고 교회를 세웠다(행 18:11; cf. 행 19:10; 갈 1:18; 2:1). 고린도는 그가 3년 동안 머물며 사역한 에베소 다음으로 가장 오래 사역한 도시다. 바울은 이후에도 최소 두 차례 더 고린도를 방문했다(Wright & Bird). 사도가 이처럼 고린도에 특별한 애착을 가진 것은 그의 선교 전략에서 고린도가 매우 중요한 위치에 있었기 때문이다. 고린도는 지중해 동쪽에서 수많은 상인과 여행자들이 방문하는 도시 중 하나였다(Beale & Gladd). 그러므로 바울은 이 방문자들을 전도해 그들이 복음을 지중해 동쪽 구석구석에 전파하게 하려는 전략을 세웠다. 이 선교 전략이 열매를 맺으려면 방문자들이 고린도에 체류하는 동안 접하는 교회가 건강해야 한다.

저자

이때까지 바울이 고린도전서와 후서의 저자라는 사실에 심각한 문제를 제기한 사람은 없었다(cf. 고전 1:1; 16:8, 21; 고후 1:1, 16; 행 19:1-41). 오늘날에도 거의 모든 학자가 이 서신들을 바울이 저작한 것으로 간주한다. 다만 고린도전서에서는 바울이 소스데네와 함께(고전 1:1), 고린도후서에서는 디모데(고후 1:1)와 함께 고린도 교회에 인사한다는 점에서 이들이 실제로 서신 저작에 얼마나 이바지했는지를 묻는 이들이 있다.

소스데네와 디모데는 서신 저작에 어떠한 기여도 하지 않은 것으로 보는 것이 바람직하다. 바울이 두 서신을 모두 혼자서 집필한 것이 확실하다. 그가 이들을 언급하는 것은 이 서신들을 저작할 때 그들이 바울 곁에 있었으며, 그들도 고린도 성도들에게 안부를 전하고자 했기 때문이다.

베뢰아에서 바울과 함께 사역하던 디모데는 유대인들에게 쫓겨 먼저 아덴으로 떠난 바울의 기별을 받고 고린도로 가서 그를 만났다(cf. 행 17:14-15; 18:5). 바울은 고린도에서 머문 18개월 중 일부를 디모데와 함께 사역하며 교회를 세웠다. 소스데네는 바울이 설교하여 많은 유대인을 격분하게 한 고린도 회당의 책임자였다. 유대인들이 갈리오 총독에게 바울을 고발했다가 법정에서 쫓겨난 후 소스데네를 때린 것은 아마도 그가 바울이 전파한 복음을 영접해 그리스도인이 되었기 때문으로 보인다(cf. 행 18:17). 이 일이 있고 난 뒤 소스데네는 바울을 돕는 동역자가 되었다. 그러므로 소스데네와 디모데는 고린도 교회와 깊은 연관이 있는 사람들이며, 바울과 함께 고린도 교회에 안부를 전하는 것은 당연한 일이다.

장소와 시기

바울의 1-3차 선교 여행에 관해 기록하는 사도행전이 바울의 모든 일정을 자세하게 언급하지는 않기 때문에 그가 언제 고린도전서와 고린도후서를 저작해 보냈는지는 상당히 복잡한 이슈가 되었다. 확실한 것은 바울이 2차 선교 여행을 마무리할 즈음에 고린도를 방문해 18개월간 머물렀다는 사실이다(행 18:11). 그가 고린도에 도착한 때는 주후 50년이다(Schreiner).

바울에게 평생 동역자가 되어 준 브리스길라와 아굴라 부부를 만난 것은 사도 바울이 고린도에서 경험한 가장 큰 축복이었다(cf. 행

18:1-3; 롬 16:3-4; 고전 16:19; 딤후 4:19). '아굴라'(Ἀκύλας, Aquila)는 '본도'(Ποντικός, Pontus) 출신이었다. '본도'는 갈라디아의 북쪽, 비두니아와 갑바도기아 사이에 있는 지역이었다. 아굴라는 아내 '브리스길라'(Πρίσκιλλα, Priscilla)와 함께 로마에서 살았다. 브리스길라는 '브리스가'(Πρίσκα, Prisca)로 불리기도 한다(cf. 롬 16:3).

아굴라 부부는 주후 41-54년에 로마를 다스린 황제 글라우디오(Κλαύδιος, Claudius)가 로마에서 유대인들을 내쫓을 때 이달리야를 떠나 고린도로 왔다. 바울을 만났을 당시, 그들도 고린도에 온 지 얼마되지 않았던 것이다. 글라우디오가 로마에서 유대인들을 내보낸 것은 주후 49년에 있었던 일이다(Fitzmyer, Schnabel, Wall). 로마에 사는 그리스도인들이 예수님이 바로 메시아라고 하자, 유대인들이 반발해 폭동을 일으켰다. 글라우디오는 기독교인과 유대인의 갈등을 해소하기 위해 유대인 중 로마 시민을 제외한 나머지를 모두 로마에서 내보냈다. 이때 유대인 5만 명이 로마에서 쫓겨났다(Polhill, cf. Schnabel).

만일 아굴라와 브리스길라 두 사람 모두 로마 시민이었다면, 그들은 로마를 떠날 필요가 없었다. 그러므로 어떤 이들은 로마 시민인 브리스길라가 히브리 노예였다가 자유인이 되었지만 로마 시민은 아니었던 남편 아굴라를 따라 나온 것으로 추측한다(Longenecker). 신약은 이 부부를 언급할 때 아내 이름을 먼저 언급하는데(cf. 행 18:26; 롬 16:3; 딤후 4:19), 기독교와 연관해 브리스길라가 아굴라보다 더 큰 리더십을 발휘했기 때문일 것이다.

로마에서 온 부부와 바울은 생업이 같았다(행 18:3). 바울은 '천막 만드는 일'(σκηνοποιός)로 생계를 유지하며 선교했는데(cf. 고전 4:12; 9:1-18; 고후 11:7-12; 살전 2:9; 살후 3:7-10), 마침 아굴라와 브리스길라도 이 업종에 종사하고 있었던 것이다. 바울이 '천막 만드는 일'(tentmaking)로 생업을 유지하며 선교한 일에서 유래해 오늘날 영어권에서는 '자비량 선교사'를 '텐트메이커'(tentmaker)라 부르기도 한다.

랍비들은 성경 가르치는 일로 수입 올리는 것을 금했다. 또한 하는 일 없이 놀면 안 된다고 가르쳤다(Bock, Wall, cf. 고전 4:12; 살전 2:9; 살후 3:6-8). 이러한 정황에서 가죽으로 천막을 만드는 일은 랍비들의 직업 중 하나로 자리를 잡았다. 바울은 아굴라와 브리스길라가 운영하는 '천막 공장'에서 다른 사람들과 함께 일했을 것이다(Longenecker).

바울은 주중에는 아굴라와 브리스길라가 운영하는 가게에서 천막을 만들며 기회가 있을 때마다 전도했다. 안식일이 되면 고린도 회당으로 가서 강론하고 유대인과 헬라인을 권면했다(행 18:4). '강론하다'(διαλέγομαι)는 성경 말씀을 설명하는 것을, '권면하다'(πείθω)는 설득하는 것을 의미한다(BDAG). 바울은 성경 말씀을 설명하면서 예수님이 그리스도라는 사실을 믿도록 회당에 모인 사람들을 설득해 나간 것이다. 두 동사 모두 미완료형으로 사용된 점은 그가 회당에서 말씀을 선포한 일이 최소 몇 주 동안 계속되었음을 암시한다.

바울의 복음 선포를 달갑지 않게 생각했던 유대인들은 몇 주 후 그를 회당에서 쫓아냈다. 바울은 복음을 영접한 유대인들과 경건한 자들(God-fearers) 그리고 이방인 회심자들과 함께 가정 교회를 세웠다(cf. 행 18:4-11; 고전 12:2; 고후 1:19). 회당 지도자 그리스보도 이때 회심했다(행 18:8). 바울과 기독교를 견제하던 유대인들은 바울의 회당 출입을 금하는 것으로 만족하지 못하고, 새로 부임한 아가야주(州) 총독 갈리오에게 바울이 유대인이면서도 유대교에 해가 되는 가르침을 전파한다며 고발했다(cf. 행 18:11). 갈리오는 유대인들이 스스로 해결할 문제라며 고발자들을 법정에서 쫓아냈다.

소송 이후 바울은 고린도에 조금 더 머물다가 에베소로 떠났다. 당시 문헌들을 근거로 갈리오가 총독으로 부임한 때를 주후 52년 여름으로 보는 이들도 있지만(Verbrugge, cf. Gardner), 대부분 학자는 주후 51년 여름에 부임한 것으로 간주한다(Beale & Gladd, Garland, Fitzmyer). 그러므로 바울은 주후 50년에 고린도에 도착해 1년 6개월간 사역한 후 주후

51년 가을에 떠난 것으로 보인다(Fitzmyer, Schreiner, cf. 행 18:11).

바울이 고린도를 떠날 때 아굴라와 브리스길라 부부도 함께 떠났다. 그들은 바울과 함께 에베소로 갔으며(행 18:18-19), 에베소 교회가 그들의 집에서 모였다(고전 16:19). 훗날 바울은 아굴라와 브리스길라 부부가 "내 목숨을 위하여 자기들의 목까지도 내놓았나니 나뿐 아니라 이방인의 모든 교회도 그들에게 감사하느니라"라고 회고한다(롬 16:4). 아마도 에베소에서 있었던 일에 관한 언급으로 보인다. 부부는 주후 56년에 로마로 돌아갔고, 로마 교회 중 하나가 그들의 집에서 모였다(롬 16:3, 5). 바울은 에베소에 잠시 머문 후 예루살렘을 거쳐 파송 교회가 있는 수리아 안디옥으로 돌아갔다.

이후 3차 선교 여행 때 에베소에서 2년 반을 머물며 사역했다(행 19:1-20). 바울은 고린도 교회에 총 네 편의 서신을 보냈는데, 그중 세 편은 에베소에 머무는 동안 보낸 것들이다(고전 5:9; cf. 행 19:1-22). 그리고 두 번째 편지가 오늘날 우리가 고린도전서로 알고 있는 서신이다. 고린도전서는 주후 54년 봄에 바울이 에베소에서 보낸 것이다(Schreiner, cf. Harris). 네 번째 편지는 그가 마게도냐에서 보낸 것으로, 바로 고린도후서다. 그가 고린도후서를 보낸 때는 주후 55년 가을이다(Harris).

고린도 교회

로마는 그리스의 도시였던 고린도를 주전 146년에 파괴했다. 고린도의 성인 남자들을 모두 죽이고, 여자들과 아이들은 노예로 팔았다(Garland). 이후 주전 44년에 율리우스 황제(Julius Caesar)가 새로 자유를 얻은 다수의 노예를 포함한 자유인들을 중심으로 고린도를 로마 식민지(colony)로 세웠다(ABD, cf. 고전 1:26). 도시는 로마 건축 양식에 따라 재건되었으며, 수많은 신전이 있었다. 바울 시대의 고린도는 로마 자유인과 그리스 본토인과 세계 곳곳에서 몰려온 이민자로 북적였다 (Garland).

고린도는 그리스의 중부와 남부를 잇는 지협에 위치했을 뿐 아니라 지중해를 동쪽과 서쪽으로 구분하는 기준점이었으며, 두 개의 항구가 있었다. 동(東)지중해 쪽에 있는 사로닉만(Saronic Gulf)에는 겐그레아 항 (Cenchrea)이 있었으며, 서(西)지중해 쪽에는 고린도만(Gulf of Corinth)에 레채움 항(Lechaeum)이 있었다. 이 두 항구는 5.5㎞나 되는 나무 길(wood track)로 연결되었다. 작은 배들은 이 길을 통해 한쪽 항구에서 다른 쪽 항구로 옮겨졌다. 큰 배들은 실은 물건만 사람들이 옮겨 다른 항구에서 대기하고 있는 배에 실었다(Longenecker). 율리우스 황제 때부터 이미 동쪽 바다(Aegean Sea, 에게해)와 서쪽 바다(Ionian Sea, 이오니아해)를 운하로 연결하려 했지만, 번번이 실패하다가 드디어 1923년에 두 바다를 연결했다. 고린도 운하(Corinth Canal)로 불리는 이 수로는 길이가 6.4㎞에 달하지만, 오늘날의 대형 상선이 지나기에는 너무 좁다.

고린도는 아가야주(州)의 수도였으며, 행정 중심지였다. 로마 제국에서 로마와 알렉산드리아에 이어 세 번째로 큰 도시였다. 전성기에는 인구가 70만 명이 넘었지만(Longenecker, Le Cornu & Shulam), 신약 시대에는 20만 명 정도였다(Bock, Gardner, Larkin, Longenecker).

지리적·경제적·행정적 요충지로 자리매김한 고린도는 아가야주(州)의 가난한 나머지 지역과 달리 부를 축적하기에 안성맞춤이었다(Betz). 또한 귀족과 상류층이 지배하던 로마와 달리, 고린도는 모든 사람에게 상류층과 중류층 클래스로 올라갈 기회를 제공했다. 고린도 교회도 가난한 사람부터 부자에 이르기까지, 사회적 지위가 낮은 자부터 높은 자에 이르기까지 다양한 계층으로 구성되었다(Schreiner, Thiessen, Wright & Bird, cf. 고전 1:26).

고린도는 사랑의 여신으로 알려진 아프로디테(Aphrodite, 로마 신화에서는 Venus라고 부름) 숭배의 중심지였다. 이 신전에서는 1,000명의 창녀가 숭배자들을 맞이했다(cf. Gardner). 고린도 사람들은 아폴로(Apollo), 아프로디테/비너스(Aphrodite/Venus), 아스클레피오스(Asclepius), 아테나(Athena), 테나 찰리니투스(Thena Chalinitus), 데메테르와 코레(Demeter and Kore), 디오니소스(Dionysus), 에베소 아르테미스(Ephesian Artemis), 헤라 아크라이아(Hera Acraea), 헤르메스/머큐리(Hermes/Mercury), 주피터 카피톨리누스(Jupiter Capitolinus), 포세이돈/넵튠(Poseidon/Neptune), 티케(Tyche), 포르투나(Fortuna), 제우스(Zeus) 등 여러 신을 숭배했다(De Vos, cf. Sampley). 이 외에도 여러 이집트 미스터리 컬트와 마법(Egyptian mystery cults and magic), 로마 황제 숭배(Emperor worship) 등이 성행했다. 고린도에는 최소 20여 개의 신전이 있었으며, 심지어 '모든 신을 위한 신전'(a temple for all the gods)도 있었다(Sampley). 사람들은 대부분 이 모든 종교의 정당성을 인정하는 다신(多神)주의자였으며, 많은 신을 숭배할수록 안전하고 복을 많이 받는다고 생각했다.

이 같은 다신주의적 정황에서 예수 그리스도가 유일하신 하나님의 아들이라는 기독교 복음은 쉽게 받아들여지거나 이해될 만한 것이 아니었다. 게다가 당시에는 어떤 종교에 속하든 상관없이 모든 사람이 건강과 부와 보호와 높아지는 사회적 위상만을 염원했고, 자신의 가치관과 세계관을 바꾸는 일에는 관심이 없었다(Savage). 기독교 세계관과 가치관은 많은 훈련과 깊은 묵상이 있은 후에 조금씩 바뀐다. 그러므로 고린도 사람들이 숭배하던 신의 수가 참으로 많았던 것처럼 고린도 교회도 수많은 문제를 안고 있었다.

또한 수많은 종교와 물질적인 풍요로움으로 인해 고린도는 도덕적으로 매우 문란했다. 이러한 정서를 반영해 주전 5세기부터 '고린도화되다'(to corinthianize)라는 말이 성적으로 매우 문란한 사람을 묘사하는 데 사용되었다(Bruce, cf. Ciampa & Rosner). 고린도는 오늘날 미국으로 치자면 샌프란시스코나 뉴욕(Schreiner), 혹은 라스베이거스(Las Vegas)에 비교할 만한 도시였다(Bock).

고린도에는 유대인이 그다지 많지 않았다(Le Cornu & Shulam, Polhill). 바울은 고린도에 오래 머물려고 하지 않았을 것이다. 전직 랍비였던 그는 유대인에게 쫓기는 상황이었고, 이 도시의 심각한 도덕적 문란이 복음을 선포하기에 적절하지 않다고 생각했을 것이기 때문이다. 그러나 바울은 고린도에서 1년 반을 머물며 교회를 세웠다(행 18:11).

우리는 바울이 세운 그 어느 교회보다 고린도 교회에 대해 아는 것이 많다. 바울의 쓴 두 편의 고린도 서신 때문이다. 그의 서신을 보면, 고린도 교회는 마치 어디로 튈지 모르는 미식축구공(football) 같다. 언제 어떤 사고를 쳐서 어떤 결과를 초래할지 종잡을 수 없는 교회이기 때문이다. 실제로 고린도 교회는 바울에게 수많은 골칫거리를 안겨 주었다(cf. Wright & Bird). 이러한 사실은 그가 고린도 교회에 보낸 두 서신을 통해 역력하게 드러난다. 그럼에도 불구하고 고린도 교회는 살아 있는 역동적인 교회였다(Bruce). 교회가 현실적으로 어떤 곳인지, 그런 교회를 하나님이 어떻게 변화시키며 인도해 가시는지 보고 싶으면 고린도 서신을 묵상하면 큰 도움이 될 것이다.

한때 학자들은 고린도 교회가 영지주의(Gnosticism)로부터 지대한 영향을 받아 혼란을 겪은 것이라고 주장했지만, 오늘날에는 대부분이 그렇게 생각하지 않는다(cf. Gardner, Schreiner, Wright & Bird). 또한 '지나친 실현적 종말론'(over-realized eschatology)이 고린도 교회의 큰 문제라고 주장하는 이들도 있었다. 그러나 고린도 교회가 헬라의 수사학에 대한 지나친 관심(고전 1:10-2:16), 근친상간(고전 5:1-13), 법적 소송(고전 6:1-8), 성적 문란(고전 6:12-20), 우상에게 바친 음식(고전 8:1-11:1), 애찬식(고전 11:1-34), 부활(고전 15:1-40) 등 현실적인 문제로 갈등을 빚는 것으로 보아 종말론에 지나치게 집착한 것이 문제의 근원이라는 주장은 별로 설득력이 없다.

고린도 교회는 두 가지 문제로 엄청난 혼란을 겪었다. 첫째는 교회의 세속화였다(Schreiner, cf. Fee). 고린도 성도들은 그리스도의 복음을 영접했지만, 기독교 가치관과 세계관에 따라 살지 못하고 믿지 않는 사람들과 다를 바 없는 삶을 살았다. 성적으로 문란했고, 법적 소송도 서슴지 않았다. 교회가 세상 모임과 별반 다를 바 없었던 것이다.

고린도 교회가 세속화된 것은 맞지만, 우리는 그 교회가 처했던 상황을 생각해 보아야 한다. 고린도 교회는 시작할 때 기독교 가치관과 세계관에 든든하게 섰다가 나중에 세속화된 교회가 아니다. 앞서 언급한 것처럼 고린도는 온갖 종교와 도덕적 문란으로 가득한 곳이었다. 이러한 정서와 풍토에 젖어 있던 사람들은 복음을 영접한 다음에도 세속적인 가치를 그대로 지닌 채 교회 구성원이 되었다. 그러므로 당시 바울이 고린도에 세운 교회에는 오늘날 복음의 불모지에 세운 개척 교회처럼 세속화된 사람으로 가득했다.

처음 그리스도인이 된 사람들은 자신이 평생 지향하던 가치관과 세계관 중 많은 것이 비(非)기독교적이라는 사실을 깨닫지 못한 채 교회에 발을 들인다. 교회는 구성원들의 믿음이 성장함에 따라 그들의 가치관과 세계관을 성경적인 것으로 바꿔 가도록 가르치고 격려하는 곳이다. 그러나 성도의 영적 성장은 각자의 열성과 열린 마음이 좌우한다. 고린도 교회의 경우 대부분 성도가 기독교적 가치관과 세계관을 지향하지 않고 세속적인 가치관을 가진 신앙의 초보자로 머물러 있었다. 그들이 그리스도인이 되었음에도 불구하고 여전히 옛 가치관과 세계관에 따라 생각하고 행동하니 심각한 문제가 산적할 수밖에 없었다.

세속적인 가치와 세계관에서 비롯되는 문제는 성경적인 가치와 세계관으로만 해결할 수 있다. 그러므로 바울은 고린도 성도들에게 누구든지 그리스도 안에 있으면 새로운 피조물이라며 그들 역시 새로운 피조물처럼 생각을 새롭게 해야 한다고 권면한다(고후 5:17; cf. 갈 6:15). 그렇다면 어떻게 하는 것이 새 피조물처럼 생각하고 행동하는 것인가? 바울은 그리스도가 우리를 위해 지신 십자가의 관점에서 모든 이슈를 생각하고 행동하는 것이라 한다.

두 번째로 고린도 교회는 엄청난 분열과 분란을 겪고 있었다. 성도 대부분이 교회를 새로 창조된 믿음 공동체로 보지 않고 변화되지 않은 옛사람들의 모임으로 보았으니 당연한 일이다. 앞서 언급한 것처럼 고린도 교회에는 가난하고 신분이 천한 이들만 있는 것이 아니라, 부자와 사회적 신분이 높은 이들까지 다양한 계층이 있었다.

바울이 고린도 교회에 편지할 때 고린도 성도의 수는 1백여 명에 달했으며, 여러 곳에 나뉘어 모였다(De Vos, cf. Martin, Meeks, Thiessen, Witherington). 신분이 높은 사람들과 부자들이 자기 집을 모임 장소로 제공했다(cf. 행 18:7-8; 롬 16:23; 고전 1:14). 매주 여러 사람의 집에서 가정 교회로 모이다가 한 달에 한 번씩 모든 가정 교회가 가이오가 제공하는 큰 공간에 모여 예배를 드렸다(Adams, Garland, cf. 롬 16:23).

문제는 자기 집을 가정 교회가 모이는 장소로 제공하는 이들이 공동체에 지대한 영향력을 행사했다는 사실이다(Garland). 결국 고린도 교회는 특정한 신학적 이슈보다는 영향력을 행사하는 일부 지도자의 인격과 정치력으로 인해 분열과 분란을 겪었다(Clarke, Garland, Mitchell, Welborn). 고린도 교회에 지대한 영향력을 행사한 지도자에는 그리스보(행 18:8; 고전 1:14), 디도 유스도(행 18:7), 스데바나(고전 1:16; 16:15-17), 에라스도(롬 16:23), 가이오(롬 16:23; 고전 1:14) 등이 있었다. 분열과 분란이 만연한 교회에 보낸 서신이라 전체가 힘을 합해 교회를 세워 가는 이미지로 가득하며, 이는 여러 지체가 한 몸을 이룬다는 가르침에서 절정에 이른다(Mitchell, cf. 고전 12:12-28).

바울 외에 여러 초대교회 지도자가 고린도를 지나간 것도 분열의 화근이 되었다. 바울이 고린도를 떠난 후에 알렉산드리아에서 온 아볼로와 로마로 가는 베드로가 고린도 교회에 들러 가르쳤다(Wright & Bird, cf. 행 18:27-28; 고전 1:12). 실라와 디모데도 한동안 고린도 교회에서 사역했다. 여러 사람의 다양한 가르침이 교회에 덕이 되어야 하는데, 오히려 해가 되었다. 성숙한 성도라면 이들의 가르침을 융합해 더 성경적이고 균형 있는 기독교 교리를 지향했을 텐데, 영적으로 성숙하지 못한 고린도 교회 지도자들은 자신이 선호하는 관점만 추구하는 계기로 삼았다. 결국 고린도 교회는 바울파, 아볼로파, 게바파, 그리스도파 등 여러 계파로 나뉘었다(고전 1:12). 바울은 이러한 계파 간의 갈등을 해소하기 위해 고린도에 서신을 보냈다.

메시지

고린도 서신은 성도들의 질문에 답변하는 형태를 취한다. 이미 언급한 것처럼 고린도는 당시 온갖 우상 숭배와 다양한 세계관이 지배하는 도시였다. 그러므로 아직 기독교 교리와 추구해야 할 가치들을 온전히 깨닫지 못한 사람들에게 그리스도인으로 사는 일은 온갖 혼란과 분란을 초래했다. 다행인 것은 그들이 이러한 문제들을 스스로 해결하려 하지 않고 사도 바울에게 물었다는 사실이다. 또한 그들이 사도에게 질문한 것들은 오늘날 우리 또한 겪을 수 있는 문제이기에 고린도 서신들을 통한 바울의 가르침은 지금도 시사하는 바가 매우 크다. 이 섹션에서는 세 가지 주제에 대해 매우 간략하게 정리하고자 한다.

연합

고린도 교회는 최소한 네 개의 파(바울파, 아볼로파, 게바파, 그리스도파)로 나눠져 있었다(cf. 고전 1:10-17). 또한 믿음이 약한 자와 강한 자로 나누어져 있었고(cf. 고전 8장), 가난한 자와 부자로 나누어져 있었다(cf. 고전 11:17-22). 그들은 애찬식에서 하나가 되지 못했고(고전 11:17-22), 우상에게 바친 음식(고전 8:7-13) 등 여러 이슈에 대해 다른 견해를 가지고 있었다. 심지어 서로를 상대로 소송까지 제기했다(고전 6:1-8).

고린도 성도들이 이렇게 나뉜 것은 어떤 신학적 이슈 때문이 아니라, 리더십 위치에 있는 사람들의 개인적인 취향과 선호도로 인해 빚어진 일이다. 영적으로 성숙하지 못한 지도자들이 빚어낸 분란이었던 것이다(Gardner, Garland, cf. 고전 3:1-10).

그러므로 '성도는 그리스도 안에서 하나'라는 것이 고린도 서신이 강조하는 가장 중요한 주제다(Garland, cf. 고전 1:10-17; 3:3-9). 고린도 교회 리더들이 겸손히 자기를 낮출 때 비로소 문제의 해결책이 보인다. 자기 자신을 중심으로 삼는 것이 아니라, 그들을 위해 죽으시고 부활하신 그리스도가 한 분이시라는 사실을 근거로 연합해야 한다. 또한 서로를 경쟁자가 아닌 동역자로 보아야 한다(cf. 고전 4:1-6). 영적인 은사를 가졌다고 자랑할 것이 아니라, 서로를 세우고 격려하는 데 은사를 사용해야 한다(cf. 고전 12:4-11). 우리는 모두 같은 몸에 속한 지체이며, 그리스도가 그 몸의 머리 되신다는 사실을 고백하고 인정할 때 비로소 연합할 수 있다(cf. 고전 12:12-27). 하나님이 한 분인 것처럼(cf. 신 6:4-5), 그분이 보내신 그리스도 역시 한 분이라는 것이 기독교의 기본적인 고백이다.

십자가와 부활의 신비

바울 서신 중 에베소서 외에 '신비'(μυστήριον, mystery)에 관해 가장 많이 언급하는 서신은 고린도전서로 총 여섯 차례 언급한다(2:1, 7; 4:1; 13:2; 14:2; 15:51). 하나님이 하시는 일을 '신비'라고 하는 것은 다니엘 2장과 4장에서 유래한다. 다니엘 선지자는 종말에 세워질 하나님 나라와 하나님의 숨겨진 지혜와 계시를 신비라고 한다(cf. 단 2:20-23).

신약은 하나님 나라(마 13:11), 십자가(고전 2:1, 7), 부활(고전 15:51), 그리스도의 우주적 통치(히 1:9), 적그리스도의 출현(살후 2:7) 등을 '신비'라 한다. 로마서는 유대인과 이방인 성도의 관계를 신비라 하며(롬 11:25), 고린도전서는 예수님의 십자가와 부활을 신비라고 한다. 구약은 하나님의 백성을 구원하실 메시아가 왕으로 오신다고 하는데, 하나님의 아들이신 예수님이 십자가에서 죽고 부활해 구원을 이루셨기 때문이다.

십자가가 신비인 것처럼, 부활도 신비다. 만약 부활이 없다면 그리스도도 부활하지 못했을 것이고, 예수님이 부활하지 못하셨다면 우리의 부활도 없다. 또한 우리가 믿고 고백하는 기독교의 모든 진리도 헛것이다. 예수 그리스도의 역사적 부활은 기독교를 형성하고 지탱하는 가장 중요한 사실이다. 그러나 부활을 이해하는 것은 쉽지 않으며, 당시나 지금이나 많은 사람에게 신비로 남아 있다.

교회의 질서와 예배

교회는 예수 그리스도를 영접해 하나님의 새 피조물이 된 사람들의 모임이다. 모든 그리스도인은 그리스도 예수 안에서 하나님이 주신 자유를 마음껏 누릴 수 있다. 그러나 주님이 주신 자유는 죄를 짓지 않을 자유이지, 죄를 지을 자유가 아니다. 그러므로 교회는 구성원의 죄가 공동체의 순수성과 질서를 위협할 때 조치를 취해야 한다. 예수님은 징계 절차에 관해 다음과 같이 말씀하셨다.

> 네 형제가 죄를 범하거든 가서 너와 그 사람과만 상대하여 권고하라 만일 들으면 네가 네 형제를 얻은 것이요 만일 듣지 않거든 한두 사람을 데리고 가서 두세 증인의 입으로 말마다 확증하게 하라 만일 그들의 말도 듣

지 않거든 교회에 말하고 교회의 말도 듣지 않거든 이방인과 세리와 같이 여기라(마 18:15-17).

교회는 죄를 회개하고 그리스도의 은혜 안에서 새로운 삶의 방식을 추구하려는 사람들이 모이는 곳이지, 계속해서 자기 죄에 거하는 사람들을 위한 공동체가 아니라는 뜻이다. 그러므로 의도적으로 죄를 짓거나 상습적으로 죄를 지으면서 성령의 권면을 따르지 않는 사람은 교회 안에 남아 있을 자격이 없다. 공동체의 순수성을 보존하기 위해서라도 이런 사람들은 징계 절차에 따라 출교해야 한다(cf. 고전 5:1-13).

교회는 하나님을 예배하기 위해 모이는 공동체다. 하나님께 온전한 예배를 드리고자 하는 공동체는 평안과 질서를 확립하기 위해 반드시 징계 절차를 실천해야 한다. 또한 예배에 임하는 성도는 마음가짐과 행실이 세상 사람들과 달라야 한다. 성도는 하나님이 창조하신 새 피조물이기 때문이다(고후 5:17, 19). 이러한 취지에서 바울은 머리 덮개(고전 11:2-16)와 성찬식(고전 11:17-32)과 영적 은사(고전 14:1-25)에 대해 가르침을 준다.

개요

고린도 교회가 여러 파로 나누어졌던 것처럼, 학자들이 고린도전·후서를 구분하는 방법도 매우 다양하다(cf. Beale & Gladd, Gardner, Garland, Harris, Verbrugge, Wright & Bird). 이 주석에서는 다음과 같이 구분해 본문을 설명하고자 한다.

고린도전서

Ⅰ. 안부와 감사 기도(1:1-9)

Ⅱ. 교회의 분란과 갈등(1:10–4:21)
Ⅲ. 교회의 도덕적 이슈들(5:1–6:20)
Ⅳ. 교회의 질문들(7:1–15:58)
Ⅴ. 연보와 마무리 인사(16:1–24)

고린도후서

Ⅰ. 안부와 감사 기도(1:1–11)
Ⅱ. 방문을 보류한 이유(1:12–2:13)
Ⅲ. 사도의 사역과 삶(2:14–7:4)
Ⅳ. 고린도에서 온 희소식(7:5–16)
Ⅴ. 예루살렘 교회를 위한 연보(8:1–9:15)
Ⅵ. 사도직 변호(10:1–13:10)
Ⅶ. 마무리 인사(13:11–13)

엑스포지멘터리

고린도전서

1 Corinthians

EXPOSItory comMENTARY

Ⅰ. 안부와 감사 기도
(1:1-9)

바울 시대 헬라 문화권에서는 서신을 시작할 때 "보내는 자가 받는 이에게, 안녕"(A to B, greetings), 혹은 "받는 이에게 보내는 자로부터, 안녕"(To B from A, greetings) 정도로 매우 간략하게 인사한 다음, 편지를 받는 이가 건강하기를 기원하고 곧바로 본론으로 들어갔다(Garland, cf. Verbrugge). 이와는 대조적으로 바울은 예수 그리스도의 사도로서 고린도 교회에 관한 상당히 많은 정보와 영적인 면모를 지닌 인사말로 서신을 시작한다. 교회는 세상의 사교 집단과 달리 영적인 정체성과 목적을 지닌 공동체이기 때문이다. 바울의 인사말은 다음과 같이 두 파트로 구분된다.

A. 안부(1:1-3)
B. 감사 기도(1:4-9)

Ⅰ. 안부와 감사 기도(1:1-9)

A. 안부(1:1-3)

[1] 하나님의 뜻을 따라 그리스도 예수의 사도로 부르심을 받은 바울과 형제
소스데네는 [2] 고린도에 있는 하나님의 교회 곧 그리스도 예수 안에서 거룩하
여지고 성도라 부르심을 받은 자들과 또 각처에서 우리의 주 곧 그들과 우
리의 주 되신 예수 그리스도의 이름을 부르는 모든 자들에게 [3] 하나님 우리
아버지와 주 예수 그리스도로부터 은혜와 평강이 있기를 원하노라

바울 서신의 전반적인 특징은 서신을 시작하는 인사말에 저자가 본론에서 중요하게 다룰 주제를 암시한다는 점이다(Verbrugge, cf. Sampley). 고린도 교회는 바울이 1년 6개월 동안 고린도에 머물며 세우고 돌본 교회다(행 18:11). 그럼에도 불구하고 일부 성도가 바울의 사도직에 문제를 제기했기에 이는 고린도전서에서 중요한 이슈로 부각된다(cf. 1:10; 4:9; 9:1-27; 12:28-29; 15:7-9). 이런 점에서 혹자는 바울이 이 서신을 고린도에 보낸 가장 중요한 목적은 자신의 사도직을 방어하기 위해서라고 한다(Fee). 그러나 사도직 방어는 저자가 서신을 보내는 가장 중요하거나 유일한 목적이 아니다. 그럼에도 불구하고 저자는 사도직 방어가 중요한 이슈라는 사실에 대해 힌트를 제공하듯 자신의 사도권에 관한 언급으로 서신을 시작한다(1a절; cf. 고후 1:1; 엡 1:1; 딤후 1:1).

바울은 자신의 사도직에 대해 세 가지를 말한다. 첫째, 바울이 사도가 된 것은 하나님의 뜻이다. '뜻'(θέλημα)은 의지의 표현이다(cf. TDNT). 하나님은 태초부터 그를 사도로 세우기로 계획하셨고, 드디어 때가 이르자 이러한 계획(뜻)을 실현하셨다. 그러므로 바울의 사도직은 갑자기 된 일이거나 혹은 하다 보니 우연히 된 일이 아니다. 하나님이 처음부터 뜻하신 일이다.

둘째, 바울은 그리스도 예수의 사도다. '사도'(ἀπόστολος)는 '보냄받은 자'라는 의미를 지닌 히브리어 단어(שָׁלִיחַ)에서 비롯되었다(Agnew). 구약에서는 하나님의 선지자와 메신저를 뜻한다. 신약에서는 예수님이 직접 세우신 제자들(막 3:14-15)과 예수님의 부활에 대한 증인 중 소수를 이렇게 부른다(9:1; 15:3-9; cf. 행 9:1-9; 고후 8:23; 갈 1:12; 빌 2:25). 그리스도 예수의 사도로서 바울은 십자가에서 죽으신 그리스도를 고린도 사람들에게 전파해 교회를 세우고(cf. 9:2; 고후 3:2-3), 그들을 양육하는 영적 아버지가 되었다(cf. 4:14-21).

셋째, 바울의 사도직은 부르심이다. '부르심'(κλητός)은 소명이다(cf. BDAG). 소명은 하나님이 그분의 백성에게 주시는 사명(역할, 기능)이다. 그러므로 모든 그리스도인은 하나님의 부르심에 순종해야 할 책임이 있다.

이 세 가지는 모두 바울의 사도직이 그 자신이 원해서 된 일이 아니라는 사실을 강조한다. 사도로 부르심을 받기 전에 그는 그리스도의 교회를 핍박하는 자였다(cf. 15:9-10). 하지만 사도로 부르심을 받은 이후, 회심하기 전에는 상상도 하지 못했던 길을 가고 있다(cf. 갈 1:15-16; 고후 5:14).

또한 교회가 그를 사도로 세워 파송한 것이 아니다(cf. 갈 1:1). 그가 사도가 된 것은 처음부터 하나님이 뜻하신 바였으며, 예수님이 그를 이방인에게 보내기 위해 부르셨다(갈 1:16; 2:7; cf. 롬 11:13; 고후 10:13-16; 엡 3:1-2). 그러므로 바울이 사도가 된 것은 하나님과 예수님의 부르심에 순종하는 일이다. 그를 사도로 부르신 하나님만이 그의 소명과 사역을 평가하실 수 있다(Danker, cf. 4:3-4). 고린도 교회가 마치 교회에서 바울을 사도로 세운 것처럼 생각해 그의 사도직에 문제를 제기하는 것은 참으로 잘못된 일이다.

바울이 자신의 사도직을 부각하는 일로 서신을 시작한다고 해서 권위로 고린도 교회와 성도들을 제압하는 것으로 보는 것은 바람직하지 않다. 저자는 정죄하기 위해서가 아니라 정보를 제공하고, 가르치고,

확인하고, 설득하고, 해석하기 위해 이 서신을 보냈다(Garland). 바울은 자신의 사도직을 힘의 도구가 아니라 삶과 생각과 말을 통해 십자가에서 죽으시고 부활하신 그리스도의 대리인이 되라는 부르심으로 본다(Thiselton).

바울은 소스데네가 이 서신을 함께 보내고 있다고 한다(1b절). 이렇다 할 소개 없이 소스데네를 간단히 '형제'(ὁ ἀδελφὸς)라고 부르는 것으로 보아 그는 고린도 성도들에게 잘 알려진 사람이다. 바울이 처음 고린도를 방문했을 때 그가 말씀을 강론하던 회당을 관리하는 회당장 중 하나가 '소스데네'(Σωσθένης)였다(cf. 행 18:17). 유대인들이 복음에 대해 반발하자 바울은 더는 회당에서 말씀을 강론하지 않고 유스도의 집에서 복음을 전파했다(행 18:6-7). 바울과 기독교를 시기한 유대인들은 갈리오가 새 총독으로 부임하자 바울을 고발했다(행 18:12-13). 그러나 갈리오가 그들이 원하는 판결을 하지 않자 법정 앞에서 회당장 소스데네를 때렸다(행 18:17). 소스데네가 바울이 전한 복음을 영접했기 때문일 것이다.

이 일로 인해 고린도 성도들은 소스데네와 그의 회심에 대해 잘 알게 되었다. 그러므로 바울은 그를 매우 간략하게 '형제'라고 소개한다(Verbrugge). 그렇다면 소스데네는 복음을 영접한 두 번째 고린도 회당장이다. 회당장 '그리스보'(Κρίσπος)가 그보다 먼저 복음을 영접했다(행 18:8; cf. 고전 1:14).

바울이 고린도전서를 집필할 때 소스데네가 어떤 역할을 했는지에 대해 어느 정도 논란이 있다. 어떤 이들은 그가 바울이 말한 것을 받아썼다고 한다(Prior). 그러나 대필자가 저자와 함께 서신을 보내는 이(co-author)로 언급되는 것은 이해되지 않는 일이다. 바울에게서 로마서를 받아쓴 더디오는 서신의 끝에 가서 자신을 대필자로 밝힌다(cf. 롬 16:22).

고린도전서 일부(1:18-31; 2:6-16)가 '우리'라는 말로 진행되는 것으로 보아 소스데네는 일반적인 대필자보다 더 큰 역할을 한 것이 확실하다(Murphy-O'Connor). 그러나 인사말 이후 1인칭 단수형이 주로 사용되는 것으로 보아 고린도전서를 쓰는 일에서 소스데네의 역할은 그다지 크지 않았다. 그럼에도 불구하고 소스데네는 바울에게 고린도 교회의 상황을 알리고 조언하는 중요한 역할을 했다. 바울은 혼자 사역하는 사람이 아니다. 항상 동료들과 함께 사역했다(Thiselton). 이번에는 소스데네가 조력자로 그와 함께 있다.

'고린도'(Κόρινθος)는 로마 제국에서도 매우 중요하고 특별한 도시였다(cf. ABD). 그러므로 당시에는 고린도에 사는 사람에게 편지할 때 도시의 위대함에 대한 찬양으로 글을 시작하는 것이 일상적인 일이었다(Garland). 이와는 대조적으로 바울은 도시 이름을 언급할 뿐 고린도의 위대함이나 지위에 관해서는 한마디도 하지 않는다. 그의 유일한 관심사는 그 도시에 사는 하나님의 자녀들이기 때문이다.

바울은 고린도 성도들이 구성하고 있는 공동체를 '하나님의 교회'(ἐκκλησίᾳ τοῦ θεοῦ)라고 부른다(2a절). '교회'(ἐκκλησία)는 원래 정치적인 목적을 가지고 정기적으로 모이는 세속적인 그룹을 가리켰지만(BDAG, TDNT, cf. 행 19:39), 기독교에서 이 용어를 예수 그리스도를 구세주로 고백하는 사람들이 모인 공동체를 뜻하는 단어로 사용했다(Thiselton, cf. 11:18; 14:4). 이러한 차이로 인해 '정치적 집회'(ἐκκλησία)에서는 우아한 수사적 설득의 기술이 무엇보다 중요했지만, '교회'(ἐκκλησία)에서는 십자가에 못 박히신 그리스도를 선포하고 나약함과 두려움 중에 하나님의 은혜로 구원에 이른 일을 증언하며 성령의 능력을 드러내는 일이 가장 중요했다(Garland).

우리는 교회가 어떤 곳인지 생각해 보아야 한다. 교회는 세속적인 가치나 생각에 지배받는 사람들의 모임이 아니다. 교회는 '예수 그리스도의 복음'이라는 배타적인 진리를 선포하는 공동체다. 예수 그리스도를 통한 구원을 선포하기보다 친교하고 좋은 시간을 보내려는 사람들의 사교 모임이 아니다(Bornkamm). 또한 교회는 사람이 세운 기관이 아니라, 하나님이 세우시고 소유하시는 공동체다.

고린도에는 최소 두 개 이상의 가정 교회가 있었지만(Gardner, Garland, Verbrugge), 바울은 복수형(ἐκκλησίας)을 사용하지 않고 단수형(ἐκκλησία)으로 그들을 부른다(cf. 살전 1:1; 살후 1:1). 바울이 흔히 성도를 복수형으로 칭하며 서신을 보낸 일과 비교하면 예외적이다(cf. 롬 1:7; 빌 1:1; 엡 1:1; 골 1:2). 아마도 저자가 심각한 분란으로 나누어진 고린도의 교회들이 연합해 하나가 되기를 염원하며 단수형을 사용한 것으로 보인다(Belleville, cf. 3:9, 16, 23; 10:17; 12:12-13, 27).

바울이 생각하는 하나님의 교회는 어떤 곳인가? 첫째, 그리스도 예수 안에서 거룩해진 사람들의 모임이다(2b절). '거룩해진 자들'(ἡγιασμένοις)은 '구별하다, 봉헌하다'(ἁγιάζω)의 완료형 수동태 분사(perfect passive participle)다. 하나님 백성의 거룩함은 "너희는 거룩하라 이는 나 여호와 너희 하나님이 거룩함이니라"(레 19:2)라는 말씀에 근거를 두고 있다(cf. 출 19:5-6; 22:31; 고전 3:17). 그러나 사람이 스스로 하나님처럼 거룩해지는 것은 불가능한 일이다. 그러므로 저자는 우리가 그리스도 예수 안에서 거룩해진다고 한다.

또한 바울이 성도의 거룩함을 묘사하며 완료형 수동태를 사용하는 것은 거룩함은 예수 그리스도의 복음을 영접할 때 하나님이 선물로 주시는 새로운 신분임을 암시한다. 거룩함은 우리가 노력해서 성취하는 것이 아니라, 예수님을 구주로 영접할 때 하나님이 우리에게 선물로 주시는 것이라는 뜻이다. 우리는 복음을 영접하는 순간부터 하나님의 거룩한(구별된) 백성이 되었다.

둘째, 교회는 성도라 부르심을 받은 사람들의 모임이다(2c절). 바로 앞 문구의 '거룩해진 자들'(ἡγιασμένοις)과 '성도들'(ἁγίοις)은 같은 어원인 '거룩하다'(ἁγιάζω)에서 유래한 단어다. 사람은 그리스도의 복음을 영접하는 순간 하나님의 은혜로 거룩해진다. 그렇다고 해서 모든 과정이 끝난 것은 아니다. 이후 평생 진행되는 성화를 통해 두렵고 떨림으로 구원을 이루어 나가야 한다(빌 2:12). 그러므로 교회는 복음을 영접할 때 하나님의 거룩하게 하심을 선물로 받고, 계속해서 더 거룩해지고자 하는 사람들의 모임이다.

1절에서 바울은 자신이 예수 그리스도의 사도가 된 것은 하나님의 '부르심'(κλητός), 곧 소명이 있었기 때문이라고 했다. 소명은 하나님이 그분의 백성에게 주시는 사명(역할, 기능)이다. 역할과 방법은 다르지만 모든 그리스도인은 하나님 나라를 확장하는 일에 부르심(소명)을 받았다. 그러므로 모든 그리스도인은 하나님의 부르심에 순종해야 할 책임이 있다. 성도는 평생 성화를 추구하며 살아야 한다. 그러나 결코 쉽지 않은 일이다. 고린도 교회에는 이렇게 살지 못하는 사람이 참으로 많았다.

저자는 이 과정을 '부르심'(κλητός)이라고 한다. 오직 하나님이 성도로 부르신 자들만 경건하고 거룩하게 살 수 있다는 뜻이다(Conzelmann). 바울 자신이 사도로 부르심을 받았다면, 그리스도인은 성도(평생 거룩한 삶을 사는 이들)로 부르심을 받았다는 것이다. 또한 세상 사람들이 지향하는 가치관과 윤리대로 살면 결코 거룩해질 수 없다는 사실을 우리는 깨달아야 한다.

바울은 은혜와 평강을(3절) 고린도 성도뿐 아니라 "각처에서 우리의 주 곧 그들과 우리의 주 되신 예수 그리스도의 이름을 부르는 모든 자들"(2d절)에게도 빌어 준다. 이 말씀은 "누구든지 여호와의 이름을 부르는 자는 구원을 얻으리니…남은 자 중에 나 여호와의 부름을 받을 자가 있을 것임이니라"(욜 2:32)에서 비롯되었다(Ellis).

사람이 그리스도의 이름을 부른다는 것은 예수 그리스도를 유일한 구세주로 믿고 회심해(cf. 행 2:21; 롬 10:12–14), 그분의 이름을 선포하며 기도하고 예배한다는 뜻이다(cf. 행 9:14, 21; 22:16; 고전 16:22). 그리스도인이 섬기고 순종해야 할 주는 오직 예수님이라는 사실을 강조하기 위해 저자는 1-3절에서 '그리스도 예수/예수 그리스도'를 네 차례나 언급한다. 예수님은 하나님의 뜻을 세상에 이루어 가시는 이스라엘과 세상의 왕이시다(Wright, cf. 시 72:8; 사 11:10; 고전 15:25-28). 세상을 다스리는 왕을 부르는 것은 마치 주문 외우듯 그의 이름을 외치는 것이 아니라, 예수님을 섬기고 순종할 것을 전제하는 고백이다(Dunn). 그러므로 그리스도인은 예수 그리스도를 위해 고난받을 각오가 되어 있다(Cullman).

저자가 고린도 교회에 편지를 쓰면서 온 세상 성도까지 언급하는 이유는 무엇일까? 그는 하나님의 교회가 고린도에만 있는 것이 아니라 세상 곳곳에 있다는 사실을 강조하고자 한다. 고린도 교회는 도시의 지리적 여건과 경제적 지위 등으로 인해 엘리트 의식에 사로잡혀 있다(Evans). 그들은 마치 자신들만 그리스도인인 것처럼 착각한다(Robertson & Plummer, Thiselton, cf. Gardner). 그러나 세상에서 그들만 예수님을 믿는 것은 아니다. 하나님은 어느 시대에든 '바알에게 무릎 꿇지 않은 칠천 명'을 두신다(왕상 19:18).

교만과 엘리트 의식은 눈을 들어 하나님이 사역하시는 온 세상으로 시선을 옮길 때 해결된다. 그럴 때 비로소 우리는 하나님의 유일한 백성이 아니며, 주님은 수많은 사람을 통해 그분의 위대한 계획을 이루어 가신다는 사실을 깨닫게 되기 때문이다. 또한 우리 자신에게서 눈을 들어 하나님이 사역하시는 세상을 바라보는 것은 분란을 버리고 연합을 이루는 가장 좋은 방법이다(Blomberg).

바울은 고린도 성도들과 세상 모든 그리스도인에게 하나님 아버지와 예수 그리스도의 은혜와 평강이 있기를 원한다(3절). 저자는 모든 그리스도인에게 복을 빌어 주고 있다(Sampley, Thiselton). 또한 이 말씀은 모든 성도를 위한 바울의 기도라 할 수 있다(Gardner). 일부 학자가 주장하는 것처럼 '은혜'(χάρις)와 '평강'(εἰρήνη)은 바울이 세상의 인사말을 기독교화한 것이 아니다. 하나님이 성도의 삶에서 행하시는 온전한 사역을 강조하기 위해 저자가 만들어 낸 독특한 표현이다(Garland, Porter, cf. Gardner).

'은혜'(χάρις)는 하나님의 특별한 배려로, 성도의 삶의 시작과 근원이다. 그러므로 하나님의 은혜가 없으면 성도의 삶을 살 수가 없다. '평강'(εἰρήνη)은 구약의 '샬롬'(שָׁלוֹם)에서 유래한 것으로 삶의 모든 요소가 완벽한 조화를 이룰 때 누리는 평안을 말한다. 이는 하나님과의 원수 관계가 은혜를 통해 용서와 축복으로 바뀔 때 가능하다(Porter, cf. 롬 5:1; 15:13; 엡 2:14; 골 1:20). 그러므로 그리스도인에게 은혜는 삶의 시작이며, 평강은 은혜의 실현이라 할 수 있다(Edwards).

이 말씀은 모든 그리스도인의 삶은 부르심이라 한다. 바울은 사도직으로 부르심을 받았으며, 그리스도인은 거룩한 삶을 살도록 성도로 부르심을 받았다. 하나님의 백성은 모두 각자의 자리와 역할로 부르심(소명)을 받았다. 하나님의 부르심에는 차이는 있지만 차별은 없다.

교회는 그리스도 예수 안에서 거룩해진 사람들의 모임이다. 또한 평생 거룩하고 경건한 삶을 살도록 부르심을 받은 성도들의 공동체다. 우리는 평생 교회에 머물며 계속해서 성화를 추구해야 한다.

그리스도인은 서로에게 하나님 아버지와 주 예수 그리스도의 은혜와 평강을 빌어 주어야 한다. 우리는 말뿐 아니라 행동을 통해 서로에게 하나님 축복의 통로가 되어야 한다. 어려운 형제자매를 격려하고 돕는 일에 인색하지 않아야 한다. 하나님은 우리를 통해 그들에게 복을 내리길 원하시기 때문이다.

Ⅰ. 안부와 감사 기도(1:1-9)

B. 감사 기도(1:4-9)

4 그리스도 예수 안에서 너희에게 주신 하나님의 은혜로 말미암아 내가 너

희를 위하여 항상 하나님께 감사하노니 5 이는 너희가 그 안에서 모든 일 곧 모든 언변과 모든 지식에 풍족하므로 6 그리스도의 증거가 너희 중에 견고하게 되어 7 너희가 모든 은사에 부족함이 없이 우리 주 예수 그리스도의 나타나심을 기다림이라 8 주께서 너희를 우리 주 예수 그리스도의 날에 책망할 것이 없는 자로 끝까지 견고하게 하시리라 9 너희를 불러 그의 아들 예수 그리스도 우리 주와 더불어 교제하게 하시는 하나님은 미쁘시도다

당시의 서신에는 인사말(cf. 1:1-3)에 이어 보내는 자가 받는 자(들)를 칭찬함으로써 관심을 끌고 동시에 핵심 주제를 암시하는 섹션(exordium)이 있었다(Aune, O'Brien, Witherington). 본 텍스트가 이러한 역할을 한다.

바울의 다른 서신은 흔히 교회에 대해 칭찬할 일과 사람들을 언급하는 내용으로 시작한다(cf. 빌 1:5; 골 1:4; 살전 1:3, 6-8; 살후 1:3-4; 몬 1:5, 7). 그러나 고린도전서에는 이러한 내용이 없다. 심지어 흔히 언급하는 서로에 대한 사랑(cf. 빌 1:9; 골 1:4; 살전 1:3; 살후 1:3; 몬 1:5)과 선한 일(cf. 빌 1:6; 골 1:10; 살전 1:3; 살후 1:11)에 관한 내용도 없다(Garland).

저자는 고린도 성도들을 칭찬하는 것이 아니라, 그들 가운데 역사하시는 하나님(예수님)을 찬양하는 것으로 대신한다(O'Brien). 고린도 교회와 성도들에게는 워낙 많은 문제가 있었기에 그들만 보면 감사할 일이 별로 없다. 반면에 많은 문제를 일으키는 그들을 버리지 않고 계속 역사하시는 하나님은 찬양과 감사를 받으시기에 합당하다. 또한 바울은 고린도 성도들이 문제가 많지만, 반드시 변화를 받아 언젠가는 예수님을 닮을 것이라는 확신과 기대를 가지고 하나님께 감사하고 있다. 우리 안에서 착한 일을 시작하신 이가 그리스도 예수의 날까지 이루실 것이기 때문이다(빌 1:6).

바울은 하나님이 고린도 교회를 절대 버리지 않고 반드시 변화시키실 것이라고 확신하며 이 섹션에서 '예수 그리스도/그리스도 예수'를 네 차례나 언급한다. 그리고 매 구절 '그리스도' 혹은 그분을 뜻하는 인칭 대명사를 사용한다. 교회는 예수님과 끊을 수 없는 관계이며, 모든 성도는 예수 그리스도 안에 있는 이들이기 때문이다. 또한 그들이 예수 그리스도 안에 있으므로 하나님이 그들을 변화시키실 것이다.

저자는 하나님이 그리스도 예수 안에서 고린도 성도들에게 주신 은혜로 말미암아 그들을 생각할 때마다 항상 하나님께 감사한다(4절). '항상'(πάντοτε)은 '기회가 있을 때마다'라는 의미를 지닌다(Gardner, Thiselton, cf. 15:58). 고린도 교회와 성도를 위해 기도를 멈추지 않는 바울은 기도할 때마다 고린도 교회를 생각하며 하나님께 감사한 것이다.

'은혜'(χάρις)는 하나님이 그들에게 주신 다양한 은사를 의미한다(BDAG). 고린도 성도들은 하나님께 받은 은사를 잘못 사용해 많은 문제를 일으키고 있다(cf. 12장). 그러므로 어떤 학자들은 이런 상황에서 저자가 그들의 은사로 인해 하나님께 감사하는 것이 잘 이해되지 않는다며 그의 감사를 냉소(비아냥)로 간주한다(cf. Garland).

그러나 바울은 그들이 받은 은사를 생각할 때마다 진심으로 하나님께 감사드린다(Brown). 하나님이 주신 은사에 문제가 있는 것이 아니라, 받은 은사를 대하는 고린도 성도들의 태도와 은사를 잘못 사용하는 것이 문제이기 때문이다(Fee). 은사는 하나님이 주시는 좋은 선물이므로(cf. 4:7), 선한 것을 주신 하나님은 감사를 받으시기에 합당하다. 은사가 우리 스스로 이룬 능력이 아니라 하나님이 주신 선물이라면, 은사를 사용하는 사람은 항상 겸손해야 한다(Verbrugge). 사역자들은 영적 성취에 대해 교만하거나 자만하면 안 된다.

저자는 하나님이 그들의 모든 언변과 모든 지식이 풍족하도록 '그 안'(ἐν αὐτῷ), 곧 그리스도 안에서 은사를 주신 것을 감사한다(5절). 당시 사회가 말솜씨를 매우 중요하게 여겼던 점을 고려해 '언변'(λόγος)을 일상적인 스피치 능력으로 해석하는 이들이 있다(Peterson, cf. Verbrugge). 그러나 바울이 그들의 타고난 재능을 가리켜 복음을 영접한 후 하나님께 받은 은사로 표현할 이유가 없다. 그러므로 '언변'은 방언 등 영적 은사를 뜻하는 것으로 해석해야 한다(Garland, cf. 12:10, 28; 13:1-2, 8-13). '지식'(γνῶσις)도 세상의 특정 분야(주제)에 대한 박식함이 아니라 영적 이해력과 통찰력 등 성도의 삶과 연관된 것을 가리킨다(Garland).

하나님은 예수님 안에서 고린도 성도들에게 영적인 언변과 지식을 풍족하게 주셨다(cf. 고후 8:7). 그리스도인의 가치관과 세계관으로 살아가는 데 전혀 문제가 없도록 충분히 주셨다는 뜻이다. 그러나 그들은 하나님이 주신 '언변과 지식'을 삶에 적용하는 데 많은 문제가 있었다. 그러므로 저자는 이 서신에서 열한 차례나 "알지 못하느냐?"라고 묻는다(3:16; 5:6; 6:2, 3, 9, 15, 16, 19; 9:13, 24; 12:2). 그들이 선하게 행하지 못했다는 뜻이다.

고린도 성도들은 윤리적 이슈에 대해 하나님이 주신 은사의 풍족함을 충분히 적용하지 못했다(Sampley). 당시 철학과 종교와 수사학으로 하나님이 은사로 주신 기독교적 언변과 지식을 약화시켰기 때문이다(Munck, Winter). 그러므로 하나님이 주신 은사가 고린도 성도들에게는 가장 큰 영적 능력이자 동시에 연약함이 되었다(Brown).

저자는 그리스도의 증거가 고린도 성도 중에 견고하게 되었다고 한다(6절). 바울이 증거한 못 박힌 그리스도를 그들이 영접했다는 뜻이다(cf. 1:23; 2:1-4; 15:3-5, 11). 바울과 같은 사도들은 예수님에 대한 증인이었다. 그들은 그리스도의 죽음과 부활을 집중적으로 증언했다(cf. 행 2:32; 3:15; 5:32; 10:39, 41). 또한 하나님의 아들에 대해 증언하며 그들의 메시지를 영접한 자들 역시 증인이 되게 했다(Verbrugge).

예수 그리스도의 복음이 그들 가운데 견고하게 되자 하나님이 그들에게 모든 은사를 부족함 없이 주셨다(7a절). 모든 언변과 지식도 주셨다(cf. 5절). 하나님이 성도에게 주시는 영적 은사는 그들 중에 그리스도의 증거가 견고하게 된 결과라는 것이다(Gardner, Sampley). 은사가 사람들 가운데 복음을 세우고 입증하는 것이 아니라, 복음이 예수님을 영접한 이들에게 많은 은사를 안겨 준다.

고린도 교회 성도들이 경험한 풍족한 은사는 전에 경험해 보지 못한 것이었다. 하나님은 이 은사를 개인적으로(cf. 14:4), 혹은 공동체적으로(cf. 12:7; 14:5) 사용하라고 주셨다. 그러므로 그리스도의 복음을 영접하기 전과 후의 삶과 각자 속한 공동체에 변화가 없다면, 참으로 우리가 복음을 영접했는지 심각하게 질문해 보아야 한다(Verbrugge). 하나님이 주시는 은사는 우리 삶에 긍정적인 변화를 일으키기 때문이다.

또한 은사는 이를 받은 이들이 어떠한 영적인 부족함 없이 예수 그리스도의 나타나심을 기다리게 한다(7b절). 하나님은 예수님이 재림하실 때까지 우리가 믿음으로 살 수 있도록 온갖 은사를 주셨다. 우리는 예수님의 초림과 재림 사이에 살고 있다. 그러므로 주님의 재림이 있을 종말에 도착한 것은 아니다(cf. 11:26; 13:8). 종말은 그리스도께서 자기 백성을 구하시고, 멸망할 자들에게는 진노를 쏟으시는 날이다(4:5; 15:23; 살전 1:10). 저자는 종말이 임할 때까지 영적인 필요를 채우라며, 하나님이 고린도 성도들에게 풍족하게 주신 은혜를 그들이 목적대로 사용하지 못하고 있다고 우회적으로 비난하고 있다(Garland).

우리가 하나님이 주신 은사를 잘 활용해 우리 삶과 우리가 속한 공동체를 풍족하게 한다면, 하나님은 우리를 그리스도의 날에 책망할 것이 없는 자로 끝까지 견고하게 하실 것이다(8절). '우리 주 예수 그리스도의 날'(τῇ ἡμέρᾳ τοῦ κυρίου ἡμῶν Ἰησοῦ Χριστοῦ)은 세상이 끝나고 하나님이 오시는 '여호와의 날'이다(cf. 욜 2:31; 암 5:18-20). 이날은 온 세상에 심판이 임하는 날이지만(3:13; 5:5), 하나님은 예수 그리스도 안에 있는 사람들은 벌하지 않기로 이미 작정하셨다(1:30; 6:11). 하나님의 은혜는 믿는 자들의 죄 문제를 해결하는 데서 가장 확실하게 드러나기 때문이다(Conzelmann, cf. 롬 5:20f.). 그러므로 그리스도인은 하나님의 심판에서 면제받는 삶이 아니라 '책망할 것이 없는 자'의 삶을 추구해야 한다.

책망할 것이 없는 삶은 하나님의 뜻에 온전히 부합해 믿음과 행함에 흠이 없는 삶이다. 사람은 혼자서는 이러한 삶을 살 수 없다. 함께 그리스도 예수 안에 있을 때 이러한 삶이 가능하다. 그러므로 저자는 고린도 성도들을 불러 자기 아들 예수 그리스도와 더불어 교제하게 하시는 하나님이 '미쁘시다'(πιστὸς)고 한다(9절). 하나님은 사람을 부르시면 그가 끝까지 부르심대로 살 수 있게 하신다. 그러므로 하나님은 미쁘시다(신실하시다).

우리가 책망할 것이 없는 삶을 살려면 먼저 예수님과 꾸준히 교제해야 한다. 그래야만 예수님이 하나님의 아들이신 것처럼, 우리도 하나님의 자녀가 될 수 있다(Thiselton). 또한 하나님의 자녀로 이루어진 공동체에 속해 꾸준히 교제해야 한다. 하나님이 같은 곳을 향해 가는 사람들을 하나로 묶어 주셨기 때문이다.

이 말씀은 영적 은사는 양날을 지닌 칼과 같다고 한다. 하나님이 주시는 모든 은사는 좋은 것이다. 우리를 풍족하게 하며, 끝까지 견고히 서게 한다. 하나님은 고린도 성도들이 서로 격려하고 견고하게 함으로써 그리스도의 날에 책망할 것이 없는 자가 되도록 그들에게 많은 은사를 주셨다. 그러나 그들은 은사를 사용해 서로에게 상처와 해를 입혔다. 과유불급(過猶不及)이라고, 잘못 사용하면 차라리 부족한 것만 못하다.

은사는 세상이 끝나는 날까지 우리와 함께 있을 것이다. 하나님이 우리를 책망할 것이 없는 자로 세우기 위해 주시는 선물이기 때문이다. 그러므로 우리는 사모하는 마음으로 은사를 구해야 한다: "너희는 더욱 큰 은사를 사모하라"(12:31). 또한 우리가 사모해야 할 가장 큰 은사는 사랑이다(13장).

하나님은 가장 큰 은사인 사랑으로 서로를 섬기고 사랑하라며 우리를 공동체로 부르셨다. 교회는 서로 사랑으로 섬기며 가르치는 모임이 되어야 한다. 사랑을 주고받는 공동체는 풍족하며, 예수님이 다시 오시는 날까지 견고할 것이다.

Ⅱ. 교회의 분란과 갈등
(1:10-4:21)

저자는 본론을 시작하는 이 섹션에서 고린도 교회의 가장 심각하고 시급한 이슈를 언급한다. 고린도 교회는 바울파, 아볼로파, 게바파, 그리스도파 등으로 갈라져 있다(1:12). 가짜 교리가 고린도 교회를 나눈 것이 아니다(Munck). 성도들은 각자 지지하는 가정 교회 지도자에 따라 무리를 지었으며, 서로 자신들이 정통 기독교라고 떠들어 대고 있다.

어떤 이들은 이러한 분란이 아볼로에서 비롯된 것이라 하고(Hurd, Jewett), 어떤 이들은 고린도 교회가 바울과 아볼로가 대표하는 바울의 기독교(Pauline Christianity)와 베드로와 예수님이 대표하는 유대교적 베드로의 기독교(Petrine Jewish Christianity)로 나누어진 것이라고 한다(Baur, Goulder, cf. Sampley). 그러나 중요한 것은 고린도 교회가 몇 개의 파로 나뉘었느냐가 아니다. 고린도 성도들이 소수의 학자가 주장하는 것처럼 바울과 갈등하는지(Dahl), 혹은 대부분 학자가 주장하는 것처럼 여러 파로 나뉜 성도들끼리 대립하는지 하는 점이다. 바울이 이 서신에서 자신의 정당성을 방어하고 변호하기보다는 분란을 일으킨 고린도 성도들을 심하게 질책하는 것으로 보아 그들은 자기들끼리 갈등하고 있다. 본 텍스트는 다음과 같이 구분된다.

A. 고린도 교회의 분열(1:10-17)
B. 십자가의 말씀(1:18-25)
C. 하나님이 부르신 자들(1:26-31)
D. 십자가 복음의 능력(2:1-5)
E. 성령의 계시와 하나님의 지혜(2:6-16)
F. 고린도 성도들의 영적 미숙함(3:1-4)
G. 바울과 아볼로(3:5-4:7)
H. 사역자와 성도(4:8-21)

II. 교회의 분란과 갈등(1:10-4:21)

A. 고린도 교회의 분열(1:10-17)

10 형제들아 내가 우리 주 예수 그리스도의 이름으로 너희를 권하노니 모두
가 같은 말을 하고 너희 가운데 분쟁이 없이 같은 마음과 같은 뜻으로 온전
히 합하라 11 내 형제들아 글로에의 집 편으로 너희에 대한 말이 내게 들리니
곧 너희 가운데 분쟁이 있다는 것이라 12 내가 이것을 말하거니와 너희가 각
각 이르되 나는 바울에게, 나는 아볼로에게, 나는 게바에게, 나는 그리스도
에게 속한 자라 한다는 것이니 13 그리스도께서 어찌 나뉘었느냐 바울이 너
희를 위하여 십자가에 못 박혔으며 바울의 이름으로 너희가 세례를 받았느
냐 14 나는 그리스보와 가이오 외에는 너희 중 아무에게도 내가 세례를 베풀
지 아니한 것을 감사하노니 15 이는 아무도 나의 이름으로 세례를 받았다 말
하지 못하게 하려 함이라 16 내가 또한 스데바나 집 사람에게 세례를 베풀었
고 그 외에는 다른 누구에게 세례를 베풀었는지 알지 못하노라 17 그리스도
께서 나를 보내심은 세례를 베풀게 하려 하심이 아니요 오직 복음을 전하게
하려 하심이로되 말의 지혜로 하지 아니함은 그리스도의 십자가가 헛되지
않게 하려 함이라

저자는 인사와 감사 기도(1:1-9)를 끝낸 다음 고린도 교회가 당면한 여러 가지 이슈를 본격적으로 논하기 시작한다. 첫 번째 이슈는 교회의 분열이다(1:10-4:21). 고린도 교회는 몇몇 지도자의 잘못으로 인해 여러 파로 나뉘어져 있다. 바울은 이 같은 교회 분열은 있어서는 안 되는 일이라며 온 교회가 하나 될 것을 권면한다.

사도 바울은 여러 파로 나뉘어 서로 갈등하고, 더 나아가 자신의 사도직에 문제를 제기하는 고린도 성도들을 형제들이라 부르며 말을 시작한다(10a절). 그는 고린도전서에서만 '형제'(ἀδελφός)라는 단어를 39차례 사용한다. 다른 바울 서신과 비교할 때 최소 두 배 이상이다(Sampley). 바울은 자신과 모든 성도는 하나님을 아버지로 둔 형제자매요 한 가족이라고 생각한다. 바울은 사도의 권위가 아니라 형제로서 고린도 성도들을 권한다(Collins). 나중에는 그들의 영적 아버지로서 권면한다(4:14-21). 사역자는 상황에 따라서 성도들에게 형제도 되고 부모도 되어야 한다. 항상 기억할 것은 그들을 가족으로 대해야 한다는 사실이다.

'권하다'(παρακαλέω)는 바울 서신에서만 54차례 사용되는, 곧 사도가 성도들을 권면할 때 즐겨 쓰는 단어다(Verbrugge). 이 섹션을 마무리하는 4:16에서도 사용되며 1:10-4:21을 하나로 묶는 역할도 한다(Garland). 심각한 이슈에 관한 논의를 시작할 때 사용되며(Mitchell, Witherington), 서신을 보내는 이와 받는 이 사이의 우정과 신뢰를 근거로 호소하는 역할을 한다(Thiselton). 서로의 차이만 생각하고 대립할 것이 아니라, 함께 지나온 세월과 그동안 쌓인 정을 되돌아보라는 뜻이다.

그럼에도 불구하고 형제가 형제자매를 권면하는 일은 그다지 큰 효력을 기대할 수 없는 호소라 할 수 있다. 그러므로 사도는 또한 "우리 주 예수 그리스도의 이름으로" 그들을 권면한다(10a절). 바울과 고린도 성도들은 모두 예수 그리스도를 주로 영접한 자들이다. 예수님은 바울과 고린도 성도들의 주님이시다. 그래서 그는 예수님을 '우리 [모두의]

주'(τοῦ κυρίου ἡμῶν)라고 부르며 공통점을 강조한다. 당을 지으며 서로 다르다고 하는 사람들에게는 그들을 하나로 묶는 공통점을 강조할 필요가 있다.

그들은 모두 '주 예수 그리스도의 이름으로'(διὰ τοῦ ὀνόματος τοῦ κυρίου Ἰησοῦ Χριστου) 세례를 받았고, 하나님의 모든 자비하심이 주 예수의 이름으로 그들에게 임한다(cf. 롬 12:1). 또한 주님의 이름은 그리스도의 모든 온유와 관용을 떠올리게 한다(Garland, cf. 고후 10:1). 이는 '주 예수의 이름으로' 세례를 받고 하나님의 은총을 누리며 사는 형제자매들이 서로 당을 지어 대립하는 것은 잘못되었으며, 그들 모두의 주님이신 예수님이 기뻐하지 않으시는 일이라는 것을 암시한다.

그렇다면 고린도 성도들은 어떻게 해야 하는가? 일부 번역본은 사도가 서너 가지를 권면하는 것처럼 말하지만(개역개정, 새번역, ESV), 바울은 다음과 같이 두 가지를 권면한다(10b절, cf. 공동, 아가페, NAS, NIV): (1)모두가 같은 말을 하여 분쟁이 없게 하라, (2)같은 마음과 같은 뜻으로 온전히 합하라. 사도가 주문하는 이 두 가지는 교회 분열을 다루는 섹션(1:10-4:21)에서 지속적으로 언급될 것이다. 그러므로 학자들은 이 구절이 이 섹션에 대한 논지(thesis statement)라고 한다(Mitchell, Witherington).

첫째, 모두가 같은 말을 하여 분쟁이 없게 해야 한다. 당시 '같은 말을 하라'(λέγητε πάντες)라는 표현은 '아군은 같은 말을 한다'라는 원칙에서 비롯된 것으로(Mitchell), 정치적 입장이 다른 그룹들이 서로 동의함으로써 평화를 유지하라는 권면이었다(Lightfoot). 서로의 차이를 접고 한 가지 입장에 동의하라는 뜻이다. 마치 각자 맡은 파트는 다르지만 같은 악보에 따라 노래하는 합창단처럼 말이다(Garland). 그러므로 어쩔 수 없이 연합해 괴상한 소리를 내는 것이 아니라, 각자 맡은 파트를 잘 연주해 하모니를 이루라는 권면이다(Robertson & Plummer).

'분쟁'(σχίσμα)은 같은 생각을 지닌 사람들로 나눠지는 것을 의미한다

(Polhill, cf. TDNT). 그러므로 고린도 교회의 분열은 신학적인 것이며, 이러한 현상이 초대교회에 만연했다고 주장하는 이들이 있다(Robertson & Plummer). 그러나 고린도 교회는 신학이나 이단 시비 때문에 나뉜 것이 아니라, 영향력을 행사하는 인물들(지도자들)을 중심으로 나뉘었다(Baird, Mitchell, Murphy-O'Connor, Munck). 오늘날에도 교회의 분란은 대부분 교리나 신학적 차이 때문에 일어나는 것이 아니라, 리더들로 인해 일어난다.

성도 사이에 생각의 차이가 없을 수는 없다. 그러나 심각한 교리적 혹은 신학적 차이가 아니라면 어떻게 해서든 분쟁을 멀리하고 같은 말을 해야 한다. 그리스도 예수 안에서 한 가족이 된 사람들이 서로 분쟁하며 다른 말을 하는 것은 옳지 않으며, 교회를 지켜보는 세상 사람들에게도 덕이 되지 않는다. 그러나 모두가 한목소리를 내는 것은 결코 쉽지 않다. 그러므로 저자는 '우리 주 예수 그리스도의 이름으로' 이렇게 하라고 한다. 우리는 할 수 없지만, 주님이 도우시면 할 수 있기 때문이다.

둘째, 모두가 같은 마음과 같은 뜻으로 온전히 합해야 한다. 본문에서 '마음'(νοῦς)은 선과 악, 옳음과 그름을 구분하는 기독교적 사고 체계를 뜻한다(Edwards). '뜻'(γνώμη)은 목표와 의지를 의미한다(Garland). 당시 이 두 단어는 정치적 입장에 따라 나뉜 그룹들이 연합하도록 권할 때 자주 사용되었다(Mitchell).

'합하다'(καταρτίζω)는 원래 상태로 회복한다는 의미를 지닌다(Lightfoot, Mitchell, cf. BDAG). 그들이 추구해야 할 회복된 신앙생활은 '기뻐하며, 온전하게 되며, 위로를 받으며, 마음을 같이하여 평안한 삶'이다(고후 13:11). 그러나 사람이 차이 나는 서로의 입장을 극복하고 마음과 뜻을 합하는 일은 결코 쉽지 않다. 더욱이 사도는 균일성(uniformity)이 아니라 통일성(unity)를 요구하고 있다(Sampley). 그러므로 저자는 '우리 주 예수 그리스도의 이름으로' 권한다. 이러한 통일성은 우리가 성령 안에 있을 때(cf. 2:10-16), 곧 그리스도 안에서 주님의 마음을 품을 때만 가능하다(빌 2:1-4; cf. 고전 2:16).

> 그러므로 그리스도 안에 무슨 권면이나 사랑의 무슨 위로나 성령의 무슨 교제나 긍휼이나 자비가 있거든 마음을 같이하여 같은 사랑을 가지고 뜻을 합하며 한마음을 품어 아무 일에든지 다툼이나 허영으로 하지 말고 오직 겸손한 마음으로 각각 자기보다 남을 낫게 여기고 각각 자기 일을 돌볼뿐더러 또한 각각 다른 사람들의 일을 돌보아 나의 기쁨을 충만하게 하라(빌 2:1-4).

바울은 고린도 교회의 분쟁에 대해 글로에의 집 편으로 알게 되었다며 정보의 출처를 밝힌다(11절). '글로에'(Χλόη)는 그리스신화에 나오는 데메테르(Demeter) 여신의 타이틀이며, '푸른 잎'(green leaf)이라는 의미다(Garland). 데메테르가 농업의 여신이었기 때문에 이러한 별명을 가졌다.

'글로에'는 대부분 주인이 여종들에게 주는 이름이었다(TDNT). 그러므로 글로에를 한때 노예였다가 자유인이 된 여인으로 간주하기도 한다(Lightfoot). 글로에는 이 본문 외에는 그 어디에서도 언급되지 않으므로 우리는 그녀에 대해 아는 바가 별로 없다. 다만 본문이 별다른 설명 없이 이름만 언급하는 것으로 보아 고린도 성도들에게 잘 알려진 사람이었던 것은 확실하다.

바울은 '글로에의 집 편'(ὑπὸ τῶν Χλόης)으로 고린도 교회의 분란에 대해 들었다고 한다. 그녀에게 직접, 혹은 그녀의 가족이나 종들을 통해 소식을 접했다는 뜻이다. 확실하지는 않지만, 글로에는 고린도 사람이거나 혹은 저자가 이 편지를 보내는 장소인 에베소에 거하는 사람이었을 것이다. 그녀는 고린도와 에베소에 사업체를 두고 직접 왕래하거나 집안 사람들을 보냈던 것으로 보인다(Fee, Gardner).

11절에서 언급하는 '분쟁'(ἔρις)은 나누어졌음을 의미하는 10절의 '분쟁'(σχίσμα)과 다르며, 감정이 격양된 뜨거운 논쟁(hot disputes)을 뜻한다(Welborn). 교회가 이렇게 분쟁하면 외부의 공격에 매우 취약하게 된다. 그러므로 사도는 성도와 교회가 거룩해지기 위해 지양해야 할 '악 목록'에 분쟁을 자주 포함한다(롬 1:29; 13:13; 고후 12:20; 갈 5:20; 딤전 6:4; 딛 3:9).

들리는 바에 따르면 고린도 성도들은 "나는 바울에게, 나는 아볼로에게, 나는 게바에게, 나는 그리스도에게 속한 자"라며 교회를 여러 당(파)으로 나누었다(12절). 파마다 특별하다고 생각하는 지도자의 이름을 따서 슬로건으로 내세운 것이다. 본문이 세례에 대해 상당히 자세하게 말하고 있다는 사실을 근거로 세례 이후에 참여하는 성만찬을 어떻게 행하는지가 교회를 여러 파로 나누었다고 하는 이들도 있다(Marshall). 그러나 증거가 많지 않아 확실하지 않다.

특정한 사람의 이름을 외치며 자신이 그 사람에게 속했다고 말하는 것은 당시 정치인들의 유세 현장에서나 있었던 일이다(Conzelmann, Welborn). 고린도 교회가 사회에 영향을 끼치는 것이 아니라, 오히려 세상 풍토를 답습하고 있다(cf. Clarke, Gardner). 그리스도인은 모두 교회의 머리이신 예수님만을 바라보고 따라야 하는데, 고린도 성도들은 교회에 영향력을 행사하는 지도자들을 따른 것이다(Clarke).

어떤 이들은 이 네 파(그룹)의 성향과 신학에 대해 자세하게 설명하기도 한다(Carter, Fitch, Soards). 그러나 이러한 설명은 학자들이 상상의 나래를 펼쳐 증거를 조작하는 일에 불과하다(Conzelmann, Garland, Gardner). 이 그룹들에 대해서는 알려진 바가 거의 없기 때문이다. 여러 개의 파로 나뉜 것은 당시 정치적 집회에서 흔히 있었던 일이라는 점을 고려해, 사도가 고린도 교회의 분란을 풍자하는 것이지 실제로 이렇게 나뉜 것은 아니라는 해석도 있다(Collins, Mitchell). 나중에는 저자가 바울파와 아볼로파와 게바파만을 언급한다고 해서 교회가 넷이 아니라 셋으로 나뉜 것이라고 해석하는 이들도 있다(cf. 3:22).

바울은 겸손히 자신을 낮추어 네 그룹을 가장 연약한 사람의 이름을 딴 그룹부터 강한 순서대로 나열한다(Lightfoot): 바울-아볼로-게바-그리스도. 이 중 그리스도파는 무엇을 주장하고 지향했는지 도무지 알 수가 없다(cf. Verbrugge). 게다가 성도들이 스스로 그리스도에 속했다고 하는 것은 좋은 일이므로 저자가 이 그룹을 문제 삼는 것이 잘 이해되지 않는다.

어떤 이들은 '그리스도'(Χριστός)와 '그리스보'(Κρίσπος)(14절)가 혼란을 빚은 것이라 한다(cf. Garland). 고린도 교회에 그리스도파가 아니라 그리스보파가 존재했다는 것이다. 그러나 이러한 주장을 뒷받침할 만한 역사적 증거나 사본학적 자료는 없다. 그러므로 이들은 여러 그룹이 특정한 지도자의 이름을 슬로건으로 내거는 것에 반발해 '그리스도'를 슬로건으로 내건 그룹이거나, 자신은 '그리스도와 하루 24시간 교통한다'며 예수님과 특별한 관계를 누린다는 특권 의식에 사로잡힌 사람들이었을 것이다(Thiselton, cf. Garland, Gardner).

혹은 바울이 여러 파로 나뉜 고린도 성도들에게 "당신들은 바울과 아볼로와 게바를 따른다는데, 나는 그리스도를 따릅니다"라는 의미로 이 말을 했을 수도 있다(Verbrugge). 비슷한 맥락에서 저자가 "이 모든 것이 얼마나 어리석은 일입니까! 그렇다면 우리 중 일부는 '우리는 그리스도를 따른다'라고 말할까요?"라는 의미에서 그리스도파를 언급했을 수도 있다(Gardner, cf. Garland). 3:22에서 처음 세 그룹은 다시 언급되지만 그리스도파는 빠져 있는 것이 이러한 해석에 설득력을 더한다.

세 그룹을 간략하게 살펴보자. 첫째, 바울 그룹은 아마도 바울이 예수님의 열두 제자 중 하나가 아니라는 이유로 그의 사도직을 인정하지 않거나 가볍게 여기는 자들에게 대항하는 그룹이었을 것이다. 이 사람들에게 바울은 고린도 교회를 세우고 가꾼 사도이며, 교회의 영적인 아버지다. 이 그룹이 만일 바울이 직접 세례를 준 성도로만 구성되었다면, 수는 많지 않았을 것이다. 바울을 위한 그룹이지만, 정작 바울은 기쁘지 않다. 이런 정황에서 나머지 그룹은 어떤 형태로든 바울 그룹에 대한 대안 혹은 반발이었다(Fee).

둘째, 아볼로 그룹은 이집트 알렉산드리아에서 온 유대인 전도자 아볼로를 추앙하는 자들의 모임이었다(cf. 행 18:24-19:1). 아볼로는 교육을 많이 받은 사람이며 언변이 뛰어났다(행 18:24). 사실 교육과 언변은 떼어 놓을 수 없는 관계다(Litfin). 특히 당시에는 많이 배울수록 언변이 뛰어났다. 아볼로는 성경에 대해서도 해박한 지식을 가지고 있었다(행 18:24). 그는 브리스길라와 아굴라에게 기독교에 대해 배운 후(행 18:25-26), 고린도에서 유대인을 상대로 기독교를 변증했다(행 18:28).

바울이 세례(1:14-17; 3:6)와 뛰어난 언변(1:17-25; 2:1-4)과 영성(2:6-16)과 남이 닦은 기초에 건물을 세우는 일(3:10-15) 등에 관해 언급하는 내용이 사도행전에 기록된 아볼로 이야기와 일치한다며 고린도 교회가 겪고 있는 분란의 중심에 아볼로가 알렉산드리아에서 가져온 '헬라-유대교 지혜 사상'(Hellenistic Jewish wisdom teaching)이 있다고 주장하는 이들이 있다(Horsley). 설령 그렇다 할지라도 아볼로파가 생긴 것은 아볼로의 의지와 상관없이 그를 추앙하는 자들이 저지른 일이다(Witherington, cf. Gardner). 그러므로 바울도 서신에서 아볼로를 비난하지 않는다.

셋째, 게바 그룹은 예수님의 열두 제자 중 수제자라 할 수 있는 베드로를 추종하는 무리였다. 어떤 이들은 바울과 베드로가 안디옥에서 대립한 이야기(갈 2:11-21)를 근거로 게바가 이후 반(反)바울주의(anti-Paulinism)를 가르쳤으며, 여기에 동조하는 자들이 이 그룹을 형성했다고 한다(Baur, Goulder). 별로 설득력 있는 주장은 아니다. 베드로가 고린도를 방문했다는 기록이 어디에도 없기 때문이다. 설령 게바가 고린도를 방문해 가르쳤다 할지라도, 그는 바울에 대해 '뒷담화'할 사도가 아니다. 만일 이 그룹을 베드로와 연결지어야 한다면, 아마도 이 그룹에 속한 자들은 대부분 이방인으로 구성된 고린도 공동체에 융화되지 않으려는 유대인 그리스도인이었을 것이다(Murphy-O'Connor).

이 그룹들에 '정통-이단' 기준을 적용할 수는 없다(Oster, Pogoloff, Savage). 당시 대부분 그리스도인은 신학적 지식이 매우 부족했다. 성경 등 기초적 자료가 많이 부족했기 때문이다. 또한 교리보다는 신앙과 연관해 일어나는 현상적인 일에 관심이 많았다(Savage).

고린도 교회가 여러 파로 나뉜 것이 상당히 이상하고 비정상적인 일이라고 생각할 수 있다. 그러나 기독교 교회가 훗날 가톨릭과 개신교 등으로 나뉘고, 가톨릭은 도미니크회(Dominican)와 프란치스코회(Franciscan) 등으로, 개신교는 루터교(Lutheran)와 칼빈파(Calvinist)와 아르미니안파(Arminian)와 바르트파(Barthian) 등으로 나뉜 것을 보면 교회의 분열은 새로운 이슈가 아니다(Fee, Lampe).

저자는 고린도 성도들이 여러 파로 나뉜 것이 얼마나 불합리하고 어이없는 일인지 생각해 보도록 그들에게 세 가지 질문을 던진다(13절): (1)그리스도께서 어찌 나뉘었느냐? (2)바울이 너희를 위하여 십자가에 못 박혔느냐? (3)바울의 이름으로 너희가 세례를 받았느냐?

첫 번째 질문은 '그리스도께서 어찌 나뉘었느냐?'다. 한 교회에서 성도들이 여러 파로 나뉘는 것은 한 분이신 그리스도를 여럿으로 나누는 것과 같다. 우리는 하나님이 주신 은사에 따라 한 몸에 속한 여러 지체처럼 자기가 속한 몸이신 예수님을 위해 각자 맡은 역할을 해야 한다(cf. 12장). 그러나 서로 당을 지어 분쟁하는 것은 각자 맡은 역할을 하는 것이 아니라 교회를 나누는 일이므로, 그리스도의 몸을 나누려는 것과 마찬가지다.

고린도 성도들은 대부분 자신의 행동이 어떤 의미를 지니는지 깊이 생각하지 않고 좋아하는 지도자들을 추앙하다가 여러 파로 나뉘게 되었을 것이다. 그러므로 사도는 그들의 행동이 상징하는 바를 상기시키며 분열된 공동체가 다시 하나가 되기를 원한다. 그리스도는 한 분이시고 나뉜 적이 없으신 것처럼 말이다.

두 번째 질문은 '바울이 너희를 위하여 십자가에 못 박혔느냐?'다. 어느 정도의 비아냥(sarcasm)이 섞인 질문이다. 그들이 교회 지도자들을 중심으로 나뉜 것은 참으로 비(非)이성적이고 어리석은 일이기 때문이다. 고린도 성도들이 추종하는 바울과 아볼로와 게바는 그들을 구원하기 위해 십자가에 못 박힌 적이 없다. 예수 그리스도께서 그들을 위해 못 박히셨다(cf. 11:24; 15:3; 롬 5:8; 8:32; 14:15; 고후 5:14-15; 갈 1:4; 골 1:24).

그리스도인들은 예수 그리스도의 십자가 죽음으로 인해 구원을 얻었고, 교회도 주님의 십자가 죽음을 통해 존재하게 되었다. 그러므로 십자가는 기독교의 정체성이다. 아무리 지도자들이 훌륭하다 할지라도, 그들은 구원을 이루신 그리스도의 종에 불과하며 그들을 구원하지도 않았다. 그러므로 구원을 이루기 위해 죽으신 주 예수 그리스도에게 속하지 않고 그분의 종들에게 속하는 것은 참으로 어리석고 불합리한 일이다. 주인을 따를 수 있는데 굳이 종을 따르기 때문이다.

세 번째 질문은 '바울의 이름으로 너희가 세례를 받았느냐?'다. 이 질문도 어느 정도의 비아냥(sarcasm)을 내포하고 있다. 고린도 성도들은 세상 모든 그리스도인처럼 예수 그리스도의 이름으로 세례를 받았다(cf. 마 28:19; 행 8:16; 갈 3:27). 세례는 예수님의 이름으로 행하는 것이 중요하지, 세례를 베푸는 자가 누구인지는 중요하지 않다. 어떤 이들은 바울이 본문에서 세례를 여러 차례 언급하는 것을 근거로(cf. 14-17절) 고린도 교회의 일부 분란은 각 성도가 누구에게 세례를 받았느냐에서 비롯되었을 것이라고 한다(Gardner). 그들은 세례를 베푼 사람과 세례를 받은 사람이 신비로운 영적 고리를 형성한다는 미신적인 생각을 했던 것으로 보인다.

누가 세례를 베풀든 간에 예수님의 이름으로 세례를 받으면 모두 예수님께 속한다. 세례는 그동안 사탄이 지배하는 어둠의 나라에 있다가 그곳을 떠나 그리스도가 다스리시는 빛의 나라로 옮겨 왔다는 증거다(cf. 5:7-8; 골 1:13-14; 2:9-15). 세례는 그리스도의 다스림 안으로 들어왔다는 상징성을 지닌다(Robertson & Plummer). 그러므로 예수 그리스도의 이름으로 세례를 받은 자들이 마치 교회 지도자들의 이름으로 세례를 받은 것처럼 생각하고 행동하는 것은 불합리하고 어리석은 일이다. 그들이 추앙하는 지도자도 모두 예수님의 이름으로 세례를 받았고, 그들에게 예수님의 이름으로 세례를 베풀었다.

만일 고린도 성도들이 자신에게 세례를 베푼 지도자들에 따라 나뉘었다면, 바울파는 수가 적어 참으로 볼품없는 그룹이었을 것이다. 바울이 고린도에서 세례를 준 사람은 그리스보와 가이오(14절)와 스데바나 집 사람들(16절)이 유일하기 때문이다. 저자는 이들 외에는 고린도 성도 중 그 누구도 자기에게 세례를 받았다고 할 수 없다는 사실에 감사한다(14b-15절).

'그리스보'(Κρίσπος)는 고린도 회당의 일을 도맡아 하고 관리하는 회당장이었다(행 18:8). 고린도에서 발굴된 한 비문은 그리스보가 고린도 회당 건설에 물질적으로 크게 공헌했다고 한다(Murphy-O'Connor). 그의 회심은 고린도 유대인에게 적지 않은 충격이었을 것이다. 또한 그의 회심으로 인해 유대인이 여럿 회심했을 것이다.

대부분 학자는 '가이오'(Γάϊος)의 정식 이름이 '가이오 디도 유스도'(Gaius Titus Justus)였으며, '디도 유스도'(Titus Justus)로도 알려진 사람이라고 주장한다(Gardner, Garland, Sampley, Verbrugge, cf. 행 18:7; 19:29; 20:4). 바울은 로마서 16:23에서 '가이오'가 고린도 교회를 돌보았다고 하는데, '가이오'는 '가이오 디도 유스도'와 '디도 유스도'의 다른 이름이라는 것이다(Bruce, Goodspeed, Ramsay). 이름으로 보아 가이오는 로마 시민이었다(Bock, Schnabel). 또한 디도 유스도는 '하나님을 경외하는 자'(σεβομένου τὸν θεόν), 곧 이방인이었다. 가이오는 고린도의 모든 가정교회가 정기적으로 연합해 모일 수 있는 큰 공간을 제공한 부자였다

(Dunn, Gardner, Murphy-O'Connor, Verbrugge).

어떤 이들은 가이오와 그리스보가 분란의 중심에 있기에 바울이 그들을 언급하는 것이라고 하지만(Garland), 그렇게 단정할 증거는 없다. 또한 이러한 주장은 저자가 본문에서 스데바나를 언급하는 것과도 맞지 않다. 해당 본문은 사도가 스데바나를 칭찬하는 내용으로 가득하기 때문이다(cf. 16:15-17). 따라서 바울은 단순히 직접 세례를 준 사람들을 나열하고 있는 것이다.

'스데바나의 집'(τὸν Στεφανᾶ οἶκον)은 사도가 아가야(고린도를 포함하는 주)에서 맺은 첫 열매다(16:15). 스데바나는 헌신적으로 성도들을 섬겼다. 그는 바울에게 필요한 것을 공급해 주었고, 사도는 그를 참으로 고맙고 귀하게 생각한다(16:17). 바울은 고린도 성도들에게 스데바나가 한 것처럼 복음을 위해 헌신한 사역자들에게 순종할 것을 권면한다(16:16).

고린도 성도 중 이 사람들(그리스보, 가이오, 스데바나와 그의 집 사람들) 외에는 아무도 바울에게 세례를 받았다고 할 수 없다(15절). 또한 저자는 자신이 고린도에서 많은 사람에게 세례를 베풀지 않은 일을 감사한다(14b절). 만일 그가 수많은 사람에게 직접 세례를 주었다면 '바울파'가 드세게 날뛰며 더 큰 분란을 초래했을 것이기 때문이다.

세례는 매우 중요하고 거룩한 예식이다(cf. 롬 6:3-14; 골 2:11-12). 그럼에도 불구하고 바울은 이 예식을 행하는 일에 사도의 손이 꼭 필요하지는 않다고 생각했다(Hays). 세례에서 가장 중요한 것은 '아버지와 아들과 성령의 이름으로' 세례를 받는 것이지(마 28:19), 세례를 베푸는 자가 아니다.

만일 세례에 사도의 손이 필요했다면 바울은 더 많은 사람에게 직접 세례를 베풀었을 것이다. 그러나 사도는 그가 세운 고린도 교회 지도자들이 세례를 베풀게 했다. 그리스도인이라면 누구든 세례를 베풀 수 있다고 생각한 것이다(Beasley-Murray, Garland, Hays, Howard, Sampley,

Verbrugge). 또한 사도에게 세례를 받은 사람들이 전도해서 직접 세례를 베풀게 한 것은 바울의 복음 전파 전략이다(Murphy-O'Connor).

더불어 사도는 자신은 세례를 베풀기 위해 부르심을 받은 것이 아니라, 복음을 전파하도록 부르심을 받았다고 한다(17a절; cf. 롬 1:15; 15:20; 고전 9:16-18; 갈 1:11, 16, 23). 세례를 베푸는 일도 중요하지만, 사도직의 핵심은 아니다. 그러므로 그는 사도로서 복음을 전파하고 성도들을 양육하는 일에 집중했다. 복음을 전파하는 일은 보내심받은 모든 사람이 해야 할 사역이며, 고기를 잡기 위해 그물을 던지는 것과 같다. 한편, 세례를 베푸는 일은 그물에 잡힌 고기를 그릇에 담는 것과 같으며 누구나 할 수 있는 일이다(Godet).

바울은 복음을 전파하라는 하나님의 소명을 말의 지혜로 하지 않았다(17b절). 학자들은 '말의 지혜'(σοφίᾳ λόγου)에 대해 수사학적 기술(Litfin), 정교한 스피치(Lightfoot, Pogoloff), 영리하고 숙련되고 교육을 받은 언어 능력(Garland, Sampley, Witherington), 많이 배우고 복잡한 말을 잘 알아듣는 엘리트와 지식인들만 알아들을 수 있는 말(Gardner) 등 매우 다양한 해석을 제시한다(cf. Garland). 복음은 복잡하고 고차원적인 말을 구사할 수 있는 사람만 전하는 것이 아니라는 뜻이다. 복음은 하나님이 예비하신 사람이라면 누구든 쉽게 알아듣도록 간단하고 명료해야 한다.

사도가 '말의 지혜'로 복음을 전파하지 않은 것은 그리스도의 십자가가 헛되지 않도록 하기 위해서다(17c절). 정교한 스피치 등 고차원적인 말로 복음을 전파하는 것이 어떻게 그리스도의 십자가를 헛되게 하는가? 두 가지 차원에서 생각할 수 있다. 첫째, 복음이 많이 배우고 복잡한 스피치를 잘 이해하는 엘리트와 지식인들만 알아들을 수 있는 말로 제시된다면, 이러한 말을 잘 알아듣지 못하는 보통 사람들은 복음을 영접할 기회를 얻을 수 없다. 그러나 예수 그리스도는 세상 모든 사람의 구원을 위해 십자가에서 죽으셨다. 그러므로 복음을 알아듣지 못해 그리스도의 구원에서 제외되는 사람이 생긴다면 주님의 십자가가 헛되게 된다.

둘째, 그리스도 복음의 능력은 하나님의 예비하심과 성령의 감동과 인도하심을 통해 나타난다. 그러므로 아무리 어눌하게 말하는 사람이라도 성령의 도우심을 받아 복음을 전파하면 회심자들을 열매로 얻는다. 만일 능수능란한 말솜씨를 지닌 사람만 복음을 전파할 수 있다면, 하나님과 성령의 역할은 없다. 또한 전하는 자는 하나님을 의지하지 않고 자기 능력으로 복음을 전파하게 된다. 이러한 상황은 그리스도의 십자가를 헛되게 한다.

이 말씀은 우리가 누구에게 속해 신앙생활을 하고 있는지 돌아보게 한다. 우리는 복음을 전해준 사람, 세례를 베풀어 준 사람 등 우리의 믿음에 도움을 준 이들에게 감사한 마음을 가져야 한다. 그러나 그들이나 목회자를 포함한 교회 지도자들을 의지하면 안 된다. 오직 우리의 구원을 이루신 예수 그리스도만 바라보며, 주님만 의지해야 한다.

고린도 교회가 여러 파로 나뉜 것은 참으로 어리석고 어이없는 일이다. 그러나 그들은 자신이 하나님의 영광을 가리는 일을 하고 있다고 생각하지 않았을 것이다. 이처럼 우리도 종종 하나님의 이름으로 교회와 그리스도인이 하면 안 되는 어처구니없는 일을 하기도 한다. 이런 일을 최소화하려면 수시로 한 걸음 물러나 되돌아보아야 한다.

때로는 능수능란한 말솜씨가 십자가를 가릴 수 있다. 하나님의 능력은 말에 있지 않기 때문이다. 화려한 수사로 복음을 전파할 필요는 없다. 어느 정도는 도움이 되겠지만, 반드시 신학교에 가서 전문적인 지식을 쌓아야만 복음을 전파할 수 있는 것은 아니다. 누구든지 알아들을 수 있는 말로 쉽게 복음을 제시하는 것이 가장 바람직하다.

바울이 수많은 고린도 성도 중 오직 소수에게만 세례를 베풀었다는 사실은 사역이 어떤 것인지 생각하게 한다. 사역은 혼자 하는 것이 아니라 여럿이 힘을 합해서 하는 것이다. 심는 일에 은사가 있는 사람들은 복음의 씨앗을 심고, 가꾸는 일에 은사가 있는 사람들은 심은 씨앗에 물을 주어 가꾼다(cf. 3:7–8). 그러나 씨앗이 싹트고 자라 열매를 맺게 하시는 분은 하나님이다. 우리는 힘을 합해 우리가 감당해야 할 사역에 성실하게 임하되, 결과는 하나님께 맡겨야 한다.

II. 교회의 분란과 갈등(1:10–4:21)

B. 십자가의 말씀(1:18–25)

[18] 십자가의 도가 멸망하는 자들에게는 미련한 것이요 구원을 받는 우리에게는 하나님의 능력이라 [19] 기록된 바

내가 지혜 있는 자들의 지혜를 멸하고
총명한 자들의 총명을 폐하리라

하였으니 [20] 지혜 있는 자가 어디 있느냐 선비가 어디 있느냐 이 세대에 변론가가 어디 있느냐 하나님께서 이 세상의 지혜를 미련하게 하신 것이 아니냐 [21] 하나님의 지혜에 있어서는 이 세상이 자기 지혜로 하나님을 알지 못하므로 하나님께서 전도의 미련한 것으로 믿는 자들을 구원하시기를 기뻐하셨도다 [22] 유대인은 표적을 구하고 헬라인은 지혜를 찾으나 [23] 우리는 십자가에 못 박힌 그리스도를 전하니 유대인에게는 거리끼는 것이요 이방인에게는 미련한 것이로되 [24] 오직 부르심을 받은 자들에게는 유대인이나 헬라인이나 그리스도는 하나님의 능력이요 하나님의 지혜니라 [25] 하나님의 어리석음이 사람보다 지혜롭고 하나님의 약하심이 사람보다 강하니라

저자는 스스로 가장 지혜로운 그리스도인이라 생각하는 고린도 성도들에게 복음이 무엇인지 생각해 보라고 한다. 복음의 핵심인 십자가는 하나님의 지혜와 능력의 절정이다. 반면에 고린도 성도들이 지향하는 헬라인의 지혜에 따르면 십자가는 미련한 것이며, 유대인의 지혜에는 거리끼는 것이다. 하나님의 지혜와 세상의 지혜 사이에는 결코 극복할 수 없는 차이가 있다. 그러므로 그리스도인들이 이러한 차이를 안다면 아무리 논리적이고 설득력 있어 보이더라도 십자가를 가리켜 미련한 것이라 하는 세상의 지혜를 거부하고, 십자가를 통해 하나님의 능력이 온전히 드러났다고 선포하는 복음을 껴안아야 한다. 안타깝게도 고린도 성도들은 스스로 의식하지 못하는 사이에 세상의 지혜를 지향하고 있다. 그러므로 그들은 기독교의 가장 근본인 십자가로 돌아가 다시 생각해 보아야 한다.

십자가의 도가 멸망하는 자들에게는 미련한 것이지만, 하나님의 구원을 받는 그리스도인들에게는 하나님의 능력이다(18절). '십자가의 도'(ὁ λόγος τοῦ σταυροῦ)를 직역하면 '십자가의 말씀'이다. 사도가 평생 선포해 온 그리스도의 복음이며, 예수님의 죽음과 부활과 영광을 모두 포함한다. 저자는 이 요소 중 예수님의 십자가 죽음을 중심으로 말을 이어 간다. '미련한 것'(μωρία)은 정상적인 생각을 가진 사람이라면 결코 추구하지 않을 어리석음이다.

세상에는 두 종류의 사람이 있다. '멸망하는 자들'(ἀπολλυμένοις), 곧 죽어 가는 자들이 있고, '구원받는 자들'(σῳζομένοις)이 있다. 이는 현재형 분사(present participles)로 사용되어 이 두 가지 부류가 지금도 있다는 사실을 강조한다. 무엇이 사람들을 이렇게 나누었는가? '십자가의 도'가 나누어 놓았다. 구원받는 자들은 그리스도의 복음을 하나님의 능력으로 믿는다(롬 1:16). 반면에 멸망하는 자들에게는 도저히 받아들일 수 없는 비합리적인 미련함이다. 복음에 대한 반응이 세상 사람을 두 부류로 나누는 것이다.

바울은 기독교의 세계관과 그리스-로마의 세계관이 매우 심각하게 대립한다는 사실을 강조하고자 한다(Furnish). 십자가 처형은 가장 저렴한 비용으로 여러 날 동안 견디기 힘든 고통을 겪다가 죽게 하는 방법이었다. 그러므로 십자가는 매우 잔인하고 수치스러운 죽음을 맞이할 만한 자들(반성하지 않는 뻔뻔하고 완고한 범죄자, 가르칠 수 없는 노예, 로마에 반역한 자 등)에게만 행해졌다(Hengel). 교육받은 사람이라면 로마 제국의 변방 오지에서 십자가에 못 박힌 유대인을 '세상에 오신 창조주, 하나님의 아들, 만유의 주, 장차 오실 심판자'로 선포하는 것은 완전히 미치고 주제넘은 미련한 짓이라고 생각했을 것이다(Hengel). 그러므로 세상은 자기의 구세주를 알아보지 못했다(요 1:10).

세상의 관점에서 기독교는 미련한 교리를 앞세운 실패할 수밖에 없는 종교였다. 그러나 사도들은 아랑곳하지 않고 하나님의 능력이 가장 확실하게 드러난 십자가의 도를 담대히 전파했다. 그들은 그리스도께서 십자가에 못 박히신 것이 세상 논리와 원칙에 일치한다거나, 혹은 이러한 사실을 인정하는 이들의 장기적 이익에 부합한다는 식의 주장으로 사람들을 설득하려 하지 않았다. 사도들은 십자가 복음을 선포하는 일에 전념했고, 영접하거나 거부하는 것은 메시지를 들은 사람들이 결정할 일이라고 생각했다.

사도들이 결과에 연연하지 않고 복음을 선포한 것은 세상은 복음을 미련한 것으로 여기며 부인하지만 주님께서 구원을 허락하신 자들은 하나님의 능력으로 믿기 때문이었다. 세상의 지혜와 논리로는 결코 십자가 복음을 이해하거나 영접할 수 없다. 오직 하나님이 구원하고자 예비하신 자들만 영접할 수 있다. 그러므로 복음에 대한 사람의 반응은 하나님이 결정하시는 일이라 할 수 있다.

십자가는 하나님의 능력이다. 그러나 세상은 십자가를 미련한 것이라며 하나님의 능력으로 인정하지 않는다. 세상의 지혜가 창조주 하나님의 지혜를 어리석게 여기는 것이다. 그러므로 하나님은 이사야 선지자를 통해 예언하신 것처럼, 지혜 있는 자들의 지혜를 멸하시고 총명한 자들의 총명을 폐하실 것이다(19절; cf. 사 29:14). '지혜 있는 자들의 지혜'(σοφίαν τῶν σοφῶν)와 '총명한 자들의 총명'(σύνεσιν τῶν συνετῶν)은 자신의 영리함을 높이는 인간의 지혜다(Collins, Fee, Thiselton). 그러나 지혜의 저자이신 하나님을 인정하지 않는 지혜는 미련함과 어리석음에 불과하다(cf. 사 30:1-2). 그러므로 하나님은 십자가를 부인하는 세상의 '지혜와 총명'을 멸하셨다.

저자는 세 가지 수사학적 질문을 통해 하나님이 세상의 지혜와 총명을 멸하여 미련하게 하셨다고 한다(20a절). '지혜 있는 자가 어디 있느냐?', '선비가 어디 있느냐?', '변론가가 어디 있느냐?'라는 세 가지 질문은 모두 '어디에도 없다'라는 대답을 요구한다. 하나님이 세상의 지혜를 미련하게 하셨기 때문이다(20b절). 그러므로 그리스도가 지신 십자가를 통해 드러난 하나님의 지혜와 능력을 자기가 가진 지혜를 통해 깨닫는 사람은 없다. 십자가를 깨닫는 지혜는 하나님이 선물로 주셔야 한다.

'지혜 있는 자'(σοφός)는 지혜를 추구하는 헬라 철학자를 의미하며, '선비'(γραμματεύς)는 구약과 율법에 박식한 바리새인(Hengel)이나 서기관(Fee, Lightfoot)을 뜻한다(cf. BDAG, NIDNTTE). 저자는 헬라 철학자들은 물론이고, 이 세상에서 그 누구보다 하나님을 잘 안다고 자부하는 유대인 율법 전문가들도 십자가가 하나님의 능력이라는 사실을 깨닫는 지혜를 가지지 못했다고 한다(Judge). '변론가'(συζητητὴς)는 성경에서 단 한 차례 사용되는 단어(hapax legomenon)로, 지적인 만족을 위해 갖가지 논쟁을 즐기는 사람이다(TDNT). 이 세 부류는 이사야 19:12, 33:18, 44:25 등을 배경으로 하는 개념이다(Barrett).

하나님의 지혜는 세상이 자기 지혜로 주님을 알 수 없다는 사실을 안다(21a절). 세상의 지혜는 십자가를 부인하고 자기 기준에 따라 하나님과 무관하게 진리를 정하기 때문이다. 또한 선호하는 바에 따라 숭배할 신(들)도 만든다. 이러한 행위는 자신뿐 아니라 그들을 따르는 모든 사람도 속이는 처사다(cf. 3:18).

그러므로 하나님은 전도의 미련한 것으로 믿는 자들 구원하는 것을 기뻐하셨다(21b절). '전도의 미련한 것'(τῆς μωρίας τοῦ κηρύγματος)은 세상의 지혜가 미련한 것이라고 단정한 십자가 복음을 선포하는 일이다(cf. NAS, NIV, NRS). 세상이 보기에 십자가 복음을 전파하는 일은 참으로 어리석고 미련한 일이지만, 하나님은 이 '미련한' 복음 전파를 통해 많은 사람을 구원하고 기뻐하셨다.

십자가를 부인하는 세상의 지혜는 부질없는 것이며, 때가 되면 완전히 사라질 것이다(cf. 7:31). 하나님의 진리에서 멀어졌기 때문이다. 그러므로 메시아가 세상의 지혜와는 완전히 다른 지혜로 다스리시는 시대, 곧 이전 시대와는 완전히 다른 새로운 시대가 오고 있다(Thiselton). 세상 지혜자들은 이러한 사실을 깨닫지 못한다. 하나님이 그들에게 숨기셨기 때문이다: "천지의 주재이신 아버지여 이것을 지혜롭고 슬기 있는 자들에게는 숨기시고 어린 아이들에게는 나타내심을 감사하나이다"(마 11:25).

유대인들은 표적을 구한다(22a절). '표적'(σημεῖον)은 하나님의 현현을 동반하거나 증명하는 징조다(cf. 출 4:30-31; 10:1; 신 10:4; 삿 6:36-40; 왕상 17-18장; 왕하 20:1-11; 대하 7:1). 유대인들은 표적이 메시아의 오심을 동반할 것으로 기대했다(cf. 신 18:15; 사 64:1-4; 렘 31:31-33; 행 7:37). 표적 없이 믿으면 좋았을 텐데, 그들은 예수님에게도 표적을 구했다(마 12:38; 16:1; 막 8:11; 눅 11:16; 요 6:30). 이에 예수님은 자신이 죽은 후 사흘 만에 부활하실 것을 의미하는 '요나의 표적'을 주셨다(마 12:38-40).

예수님은 가장 큰 표적으로 십자가를 지셨다. 그러나 유대인들은 십자가는 신성 모독이라며 십자가에서 죽으신 예수님을 끝내 부인했다. 예수님은 이 외에도 수많은 기적을 행하시며 자신이 메시아라는 사실을 그들에게 충분히 보이셨다. 그러나 그들은 주님께 나아오지 않았다. 예수님이 행하신 표적이 그들이 기대했던 것과 달랐기 때문이다. 그들은 자기 입맛대로 하나님을 길들이려고 했다(Lampe).

지성을 자랑하는 헬라인들은 지혜를 구한다(22b절). '헬라인들'(Ἕλληνες)(22, 24절)이 23절에서 '이방인들'(ἔθνεσιν)로 대체되는 것으로 보아 세상의 모든 비(非)유대인을 의미한다. 그들은 사람이 '지혜'(σοφία)를 통해 구원에 이를 수 있다고 생각했다. 따라서 하나님이 보내신 메시아의 십자가 죽음이 사람을 구원에 이르게 한다는 것은 그들이 추구하는 지혜와 어울리지 않는다. 창조주가 남을 구원하기 위해 자기 아들을 죽게 했다는 것은 지혜가 아니라 어리석음이다. 게다가 사람들이 모두 피하고자 하는 십자가를 신이 스스로 졌다는 것은 황당한 이야기에 불과하다. 그러므로 헬라인들도 십자가를 부인했다.

세상은 눈에 보이는 것(징조)이나 반박할 수 없는 증거로 입증하는 것(지혜)을 좋아한다. 문제는 세상이 이러한 기준을 스스로 세우고 여기에 부합하지 않는 것은 징조나 지혜가 될 수 없다고 단정하는 것이다. 다른 가능성에 대해서는 마음을 닫는다(Stowers). 그러므로 세상의 기준은 어떠한 공정성도 기대할 수 없으며 편견으로 가득하다. 그러므로 복음은 결코 그들의 기준을 충족시킬 수 없다.

표적을 구하는 유대인들에게 십자가는 거리끼는 것이다(23a절). '거리끼는 것'(σκάνδαλον)은 사람들을 넘어지게 하는 돌이다(cf. BDAG). 유대인들은 메시아가 승리하는 전사의 모습으로 오기를 기다렸다. 예수님이 십자가에 매달려 죽으시자 그들은 실족했다. 그러므로 예수님은 하나님이 자기 백성을 시험하기 위해 놓아두신 돌이다(cf. 사 8:14).

지혜를 찾는 이방인들에게 십자가에 못 박힌 그리스도는 미련한 것이다(23b절). 하나님의 지혜와 능력의 결정체인 그리스도의 십자가는 세상의 지혜와 결코 조화될 수 없다는 뜻이다. 그러므로 예수 그리스도의 복음을 통해 드러난 하나님의 지혜를 이해하려면 하나님이 믿음을 주셔야 한다.

십자가 복음이 유대인에게는 꺼리는 것이고, 이방인에게는 미련한 것이지만, 하나님의 부르심을 받아 구원에 이른 자들에게는 그들이 유대인이든 헬라인이든 하나님의 능력이며 지혜다(24절). 그리스도의 십자가가 많은 유대인과 이방인을 실족하게 했지만, 또한 많은 유대인과 이방인을 구원했다. 하나님이 구원하기 위해 부르신 자 중에는 인종과 교육과 부와 지위 등으로 인한 차별이 없다(Sampley). 그들은 그리스도의 십자가 죽음이 하나님의 능력이자 지혜라는 사실을 믿는다.

세상의 지혜는 십자가를 약하고 미련한 것이라 했다(cf. 23절). 그러나 십자가는 하나님의 구원하시는 능력이요 지혜다(cf. 24절). 십자가의 도가 세상의 지혜보다 뛰어난 것처럼(cf. 18절) 하나님의 어리석음이 사람보다 지혜롭고, 하나님의 약하심이 사람보다 강하다(25절). 저자는 능력과 지혜를 하나로 묶어 지혜는 사색적인 것이 아니라 하나님의 다이내믹한 액션(dynamic action)이라고 한다(Fitzmyer).

하나님이 어떤 분이시고, 그분이 어떤 일을 하시는지는 인간의 능력과 일에 비교할 수 없다(Gardner). 그러므로 인간의 생각과 기준에 따라 하나님이 하시는 일을 평가하는 것은 옳지 않다. 하나님이 예수님에게 십자가를 지게 하신 일이 좋은 사례다. 우리는 '내 생각이 바로 하나님의 생각'이라는 착각과 오류를 범하지 않아야 한다.

이 말씀은 그리스도의 십자가 복음은 세상의 기준과 문화에 맞지 않는 '반(反)문화적 선포'(countercultural proclamation)라고 한다. 불신자들이 복음을 영접하도록 세상의 지혜와 논리로 설득하려 하는 것은 무모하고 소모적인 일이라는 것이다. 하나님이 부르신 자들만이 복음을 영접할 수 있다. 그러므로 전도할 때마다 우리의 발걸음이 하나님이 부르신 자들에게 향할 수 있도록 기도해야 한다.

하나님에 대해 많이 안다고 해서 반드시 복음을 영접하는 것도 아니다. 만일 하나님에 대해 많이 안다고 복음을 더 쉽게 영접할 수 있었다면 이방인보다는 하나님에 대해 훨씬 더 많이 알았던 유대인이 모두 구원받았어야 한다. 그러나 초대교회에는 유대인보다 이방인이 훨씬 더 많았다. 유대인에게는 하나님에 대한 지식이 거리끼는 것이 되었기 때문이다. 우리는 유대인들의 경험을 반면교사로 삼아 말씀 앞에 진실하고 겸손해야 한다. 항상 하나님의 지혜와 능력에 열려 있어야 한다.

세상의 지혜는 우리를 하나님께 인도하지 못한다. 세상 지혜는 사람이 스스로 옳다고 생각하는 대로 만들어 낸 것이다. 그러므로 세상 지혜는 하나님의 지혜와 능력을 인정하지도, 깨닫지도 못한다.

우리는 하나님의 기준과 지혜보다는 각 개인의 생각과 느낌을 지나치게 존중하는 시대를 살고 있다. 옳고 그름에 대한 기준이 모호해지고 있다. 지혜와 지식도 상대적으로 변질되어 가고 있다. 그러나 그리스도인은 하나님 말씀의 절대성을 고백하고 성경이 제시하는 기준과 지혜에 따라 살아야 한다.

II. 교회의 분란과 갈등(1:10-4:21)

C. 하나님이 부르신 자들(1:26-31)

26 형제들아 너희를 부르심을 보라 육체를 따라 지혜로운 자가 많지 아니하
며 능한 자가 많지 아니하며 문벌 좋은 자가 많지 아니하도다 27 그러나 하
나님께서 세상의 미련한 것들을 택하사 지혜 있는 자들을 부끄럽게 하려 하
시고 세상의 약한 것들을 택하사 강한 것들을 부끄럽게 하려 하시며 28 하나
님께서 세상의 천한 것들과 멸시 받는 것들과 없는 것들을 택하사 있는 것
들을 폐하려 하시나니 29 이는 아무 육체도 하나님 앞에서 자랑하지 못하게
하려 하심이라 30 너희는 하나님으로부터 나서 그리스도 예수 안에 있고 예
수는 하나님으로부터 나와서 우리에게 지혜와 의로움과 거룩함과 구원함이
되셨으니 31 기록된 바

자랑하는 자는 주 안에서 자랑하라

함과 같게 하려 함이라

저자는 앞 섹션에서 세상의 지혜로는 하나님을 알 수 없으며, 오직 하나님이 부르신 자들만 십자가 복음을 영접할 수 있다고 했다(1:24).

본 텍스트에서는 하나님이 불러 구원하신 자들이 어떤 사람들인지 말한다. 하나님이 부르신 이들은 세상이 연약하고 어리석다고 하는 자들이다. 하나님은 세상이 미련하다고 하는 자들을 택해 세상의 지혜 있는 자들을 부끄럽게 하시고, 세상이 약하다고 하는 자들을 택해 세상의 강한 자들을 부끄럽게 하셨다. 그러므로 그리스도인이 구원을 얻은 것은 전적으로 하나님이 베푸신 선물이지, 그들의 능력이나 지혜가 빚어낸 결과가 아니다.

본 텍스트를 마무리하는 31절은 예레미야 9:23–24을, 특히 24절을 요약적으로 인용한다: "여호와께서 이와 같이 말씀하시되 지혜로운 자는 그의 지혜를 자랑하지 말라 용사는 그의 용맹을 자랑하지 말라 부자는 그의 부함을 자랑하지 말라"(cf. 삼상 2:10). 하나님 외에는 아무것도 자랑하지 말라는 예레미야 9:23–24 말씀은 이 섹션 전체의 배경이 되었다(Fee, O'Day, cf. Brown).

바울은 고린도 성도들에게 그들의 부르심을 보라고 한다(26a절). '부르심'(κλῆσις)은 이미 여러 차례(1:1, 2, 9, 24) 사용된 단어이며, 본문에서는 그리스도의 복음을 영접하게 된 정황을 뜻한다(Barrett, Fee, Thiselton). '보다'(βλέπω)는 눈으로 본다는 의미를 지닌다. 이곳에서는 '회상하다, 되돌아보다'라는 의미다(Garland). 저자는 고린도 성도들에게 눈으로 볼 수 없는 것(부르심)을 보라며 그 '볼 수 없는 것'의 의미를 되새겨 보라고 한다(Conzelmann). 이를 묵상해 보면 하나님은 세상이 지혜자나 능력자로 여기는 사람을 부르지 않으시고 연약한 자들을 불러 백성으로 삼으신다는 확실한 증거를 찾을 수 있을 것이기 때문이다(cf. 갈 3:1–4).

고린도 성도들이 자신이 복음을 영접하게 된 정황을 되돌아보면 하나님이 육체를 따라 지혜로운 자와 능한 자와 문벌이 좋은 자를 구원하신 것이 아니라는 사실을 깨달을 것이다(26b절). 여느 교회처럼 고린도 교회에도 세상이 흠모하고 존경하는 사람이 별로 없었기 때문이다. '육체를 따라'(κατὰ σάρκα)는 '세상 표준에 따라'라는 의미다.

저자는 세상의 표준(기준)에 따라 인정받는 자들을 지혜로운 자, 능한 자, 문벌이 좋은 자 등 세 부류로 나열한다. '지혜로운 자'(σοφοὶ)는 많이 배우고, 영리하고, 경험이 많은 사회의 지식층이다(Garland, cf. Gardner). '능한 자'(δυνατοί)는 소유한 부를 근거로 사회적 지위와 정치적 힘을 가진 자들이다(Garland, Witherington, 행 25:5; 계 6:15). 즉, 사회를 이끌어가는 지도층이다. '문벌이 좋은 자'(εὐγενεῖς)는 좋은 집안에서 태어난 자들이다(Gardner, Verbrugge). 사회의 상류층이며, 오늘날로 말하면 '금수저들'이다(cf. 눅 19:12; 행 17:11). 이 사람들이 경제를 운영하고, 표준을 정하고, 누가 성공하고 누가 실패하는지를 결정한다(Murphy-O'Connor).

사회적 지도층이 복음을 영접하는 사람들 가운데 완전히 배제된 것은 아니지만, 많지도 않다(Conzelmann). 자신이 가진 것과 아는 것으로 복음을 이해하려다가 실패하기 때문이다: '하나님이 온 인류를 구원하기 위해 자기 아들을 십자가에 매달려 죽게 하셨다는 것은 논리적인 모순에 불과하다', '그리스도의 부활은 과학적으로 있을 수 없는 일이다' 등. 그러므로 이런 사람들이 복음을 영접하려면 먼저 가진 것을 내려놓아야 한다(O'Day). 그래야 복음에 대한 편견에서 비롯된 교만이 사라진다.

또한 돈과 명예를 가장 중요하게 여기는 사회에서 기독교는 지도층에게 별 매력이 없다. 그들은 온갖 특권과 지위를 누리고 있다. 반면에 기독교는 모든 사람은 동등하며, 하나님께 동일하게 소중하다고 한다(Murphy-O'Connor). 이러한 가르침이 낮은 자들과 소외된 자들에게는 복음이지만, 지도층(상류층)에게는 복음이 아니다. 만약 그들이 복음을 영접하면 많은 것을 포기해야 한다. 그들의 '영리함과 능력과 문벌'(clever, influential, high status)이 예수 그리스도 안에서 '의와 성결과 구속'(righteousness, sanctification, redemption)으로 대체되기 때문이다(Thiselton).

하나님은 별 볼 일 없는 사람들을 불러 구원하신다(27-28절). '세상의'(τοῦ κόσμου)(28a절)는 '세상의 기준'을 의미한다(Barrett). 하나님은 세상의 기준에 따르면 미련하고, 약하고, 천하고, 멸시받고, 없는 자들을 자기 백성으로 삼으셨다. 저자는 이 사람들이 사회에서 '사람 취급'도 받지 못한다는 것을 암시하고자 한결같이 중성 명사(neuter nouns)를 사용한다(Edwards, Godet). 쌍을 이루는 단어들이 대조적이다: '미련한 것들-지혜 있는 자들', '약한 것들-강한 것들'(27절).

'천한 것들'(τὰ ἀγενῆ)(28절)은 '문벌이 좋은 자들'(εὐγενεῖς)(26절)의 반대말이다(cf. TDNT). '천한 것들'은 '멸시받는 것들'(ἐξουθενημένα)과 '없는 것들'(μὴ ὄντα)과 더불어 '있는 것들'(τὰ ὄντα)과 대조를 이룬다(28절). '있는 것들'은 사회가 흠모하고 존경하는, 곧 존재성을 인정받는 사람들이다. 반면에 대조를 이루는 '천한 것들과 멸시받는 것들과 없는 것들'은 사회가 없는 듯 여기는 사람들이다.

하나님은 사회에서 '사람 취급도 받지 못하는 자들'을 불러 자녀로 삼으심으로써 그들을 '사람 취급하지 않는 사람들', 곧 '자기 잘난 맛'에 살지만 정작 구원은 받지 못한 사람들을 부끄럽게 하신다. 새번역이 28절의 의미를 잘 표현했다: "하나님께서는 세상에서 비천한 것들과 멸시받는 것들을 택하셨으니 곧 잘났다고 하는 것들을 없애시려고 아무것도 아닌 것들을 택하셨습니다."

세상이 끝나고 하나님의 심판이 임하는 날(Fee, Garland, cf. 시 6:10; 31:17; 35:4, 26-27; 40:15; 83:16-18; 사 41:11; 렘 2:26), 세상에서 무시당하던 사람들이 존경받던 사람들에게 수치를 안길 것이다(Thiselton, Witherington). 그날 하나님이 사람을 심판하시는 유일한 기준은 그리스도의 복음에 어떻게 반응했느냐가 될 것이기 때문이다(Conzelmann). 하나님이 강하고 지혜롭고 존귀한 자들을 부끄럽게 하실 때, 연약하고 교육받지 못하고 비천한 자들을 높이시지 않고 모든 사람을 공통된 수준으로 끌어내리신다(Calvin). 모두에게 같은 기회를 주실 것이기 때문이다(cf. 마 22:1-14; 눅 14:15-24).

하나님이 세상에서 별 관심을 받지 못하는 사람들을 부르셔서 그분의 나라를 이끌게 하신다는 사실을 생각만 해도 흥분된다. 그러나 하나님이 별 볼 일 없는 자를 불러 존귀한 자로 세우시는 일은 성경에서 계속 반복된다(Edwards, Godet). 이러한 원리는 '한나의 노래'(삼상 2:1-10)에 잘 표현되어 있다: "가난한 자를 진토에서 일으키시며 빈궁한 자를 거름더미에서 올리사 귀족들과 함께 앉게 하시며 영광의 자리를 차지하게 하시는도다"(삼상 2:8; cf. 눅 1:46-55).

하나님이 세상의 미련한 자들과 약한 자들과 천한 자들과 멸시받는 자들과 없는 자들을 택하여 구원에 이르게 하신 것은 아무 육체도 하나님 앞에서 자랑하지 못하게 하기 위해서다(29절). '아무 육체'(πᾶσα σὰρξ)는 유대인과 헬라인을 포함한 세상 모든 사람이다(Garland). 하나님의 백성이 된 사람은 누구도 자기 능력으로 구원에 이르렀다고 자랑할 수 없다. 하나님이 어리석고, 약하고, 비천하고, 존재성 없는 자들에게 그리스도 안에서 새롭고 고귀한 지위를 부여해 모든 인간의 자랑을 제거하셨기 때문이다(Savage).

구원받은 자들이 유일하게 자랑할 수 있는 것은 그들과 하나님의 관계다(30절). 사회에서 아무것도 아닌 자(nobody)가 하나님이 특별히 마음에 두신 자(somebody)가 된 것은 모두 다 하나님이 하신 일이기 때문이다(Godet).

그들은 하나님으로부터 났다(30a절). '하나님으로부터'(ἐξ αὐτοῦ)는 주님이 태초부터 세상의 연약한 자들을 택하기로 예정하셨다는 뜻이다(Conzelmann). 때가 이르자 기쁜 마음으로 그들을 자녀 삼으셨다. 그러므로 그들은 자기 자신에 대해 자랑할 것이 없다: "너희는 그 은혜에 의하여 믿음으로 말미암아 구원을 받았으니 이것은 너희에게서 난 것이 아니요 하나님의 선물이라 행위에서 난 것이 아니니 이는 누구든지 자랑하지 못하게 함이라"(엡 2:8-9).

하나님으로부터 난 그리스도인은 그리스도 예수 안에 있다(30b절).

하나님은 그리스도께서 그들을 보호하고 다스리도록 주님 안에 두셨다. 그리스도인은 세상이 끝나는 날까지 예수님의 보호와 인도를 받을 것이다.

예수님은 하나님으로부터 오신 우리의 지혜이시다(30c절): "그는 우리에게 하나님으로부터 오는 지혜가 되시며"(새번역, cf. 공동, 아가페, NAS, NIV, NRS). 세상의 지혜와는 질적으로 다르시다. 사람들을 멸망으로 인도하는 지혜가 아니라, 하나님께 인도하는 지혜다. 하나님의 지혜이신 예수님은 우리의 의로움과 거룩함과 구원함이 되셨다(30b절). 예전에는 우리가 생각하지도 못한 의로움과 거룩함과 구원함이 예수님 안에서 우리 것이 되었다(Verbrugge, Witherington). 그러므로 그리스도인이 할 수 있는 유일한 자랑은 자신을 구원하신 하나님이다(cf. 렘 9:24).

이러한 사실을 강조하기 위해 저자는 "자랑하는 자는 주 안에서 자랑하라"라는 예레미야 9:23-24을 요약적으로 인용한다(31절; cf. 삼상 2:10). 우리가 자랑할 것은 아무것도 없으며 오직 하나님을 자랑한다는 것은 자라난 가정 환경과 받은 교육과 누리는 사회적 지위 등은 우리의 구원에 아무런 영향을 주지 않는다는 뜻이다. 하나님은 세상을 심판하실 때 딱 한 가지 기준을 적용하실 것이다. 그리스도의 복음을 영접했는가, 영접하지 않았는가다.

이 말씀은 우리의 구원은 전적으로 하나님의 은혜이므로 오직 구원을 이루신 하나님만 자랑하라고 한다. 하나님은 세상에서 연약하고 미련하고 약한 우리를 불러 구원하셨다. 그러므로 우리가 겸손해지고자 한다면 어떻게 해서 구원을 얻어 하나님의 자녀가 되었는지 되돌아보고 묵상해야 한다.

세상은 우리를 별 볼 일 없는 자들이라고 한다. 그러나 하나님을 아는 우리는 세상에서 가장 존귀한 자들이다. 심지어 세상이 선망하고 존경하는 지도자들보다 더 존귀하다. 우리는 그들이 모르는 하나님을 알기 때문이다. 우리의 가치는 얼마나 가졌는지, 얼마나 배웠는지로 결정되는 것이 아니다. 누구를 아는지에 의해 결정된다. 우리는 가장 위대하신 구세주 예수님을 안다. 그러므로 창조주 하나님의 자녀답게 당당하게 살자.

Ⅱ. 교회의 분란과 갈등(1:10-4:21)

D. 십자가 복음의 능력(2:1-5)

[1] 형제들아 내가 너희에게 나아가 하나님의 증거를 전할 때에 말과 지혜의
아름다운 것으로 아니하였나니 [2] 내가 너희 중에서 예수 그리스도와 그가 십
자가에 못 박히신 것 외에는 아무 것도 알지 아니하기로 작정하였음이라 [3] 내
가 너희 가운데 거할 때에 약하고 두려워하고 심히 떨었노라 [4] 내 말과 내
전도함이 설득력 있는 지혜의 말로 하지 아니하고 다만 성령의 나타나심과
능력으로 하여 [5] 너희 믿음이 사람의 지혜에 있지 아니하고 다만 하나님의
능력에 있게 하려 하였노라

저자는 1장 전반부인 1:1-9에서 1인칭 복수형(We)과 단수형(I)을 사용하다가 이어지는 섹션에서는 1인칭 단수형(I)으로 말했다(1:10-17). 후반부를 시작하는 1:18-25에서는 1인칭 복수형(We)으로, 1:26-31에서는 2인칭 복수형(You)을 사용했다. 이제 다시 1인칭 단수형(I)으로 서신을 이어 가는 것은 그가 마지막으로 1인칭 단수형(I)을 사용한 1:17에서 멈춘 말을 이어 가고 있음을 암시한다(Pogoloff). 그 사이에 있는 1:18-31은 일종의 여담(digression)인 것이다.

바울은 하나님이 세상의 '미련한 것'(cf. 1:23, 27-28)을 들어 사용하시는 사례로 자신의 경험을 이야기한다. 그는 연약한 몸을 이끌고 고린도를 찾아와 그들에게 '말의 지혜'로 복음을 전하지 않고(1:17), 두렵고 떨림으로 복음을 전파했다. 세상의 눈에는 그가 전한 복음이 메신저인 바울처럼 미련하고 약했지만(Edwards), 하나님의 부르심을 받은 사람들에게는 주님의 지혜와 능력이 온전히 드러났다.

복음 선포와 설교는 사람의 능란한 수사가 아니라 성령께서 복음을 전파하는 사람의 온갖 스피치 결함과 한계를 극복하고 하나님 나라의 진리가 선포되게 하시는 일이다. 이러한 사실을 잘 아는 바울은 의도적으로 당시 달변가들이 선호하던 수사와 기술을 멀리했다. 언어적 기술은 그리스도인이 복종해야 하는 완전히 새로운 질서를 강요하는 십자가의 냉혹한 현실을 표현하기에는 적합하지 않았고, 오히려 모호하게 했다(Pascuzzi). 설교는 아름답거나 영리한 말로 청중을 설득하지 않는다. 설교자가 십자가 구원을 통해 드러난 하나님의 지혜와 능력을 누구나 알아들을 수 있는 말로 설명하면, 듣는 이들이 하나님의 영과 능력에 의해 설득된다(Garland).

바울이 처음 고린도를 방문했을 때 그는 말과 지혜의 아름다운 것으로 하나님의 증거를 전하지 않았다(1절). '아름다운 것'(ὑπεροχή)은 '우월함, 출중함'을 뜻한다(BDAG, cf. 딤전 2:2). 그러므로 '말의 아름다움'(ὑπεροχὴν λόγου)은 능수능란한 스피치 능력과 정교한 말솜씨(Lightfoot), 곧 사회의 엘리트들이 구사하는 말이라 할 수 있다(Pogoloff, Savage).

'말과 지혜의 아름다운 것'은 헬라어 문구(καθ' ὑπεροχὴν λόγου ἢ σοφίας)를 정확하게 번역한 것이 아니다. 직역하면 '말의 아름다움에 따라, 혹은 지혜로'이다(cf. 새번역, 공동, ESV, NIV). 이 문구는 '나아갔다'(ἦλθον), 혹은 '전했다'(καταγγέλλων)를 수식할 수 있다. '나아갔다'를 수식하는 것으로 해석하면 사도가 복음을 전파하기 위해 고린도를 방문했을 때 마치 화려한 언변과 수사를 가진 사람처럼 고린도 사람들을 대하지 않았다는 뜻이 된다. '전했다'를 수식하는 것으로 간주하면 바울이 훌륭한(유식한) 말이나 지혜로 그들에게 복음을 전하지 않고(cf. 새번역, 공동) 모든 사람이 알아들을 수 있는 평범한 말로 복음을 전했다는 의미가 된다(Thiselton). 바울 서신에 나타나는 그의 성품과 태도를 볼 때 두 가지 다 본문의 의미와 잘 어울린다(cf. Garland).

사도는 복음을 능수능란한 말로 포장하는 것은 복음의 핵심과 대치되는 것이라 생각했다(Lightfoot). 그리스도께서는 정교한 수사를 알아듣고 즐기는 엘리트뿐 아니라, 이러한 말에 익숙하지 않은 낮은 자들을 위해서도 십자가에서 죽으셨다. 또한 평이한 말을 사용해 복음을 전해야만 듣는 자들의 관심이 선포된 메시지에 집중되고 선포자에게 쏠리지 않는다고 확신했다.

개역개정이 '하나님의 증거'로 번역한 헬라어 문구(τὸ μυστήριον τοῦ θεοῦ)를 직역하면 '하나님의 비밀'이다. 고대 사본 중 일부는 '하나님의 증거'(ἡ μαρτυρία τοῦ θεοῦ)로(cf. NAS, NIV, ESV), 그 외 대부분은 '하나님의 비밀'(τὸ μυστήριον τοῦ θεοῦ)로 표기한다(Metzger, cf. 새번역, 아가페, NAB, NRS). 둘 다 가능한 대안이기에 '증거'를 선호하는 학자들도 있지만(Barrett, Fee, Blomberg, Gardner), 저자가 본문에서 세상의 지혜와 십자가에 드러난 하나님의 지혜와 능력을 대조하는 것을 고려하면 '비밀'(신비)이 더 잘 어울린다(Garland, Sampley, Thiselton). 십자가 복음은 세상의 지혜가 도저히 이해할 수 없는 비밀이다(cf. 2:7).

하나님은 비밀을 지혜로운 사람들에게 알려 주신다(cf. 단 2:18-23). 그러나 바울은 세상이 어리석고 미련하다고 하는 사람들에게 하나님의 비밀이 드러났다고 한다. 세상이 지혜롭다고 하는 자들이 지혜로운 것이 아니라, 하나님이 부르신 자들이 지혜롭기 때문이다.

성경은 이 비밀을 '하나님의 깊은 것'(2:10), 혹은 종말에 대한 신비(비밀)라 한다(cf. 단 2:18-30, 47; 4:9). 복음이 비밀인 것은 종말의 시작이기 때문이다(Thiselton, cf. 10:11). 비밀이라고 해서 모든 사람에게 숨겨진 것은 아니다. 그리스도 안에 있는 이들은 이 비밀을 충분히 알 수 있다. 그러나 불신자들은 아무리 노력해도 알 수 없다. 그들에게는 비밀이 가려졌기 때문이다(cf. 고후 4:3-4).

바울이 고린도 성도들에게 알려 준 하나님의 비밀은 예수 그리스도와 그분이 십자가에 못 박히신 일이다(2a절). 그는 십자가 외에는 아무것도 알지 않기로 작정했다(2b절). '작정하다'(κρίνω)는 '의도적인 결단, 판결'을 의미한다(cf. NIDNTTE). 사도는 교회와 성도들에게 무엇이 가장 중요한지 잘 알고 있다. 교회는 십자가에 못 박히신 예수 그리스도 안에 모인 공동체다. 그리스도인은 예수 그리스도의 죽음을 통해 하나님의 백성이 되었다. 그러므로 기독교에서 가장 중요한 것은 십자가에 못 박히신 예수 그리스도이시다.

그리스도인은 죽는 순간까지 예수님을 더 깊이 알기 위해 노력해야 한다. "내가 그리스도와 그 부활의 권능과 그 고난에 참여함을 알고자 하여 그의 죽으심을 본받아 어떻게 해서든지 죽은 자 가운데서 부활에 이르려 하노니 내가 이미 얻었다 함도 아니요 온전히 이루었다 함도 아니라 오직 내가 그리스도 예수께 잡힌 바 된 그것을 잡으려고 달려가노라"(빌 3:10-12).

바울은 그가 고린도 사람들과 함께 있었을 때 자신이 약하고 두려워서 심히 떨었다고 한다(3절). 그가 처음으로 고린도를 방문했을 때 일이다(cf. 행 18장). '약함'(ἀσθένεια)이 지병을 의미할 수도 있지만(Gardner, cf. 11:30), 이곳에서는 육체적인 연약함으로 해석해야 한다(Garland, cf. 15:43; 고후 11:30; 12:5, 9-10; 13:4). '두려워하고 떨었다'(ἐν φόβῳ καὶ ἐν τρόμῳ)는 주인을 대하는 종의 자세(엡 6:5), 혹은 종교적 경외(Savage, cf. 빌 2:12-13; 히 12:20-21)를 뜻한다.

바울은 고린도에 도착하기 전에 마게도냐에서 그를 죽이려 하는 유대인들에게 쫓겨 아덴으로 갔다. 아덴에서 철학자들과 엘리트들에게 복음을 전파했지만, 기대한 만큼 열매가 맺히지 않았다. 이후 곧바로 아덴을 떠나 고린도로 갔다. 그러므로 바울은 심리적으로 매우 위축된 상황에서 고린도에 도착한 것이다(cf. Weiss).

고린도에 도착했을 때 사도는 자신감도 없었고(Bruce, Lightfoot, Witherington), 쫓기는 상황이라 개인적인 안전에 대해 불안할 수밖에 없었다(Barrett, Calvin, cf. 행 18:9). 게다가 처음 방문한 도시에서 홀로 복음을 전파하는 것은 두렵고 떨리는 일이다(Moffat, Fee, Robertson & Plummer, cf. 행 18:9-11). 그에게는 육신적 연약함도 있었다(Fee, cf. 갈 4:13-14).

바울은 설득력 있는 지혜의 말로 전도하지 않았다(4a절). 어떤 이들은 '전도함'(κήρυγμά)을 복음 선포로, '말'(λόγος)을 선포한 복음을 설명하는 것으로 구분한다(Lightfoot), 그러나 저자는 자신이 선포한 것(복음)을 재차 강조하기 위해 두 단어를 비슷한 말로 사용하고 있다(Conzelmann, Thiselton).

'설득력 있는 지혜의 말'(ἐν πειθοῖς σοφίας)은 달변가들이 사람들을 설득하기 위해 사용한 능수능란한 말솜씨를 의미한다. 사도는 그들의 수사와는 완전히 다른 평범한 언변으로 복음을 전했다(Pogoloff). 복음을 전파하려면 인간의 달변과 수사가 필요한 것이 아니라, 성령의 나타나심과 능력이 함께해야 한다는 것을 잘 알고 있었기 때문이다(4b절).

사람이 십자가 복음을 이해하고 영접하려면 지혜의 설득력이 아니라 그를 구원으로 부르신 성령의 임재와 능력이 있어야 한다. 그러므로 바울은 성령의 함께하심을 극대화하기 위해 평범한 언변으로 복음을 전파했다. 이러한 정황에 대해 그는 나중에 이렇게 증언한다. "우리가 이 보배를 질그릇에 가졌으니 이는 심히 큰 능력은 하나님께 있고 우리에게 있지 아니함을 알게 하려 함이라"(고후 4:7). 그러나 고린도 지혜자들은 그가 전한 복음이 매우 '약하여' 어떠한 설득력도 없다고 생각했을 것이다(cf. 1:27).

또한 사도가 설득력 있는 지혜의 말로 복음을 선포하지 않고 성령의 나타나심과 능력으로 복음을 전파한 이유는 영접한 이들의 믿음이 사람의 지혜에 있지 않고 하나님의 능력에 있게 하기 위해서였다(5절). 아마도 고린도에 오기 바로 전에 아덴에서 철학자들을 상대로 전도하다가 괄목할 만한 결과를 얻지 못한 것이 바울에게도 자극이 되었을 것이다(Verbrugge). 그러므로 그는 전도가 성령의 능력으로 하는 일이며, 복음을 영접한 그리스도인의 믿음은 하나님의 능력 위에 세워져야 한다고 한다.

이 말씀은 설교자는 언어술사가 아니라고 한다. 세상 말과 지혜로는 사람들을 설득시킬 수 없다. 설교를 통해 성령이 능력으로 나타나실 때 성도들이 설득되고 변화한다. 그러므로 하나님이 설교자로 세우신 사람의 연약함과 어눌함은 문제가 아니라 오히려 강점이 될 수 있다. 하나님은 우리의 연약함을 들어 쓰시는 분이기 때문이다. 우리는 달변가가 되려고 하지 말고, 성령으로 충만하고 영적 통찰력을 지닌 사역자가 되어야 한다.

교회는 그리스도의 복음만 전하고 성경 말씀만 가르쳐야 한다. 바울은 평생 예수 그리스도와 그분이 십자가에 못 박히신 것 외에는 아무것도 알려고 하지 않기로 작정했다. 복음을 선포하는 일에만 몰두해도 시간이 부족하다고 생각했기 때문일 것이다. 오늘날 성경은 가르치지 않으면서 문화와 여가 생활 등에 대해 정기적으로 가르치는 교회가 제법 많다. 잘못된 일이다. 교회는 복음을 전파하고 하나님의 말씀을 가르치기 위해 세워진 공동체다. 교회의 본모습과 사명으로 돌아가야 한다. 문화교실은 교회가 할 일이 아니라, 백화점에서 하는 일이다.

II. 교회의 분란과 갈등(1:10-4:21)

E. 성령의 계시와 하나님의 지혜(2:6-16)

6 그러나 우리가 온전한 자들 중에서는 지혜를 말하노니 이는 이 세상의 지혜가 아니요 또 이 세상에서 없어질 통치자들의 지혜도 아니요 7 오직 은밀한 가운데 있는 하나님의 지혜를 말하는 것으로서 곧 감추어졌던 것인데 하

나님이 우리의 영광을 위하여 만세 전에 미리 정하신 것이라 [8] 이 지혜는 이
세대의 통치자들이 한 사람도 알지 못하였나니 만일 알았더라면 영광의 주
를 십자가에 못 박지 아니하였으리라 [9] 기록된 바

하나님이 자기를 사랑하는 자들을 위하여
예비하신 모든 것은 눈으로 보지 못하고
귀로 듣지 못하고
사람의 마음으로 생각하지도 못하였다

함과 같으니라 [10] 오직 하나님이 성령으로 이것을 우리에게 보이셨으니 성령
은 모든 것 곧 하나님의 깊은 것까지도 통달하시느니라 [11] 사람의 일을 사람
의 속에 있는 영 외에 누가 알리요 이와 같이 하나님의 일도 하나님의 영 외
에는 아무도 알지 못하느니라 [12] 우리가 세상의 영을 받지 아니하고 오직 하
나님으로부터 온 영을 받았으니 이는 우리로 하여금 하나님께서 우리에게
은혜로 주신 것들을 알게 하려 하심이라 [13] 우리가 이것을 말하거니와 사람
의 지혜가 가르친 말로 아니하고 오직 성령께서 가르치신 것으로 하니 영적
인 일은 영적인 것으로 분별하느니라 [14] 육에 속한 사람은 하나님의 성령의
일들을 받지 아니하나니 이는 그것들이 그에게는 어리석게 보임이요, 또 그
는 그것들을 알 수도 없나니 그러한 일은 영적으로 분별되기 때문이라 [15] 신
령한 자는 모든 것을 판단하나 자기는 아무에게도 판단을 받지 아니하느니라

[16] 누가 주의 마음을 알아서
주를 가르치겠느냐

그러나 우리가 그리스도의 마음을 가졌느니라

복음 전파는 사람의 지혜로 하지 않고 하나님의 지혜와 성령의 능력으로 하는 것이다. 바울은 앞에서 언급한 내용을 확대해 설명하고 있다(cf. 2:4). 또한 복음 전파에 성령이 함께하시는 것은 곧 전파자에게 필요한 것은 세상의 지혜가 아니라 하나님의 지혜임을 암시한다(6-7절). 세상 지혜를 매우 중요하게 여긴 고린도 성도들에게 필요한 가르침이다.

바울은 자신의 사역을 돌아보며 '우리'라는 말을 사용한다(6a절). 이는 개인의 입장을 마치 모든 사람이 그런 것처럼 표현하는 문학적 기법이거나(Godet), 자신이 모든 사도를 대표한다는 뜻일 수 있다(Collins). 범위를 더 넓혀 복음을 전파하는 사람은 모두 이렇다는 하나의 원칙을 말하는 것으로 해석하는 것이 바람직하다(Gardner, Garland, Weiss, cf. 1:12).

복음을 전파하는 사람들은 온전한 자 중에서 지혜로 말한다(6a절). '온전한 자들'(τοῖς τελείοις)은 철학적 전통에서 온 용어로 지혜의 정점에 도달한 사람들이다(TDNT). 이곳에서는 성령이 복음 전파자들을 통해 가르치시는 영적 진리를 알아들을 수 있는, 곧 성령을 받은 사람들을 가리킨다(cf. 12절). 그러므로 어느 정도 도움은 되겠지만 나이와 연륜은 큰 상관이 없다. 모든 그리스도인은 그리스도의 복음을 영접할 때 성령을 받는다. 그러므로 성도는 누구든 온전한 사람이다(Fee). 성령이 주시는 영성을 받았으므로, 이제는 성령을 체험한 온전한 사람답게 체험하고 배운 대로 살면 된다.

그러나 고린도 성도 중에는 영적 체험을 삶에서 잘 표현하지 못하고 어린아이처럼 행동하는 자가 많았다(3:1-4). 그러므로 사도는 어느 정도 냉소(sarcasm)를 더해 이렇게 말한다. "너희가 이미 배 부르며 이미 풍성하며 우리 없이도 왕이 되었도다 우리가 너희와 함께 왕 노릇 하기 위하여 참으로 너희가 왕이 되기를 원하노라"(4:8).

바울이 '온전한 자들'(고린도 교회의 모든 성도)에게 말한 '지혜'(σοφία)는 이 세상의 지혜가 아니며, 이 세상에서 없어질 통치자들의 지혜도 아니다(6b절). '이 세상의 지혜'(σοφίαν τοῦ αἰῶνος)에서 '이 세상'(τοῦ αἰῶνος)은 장소에 대한 개념이 아니라 시간(시대)에 관한 것이다. 그러므로 직역하면 '이 시대의 지혜'(wisdom of this age, cf. ESV, NAS, NIV, NRS)다. 고린도 성도들이 복음보다 더 귀하게 여기는 세상의 지혜는 잠시 그들의 시대를 지배하다가 사라지는 한계를 지닌다. '이 세상에서 없어질 통치자들'(τῶν ἀρχόντων τοῦ αἰῶνος τούτου τῶν καταργουμένων)도 마찬가지로 이 시대가 끝이 나면 모두 흔적도 없이 사라질 자들이다.

'통치자들'(ἀρχόντων)이 누구인가에 대해 학자들의 의견이 크게 둘로 나뉜다. 하나는 악령과 같은 영적 존재들(Barrett, Collins, Conzelmann, Moffat, Verbrugge, Weiss)을 가리킨다는 의견이고, 다른 하나는 정치인 같은 인간 권세자들(Calvin, Carr, Fee, Gardner, Garland, Godet, Horsley, Robertson & Plummer)을 가리킨다는 의견이다. 어떤 이들은 세상 지도자는 영적 존재에게 영향을 받으므로 둘 다라고 하지만(Thiselton), 저자가 앞(1:26-28)에서와 같이 이곳에서도 우리가 사는 세상에 관해 말하고 있다는 점을 고려할 때 세상 권세자들을 의미하는 것이 확실하다(cf. 시 2:2; 32:10; 마 20:25; 롬 13:3). 게다가 고린도 성도들은 하나님의 지혜가 아니라 세상의 지혜에 더 많은 영향을 받고 있다(Garland). 또한 이들은 1:26-28이 나열한 세상 엘리트 부류에 속한 자들이며(Calvin, Fee, Godet, Lightfoot), 그리스도를 십자가에 못 박은 자들이다(Gardner, Garland, Wright, cf. 눅 23:35; 행 3:17; 4:8).

'없어지다'(καταργέω)는 전(前)과 후(後)의 단절을 강조하는 단어다(Hafemann). 세상의 지혜나 세상을 주도하는 통치자들의 지혜는 시대가 바뀌면 모두 없어진다. 시작되는 새로운 시대에는 존재하지 않는다. 이와는 대조적으로 사도들이 선포하는 하나님의 지혜, 곧 하나님이 그리스도의 십자가를 통해 은혜로운 구원을 이루신 지혜(cf. 1:17, 23-24, 30)는 세상이 끝나도 영원히 '온전한 자들'과 함께 있을 것이다. 그러므로 하나님의 지혜는 종말론적이다(Gardner, Hafemann).

잠시 있다가 사라지는 것은 영원한 것에 자리를 내주어야 하는 것이 세상의 이치다. 그러나 현상적으로는 이 세상이 끝나는 날까지 세상의 지혜가 하나님의 지혜보다 더 큰 영향력을 행사하며, 세상 통치자들의 권세가 하나님의 권세보다 더 강하다. 그러므로 세상의 권세들은 교회를 핍박하고, 세상 지혜자들은 그리스도인을 가리켜 미련하고 어리석은 자들이라 한다. 이러한 일이 가능한 이유는 우리가 아직 끝나지 않은 '이 세상'과 이미 시작된 '하나님 나라'(다음 세상)가 겹치는 시대를 살고 있기 때문이다.

두 세상이 겹치는 시대를 사는 그리스도인이 세상 권세나 지혜와 다툴 필요는 없다. 믿는 사람이 믿지 않는 사람과 공정하고 의미 있는 영적 대화를 하는 것은 불가능한 일이기 때문이다. 그저 그들의 편견과 어리석음을 견디고 버텨 내면 된다. 이권을 중심으로 하는 세상 권세와 편견, 그리고 영적 세상에 대한 무지함을 중심으로 하는 세상 지혜에는 자멸하는 파괴력이 내재해 있다(Garland).

바울이 고린도 성도들에게 전한 하나님의 지혜는 은밀한 가운데 감추어졌던 것이다(7a절). 하나님의 지혜가 은밀한 곳에 감추어졌다는 것은 사람이 스스로 찾아내는 것이 불가능함을 의미한다(cf. 9절). 하나님은 자기 지혜를 감추어 두시고 보여 주고자 하는 이들에게만 성령을 통해 계시하시는 지혜다(cf. 10-13절).

하나님은 어디에 지혜를 숨기셨는가? 그리스도의 십자가에 숨기셨다(Brown, cf. 롬 16:25; 고전 1:24; 골 1:26). 그러므로 십자가 복음을 영접하지 않은 불신자들에게는 하나님의 지혜가 아직도 숨겨져 있다(고후 4:3; 엡 3:9; 골 1:26). 그들이 할 수 있는 최선은 사람이 어둠 속에서 벽을 더듬듯 진리를 더듬는 것이다(Gaffin). 성령을 통한 계시 없이는 볼 수도, 깨달을 수도 없기 때문이다. 그러므로 하나님의 지혜는 온 세상에 공개된 비밀이다. 믿는 사람에게는 영생에 이르게 하는 지혜지만, 믿지 않는 사람은 보고도 깨닫지 못한다.

십자가를 통해 보이신 하나님의 지혜는 만세 전에 우리의 영광을 위해 미리 정하신 것이다(7b절). 세상은 십자가를 부끄러운 것이라 하지만, 그리스도 안에 있는 우리에게는 최고의 영광이다. 또한 죽은 자 가운데 부활해 영광의 주가 되신 예수님은 "영광의 왕이 누구시냐?"

라고 묻는 시편 24:8의 질문에 스스로 '나다'라고 대답하셨다(Fitzmyer, Kistemaker, cf. 빌 2:9-11).

세상의 통치자 중 십자가에 감추어진 하나님의 지혜를 아는 사람은 하나도 없었다(8a절). 그러므로 로마와 이스라엘의 통치자들이 수립한 가장 좋은 권세와 종교는 예수님을 십자가에 못 박았다(Wright). 만일 그들이 하나님의 지혜를 알았더라면 영광의 주 예수 그리스도를 십자가에 못 박지 않았을 것이다(8b절). 세상의 지혜자들과 통치자들은 메시아를 알아보지 못했다. 하나님이 예수님의 십자가에 숨겨 두신 하나님의 지혜를 그들에게는 드러내지 않으셨기 때문이다.

십자가뿐 아니라 하나님이 자기를 사랑하는 자들을 위해 예비하신 모든 것은 눈으로 보지 못하고, 귀로 듣지 못하고, 사람의 마음으로 생각하지 못하는 것이다(9절). '하나님이 예비하신 것'(ἃ ἡτοίμασεν ὁ θεὸς)은 미래에 임할 하늘의 축복(cf. 마 25:34), 혹은 하나님이 미리 정하신 것이다(cf. 7절).

이 말씀은 이사야 64:4을 요약적으로 인용한 것이다. "주 외에는 자기를 앙망하는 자를 위하여 이런 일을 행한 신을 옛부터 들은 자도 없고 귀로 들은 자도 없고 눈으로 본 자도 없었나이다"(사 64:4). 눈과 귀와 마음은 사람이 지혜를 얻기 위해 사용하는 장기(기관)다. 사람은 이것들을 사용해 세상의 지혜를 습득할 수는 있지만, 영적인 지혜는 얻을 수 없다. 하나님이 그들의 눈과 귀와 마음이 영적인 것을 볼 수 없게 하셨기 때문이다.

여호와께서 이르시되 가서 이 백성에게 이르기를
너희가 듣기는 들어도 깨닫지 못할 것이요
보기는 보아도 알지 못하리라 하여
이 백성의 마음을 둔하게 하며
그들의 귀가 막히고

그들의 눈이 감기게 하라
염려하건대 그들이 눈으로 보고
귀로 듣고 마음으로 깨닫고
다시 돌아와 고침을 받을까 하노라(사 6:9-10).

예수님이 자주 사용하신 말씀이다. 하나님이 자기를 사랑하는 자들을 위해 예비하신 모든 것은 사람이 스스로 얻을 수 있는 것이 아니다(cf. 사 55:8). 하나님의 지혜는 자연을 초월하고, 관념을 초월하며, 상상의 한계를 초월하고, 자연적 욕망의 범위를 초월한다(Edwards). 그러므로 하나님의 비밀을 알기 위해서는 하나님을 사랑하는 것이 필수적이다(Holladay, cf. 출 20:6; 신 5:10; 막 12:28-30).

하나님에 대한 사랑이 창조주 하나님이 예비하신 모든 것을 보는 데 필수 조건인 이유는 하나님이 자신이 예비하신 것을 그분을 사랑하는 이들에게만 성령을 통해 보이시기 때문이다(10a절). 그분을 사랑하지 않는 자들에게는 계속 감추어 두신다(cf. 7절). 그러므로 하나님이 은혜를 베풀어 듣는 귀와 보는 눈과 깨닫는 마음을 주지 않으시면, 그 누구도 은밀한 가운데 있는 하나님의 지혜를 알 수 없다.

성령은 은밀한 가운데 감추어져 있는 하나님의 지혜를 그리스도인에게 얼마든지 보이신다. 성령은 세상 모든 것과 하나님의 깊은 것까지도 통달하시기 때문이다(10b절). '하나님의 깊은 것'(τὰ βάθη τοῦ θεοῦ)은 '미리 정하신 것'(7절)이자 '예비하신 것'(9절)이며 하나님의 구원 계획이다(cf. 롬 11:33)(Garland). '통달하다'(ἐραυνάω)는 '살피다, 조사하다'라는 뜻을 지닌다(NIDNTTE). 성령은 하나님의 가장 깊은 것까지 낱낱이 아신다. 하나님의 가장 깊은 것까지 아시는 성령께서 우리에게 그리스도의 십자가를 통해 드러난 하나님의 지혜와 능력을 보이셨다. 또한 우리에게 하나님의 신비로운 비밀을 계속 계시하신다(드러내신다).

세상의 지혜자들과 통치자들이 하나님의 심오한 것을 결코 헤아릴 수 없는 이유는 성령이 그들에게 알려 주지 않으시기 때문이다. 사람의 일은 그 사람의 속에 있는 영밖에 모른다(11a절). 이와 같이 하나님의 일도 하나님의 영 외에는 아무도 알지 못한다(11b절). 그러므로 사람이 하나님의 일을 알 수 있는 유일한 방법은 하나님의 영이 그에게 보여 주는 것이다. 성령은 오직 복음을 영접한 이들에게만 하나님의 일을 알게 하시기 때문에, 믿음이 없으면 지혜자나 통치자라 해도 알 수 없다. 그러므로 믿지 않는 자들이 듣는 것은 듣는 것이 아니며, 보는 것은 보는 것이 아니며, 깨닫는 것은 깨달음이 아니다.

우리는 복음을 영접하고 그리스도인이 되었을 때 하나님으로부터 온 영, 곧 성령을 받았다(12a절). 성령은 세상의 영과 질적으로 다르다. 그러므로 세상은 절대 성령을 줄 수 없다. 하나님께 성령을 받은 사람은 신령하고(영적이고) 온유하다(갈 6:1). 사람은 성령의 인도하심에 따라 매일 새로워지고, 깨우침을 받고, 인도되기 때문에 영적이다(신령하다)(Gaffin).

하나님이 우리에게 성령을 주신 이유는 우리로 하여금 하나님이 우리에게 은혜로 주신 것들을 알게 하기 위해서다(12b절). 온갖 은사와 영적인 깨달음은 하나님이 믿는 자들에게만 주시는 선물이며, 성령을 통해서 온다. 그러므로 영적인 삶은 하나님이 성령을 통해 주신 은사와 깨달음에 따라 사는 것이다.

그리스도인은 하나님께 선물로 받은 것들(깨우심과 은사들)에 관해 말할 때 사람의 지혜가 가르친 말로 하지 않고 오직 성령께서 가르치신 대로 해야 한다(13a절). 사람의 지혜는 세상에 속한 것이고 성령이 가르쳐 주신 것들은 하늘에 속한 것이기 때문에, 하늘에 속한 것을 하늘(영적인 세상)에 대해 아는 것이 없는 세상 말로 묘사하는 것은 불가능하다.

그러므로 영적인 일은 영적인 것으로 분별해야 한다. '분별하다'(συγκρίνω)는 성경에서 단 한 차례 더 사용되는 단어(고후 10:12)라 정확한 의미를 파악하는 것이 쉽지 않다. 그러므로 번역본들은 '해석하다'(ESV, NRS), '결합하다'(NAS), '설명하다'(새번역, 아가페, NIV), '표현하다'(공동, NAB) 등 비슷하지만 서로 다른 단어를 사용해 번역했다. 게다가 이 문장은 매우 간략하게 표현(πνευματικοῖς πνευματικὰ συγκρίνοντες) 되었기 때문에 '영적인 일'(πνευματικοῖς)과 '영적인 것'(πνευματικα)이 정확히 무엇을 의미하는지 해석하기가 쉽지 않다. NAS는 사본에 없는 '생각'(thoughts)과 '말'(words)을 삽입해 '영적인 일'을 '영적인 생각들'(spiritual thoughts)로, '영적인 것'을 '영적인 말'(spiritual words)로 번역한다: "영적인 생각들은 영적인 말로 결합해야 한다"(combining spiritual *thoughts* with spiritual *words*).

저자가 세상 말로 영적인 것을 해석하는 것 자체가 불가능하다는 맥락에서 이렇게 말하는 것으로 보아 '영적인 은혜와 은사는 영적인 말로만 해석할 수 있다'라는 의미로 해석하는 것이 바람직하다(Gardner, Garland, cf. 창 40:8, 22; 41:12; 삿 7:15; 단 5:8, 12). 영적인 것을 세상 말로 해석하면 알아듣고 이해할 사람이 없다는 뜻이다. 그러므로 누구든 하나님의 은혜와 은사를 알고자 한다면, 먼저 하나님의 자녀가 되어 하나님이 성령을 통해 하시는 영적인 말을 이해하는 영적인 사람이 되어야 한다.

하나님의 은혜와 은사를 알고자 한다면, 왜 먼저 복음을 영접하고 영적인 사람이 되어야 하는가? 육에 속한 사람은 하나님의 성령의 일들을 어리석다며 받아들이지 않기 때문이다(14a절). '육에 속한 사람'(ψυχικὸς)은 영적인 성장을 하지 않는 그리스도인을 뜻하는 '육신에 속한 자'(σαρκικός)와 다르다(TDNT, cf. 3:1, 3; 고후 10:4). 바울이 '육에 속한 사람'이라고 지칭하는 자는 '자연인'(natural man)이며(ESV, NAS), 그중 많은 자가 복음 전파를 방해한다(cf. 행 17:18, 32; 26:24). '자연인들'은 하나님이 하시는 일을 어리석다며 거부한다. 이러한 행위는 사람을 하나님보다 더 지혜로운 존재로 여기는 교만이다.

사람이 성령을 통해 하나님이 하시는 일과 지혜를 받아들이려면 특별한 능력, 곧 영적인 분별력이 필요하다(14b절). '분별하다'(ἀνακρίνω)는 증거를 바탕으로 올바른 판단을 한다는 뜻이다(Garland, cf. BDAG). 영적인 분별력이 없는 사람에게 하나님이 하시는 일은 어리석게 보인다. 자연인은 영적 분별력을 가지지 못했다(Grindheim). 이 능력은 하나님이 성도로 부르신 자들에게만 주신다(cf. 1:2). 그러므로 영적 분별력이 없어 하나님의 일을 분별하지 못하는 사람은 이미 하나님의 심판을 받았다(Gardner).

신령한 자는 모든 것을 판단한다(15a절). '신령한 자'(πνευματικὸς)는 하나님이 주시는 영적 분별력을 가진 사람이다(cf. 13절). 그는 영적 분별력으로 모든 것을 바르게 판단한다. 사람이 영적이라는 것은 십자가의 말씀을 이해함으로써 자신의 삶을 십자가의 삶, 곧 자기희생적인 사랑으로 특징지어지는 삶과 자신의 연약함을 통해 하나님의 능력이 드러나는 삶으로 변화시켜 가는 것이다(Grindheim).

신령한 사람은 아무에게도 판단을 받지 않는다(15b절). 15절에서 두 차례 사용되는 '판단하다'(ἀνακρίνω)는 14절에 '분별하다'(ἀνακρίνω)로 번역된 단어와 같다. 영적인 사람은 하나님이 주시는 영적 분별력으로 모든 것을 바르게 판단하므로, 남에게 판단받을 일이 없다는 뜻이다. 바울이 이렇게 말하는 것은 고린도 성도 사이에 서로 판단하고 정죄하는 일이 있었다는 것을 암시한다(Gardner).

> 너희에게나 다른 사람에게나 판단 받는 것이 내게는 매우 작은 일이라 나도 나를 판단하지 아니하노니 내가 자책할 아무 것도 깨닫지 못하나 이로 말미암아 의롭다 함을 얻지 못하노라 다만 나를 심판하실 이는 주시니라 그러므로 때가 이르기 전 곧 주께서 오시기까지 아무 것도 판단하지 말라 그가 어둠에 감추인 것들을 드러내고 마음의 뜻을 나타내시리니 그 때에 각 사람에게 하나님으로부터 칭찬이 있으리라(고전 4:3-5; cf. 롬 8:33).

"누가 주의 마음을 알아서 주를 가르치겠느냐?"(16a절)는 이사야 40:13을 인용한 것이다. 칠십인역(LXX)은 이 구절을 두 개의 수사학적 질문으로 구분해 번역했는데, 선지자의 의도를 잘 반영하고 있다: "누가 여호와의 마음을 알았느냐? 누가 그의 모사가 되어 그를 가르쳤느냐?"(τίς ἔγνω νοῦν κυρίου, καὶ τίς αὐτοῦ σύμβουλος ἐγένετο, ὃς συμβιβᾷ αὐτόν). 이 두 가지 질문이 기대하는 답은 모두 '아무도 없다!'이다.

이사야 선지자는 여호와(יְהוָה)에 대해 이 두 가지 질문을 했다(사 40:13). 바울은 본문에서 '여호와'를 '주'(κύριος)라고 번역해 부른다. 그는 자기 서신에서 예수님을 '주'라고 부르는 것을 즐긴다(Verbrugge, cf. 롬 10:9; 빌 2:11). 그러므로 저자는 이 말씀을 통해 예수님이 곧 구약의 여호와이심을 암시한다(Garland, Gardner, Verbrugge).

자연인 중에는 주의 마음을 헤아릴 수 있는 사람이 없다. 그러나 그리스도인은 어느 정도 하나님의 마음을 헤아릴 수 있다. 영적인 우리는 그리스도의 마음을 가졌기 때문이다(16b절, cf. 11절). '그리스도의 마음'(νοῦν Χριστοῦ)은 그리스도의 복음을 영접한 사람이 가진 마음이다(Gardner). 그리스도와 함께 십자가에 못 박힌 마음이며, 그리스도의 뜻에 따라 그리스도를 위해 살고자 하는 마음이다(Brown): "그가 모든 사람을 대신하여 죽으심은 살아 있는 자들로 하여금 다시는 그들 자신을 위하여 살지 않고 오직 그들을 대신하여 죽었다가 다시 살아나신 이를 위하여 살게 하려 함이라"(고후 5:15).

이 말씀은 사람은 자연인과 영적인 사람 두 부류로 나뉜다고 한다. 이 두 그룹을 구분하는 기준은 하나님의 성령을 받았느냐, 혹은 받지 못했느냐다. 성령을 받고 받지 못하고가 영생을 가름할 정도로 중요한 이유는 두 그룹은 영원히 극복할 수 없는 차이를 지닌 서로 다른 지혜와 세계관에 따라 살게 되기 때문이다. 자연인은 영적인 것에 대해 아무것도 모를 뿐 아니라 자신의 무지함과 편견으로 하나님의 지혜가 어리석다며 망언한다. 반면에 영적인 사람인 우리에게 하나님의 일은 세상에서 가장 귀한 것이며, 우리가 반드시 알고 실천해야 할 것이다.

모든 그리스도인은 성령과 예수님의 마음을 받았다. 우리는 어떤 영과 누구의 마음으로 살고 있는가? 예수님을 구주로 고백한다고 하면서도 예수님과 별 상관이 없는 지혜와 세계관에 따라 살아왔다면 회개하고 성령의 도우심(충만함)을 사모해야 한다. 입으로는 그리스도를 고백하면서도 세상 사람들과 별반 다를 바 없는 삶을 사는 실용적인 무신론자(practical atheist)라면 자신의 회심과 삶을 되돌아보아야 한다.

믿음이 성장하는 속도는 사람마다 차이가 있다. 그러나 예수 그리스도를 구주로 영접했을 때 우리는 이미 온전한 사람이 되었다. 의지만 있으면 얼마든지 하나님이 인도하시고 그리스도께서 기뻐하시는 성령 충만한 삶을 살 수 있다는 뜻이다. 그러므로 이제라도 늦지 않았으니 각오를 새롭게 함으로써 '처음 된 우리'가 '나중 되는 일'이 없게 해야 한다.

II. 교회의 분란과 갈등(1:10–4:21)

F. 고린도 성도들의 영적 미숙함(3:1–4)

**[1] 형제들아 내가 신령한 자들을 대함과 같이 너희에게 말할 수 없어서 육신
에 속한 자 곧 그리스도 안에서 어린 아이들을 대함과 같이 하노라 [2] 내가
너희를 젖으로 먹이고 밥으로 아니하였노니 이는 너희가 감당하지 못하였
음이거니와 지금도 못하리라 [3] 너희는 아직도 육신에 속한 자로다 너희 가
운데 시기와 분쟁이 있으니 어찌 육신에 속하여 사람을 따라 행함이 아니리
요 [4] 어떤 이는 말하되 나는 바울에게라 하고 다른 이는 나는 아볼로에게라
하니 너희가 육의 사람이 아니리요**

앞 섹션에서 1인칭 복수형(we)을 사용했던 저자가 이제부터는 본격적

으로 1인칭 단수형(I)으로 말을 이어 간다. 이제부터 고린도 성도들에 대한 직접적인 비난이 시작된다. 바울은 먼저 그들을 '형제들'(cf. 1:10, 26, 31; 2:1)이라고 부르면서 자신이 그들과 형제이며, 비난을 위한 비난이 아니라 안타까운 형제의 마음으로 그들의 잘못을 지적한다는 것을 확실하게 밝힌다(Kistemaker). 또한 자신을 젖 먹이는 어머니로, 그들을 어린아이로 비유하며 주님 안에서 모든 그리스도인이 한 가족임을 강조한다(Gaventa, Gardner, cf. 1:10, 11, 26; 2:1; 4:6, 14-15; 7:24; 10:1; 11:33). 바울은 어머니가 잘못하는 자식을 훈육하듯 고린도 성도들을 훈육한다.

저자는 고린도 성도들에게 신령한 자들에게 말하듯 하지 못하고, 육신에 속한 자에게 말하듯 해야 하는 상황을 매우 안타까워한다(1a절). '신령한 자들'(πνευματικοῖς)은 복음을 영접한 영적인 사람이며, 하나님이 성령을 통해 주시는 은혜와 계시를 분별하는 사람이다(cf. 2:15). 또한 은밀한 가운데 있는 하나님의 지혜를 아는 온전한 사람이다(cf. 2:6-7). 사람이 온전하게 되는 때는 그리스도의 복음을 영접할 때라는 사실을 고려하면 고린도 성도들도 이미 온전하게, 곧 신령하게 되었다. 그러므로 성숙이 이슈가 아니라, 복음과 하나님의 지혜(진리)를 대하는 자세(태도)가 이슈가 되고 있다.

안타깝게도 고린도 성도들은 육신에 속한 자, 곧 그리스도 안에서 어린아이처럼 행동하고 있다(1b절). '육신에 속한 자'(σάρκινος)는 2:14의 '육에 속한 자'(ψυχικὸς)와 다르다. '육에 속한 자'(ψυχικὸς)는 그리스도를 영접하지 않은 자연인, 곧 세상 사람이다. 한편 '육신에 속한 자'(σάρκινος)는 복음을 영접해 영적인 사람이 되었지만 아직도 세상 사람들과 별반 다를 바 없이 사는 그리스도인이다.

어떤 이들은 바울이 고린도 성도들을 '그리스도 안에서 어린아이들'이라고 지칭하는 것을 영적으로 성장하지 않는 그들에게 영성이 자라도록 노력할 것을 권면하는 것으로 이해한다. 그러나 그들은 복음을 영접했을 때 이미 온전한 사람, 곧 영적인 사람이 되었다(cf. 2:6 주해). 하나님이 그들에게 은밀하게 숨겨 둔 지혜를 보이시고, 성령을 통해 모든 지혜와 가르침을 이해할 수 있게 하신 것이다.

바울이 '젖으로 먹였다'(2a절)라는 말을 고린도 성도들이 성숙하지 않다는 이유로 사도가 그들에게 가르치지 않은 기독교 진리와 교리들이 있었다는 의미로 해석하는 이들도 있다(Barrett, Conzelmann). 그러나 사도는 어디를 가든 그리스도의 복음을 온전하게 전했다(Garland, cf. 1:17, 23; 15:3-7). 게다가 그는 고린도에 1년 6개월을 머물며 가르쳤다(행 18:11). 그들이 아직 이해할 단계가 아니라는 이유로 이때까지 가르치지 않은 것을 새로 가르칠 것이 없다. 또한 사도가 이때까지 가르치지 않은 것이 있다면, 그들이 밥은 먹지 않고 젖만 먹는다고 책망할 수 없다. 없는 것을 먹을 수는 없기 때문이다. 그러므로 그들은 이미 듣고 접한 가르침을 깨닫지 못하고 삶에 적용하지 못하고 있다.

저자가 지적하는 것은 복음과 가르침을 대하는 자세(태도)에 관한 것이지, 성숙에 관한 것이 아니다(Thiessen). 고린도 성도들은 스스로 영적이고 온전한 자라 하지만, 남의 말은 존중하지 않고 자기 말만 떠들어대는 어린아이처럼 이해력이 부족한 자들이다(Francis, Thiselton). 바울은 이미 그들에게 '젖과 밥'(cf. 2절)을 다 먹였는데, 그들은 밥을 소화시키지 못한다(Garland, Hooker).

자신이 고상한 지혜를 추구하는 성숙한 지성인이라고 생각했던 고린도 성도들에게 사도가 '어린아이들'이라고 한 것은 상당한 충격이 되었을 것이다(Gardner). 예수님은 하나님이 하늘의 비밀을 지혜롭고 슬기 있는 자들에게는 숨기시고 어린아이들에게는 나타내셨다며 어린아이들에 대해 좋게 말씀하신다(마 11:25). 그러나 우리는 '어린아이처럼'(like child) 되어야지(cf. 마 18:3), '어린애처럼'(childish) 되어서는 안 된다.

고린도 성도들은 어린애들처럼 어리석다. 젖을 먹었으면 밥도 먹어야 하는데, 밥은 먹으려 하지 않는다. 스스로 그리스도 예수 안에 거하는 영적인 사람이라 하면서도 마치 성령을 받지 못한 사람처럼 살고 있다(Kuck). 그리스도의 마음을 가졌다면서 그 마음을 가진 자답게 행동하지 않는다(cf. 2:16).

바울은 고린도 성도들을 처음부터 '젖'으로 먹이고 '밥'으로는 먹이지 않았다(2a절). 그들이 밥을 감당하지 못했으며, 지금도 감당하지 못하기 때문이다(2b절). 만일 그들이 지금이라도 밥을 감당할 수 있다면, 그들이 겪고 있는 분란은 없었을 것이다(cf. 3절). '젖'(γάλα)과 '밥'(βρῶμα)의 차이는 액체와 고체다. 액체는 삼키면 되지만, 고체는 씹지 않으면 목에 걸린다. 사람이 갓난아이일 때는 어머니의 젖만 먹지만, 점차 성장함에 따라 단단한 음식으로 어머니의 젖을 대신한다.

안타깝게도 고린도 성도들의 삶에는 '밥'이 '젖'을 대체하는 변화가 없었다. 그들이 처음에 밥을 먹을 수 없어서 젖을 먹은 것은 어느 정도 이해된다. 그러나 아직도 밥을 먹지 못하고 젖만 먹는 것은 당혹스럽다. 히브리서 저자는 '젖을 먹는 것'은 가르침을 받는 것이며, '밥을 먹는 것'은 선생이 되어 남을 가르치는 경지에 이르는 것이라 한다.

> 때가 오래 되었으므로 너희가 마땅히 선생이 되었을 터인데 너희가 다시 하나님의 말씀의 초보에 대하여 누구에게서 가르침을 받아야 할 처지이니 단단한 음식은 못 먹고 젖이나 먹어야 할 자가 되었도다 이는 젖을 먹는 자마다 어린 아이니 의의 말씀을 경험하지 못한 자요 단단한 음식은 장성한 자의 것이니 그들은 지각을 사용함으로 연단을 받아 선악을 분별하는 자들이니라(히 5:12-14).

바울은 고린도 성도들이 아직도 육신에 속한 자, 곧 '그리스도 안에서 어린아이들'이라는 증거로 그들 가운데 만연한 시기와 분쟁을 제시한다(3절). '분쟁'(ἔρις)은 앞서 고린도 성도들이 여러 파로 나뉜 일을 묘사하는 데 사용되었다(1:11-12). 반면에 '시기'(ζῆλος)는 이 서신에서 처음 사용되고 있다. 저자는 고린도 성도들이 여러 파로 나뉜 것은 서로 시기하기 때문이라고 일침을 가하고 있다(4절). '선의의 경쟁'을 위해 여러 파로 나뉜 것이 아니라는 뜻이다.

어떤 이들은 1절의 '육신에 속한 자들'(σαρκίνοις)은 아직 완전히 발육하지 않은 어린아이처럼 육체적 한계를 지닌 자들을 의미하고, 3절에서 두 차례 언급되는 '육신에 속한 자들'(σαρκικοί)은 윤리적·도덕적 문제를 지닌 자들이라며 둘을 구분한다(Fee, Garland). 그러나 별 설득력이 없다. 저자는 1절과 3절에서 같은 의미로 그들을 '육신에 속한 자들', 곧 세상에서 어떤 위상과 지위를 누리든 상관없이 그들 모두 생각이 짧은 '그리스도 안에서 어린아이들'이라고 한다(Collins, Conzelmann, Gardner, Kuck, Thiselton).

한 교회 안에서 파를 나누는 것은 시기의 굴레를 벗어나지 못한 '어린아이 그리스도인'(육신에 속한 자)이나 하는 짓이지 '성숙한 그리스도인'이 할 일은 아니다. 그들은 십자가의 메시지로 만족하지 않고 하나님의 지혜와 다른 지혜, 곧 세상의 지혜를 추구하고 있다(Soards). 고린도 성도들은 '무늬만 그리스도인'이지 생각과 행동에서는 믿지 않는 사람들과 다르지 않다(Winter). 그들에게는 젖을 떼고 밥을 먹는 음식의 변화가 필요 없다(Fee). 고린도 성도들은 아직도 밥을 먹지 못하고 젖만 먹는 어린아이들이다.

그렇다면 복음을 영접할 때 이미 온전해진 사람들이 어떻게 아직도 어린아이처럼 구는 것일까? 우리의 구원을 비교해 보면 쉽게 이해할 수 있다. 우리는 그리스도를 영접할 때 구원을 얻었다. 구원은 과거에 완성된 일이다. 또한 구원은 평생 두려움과 떨림으로 이루어 나가야 한다(빌 2:12). 베뢰아 성도들은 바울이 전하는 메시지가 성경적인지 일일이 확인해 가며 신앙생활을 했다(cf. 행 17:11). 이미 얻은 구원에 감사하며 또한 두려움과 떨림으로 구원을 이루어 나간 것이다.

바울은 고린도 교회의 분열에 관해 말하면서 최소 세 개 혹은 네 개의 파를 언급했는데(cf. 1:14 주해), 4절에서는 바울파와 아볼로파만 언급한다. 게바파를 언급하지 않는 것은 아마도 그가 고린도 교회를 방문한 적이 없기 때문이거나, 게바파가 바울파 혹은 아볼로파와 지향하는 바가 비슷하기 때문일 것이다(cf. 1:14 주해). 고린도 교회의 분란 핵심에는 바울파와 아볼로파가 대립하고 있다.

참으로 안타까운 것은 바울과 아볼로는 대립하거나 경쟁하는 선생들이 아니라는 점이다. 그들은 진정한 의미에서 팀 사역의 모델이다(Garland, Gardner). 한 사람은 심고, 다른 사람은 물을 주며 가꾸었다. 그러나 정작 자라게 하시는 이는 하나님이시다(cf. 3:5-6). 그러므로 고린도 성도들은 당사자와 상관없이 파로 나뉘어져 두 사람을 왜곡하고 있다.

저자는 그들이 '육의 사람들'(ἄνθρωποί)이기 때문에 이런 짓을 하고 있다고 한다(4b절). '자연인'(믿지 않는 세상 사람)을 의미하는 '육에 속한 자'(ψυχικὸς, 2:14)와 복음을 영접했지만 그리스도 안에서 아직도 어린아이인 '육신에 속한 자'(σάρκινος)(1, 3절)와는 다른 호칭이다. '육의 사람'(ἄνθρωπος)은 육신을 지닌 사람(인간)을 뜻한다. 바울이 고린도 성도들을 비난하면서 이 단어를 사용하는 것으로 보아 '육의 사람들'(ἄνθρωποί)은 '육신에 속한 자들'(σάρκινος)보다 '육에 속한 자들'(ψυχικὸς)에 더 가깝다. 교회를 파로 나눈 고린도 성도들은 복음을 모르는 자연인과 별반 다를 바 없다는 뜻이다.

이 말씀은 그리스도인의 삶은 예수 그리스도를 영접하는 일로 끝나는 것이 아니라고 한다. 어린아이가 성인으로 자라 가듯 계속 성장해야 한다. 성경이 어린아이처럼 되어야 한다고 말하지만, 철없는 어린애 단계에 머물러서는 안 된다. 계속 영적인 것을 사모하고 추구해야 하며, 젖을 먹었으면 밥도 먹어야 한다.

가족이라면 잘못하는 멤버에게 싫은 소리도 해야 한다. 바울은 부모의 마음으로 고린도 성도들을 책망하고 있다. 그들을 영적인 가족으로 생각하기 때문이다. 잠언 3:11–12은 이렇게 권면한다: "내 아들아 여호와의 징계를 경히 여기지 말라 그 꾸지람을 싫어하지 말라 대저 여호와께서 그 사랑하시는 자를 징계하시기를 마치 아비가 그 기뻐하는 아들을 징계함 같이 하시느니라." 징계는 우리와 아무런 관계가 없는 미운 자들에게 하는 것이 아니라, 관계가 깊은 사랑하는 자들에게 하는 것이다.

교회가 여러 파로 나뉘어 분쟁하는 것은 영에 속하지 않고 육에 속했다는 증거다. 분열의 핵심에 서 있는 자들은 회개해야 하며, 성도들은 그리스도의 사랑과 오래 참음으로 분열의 유혹을 견뎌 내야 한다. 교회가 분열하면 사탄만 좋아한다.

사역은 오해를 불러 일으킬 수도 있다. 바울과 아볼로는 동역자이지만, 고린도 성도들은 그들을 대립하는 경쟁자로 보았다. 아마도 그들은 "아니 땐 굴뚝에 연기 나랴"라며 이렇게 생각했겠지만, 저자는 고린도 교회의 분란은 '아니 땐 굴뚝에 연기 난 결과'라고 한다! 돌다리도 두들겨 보라는 말이 있다. 우리는 모든 루머를 대할 때 신중해야 하며, 루머에 대처하는 가장 지혜로운 방법은 그냥 듣고 마는 것이다.

Ⅱ. 교회의 분란과 갈등(1:10–4:21)

G. 바울과 아볼로(3:5–4:7)

바울은 자신과 아볼로는 동역자이지 경쟁자가 아니라며 고린도 교회가 두 파로 나뉜 것에 대해 안타까운 반응을 보였다(3:4). 이 섹션에서는 자신과 아볼로가 어떻게 동역하는지 설명한다. 두 사람은 각자 역할에는 차이가 있지만 같은 목표를 향해 가는 동역자들이다. 바울은 하나님이 세우신 그리스도의 일꾼은 어떠해야 하는지로 섹션을 마무리한다(4:1–7). 본 텍스트는 다음과 같이 구분된다.

A. 같은 목표, 다른 역할(3:5-17)
B. 서로를 대하는 자세(3:18-23)
C. 그리스도의 일꾼(4:1-7)

II. 교회의 분란과 갈등(1:10-4:21)
G. 바울과 아볼로(3:5-4:7)

1. 같은 목표, 다른 역할(3:5-17)

5 그런즉 아볼로는 무엇이며 바울은 무엇이냐 그들은 주께서 각각 주신 대로 너희로 하여금 믿게 한 사역자들이니라 6 나는 심었고 아볼로는 물을 주었으되 오직 하나님께서 자라나게 하셨나니 7 그런즉 심는 이나 물 주는 이는 아무 것도 아니로되 오직 자라게 하시는 이는 하나님뿐이니라 8 심는 이와 물 주는 이는 한가지이나 각각 자기가 일한 대로 자기의 상을 받으리라 9 우리는 하나님의 동역자들이요 너희는 하나님의 밭이요 하나님의 집이니라 10 내게 주신 하나님의 은혜를 따라 내가 지혜로운 건축자와 같이 터를 닦아 두매 다른 이가 그 위에 세우나 그러나 각각 어떻게 그 위에 세울까를 조심할지니라 11 이 닦아 둔 것 외에 능히 다른 터를 닦아 둘 자가 없으니 이 터는 곧 예수 그리스도라 12 만일 누구든지 금이나 은이나 보석이나 나무나 풀이나 짚으로 이 터 위에 세우면 13 각 사람의 공적이 나타날 터인데 그 날이 공적을 밝히리니 이는 불로 나타내고 그 불이 각 사람의 공적이 어떠한 것을 시험할 것임이라 14 만일 누구든지 그 위에 세운 공적이 그대로 있으면 상을 받고 15 누구든지 그 공적이 불타면 해를 받으리니 그러나 자신은 구원을 받되 불 가운데서 받은 것 같으리라 16 너희는 너희가 하나님의 성전인 것과 하나님의 성령이 너희 안에 계시는 것을 알지 못하느냐 17 누구든지 하나님의 성전을 더럽히면 하나님이 그 사람을 멸하시리라 하나님의 성전은 거룩하니 너희도 그러하니라

저자는 여러 파로 나뉜 고린도 성도에게 그들의 교회가 어떻게 해서 오늘에 이르게 되었는지 생각해 보라고 한다. 바울은 고린도에 복음의 씨앗을 심었다. 고린도에 복음을 전파한 이가 자기라는 것이다. 바울은 고린도에 1년 반을 머물며 계속 전도하고 가르치다가 떠났다(행 18:11). 그는 곳곳을 순회하는 선교사였기에 한곳에만 머물 수는 없었다. 이후 아볼로가 바울이 심어 놓은 씨앗에 물을 주었다. 바울이 떠난 후 아볼로가 고린도를 방문해 성도들을 양육하고 가르친 것이다. 그러므로 바울과 아볼로의 관계는 씨앗을 심은 자와 물을 뿌린 자다(cf. Murphy-O'Connor). 중요한 것은 이 두 사람이 각자 맡은 역할을 했지만, 정작 뿌린 씨앗에서 싹이 나고 자라게 하신 분은 하나님이라는 사실이다. 저자는 자라게 하신 분은 하나님이라는 사실을 5-8절에서 네 차례나 강조한다(Kuck).

구절	아볼로와 바울의 역할	하나님이 하신 일
5	아볼로와 바울은 사역자	그들에게 사역을 주심
6	바울은 심고 아볼로는 물을 줌	자라게 하심
7	심는 이나 물을 주는 이는 아무것도 아님	자라게 하심
8	심는 이와 물을 주는 이는 한가지	일한 대로 상을 주심

바울은 자신과 아볼로에 대해 고린도 성도들이 어떻게 생각하는지 묻는다(5a절): "아볼로는 무엇이며 바울은 무엇이냐?" 그는 의문대명사(interrogative pronoun)를 사용해 '누구'(남성, τίς)가 아니라 '무엇'(중성, τί)이냐고 묻는다. 그들이 아볼로와 바울 자신에 대해 알고 있는 개인적인 정보에 관해 묻는 것이 아니라, 두 사람의 사역과 역할에 대해 어떤 생각을 가지고 있는지 묻기 때문이다(Verbrugge).

바울과 아볼로는 주께서 각각 주신 대로 그들로 하여금 믿게 한 사역자들이다(5b절). '각각 주신 대로'(δι' ὧν)를 직역하면 '그들을 통해'이다.

이는 아볼로나 바울은 하나님이 들어 쓰신 도구에 불과하다는 사실을 강조한다. 그들은 하나님의 사역자이기 때문이다. '사역자들'(διάκονοι)도 하나님의 '종'이기는 하지만 주권과 소유권을 강조하는 '종'(δοῦλος)과 다르게 자원해서 섬기는 면모를 강조한다(NIDNTTE). 바울과 아볼로는 하나님이 각자에게 주신 은사와 정해 주신 일(역할)에 따라 고린도 성도들로 믿게 했다.

그들이 한 일은 마치 밭에 나가 씨앗을 심는 일과 물을 주는 일에 비교할 수 있다(6a절). 바울은 심었고, 아볼로는 물을 주었다. 당시 씨앗을 심고 물 주는 일은 종이 하는 일이었다. 그러므로 바울은 이 이미지를 통해 자신을 낮추고 있다(Martin). 고린도 성도 가운데 교회 리더십과 사역을 미화하며(glamorize) 마치 자신이 대단한 사람인 듯 우쭐대는 지도자들이 있었음을 암시하는 듯하다(Garland, Godet). 저자는 사역은 집 안에서도 낮은 종들이나 하는 겸손한 일이라 한다.

곡식이 자라 열매를 맺으려면 씨 뿌리는 자와 물 주는 자 모두 필요하다. 그러므로 뿌리는 자와 물 주는 자는 서로를 필요로 한다(Kuck). 한쪽의 노력만으로는 수확을 기대할 수 없다. 씨를 뿌리는 자와 물을 주는 자는 서로를 필요로 하지만, 정작 곡식을 자라게 하는 이는 하나님이시다(6b절). 그러므로 자라게 하시는 이에 비하면 심는 사람이나 물 주는 사람은 아무것도 아니다(7절). 아무리 심고 물을 주어도 곡식이 자라지 않으면 수확을 기대할 수 없기 때문이다. 수확을 얻지 못하면 심은 자와 물 준 자는 헛수고를 했을 뿐이다. 그러므로 사역자들은 각자 받은 은사와 사명에 따라 최선을 다하며 서로 협력하되, 열매를 맺게 하는 분은 하나님이라는 사실을 항상 마음에 새기고 겸손해야 한다.

곡식을 자라게 하는 이가 오직 하나님이시라면 심는 이와 물 주는 이는 한가지다(8a절). 둘이 하는 일은 달라도 자라게 하지 못하기는 매한가지라는 뜻이다. 또한 둘이 하는 일이 곡식을 자라게 하는 일은 아니니 언제든 서로 역할을 바꿔도 문제 될 것이 없다. 그러므로 곡식을 자라게 하는 능력이 없는 자들을 경쟁자로 보는 것은 옳지 않다. 교회는 하나님이 곡식을 자라게 해 추수하시는 밭이지(cf. 9절; 마 9:37-38), 심은 자와 물을 준 자가 경합하는 시합장이나 전쟁터가 아니다. 추수가 끝나면 하나님은 심은 자와 물을 준 자 등 밭에서 일한 사람들에게 각자 한 일에 따라 상을 내리실 것이다(8b절). '상'(μισθός)은 노동에 대한 대가(봉급)를 뜻한다(BDAG). 세상이 끝나는 날 주시기 때문에 상은 종말론적 의미를 담고 있다(Gardner). 하나님은 충성된 일꾼들에게 어떤 상을 내리실 것인가? 아마도 그들의 노고를 칭찬하시고 더 큰 일을 맡기실 것이다(Ciampa & Rosner): "잘하였도다 착하고 충성된 종아 네가 적은 일에 충성하였으매 내가 많은 것을 네게 맡기리니 네 주인의 즐거움에 참여할지어다"(마 25:21).

바울과 아볼로는 고린도 교회를 위해 참으로 열심히 일한 일꾼이다. 그러나 고린도 교회는 그들이 아니라 하나님의 '밭'이며 하나님의 '집'이다(9b절; cf. 렘 1:10; 18:9; 24:6). 하나님이 밭과 집인 고린도 교회의 주인이시며, 두 사람은 동역자에 불과하다(9a절). '동역자'(συνεργός)는 '돕는 자'(helper)다(BDAG). 일은 하나님이 하시고, 두 사람은 옆에서 거들었다. 그러므로 그들이 하나님을 대신할 수는 없다(Edwards).

사도는 자신을 지혜로운 건축자에 비유하며 말을 이어 간다(10-11절). '지혜로운 건축자'(σοφὸς ἀρχιτέκτων)는 '능숙한 건축자'(skilled mater builder)를 뜻한다(cf. 공동, 아가페, ESV, NRS). 그는 자신이 뛰어난 건축자가 된 것은 순전히 하나님의 은혜라 한다(10a절; cf. 1:4). 그는 하나님이 주신 은사를 사용해 좋은 건축자가 되었다. 바울은 집을 짓기에 좋은 터를 닦고, 누구든지 그 터 위에 집을 짓게 했다(10b절). 자신은 하나님의 집을 지을 터를 닦도록 부르심을 받았고, 그 위에 집을 세우는 일은 다른 사람의 몫이라는 뜻이다. 그의 선교 사역에 잘 어울리는 비유다.

집을 짓는 사람은 어떻게 그 위에 세울지 조심해야 한다(10b절). 신중을 기해 좋은 집, 곧 좋은 설계에 따라 좋은 자재를 사용해 하나님이 기뻐하시는 집(교회)을 지으라는 것이다. 또한 집을 짓는 사람은 바울이 닦아 둔 터 외에 다른 터는 없다는 사실을 깨달아야 한다(11a절). 바울이 닦은 터는 다름 아닌 예수 그리스도다(11b절; cf. 1:23; 2:2). 하나님의 집(교회)은 반드시 반석이신 예수 그리스도 위에 세워져야 한다.

예수님은 "주는 그리스도시요 살아 계신 하나님의 아들이시니이다"라는 베드로의 고백을 반석으로 삼아 그 위에 교회를 세우겠다고 하셨다(마 16:16–18). 또한 집을 지을 때 모래 위에 짓지 말고 반석 위에 지으라고 하셨다(마 7:24–27). 이사야 선지자는 예수님에 대해 이렇게 예언했다: "주 여호와께서 이같이 이르시되 보라 내가 한 돌을 시온에 두어 기초를 삼았노니 곧 시험한 돌이요 귀하고 견고한 기촛돌이라 그것을 믿는 이는 다급하게 되지 아니하리로다"(사 28:16). 반석이신 예수님은 교회를 세우는 터가 되셨다.

우리는 믿음의 터가 되신 예수님 위에 하나님의 집(교회)을 함께 세우고 있다. 하나님이 기뻐하시는 설교와 가르침을 바탕으로 건강한 공동체를 만들어 가야 한다. 이러한 사명은 사역자에게만 주신 것이 아니라 모든 성도에게 주셨다(Kuck, cf. 엡 4:11–12, 16, 29). 하나님은 우리 각자에게 주신 믿음을 우리가 속한 교회를 세워 가는 데 사용하기를 원하신다.

우리가 믿음의 집을 세우는 터(예수 그리스도)는 같지만 집을 지을 때 사용하는 재료는 금, 은, 보석, 나무, 풀, 짚 등(12절) 저마다 다르다. 어떤 이들은 이러한 재료로 집을 짓는 것을 가리켜 교회 지도자들이 설교와 가르침을 통해 교회를 이끌어 가는 모습이라고 한다(Verbrugge). 어떤 지도자는 금처럼 귀하고 소중한 말씀과 가르침으로 공동체를 이끌어 가지만, 어떤 이들의 설교와 말씀은 풀과 지푸라기처럼 가치가 없다는 것이다. 이 외에도 학자들은 이 재료들에 대해 몇 가지 해석을 내놓았다.

가장 많은 학자가 선호하는 해석은 바울이 불에 타는 것 세 가지(나무, 풀, 짚)와 타지 않는 것 세 가지(금, 은, 보석)를 언급하며 하나님의 불 심판에 대비할 것을 권면한다는 것이다(Fee, Gardner, Hollander, Sampley). 우리가 하는 사역은 언젠가 하나님의 불 심판을 받을 것이라는 경고다. 그러므로 불에 타지 않는 좋은 것으로 사역해야 한다.

이 외에 자재의 단단함과 거친 정도로 구분해야 한다는 이들도 있고, 자재가 지니는 가치로 구분해야 한다는 이들도 있다(Fitzmyer, Sampley). 사람이 건물을 짓는 데 쏟는 정성과 수고의 질을 표현하는 것이라고 하는 이들도 있다(Garland, Kuck, Garland). 성실하게 십자가 복음을 전파하고 가르치는 사람은 금과 은으로 집을 짓는 훌륭한 건축가이며, 그저 그냥 가르치고 사역하는 사람은 보석과 나무로 집을 짓는 것이며, 가르침과 양육을 게을리하는 사람은 풀과 짚으로 집을 짓는 건축가와 같다는 것이다(Garland). 저자가 바로 다음 절(13절)에서 불의 심판을 언급하는 것으로 보아 첫 번째 해석(타지 않는 것과 타는 것으로 구분하는 것)이 가장 설득력 있어 보인다.

우리가 어떤 집을 세웠는지, 곧 어떤 설교와 가르침을 주었고, 그 위에 세운 믿음이 어떠했는지에 대한 평가 방법은 불에 노출시키는 것이다(13절). 이 불은 벌을 주거나, 파괴하거나, 혹은 정제하기 위한 것이 아니라 얼마나 튼튼한 집을 지었는지 확인하는 테스트다(Hollander). 그러므로 종말에 태우는 불로 임하는 하나님의 시험(테스트)이다(Fee, Kistemaker, cf. 롬 13:12; 고전 1:8; 5:5; 고후 1:14; 빌 1:6, 10; 2:16; 살전 5:2, 4; 살후 1:7-8; 2:2; 벧후 3:12). 구약도 하나님의 현현을 자주 불에 비유한다(사 66:15-16; 습 1:17-18; 말 3:1-3; cf. 단 7:9-10).

건축 자재가 다양하지 않았던 당시 상황에서 가장 좋은 집은 돌로 짓고 금으로 내부를 치장한 것으로, 불에 끄떡없는 집이었다. 풀과 지푸라기로 지은 집은 순식간에 타서 없어진다. 그러나 금으로 만든 집(돌로 짓고 금으로 내부를 치장한 집)은 끄떡없다. 그러므로 하나님이 불로 각 사람이 세운 집을 테스트하시는 날, 그들의 공적이 자연스럽게 나타날 것이다. '공적'(ἔργον)은 그들이 한 '일'(사역)이다. 하나님이 각자의 사역을 직접 평가하시는 것이 아니라, 불이 그들이 한 사역의 질을 드러낸다.

세운 집이 불에 타지 않은 사람은 상을 받고, 불에 탄 사람은 해를 받을 것이다(14-15a절). 이미 8절 주해에서 언급한 것처럼 '상'(μισθός)은 하나님이 노고를 칭찬하시고 더 큰 일을 맡기시는 것이다(Ciampa & Rosner). '해'(ζημιωθήσεται)는 수치와 수모를 겪는 등 어느 정도 '불이익'을 당한다는 뜻이지, 구원을 잃는 것을 의미하지는 않는다(Fisk, Gardner, Garland). 하나님은 구원을 선물로 주신 자들에게서 절대 빼앗지 않으신다.

세운 집이 타서 해를 받는 사람들이 받을 수모와 수치는 "자신은 구원을 받되 불 가운데서 받은 것"과 같다(15b절). 가까스로 화를 모면하는 상황이다(Barrett, cf. 암 4:11; 슥 3:2). 노아의 가족들과 롯과 그의 딸들의 이야기를 떠올리면 이해하기 쉽다(cf. 창 7-9장; 19장; cf. 벧전 3:20). 그들은 불의 심판에서 구원받긴 했지만 '그들 몸에서 불 냄새가 난다!'(Fisk). 우리는 몸에서 불 냄새가 나는 '공적'(신앙의 업적)이 아니라, 하나님께 칭찬받는 '공적'을 남기기 위해 우리의 믿음의 '터'(예수 그리스도) 위에 좋은 공적을 남겨야 한다.

저자는 수사학적인 질문(16절)과 이 질문이 함축하는 의미(17절)를 상기시키며 이 섹션을 마무리한다. 수사학적인 질문은 이미 답이 정해졌으며, 청중도 그 답을 알고 있음을 전제한다: "너희는 너희가 하나님의 성전인 것과 하나님의 성령이 너희 안에 계시는 것을 알지 못하느냐?"(16절). 고린도 성도들은 이 두 가지 사실(그들이 하나님의 성전인 것, 성령이 그들 안에 계시는 것)을 알고 있어야 한다. 그러나 여러 파로 나뉘어 분란을 겪고 있는 그들은 이 두 가지 사실을 모르는 것처럼 행동하고 있다. 성전이 하나인 것처럼 그들도 하나가 되어야 하며, 성령이 그들 안에 거하신다는 증거는 그들의 하나 됨이다.

모든 지교회는 고린도 교회처럼 하나님의 성전이다. 이 성전은 예루살렘 성전을 대체하는 것이 아니라, 새로운 터가 되신 예수 그리스도 위에 세우신 믿음 공동체다(cf. 마 26:61; 27:40). 옛 성전이 하나님의 임재를 구속하거나 제한할 수 없었던 것처럼(왕상 8:27; 사 66:1-2), 지교회도 하나님의 임재를 제한할 수 없다. 그러나 하나님이 성전에 계시겠다고 하신 것처럼(왕상 8:12-13; 대하 6:20, 41; cf. 출 40:34-38; 신 12:4-11), 각 지교회에도 계신다. 각 지교회에 예수님 안에서 새로 형성된 공동체가 옛 공동체(이스라엘)를 대신하기 때문이다.

하나님이 거하시는 교회는 옛 성전처럼 거룩하다(17b절). 성도들도 거룩하다(17c절). '거룩하다'(ἅγιος)는 속된 것에서 구별되었다는 뜻이다(cf. NIDNTTE). 우리는 세상 사람들의 가치관과 세계관에 따라 살지 말고 거룩하신 하나님이 세상 신들과 다른 것처럼 다르게 살라는 부르심을 받았다. 하나님의 거룩한 부르심을 입은 자들이 모인 곳이 교회다. 그러므로 교회도 거룩하다.

하나님의 성전을 더럽히는 사람은 반드시 대가를 치러야 한다(17a절). 하나님이 그 사람을 멸하실 것이다. '더럽히다'(φθείρω)는 '파괴하다, 썩게 하다'라는 의미를 지닌다. 만일 누구든지(특히 지도자들) 성도를 죄 안에서 살게 하거나, 어리석게 살게 하면 하나님이 그들을 멸하실 것이다. '멸하다'(φθείρω)는 '더럽히다'로 번역된 단어와 같다. 하나님은 그들이 교회에 끼친 해를 그들에게 갚으실 것이다. 세상이 끝나는 날, 각자 교회에 끼친 영향에 따라 분명히 상과 벌이 있을 것이다(Yinger). 특별히 교회를 분열시키는 자들은 이 경고를 심각하게 받아들여야 한다(Mitchell). 성전이 하나이듯 교회도 하나이기 때문이다(Garland). 모든 교회는 인간의 죄로부터 오염되지 않은 공동체로 그리스도의 재림을 맞이해야 한다.

이 말씀은 모든 그리스도인은 하나님이 주신 소명에 따라 사역하는 사역자라 한다. 하나님이 어떤 이들은 심는 자로, 어떤 이들은 물을 주는 자로 부르셨다. 그러나 정작 자라게 하는 이는 하나님이시다. 그러므로 하나님 나라를 위해 누가 어떤 일을 하는지를 바탕으로 각자의 가치를 정할 수는 없다. 각자 해야 할 일은 하나님이 정해 주시기 때문이다. 우리에게 가장 중요한 것은 하나님이 주신 사명에 얼마나 성실하게 임하느냐다. 주시지 않은 것을 원망하거나 탓하지 말고, 주신 것에 감사하며 최선을 다해야 한다.

사역은 예수 그리스도의 터 위에 하나님의 집(교회)을 세워 나가는 일이다. 좋은 집을 지으려면 좋은 재료도 필요하지만, 가장 중요한 것은 좋은 설계도다. 설교와 가르침을 통해 우리는 하나님 말씀에 바탕을 둔 좋은 설계도를 구해야 한다. 그리고 성실하게 설계도에 따라 집을 지어 불 시험을 무사히 통과해야 한다. 우리는 어떤 집(교회)을 세우고자 하는지, 어떻게 세우고 있는지 계속 생각하며 살아야 한다.

여러 성도로 이루어진 교회는 하나님의 성전이다. 성령이 함께하시는 공동체다. 그러므로 우리는 내 언사가 하나님의 교회에 어떤 영향을 미칠지 생각하고 신중하게 행동해야 한다. 교회는 밖으로부터 오는 위협보다 내부에서 오는 파괴력에 더 쉽게 무너진다. 그러므로 본문은 성전을 더럽히면(파괴하면) 하나님이 그를 멸시할(파괴할) 것이라는 강력한 경고를 동반한다. 반면에 성전을 거룩하게 하는 사람들은 하나님께 상을 받을 것이다.

Ⅱ. 교회의 분란과 갈등(1:10–4:21)
G. 바울과 아볼로(3:5–4:7)

2. 서로를 대하는 자세(3:18–23)

18 아무도 자신을 속이지 말라 너희 중에 누구든지 이 세상에서 지혜 있는 줄
로 생각하거든 어리석은 자가 되라 그리하여야 지혜로운 자가 되리라 19 이

세상 지혜는 하나님께 어리석은 것이니 기록된 바
하나님은 지혜 있는 자들로 하여금
자기 꾀에 빠지게 하시는 이라 하였고
20 또 주께서 지혜 있는 자들의 생각을 헛것으로 아신다
하셨느니라 21 그런즉 누구든지 사람을 자랑하지 말라 만물이 다 너희 것임
이라 22 바울이나 아볼로나 게바나 세계나 생명이나 사망이나 지금 것이나
장래 것이나 다 너희의 것이요 23 너희는 그리스도의 것이요 그리스도는 하
나님의 것이니라

사도는 고린도 교회가 여러 파로 나뉜 것은 성도들이 하나님의 지혜가 아니라, 세상의 지혜를 추구하기 때문이라고 한다(Kuck). 그들은 각자 지혜롭다고 생각하는 지도자를 따르고 있다. 그러나 세상의 지혜는 어리석고 미련하다(1:17, 18, 21, 23; 2:1-2). 십자가를 통해 드러난 하나님의 지혜를 알지 못한다.

하나님은 그리스도의 복음을 어리석은 것으로 여기는 세상 지혜를 이미 심판하셨다. 그리스도인은 세상의 지혜를 헛것으로 간주하고 구원에 이르게 하는 하나님의 지혜를 사모해야 한다. 십자가에 비밀로 감추어진 하나님의 지혜를 사모하는 사람이 참된 지혜자다.

세상의 지혜를 가졌다고 해서 스스로 지혜롭다고 하는 것은 자신을 속이는 일이다(18a절). 세상의 지혜를 가졌다고 마치 하나님의 지혜도 얻은 것처럼 생각하는 것은 착각이라는 뜻이다. 세상의 지혜로는 구원하시는 하나님을 알지 못한다. 그러므로 아무리 큰 지혜라 할지라도 창조주 하나님을 알지 못하는 것은 어리석음에 불과하다. 구원에 이르게 하는 지혜가 아니기 때문이다.

이러한 속임수는 밖에서 오는 것이 아니라 고린도 교회 안에 있다. 바울은 '너희 중에'(ἐν ὑμῖν)라는 말로 이러한 사실을 지적한다. 스스로 지혜롭다고 하는 지도자들과 여러 파로 나뉘어 그들을 따르는 사람들이 교회의 분란을 자초했으니 교회 밖에 있는 권세나 힘을 원망할 수는 없다. 이 사람들은 자신이 '금'으로 하나님의 집을 짓고 있다고 하겠지만, 사실은 지푸라기로 짓고 있다(Garland, cf. 3:12).

고린도 교회 지도자 중 스스로 지혜롭다고 하는 자들은 세상을 속이고 성도를 현혹할 수 있다. 또한 자신을 속일 수도 있다(cf. 6:9; 15:33). 그러나 하나님은 속일 수 없다. 그러므로 그들이 영생에 이르게 하는 하나님의 지혜를 얻고자 한다면, 먼저 그들 안에 가득 찬 세상의 지혜를 비워 내야 한다(Calvin).

하나님의 지혜로운 자가 되려면 세상의 관점에서는 어리석고 미련한 자가 되어야 한다(18b절). 세상의 지혜를 비워 내야 하는데, 이러한 일은 참으로 어리석고 미련하게 보일 것이다. 그러나 하나님의 지혜와 세상의 지혜는 서로 공존할 수 없다(cf. 1:18–25, 26–27; 2:14). '이 세상'(ἐν τῷ αἰῶνι τούτῳ)은 장소가 아니라, 시간(시대)에 관한 표현이므로 '이 시대'(this age)가 더 정확한 번역이다(cf. 2:6 주해, ESV, NAS, NIV, NRS). 시대가 변하거나 바뀌면 지혜도 계속 변한다. 반면에 하나님의 지혜는 태초부터 영원에 이르기까지 변하지 않는다.

세상의 지혜는 하나님의 지혜를 어리석다고 하지만(cf. 1:18; 2:14), 사실은 세상의 지혜가 하나님께 어리석음에 불과하다(19a절). 저자는 욥기 5:13과 시편 94:11을 인용해 이러한 사실에 대해 증거한다.

첫째, 세상의 지혜가 어리석음에 불과한 것은 하나님이 지혜 있는 자들로 하여금 자기 꾀에 빠지게 하시기 때문이다(19b절). 욥기 5:13을 인용한 말씀이다. 욥의 세 친구 중 엘리바스가 했던 말이며, 신약이 욥기를 직접 인용(direct quotation)하는 말씀으로는 이것이 유일하다. 말씀의 배경이 되는 이미지는 사냥꾼이 짐승을 사냥할 때 짐승이 자기 꾀에 빠지도록 유인해 잡는 것이다. 나중에 하나님의 책망을 들을 엘리바스가 이런 말을 했다는 것은 하나의 아이러니라 할 수 있다. 욥의 세 친구는 모두 지혜자인데 허무한 지혜에 관해 떠들어 댈 뿐 정작 해야 할 일(욥을 위로하고 세우는 일)을 하지 못했다. 결국 하나님은 스스로 지혜롭다고 한 엘리바스를 자기 꾀에 빠지게 하셨다.

둘째, 세상의 지혜가 어리석음에 불과한 것은 하나님이 지혜 있는 자들의 생각을 헛것으로 아시기 때문이다(20절). 시편 94:11을 인용한 말씀이다. '생각'(διαλογισμός)은 논리 체계를 뜻하기도 한다(TDNT). '헛것'(μάταιος)은 무용지물을 의미한다. 사람을 구원에 이르게 하는 하나님의 지혜와 달리 세상의 지혜는 지혜자들의 생각을 헛되게 하고 자기 꾀에 빠지게 한다. 그러므로 세상의 지혜에 의존하거나 집착하는 것은 전혀 도움이 되지 않는다.

하나님이 창조하신 세상에서 가장 지혜로운 존재는 사람이다. 또한 지혜는 사람과 짐승을 나누는 구분점이라 할 수 있다. 그런데 만일 사람이 가진 지혜가 무용지물이고 자기 꾀에 빠지게 하는 것에 불과하다면, 사람은 자랑할 것이 하나도 없다(21a절). 하나님의 계시를 통해 십자가 지혜를 얻은 사람도 하나님 앞에서 자랑할 수 없다(cf. 2:16, 19). 하나님이 은혜로 주신 것이기 때문이다. 또한 어떠한 형태로든 사람을 자랑하면 공동체에 분열이 오며, 하나님 앞에서 인간을 자랑하는 일이다(Garland).

"만물이 다 너희 것임이라"(πάντα γὰρ ὑμῶν ἐστιν)(21b절)는 스토아 철학자들(stoic philosophers)이 인간의 자급자족(self-sufficiency)을 강조하며 자주 쓰던 말이다(Collins). 바울은 그리스도인의 하나님 의존도를 강조하며 사용하고 있다(Soards). 하나님을 의지하는 사람들에게는 만물이 다 그들 것이라는 뜻이다.

자신의 의지와 상관없이 고린도 교회의 분란의 핵심에 서 있는 바울이나 아볼로나 게바도 그들 것이다(22a절). 고린도 성도가 이 사도들의 것이 아니라, 사도들이 그들의 것이다. 교회는 사도들의 소유가 아니라, 사도들이 교회에 속한 사역자라는 뜻이다(Robertson & Plummer). 그러므로 고린도 성도가 여러 파로 나뉜 것은 이러한 사실을 모르고 저지른 어리석은 일이다.

고린도 교회가 사도들의 것이 아니라, 사도들이 그들의 것인 것처럼 세계나 생명이나 사망이나 지금 것이나 장래 것이나 다 그들의 것이다(22b절). 예수 그리스도는 세상을 구원하기 위해 오셨고, 사망을 이기심으로 생명을 선사하셨다. 또한 그분을 믿는 자와 현재뿐 아니라 장래에도 함께하신다. 그러므로 하나님을 믿고 의지하는 그리스도인에게는 이 모든 것이 그들의 것이다.

세상 모든 것이 그들의 것이듯 그들은 그리스도의 것이다(23a절). 이 모든 것이 예수 그리스도에게 주어졌으며(cf. 단 7:13-14), 복음을 영접한 그들은 예수님을 통해 이를 자기 것처럼 누릴 수 있게 되었다. 그러므로 그리스도인의 '모든 것 소유'는 이것들의 주인이신 그리스도를 통한 '간접 소유'라 할 수 있다.

그리스도는 하나님의 것이다(23b절). 이 말씀은 그리스도가 하나님보다 못하다는 뜻이 아니다(Gardner, Verbrugge). 하나님께 속한 그리스도가 하나님을 위해 사는 것을 뜻한다(Byrne, cf. Fee). 마치 우리가 그리스도를 위해 사는 것처럼 말이다: "우리가 살아도 주를 위하여 살고 죽어도 주를 위하여 죽나니 그러므로 사나 죽으나 우리가 주의 것이로다"(롬 14:8; cf. 롬 6:10; 고후 5:15).

이 말씀은 세상의 지혜는 여러 가지 문제를 지니고 있다고 한다. 그러므로 세상의 지혜로 하나님의 지혜와 기독교 교리를 판단해서는 안 된다. 두 지혜는 질적으로 다르며 서로 대립하기 때문이다. 그러므로 모든 사람은 스스로 결정해야 한다. 잠시 있다가 사라질 세상 지혜를 의지할 것인가, 혹은 영원한 하나님의 지혜를 의지할 것인가. 하나님의 지혜를 의지해 구원에 이르는 것이 세상의 지혜를 의지해 모든 것을 잃는 것보다 훨씬 더 지혜로운 선택이다. 그러나 이러한 선택이 쉽지는 않다. 세상은 하나님의 지혜를 따르는 이들을 미련하고 어리석다고 할 것이기 때문이다.

교회는 사도의 소유가 아니며, 지도자의 소유도 아니다. 오직 하나님만이 교회의 주인이시며, 우리는 교회를 사랑해 섬기고 일하는 사람들이다. 교회를 사랑하며 섬기는 사람은 소유권이나 이권을 주장하지 않는다. 하나님이 교회의 주인이시라는 사실을 알기 때문이다.

II. 교회의 분란과 갈등(1:10-4:21)
G. 바울과 아볼로(3:5-4:7)

3. 그리스도의 일꾼(4:1-7)

[1] 사람이 마땅히 우리를 그리스도의 일꾼이요 하나님의 비밀을 맡은 자로 여길지어다 [2] 그리고 맡은 자들에게 구할 것은 충성이니라 [3] 너희에게나 다른 사람에게나 판단 받는 것이 내게는 매우 작은 일이라 나도 나를 판단하지 아니하노니 [4] 내가 자책할 아무 것도 깨닫지 못하나 이로 말미암아 의롭다 함을 얻지 못하노라 다만 나를 심판하실 이는 주시니라 [5] 그러므로 때가 이르기 전 곧 주께서 오시기까지 아무 것도 판단하지 말라 그가 어둠에 감추인 것들을 드러내고 마음의 뜻을 나타내시리니 그 때에 각 사람에게 하나님으로부터 칭찬이 있으리라 [6] 형제들아 내가 너희를 위하여 이 일에 나와 아볼로를 들어서 본을 보였으니 이는 너희로 하여금 기록된 말씀 밖으로 넘어가지 말라 한 것을 우리에게서 배워 서로 대적하여 교만한 마음을 가지지 말게 하려 함이라 [7] 누가 너를 남달리 구별하였느냐 네게 있는 것 중에 받지 아니한 것이 무엇이냐 네가 받았은즉 어찌하여 받지 아니한 것 같이 자랑하느냐

저자는 고린도 성도들이 파로 나뉘어 추종하는 지도자들(바울, 아볼로, 게바 등)은 하나님이 세우신 사역자에 불과하다고 했다(3:5). 마치 이 지도자들에게 특별한 능력이 있는 것처럼 생각해 추종하는 것은 옳지 않다. 그들이 추종하고 따라야 할 유일한 분은 예수 그리스도다. 그러므로 추종하는 지도자에 따라 파를 나누는 것을 당장 멈춰야 하며, 지도자들을 평가하거나 서로 비교하는 일도 당장 그만두어야 한다.

바울은 자신과 아볼로를 포함한 교회 지도자는 모두 하나님의 동역자라 했다(3:1-15). 그러므로 고린도 성도들을 포함한 모든 사람은 마땅히 그들을 그리스도의 일꾼으로 여겨야 한다(1a절). '일꾼'(ὑπηρέτης)은 '조력자, 도우미'를 뜻한다(BDAG). 일꾼은 주인을 위해 의무적으로 일하는 '종, 노예'(δοῦλος)와 달리 자원해서 돕는 자다(TDNT). 사도와 교회 지도자들은 그리스도가 하시는 일을 옆에서 거드는 자에 불과하다. 일은 그리스도가 하신다. 아무리 지도자가 존경스럽고, 훌륭한 리더십을 보인다 할지라도 그들은 종에 불과하니(cf. 막 9:35; 10:42-45; 마 23:8-12) 주인이신 예수님을 대하듯 하지 말라는 권면이다. 교회 지도자들은 주인이신 그리스도를 돕는 도우미다.

그들은 사도를 포함한 지도자들을 하나님의 비밀을 맡은 자로 여겨야 한다(1b절). '맡은 자'(οἰκονόμος)는 주인의 집을 총체적으로 관리하는 우두머리 종이다(Collins, Thiselton, cf. TDNT, NIDNTTE). 주인이 명령하는 대로 따르되 주인 행세를 해서는 안 된다(Godet). 고린도 교회의 성도들이 따르고 추종하는 지도자들도 하나님의 집을 관리하는 종에 불과하다(Marshall).

하나님은 지도자들에게 '비밀'(μυστήριον)을 맡기셨다. '하나님의 비밀'은 그리스도의 십자가를 통해 드러난 구원이다(2:1-2). 그러므로 지도자들에게 하나님의 비밀을 맡기셨다는 것은 그들에게 십자가 복음을 전파하는 사명을 주셨다는 뜻이다(Gardner). 그렇다면 지도자들을 평가하는 유일한 기준은 하나님의 말씀을 얼마나 잘 전달했느냐이며(cf. 딤후 2:15), 이들을 평가할 유일한 분은 하나님이시다.

비록 지도자들이 고린도 교회에 속해 있지만(cf. 3:22-23), 그들은 그리스도의 도우미이자 하나님 집을 관리하는 종으로서 예수 그리스도와 하나님의 기준에 따라 주님께 평가를 받아야 한다. 안타깝게도 오늘날 교회는 사역자들 평가하는 것을 매우 쉽게 생각하며, 적용하는 기준도 매우 세속적이다(Blomberg). 많은 교회가 세력 확장을 유일한 성공으로 생각하기 때문이다.

자기 비밀을 맡기신 하나님이 그들에게 구하시는 것은 충성이다(2절). '구하다'(ζητέω)는 '찾다, 요구하다'라는 뜻이다(BDAG). '충성'(πιστός)은 '신실함, 성실함'이며(TDNT), 주인이 맡긴 일에 임하는 일꾼들의 자세다. 주인이 '맡은 자들'에게 요구하는 것은 충성이지(cf. 1:9), 우아함이나 지혜가 아니다(Fee). 성공도 아니며 원대한 계획도 아니다(cf. 3:8, 14-15). 결과는 하나님께 속했기 때문에 결과로 종들을 판단하지 않으신다. '충성'이 하나님이 지도자들을 판단하시는 유일한 기준이다. 그러므로 종은 주인이신 하나님이 맡기신 일에 성실하게 임하면 된다.

사도는 고린도 성도나 다른 사람들에게 자신이 판단받는 것을 대수롭게 생각하지 않는다(3a절). '다른 사람에게 판단받는 것'(ἀνθρωπίνης ἡμέρας)을 직역하면 '인간의 하루로'(by any human day)이며, 법원에서 재판받는 날을 뜻한다(새번역, 공동, 아가페, ESV, NAS, NIV, NRS). 바울은 자신이 복음으로 인해 세상 법정에서 재판을 받는다 해도 '매우 작은 일', 곧 사소한 일로 여길 것이라고 한다.

저자가 이런 말을 하는 것을 보면 고린도 성도들이 '설교는 아볼로가 잘한다, 바울은 잘 못한다' 등 자기 기준으로 지도자들을 평가하고 있음을 알 수 있다(Verbrugge). 이에 대해 바울은 사역자가 고린도 성도들에게 속한 것은 맞지만(cf. 3:22), 사역자들은 하나님께만 책임이(accountable) 있다고 한다(Garland, Sampley). 그러므로 성도에게는 지도자들을 판단할 권한이 없다. 성도가 사역자 판단하는 것을 하나님이 금하시는 이유는 사람은 모든 것을 알거나 볼 수 없기 때문이다. 그러므로 그들의 판단은 제한적이며, 오류가 있고, 매우 편파적일 수 있다.

바울도 스스로 자신을 판단하지 않는다(3b절). 자신의 지난 사역, 특히 고린도 사역을 돌아볼 때 자책할 것을 아무것도 깨닫지 못한다(4a절).

비난받을 만한 일이나 양심에 거리끼는 일을 한 적이 없다는 뜻이다(cf. NIV). 어떤 이들은 바울이 고린도 성도들의 비난을 잠재우려고 하는 말이라고 하지만(Bassler, Dahl), 그는 자신이 하나님의 부르심을 받은 사도이기 때문에 그들의 비난을 받을 필요가 없으며, 심지어 그 자신도 자기를 비난할 권한이 없다는 뜻에서 이렇게 말한다(Garland, Kuck, Thiselton). 교만에 찬 말이 아니라, 고린도 성도들이 사도의 독립성을 인정하면 그가 고린도 교회의 평가에서 자유롭다는 것을 깨닫게 될 것이라는 말이다. 그러므로 바울은 하나의 원칙을 제시하는 것이지, 자신을 변명하는 것이 아니다.

바울은 자신이 자책할 일이나 양심에 거리끼는 일을 한 적이 없다고 확신하지만, 그렇다고 해서 자신이 의롭다 함을 얻었다고 할 수는 없다(4b절). 사람은 자신을 어떻게 평가하고 생각하는지를 근거로 스스로 의롭다고 할 수 없다. 사람의 의로움을 판단하는 것은 하나님이 하실 일이며(4c절), 하나님은 세상이 끝나는 날에 가서야 모든 사람을 판단하실 것이다(5절). 바울도 그때 가서야 하나님의 판단을 받게 된다.

하나님이 사람들을 판단하시는 날이 되면 주님은 어둠에 감추인 것들을 드러내고 마음의 뜻을 나타내실 것이다(5b절). '어둠에 감추인 것들'(τὰ κρυπτὰ τοῦ σκότους)은 '도덕적 악'과 죄와 욕망 등 남들이 보지 못하도록 숨기고자 하는 것이다(cf. 고후 4:2; 엡 5:11-12). 하나님은 인간이 감추고자 하는 모든 것을 드러내실 것이다. '마음의 뜻'(τὰς βουλὰς τῶν καρδιῶν)은 언행에 대한 목적과 의도다(Garland, Thiessen, cf. 눅 16:15; 계 2:23). 아무리 선한 일을 해도 그 일을 하는 이유가 옳지 않다면 선한 일이라 할 수 없다. 그날이 되면 하나님은 이 모든 것을 고려해 각 사람을 판단하실 것이다. 그러므로 세상과 인간의 평가는 별 의미가 없다.

그날 지도자들과 그리스도인들은 하나님께 어떤 판단을 받게 될 것인가? 하나님은 각 사람을 칭찬하실 것이다(5c절). '칭찬'(ἔπαινος)은 명예를 중요하게 여기던 그리스-로마 사회에서 최고의 '상'으로 여겨졌다(Kuck). 우리는 사람이 받을 수 있는 최고의 영광을 하나님께 받게 될 것이다. 앞에서는 우리가 상을 받을 것이라고만 했는데(cf. 3:8, 14), 본문에서 그 상이 무엇인지 밝힌다. 바로 하나님의 칭찬이다(cf. 롬 2:29; 벧전 1:7).

바울은 고린도 성도들을 위해 이 일에 자신과 아볼로를 들어서 본을 보였다고 한다(6a절). '이 일/것'(Ταῦτα)은 1:10-4:5에 기록된 모든 일(Stowers), 혹은 3:4-4:5을 통해 자신과 아볼로에 관해 설명한 것을 뜻한다(Kuck, Robertson & Plummer, Weiss). 그러므로 이 구절이 고린도 교회의 분란에 대해 사도가 지금까지 한 말의 목적을 알리고 있다고 할 수 있다.

바울이 자신과 아볼로를 본으로 들며 지금까지 고린도 교회의 분란에 대해 말한 것은 그들이 기록된 말씀 밖으로 넘어가지 말라고 한 것을 배워 서로 대적하거나 교만한 마음을 가지지 않게 하기 위해서다(6절). '본을 들다'(μετασχηματίζω)는 '빗대어 말하다, 사례로 들다'라는 의미를 지닌다(Conzelmann, Fee, cf. TDNT). 저자가 자신과 아볼로 이야기를 한 것은 그들이 알아야 할 원리를 잘 이해시키기 위해서다.

'기록된 말씀'(γέγραπται)은 항상 성경 말씀을 뜻한다(Garland, Gardner, cf. 1:19, 31; 2:9; 3:19). "기록된 말씀 밖으로 넘어가지 말라"(τὸ μὴ ὑπὲρ ἃ γέγραπτα)를 직역하면 '쓰여진 것 이상의 것'(the not beyond what stands written)이다. 그러므로 이 문구 자체로는 저자가 무엇을 말하고자 하는지 도저히 알 수 없다(Conzelmann, Moffatt). 아마도 고린도 성도들과 바울만 의미를 아는 말로 보인다(Fee). 그러므로 번역본들은 '넘어가지 말라, 벗어나지 말라'라는 표현을 더해 바울이 고린도 성도들에게 성경적 테두리(원리)를 벗어나는 일은 하지 말라고 권면하는 것으로 해석한다(개역개정, 새번역, 공동, ESV, NAS, NIV, NRS, cf. Bruce).

바울과 아볼로와 게바 등을 비교하거나 이들 중 누가 더 낫다고 하는 것은 성경적 원리를 벗어나는(넘어가는) 일이다(Verbrugge). 혹은 아직도 단단한 음식은 먹지 못하고 우유만 먹는 것과 같다(Sampley, cf. 3:2). 또한 성도가 사도들과 지도자들에 대해 평가하는 것은 서로 대적해 교만한 마음을 갖는 일이다(6b절). 사람은 자기보다 못한(낮은) 사람을 평가하지, 자기보다 높은 사람을 평가하지는 않는다. 그러므로 고린도 성도들이 지도자들의 가르침과 사역을 평가하고 여러 파로 나뉜 것은 그들이 교만하다는 증거다.

사도는 고린도 성도들을 매우 냉혹하게 책망한다: "누가 너를 남달리 구별하였느냐?"(7a절). 이 말씀은 교만해 날뛰는 자에게 '너는 네 자신이 누구라고 생각하느냐?'(who do you think you are?)라며 자신이 누구인지를 깨닫고 겸손하라는 권면이다(Verbrugge, cf. 새번역, 공동, NAS). 그들은 사도들과 지도자들을 판단할 자격이 없는 사람들이다.

고린도 성도들이 가지고 있는 것(복음과 기독교 교리 등)은 모두 사도들과 지도자들에게 받았다(7b절). 그들이 전수받지 않은 것은 하나도 없다. 그럼에도 불구하고 고린도 성도들은 마치 그들에게서 받은 것이 하나도 없으며, 자신이 가지고 있는 모든 것은 스스로 터득한 것인 듯 자랑한다(7c절). 만일 그들이 사도들이 가르친 성경적 원리를 넘어가지 않았다면 여러 파로 나뉘는 분란은 없었을 것이다. 이러한 분란은 사도들의 가르침 범위를 벗어나는 일이다. 그러므로 그들이 여러 파로 나뉜 것은 사도들에게 받지 않은 것을 자랑하는 것과 같다. 그들이 사도들의 가르침을 벗어난 일을 하고 있기 때문이다. 이러한 행위는 교만이다.

이 말씀은 남을 판단하는 것은 교만이라 한다. 자신은 그렇게 살지 못하면서 남을 비난하는 것도 문제지만, 사람을 판단하는 것 자체가 하나님의 고유 권한이기 때문이다. 그러므로 누군가를 판단하는 것은 하나님이 하실 일을 가로채는 것이다. 게다가 하나님은 종말에 사람의 마음에 숨겨진 것 등 모든 정황을 고려해 심판하시는데, 인간은 지금 보고 느낀 것을 바탕으로 편파적인 판단을 할 수밖에 없다. 그러므로 서로에 대한 판단을 자제하는 것이 최선이다. 다만 그 사람의 삶에 맺히는 열매를 보면 그가 어떤 사람인지 대략 짐작할 수 있다.

하나님은 구원받은 우리에게 많은 것을 맡기셨다. 하나님은 우리가 맡은 일을 얼마나 화려하고 거창하게 해 나가는지에는 별 관심이 없으시다. 단지 우리에게 충성을 구하신다. 결과가 어떻든 상관없이 받은 사명을 성실하게 살아내라는 것이다. 사역의 화려함과 거창한 열매를 맺는 것은 소수만이 할 수 있는 일이지만, 성실함은 누구든 할 수 있는 일이다. 받지 않은 것을 탐하거나 자랑하지 않고 받은 것으로 살아내면 된다.

교회는 참으로 말이 많은 곳이다. 특히 사역자들은 성도의 구설에 오르기 십상이다. 그러나 성경적 테두리를 벗어나지 않는다는 원칙에 따라 사역한다면 성도들이 어떻게 생각하고 말하는지에 예민하게 반응할 필요가 없다. 사람의 판단은 온전하지 않기 때문이다. 우리는 종말에 하나님의 칭찬을 받는 사역을 지향해야 한다. 성경적 안목과 성령이 주시는 비전으로 리더십을 발휘해야 한다.

II. 교회의 분란과 갈등(1:10–4:21)

H. 사역자와 성도(4:8–21)

사도는 고린도 성도들에게 교회 지도자들을 판단하는 것은 교만한 짓이며, 각자 선호하는 지도자를 따라 당을 짓는 것도 옳지 않다고 했다. 이제 그는 과장법과 냉소와 야유를 섞어 사용하며 자신과 같은 사도들과 성도들의 관계를 설명한다. 한마디로 사도들은 자식이 잘되기를 바라며 아낌없이 자신을 희생하고 헌신하는 부모와 같다. 하지만 이러한 사실을 아는지 모르는지 고린도 지도자들과 성도들은 철부지처럼 굴고 있다. 본 텍스트는 다음과 같이 구분된다.

A. 사도와 성도(4:8–13)
B. 아버지와 자녀들(4:14–21)

II. 교회의 분란과 갈등(1:10–4:21)
H. 사역자와 성도(4:8–21)

1. 사도와 성도(4:8–13)

8 너희가 이미 배 부르며 이미 풍성하며 우리 없이도 왕이 되었도다 우리가 너희와 함께 왕 노릇 하기 위하여 참으로 너희가 왕이 되기를 원하노라 9 내가 생각하건대 하나님이 사도인 우리를 죽이기로 작정된 자 같이 끄트머리에 두셨으매 우리는 세계 곧 천사와 사람에게 구경거리가 되었노라 10 우리는 그리스도 때문에 어리석으나 너희는 그리스도 안에서 지혜롭고 우리는 약하나 너희는 강하고 너희는 존귀하나 우리는 비천하여 11 바로 이 시각까지 우리가 주리고 목마르며 헐벗고 매맞으며 정처가 없고 12 또 수고하여 친히 손으로 일을 하며 모욕을 당한즉 축복하고 박해를 받은즉 참고 13 비방을 받은즉 권면하니 우리가 지금까지 세상의 더러운 것과 만물의 찌꺼기 같이 되었도다

고린도 교회 지도자들과 성도들은 엘리트 의식과 자만감에 도취되어 있다. 바울은 그들에게 십자가 복음을 전파해 주고 지금도 십자가를 지고 사는 사도들을 생각해 교만과 허세를 버리고 그들 역시 사도들처럼 세상이 보기에 한없이 어리석고 비천한 자의 삶을 살 것을 권면한다.

저자가 보기에 고린도 성도들은 이미 배가 부르고, 이미 풍성하고, 그들에게 복음을 전파해 준 사도들 없이도 왕이 된 것처럼 살고 있다(8a절). 이 말은 그들의 자립성을 칭찬하는 말이 아니다. 어느 정도의 비아냥을 섞어 세상 사람들과 다를 바 없이 살고 있는 고린도 성도들을 비난하는 말이다(Gardner, Garland, Verbrugge, Sampley). 그들은 불신자처럼 생각하고, 불신자가 추구하는 것을 추구하는 등 세상 사람의 가치관과 세계관에 다를 바 없는 기준에 따라 살고 있다. 그들이 영접한 십자가 복음이 그들의 삶에 괄목할 만한 영향을 끼치지 못한 것이다.

바울은 그들이 '이미'(ἤδη) 배부르고, '이미'(ἤδη) 풍성하다며 그들이 현실에 안주하고 있음을 비난한다. 그들은 하나님이 그리스도인에게 약속하신 영광과 영화를 이미 누리고 있다는 것이다. 하나님은 분명 믿는 자들에게 영광을 약속하셨지만, 영접하자마자 누릴 수 있는 것은 아니다(Kuck). 신앙은 고난과 어려움을 겪으면서 성숙하기 때문이다. 그러므로 예수님은 누구든지 그분을 사랑하는 사람은 십자가를 지고 따라오라고 하신다(마 16:24). 사도들은 예수님의 말씀에 순종해 십자가를 진 삶을 살고 있다(cf. 9-13절). 그들과는 대조적으로 고린도 성도들은 세상에서 누릴 것(배부름, 풍성함)을 다 누린다.

고린도 성도들은 심지어 자기들이 왕이라도 된 것처럼 착각하고 있다. 물론 성경은 하나님의 자녀를 왕이라 한다: "너희는 택하신 족속이요 왕 같은 제사장들이요 거룩한 나라요 그의 소유가 된 백성이니"(벧전 2:9). 또한 세상이 끝나는 날 우리는 예수님과 함께 왕이 되어 세상을 다스릴 것이다: "이 첫째 부활에 참여하는 자들은 복이 있고 거룩하도다 둘째 사망이 그들을 다스리는 권세가 없고 도리어 그들이 하나님과 그리스도의 제사장이 되어 천 년 동안 그리스도와 더불어 왕 노릇 하리라"(계 20:6). 그러나 그리스도인이 현시대에 왕처럼 누리려 하는 것은 착각이다. 고린도 성도들은 오만함에 젖어 살고 있다(Collins, Marshall).

어떤 이들은 고린도 성도들이 종말에 그리스도인에게 임할 축복을 현시대에 누리려 하는 것을 두고 그들이 '실현된 종말론'(realized eschatology)보다 훨씬 더 극단적인 '과하게 실현된 종말론'(overrealized eschatology)을 따르다가 빚어진 일이라 한다(Conzelmann, Thiselton. cf. Barrett). 그들은 바울이 그리스도 안에 있는 생명의 표징으로 보는 육체적 투쟁을 할 필요 없이 이미 도덕적으로나 영적으로 완전해졌다고 생각한다(Kuck). 종말에 있을 도덕적·영적 완벽함이 이미 자신들의 삶에서 실현되었다는 것이다.

그러나 그들이 여러 파로 나뉘어 누가 더 영적이고 지혜로운지 논쟁하는 것과 고린도 서신이 다루는 여러 이슈를 고려하면, 그들은 종말론이 아니라 영적인 미숙함으로 인해 당장 많은 것을 누리려 한다(Gardner). 기본적인 성화도 실현하지 못하고 있다.

배부르고, 풍성하고, 왕처럼 구는 것은 완전히 세속화된 리더의 모습이다(Clarke, cf. Collins, Marshall). 고린도 교회 지도자들은 세상의 리더십 모델을 답습하고 있다(Clarke). 그들은 자신들의 누림을 사도들과도 나누고 싶지 않다(Fee, Fitzgerald). 그러므로 사도들 없이 왕이라도 된 것처럼 누리고 있다.

이에 대해 바울은 "우리가 너희와 함께 왕 노릇 하기 위하여 참으로 너희가 왕이 되기를 원하노라"라고 한다(8b절). 이는 빈정대는 말이며, '왕이 되기를 원하노라'(ὄφελόν γε ἐβασιλεύσατε)에 사용된 소사(ὄφελον)는 절대 실현될 수 없는 바람을 표현한다(BDAG, TDNT). 그들이 이 땅에서 왕이 되는 일은 절대 없을 것이다. 그러므로 왕처럼 누리고자 하는 그들이 그리스도의 십자가를 따르는 삶을 살기에는 아직도 갈 길이 멀다(Verbrugge).

이 세상에서 모든 것을 누리며 살고자 하는 고린도 성도들과 달리 하나님은 사도들에게 이 세상의 가장 '끄트머리 삶'을 살게 하셨다(9a절). 바울은 사도로서의 삶이 얼마나 어렵고 힘드는지, 마치 하나님이 그들을 죽이기로 작정된 자로 삼으신 것 같다고 한다(9a절). 어떤 이들은 9-13절을 고린도 성도들의 비판에 대한 바울의 변명 혹은 변론으로 생각하지만, 바울은 단순히 자신뿐 아니라 모든 사도가 겪는 고난을 요약하고 있다. 그들의 안일한 생각에 대한 강력한 비난이다(Fitzgerald). 고린도 성도들이 왕처럼 누리고자 하는 생각을 버리고 자기들처럼 세상에서 가장 비천한 자의 삶을 살기로 각오하고 다짐하게 하기 위해서다(Fitzgerald, Kuck).

고린도 성도들은 하나님이 끄트머리에 두신 사도들을 통해 복음을 영접했다. '끄트머리'(ἐσχάτους)는 세상 중심에서 가장 멀리 떨어져 있는 곳이다. 사도들의 사회적 지위가 이렇다는 것이다(Fitzgerald). 사도들은 '사람 축'에도 들지 못하는 비천한 자들이었다. 만일 고린도 성도들이 이처럼 비천한 자들을 통해 복음을 영접했다면, 그들이 왕처럼 구는 것은 잘 이해되지 않는 일이다. 그들이 지향하는 세상 지혜에 따르면 가장 위대하신 하나님의 자녀가 되는 비결은 절대 사도들처럼 비천한 자를 통해 전파될 수 없다. 그러므로 바울은 그들이 '우리 없이'(사도들 없이) 왕이 되었다고 하는 것이다(8절).

사도들이 세상에서 가장 비천하고 가난한 자들이 된 것은 예수 그리스도의 뜻이며, 그분의 고난에 동참하는 일이다. 그러므로 사도들은 기꺼이 고난을 감수했다: "나로 말미암아 너희를 욕하고 박해하고 거짓으로 너희를 거슬러 모든 악한 말을 할 때에는 너희에게 복이 있나니 기뻐하고 즐거워하라 하늘에서 너희의 상이 큼이라 너희 전에 있던 선지자들도 이같이 박해하였느니라"(마 5:11-12; cf. 눅 6:22).

또한 기독교에서는 받은 은사가 클수록 직분이 높을수록 먼저, 더 많이 고난을 감수하는 것이 원칙이다: "하나님이 교회 중에 몇을 세우셨으니 첫째는 사도요 둘째는 선지자요 셋째는 교사요 그 다음은 능력을 행하는 자요 그 다음은 병 고치는 은사와 서로 돕는 것과 다스리는 것과 각종 방언을 말하는 것이라"(12:28). 그리스도인이 이 땅에서 고난을 당하는 것은 하나님이 하시는 일이다(Gardner).

하나님은 사도들을 세상 끄트머리에 두시어 온 세상의 구경거리가 되게 하셨다(9b절). 이 말씀의 배경이 되는 이미지는 포로로 끌려온 패잔병과 검투사들이다(Garland, Verbrugge). 잡혀 온 적군은 구경거리가 되어 대중 앞에 끌려 다니다가 처형되었다. 검투사들은 사람들이 지켜보는 스타디움 한가운데서 상대를 죽이지 못하면 자신이 죽었다. 둘 다 관중의 엔터테인먼트를 위해 죽었다. 잡혀 온 적군이나 검투사나 사람들의 구경거리가 되다가 죽음을 맞이했다. 바울은 사도들의 삶이 이와 같다고 한다.

하나님은 그리스도인에게 고난과 면류관을 약속하셨다. 선지자들은 오래전부터 그리스도가 오셔서 먼저 고난을 받고, 그다음 영광을 받으실 것을 알고 있었다(cf. 벧전 1:10-11). 성도도 예수님처럼 먼저 고난을 받고, 그다음에 영광의 면류관을 받게 되어 있다. 그런데 고린도 성도들은 고난을 지나지 않았으면서도 면류관을 받았다고 떠들어 댄다! 그들은 하나님이 그들을 자녀로 부르실 때 자신이 어떠했는지를 망각하고 하나님과 사람들 앞에서 자랑하고 있다.

> 형제들아 너희를 부르심을 보라 육체를 따라 지혜로운 자가 많지 아니하며 능한 자가 많지 아니하며 문벌 좋은 자가 많지 아니하도다 그러나 하나님께서 세상의 미련한 것들을 택하사 지혜 있는 자들을 부끄럽게 하려 하시고 세상의 약한 것들을 택하사 강한 것들을 부끄럽게 하려 하시며 하나님께서 세상의 천한 것들과 멸시 받는 것들과 없는 것들을 택하사 있는 것들을 폐하려 하시나니 이는 아무 육체도 하나님 앞에서 자랑하지 못하게 하려 하심이라(1:26-29).

바울이 사도들의 고난받는 삶을 묘사하며 고린도 성도들의 삶과 대조하는 10-13절은 다음과 같은 구조를 지닌다(Collins).

A. 사도들과 고린도 성도들의 세 가지 차이(4:10)
    B. 사도들이 겪는 여섯 가지 고난(4:11-12a)
A′. 사도들의 세 가지 원칙(4:12b-13a)

사도들은 그리스도 때문에 어리석고, 약하고, 비천한 자들이 되었다(10절). '그리스도 때문에'(διὰ Χριστόν)는 '그리스도를 위해'라는 의미다(cf. 공동, 아가페, ESV, NAS, NRS). 사도들은 누구에게 강요당해서가 아니라, 스스로 원해서 그리스도를 위해 온갖 희생과 차별을 감수하며 헌신적으로 사역하는 이들이다. 가치관이 거꾸로 된 세상에서는 현명하고 지혜로운 사람일수록 어리석고 미련한 사람으로 취급된다(Witherington, cf. 1:18, 20, 21, 23, 25, 27). 고린도 성도들에게 복음을 전파해 준 사도들이 이러한 삶을 산다면, 고린도 성도들은 지금 취하는 자세보다 훨씬 더 겸손하게 살아야 한다.

'비천한' 사도들과 달리 고린도 성도들은 그리스도 안에서 지혜롭고, 강하고, 존귀하다(10절). '그리스도 안'(ἐν Χριστῷ)은 그들이 그리스도를 떠나면 지혜와 강함과 존귀함을 모두 잃게 된다는 것을 암시한다. 엘리트 의식에 빠져 있는 고린도 교회 지도자들과 성도들로 하여금 자신을 되돌아보게 하는 말씀이다.

사도들은 이 시각까지 주리고, 목마르며, 헐벗고, 매 맞으며, 정처가 없고, 손으로 일을 한다(11-12a절). 저자는 사도들을 학대받는 여행객(방랑객)에 비유한다(Marshall). 여섯 가지 모두 바울이 선교하다가 경험한 일이다.

> 그들이 그리스도의 일꾼이냐 정신 없는 말을 하거니와 나는 더욱 그러하도다 내가 수고를 넘치도록 하고 옥에 갇히기도 더 많이 하고 매도 수없이 맞고 여러 번 죽을 뻔하였으니 유대인들에게 사십에서 하나 감한 매를 다섯 번 맞았으며 세 번 태장으로 맞고 한 번 돌로 맞고 세 번 파선하고 일 주야를 깊은 바다에서 지냈으며 여러 번 여행하면서 강의 위험과 강도의 위험과 동족의 위험과 이방인의 위험과 시내의 위험과 광야의 위험과 바다의 위험과 거짓 형제 중의 위험을 당하고 또 수고하며 애쓰고 여러 번 자지 못하고 주리며 목마르고 여러 번 굶고 춥고 헐벗었노라 이 외

> 의 일은 고사하고 아직도 날마다 내 속에 눌리는 일이 있으니 곧 모든 교회를 위하여 염려하는 것이라 누가 약하면 내가 약하지 아니하며 누가 실족하게 되면 내가 애타지 아니하더냐(고후 11:23-29).

'이 시각까지'(ἄχρι τῆς ἄρτι ὥρας)는 사도들이 복음을 전하기 위해 겪는 어려움과 궁핍함이 아직도 계속되고 있음을 시사한다(cf. 11절). 그들의 고난은 세상이 끝나는 날까지 계속될 것이다. 지금은 사역자들에게 영광의 시간이 아니라, 고난의 시간이다(Fitzgerald).

더 나아가 사도들은 사람들이 그들을 학대하면 악으로 되갚는 것이 아니라 선하게 대응한다(12b-13a절). 첫째, 모욕을 당하면 모욕하는 자들을 축복한다. 둘째, 박해를 받으면 반발하지 않고 참는다. 셋째, 비방을 받으면 오히려 좋은 말로 권면한다. 사역자들은 모든 악을 선으로 되갚아야 한다. 이렇게 사는 것이 그리스도를 닮아 가는 것이다(cf. 롬 12:14; 벧전 2:23; 3:9, 15-16).

세상은 사도들의 이 같은 헌신과 인내를 미덕으로 보지 않는다. 오히려 그들을 더러운 것과 만물의 찌꺼기처럼 생각한다(13b절). '더러운 것'(περικαθάρματα)은 씻어서 없애는 것을(Thiselton), 찌꺼기(περίψημα)는 우리말로 '발꿈치의 때' 정도 된다(Thiselton). 서로 비슷한 말이며, 둘 다 성경에서 단 한 차례 사용되는 단어다(cf. BDAG). 세상은 사역자들을 존경하지 않는다. 사역자들이 전파하는 하나님의 지혜인 십자가 복음은 이 세상의 지혜와 완전히 다른 것이며, 또한 세상과 다른 가치관과 세계관을 가르친다. 사역자들은 세상을 참으로 불편하게 하기 때문에 세상은 그들을 없애야 할 찌꺼기로 생각한다(cf. Barrett, Hanson, Marshall).

이 말씀은 그리스도인은 반드시 왕의 영광과 영화를 누릴 것이라고 한다. 그러나 지금 누리는 것이 아니라, 미래에 예수님과 함께 누릴 것이라고 한다. 그러므로 이 땅에서 사는 동안 그러한 영광과 영화를 누리려 하는 것은 잘못된 생각이다. 오히려 온갖 불이익과 불편함을 감수해야 한다. 세상은 하나님을 미워하므로, 하나님을 사랑하는 우리도 미워한다.

사역자들은 고난과 궁핍과 차별을 대하는 자세에서 성도들에게 롤모델이 되어야 한다. 사도들처럼 모욕을 당하면 축복하고, 박해를 받으면 참고, 비방을 받으면 권면해야 한다. 사역자들은 자신의 헌신과 희생을 통해 성도들이 그리스도 예수 안에서 지혜롭고, 강하고, 존귀하게 되는 것을 감사하며 살아야 한다.

그리스도인의 삶은 억울하고 원통하다 할 수 있다. 세상의 핍박과 차별을 받을 만한 일을 하지 않는데도 우리를 불편한 존재, 심지어 찌꺼기처럼 여기기 때문이다. 그러나 하나님의 아들이신 그리스도께서도 이런 대접을 받으셨다. 그러므로 핍박과 차별이 있을 때, 하나님이 우리에게 그리스도의 고난에 동참하는 특권을 주신 것이라고 생각하며 감사해야 한다.

II. 교회의 분란과 갈등(1:10-4:21)
H. 사역자와 성도(4:8-21)

2. 아버지와 자녀들(4:14-21)

14 내가 너희를 부끄럽게 하려고 이것을 쓰는 것이 아니라 오직 너희를 내 사
랑하는 자녀 같이 권하려 하는 것이라 15 그리스도 안에서 일만 스승이 있으
되 아버지는 많지 아니하니 그리스도 예수 안에서 내가 복음으로써 너희를
낳았음이라 16 그러므로 내가 너희에게 권하노니 너희는 나를 본받는 자가
되라 17 이로 말미암아 내가 주 안에서 내 사랑하고 신실한 아들 디모데를 너
희에게 보내었으니 그가 너희로 하여금 그리스도 예수 안에서 나의 행사 곧
내가 각처 각 교회에서 가르치는 것을 생각나게 하리라 18 어떤 이들은 내가
너희에게 나아가지 아니할 것 같이 스스로 교만하여졌으나 19 주께서 허락하

시면 내가 너희에게 속히 나아가서 교만한 자들의 말이 아니라 오직 그 능력을 알아보겠으니 [20] 하나님의 나라는 말에 있지 아니하고 오직 능력에 있음이라 [21] 너희가 무엇을 원하느냐 내가 매를 가지고 너희에게 나아가랴 사랑과 온유한 마음으로 나아가랴

고린도전서의 첫 번째 주요 섹션이 "나를 본받으라"(16절)라는 사도의 권면으로 마무리되고 있다. 바울은 부모가 자녀를 대하듯이 고린도 성도들을 대한다. 부모의 사랑은 깊고 포근하지만, 또한 잘못하는 아이를 방관하지 않는다. 그러므로 사도는 머지않은 시점에 고린도를 방문해 말썽을 일으키고 있는 자들을 직접 대면하겠다고 경고한다.

저자는 고린도 성도들을 부끄럽게 하려고 이것을 쓰는 것이 아니라고 한다(14a절; cf. 고후 2:4). '부끄러움(ἐντρέπων, 수치)은 '칭찬'(4:5)과 대조되는 말이다. 그러나 부끄러움이 좋을 수도 있다. 사람이 죄에 대해 수치를 느끼는 것은 영적으로 건강하다는 것을 의미하기 때문이다(cf. 살후 3:14; 딛 2:8). 그러나 이곳에서의 '부끄러움'은 체면 구기는 것을 의미한다(Garland). 명예와 체면을 중요하게 여기는 사회에서 부끄럽지 않게 신앙생활을 하는 것은 매우 귀하다. 어떤 이들은 '이것들'(ταῦτα)을 4:6-13로 제한해 해석하기도 하지만, 고린도전서 전체로 확대해 해석해도 무관하다.

바울이 일부 고린도 성도의 행태를 직설적으로 비난하는 이 서신을 보내는 것은 그들을 사랑하는 자녀처럼 권하기 위해서다(14b절). 그는 이때까지 여러 차례 그들을 형제자매로 대했다(1:10, 26; 2:1; 3:1; 4:6). 이번에는 부모가 자식을 대하듯 그들을 대한다. 사도가 '사도-성도' 관계를 '부모-자식'에 비유하는 것은 새로운 것이 아니다. 바울은 로마서를 제외한 모든 서신에서 자신을 그들에게 복음을 전파함으로써 태어나게 한 부모로 묘사한다(Holmberg, cf. 15절). 그렇다면 형제자매 비유와 부모 비유의 차이는 무엇인가? 형제자매는 형제를 버릴 수 있어도,

부모는 자식을 버리지 않는다. 바울도 그의 사도직에 문제를 제기하는 고린도 성도들을 절대 버리지 않는다.

그리스도 안에는 일만 스승이 있지만, 아버지는 많지 않다(15a절). '일만'(μυρίους)은 복수형이며, '수만'을 뜻한다. 셀 수 없을 만큼 많다는 뜻이다. 헬라 문화권에서 '스승들'(παιδαγωγοὺς)은 부잣집에만 있는 자들이었다. 이들은 주인집 아이들이 교육을 잘 받도록 관리하는 일을 맡은 노예였다(Conzelmann, Verbrugge). 주인집 아이들(그러므로 미래 주인)을 훈육하는 노예이지만, 자주 매를 들고 있는 모습으로 묘사된다. 주인이 그들에게 회초리를 사용할 권한을 부여했기 때문이다. 그러므로 영어 번역본들은 '스승'이라는 단어보다는 '안내자'(guide, ESV), '사사'(tutor, NAS), '지시자'(instructor, KJV), '보호자'(guardians, NIV) 등을 선호한다. 모두 다 아이가 자라면 더는 그의 삶에 관여하지 못하는 자들이다.

아버지는 아이와 영원히 관계를 유지한다. 그리스도 안에서 그들에게 옳고 그름을 가르치고 떠나는 선생은 많다. 그러나 영원히 함께하면서 그들의 멘토가 되어 줄 부모는 많지 않다. 바울은 자신과 고린도 성도들의 관계를 그리스도 예수 안에서 복음으로써 그들을 낳은 부모로 묘사한다(15b절). 그들의 영적 출생에 관여한 자로서 그들을 위해 기도하며 영원히 함께할 것이다. 부모의 기도와 가르침은 계속되어야 한다: "나는 너희를 위하여 기도하기를 쉬는 죄를 여호와 앞에 결단코 범하지 아니하고 선하고 의로운 길을 너희에게 가르칠 것인즉 너희는 여호와께서 너희를 위하여 행하신 그 큰 일을 생각하여 오직 그를 경외하며 너희의 마음을 다하여 진실히 섬기라"(삼상 12:23-24).

사도는 고린도 성도들에게 자기를 본받는 자가 되라고 한다(16절). 어떤 이들은 바울이 교만해서 이런 말을 한다고 하지만(Horsley, Castelli), 어리석은 주장이다(Thiselton). 그들이 바울처럼 살면 분명 하나님께는 존귀하지만 세상에서는 '쓰레기, 찌꺼기'로 취급될 것이기 때문이다(4:9-13).

'권하다'(παρακαλέω)는 강력한 권면(격려)이다(cf. 1:10). 그리스도 안에서 자녀 된 그들에게 가장 좋은 것을 주고 싶은 부모의 심정을 표현한다(Gardner). 바울은 대체 어떤 삶을 살고 있기에 고린도 성도들에게 자기처럼 살라고 하는 것일까? 고린도 성도들이 추구하는 승리주의, 엘리트주의, 궤변적인 오만, 지위 중심적인 삶이 아니라 십자가에 못 박히신 그리스도의 복음을 반영하는 삶이다(Gardner). 그러므로 그는 당당하게 "내가 그리스도를 본받는 자가 된 것 같이 너희는 나를 본받는 자가 되라"(11:1)라고 한다. 그리스도인으로서 어떻게 사는 것이 그리스도의 복음에 부합한 삶인지 혼란스러울 때가 있다. 이럴 때는 하나님의 말씀대로 살고자 노력하는 그리스도인을 '벤치마킹'하면 된다.

바울은 고린도 성도들에게 그리스도를 본받는 삶이 어떤 것인지 가르치라며 디모데를 그들에게 보냈다(17a절). 그는 디모데를 주 안에서 사랑하고 신실한 아들이라고 한다(cf. 빌 2:22; 딤전 1:2, 18; 딤후 1:2). 사도는 2차 선교 여행 중에 디모데를 처음 만났다. 더베를 거쳐 루스드라에 도착했을 때였다(행 16:1). '디모데'(Τιμόθεος, Timothy)는 '하나님을 공경하다'라는 의미를 지닌 좋은 이름이다. 어떤 이들은 디모데가 루스드라가 아닌 더베 출신이라고 하지만(Barrett), 사도행전의 저자인 누가가 더베 다음에 루스드라를 언급한 이후 디모데를 언급하는 것으로 보아 그는 루스드라 출신이 확실하다. 디모데의 어머니는 믿는 유대 여자였으며, 아버지는 헬라인이었다(행 16:1). '믿는 유대 여자'(γυναικὸς Ἰουδαίας πιστῆς)는 그녀가 그리스도인이었다는 뜻이다. 2년 전 바울과 바나바가 이곳을 방문했을 때 주님을 영접했다.

디모데의 어머니는 유니게(Εὐνίκη, Eunice)이고 할머니는 로이스(Λωΐς, Lois)인데, 할머니도 유대인 그리스도인이었다(딤후 1:5). 그래서 바울은 디모데가 경건한 할머니와 경건한 어머니에게서 믿음을 이어 받았다고 한다(딤후 1:5). 디모데의 아버지에 관한 언급이 그 어디에도 없는 것으로 보아 바울이 그를 만났을 때 디모데의 헬라인 아버지는 이미 죽은 것으로 보인다(Longenecker).

이후 디모데는 바울의 선교 팀에 들어가 사역했다. 신약은 그의 이름을 매우 자주 언급한다(행 17:14-15; 18:5; 19:22; 20:4; 롬 16:21; 고전 4:17; 16:10; 고후 1:1, 19; 빌 1:1; 2:19; 골 1:1; 살전 1:1; 3:2, 6; 살후 1:1; 딤전 1:2, 18; 6:20; 딤후 1:2; 몬 1:1; 히 13:23). 디모데는 바울의 영적 아들이었다(딤후 1:2).

디모데는 고린도 성도들에게 바울의 가르침을 생각나게 할 것이다(17b절). 그들이 바울의 가르침을 잊었다는 뜻이 아니라, 그리스도를 본받는 삶이 어떤 것인지 바울을 롤모델(사례)로 삼아 고린도 성도들이 모방하게 할 것이라는 뜻이다(cf. Garland). 그렇다고 해서 바울이 디모데를 통해 고린도 교회에 특별한 가르침을 주는 것은 아니다. 각처에 있는 교회에서 가르치는 것을 상기시키는 일이다. 모든 그리스도인이 답습할 가르침과 모범적인 삶을 답습하게 하겠다는 뜻이다(cf. Barrett).

고린도 교회에서 분란을 일으키는 자 중에는 바울이 다시는 고린도 교회에 방문하지 않을 것으로 생각하는 자들이 있었다(18a절). 저자는 그들의 생각과 언행을 교만이라 한다(18b절). 사회적으로 허세(socially pretentious)를 부리는 자들이 주도하는 고린도 교회에는 교만이 만연해 있었다(Baird, Judge). 호랑이 무서운 줄 모르고 날뛰는 '하룻강아지'가 많은 교회였다. 이제 곧 '호랑이'가 고린도 교회를 방문할 것이다.

고린도 교회 지도자들이 바울의 사도직 권위를 완강하게 거부했다기보다는 부모가 잠시 집을 비운 사이에 아이들이 집을 난장판으로 만든 경우로 보아야 한다(Garland). 그러므로 이들에 대해 '주동자, 주모자'(ringleaders)라는 강력한 단어를 사용하는 이들도 있지만(Fee), 1-4장의 내용은 이러한 해석이 별 설득력 없다고 한다. 바울은 이 '주동자들'로부터 잃어버린 사도직 권위를 회복하려는 것이 아니다(Witherington). 그는 한동안 집을 비운 아버지가 곧 돌아올 것이니 집 안을 정돈해 두라고 경고하는 것이다(cf. 11:34; 16:3, 5-7).

바울은 하나님이 허락하시기만 하면 최대한 빨리 고린도 교회를 방문할 계획이다(19a절). 교회를 방문해 교만한 자들의 능력을 시험해 보고자 한다(19b절). 어떻게 시험할 것인가? 그들의 화려하고 허세 가득한 말이 아니라 성령이 그들에게 주신 영적 능력이 얼마나 되는지 알아볼 것이다. 세상 말로 하자면 '말빨'이 아니라 '영빨'을 시험하겠다는 뜻이다.

사도가 그들의 영적 능력을 시험해 보고자 하는 것은 하나님 나라는 말에 있지 않고 능력에 있기 때문이다(20절). "하나님의 나라는 말에 있지 아니하고 오직 능력에 있음이라"(οὐ γὰρ ἐν λόγῳ ἡ βασιλεία τοῦ θεοῦ ἀλλ' ἐν δυνάμει)에는 동사가 없다. 그러므로 모든 영어 번역본이 조금씩 다르게 번역한다: 하나님의 나라는 '말로 구성되지 않는다'(consist) (ESV, NAS), '말의 문제가 아니다'(a matter of) (NIV), '말로 달라지지 않는다'(depends)(NRS). 영적 능력을 통해 드러나는 '하나님의 나라'(ἡ βασιλεία τοῦ θεου)는 그리스도의 복음이 세상에 끼치는 영향이며(롬 14:17; 골 1:13; 4:11; 살전 2:12), 또한 미래에 실현될 실체다(6:9, 10; 15:24, 50; 갈 5:20-21; 엡 5:5; 살후 1:5).

앞에서 스승과 부모(아버지)의 차이를 설명한 바울은 이제 고린도 성도들에게 그가 스승으로서 찾아가기를 원하는지, 혹은 부모로서 찾아가기를 원하는지를 묻는다(21절, cf. 15절). 조금은 유머러스한 수사학적 질문이라 할 수 있다. 이미 설명한 대로 스승은 매를 든 종이다. 매는 혹독한 훈계를 상징한다(cf. 삼하 7:14; 잠 10:13; 13:24; 22:15; 29:15, 17).

부모는 사랑과 온유한 마음을 지녔다. 그러므로 고린도 성도들의 선택은 당연히 바울이 영적 부모로서 그들을 방문하는 것이다. 바울은 부모로서 그들을 방문할 것이며, 그들도 부모를 맞이하듯 그를 맞이해야 한다. 자식은 부모가 지적하는 것에 부끄러움을 느낄 필요가 없다.

이 말씀은 기독교 리더는 부모가 자식을 양육하듯이 성도를 인도해야 한다고 한다. 자식은 부모의 뒷모습을 보고 배운다는 말이 있다. 교회 안에 앞모습(입)으로 가르치려는 선생은 많지만, 롤모델이 되는 삶을 통해 간접적으로 가르치려는 사람은 많지 않다. 사역자는 "내가 그리스도를 본받으려고 노력하는 것처럼, 당신들도 나를 본받는 자가 되라"라는 권면을 할 수 있을 정도로 당당하고 정의롭게 살아야 한다.

성도는 사역자의 권면을 자녀가 부모의 권면을 대하듯 해야 한다. 부모는 자식을 징계할 때 밉거나 싫어서 하지 않는다. 사랑하기 때문에 더 건강하고 온전한 사람이 되라는 취지에서 징계한다. 그러므로 성도가 사역자를 영적 부모로 생각하면 권면이나 징계가 부끄러운 것이 아니므로 거부해서는 안 된다. 교회는 가족 관계를 기초로 하는 공동체다.

우리는 언제든 주님이 다시 오신다는 마음으로 신앙생활을 해야 한다. 사도는 말썽을 부리는 자들을 마치 부모가 집을 비운 사이 집을 난장판으로 만든 자녀로 간주한다. 집을 난장판으로 만든 자녀는 부모가 곧 돌아올 것을 의식하면 집을 치우고 정리할 것이다. 우리는 항상 주님이 당장 오실 수도 있다는 생각으로 살아야 한다. 우리의 삶과 우리가 속한 공동체를 항상 '치우며' 살아야 한다.

Ⅲ. 교회의 도덕적 이슈들
(5:1-6:20)

고린도 교회의 가장 근본적이고 심각한 문제인 분란과 파벌에 대해 권면한 바울은 이제부터 고린도 교회가 당면한 여러 가지 윤리적 이슈에 대해 가르친다. 그리스도의 복음을 영접한 후에는 이전과 다른 삶을 살아야 하는데, 고린도 성도들은 그렇게 하지 못하고 있다. 그러므로 앞으로 사도가 이 서신에서 다룰 이슈는 불신자들이 주로 범하는 죄다. 본 텍스트는 주제에 따라 다음과 같이 구분된다(Collins).

A. 근친상간(5:1-13)
B. 성도 사이의 소송(6:1-11)
C. 매춘(6:12-20)

Ⅲ. 교회의 도덕적 이슈들(5:1-6:20)

A. 근친상간(5:1-13)

1 너희 중에 심지어 음행이 있다 함을 들으니 그런 음행은 이방인 중에서도

없는 것이라 누가 그 아버지의 아내를 취하였다 하는도다 2 그리하고도 너희
가 오히려 교만하여져서 어찌하여 통한히 여기지 아니하고 그 일 행한 자를
너희 중에서 쫓아내지 아니하였느냐 3 내가 실로 몸으로는 떠나 있으나 영으
로는 함께 있어서 거기 있는 것 같이 이런 일 행한 자를 이미 판단하였노라
4 주 예수의 이름으로 너희가 내 영과 함께 모여서 우리 주 예수의 능력으로
5 이런 자를 사탄에게 내주었으니 이는 육신은 멸하고 영은 주 예수의 날에
구원을 받게 하려 함이라 6 너희가 자랑하는 것이 옳지 아니하도다 적은 누
룩이 온 덩어리에 퍼지는 것을 알지 못하느냐 7 너희는 누룩 없는 자인데 새
덩어리가 되기 위하여 묵은 누룩을 내버리라 우리의 유월절 양 곧 그리스도
께서 희생되셨느니라 8 이러므로 우리가 명절을 지키되 묵은 누룩으로도 말
고 악하고 악의에 찬 누룩으로도 말고 누룩이 없이 오직 순전함과 진실함
의 떡으로 하자 9 내가 너희에게 쓴 편지에 음행하는 자들을 사귀지 말라 하
였거니와 10 이 말은 이 세상의 음행하는 자들이나 탐하는 자들이나 속여 빼
앗는 자들이나 우상 숭배하는 자들을 도무지 사귀지 말라 하는 것이 아니니
만일 그리하려면 너희가 세상 밖으로 나가야 할 것이라 11 이제 내가 너희에
게 쓴 것은 만일 어떤 형제라 일컫는 자가 음행하거나 탐욕을 부리거나 우
상 숭배를 하거나 모욕하거나 술 취하거나 속여 빼앗거든 사귀지도 말고 그
런 자와는 함께 먹지도 말라 함이라 12 밖에 있는 사람들을 판단하는 것이야
내게 무슨 상관이 있으리요마는 교회 안에 있는 사람들이야 너희가 판단하
지 아니하랴 13 밖에 있는 사람들은 하나님이 심판하시려니와 이 악한 사람
은 너희 중에서 내쫓으라

고린도 교회가 음행을 방관하는 것에 관해 논하는 이 섹션은 앞 섹션과 주제적인 연결성이 별로 없어 보인다. 그러나 앞 섹션의 가장 중요한 주제인 교만이 흐름을 이어 가고 있다. 그들이 음행을 방관하는 것은 교만하기 때문이다(2절; cf. 4:6, 18, 19). 사람이 교만해지면 도덕적으로 해이해져 심각한 죄도 묵인하려 한다. 이러한 처사는 죄를 처벌하

고 뿌리 뽑으라는 하나님 말씀보다 자신이 더 큰 결정권과 권위를 가지고 있다는 교만을 초래한다.

바울은 고린도 교회 안에 음행이 있다고 들었다(1a절). 원래 '너희 중'(ἐν ὑμῖν)에는 성령이 계셔야 한다(Sampley, cf. 3:16; 6:19). 그런데 하나님이 도저히 용납하실 수 없는 죄가 성령의 자리에 도사리고 있다! 그러므로 성령은 고린도 교회를 이미 떠나셨다. 에스겔은 예루살렘 성전이 파괴되기 5년 전에 하나님이 죄로 얼룩진 예루살렘 성전을 떠나셨다고 한다(겔 10:1-22; cf. 렘 7장). 하나님이 계속 머무시면 많은 사람이 죄 때문에 다치고 죽어야 한다. 그러므로 잠시 자리를 피하셨다가 그들의 죄 문제가 해결되면 다시 돌아오실 것이라고 한다(겔 43:1-5).

'음행'(πορνεία)은 성적 문란과 죄를 의미하는 매우 광범위한 용어다. 대체로 매춘을, 때로는 간음을 뜻하며 결혼의 테두리 밖에서 행해지는 것들이다(TDNT). 고린도전서에서 이 죄가 언급되는 것은 이곳이 처음이며, 앞으로 5-7장에서 종종 등장할 것이다. 저자는 곧바로 이 음행은 근친상간(자기 아버지의 아내를 취함)이라고 한다(1c절).

어떤 이는 이 음행을 분란보다 더 심각한 이슈로 생각해 사도가 지금까지 언급하지 않은 것에 대해 문제를 제기한다(Boer). 이후 이 학자는 1-4장과 5-16장은 두 개의 다른 편지라는 결론에 도달한다. 그러나 사도가 이때까지 이 음행을 언급하지 않은 것은 그의 전략이다(Garland). 그는 당장 고린도를 방문할 수 없다(cf. 11:34). 그러므로 당면한 모든 문제를 서신으로 해결해야 한다. 바울은 1-4장을 통해 먼저 자신의 사도직 권위와 그들의 교만을 지적하며 분위기를 조성한 다음 근친상간 문제를 지적하고 있다.

'들으니'(ἀκούεται)는 수동태다. 바울이 이 사람의 음행에 관한 소식을 제3자를 통해 접하게 되었다는 뜻이다. 아마도 글로에(1:11), 혹은 스데바나(16:17) 등을 통해 들었을 것이다. 고린도 교회는 바울에게 편지를 보낸 적이 있다(cf. 7:1). 그때는 왜 이 일에 관해 말하지 않았을까?

교회가 묵인하고 있기는 하지만 차마 말할 수 없을 만큼 수치를 느꼈기 때문일 것이다. 사도 역시 이 소식을 듣고 믿기 어려운 일이라는 반응을 보이고 있으니 말이다(Barrett, Fee, Clarke).

이런 음행은 이방인 중에서도 없는 것이다(1b절). 고린도 성도도 대부분 이방인이기 때문에 '이방인들'(τοῖς ἔθνεσιν)은 '비기독교인들, 이교도들'(pagans)이라는 의미를 지닌다(cf. 공동, ESV, NIV, NRS). 고린도 성도들은 세상 사람들도 하지 않는 혐오스러운 짓을 한 사람을 용납(묵인)하고 있다. 학자들은 음행을 행한 자가 교회에 헌금을 많이 하고 영향력을 행사하는 부자였거나(Gould, Moffat), 혹은 하나님의 용서를 오용하고 왜곡하는 잘못된 신학에서 비롯된 일이라고 추측한다(Garland).

이 사람의 음행은 정확히 무엇인가? 그는 자기 아버지의 아내를 취했다(1c절). '취하다'(ἔχω)는 성관계를 가졌다는 뜻이다(cf. 7:2). 대부분 학자는 사도가 여자에 대해서는 어떠한 언급도 하지 않는 것으로 보아 이 사람은 그리스도인이 아니며, 교회 밖에 있는 여자였을 것이라고 한다(cf. 12-13절).

'아버지의 아내'(γυναῖκά τοῦ πατρὸς)는 이 사람의 친모가 아니다(cf. 레 20:11; 신 27:20). 일부다처제를 허용한 사회에서는 자식과 아버지의 아내(첩) 사이에 나이 차이가 거의 없기도 했고, 오히려 자식보다 더 어린 여자를 첩으로 들이기도 했다. 그러다 보니 종종 이런 유형의 근친상간이 빚어졌다(cf. 창 35:22). 율법은 이러한 음행을 금한다: "너는 네 아버지의 아내의 하체를 범하지 말라 이는 네 아버지의 하체니라"(레 18:8). 만일 이런 일이 일어나면 두 범죄자 모두 죽이라 한다: "누구든지 그의 아버지의 아내와 동침하는 자는 그의 아버지의 하체를 범하였은즉 둘 다 반드시 죽일지니 그들의 피가 자기들에게로 돌아가리라"(레 20:11). 유대인들은 유대교에서 출교시켜야 하는 36가지 죄에 이러한 유형의 근친상간을 포함했다(Garland).

당시 사회는 이성애 결혼을 법으로 보호했으며, 성교를 먹고 마시는 것처럼 정당하고 자연스럽고 필요한 것으로 간주했다(Hauck). 또한 결혼한 남자는 결혼을 파기하지 않는 한 원하는 만큼 혼외 성교를 할 수 있었다. 이처럼 낮은 성(性) 의식 기준으로 보아도 이 죄는 도저히 말이 안 되는 심각한 죄다(Barrett). 그러므로 고린도 교회가 이 사람을 방치한 것은 아마도 지도자들을 중심으로 형성된 여러 당파 중에 그를 징계하지 말자고 주장하는 자들이 있었기 때문일 것이다.

이 사람이 이런 짓을 한 것도 문제지만, 더 심각한 문제는 교회의 반응(대처)이다(Verbrugge). 그러므로 바울은 그 사람에 대한 말은 더 하지 않고, 교회에 대해서만 말한다(2-8절). 고린도 성도들이 이 사람을 방관한 것은 그들이 교만해졌기 때문이다(2a절; cf. 4:6, 18, 19). 사도가 그들을 교만하다고 하는 것은 그를 방관하는 것이 하나님의 말씀을 위반하기 때문이다. 이미 언급한 것처럼 율법은 이런 일이 발각되면 당장 극단적인 조치를 취하라고 한다. 교회에서 내보내야 하는 것이다. 그런데 고린도 성도들은 마치 하나님의 말씀을 무시해도 된다고 생각하는 듯 그를 방치하고 있다.

바울은 고린도 성도들이 이러한 음행 사실을 알게 된 순간 곧바로 통한히 여기며 범죄자를 그들 중에서 쫓아냈어야 한다고 말한다(2b-c절). '통한히 여기다'(πενθέω)는 '슬퍼하다, 탄식하다'라는 뜻으로 사람의 상처받은 마음을 표현한다. 온 공동체가 그들 중에 이런 죄를 저지른 사람이 있다는 사실을 매우 슬퍼하며 하나님께 용서를 구했어야 한다.

그러나 고린도 교회는 이 죄를 회개하지 않았고, 죄지은 자를 공동체에서 내쫓지도 않았다. 그가 아직 교회 안에 남아 있다는 것은 고린도 교회의 폐단이며, 공동체가 구성원에 대해 적절한 보살핌을 행사하지 못하고 있음을 의미한다(Sampley). 교회가 이런 사람을 방관하면 반드시 분란이 일어난다. 또한 교회의 주인이신 예수님이 욕을 먹는다. 예수를 믿어도 세상 죄인들과 다르지 않다며 성도들도 욕을 먹는다.

하나님은 모든 죄인을 사랑하고 용서하시는데 사도가 매우 가혹한 처방을 내린다고 생각할 수도 있다. 하나님이 모든 죄인을 사랑하시는 것은 맞다. 그러나 용서받은 죄인이 속한 교회는 항상 공동체의 거룩함(순결)도 생각해야 한다. 만일 죄인이 복음을 통해 변화하려고 하지 않아 지체들이 오히려 부정적인 영향을 받는다면, 교회는 그를 내보내야 한다. 교회는 그리스도의 신부로서 항상 순결하고 거룩해야 하기 때문이다. 저자가 누룩이 온 덩어리에 퍼지듯 죄와 교만이 고린도 교회를 오염(감염)시키고 있다고 말하는 것도 이 사건에서 가장 중요한 것은 교회의 거룩과 순결이기 때문이다(Gardner).

이 서신을 보낼 때 바울은 고린도에 있지 않고 에베소에 있었다(3a절). 비록 그의 육신은 고린도를 떠나 있지만, 영으로는 고린도 성도들과 함께 있다(3b절). 그러므로 이 사람에 대해 소식을 듣는 순간 이미 고린도 성도들과 함께 판단했다(3c절). '판단했다'(κέκρικα)는 완료형이다. 듣는 순간 이런 사람은 교회에서 내보내야 한다는 확신이 섰다는 뜻이다(Conzelmann, Gardner). '이미'(ἤδη)라는 표현이 그의 판단에 확신을 더한다.

만일 고린도 성도 중에 바울 사도가 고린도에 와서 이 이슈를 판단할 때까지 그에 대한 징계를 보류하자는 이들이 있었다면, 그들의 주장은 매우 잘못되었다. 바울은 영으로 항상 그들과 함께 있기 때문이다(4절). 바울의 서신이 온 공동체에게 읽힐 때 공동체는 이를 영적 권위를 지닌 말씀으로 받아들였다(Fee). 그러므로 그들이 만일 사도의 뜻을 파악하고자 했다면 그의 가르침과 서신들을 참고하면 된다. 심지어 바울을 반대하는 자들도 그의 편지가 특별한 권위를 지녔다는 사실을 인정했다(Garland, cf. 고후 10:10).

비록 바울이 떠나 있더라도 고린도 교회는 그의 영적 함께함을 확신할 수 있는 방법이 있다. 주 예수의 이름으로 모여 주 예수의 능력으로 결정하면 된다(4절). 그들은 세상에 있는 그리스도의 몸이며 주님의 뜻과 권세를 실현하기 위해 세워진 공동체다(Gardner). 이번 일도 그들이 예수님의 이름으로 모여 예수님의 능력으로 결정했더라면 바울도 전적으로 동의했을 것이다. 바울은 사도직 권위를 홀로 주장할 생각이 없다. 그는 모든 결정을 고린도 성도들과 함께 하기를 원한다(Garland).

바울은 이런 자는 이미 사탄에 내준 바와 다름이 없다고 한다(5a절). 사탄은 하나님이 누구를 벌하실 때 도구로 사용하시는 악령이다(딤전 1:20; 고후 12:7). 또한 사탄은 성적인 유혹과 죄에 깊이 연루되어 있다(cf. 7:5). 그러므로 음행을 행한 자를 원래 그가 속했던 사탄이 지배하는 세상으로 돌려보내는 것은 적절한 조치라 할 수 있다(Robertson & Plummer).

이 사람은 어떠한 양심의 거리낌도 없이 흉측한 짓을 하고 있다. 아마도 그는 뻔뻔하게 그리스도의 용서와 은혜를 강조했을 것이다(cf. Collins, Murphy-O'Connor, Snyder, Hosley, Goulder). 그러나 그리스도의 용서와 은혜는 회개하고 잘못된 삶을 바로잡으려는 사람들을 위한 것이지 삶을 바꾸려는 노력을 하지 않는 자들을 위한 것이 아니다.

이런 자를 사탄에게 내주는 이유는 그의 육신은 멸하더라도 영은 주 예수의 날에 구원을 받게 하기 위해서다(5b-c절). 사도는 정확히 어떤 의도로 이렇게 말하는 것일까? '육신을 멸하는 것'(εἰς ὄλεθρον τῆς σαρκός)에 대한 전통적인 해석은 죽음 혹은 육체적 고난이다(Conzelmann, Verbrugge, cf. 출 12:23; 수 3:10; 7:25; 렘 2:30; 히 2:14). 아나니아와 삽비라 부부가 이런 사례에 속한다(행 5:1-11; cf. 고전 11:30). 그러나 그 부부의 멸망은 이 사람의 멸망과 다르다. 아나니아와 삽비라는 육신과 영이 함께 죽었는데, 이 사람의 경우 육신은 멸망하지만 영은 주 예수의 날에 구원받을 것이기 때문이다.

본문 해석이 난해한 또 한 가지 이유가 있다. 성경은 사람의 영과 육이 뗄 수 없는 하나라고 한다: "평강의 하나님이 친히 너희를 온전히 거룩하게 하시고 또 너희의 온 영과 혼과 몸이 우리 주 예수 그리스도께서 강림하실 때에 흠 없게 보전되기를 원하노라"(살전 5:23). 그러므로 육신은 죽고 영은 살 것이라는 본문이 쉽게 이해되지 않는다.

바울은 몸과 육신을 구분해 사용한다. '몸'(σῶμα)은 우리가 지닌 육체(body)다(cf. 3절). 본문의 '육신'(σάρξ)은 사람을 죄짓게 하는 본성(sinful nature)(Grosheide, cf. Bandstra), 혹은 죄로 만연한 '이 시대'와 비슷한 말이다(Gardner). 그러므로 육신을 멸하라는 것은 고난과 연단을 통해 그의 죄성이 파괴되게 하라는 뜻이다. 마치 하나님이 욥을 사탄에게 넘기신 것처럼 말이다(cf. 욥 2:6). 이 사람의 육신을 사탄에게 내주어 연단하게 하면, 욥이 훗날 정금같이 빛났던 것처럼 그의 영혼이 주 예수의 날에 구원을 받게 될 것이다. 영혼을 구원받게 하는 것은 기독교 징계의 궁극적인 목적이다.

바울은 이런 사람을 교회에서 내보내야 하는 신학적인 근거를 유월절과 무교절에서 찾는다(6-8절). 유월절과 무교절은 이스라엘의 정체성을 정의하는 가장 중요한 두 절기다(Pascuzzi). 무교절은 유월절인 아빕월(오늘날 달력으로 3-4월 정도) 14일 저녁, 혹은 다음 날 아침에 시작해 일주일 동안 진행된다. 그러므로 이 두 절기를 하나로 부르기도 한다. 이 기간에 이스라엘은 이집트에서 당했던 고통을 생각하고(신 16:3은 무교병을 '고난의 떡'으로 부름), 이집트를 얼마나 급히 나오게 되었는지 누룩을 넣어 빵을 만들 시간이 없었다는 의미로 무교병을 먹는다. 오늘날에도 유대인들은 이 절기에 빵을 만들 때는 밀가루와 물만 사용해 반죽을 만들어 오븐에 넣는다. 유월절의 긴급함을 재현하기 위해 빵 굽는 시간이 18분을 넘어가지 않도록 각별히 신경을 쓴다. 이러한 점을 고려할 때 유월절과 무교절은 무교병을 중심으로 진행된다고 할 수 있다.

그리스도인은 누룩이 없는 새 덩어리가 되기 위해 묵은 누룩을 내버려야 한다(7a절). 누룩은 아무리 적은 양이라 해도 순식간에 온 덩어리에 퍼진다. 누룩이 퍼진 덩어리를 그대로 두면 얼마 지나지 않아 곰팡이가 피며 썩기 시작한다. 그러므로 성경은 악의 파괴력을 설명하면서 누룩을 예로 든다(cf. 마 16:6; 갈 5:9).

누룩의 영향에서 벗어나려면 누룩이 든 옛 덩어리와 완전히 다른 새 반죽 덩어리를 빚어야 한다. 누룩이 든 옛 덩어리에서 떨어져 나온 찌꺼기가 조금이라도 유입되면 새 반죽에도 순식간에 누룩이 퍼진다. 그러므로 누룩 비유는 한 사람의 행동이 온 공동체에 얼마나 치명적일 수 있는지를 효과적으로 설명한다. 또한 유대교와 기독교의 단절성에 대해 논할 때도 누룩은 좋은 사례로 사용된다(Pascuzzi).

대부분 학자는 사도가 누룩에 비유하는 것이 이 사람의 음행이라고 한다. 그러나 고린도 성도들이 아무리 낮은 도덕성을 지녔다 할지라도 이 사람을 모방해 근친상간을 할 사람은 거의 없다. 그러므로 이 범죄가 누룩처럼 온 공동체에 퍼지지는 않을 것이다. 그렇다면 바울이 염려하는 누룩은 무엇인가? 이렇게 흉악한 범죄를 저지른 사람을 징계하지 않고 교회 안에 두려는 교만이다(cf. 2절). 고린도 성도들은 분명 하나님의 사랑과 은혜를 근거로 그를 용납한다고 했을 것이다. 그들은 자신의 관대함을 자랑하기까지 한다(6a절)!

그러나 하나님의 사랑과 은혜는 하나님 말씀이 정해 주는 공동체의 도덕적 테두리 안에서 집행되어야 한다. 그러므로 누룩은 이런 사람을 보고도 하나님이 정해 주신 기준대로 행하지 않고 방관하는 교만이다(Verbrugge). 그들은 자신의 생각을 하나님 말씀 위에 두고 있다. 하나님의 어리석음이 세상의 지혜보다 더 낫다는 것을 깨닫지 못한다(1:25; 3:18-20). 우리는 이런 죄인도 용납한다며 스스로 자랑할 것이 아니라, 오히려 이처럼 심각하고 창조 질서를 위반하는 죄에 어떠한 조치도 취하지 않고 방관하는 것에 대해 깊은 수치를 느껴야 한다.

더 큰 문제는 이러한 죄에 대한 '관대함'이 한 번으로 끝나지 않는다는 사실이다. 앞으로는 더 심각한 죄도 사랑과 용서를 빙자해 포용할 것이다. 하나님의 말씀을 무시하는 그들의 '관대한 교만함'은 적은 누룩이 온 덩어리에 퍼지는 것처럼 온 교회를 오염시킬 것이다(6b절).

고린도 성도들이 근친상간을 행한 자를 하나님의 말씀에 따라 징계하지 않고 교회 안에 두려고 했던 교만한 생각은 어디서 비롯된 것일까? 바로 그들이 지향하는 세상의 지혜에서 비롯되었다. 그들은 하나님의 어리석음보다도 못한 세상의 지혜를(1:25) 하나님의 지혜보다 더 귀하게 여긴다! 가치관과 세계관에 혼돈과 혼란이 온 것이다. 그렇다면 이 혼돈에 어떻게 대응해야 하는가?

그들이 모르는 사이에 그들의 가치관과 세계관을 오염시키고 있는 '누룩'(세상의 지혜)을 버려야 한다(cf. 1:18-31). 저자는 고린도 성도들의 결단과 실천을 요구하며 부정 과거 명령형 동사 '내버리라'(ἐκκαθάρατε)를 사용한다(7a절). 그리스도인은 누룩을 모두 버렸기 때문에 더는 누룩이 없는 자다(7a절). 예수 그리스도의 복음을 영접할 때 과거와 단절된 새사람으로 태어났다. 물론 '옛사람'의 흔적이 남아 있기 때문에 계속 괴롭힐 것이다. 그러나 그들은 완전히 새로운 신분으로 새로운 삶을 시작했다. 그러므로 그들이 모여 새 덩어리(공동체)가 되려면 각자 가지고 있는 묵은 누룩을 모두 버려야 한다(7b절). 새 덩어리(교회)는 과거의 삶과 종교에서 비롯된 모든 비(非)성경적이고 옳지 않은 가치관, 곧 세상의 지혜에서 비롯된 묵은 누룩을 배제하기 때문이다.

묵은 누룩이 전혀 들어가지 않은 새 덩어리(교회)를 시작하기 위해 우리의 유월절 양 곧 그리스도께서 희생되셨다(7c절). 유월절과 이날을 시작으로 누룩이 들어가지 않은 빵(무교병)을 먹으며 일주일 동안 기념하는 무교절은 구약에서 하나님의 백성을 정의하는 가장 중요한 두 절기였다(Gardner). 하나님은 이 두 절기를 온전히 기념하지 않는 자들을 자기 백성 중에서 쫓아내셨다(cf. 출 12:15, 19; 13:7; 신 16:4).

교회는 유월절 양의 피에 세워졌다고 할 수 있다. 유월절 양의 피를 문설주에 바른 집은 이집트인과 유대인을 막론하고 모두 장자의 죽음을 면할 수 있었다. 이와 같이 그리스도인은 예수 그리스도가 흘리신 보혈로 하나님의 구원을 얻게 되었다. 우리를 구원하기 위해 예수님이 유월절 양으로 오셨고, 유월절 시즌에 죽으셨다.

유월절 바로 다음 날 아침에 시작해 일주일 동안 진행되는 절기가 무교절이다. 이 기간에 사람들은 누룩이 들어가지 않은 반죽으로 빚은 빵만 먹으며 출애굽 사건을 기념했다(출 13:7). 또한 유월절 양을 잡기 전에 유대인들은 집 안 곳곳을 돌아다니며 누룩을 제거했다(cf. 신 16:4). 고린도 성도들은 이러한 유대인의 유월절 풍습에 익숙하기 때문에 저자는 어떠한 부연 설명 없이 이 풍습에 관해 말한다(Pascuzzi).

예수님이 죽음으로 세우신 교회는 누룩이 들어가지 않은 새 덩어리, 곧 무교병이다(cf. 7절). 덩어리는 공동체를 강조한다(Edwards). 그리스도인은 개인이지만, 또한 공동체라는 것을 항상 의식하며 살아야 한다. 그리스도들인은 무교병만 먹으며 유월절-무교절을 기념하는 삶을 살고 있다(Fee). 그러므로 저자는 우리가 명절(무교절)을 지키되 묵은 누룩으로도 말고 악하고 악의에 찬 누룩으로도 말자고 한다(8a절).

'묵은 누룩'은 유대인들이 율법을 근거로 만들어 낸 다양한 전통과 관습이다. 그들은 좋은 의도에서 이러한 규칙을 만들어 구전(oral tradition)으로 전수했다. 그러므로 예수님은 산상 수훈에서 이 전통을 언급하실 할 때 "너희가 들었으나…"(ἠκούσατε)를 반복적으로 사용하신다(마 5:21, 27, 33, 38, 43). 안타까운 것은 이 구전의 상당 부분이 성경을 왜곡했다는 사실이다. 그러므로 기독교는 이런 묵은 누룩을 멀리해야 한다. 그리스도께서 세우신 새로운 덩어리(무교병)이기 때문이다.

'악하고 악의에 찬 누룩'은 세상의 지혜와 가치관 중 창조주 하나님이 주신 일반 은총에 속하지 않은 것들이다. 우리가 복음을 영접해 새 사람이 되는 순간 이런 것을 모두 버려야 하는데, 우리 안에는 옛사람도 왕성하게 살아 있기에 계속 우리 삶에 영향력을 행사한다. 고린도 성도들에게는 세상의 지혜를 근거로 한 교만이 가장 큰 누룩이었다. 신앙이 성숙해 감에 따라 계속 더 멀리해야 한다.

그리스도인은 이러한 누룩이 없이 오직 순전함과 진실함의 떡을 먹으며 살아야 한다(8b절). 우리가 유월절 양이신 그리스도의 희생으로 시작된 유월절과 무교절을 기념하며 먹어야 하는 무교병은 어떠한 누룩으로도 오염되지 않은 순전함과 진실함이다. 새번역은 "성실과 진실을 누룩으로 삼아 누룩 없이 빚은 빵으로 지킵시다"라고 하는데, 성실과 진실을 누룩으로 삼자면서도 누룩 없는 빵을 빚자고 하니 별로 좋은 번역은 아니다. '순전함'(εἰλικρίνεια)은 사람의 마음 자세에 관한 단어다. 우리는 그리스도의 복음과 세상 사람들을 대할 때 순수하고 성실하게 대해야 한다. 그러므로 '진솔함'도 이 단어의 좋은 번역이다. '진실함'(ἀλήθεια)은 '진리, 진실'(truth)을 뜻한다(cf. ESV, NAS, NAS, NIV). 우리가 그리스도께서 시작하신 유월절-무교절을 기념하는 그리스도인의 삶을 살면서 진리인 하나님의 말씀만을 삶의 기준으로 삼는 것은 우리의 사명이다.

사도는 고린도 성도들에게 쓴 편지에 음행하는 자들을 사귀지 말라고 했다(9절). '썼다'("Εγραψα)는 이미 편지를 보낸 적이 있음을 의미하는 부정 과거형이다(cf. ESV, NAS, NIV, NRS). 바울은 고린도전서를 보내기 전에 다른 편지를 고린도 교회에 보냈다(Garland, Gardner, Verbrugge, cf. 고후 7:8). 그 편지에서 저자는 이번에 근친상간을 행하다가 적발된 자와 같은 음행하는 자들을 사귀지 말라고 했다. '사귀다'(συναναμίγνυμι)는 섞이거나 함께 어울린다는 뜻이다(BDAG). 사도는 그리스도인은 음행하는 자와 교제하면 안 된다는 단호한 입장을 표하고 있다. 하나님이 음행을 용납하지 않으신다는 것을 죄인들과 세상 모두에게 알려 주님의 명예를 보호하기 위해서다. 그들의 죄로 인해 하나님의 이름이 세상에서 더럽혀지는 일은 없어야 한다(롬 2:24; cf. 사 52:5; 겔 36:20).

사도의 금지령은 교회 안에서 유효한 것이지 세상에서도 그렇게 하라는 것은 아니다(cf. 11절). 그리스도인은 음행을 행하는 자들을 세상에서는 사귈 수 있다: "이 세상의 음행하는 자들이나 탐하는 자들이나 속여 빼앗는 자들이나 우상 숭배하는 자들을 도무지 사귀지 말라 하는 것이 아니니"(10a절). 그러나 이런 자들이 교회에 발을 들이지는 못하게 하라는 것이다. 만일 그리스도인이 세상의 죄인들을 상종하지 않으려 한다면, 유일한 방법은 그들이 세상 밖으로 나가는 것이다(10b절). 세상은 죄인으로 가득하며, 그리스도인이 세상에 사는 한 이런 사람들을 모두 피해서 살 수는 없다(cf. 요 17:6-19).

세상에 있는 사람들은 모두 전도할 대상이다. 그러므로 그들이 죄인이라는 이유로 섞이고 어울리기를 거부한다면 그들을 하나님께 인도할 기회도 사라진다. 우리도 예수님께 인도되기 전에는 이러한 죄인이 아니었던가! 바울이 이렇게 말하는 것을 보면 아마도 고린도 성도들이 세상에 만연한 죄인을 어떻게 대해야 하는지에 대해 혼란을 빚고 있거나, 일부 성도는 세상 사람들과 아예 섞이려 하지 않았던 것으로 보인다(Garland).

세상에서는 온갖 죄인과 섞이고 사귀지만, 교회 안에서는 이러한 죄인을 용납하면 안 된다. 이러한 진리를 고린도 성도들에게 한 번 더 상기시키고자 한 것도 바울이 이 서신을 쓴 목적에 포함된다: "이제 내가 너희에게 쓴 것은…"(11a절). '썼다'(ἔγραψα)가 부정 과거형이기 때문에 9절에서처럼 과거 편지를 회상하는 의미로 해석하거나(RSV, NAS, cf. Bruce, Conzelmann, Edwards, Fee, Robertson & Plummer), 이 편지 곧 고린도전서를 쓰고 있는 일을 의미하는 것으로 해석할 수도 있다(NRS, cf. Barrett, Collins, Findlay, Gardner, Kistemaker). 과거 편지와 연관시키면 "왜 너희는 이미 내가 한 말을 따르지 않느냐?"가 되고, 이 편지와 연관시키면 이제부터는 이런 이슈에 대해 더는 혼란스러워하지 말라는 의미를 지닌다. 이 구절에 '이제'(νῦν)가 함께 사용되는 것으로 보아 후자, 곧 고린도전서를 그들에게 쓰고 있는 일을 의미한다.

바울이 이 편지를 쓰는 것은 "만일 어떤 형제라 일컫는 자가 음행하거나 탐욕을 부리거나 우상 숭배를 하거나 모욕하거나 술 취하거나 속여 빼앗거든 사귀지도 말고 그런 자와는 함께 먹지도 말라"(11b절)라고 권면하기 위해서다. 대부분 신명기가 지적하는 죄다(Rosner).

교회는 세상과 구분되어야 한다. 세상은 온갖 죄인으로 가득하다. 교회는 그리스도를 영접한 새 사람들이 모인 공동체이며, 순결함을 유지하는 것이 매우 중요하다. 그러므로 세상 사람들이 저지르는 죄를 예수님 안에 있는 그리스도인들이 따라 하면 안 된다. 음행을 포함한 모든 죄를 교회에서 몰아내야 한다. 그리스도인이 문란하다고 오해받던 당시에는 이러한 결단이 더욱더 필요했다(Bruce). 사회의 편견과 오해를 해소시키기 위해서라도 이렇게 해야 했다.

그리스도인은 세상에 만연한 다양한 죄가 교회 안에서 일어나지 않도록 최선을 다해 교회의 순수성을 지켜야 한다. 필요하다면 교회 안에서 죄지은 사람들을 판단(판결)해 내보내야 한다(12b절). 근친상간을 행한 사람처럼 말이다. 징계는 한 개인이나 소수 지도자의 몫이 아니라 온 공동체의 몫이다(Barrett).

그러나 교회 밖에 있는 사람들에 대해서는 교회가 상관할 바가 아니다(12a절). '밖에 있는 자들'(τοὺς ἔξω)은 비(非)그리스도인이다(Robertson & Plummer, cf. 막 4:11; 살전 4:12; 골 4:5). 세상 사람들이 죄를 짓더라도 그리스도인이 판단하거나 정죄할 일은 아니라는 것이다. 그리스도인은 교회의 순수성을 보존하는 일에만 최선을 다하면 된다. 그러므로 고린도 교회는 근친상간을 행하는 자를 그들 중에서 내쫓아야 한다(13b절).

우리가 교회 밖에서 죄를 짓는 사람들에 대해서는 상관하지 않아도 되는 것은 하나님이 그들을 심판하실 것이기 때문이다(13a절; cf. 롬 2:16; 3:6; 히 12:23). 그들은 창조주 하나님의 심판을 받게 될 것이다. 그러므로 우리가 나서서 그들을 정죄할 필요가 없다.

이 말씀은 교회가 누구를 징계하는 일이 얼마나 어려운 것인지 생각하게 한다. 고린도 성도들은 세상 사람 중에서도 보기 어려운 심각한 죄를 교회 안에서 목격하고 있다. 그러나 그 사람을 판단해 교회에서 내쫓을 결단과 용기가 없다. 공동체의 순수성을 보존하기 위해서는 반드시 내보내야 하는데도 말이다.

교회는 공동체다. 공동체의 순수성을 보존하려면 징계가 필요하다. 명백한 죄를 자비와 용서라는 이름으로 방관하면 안 된다. 누룩이 온 덩어리를 부패시키듯, 죄가 공동체를 오염시킬 것이기 때문이다. 징계할 때는 먼저 온 공동체가 회개하며 아파해야 한다. 또한 언젠가는 죄지은 사람이 회복되고 치유될 것을 바라는 마음으로 징계해야 한다. 그리고 그가 죄에서 돌이켜 하나님께 돌아오는 날, 그를 껴안으며 환영해야 한다.

교회는 유월절 양으로 희생되신 그리스도께서 세우셨다. 우리는 그리스도가 다시 오실 때까지 유월절-무교절을 기념하며 누리는 공동체다. 하나님의 구원 은혜를 항상 감사한 마음으로 묵상하며, 묵은 누룩과 악하고 악의에 찬 누룩으로 오염되지 않은 무교병처럼 순결하고 순수하게 살아야 한다.

어떤 그리스도인은 세상 사람들이 저지르는 죄에 지나치게 관심을 쏟는다. 바람직하지 않다. 세상 사람들을 심판하시는 하나님께 맡기고, 우리는 오직 교회의 순수성에 관심을 가져야 한다. 교회의 순수성을 보존하는 일만 해도 우리의 모든 열정을 요구한다.

Ⅲ. 교회의 도덕적 이슈들(5:1-6:20)

B. 성도 사이의 소송(6:1-11)

[1] 너희 중에 누가 다른 이와 더불어 다툼이 있는데 구태여 불의한 자들 앞에서 고발하고 성도 앞에서 하지 아니하느냐 [2] 성도가 세상을 판단할 것을 너희가 알지 못하느냐 세상도 너희에게 판단을 받겠거든 지극히 작은 일 판단하기를 감당하지 못하겠느냐 [3] 우리가 천사를 판단할 것을 너희가 알지 못하

**느냐 그러하거든 하물며 세상 일이랴 [4] 그런즉 너희가 세상 사건이 있을 때
에 교회에서 경히 여김을 받는 자들을 세우느냐 [5] 내가 너희를 부끄럽게 하
려 하여 이 말을 하노니 너희 가운데 그 형제간의 일을 판단할 만한 지혜 있
는 자가 이같이 하나도 없느냐 [6] 형제가 형제와 더불어 고발할 뿐더러 믿지
아니하는 자들 앞에서 하느냐 [7] 너희가 피차 고발함으로 너희 가운데 이미
뚜렷한 허물이 있나니 차라리 불의를 당하는 것이 낫지 아니하며 차라리 속
는 것이 낫지 아니하냐 [8] 너희는 불의를 행하고 속이는구나 그는 너희 형제
로다 [9] 불의한 자가 하나님의 나라를 유업으로 받지 못할 줄을 알지 못하느
냐 미혹을 받지 말라 음행하는 자나 우상 숭배하는 자나 간음하는 자나 탐
색하는 자나 남색하는 자나 [10] 도적이나 탐욕을 부리는 자나 술 취하는 자나
모욕하는 자나 속여 빼앗는 자들은 하나님의 나라를 유업으로 받지 못하리
라 [11] 너희 중에 이와 같은 자들이 있더니 주 예수 그리스도의 이름과 우리
하나님의 성령 안에서 씻음과 거룩함과 의롭다 하심을 받았느니라**

사도는 고린도 성도들이 스스로 지혜롭다며 교만하게 구는 것이 아무 의미 없다는 첫 번째 증거로 근친상간을 하는 자를 교회 안에 방치한 일을 들었다. 이제 그들의 어리석음에 대한 두 번째 증거로 고린도 교회 안에서 한 성도가 다른 성도를 세상 법정에 고소함으로 인해 믿는 자들이 믿지 않는 사람(재판관)의 판결을 받게 된 일을 지적한다. 그들은 자신의 지혜를 자랑하면서도 정작 형제 간의 분쟁을 조정할 만한 지혜는 없다. 또한 근친상간을 범한 자를 사랑으로 용납하려 하면서도, 형제를 세상 법정에 세울 정도로 냉정하다. 그러므로 바울은 그들로 수치를 느끼게 하고자 한다(cf. 5절).

바울은 고린도 성도 중 누군가가 다른 성도와 다투다가 상대방을 세상 법정에 고발한 일에 관해 들었다(1a절). '다른 이와 더불어 다툼이 있다'(πρᾶγμα ἔχων πρὸς τὸν ἕτερον κρίνεσθαι)는 민사 소송에 관한 숙어다(BDAG). 고린도 교회 안에 소송이 한 건 있었는지, 혹은 여럿 있었는지

는 확실하지 않다(Garland).

어떤 이들은 이 소송이 앞 섹션에서 언급한 근친상간과 연관이 있다고 하지만(Horsley, Richardson), 그렇게 생각할 만한 증거나 설득력이 없다(Rosner). 고린도가 로마 제국의 동쪽에서 가장 상업화된 도시라는 점을 근거로 비즈니스 계약에 대한 분쟁이었을 것이라는 추측도 있다(Edwards). 그러나 정확히 어떤 소송이었는지는 알 길이 없다.

당시 헬라인 사회에서 누군가를 상대로 소송을 제기하는 것은 일상적인 일이었다(Becker, cf. 눅 12:13-15). 심지어 많은 사람이 소송을 즐겼다. 그렇다면 그리스도인이 서로 고소하는 것은 왜 문제가 되는가? 소송 당사자들은 서로 원수가 되며, 그들이 속한 교회는 여러 파로 나뉘게 된다. 그리스도인들이 예수님 안에서 형제자매가 되었는데, 소송은 이러한 가족 관계를 부인한다. 가장 큰 문제는 하나님의 백성이 되어 서로 사랑한다는 그리스도인도 세상 사람과 별반 다를 바 없다는 것을 온 세상에 드러내는 일이기 때문이다. 또한 그리스도인은 모든 판결을 하나님께 맡겨야 하는데, 서로를 고소하는 일은 그렇게 하지 못하는 처사다.

그러므로 사도는 '구태여'(Τολμᾷ)라는 말로 시작한다. 고린도 성도 사이에 벌어지고 있는 일을 도무지 믿을 수 없다는 표현이다(Garland, cf. 고후 10:12; 11:21; 유 1:9). 생각이 있는 사람이라면 이렇게 하면 안 된다는 말이며, 스스로 지혜롭다고 자랑하는 일부 고린도 성도가 어리석은 자들도 하지 않는 일을 한다며 간접적으로 책망하는 말이다(Lightfoot, Verbrugge).

바울은 그리스도인이 다툼으로 인해 다른 성도를 세상 법정에 고소하는 것은 불의한 자들 앞에 세우는 것이라 한다(1b절). 이런 경우에는 성도들 앞에 세우는 것, 곧 교회 안에서 스스로 해결하는 것이 원칙이다(1c절). '불의한 자들'(τῶν ἀδίκων)은 그리스도인(하나님을 믿는 사람)과 대조되는 말이다(cf. 6절). 교회 밖에 있는 자들을 가리키는 사도의 호칭이다(Gardner). 유대인과 그리스도인은 스스로 '의로운 자들'이라 했다 (Garland).

당시 소송의 목표는 상대방보다 자신이 더 의롭다는 것을 법정에서 입증해 상대방의 명예를 훼손하는 것이었다(Becker, Garland). 원고는 많은 증인(매수된 사람도 많음)을 동원해 자신이 피고보다 의롭다는 것을 입증하려 했다. 그러다 보니 돈과 권력이 있는 사람이 대부분 승소했고, 대부분 공정한 판결을 받을 수 없었다(Garland, Winter, Witherington).

선지자 이사야는 메시아가 와서 세상을 심판하실 때 모든 사람을 공평하게 대하실 것이라 한다. 심지어 "공의로 가난한 자[억울한 일을 많이 당한 사람]를 심판하며 정직으로 세상의 겸손한 자[억눌린 사회적 약자]를 판단할 것"이라 한다(사 11:4). 이 말씀에는 두 가지 면모가 있다. 첫째, 가난한 자와 억눌린 자는 자신들이 처한 형편을 빌미로 선처를 바랄 수 없다. 그들이 처한 상황이 메시아 앞에서 변명이 될 수 없는 것이다. 둘째, 가난한 자들은 드디어 공평한 재판을 받게 된다. 선지자들이 이들에 대해 언급할 때는 부유층에게 착취당하거나 권력자들에게 억울한 일을 당하고, 법정에서 불이익을 당하는 일과 연관된다.

그러므로 짓밟히던 자들이 꿈에도 바라는 것은 공정한 재판이다. 아마도 그들은 항상 이런 기도를 드렸을 것이다: "하나님! 저에게 더 이익이 되는 판결을 원하는 것이 아닙니다. 제가 바라는 것은 그저 제가 한 일에 대해 공평하게 판결받는 일입니다. 이런 세상이 속히 오게 해 주십시오." 드디어 메시아가 통치하시는 세상을 통해 이런 날이 임했다. 그러므로 이것은 억울하게 당하던 자들에게 그들이 평소에 바라던 축복이 임한 것으로 해석할 수 있다. 메시아가 다스리지 않는 세상에는 항상 권력과 재력으로 인한 차별과 착취와 불이익이 만연하다.

바울도 이런 일을 여러 차례 겪었다. 그러므로 그는 세상 법관들을 '불의한 자들'이라 한다. 그들은 하나님을 경외하지 않고 교회 밖에 있는 '불의한 자들'이기 때문에 공정한 판결을 할 수 없다. 불의한 재판관들에게 진실과 정의는 별로 중요하지 않다. 그들에게는 권력과 부가 가장 중요하다.

그리스도인이 다른 그리스도인을 세상 법정에 고소하는 것은 참으로 어이없고 불합리한 일이다. 성도가 세상을 판단해야 하기 때문이다(2a절). 따라서 그리스도인이 다른 그리스도인을 세상 법정에 세우면 그럴 때마다 재판하는 자와 재판을 받는 자의 위치가 바뀌는 일이 빚어지는 것이라 할 수 있다. 불의한 자들(법관들)이 그리스도인들(의로운 이들)의 판단을 받아야 하는데, 오히려 불의한 자들이 의로운 이들을 재판하는 결과를 초래한다!

사도는 고린도 성도들이 다른 그리스도인을 세상 법정에 세운 일을 '지극히 작은 일'이라 한다(2a절). '지극히 작은 일'(ἐλάχιστος)은 '사소한 시빗거리'(trivial case)라는 뜻이다(cf. 아가페, ESV, NIV, NRS, cf. BDAG). 바울은 참으로 어이없는 일이 고린도 교회에서 벌어졌다며 탄식한다. 심각한 사안도 아니고 교회 안에서 얼마든지 해결할 수 있는 매우 사소한 일로 세상 법정에 형제를 고발했다는 것이다.

그리스도인은 세상을 판단할 뿐 아니라, 천사들도 판단할 것이다(3절). 이 세상에 지대한 영향을 끼치는 천사들을 재판해야 할 자들이 세상 법정에 판결을 요구하며 서로 고발하는 것은 참으로 어이없는 일이라는 것이다. 학자들은 그리스도인들이 재판할 천사들이 누구인지에 대해 네 가지 해석을 내놓았다: (1)가장 전통적인 견해는 선하거나 악한 천사를 모두 심판한다는 해석이다(Calvin, Robertson & Plummer, cf. 시 8:4-6; 히 2:5-9), (2)세상 각 나라와 권세에 영향을 미치는 악령들이다(Barrett, Cullman), (3)타락한 천사들이다(Hoskin, cf. 사 24:21-23; 마 25:41; 벧후 2:4; 유 1:6), (4)어느 천사 부류를 특정하는 것이 아니라 성도가 종말에 누릴 영광을 강조하는 표현이다(Garland). 사도가 우리가 심판하게 될 천사들에 대해 더는 말하지 않는 것으로 보아 첫 번째와 네 번째 해석이 가장 설득력이 있어 보인다. 종말에 더 크고 위대한 일이 그리스도인을 위해 준비되어 있는데, 어찌 세상 법정에 서로를 고발하는 '찌질한 일'을 하고 있냐는 우회적인 비난이다.

그리스도인이 세상과 천사들을 심판하는 일은 무엇을 근거로 하는가? 하나님은 세상의 심판주이시다(cf. 롬 3:6). 하나님은 자신의 심판권한을 예수님에게 위임하셨다(cf. 단 7:13-14). 또한 그리스도의 심판은 정죄와 처벌보다는 다스림에 초점이 맞춰져 있으므로, 다스림으로 해석되어야 한다(Lightfoot, cf. 딤후 2:12; 계 22:5). 그리스도인의 심판은 전적으로 예수님의 권세에 의존한다. 왕이신 예수 그리스도 옆에 앉아 세상과 천사들을 심판할 것이기 때문이다.

그러므로 그리스도인이 세상 사건이 있을 때 교회에서 경히 여김을 받는 자들을 세우는 것은 참으로 어이없는 일이다(4절). 전통적으로 '교회에서 경히 여김을 받는 자들'(τοὺς ἐξουθενημένους ἐν τῇ ἐκκλησίᾳ)은 세상 재판관을 뜻하는 것으로 해석되었다(Bruce, Edwards, Fee, Robertson & Plummer). 그러나 이러한 해석은 세상 권세의 정당성을 인정하는 바울의 말(롬 13:1-5)과 대립된다며 다른 해석을 내놓는 이들도 있다. 헬라어 사본들에는 이 문장 뒤에 질문 기호(;)가 포함되어 있기 때문에 모든 번역본이 질문 문장으로 해석한다(cf. 새번역, 공동, ESV, NAS, NIV, NRS).

이에 대해 일부 학자는 질문 기호를 무시하고 직설 문장(indicative sentence)으로 해석할 것을 제안한다(Findlay, Lightfoot, cf. Garland, Kinmann). 직설 문장으로 간주할 경우 이 말씀은 교회에서 가장 낮은 자들을 세워 판단하게 하라는 해석이 가능하다(Derrett, Fuller, Gouge, Kinman). 고린도 교회는 그토록 지혜로운 자가 많다면서도(cf. 3:18), 정작 교회의 가장 낮은 자보다도 못하다(Godet, Mitchell, Pogoloff). 그러나 현실적으로 생각할 때, 설령 교회 내에서 판결이 이뤄지게 하더라도 가장 낮은 자들에게 판결하게 하는 것은 상당한 무리가 따른다. 바른 판결을 하려면 어느 정도의 지식과 덕망을 갖춰야 하기 때문이다. 그러므로 전통적인 해석, 곧 세상 재판관들을 의미하는 말로 해석하는 것이 바람직하다.

세상 재판관들을 가리켜 '교회에서 경히 여김을 받는 자들'이라고 하는 것은 기독교가 세상 재판관들의 사회적 지위를 무시한다는 의미가 아니다. 그들이 사회에서 큰 권세를 가졌다 할지라도 그리스도인이 아니므로 '교회 안에서는 어떠한 지위도 없는 자들'이라는 뜻이다(ESV, NAS, NRS). 불신자인 그들이 세상에서 누리는 지위를 교회 안에서는 주장하거나 누릴 수 없다는 뜻이다. 세상과 교회는 다른 세계관과 가치관으로 운영되기 때문이다.

바울은 고린도 교회에 형제 사이에서 일어난 일을 판단할 만한 지혜 있는 자가 하나도 없어서 세상 법정으로 간 것이냐고 묻는다(5b절). 사도는 고린도 성도들을 부끄럽게 하려고 이렇게 질문한다(5a절). 고린도 교회에는 스스로 지혜롭게 여기는 자가 많고 엘리트 의식에 빠져 있는 자도 많았다(cf. 3:18). 그러나 정작 성도 사이의 '지극히 작은 일'(3절)을 판단할 만한 지혜로운 자는 하나도 없어 세상 법정에 고소했다! 그들은 공정한 판단을 받기 위해서 세상 법정에 판결을 의뢰한 것이라고 하겠지만, 세상 법정은 더 편파적이지 않은가! 그러므로 그들은 세상 법정에서 재판받는 일을 수치로 여겨야 한다.

지혜가 있다면서도 이러한 수치를 깨닫지 못한 그들은 결국 형제가 형제와 더불어 고발할 뿐 아니라 믿지 않는 자들 앞에서 고발했다(6절). '형제'(ἀδελφὸς)는 그리스도인이다. 그리스도인이 그리스도인을 상대로 고발하는 것은 지양해야 할 일이다. 그런데 고린도 성도들은 더 나아가 믿지 않은 자들이 판결하는 세상 법정에 형제를 고발했다! 이런 일에 대해 바울은 참으로 믿기지 않는다는 반응을 보인다. 상황이 이렇게 된 것은 그들이 '밥'을 먹으려 하지 않고 아직도 '젖'만 먹고 있기 때문일 것이다(cf. 3:1-2). 그들의 영적 성장이 더뎌도 너무 더디다.

사도는 고린도 성도들이 피차 고발한 일은 그들 가운데 이미 뚜렷한 허물이 있음을 의미한다고 한다(7a절). '이미 뚜렷한 허물이 있다'(Ἤδη μὲν ὅλως ἥττημα)는 것은 '이미 확실하게 졌다'는 뜻이다(새번역, 공동, ESV, NAS, NIV, NRS). 세상 법정에서 승리해 봤자 패배뿐인 승리다. 왜 그런가? 바울은 고린도 성도들에게 자기를 본받는 자가 되라고 했는데(4:16), 그는 다음과 같은 삶을 살았다.

> 바로 이 시각까지 우리가 주리고 목마르며 헐벗고 매맞으며 정처가 없고 또 수고하여 친히 손으로 일을 하며 모욕을 당한즉 축복하고 박해를 받은즉 참고 비방을 받은즉 권면하니 우리가 지금까지 세상의 더러운 것과 만물의 찌꺼기 같이 되었도다(4:11-13).

사도들은 권리를 누리려 하지 않고, 끝없이 착취당하고 억울함에도 무한정으로 헌신하고 희생하는 사람들이었다. 그리스도인은 이러한 사도들의 삶을 모방하려고 노력해야 한다. 이러한 기독교 정서를 고려할 때 성도가 세상 법정 앞에 서로를 세우는 것은 결코 옳지 않은 부끄러운 일이다. 그러므로 고발한 사람은 소송을 시작할 때 이미 확실하게 졌다고 할 수 있다.

또한 당시 법정은 권력자와 부자 편에서 판결하기 일쑤였다. 그러므로 부자와 권력자들은 사회적 약자를 고발했지만, 가난하고 약한 자들은 그들을 상대로 소송을 제기할 엄두도 내지 못했다. 반면에 성경적인 재판 기준은 약자를 배려하고 보호하는 성향이 강하다. 강자는 법정에서도 대접받지만, 약자는 기본 권리마저 침해당하기 일쑤였기 때문이다. 게다가 세상 법정은 조금이라도 종교적인 성향을 지닌 소송에 대해서는 옳은 판단을 할 수 없다.

그렇다면 다른 성도로 인해 억울한 일을 당하거나 손해를 볼 경우 그리스도인은 어떻게 해야 하는가? 사도는 그를 세상 법정에 세우느니 차라리 불의를 당하는 것이 나으며, 속는 것이 낫다고 한다(7b절). 세상 재판을 통해 정의가 실현되었다며 형제에게 손해를 끼치거나 피해를 입히느니 차라리 손해를 감수하고 피해를 껴안으라는 뜻이다. 바울이 이렇게 권면하는 데는 심판하시는 하나님이 형제를 법정에 세우느니 차라리 손해와 억울함을 감수하겠다는 사람을 위로하고 축복하신다는 믿음을 근거로 한다. 하나님이 반드시 보상하고 갚아 주실 것이다. 그러므로 공평하신 하나님을 믿는 그리스도인은 '잘못을 행하기보다는 잘못을 당하는 것이 낫다'(be wronged than wrong, Mitchell). 이것이 하나님의 지혜다. 형제를 고발하라는 것은 세상의 지혜다.

예수님은 악을 악으로 갚지 말라는 취지로 "악한 자를 대적하지 말라 누구든지 네 오른편 뺨을 치거든 왼편도 돌려 대라"라고 말씀하셨다(마 5:39). 사도 베드로도 "악을 악으로, 욕을 욕으로 갚지 말고 도리어 복을 빌라"라고 했다(벧전 3:9). 우리 속담에 "맞은 놈은 발 뻗고 자도, 때린 놈은 발 뻗고 못 잔다"라는 말도 있다. 형제에게 보복하거나 내 권리가 침해되었다며 법정에 소송하는 것보다, 차라리 손해를 감수하며 자신이 피해자라는 사실을 주님께 감사하는 것이 좋다.

성경 주석으로 유명한 매튜 헨리(Matthew Henry, 1662–1714)가 소매치기를 당한 적이 있다. 그는 그날 일기에 이런 말을 남겼다: "오늘 처음으로 소매치기를 당한 것이 감사하다. 지금까지는 이런 적이 없었다. 소매치기가 내 지갑을 훔쳐 갔지만 생명은 훔쳐 가지 못했다. 무엇보다 나는 신앙과 영생을 빼앗기지 않았다. 이를 생각하면 설령 내게 있는 모든 것을 잃어버려도 아깝지 않다. 또한 내가 범죄자가 아닌 피해자가 되었기에 감사하다." 그리스도인은 이런 마음으로 살아야 한다.

형제를 법정에 세우느니 차라리 손해를 감수하는 것이 승리하는 것이고 의로운 것이라고 말한 사도가 고린도 성도들을 비난한다. 그들이 세상 법정에 형제를 고발한 것은 불의를 행하는 것이며, 속이는 일이기 때문이다(8절). 이익을 얻기 위해 자신과 형제들에게 해서는 안 될 짓을 하고 있다는 것이다. 그들의 삶이 그리스도인으로서 지향해야 할 기준과 맞지 않다는 뜻이다. 의로우신 하나님은 그들이 저지른 '불의함'(ἀδικεῖτε)을 심판하실 것이다.

형제를 세상 법정에 세우는 불의뿐 아니라, 그 외 갖가지 다른 불의를 행하는 자도 하나님 나라를 유업으로 받을 수 없다(9a절). '유업으로 받을 수 없다'(οὐ κληρονομήσουσιν)는 '땅을 유산으로 상속할 수 없다'는 의미를 지니며(마 25:34; cf. 마 19:29; 막 10:17; 눅 10:25; 18:18), 10절 마지막 부분에서 한 번 더 반복되면서 중간에 있는 불의 행하는 자들의 목록(9b-10절)을 감싼다. 사도는 목록을 통해 열한 종류의 불의한 자를 나열한다: 미혹을 받은 자, 음행하는 자, 우상 숭배 하는 자, 간음하는 자, 탐색하는 자, 남색하는 자, 도적, 탐욕을 부리는 자, 술 취하는 자, 모욕하는 자, 속여 빼앗는 자(9b-10절). 여기에 형제를 세상 법정에 세우는 불의를 더하면 총 열두 가지다. 숫자 '12'는 만수다. 이곳에 나열된 죄인뿐 아니라, 본문이 언급하지 않는 모든 불의한 자도 하나님 나라에 들어갈 수 없다는 뜻이다(Barrett, Collins). 형제를 세상 법정에 세우는 것이 이곳에 나열된 불의와 동급으로 취급되는 것이 다소 충격적으로 다가올 수 있다.

본문이 언급하는 다양한 불의가 구체적으로 무엇을 의미하는지는 그다지 중요하지 않다. 이곳에서는 죄의 총체성을 상징하며 목록으로 제시하기 때문이다(cf. 5:9-11). 고린도 성도들은 자신의 언행과 상관없이 종교적 지식과 기독교적 언어가 하나님 나라의 문을 열 수 있다고 생각했다(Godet). 이 죄 목록은 그들의 생각이 매우 잘못되었다고 한다. 세상 사람들과 다르게 사는 사람만이 하나님 나라에 들어갈 수 있다.

우리 교회 안에는 과거에 이러한 죄를 지으며 살았던 사람이 많다(11a절). 그러나 그들도 우리처럼 주 예수 그리스도의 이름과 우리 하나님의 성령 안에서 씻음과 거룩함과 의롭다 하심을 받았다(11b절). 창조주 하나님의 새 피조물이 되어 과거의 죄에서 자유롭게 된 것이다. 그러므로 그리스도인은 예수님을 만나기 전에 어떠한 삶을 살았던 간에 모든 죄를 용서받고 하나님의 의롭다 하심을 받았으니, 하나님의 의로운 나라를 유업으로 받을 것이다.

이 말씀은 기독교 공동체의 속성은 가족이라 한다. 세상 법정에 고소한 자나 고소를 당한 자나 모두 형제자매다. 가족은 서로 사랑하고 용서해야지, 손해를 끼치거나 해를 입히려 하는 것은 옳지 않다. 그러므로 차라리 손해를 보는 것이 법적인 권리를 찾는 것보다 낫다. 특히 형편이 더 낫고 신앙이 더 성숙한 사람이 손해를 감수하는 것이 바람직하다. 하나님이 반드시 보상해 피해 본 것을 채워 주실 것이다.

우리는 동일한 기준과 가치로 모든 것을 판단해야 한다. 고린도 성도들은 근친상간을 행한 자에게는 무한한 사랑과 용서를 베풀었다. 아마도 자신들에게 직접적인 피해를 입히지 않았다고 생각했기 때문일 것이다. 반면에 경제적인 손해를 끼친 사람은 세상 법정에 세웠다. 하나님 보시기에는 근친상간이나 경제적 손실을 입힌 일이나 죄이기는 마찬가지인데 말이다. 개인적인 손실 여부에 따라 적용하는 원칙과 기준이 달라지는 것은 바람직하지 않다. 정의뿐 아니라 공평(공의)도 추구하는 판단을 해야 한다.

성도 사이에 빚어지는 분쟁은 교회 안에서 해결하는 것이 바람직하다. 세상 법정으로 간다고 정의가 실현될 가능성은 별로 없다. 또한 믿는 자들이 세상 법정에서 다투는 것은 참으로 창피하고 안타까운 일이다. 그리스도의 명예를 훼손한다. 오죽하면 사도는 차라리 손해를 보라고 하지 않는가! 하나님이 피해자의 억울함을 헤아리고 보상하실 것이라는 믿음으로 살아야 한다.

본문은 세상의 지혜와 하나님의 지혜가 얼마나 다른지 보여 주는 사례라 할 수 있다. 세상의 지혜는 법정에 고소하라고 하지만, 하나님의 지혜는 법정으로 가지 말고 손해를 감수하라고 한다. 어느 쪽이 더 현명한 처사인가? 시간은 분명히 하나님의 지혜가 옳았다는 사실을 증명할 것이다. 그러므로 사도는 하나님의 어리석음이 세상의 지혜보다 낫다고 한다.

Ⅲ. 교회의 도덕적 이슈들(5:1-6:20)

C. 매춘(6:12-20)

**[12] 모든 것이 내게 가하나 다 유익한 것이 아니요 모든 것이 내게 가하나 내
가 무엇에든지 얽매이지 아니하리라 [13] 음식은 배를 위하여 있고 배는 음식
을 위하여 있으나 하나님은 이것 저것을 다 폐하시리라 몸은 음란을 위하여
있지 않고 오직 주를 위하여 있으며 주는 몸을 위하여 계시느니라 [14] 하나님
이 주를 다시 살리셨고 또한 그의 권능으로 우리를 다시 살리시리라 [15] 너희
몸이 그리스도의 지체인 줄을 알지 못하느냐 내가 그리스도의 지체를 가지
고 창녀의 지체를 만들겠느냐 결코 그럴 수 없느니라 [16] 창녀와 합하는 자는
그와 한 몸인 줄을 알지 못하느냐 일렀으되**

둘이 한 육체가 된다

**하셨나니 [17] 주와 합하는 자는 한 영이니라 [18] 음행을 피하라 사람이 범하는
죄마다 몸 밖에 있거니와 음행하는 자는 자기 몸에 죄를 범하느니라 [19] 너희
몸은 너희가 하나님께로부터 받은 바 너희 가운데 계신 성령의 전인 줄을
알지 못하느냐 너희는 너희 자신의 것이 아니라 [20] 값으로 산 것이 되었으니
그런즉 너희 몸으로 하나님께 영광을 돌리라**

그리스도인이 다른 그리스도인을 세상 법정에 세우는 것은 옳지 않다며 차라리 손해를 보는 것이 좋다고 한 사도는 이 섹션에서 그리스도인이 창녀를 찾아가는 일에 관해 말한다. 아마도 바울은 글로에 집안사람들을 통해 고린도 성도들이 매춘에 대해 매우 개방적인 생각을 가지고 있으며, 일부는 창녀들을 찾아가기도 한다는 소식을 들은 것으로 보인다(Verbrugge, cf. 1:11). 이들은 고린도 교회가 당시 사회적 정서

로도 매우 혐오스러운 죄인 근친상간을 묵인하자 근친상간에 비하면 매춘은 별것 아니라고 생각했을 것이다.

'모든 것이 내게 가하다'(12a절)라는 말은 이곳에서 두 차례, 10:23에서 두 차례 더 반복된다. 고린도 교회 안에서 스스로 그리스도인이라 하면서도 비(非)윤리적인 짓을 저지르는 자들이 자기 죄를 정당화하고 합리화하기 위해 사용하던 일종의 슬로건으로 보인다(Gardner, Garland, Verbrugge). 그러므로 일부 번역본은 "…고 말할 수 있습니다"(공동), "이것은 여러분이 내세우는 표어입니다"(아가페, cf. NIV, REB) 등을 삽입해 본문의 다른 내용과 구분한다. 한 학자는 이 섹션에 고린도 성도들이 자신의 죄를 정당화하기 위해 슬로건 혹은 격언으로 사용한 문장이 다섯 가지나 된다고 한다(Sampley).

학자들은 대부분 이 슬로건의 출처가 바울이고, 그가 그리스도인은 모든 종류의 음식을 먹을 수 있는 자유가 있다고 가르친 것을 사람들이 매춘에 적용한 것이라 한다. 성경 저자 중 그리스도인의 자유에 대해 바울처럼 자세하게, 또한 넓고 포괄적으로 가르친 이가 없기 때문이다(cf. 롬 14:1-15:13; 고전 8-10장). 안타깝게도 고린도 성도 중에는 그리스도인은 모든 음식(우상에 바친 고기와 부정한 짐승의 고기 등 포함)을 먹을 수 있다는 바울의 가르침을 왜곡해 자신의 성적 문란함에 확대 적용한 자들이 있었다(Barrett, Conzelmann, Fee, Findlay, Godet, Robertson & Plummer, Thiselton, Witherington).

그들은 어떻게 그리스도인의 자유가 매춘도 허락한다는 황당하고 왜곡된 주장을 하게 되었을까? 대부분 학자는 이들의 성적 문란함은 그리스도인이 되기 전에 양심의 가책 없이 이런 짓을 한 것(곧 옛 사람)에서 비롯된 것이 아니라, 잘못된 신학에서 비롯된 것이라 한다(Conzelmann, Garland, Thiselton). 잘못된 신학을 죄를 정당화하는 데 사용하고 있는 것이다.

어떤 신학인가? 승리주의적 신학(triumphalist theology)이라 하는 이도 있다(Verbrugge). 이 해석에 따르면 예수 그리스도는 모든 죄를 상대로 승리하셨다. 이 승리는 그분을 믿는 그리스도인의 것이기도 하다. 죄는 예수 그리스도와 성령 안에 있는 그리스도인을 더는 괴롭힐 수 없다. 그러므로 그리스도인은 매춘을 포함한 어떤 죄를 지어도 괜찮다(Verbrugge). 한편, 고린도 성도들의 왜곡된 생각은 우리의 영혼만 구원에 이르고 육신은 썩어 없어지기 때문에 무슨 짓을 해도 상관없다는 잘못된 이원론(dualism)에서 비롯된 것이라고 하는 이들도 있다(Barrett, Conzelmann).

고린도 성도들의 잘못된 성령론이 문제라고 하는 이들도 있다(Gardner). 그리스도인이 되면 성령의 사람이 되는데, 성령의 사람이 되는 것은 육의 사람으로 살던 영역보다 더 높은 차원, 곧 영의 영역으로 옮겨졌다는 뜻이다. 그러므로 성령이 다스리시는 영의 영역에서는 어떠한 육체적 행동도 영향을 미치지 않는다고 주장했다(Fee). 사람의 영과 육의 관계성을 지나치게 구분하면 이런 오류를 범할 수 있다.

바울은 도덕적 해이와 죄를 정당화하기 위해 그의 가르침을 오용하는 고린도 성도들에게 그리스도인의 자유는 반드시 두 가지 '테두리' 안에서 행해져야 한다고 한다(12절). 첫째는 유익함이다. 그들이 말하는 대로 그리스도인은 모든 것을 할 수 있지만, 만일 그들의 자유가 자신이나 공동체에 유익하지 않다면 자제해야 한다. 이 기준으로 보면 매춘은 죄이며, 행하는 사람이나 교회에 유익하지 않다. 그러므로 매춘은 그리스도인의 자유에 포함될 수 없다. 담배도 마찬가지다. 우리에게는 담배를 피울 자유가 있지만, 담배는 우리 자신에게도 주변 사람들에게도 해롭다. 그러므로 피지 않는 것이 좋다.

둘째는 얽매이는 것이다. '얽매다'(ἐξουσιάζω)는 '지배하다'라는 뜻으로(BDAG), 권세와 권리에 관한 것이다(Gardner). 그리스도인은 모든 것을 행할 수 있지만, 그 행함에 중독되거나 끌려 다니면 안 된다. 매춘을 하는 사람들은 자신이 결정하고 행하기 때문에 언제든 끊을 수 있다고 착각한다. 그러나 음란은 중독성이 강하다. 욕망이 있거나 생각이 나는 것은 중독되었다는 뜻이다. 음란은 이를 행하는 사람을 지배한다. 술도 마찬가지다. 만일 식사할 때마다 와인 한 잔이 생각난다면, 그 사람은 알코올의 지배를 받고 있는 것이다.

모든 것이 가하지만, 유익하지 않으면 자제해야 한다. 모든 것이 가하지만, 내가 그것을 조종하는 것이 아니라 그것이 나를 조종한다면 하지 말아야 한다. 또한 합법이라고 해서 모두 괜찮은 것은 아니다. 그리스도인의 자유에는 분명 넘지 말아야 할 선이 있다. 이 선을 지킨다면 우리는 이 세상 그 무엇에도 얽매이지 않고 오직 예수님께만 얽매이는 하나님의 백성이 될 것이다.

13-14절은 다음과 같이 평행을 이루는 문장으로 구성되어 있다(Bailey, Gardner).

고전 6:13	음식은 배를 위하여 있다	배는 음식을 위하여 있다
	하나님이 배를 폐하실 것이다	하나님이 음식을 폐하실 것이다
	몸은 주를 위해 있다	주는 몸을 위해 계신다
고전 6:14	하나님이 주를 다시 살리셨다	하나님이 우리를 다시 살리실 것이다

학자들은 "음식은 배를 위하여 있고 배는 음식을 위하여 있으나 하나님은 이것 저것을 다 폐하시리라"(13a절)라는 구절도 고린도 성도들이 내세운 슬로건이라 한다(Barrett, Collins, Conzelmann, Fee, Murphy-O'Connor, Thiselton). '배'(κοιλία)는 사람의 성기를 뜻하는 완곡어법(euphemism)으로 해석할 수도 있다(TDNT, cf. 삼하 7:12; 16:11). 고린도 성도들은 음식을 먹는 것과 매춘부를 찾아 음란을 행하는 것 둘 다 생리적인 현상이라고 생각한다(Fee, Murphy-O'Connor, Rosner). 그들은 음식이 배를 위해 있고 배는 음식을 위해 있는 것처럼 몸도 성행위를 위

해 있고 성행위는 몸을 위해 있으며, 또한 하나님은 언젠가 우리의 위와 몸을 모두 폐하실 것이므로 지금 우리가 몸으로 하는 일은 도덕적으로 아무런 문제가 없다고 한다(Rosner).

고린도 성도들의 논리는 잘못된 억지 주장에 불과하다. 음식은 배를 위해 있고 배는 음식을 위해 있다는 논리가 어느 정도는 맞지만, 사람은 배보다 더 크고 위대하다. 배는 사람의 일부에 불과하므로 배로 사람을 요약할 수는 없다. 또한 그리스도인의 몸은 주를 위해 있고, 주는 몸을 위해 계신다(13b절). 우리의 몸은 주를 위해 있으므로 주님이 우리 몸을 폐하실 이유가 없다(Furnish). 하나님이 우리 몸을 폐하실 것이라는 고린도 성도들의 주장은 잘못된 것이다. 또한 성경은 하나님이 우리의 영혼뿐 아니라 육신도 함께 부활시키실 것이라고 한다(cf. 15장). 그러므로 몸은 우리가 현재 지니고 있는 몸과 미래에 지니게 될 몸(들)의 연결 고리라 할 수 있다(Godet). 이러한 사실로 인해 하나님은 우리 몸을 위해 계신다. '몸을 위하여 계신다'(ὁ κύριος τῷ σώματι)라는 말은 해석하기 쉽지 않지만, '우리 몸을 보호해 주신다'는 의미로 해석하는 것이 바람직해 보인다(cf. 공동, 현대인). 고린도 성도들은 하나님이 몸을 폐하실 것이라 하지만, 사도는 하나님이 몸을 보호하시고 보살피실 것이라고 한다.

하나님은 주를 다시 살리셨다(14a절). 예수님의 육체적 부활을 뜻한다. 하나님은 십자가에서 죽으신 예수님을 다시 살리신 것처럼 그리스도인도 다시 살리실 것이다(14b절). 우리도 분명 육체적인 부활을 맞이할 것이라는 뜻이다. 그렇다면 부활해 그리스도와 연합할 그리스도인의 몸과 매춘은 어울리지 않는다. 우리 몸은 죽음에서 부활하신 예수님의 주권이 드러날 곳이기 때문이다(Furnish).

사도는 고린도 성도들이 혼란을 빚고 있는 그리스도인의 자유에 대해 이렇게 말한다: "어떤 행동이든 성도와 주님의 관계를 존중하고 반영하는 것은 유익하며, 따라서 허용된다. 반면에 성도의 삶을 억압하고 통제해 주님과 성도의 관계를 전복시키겠다고 위협하는 모든 행동은 허용되지 않는다"(Furnish).

바울은 고린도 성도들에게 "너희 몸이 그리스도의 지체인 줄을 알지 못하느냐?"라고 묻는다(15a절). '모르느냐?'(οὐκ οἴδατε)라는 말은 당연히 알고 있어야 할 사실임을 암시한다. 모든 그리스도인은 그들의 몸이 그리스도의 지체라는 사실을 의식하며 살아야 한다. 그리스도의 부활이 그들을 살아 계신 그리스도와 하나 되게 했기 때문이다. 우리 안에 거하시는 그리스도가 각 지체의 몸이 어떻게 사용되어야 하는지 컨트롤하신다. 그러므로 우리가 살아야 할 삶은 단순히 그리스도가 지시하시는 삶이 아니다. 그리스도의 삶이기도 하다(Styler). 또한 그리스도와의 연합은 성도와 하나님의 영적 관계에 영향을 미칠 뿐 아니라, 성도 간의 관계에도 영향을 미친다(Garland, cf. 12:12-16).

만일 우리 몸이 그리스도와 연합하고 그의 지체가 되었다면, 우리 몸을 가지고 마치 창녀의 지체나 되는 것처럼 매춘을 행할 수는 없다(15b절). 그리스도와 창녀는 절대 화합될 수 없기 때문이다(cf. 10:14-22). '가지고'(ἄρας)는 떼어 내어 넘겨준다는 의미다(Garland, cf. 새번역, 공동, NAS). 매춘은 그리스도의 몸에서 지체를 떼어 창녀에게 넘겨주어 창녀의 지체가 되게 하는 것과 같다. 떼어 내지 않으면 우리가 죄를 지을 때마다 그리스도를 죄 아래 두거나 죄에 복종시키는 결과를 초래하기 때문이다.

'창녀'(πόρνη)는 돈을 받고 몸을 파는 여자다. 그러므로 신전 창녀를 뜻하는지, 혹은 거리에서 몸을 파는 여자를 뜻하는지는 중요하지 않다. 또한 그리스도의 몸과 대조를 이루는 세상을 상징할 수도 있다(Dunn). 세상은 가치 중립적인 곳이 아니라 반(反)기독교적인 곳이기 때문이다. 세상은 전쟁터이며 모든 사람은 전사다(Käsemann). 중요한 것은 누구의 전사냐 하는 것이다.

바울은 이번에도 '모르느냐?'(οὐκ οἴδατε)라는 질문으로 고린도 성도들이 당연히 알고 있어야 할 두 번째 사실을 말한다: "창녀와 합하는 자는 그와 한 몸이다"(16a절). '한 몸이 되다'(κολλάω)는 두 가지를 '풀로 붙여' 하나가 되게 한다는 의미를 지닌다(BDAG). 성관계는 두 사람을 하나로 만든다. 창녀를 찾아간 자는 결혼식 없이 그녀와 부부가 된 것과 다름없다(Garland). 그러므로 잠시 성관계를 갖고 각자의 길을 간다는 생각은 착각이다.

사도는 사람이 창녀를 찾으면 그와 하나가 된다는 원리를 "둘이 한 육체가 된다"라는 말씀에서 찾는다. 인류 최초의 '결혼식 주례사'인 창세기 2:24을 일부 인용한 것이다: "이러므로 남자가 부모를 떠나 그의 아내와 합하여 둘이 한 몸을 이룰지로다." 창녀를 찾은 손님은 그녀와의 성관계를 물건 사듯이 하고 그 자리를 떠난다. 그러나 그는 그녀와 이미 하나가 되었다.

그리스도와 합하는 사람은 그리스도와 한 영이다(17절). 창녀와의 결합은 육체적 결합이지만, 주님과의 결합은 영적 결합이다. 영적 결합은 육체적인 결합보다 고차원적이다(Fee, cf. 롬 8:9-11; 고전 15:45; 고후 3:17). 그러므로 영적인 결합이 육체적인 결합에 영향을 끼쳐야 한다. 성령이 그리스도와 우리의 관계를 이렇게 사용해 우리의 삶을 개혁해 나가신다(Gardner, cf. 6:11, 19). 이와는 대조적으로 창녀와의 결합은 그리스도와의 관계에 악영향을 끼치며, 마치 모반(謀反, insurrection)과 같다.

그리스도인은 모든 죄를 피해야 하지만, 음행은 더더욱 피해야 한다(18a절). 사람이 행하는 죄들은 몸 밖에 있지만, 음행하는 자는 자기 몸에 죄를 범하기 때문이다(18b절). "죄마다 몸 밖에 있다"라는 표현은 고린도 성도들이 매춘을 합리화하려고 내건 슬로건으로 보인다(Fisk, Rosner). 대부분 죄는 손과 발과 입으로 짓기 때문에 몸 밖에 있다는 그들의 주장이 어느 정도는 맞다고 할 수 있다.

그러나 매춘은 다르다. 다른 죄는 음행처럼 더러운 얼룩을 우리 몸에 남기지 않기 때문이다(Calvin, cf. Bruce, Godet, Kistemaker). 성관계로 인해 우리 몸에 남아야 할 유일한 얼룩은 부부 관계의 흔적이다. 매춘은 이러한 창조 원리를 위반한다. 그러므로 우리가 몸 밖에서 저지르는 다른 죄보다 더 흉측하고 더 심각한 죄라 할 수 있다(Fee, cf. Byrne, Jewett).

바울은 고린도 성도들에게 세 번째로 '알지 못하느냐?'라고 질문한다: "너희 몸은 너희가 하나님께로부터 받은 바 너희 가운데 계신 성령의 전인 줄을 알지 못하느냐?"(19a절). 고린도 성도들은 영적 우유만 먹고 밥은 먹지 않으니 알아야 할 것이 참 많다. '전'(ναὸς)은 성전이다. 앞에서는 교회(우리가 속한 공동체)가 하나님이 거하시는 성전이라 했다(cf. 3:16). 본문은 우리 각 그리스도인의 몸이 성령이 계시는 성전이라 한다. 매춘의 가장 심각한 문제가 여기에 있다. 거룩하신 하나님이 계셔야 할 성전을 죄로 오염시키는 일이기 때문이다.

그리스도인의 몸이 성령이 거하시는 성전이라면, 우리 몸은 우리 자신의 것이 아니다(19b절; cf. 3:23; 7:22-23). 값을 치르고 우리를 사신 주인, 곧 그리스도의 것이다(20a절). 고린도는 로마 제국의 주요 노예 유통지였다(ABD). 그러므로 고린도 성도들은 이 말씀이 무엇을 의미하는지 잘 안다(Garland). 그리스도는 값을 치르고 우리의 자유를 사신 것이 아니다. 우리의 소유권을 사셨다(Thiselton). 그러므로 한때는 사탄의 소유였던 우리가 그리스도의 소유가 되었다.

그러므로 우리는 우리 몸으로 하나님께 영광을 돌리는 삶을 살아야 한다(20b절). 지금까지 저자는 그리스도인이 음란을 행하면 안 되는 다섯 가지 이유를 제시했다(Gardner). 첫째, 우리 몸은 주를 위한 것이다. 둘째, 우리 몸은 그리스도의 지체다. 셋째, 우리는 주님과 영으로 하나다. 넷째, 우리 몸은 성령이 거하시는 성전이다. 다섯째, 우리는 그리스도께서 값으로 산 사람들이다. 그러므로 우리가 우리 몸으로 하나님께 영광을 돌리는 것은 당연한 일이다. 우리가 하나님께 영광 돌리는 삶을 살려면 하나님의 영을 받아야 하며(2:12), 그리스도의 마음을 가져야 하며(2:16), 우리의 권리를 주님께 양도해야 한다(cf. 엡 6:9; 골 4:1).

이 말씀은 사회가 당연시하는 것도 기독교 관점에서 평가되어야 한다고 한다. 고린도에서 매춘은 매우 흔한 일이었고, 사람들은 어떠한 죄의식 없이 문화의 일부로 여겼다. 당시 매춘은 불법도 아니었다. 고린도 성도들도 매춘에 관대했고, 일부는 창녀를 찾아다녔다. 그러나 사도는 매춘은 죄라고 분명히 밝히며, 그리스도인은 음란을 멀리해야 한다고 한다.

대마초를 합법화하는 것이 세계적인 추세다. 그러나 그리스도인은 대마초를 멀리해야 한다. 낙태 수술이나 동성애 등도 마찬가지다. 많은 사회가 이런 것을 합법화하거나 당연한 권리로 간주한다. 그러나 그리스도인의 생각은 달라야 한다. 모든 이슈를 하나님 말씀을 근거로 옳고 그름을 분별해야 한다.

그리스도인의 자유는 항상 오용되고 악용될 가능성을 지닌다. 고린도 성도들은 이 자유로 매춘을 정당화하려 했다. 우리는 유익함과 얽매임을 염두에 두고서 하고자 하는 일을 평가해야 한다. 설령 윤리적으로 문제없는 일이라 할지라도 자신과 공동체에 유익하지 않거나 얽매이게 하는 것이라면 자제해야 한다.

우리 몸은 성령이 거하시는 성전이다. 한 사람 한 사람이 소중하고 귀하다. 그리스도께서 값을 치르고 사셨다. 그러므로 우리는 몸을 경건하고 거룩하게 보존해야 한다. 죄가 예수님 안에 있는 우리를 침범하지 못하게 해야 한다. 꾸준히 기도하며 말씀에 따라 살려는 의지와 노력이 있을 때, 곧 영적인 성장을 지속할 때 우리는 하나님이 거하시는 성전으로 보존될 것이다.

Ⅳ. 교회의 질문들
(7:1-15:58)

바울이 이 서신을 보내기 전에 고린도 성도들은 바울에게 편지를 보내 몇 가지 이슈에 대해 질문했다(cf. 7:1). 모두 기독교의 가르침을 어떻게 삶에 적용해야 하는지에 대한 실용적인 질문이다. 사도는 이 섹션에서 그들이 질문한 이슈에 답한다. 바울이 가장 자세하게 설명하는 것은 예배에 대한 가이드라인이다(11:2-14:40). 본 텍스트는 다음과 같이 구분된다.

A. 결혼과 이혼과 독신(7:1-40)
B. 우상에게 바친 음식(8:1-13)
C. 바울의 권리와 갈등(9:1-27)
D. 하나님 자녀들의 삶과 우상(10:1-11:1)
E. 예배(11:2-14:40)
F. 부활(15:1-58)

Ⅳ. 교회의 질문들(7:1-15:58)

A. 결혼과 이혼과 독신(7:1-40)

바울은 다양한 정황을 가정하며 결혼과 비혼(非婚) 그리고 이혼에 관해 말한다. 대체적으로 그는 결혼하지 않는 것이 결혼하는 것보다 더 좋은 선택이라고 한다. 임박한 환란을 견뎌 내기에는 홀몸이 더 유리하기 때문이다. 결혼에 대한 다양한 가르침을 담고 있는 이 섹션은 다음과 같이 구분된다.

A. 남편과 아내(7:1-7)
B. 미혼남과 과부(7:8-9)
C. 신앙과 이혼(7:10-16)
D. 주신 본분대로 살아가라(7:17-24)
E. 임박한 환란과 결혼(7:25-28)
F. 결혼과 주를 섬기는 것(7:29-35)
G. 결혼은 해도 좋고, 안 해도 좋음(7:36-40)

Ⅳ. 교회의 질문들(7:1-15:58)
A. 결혼과 이혼과 독신(7:1-40)

1. 남편과 아내(7:1-7)

[1] 너희가 쓴 문제에 대하여 말하면 남자가 여자를 가까이 아니함이 좋으나
[2] 음행을 피하기 위하여 남자마다 자기 아내를 두고 여자마다 자기 남편을
두라 [3] 남편은 그 아내에 대한 의무를 다하고 아내도 그 남편에게 그렇게 할
지라 [4] 아내는 자기 몸을 주장하지 못하고 오직 그 남편이 하며 남편도 그와
같이 자기 몸을 주장하지 못하고 오직 그 아내가 하나니 [5] 서로 분방하지 말
라 다만 기도할 틈을 얻기 위하여 합의상 얼마 동안은 하되 다시 합하라 이

는 너희가 절제 못함으로 말미암아 사탄이 너희를 시험하지 못하게 하려 함 이라 ⁶ 그러나 내가 이 말을 함은 허락이요 명령은 아니니라 ⁷ 나는 모든 사람이 나와 같기를 원하노라 그러나 각각 하나님께 받은 자기의 은사가 있으니 이 사람은 이러하고 저 사람은 저러하니라

바울은 고린도 성도들이 편지를 통해서 질문한 이슈에 대해 대답하기 시작한다(1a절). 첫 번째 이슈는 그리스도인의 결혼관에 관한 것이다. 바울은 질문에 답하면서 이 이슈에 대해 그리스도인이 추구해야 할 이상적인 것이 무엇인지 말하기보다는, 결혼한 부부를 위해 가장 좋은 것이 무엇인지를 고민하는 자세로 임한다(Garland).

"남자가 여자를 가까이 아니함이 좋으나"(1b절)는 남자가 여자와 성관계를 갖지 않는 것이 좋다는 뜻이다. '가까이하다'(ἅπτω)는 '성관계를 갖다'라는 뜻을 지녔기 때문이다(Ciampa & Rosner, Fee, Verbrugge, cf. BDAG). 그리스도인은 어떠한 성관계도 하지 않아야 한다는 금욕주의적(ascetic) 생각이다. 그런데 이 문장은 누가 한 말인가?

바울이 고린도 성도들의 결혼에 관한 질문에 답을 시작하며 한 말이라고 하는 이들이 있다(Calvin, Conzelmann, Edwards, Robertson & Plummer). 만일 바울이 한 말이라면, 그는 그리스도인 남자가 여자와의 성관계에 대해 취할 수 있는 가장 좋은 태도는 아예 모든 성관계를 피하는 것이라고 말하는 것이다(Conzelmann).

그러나 대부분 학자는 "남자가 여자를 가까이 아니함이 좋다"라는 말을 고린도 성도들이 보낸 편지에 적혀 있던 문장을 인용한 것으로 본다(Barrett, Fee, Fitzmyer, Gardner, Garland, Sampley, Verbrugge). 고린도 성도들이 슬로건으로 사용한 또 하나의 문장이라는 것이다(Sampley). 바울이 2-5절을 통해 결혼한 사람들에게 성관계는 좋은 것이라고 하는 것으로 보아 바울이 한 말이 아니며, 고린도 성도들의 질문에 대답하기 위해 그들의 말을 인용한 것으로 보인다. 고린도 교회에서 이러한 주장을 펼치던 사람들은 여자와의 성관계를 멀리할수록 영적인 사람이라고 했을 것이다. 그러나 그리스도인의 영성과 금욕주의는 다르다.

바울은 고린도 성도들의 주장에 공감할 수 없다며 남자가 여자를 가까이하는 것이 좋은 정황에 대해 설명한다(2-5절). 남자가 음행을 피하기 위해 아내를 두는 것과 여자가 음행을 피하기 위해 남편을 두는 상황이다(2절). '남자마다 자기 아내'(ἕκαστος τὴν ἑαυτοῦ γυναῖκα)와 '여자마다 자기 남편'(ἑκάστη τὸν ἴδιον ἄνδρα)은 모든 사람이 결혼해야 한다는 것이 아니라, 결혼한 사람은 이렇게 해야 한다는 뜻이다(Gardner). 성적 욕망이 강한 미혼남이 억지로 여자를 멀리하며 혼자 살려고 하는 것보다 결혼해서 아내를 통해 자신의 욕망을 채우는 것이 낫다. 성적 욕망이 강한 미혼녀도 마찬가지다. 혼자 살면서 성적인 욕망을 해결하려다가 죄를 짓는 것보다 결혼해서 남편을 통해 욕망을 채우는 것이 좋다. 욕망이 강한 사람은 남녀를 불문하고 홀로 살면 음행(매춘 등)에 대한 유혹이 계속될 것이다. 우리는 이러한 유혹을 매우 현실적인 문제로 생각해야 한다. 금욕만이 지혜로운 것은 아니다.

저자가 음행을 피하기 위해서라도 결혼하라고 하면서 정작 결혼해 화목한 가정을 이루는 일이나 부부간의 사랑에 관해서는 언급하지 않는다며 이 말씀은 바울의 매우 낮은 결혼관을 반영한다고 혹평하는 학자들이 있다(Bornkamm, Conzelmann, Martin). 바울은 결혼을 그리스도인이 음행을 피하기 위한 일종의 '필요한 악'(necessary evil)에 불과한 것으로 여긴다는 것이다(Bornkamm, Cartlidge, Conzelmann, Martin). 공평하지 않은 비판이다.

바울은 일부 고린도 성도가 취한 금욕주의적 태도에 문제가 있음을 지적하기 위해 가장 극단적인 사례를 예로 들고 있다. 결혼은 하나님이 축복하신 좋은 것이지만, 단순히 음행을 피하기 위해 결혼하더라도 욕구를 절제하지 못하면서 금욕주의적 태도를 취하며 홀로 사는 것보다는 낫다고 한다. 또한 앞 섹션에서 언급한 일부 매춘 행위가 이런 사람들에 의해 행해졌을 수도 있다. 바울은 금욕주의적으로 살다가 힘들면 한 번씩 창녀를 찾아가 성적 욕구를 충족시키는 한이 있어도 결혼하는 것보다는 낫다고 여기는 고린도 성도들의 잘못된 생각에 일침을 가하고 있다.

결혼한 사람들은 각자의 책임을 다해야 한다. 남편은 자기 아내에 대한 의무를 다해야 하며, 아내도 자기 남편에 대해 그렇게 해야 한다(4절). '의무를 다하다'(τὴν ὀφειλὴν ἀποδιδότω)는 '빚을 갚다'라는 의미를 지니며 성관계에 대한 완곡어법이다(Gardner, Verbrugge). 결혼한 사람들은 서로의 성적인 권리를 존중하되 마치 빚진 사람이 빚을 갚듯이 성실하게 해야 한다는 뜻이다. 당시 유대인들은 부부가 임신 목적이 아니고 즐기기 위해 성관계를 갖는 것은 짐승이나 하는 짓이라며 매우 부정적으로 보았다(Philo, cf. Garland). 이러한 유대인의 정서와 남자들의 성적 권리만을 중요하게 여겼던 그리스-로마 문화와는 다르게 아내와 남편 둘 다 서로의 성적 권리를 상호 존중해야 한다고 하는 점이 특이하다(Garland).

부부가 서로의 성적 권리를 존중한다는 것은 아내는 자기 몸을 주장하지 못하고 오직 그녀의 남편이 하며, 남편도 자기 몸을 주장하지 못하고 오직 그의 아내가 한다는 뜻이다(4절). '주장하지 못한다'(οὐκ ἐξουσιάζει)는 '마음대로 하지 못한다'라는 의미다. 결혼한 사람의 몸에 대한 권리는 배우자에게 있다. 성적인 권리에 있어 남편의 몸은 아내의 것이며, 아내의 몸은 남편의 것이다. 아내도 남편과 동등한 권리를 지닌다. 그러므로 부부는 배우자가 자신에 대해 더 큰 권리를 가진 것을 인정해야 한다(Garland). 이러한 가르침은 남자의 권리에 편향되었던 당시 법과 매우 다를 뿐 아니라, '자기중심주의자'(egotist)는 결혼하지 않아야 한다는 의미를 지닌다(Baumert). 결혼은 남녀가 서로에게 속하기 위해 하는 것이기 때문이다: "내 사랑하는 자는 내게 속하였고 나는 그에게 속하였도다"(아 2:16; cf. 아 6:3; 7:10).

사도는 서로 분방하지 말라고 한다(5a절). '분방하다'(ἀποστερέω)의 배경이 되는 이미지는 빚을 갚지 않는 것이며, '훔치다, 거절하다'라는 뜻을 지닌다(BDAG, cf. 새번역, 공동, ESV, AS, NIV, NRS). 부부가 배우자의 성관계 요구를 거부하는 것은 빌린 돈을 갚지 않는 것과 다르지 않다는 뜻이다. 결혼한 그리스도인은 배우자의 성적인 욕구를 충족해 주어야 할 의무가 있다.

'분방하지 말라'는 말이 오해를 낳기도 한다. 부부는 각각 다른 방을 쓰면 안 된다는 말이 아니다. 이러한 번역은 개역개정이 유일하다. 다른 번역본들은 배우자의 성적 권리를 거부하지 말라는 말로 번역한다(cf. 새번역, 공동, ESV, NAS, NIV, NRS). 그러므로 부부가 나이가 들어 성적 욕구가 줄어드는 등 다양한 이유로 각자 다른 방을 쓰는 것과는 상관없다. 상황에 따라 부부가 각방을 사용하는 것이 오히려 바람직할 수도 있다.

부부가 배우자의 성관계 요구를 거부할 수 있는 유일한 상황은 기도할 틈을 얻으려 할 때다(5b절). '기도할 틈'(σχολάσητε τῇ προσευχῇ)은 어떠한 방해 없이 온전히 기도에 집중하기 위한 '얼마 동안'(πρὸς καιρόν)이며, 며칠에 지나지 않는 짧은 기간이다(Verbrugge). 또한 이 짧은 기간도 부부가 합의해야 한다(5c절). 남자가 여자에게 통보했던 유대교의 지침과는 다르다. 그리스도인은 일방적으로 배우자에게 통보할 수 없으며, 먼저 서로 합의해야 한다. 부부가 성관계를 하지 않는 것은 일시적이어야 한다는 것이 이 권면의 핵심이다(Baumert, Fee). 이후에는 다시 합해야 한다. 이렇게 권면하는 것은 고린도 성도들이 절제하지 못함으로 말미암아 사탄이 그들을 시험하지 못하게 하기 위해서다(5c절).

그러나 사도가 이 말을 하는 것은 허락이지 명령은 아니다(6절). '이 말'(τοῦτὸ λέγω)의 범위는 어디까지인가? 어떤 이들은 2절("음행을 피하기 위하여 남자마다 자기 아내를 두고 여자마다 자기 남편을 두라")로 제한해 그가 결혼에 대해 전혀 긍정적인 관점을 가지지 않았다고 한다(Findlay,

Godet). 결혼은 음행을 피하기 위한 수단에 불과하다는 것이다. 그러나 대부분 학자는 2-5절 전체를 본문이 지적하는 권면의 범위로 본다(Conzelmann, Edwards, Robertson & Plummer, Snyder). 문맥과 정황에는 기도할 때 외에는 분방하지 말라는 5절이 가장 잘 어울리며 자연스럽다(cf. Gardner, Sampley). 온전히 기도하기 위한 짧은 기간에만 분방하고 그 외에는 항상 합방하여 사탄이 틈타지 못하게 하라는 뜻이다.

그나마 기도할 때만 잠시 분방하고 그 외에는 항상 합방하라는 권면은 허락이지 명령은 아니다. '허락'(συγγνώμη)은 '양보'(concession)를, '명령'(ἐπιταγή)은 반드시 준수해야 할 지시 사항이다(BDAG). 즉, '기도하는 동안에는 떨어져 지내라'라는 바울의 말은 허락이지, 반드시 그렇게 하라는 명령은 아니다(Barrett, Fee, Horsley, Rosner). 만일 기도하는 동안에도 성관계를 갖지 않는 것이 힘들거든 계속 성관계를 가지며 기도하라는 뜻이다.

바울은 모든 사람이 자기와 같기를 원한다고 한다(7a절). 바울은 독신이다. 그는 결혼한 사람들에게 독신인 자기처럼 행동하라고 하지 않는다(Gardner, cf. 8절). 아직 결혼하지 않은 사람들에게 자기처럼 결혼하지 않고 독신으로 지내는 것도 그리스도인이 택할 수 있는 하나의 옵션이라는 사실을 고려해 보라고 하는 것이다.

그러나 모든 사람이 선호하는 옵션에 따라 살 수는 없다. 각각 하나님께 받은 은사대로 살아야 하기 때문이다(7b절). '은사'(χάρισμα)는 하나님이 주시는 '선물'이다(BDAG, cf. 12:4, 9, 28, 30, 31). 아무 조건 없이 베풀어 주시는 은혜다. 그리스도인이 결혼하는 것도 하나님의 선물이고, 결혼하지 않고 싱글로 사는 것도 하나님의 선물이라는 뜻이다.

독신으로 사는 것이 하나님의 은혜라는 것은 세 가지 의미를 지닌다(Gardner). 첫째, 독신은 개인적인 선택이나 자제력의 위업(feat of self-mastery)이 아니다. 하나님이 소수에게 주신 선물이다. 둘째, 독신은 그리스도의 몸인 교회를 영화롭게 한다. 독신인 사람은 결혼한 사람보다 더 적극적으로 주님을 섬기고 교회를 위해 봉사할 수 있다(7:34). 셋째, 독신은 모든 사람이 원한다고 해서 지향할 수 있는 삶의 방식이 아니다. 오직 하나님의 은혜를 입은 사람만 독신으로 살 수 있다.

이 말씀은 금욕주의(asceticism)는 기독교의 가르침이 아니라 한다. 일부 고린도 성도는 금욕주의를 최고의 영성으로 착각했다. 그러나 성적인 욕망은 대부분 사람이 지닌 자연스러운 현상이다. 그러므로 결혼해서 사랑하는 배우자를 통해 이러한 욕구를 채우는 것은 하나님의 축복이다.

결혼은 배우자를 먼저 생각하고 내 권리보다 상대방의 권리를 우선시하는 것이다. 곧 '나는 결혼을 통해 무엇을 얻을 수 있는가?'라는 질문보다 '나는 아내(남편)를 위해 무엇을 더 할 수 있는가?'를 물어야 한다. 사랑받기보다는 사랑하는 것이, 섬김을 받기보다는 섬기는 것이 결혼이다.

결혼해서 행복하게 사는 것은 하나님의 은사(선물)이지만, 독신으로 사는 것도 하나님이 축복하신 선물이다. 결혼과 비혼은 각 사람이 받은 은사에 따라 결정할 사항이다. 그러므로 교회 안에서는 독신에 대한 어떠한 차별도 없어야 한다.

Ⅳ. 교회의 질문들(7:1–15:58)
A. 결혼과 이혼과 독신(7:1–40)

2. 미혼남과 과부(7:8–9)

[8] 내가 결혼하지 아니한 자들과 과부들에게 이르노니 나와 같이 그냥 지내는 것이 좋으니라 [9] 만일 절제할 수 없거든 결혼하라 정욕이 불 같이 타는 것보다 결혼하는 것이 나으니라

저자는 다시 한번 자기처럼 독신으로 사는 것도 괜찮다며 생각해 보라고 한다(8절). '결혼하지 아니한 자들'(ἀγάμοις)이라는 표현은 신약에서 결혼을 논하는 이 장(章)에서만 사용된다(cf. 7:11, 32, 34). 남성 명사이지만 여자도 포함한다(BDAG). 그러므로 독신남은 물론이고 이혼한 남자와 미혼녀도 이 단어에 포함된다(Gardner).

'과부들'(χήραις)은 남편이 죽어 혼자 된 여자들이다(TDNT). 당시 남자들은 아내가 죽으면 대부분 곧바로 재혼했기 때문에 아내를 잃고 홀로 사는 남자는 별로 없었다. 결혼도 하나님의 은혜이고, 독신으로 사는 것도 하나님의 은혜라고 한 바울은(cf. 7:7) 결혼(재혼)과 독신 중 하나를 선택할 수 있는 상황에 있는 사람들에게 다시 한번 독신으로 사는 것을 권장한다. '좋다'(καλός)는 도덕적으로 더 낫다는 뜻이 아니라, 아름다운(실용적인) 선택이라는 뜻이다(cf. BDAG). 하나님은 결혼(재혼)한 사람과 독신으로 사는 사람을 모두 사랑하신다. 그러므로 어느 쪽을 택하든 하나님의 사랑에는 변함이 없을 것을 기대해도 된다.

누구든지 독신으로 살 수 있다면 독신으로 사는 것이 탁월한 선택이다. 그러나 그렇지 않은 경우도 있다. 절제할 수 없다면 결혼하는 것이 좋다(9a절). 정욕이 불같이 타는 것보다 결혼하는 것이 낫다(9b절). '할 수 없거든'(εἰ δὲ οὐκ ἐγκρατεύονται)의 더 정확한 번역은 '자제력을 행사하지 않으려거든'이다(Garland, cf. NAS, NRS). 절제할 수 없는 사람만 결혼하라는 뜻이 아니라, 절제할 수 있지만 절제하는 것을 원하지 않는다면 결혼하라는 뜻이다.

헬라어 사본에는 '정욕'이라는 말이 없이 단순히 "불같이 타는 것보다…"(ἢ πυροῦσθαι)라고 되어 있다(cf. KJV). 그러므로 일부 학자는 이 불을 지옥의 불이라 한다(Bruce, Snyder). 이미 결혼한 사람이 불륜을 저질러 하나님의 심판을 받은 후 지옥에서 타는 모습이라는 것이다. 그러나 같은 단어가 성경의 다른 곳에서 격해진 감정을 표현한다는 점과(고후 11:29) 본문의 문맥을 고려하면 개역개정이 해석한 것처럼 정욕에 불탄다는 의미가 잘 어울린다(Gardner, Garland, Verbrugge, cf. 새번역, 공동,

ESV, NIV).

'자제력을 행사하지 않으려거든'을 넓게 해석하는 것도 바람직하다. 때로는 성관계를 떠나 그냥 다른 사람과 함께 있고픈 마음도 성적 욕망만큼 강하다. 이럴 때는 평생 함께할 사람을 찾아 결혼하는 것도 좋다. 사람은 아플 때 다른 사람의 필요를 가장 확실하게 느낀다. 또한 나이가 들수록 고독사에 대한 두려움도 커진다. 이런저런 이유로 이성과 함께하고픈 욕망이 강렬해지면 평생 함께할 동반자와 결혼하는 것이 좋다.

이 말씀은 비혼과 결혼은 둘 다 좋은 옵션이며, 우리 각자의 선택에 달려 있다고 한다. 핵심은 우리의 정황에 비해 무리한 선택을 하지 않는 것이다. 만일 결혼해서 배우자와 함께하고픈 욕망이 강하다면 그 욕망을 억지로 제어하고 독신으로 살 필요는 없다. 또한 제어한다고 해결될 문제가 아니다. 혹은 아무리 생각해도 누군가와 결혼해 가정을 이루고 사는 것이 자기에게는 선택 사항이 아니라고 하는 이들은 독신으로 살며 기다리는 것이 좋다. 평생 독신으로 살 수도 있고, 혹은 결혼이 하나님의 뜻이라면 언젠가 하나님이 결혼할 마음을 주실 것이다. 그때까지 기다려야 한다. 결혼은 억지로, 혹은 서둘러 하는 것이 아니다.

Ⅳ. 교회의 질문들(7:1–15:58)
A. 결혼과 이혼과 독신(7:1–40)

3. 신앙과 이혼(7:10–16)

[10] 결혼한 자들에게 내가 명하노니 (명하는 자는 내가 아니요 주시라) **여자는 남**
편에게서 갈라서지 말고 [11] (만일 갈라섰으면 그대로 지내든지 다시 그 남편과 화합
하든지 하라) **남편도 아내를 버리지 말라** [12] **그 나머지 사람들에게 내가 말하**
노니 (이는 주의 명령이 아니라) **만일 어떤 형제에게 믿지 아니하는 아내가 있어**
남편과 함께 살기를 좋아하거든 그를 버리지 말며 [13] **어떤 여자에게 믿지 아**

니하는 남편이 있어 아내와 함께 살기를 좋아하거든 그 남편을 버리지 말라
[14] 믿지 아니하는 남편이 아내로 말미암아 거룩하게 되고 믿지 아니하는 아
내가 남편으로 말미암아 거룩하게 되나니 그렇지 아니하면 너희 자녀도 깨
끗하지 못하니라 그러나 이제 거룩하니라 [15] 혹 믿지 아니하는 자가 갈리거
든 갈리게 하라 형제나 자매나 이런 일에 구애될 것이 없느니라 그러나 하
나님은 화평 중에서 너희를 부르셨느니라 [16] 아내 된 자여 네가 남편을 구원
할는지 어찌 알 수 있으며 남편 된 자여 네가 네 아내를 구원할는지 어찌 알
수 있으리요

예수님은 결혼은 영원한 것이기 때문에 하나님의 백성은 절대 이혼하면 안 되며, 이혼한 여자와 결혼하는 것도 안 된다며 이렇게 말씀하셨다: "나는 너희에게 이르노니 누구든지 음행한 이유 없이 아내를 버리면 이는 그로 간음하게 함이요 또 누구든지 버림받은 여자에게 장가 드는 자도 간음함이니라"(마 5:32). 바울도 예수님이 이혼을 금하신 것을 전적으로 수용하지만, 시대와 정황이 바뀌었다. 예수님은 하나님의 백성인 유대인의 이혼에 관해 말씀하셨다.

반면에 바울은 둘 다 불신자일 때 결혼한 후 한 사람은 그리스도인이 되고, 다른 사람은 불신자로 남아 있는 부부의 결혼과 이혼에 관해 말한다. 12-16절의 내용을 고려하면, 고린도 성도들이 사도에게 물어온 질문은 자신이 그리스도인이 된 다음에도 믿지 않는 배우자와의 결혼을 유지해야 하는가다. 저자는 이런 경우 어느 정도의 영적 분별력을 사용해 합리적인 융통성을 발휘하는 것이 가능하다고 한다.

10-11절은 한 문장으로 구성되어 있으며, 중간에 있는 두 문장은 부연 설명이기 때문에 개역개정처럼 괄호 안에 두는 것이 맞다(cf. ESV, NAS, NRS). 사도는 결혼한 자들에게 명한다(10a절). 그동안 '말하다'(λέγω)(7:6, 8)와 '원하다'(θέλω) 등의 표현으로 권면해 왔는데, 이번에는 '명령하다'(παραγγέλλω)라는 강력한 동사를 사용해 결혼한 자들에게

이혼에 대해 명령한다.

괄호 안에 들어가 있는 “명하는 자는 내가 아니요 주시라”는 바울이 자기 개인의 소견을 말하는 것이 아니라 예수 그리스도의 가르침을 그들에게 전달하고 있다는 사실을 강조한다. 고린도 성도들도 예수님이 결혼과 이혼에 대해 어떻게 말씀하셨는지 복음서들을 통해 익히 알고 있었을 것이다(cf. 12, 25절). 그러므로 사도는 이곳에서 예수님의 말씀을 직접 인용하지는 않는다(Barrett, Dunn, Garland). 이러한 사실은 초대 교회가 필요에 따라 예수님의 말을 만들어 냈다는 일부 신학자의 주장이 허상임을 드러낸다(Fee, Rosner).

여자는 남편에게서 갈라서지 말아야 하며(10b절), 남편도 아내를 버리지 말아야 한다(11b절). 저자는 결혼에 관해 말할 때 주로 남자에 대해 먼저 언급하는데(7:2-3, 4, 12-13, 14-15, 27-28, 32-34), 이곳에서는 여자에 대해 먼저 언급한다. 유대인 문화에서는 남자만 이혼할 권리를 가지고 있었던 것에 반해, 헬라 문화에서는 여자도 이혼을 제기할 권리를 가지고 있었음을 암시한다. 또한 사도는 고린도 교회의 여성도가 먼저 나서서 남편과 이혼하려 한다는 소식을 접했을 수도 있다(Murphy-O'Connor).

일부 고린도 성도가 남자는 여자를 가까이하지 않아야 영적인 사람이 된다고 생각했던 것처럼 여자들도 믿지 않는 남편과 갈라서야 더 깊은 영성을 지니게 된다고 생각했을 수 있다(cf. Barrett, Fee). 이처럼 어이없는 생각은 아마도 구약 말씀을 잘못 해석해 적용한 데서 비롯되었을 수 있다. 에스라 10:10-13에 기록된 바에 따르면 에스라가 바벨론에서 예루살렘으로 돌아온 후 대규모 회개 운동이 있었고, 그 결과 이방인과 결혼한 사람들은 이방인 아내를 모두 이스라엘에서 내보냈다. 에스라 시대에는 예루살렘으로 돌아온 이스라엘이 하나님의 백성으로 유지되느냐 혹은 이방인과 섞여 사라지느냐가 이슈였다. 이러한 독특한 정황이 이방인들을 매몰차게 쫓아내는 일을 초래했다. 그러므로 에스라서 이야기가 고린도 성도들에게는 적용될 수 없는 상황인데, 그들은 영성을 빙자해 이런 시도를 한 것이다.

사도의 명령은 단호하다: "갈라서지 말라"(μὴ χωρισθῆναι, 10b절), "버리지 말라"(μὴ ἀφιέναι, 11b절). 둘 다 이혼하지 말라는 명령이다(BDAG, cf. 7:11, 15). 결혼한 두 사람이 그리스도인이라면 말할 것도 없고, 한 사람만 그리스도인이라 해도 신앙과 영성을 핑계 대며 갈라서면 안 된다.

만일 갈라섰다면 이혼한 상태로 지내든지 다시 그 남편과 화합하라고 한다(11a절). 이혼한 그리스도인 여자에게는 두 가지 옵션이 있다는 것이다: (1)다른 남자와 재혼하지 않고 홀로 산다, (2)이혼한 남편과 재혼한다. 그러나 이미 다른 남자와 재혼했다면 전 남편에게 돌아가는 것은 불가능하다(신 24:4; cf. 삼하 16:21-22; 20:3). 결혼을 통해 두 사람을 짝지어 주신 분은 하나님이시기 때문이다. 예수님은 이렇게 말씀하셨다.

> 이러므로 사람이 그 부모를 떠나서 그 둘이 한 몸이 될지니라 이러한즉 이제 둘이 아니요 한 몸이니 그러므로 하나님이 짝지어 주신 것을 사람이 나누지 못할지니라 하시더라 집에서 제자들이 다시 이 일을 물으니 이르시되 누구든지 그 아내를 버리고 다른 데에 장가 드는 자는 본처에게 간음을 행함이요 또 아내가 남편을 버리고 다른 데로 시집 가면 간음을 행함이니라(막 10:7-12).

예수님처럼 바울도 재혼을 간음으로 간주한다. 그러므로 그는 앞에서 언급한 예수님의 권면과 맥을 같이하는 명령을 내린다: "나는 너희에게 이르노니 누구든지 음행한 이유 없이 아내를 버리면 이는 그로 간음하게 함이요 또 누구든지 버림받은 여자에게 장가드는 자도 간음함이니라"(마 5:32).

'만일 갈라섰으면'(ἐὰν δὲ καὶ χωρισθῇ)은 '가정(假定) + 부정 과거형'(subjunctive + aorist)으로 형성된 문구로 이미 갈라선 것을 의미하는 것으로 해석할 수 있다(Conzelmann). 그러나 7:28의 '장가를 가도'(ἐὰν δὲ καὶ γαμήσῃς) 또한 동일한 형식을 띠고 있으며, 시간에 상관없는 하나의 원칙으로 결혼해도 죄가 아니라는 의미를 지닌다. 이렇게 해석할 경우 사도는 이미 이혼한 사람들에 관해 말하는 것이 아니라, 아직 이혼하지 않은 사람들에게 갈라서면 안 된다고 말하고 있다(Garland). "다시 그 남편과 화합하든지 하라"라는 권면을 고려하면 사도는 이미 갈라선 사람들에게 말하고 있다(Conzelmann).

바울은 결혼에 대한 예수님의 가르침을 새로운 정황에 적용한다(12-13절). 예수님은 유대인-유대인의 결혼에 대해서만 말씀하셨기 때문이다. 그러므로 사도는 지금부터 자기가 하는 말은 예수님의 명령이 아니라고 한다(12a절). 그럼에도 불구하고 바울은 영감을 받은 성경 저자이기 때문에 말씀의 권위는 같다(cf. Garland, Gardner). 사도는 둘 다 불신자였을 때 결혼한 부부가 둘 중 하나는 그리스도인이 되고, 나머지 한 사람은 계속 불신자로 남아 있는 경우에 대해 말한다. 결혼하기 전에 믿은 사람은 주님 안에서 그리스도인과 결혼해야 한다(7:39; cf. 신 7:3; 느 13:25).

첫째, 만일 어떤 그리스도인 남자에게 믿지 않는 아내가 있는데, 그녀가 남편과 함께 살기를 좋아하거든 그녀를 버리지 말아야 한다(12b절). 계속 함께 살고 별거도 하지 말라는 뜻이다. 둘째, 만일 어떤 그리스도인 여자에게 믿지 않는 남편이 있는데, 그가 아내와 함께 사는 것을 좋아하면 그를 버리지 말아야 한다(13절). 그리스도인 남자나 여자나 믿지 않는 배우자에 대해 같은 원칙을 따라야 하며, 이혼 절차를 먼저 시작하지 말라는 권면이다.

부부 중 하나가 그리스도인이 된 다음 믿지 않는 배우자라 해도 이혼하지 말아야 하는 이유는 믿지 않는 남편이 믿는 아내로 인해 거룩하게 될 수 있고, 믿지 않는 아내가 믿는 남편으로 인해 거룩해질 수 있기 때문이다(14a절). 마치 이러한 결혼에서 태어난 아이들이 깨끗한(정한) 것처럼 말이다(14b절). 이 구절은 고린도전서에서 매우 해석하기 어려운 말씀 중 하나다(Gardner). 그러므로 학자들은 다양한 추측을 내놓았다(cf. Collins, Garland, Gardner, Orr & Walther Verbrugge).

가장 설득력이 있는 주장은 불신자가 믿는 자를 통해 거룩해진다는 것이 성령 안에서 구원에 이른다는 것을 의미하지는 않지만, 믿는 배우자와의 연합을 통해 주님 주변에 머물면 하나님에게서 멀리 떨어져 사는 사람들이 경험하지 못하는 은혜를 경험하게 된다는 것이다(cf. Garland, Gardner, Murphy-O'Connor, Thiselton). 이렇게 해석하는 것이 바람직해 보인다. 게다가 믿는 남편과 아내가 하나님께 자기 아내와 남편에게 자비를 베풀어 구원해 달라며 얼마나 간절하게 기도하겠는가! 하나님은 그들의 기도를 들으시고 믿지 않는 남편과 아내를 구원하기 위해 따로 구별하실(거룩하게 하실) 것이다(Fee, Laney, cf. 롬 11:16).

아이들의 깨끗함(정결함)에 대한 언급도 이러한 해석에 설득력을 더한다(Baumert, Best, Furnish, Garland). 율법에 따르면 부정함은 부정한 물건을 만지는 일이나, 부정한 짐승을 먹는 것을 통해 전파된다. 그러나 이러한 율법이 새 언약 시대를 사는 그리스도인에게는 유효하지 않다(행 10:15; 11:9; 롬 14:20). 그리스도께서 모든 부정함을 제거하셨기 때문이다(cf. 히 9:11-10:18). 예수님은 나병 환자 등 부정한 자들을 만지셨지만 부정하게 되지 않으셨다. 오히려 자신의 정결함으로 그들을 깨끗하게 하셨다(마 8:2-3; 막 1:40-41). 예수님의 깨끗함(정함)이 그들의 부정함을 몰아낸 것이다. 그러므로 그리스도를 믿는 이들도 예수님처럼 믿지 않는 사람의 부정함을 몰아낼 수 있다. 이런 의미에서 믿는 남편이나 아내는 믿지 않는 아내나 남편을 거룩하게 한다. 만일 고린도 성도들이 믿는 자가 믿지 않는 자와 결혼하면 부정하게 되는지 바울에게 물었다면, 사도는 오히려 믿는 자가 믿지 않는 자를 정하게 한다고 대답했을 것이다. 예수님이 부정한 자들을 만져 정하게 하신 것처럼 말이다.

앞에서 언급한 상황(믿지 않는 남편이나 아내가 계속 같이 살자고 할 때)은 좋은 시나리오다. 만일 믿지 않는 배우자가 기독교 신앙을 도저히 용납할 수 없다며 이혼하자고 하면 어떻게 해야 하는가? 사도는 '갈리게 하라'(χωρίζω), 곧 이혼하라고 한다(15a절). 남자나 여자 상관없이 이런 일에 구애될 것이 없다(15b절). '구애되다'(δουλόω)는 '노예가 되다, 얽매이다'라는 뜻이다(TDNT). 불신자 배우자가 믿음을 못마땅하게 여겨 계속 스트레스를 주며 헤어지자고 하면, 그가 원하는 대로 이혼해 주고 이런 결혼에서 자유로워지라는 뜻이다(Fee, Murphy-O'Connor).

하나님은 화평 중에서 우리를 부르셨다(15c절). 구약은 '화평'(εἰρήνη)을 '샬롬'(שָׁלוֹם)이라 한다. 하나님이 주시는 참 평안이다. 하나님은 평안을 주기 위해 우리를 부르셨는데, 주의 부르심으로 인해 큰 불화가 있으면 옳지 않다. 그러므로 바울은 불신자 배우자가 이혼해 달라고 하면 이혼해 주고 다시 평안을 누리라고 한다.

그럼에도 불구하고 만일 견디고 참을 수 있으면 결혼을 유지해야 한다. 믿는 남편의 참고 견딤으로 믿지 않는 아내가 구원에 이를 수 있고, 믿는 아내의 오래 참음으로 믿지 않는 남편이 구원에 이를 수 있기 때문이다(16절). 학자들은 믿지 않는 남편(아내)이 믿는 아내(남편)로 인해 구원에 이르는 것을 '언약적 낙관주의'(covenantal optimism)라 한다(Gardner). 하나님이 구원하고자 하실 때만 가능한 일이다. 그러므로 우리는 하나님의 도구로 쓰이는 것만으로도 영광이다.

이 말씀은 그리스도인은 결혼과 이혼을 절대 가볍게 여겨서는 안 된다고 한다. 창조주 하나님이 짝지어 주신 것을 나누는 것은 옳지 않다. 가능한 한 오래오래 같이 살아야 한다. 믿는 자들의 결혼은 말할 것도 없고, 믿는 자와 믿지 않는 자의 결혼도 가능한 한 오래 지속되어야 한다. 하나님은 믿는 아내를 통해 남편을 구원하시고, 믿는 남편을 통해 아내를 구원하실 수 있다.

그러나 예외적인 상황, 곧 같이 사는 것보다 헤어지는 것이 더 나을 때도 있다는 것을 의식해야 한다. 폭력으로 인해 생명에 위협을 느끼면 이혼을 심각하게 고려해 보아야 한다. 또한 하나님은 우리가 모두 화평하기를 원하시는데, 영적 폭력과 착취는 이런 평안을 송두리째 앗아갈 수 있다. 목회자는 항상 약자와 피해자 관점에서 생각해야 한다.

Ⅳ. 교회의 질문들(7:1–15:58)
A. 결혼과 이혼과 독신(7:1–40)

4. 주신 본분대로 살아가라(7:17–24)

[17] 오직 주께서 각 사람에게 나눠 주신 대로 하나님이 각 사람을 부르신 그대로 행하라 내가 모든 교회에서 이와 같이 명하노라 [18] 할례자로서 부르심을 받은 자가 있느냐 무할례자가 되지 말며 무할례자로 부르심을 받은 자가 있느냐 할례를 받지 말라 [19] 할례 받는 것도 아무 것도 아니요 할례 받지 아니하는 것도 아무 것도 아니로되 오직 하나님의 계명을 지킬 따름이니라 [20] 각 사람은 부르심을 받은 그 부르심 그대로 지내라 [21] 네가 종으로 있을 때에 부르심을 받았느냐 염려하지 말라 그러나 네가 자유롭게 될 수 있거든 그것을 이용하라 [22] 주 안에서 부르심을 받은 자는 종이라도 주께 속한 자유인이요 또 그와 같이 자유인으로 있을 때에 부르심을 받은 자는 그리스도의 종이니라 [23] 너희는 값으로 사신 것이니 사람들의 종이 되지 말라 [24] 형제들아 너희는 각각 부르심을 받은 그대로 하나님과 함께 거하라

각 사람이 하나님의 부르심에 따라 행하는 것은 기독교 교리의 기본 핵심이다. 그 누구도 영적인 사람이 되기 위해 다른 사람인 것처럼 행동할 필요는 없다. 하나님은 각 사람을 그들이 있는 곳에서 조건 없이 받으셔서 자기 백성으로 삼으시기 때문이다. 이러한 교리가 참으로 은혜롭기는 하지만, 결혼과 독신에 관해 말하다가 갑자기 주제를 바꿔 우회하는 듯한 느낌을 준다(Garland, Sampley). 그러나 결혼과 독신에 대해서도 실용적인 조언을 주는 말씀이다(Garland). 앞에서 사도는 독신과 결혼 모두 하나님의 은사라 했다(7:7). 그는 이 섹션을 통해 하나님이 고린도 성도들을 부르실 때 독신이었다면 독신으로 머무는 것도 괜찮고, 결혼했다면 결혼을 유지하는 것이 좋다고 한다. 특별한 이유가 없다면 결혼에 관해 각자의 신분을 유지하라는 것이다. 이러한 사실을 강조하기 위해 그는 부르신 그대로 행하라고 세 차례나 말한다(17, 20, 24절).

사도는 주님이 각 사람에게 나눠 주신 대로 행하라고 하는데(17a절), 하나님이 그리스도인에게 무엇을 나누어 주셨다는 말인가? 학자 중에는 그리스도인의 삶을 살기 위해 필요한 은혜와 선물이라 하는 이들이 있고(Calvin, Conzelmann), 영적인 은사라 하는 이들도 있다(Garland). 그러나 대부분은 살면서 각 사람이 감당해야 할 몫이라고 한다(Barrett, Collins, Fee, Findlay, Gardner, Godet, Lightfoot, Thiselton). 바로 이어지는 문장이 "하나님이 각 사람을 부르신 그대로 행하라"(17b절)라고 하기 때문이다.

하나님은 각 사람에게 감당해야 할 몫(사명)을 주시고 부르신 자리에서 그 사명을 이루어 나가기를 원하신다(17b절). 그러므로 그리스도인은 하나님이 부르신 곳에서 독신이든 결혼했든 상관없이 모두 소명을 이루어 가는 삶을 살면 된다(Verbrugge). 그리스도인이 되었기 때문에 혹은 하나님이 주신 소명을 이루어 가기 위해 억지로 자기 신분(결혼 여부)을 바꿀 필요는 없다. 만일 독신인 사람이 마음의 원함에 따라 결혼한다면, 그것도 좋은 일이다. 그러나 결혼한 사람은 계속 결혼을 유지해야 한다. 바울은 이러한 가르침을 고린도 성도들에게만 준 것이 아니다. 그가 아는 세상 모든 교회에서 똑같은 명령을 했다.

각 사람이 하나님이 부르신 그대로 행한다는 것은 할례를 받았든지 혹은 받지 않았든지 별 의미가 없다는 뜻이다(18절). 유대인들은 하나님의 부르심을 받았을 때 이미 할례를 받았으므로 무할례자가 될 필요가 없다(18a절). 반면에 이방인들은 부르심을 받았을 때 할례를 받지 않았으므로 새로 할례를 받을 필요가 없다(18b절).

유대인의 세계관에 따르면 세상에는 할례를 받은 사람과 할례를 받지 않은 사람 두 종류의 사람이 있다(cf. 엡 2:11). 할례는 영구적인 것이므로 유대인이 그리스도인이 되었다고 해서 무할례자가 될 수는 없다. 그러므로 학자들은 유대인들이 더 높은 사회적 지위에 오르기 위해 자신이 유대인이라는 사실을 숨기는 것을 이렇게 표현하는 것으로 해석한다(Winter).

반면에 이방인 중에는 할례를 원하는 사람이 종종 있었다(Gardner). 그들은 아브라함의 진정한 아들이 되려면 할례가 필요하다고 생각했다(Garland). 그러나 바울은 그리스도인은 할례를 받을 필요가 없다고 한다. 부르심을 받았을 때 할례자였으면 할례자로 살면 되고, 부르심을 받았을 때 무할례자였으면 무할례자로 살면 된다.

할례를 받는 것과 할례를 받지 않는 것 둘 다 아무것도 아니다(19a절). 할례를 받고 받지 않고는 하나님께 아무 의미가 없으므로 그리스도인이 할례를 받았는지 혹은 받지 않았는지는 중요하지 않다는 뜻이다(cf. 갈 5:6; 6:15; 롬 2:25–26). 유대인인 바울이 이렇게 말하는 것은 참으로 대단한 일이다(cf. 창 17:9–14). 랍비들은 할례에 관한 율법이 얼마나 중요한지 안식일 율법보다 더 중요하고 우선된다고 했다. 그러므로 어떠한 일도 하지 않아야 하는 안식일에 할례를 행하는 것은 문제가 없다고 했다. 이러한 정서를 고려하면 바리새인이었던 바울이 할례에 대해 이렇게 말하는 것은 참으로 놀라운 일이다. 그리스도의 복음이 그를 율법에서 자유롭게 한 결과다.

하나님은 할례를 바탕으로 사람을 평가하지 않으신다. 주님은 모든 사람이 죄인이었을 때 그들을 찾아 구원하시고, 있는 그대로 받으신다. 그들이 새로 지으심을 입었다는 사실만이 중요하다: "할례나 무할례가 아무 것도 아니로되 오직 새로 지으심을 받는 것만이 중요하니라"(갈 6:15). 하나님이 구원을 입은 자들에게 찾으시는 것은 단 한 가지, 믿음이다. 하나님은 할례자와 무할례자를 모두 믿음으로 의롭다 하신다: "할례자도 믿음으로 말미암아 또한 무할례자도 믿음으로 말미암아 의롭다 하실 하나님은 한 분이시니라"(롬 3:30).

그러므로 그리스도인은 할례에 어떠한 의미나 중요성을 부여할 필요가 없다. 그들이 중요하게 여겨야 할 것은 하나님의 계명을 지키고 따르는 일이다(19b절). 복음을 영접할 때 우리가 어떤 모습이었는지는 중요하지 않고, 이후 순종하는 삶을 사는 것이 중요하다는 뜻이다. 독신과 결혼 여부도 하나님께 칭찬받거나 책망받을 일은 아니다.

각 사람은 부르심을 받은 그 부르심 그대로 지내면 된다(20절). 독신이 하나님과 더 깊은 교제를 원한다면서 결혼하거나, 혹은 결혼한 자가 같은 이유로 이혼해 독신이 되려 하면 안 된다. 결혼과 독신은 각 개인이 선택하는 삶의 스타일로 각자 선호하는 바에 따라 결정할 수 있다. 그러나 영성을 앞세워 마치 하나님을 위해 하는 것처럼 하지 말라는 것이다. 하나님은 우리 모두를 이런 조건과 상관없이 사랑하신다.

또한 하나님은 우리를 부르실 때 각자 감당해야 할 몫(소명)을 주셨다(cf. 17절). 소명을 생각할 때 모자이크나 조각 그림을 생각하면 도움이 된다. 하나님의 나라는 수많은 조각으로 이루어진 그림과 같으며, 오직 우리 각자가 들어가 채울 자리가 있다. 그 몫을 감사한 마음으로 성실하게 해내면 된다.

21절은 정확히 번역하기가 상당히 어렵다. 학자들은 세 가지 가능성을 제시한다(cf. Gardner, Garland): (1)자유인으로 부르심을 받았다면 노예가 되려고 하지 말라, (2)노예로 부르심을 받았지만 자유인이 될 기회가 생기면 자유인이 되라, (3)노예로 살면서 하나님을 섬길 기회가 생기면 주저하지 말고 섬기라. 첫 번째 가능성은 별로 설득력 있어 보이지 않는다. 자유인이 노예가 되려고 할 까닭이 없기 때문이다. 세 번째 가능성도 매력적이지 않다. 노예는 주인에게 속했기 때문에 마음껏 하나님을 섬길 기회가 없다. 그러므로 두 번째 가능성이 가장 설득력이 있다. 하나님이 부르셨을 때 노예였지만, 나중에 자유인이 될 기회가 생기면 주저하지 말고 자유인이 되라는 것이다. 누구의 노예로 사는 것보다 자유인으로 사는 것이 하나님이 주신 소명에 더 성실하게 임하게 할 것이다.

사람의 영적 신분(지위)은 하나님이 부르실 때(회심할 때) 이미 정해졌다. 그러므로 하나님을 기쁘게 한답시고 무리할 필요는 없다. 부르심을 받았을 때 이미 결혼한 사람들에게 이러한 원리를 적용하면, 하나님께 더 가까이 가고자 혹은 더 쓰임받고자 이혼하는 일은 없어야 한다.

반면에 이러한 일은 가능하다. 만일 노예일 때 부르심을 받았는데, 나중에 자유인이 될 기회가 생기면 그 기회를 최대한 활용해 자유인이 되어야 한다. 자유인이 되면 하나님을 더 자유롭게, 많이 섬길 수 있기 때문이다. 하나님의 부르심은 우리를 같은 곳에 영원히 잡아 두지 않는다(Garland). 더 효과적으로 하나님의 부르심에 순종할 기회가 생기면 변화(성장)를 추구해야 한다. 마치 우리가 항상 더 큰 은사를 사모해야 하는 것처럼, 더 섬기는 길을 사모하는 것은 참으로 좋은 일이다.

사도가 각 사람에게 부르심을 받은 그 부르심 그대로 지내라고 권면하는 것은(20절) 주님 안에서는 모든 사람의 신분이 같기 때문이다(22절). 종(노예)이었을 때 부르심을 받은 사람은 주께 속한 자유인이다(22a절). 반면에 자유인이었을 때 부르심을 받은 자는 그리스도의 종(노예)이다(22b절). 주님 안에서 종이 자유인이 되고, 자유인이 종이 된다는 것은 그들의 신분이 실제적으로 바뀐다기보다는 모두 같다는 뜻이다. 불신자가 하나님의 부르심을 받아 그리스도인이 되면, 그들의 과거 신분이 어떠했는지 상관없이 모두 새로운 질서와 가치관을 지닌 하나님 나라에서 형제자매가 된다.

예수 그리스도는 서로 사랑하고 아끼는 형제자매가 되라며 값을 치르고 우리를 사셨다(23a절). 그분이 치르신 값은 십자가 죽음이다. 예수님은 우리가 죄의 노예로 있을 때 값을 치르고 우리를 죄의 억압으로부터 자유하게 하셨다. 우리가 결코 잊지 말아야 할 중요한 포인트는 예수님이 우리를 값을 주고 사셨으므로 우리는 자유인이 아니라 예수님의 노예(종)라는 사실이다. 우리에 대한 소유권이 사탄에게서 예수님으로 넘어간 것이다. 우리는 새로운 주인이신 예수 그리스도를 위해 살아야 한다.

이러한 사실을 깨닫게 되면 그 어떤 사람의 종도 되지 않는 것이 좋다(23b절). 그러므로 저자는 노예라 할지라도 자유인이 될 기회가 생기면 그 기회를 충분히 이용하라고 했다(21절). 그리스도가 값을 치르고 사서 하나님의 종으로 삼으신 이들은 사람의 종이 되기에는 너무 귀하기 때문이다. 바울은 로마 시민이었고 자유인이었다. 그런 그에게 가장 귀한 것은 그리스도의 노예가 된 것이다. 그러므로 그는 자신이 그리스도의 노예라는 사실을 자랑으로 삼았다(롬 1:1; 14:18; 16:18; 고전 7:22; 갈 1:10; 엡 6:6; 빌 1:1; 골 4:12).

사도는 각자 부르심을 받은 자리에서 그대로 하나님과 함께 거하라는 말로 이 섹션을 마무리한다(24절). 하나님의 부르심은 할례와 무할례를 차별하지 않는다. 하나님의 부르심은 독신과 기혼자도 차별하지 않는다. 우리의 직업이나 능력도 차별하지 않으신다. 오히려 우리가 부름받은 가정과 일터를 우리의 사역지로 삼게 하신다.

우리가 어떤 상황에서 부르심을 받았는지보다 더 중요한 것은 하나님과 함께 거하는 것이다(24b절). 우리는 언제 어디서든 하나님과 함께할 수 있다. 그러므로 우리는 부르심을 받은 그대로 하나님과 동행할 수 있다. 하나님이 내게 주신 부르심을 내 부르심(소명)이 아닌 것으로 바꾸려고 하는 것처럼 어리석은 일은 없다.

이 말씀은 그리스도인은 하나님이 부르신 곳(결혼, 직장 등 여러 여건)

에서 하나님의 부르심(소명)에 따라 살아야 한다고 한다. 결혼한 사람은 결혼한 사람으로 소명에 임하면 되고, 미혼자는 미혼자로 소명에 임하면 된다. 그러므로 결혼한 것이 소명에 따라 사는 일을 방해한다며 하나님을 더 잘 섬기기 위해 이혼하는 죄는 짓지 않아야 한다.

하나님은 각 사람을 부르실 때 그에게 가장 잘 어울리는 소명을 주신다. 또한 이 소명을 이룰 능력도 주신다. 그러므로 다른 사람의 소명을 욕심낼 필요가 없다. 하나님이 정해 주신 몫에 따라 사는 것이 좋다. 주신 소명에 성실하게 임하면서 더 큰(다른) 소명을 달라고 기도하는 것은 괜찮다.

본문이 부르신 그 자리에서 그대로 행하라는 권면을 반복해서 강조하는 것은 그리스도인의 삶을 살기 위해 '바른 여건'을 구할 필요는 없다는 뜻이다. 부르신 그 자리(여건)에서 하나님의 자녀로 살아가면 된다. 그렇다고 해서 처한 상황에 대해 어떠한 행동도 취하지 말고 그냥 수동적으로 살라는 뜻은 아니다. 만일 처한 상황이 계속 죄를 짓게 하고 얽매려 하면 떠나거나 변화를 주어야 한다. 예를 들어 알코올 중독자로 복음을 영접했다면, 더는 알코올에 얽매어 죄를 짓지 않도록 환경을 바꾸는 것이 필요하다.

Ⅳ. 교회의 질문들(7:1–15:58)
A. 결혼과 이혼과 독신(7:1–40)

5. 임박한 환란과 결혼(7:25–28)

[25] 처녀에 대하여는 내가 주께 받은 계명이 없으되 주의 자비하심을 받아서 충성스러운 자가 된 내가 의견을 말하노니 [26] 내 생각에는 이것이 좋으니 곧 임박한 환난으로 말미암아 사람이 그냥 지내는 것이 좋으니라 [27] 네가 아내에게 매였느냐 놓이기를 구하지 말며 아내에게서 놓였느냐 아내를 구하지 말라 [28] 그러나 장가 가도 죄 짓는 것이 아니요 처녀가 시집 가도 죄 짓는 것

이 아니로되 이런 이들은 육신에 고난이 있으리니 나는 너희를 아끼노라

사도는 지금까지 이미 결혼한 사람들이 어떻게 살아야 하는지 말했다. 이 섹션은 아직 결혼하지 않은 사람들에게 주는 권면이다. 아직 독신인 사람은 독신으로 남을 수 있고, 결혼하고자 하면 결혼해도 된다. 다만 결혼하면 혼자 살 때보다 더 많은 고난을 감수해야 한다. 바울이 이런 말을 하는 것은 아마도 고린도 교회에서 '남자는 여자를 멀리해야 한다'(7:1)고 주장하는 자들이 아직 결혼하지 않은 사람들에게 결혼하지 말라고 압력을 가했기 때문일 것이다(Fee, cf. Verbrugge).

바울은 처녀에 대해서는 주께 받은 계명이 없다고 한다(25a절). 예수님은 결혼과 이혼에 대해 말씀하셨지만, 처녀와 결혼에 대한 가르침은 남기지 않으셨다는 뜻이다(Garland). 그러므로 그는 자기 의견을 말하고자 한다(25b절). 초대교회가 필요에 따라 예수님의 말씀을 만들어 내어 사용했다는 주장에 완전히 대치되는 대목이다(Orr & Walter).

'의견'(γνώμη)은 '생각, 판단, 관점' 등을 뜻한다(cf. TDNT). 그렇다면 고린도 성도들은 예수님이 남기신 가르침이 아니라 사도의 사적인 생각을 받아들여야 하는가? 당연히 받아들여야 한다. 바울은 예수님의 자비하심을 받아 주님께 충성하는 사람이다(25b절). 그러므로 그는 이 이슈에 대해 주인이신 예수님의 생각을 그 누구보다도 잘 안다. 또한 그는 성령 안에서 '의견'을 말하고 있다(7:40). 그의 의견은 하나님이 뜻하신 바다.

'처녀들'(παρθένων)이 여성만 뜻하는지, 혹은 미혼 남성도 포함한 것인지에 대해 많은 논쟁이 있었다(cf. Edwards, Garland). 같은 단어가 요한계시록 14:4에서 여자와 잠자리를 같이하지 않은 남자를 뜻하기 때문이다. 그러나 더 많은 증거가 나올 때까지는 약혼한 처녀로 해석하는 것이 바람직하다(Conzelmann, Fee, cf. 마 1:18, 23; 눅 1:27).

당시 사회에서는 여자가 12-16세가 되면 거의 결혼했다. 주로 딸을 둔 부모들이 주선해 결혼을 성사시켰다. 그러므로 사도가 언급하는 처녀는 결혼 적령기에 속한 여자들, 특히 이미 약혼한 여자에 관한 것이다(Baumert, Fee, Garland, Gardner, Oster, cf. ESV). 약혼하면 보통 1년 이내에 결혼했다.

사도는 이미 여러 차례 말한 것처럼 사람마다 부르심을 받은 그대로 지내는 것이 좋다고 한다(26b절). 약혼한 처녀라면 아직 결혼은 하지 않은 상황이다. 그러므로 이 말씀을 그들에게 적용하면 결혼하지 말고 약혼한 상태로 지내라는 뜻이다. 바울의 이 같은 '의견'은 고린도 성도 중 일부가 주장했던 "남자가 여자를 가까이하지 않는 것이 좋다"(7:1)라는 슬로건을 반영한다(Barrett, Edwards, Fee). 그러나 이유는 전혀 다르다. 그들은 금욕주의적 관점에서 평생 이렇게 해야 한다고 했지만, 바울은 곧 임박한 환란을 고려해 결혼을 보류하라고 한다(26a절).

'임박한'(ἐνεστῶσαν)은 종말과 연결된 미래에 임할 것을 의미하기도 하지만(Conzelmann, cf. 눅 21:23), '이미 와 있다'는 뜻으로도 사용된다(갈 1:4; 히 9:9). 또한 로마서 8:38과 고린도전서 3:22에서는 '장차 올 것'(μέλλοντα)에 반대되는 말로 '현재 와 있는 것'(things present)이라는 의미로 사용된다(Garland).

'환난'(ἀνάγκη)은 '필요'(necessity)라는 의미를 지닌다(BDAG). 바울 서신에서는 신적 강박(divine compulsion, 9:16), 협박(duress, 고후 9:7; 몬 1:14), 재난들(calamities and disasters, 롬 13:5; 고전 9:16; 고후 6:4; 12:10), 고민(distress, 살전 3:7) 등 다양한 위협 요소를 의미하며, 항상 현실에서 경험하는 것들이지 종말에 경험할 것을 의미하며 사용되는 사례는 한 번도 없다(Verbrugge, cf. Garland, Gardner). 오히려 현실과 종말을 대조할 때 현실을 뜻하는 의미로 사용된다(롬 8:38; 고전 3:22; 살후 2:2).

이곳에서는 '어려움, 고통'(distress)을 뜻한다(Barrett, Conzelmann). 그러므로 '임박한 환난으로 말미암아'(διὰ τὴν ἐνεστῶσαν ἀνάγκην)를 직역하면 '현재의 필요(고통)로 말미암아'(because of the present necessity[distress])가

된다(cf. 새번역, 공동, 아가페, ESV, NAS). 사도는 종말 혹은 미래에 임할 고통이 아니라(Conzelmann), 현재 고린도 성도들이 겪고 있는 어려움을 생각해 결혼을 보류하라고 하는 것이다(Garland). 그러므로 한 학자는 이 섹션의 의미를 "우리가 이미 겪고 있는 문제에 비추어 볼 때, 결혼 생활의 부가적인 부담이 필요한 사람은 누구입니까?"로 정리한다(Fee).

고린도 성도들이 경험하는 어려움은 무엇이었을까? 그들이 종교로 인해 핍박받았다는 증거는 없다(Garland). 학자들은 대부분 당시 아가야 지역을 강타한 기근으로 인한 어려움으로 본다(Kistemaker, Winter). 곡물이 원활하게 유통되지 않아 물가가 치솟는 등 생활고에 시달렸다는 것이다. 양식을 구하기 어려운 상황이니 약혼자들도 결혼을 미루는 것이 어떻겠냐는 조언이다.

사도는 앞 섹션(7:17-24)에서 각자 처한 상황에 그대로 있으라는 권면을 여러 차례 했다. 기근이 위협이 되는 상황에서는 더욱더 그렇다. 그러므로 그는 아내에게 매인 사람은 놓이기를 구하지 말며, 아내에게서 놓인 사람은 아내를 구하지 말라고 한다(27절). 마치 결혼한 남자는 이혼하려 하지 말 것이며 이혼한 남자는 재혼하려 하지 말라는 말로 들리지만, 번역이 정확하지 않아서 빚어지는 오해다.

'놓이다'(λύσις)는 신약에서 단 한 차례 이곳에서만 사용되는 단어로 의미가 정확하지 않다. 바울은 7장에서 이혼을 뜻할 때 '버리다'(ἀφίημι)(7:11, 12, 13)와 '갈라서다'(χωρίζω)(7:10, 15) 두 가지 단어를 사용한다. 이와 달리 이곳에서는 의도적으로 다른 단어인 '놓이다'(λύσις)를 사용한다. 그가 말하고자 하는 것은 이혼에 관한 것이 아니기 때문이다.

사도는 약혼한 남자, 그러나 아직 결혼식은 하지 않은 남자들에게 말하고자 한다. 만일 약혼한 여자가 있다면 파혼하려 하지 말아야 하며, 만일 파혼했다면 다른 여자와 약혼하려 하지 말아야 한다는 것이다(Baumert, Fee, Garland, Gardner, Oster, cf. NIV). 기근으로 인해 고린도 성도들이 당면한 경제적 여건이 어려우니 되도록 혼인 여부에 변화를 꾀하지 말고 어려움이 해소될 때까지 기다리라는 뜻이다. 바울이 결혼한 사람들에게 앞서 7:1-16을 통해 여러 가지 가르침을 준 것도 이러한 해석에 설득력을 더한다.

사도는 매였으면 놓이기를 구하지 말고, 놓였으면 다른 여자를 구하지 말라는 권면을 남자들에게만 한다. 남자에게만 파혼하거나 이혼할 수 있는 권리를 부여했기 때문이다. 당시 여자들은 그저 남자들이 하자는 대로 따라야 했다.

비록 상황이 어렵지만, 그래도 약혼자와 결혼하고자 하는 사람은 결혼해도 괜찮다. 장가가도 죄 짓는 것이 아니며, 처녀가 시집가도 죄 짓는 것이 아니다(28a절). 다만 결혼하는 사람들은 육신에 고난이 있을 것을 감수해야 한다(28b절). 때로는 홀로 어려움을 헤쳐 나가는 것이 식솔을 거느리고 헤쳐 나가는 것보다 쉽다는 뜻이다. 자녀까지 태어나면 더욱더 그렇다. 바울은 고린도 성도들을 아끼는 마음에서 이렇게 조언한다(28c절). 또한 바울은 이 이슈에 대해서는 주(예수님)께 받은 계명이 없다고 말함으로써(25절), 고린도 성도들이 그의 의견을 따르지 않고 결혼해도 괜찮다는 여지를 남긴다(Fee, Godet, Kistemaker).

이 말씀은 결혼은 삶이 평안할 때 많은 사람의 축복을 받으며 하는 것이 좋다고 한다. 결혼은 하나님이 인간을 남자와 여자로 만드시고 그들에게 축복으로 내리신 첫 제도다(창 2:18-24). 결혼의 가장 큰 메리트(merit)는 부부가 함께하며 서로 위로하고 의지하는 것(companionship)이다(cf. 창 2:18). 그러므로 결혼해 동반자와 함께 여정을 가는 것은 매우 복되고 행복한 일이다.

그러나 고린도는 아가야 지역을 강타한 기근으로 인해 상당히 어려운 상황이다. 그러므로 사도는 그들을 아끼는 마음에서 약혼한 사람들에게 무리하면서까지 결혼을 계획대로 진행하려 하지 말고 기다리라고 한다. 약혼한 사람들은 파혼해서도 안 되며 파혼한 사람들은 새로 약혼자를 찾아서도 안 된다. 모든 것을 멈추고 이 어려움이 지나가기를 기다려야 한다.

기다려야 하는 이유는 무엇보다도 배우자를 배려하기 위해서다. 무리하게 결혼해서 배우자까지 힘들게 하는 것보다 홀몸으로 어려움을 버티다가 상황이 좋아졌을 때 결혼해 마음껏 배려하고 섬기고 사랑하는 것이 낫다. 결혼은 자기 이익을 구하고자 해서 하는 것이 아니라, 배우자를 섬기고, 배려하고, 사랑하기 위해서 하는 것이다.

Ⅳ. 교회의 질문들(7:1–15:58)
A. 결혼과 이혼과 독신(7:1–40)

6. 결혼과 주를 섬기는 것(7:29–35)

29 형제들아 내가 이 말을 하노니 그 때가 단축하여진 고로 이 후부터 아내
있는 자들은 없는 자 같이 하며 30 우는 자들은 울지 않는 자 같이 하며 기쁜
자들은 기쁘지 않은 자 같이 하며 매매하는 자들은 없는 자 같이 하며 31 세
상 물건을 쓰는 자들은 다 쓰지 못하는 자 같이 하라 이 세상의 외형은 지
나감이니라 32 너희가 염려 없기를 원하노라 장가 가지 않은 자는 주의 일을
염려하여 어찌하여야 주를 기쁘시게 할까 하되 33 장가 간 자는 세상 일을
염려하여 어찌하여야 아내를 기쁘게 할까 하여 34 마음이 갈라지며 시집 가
지 않은 자와 처녀는 주의 일을 염려하여 몸과 영을 다 거룩하게 하려 하되
시집 간 자는 세상 일을 염려하여 어찌하여야 남편을 기쁘게 할까 하느니라
35 내가 이것을 말함은 너희의 유익을 위함이요 너희에게 올무를 놓으려 함
이 아니니 오직 너희로 하여금 이치에 합당하게 하여 흐트러짐이 없이 주를
섬기게 하려 함이라

사도가 고린도 성도들이 당면한 위기를 고려해 잠시 결혼을 자제하라고 하는 것은 사실이다. 그러나 이러한 가르침이 고린도 교회에 주고자 하는 더 중요한 포인트를 흐리게 할 수 있다. 때때로 위기가 그리스도인의 삶에 일시적인 영향을 끼칠 수 있지만, 궁극적으로 성도의 삶은 그리스도가 다스리셔야 한다. 그렇다면 그리스도인은 어떻게 그리스도가 다스리시는 삶을 살 수 있는가? 주님이 다시 오실 종말에 대한 안목으로 삶의 모든 것을 결정하면 된다. 그러므로 이 섹션의 핵심 메시지는 그리스도인은 '종말 안목'(apocalyptic perspective)이 삶의 모든 영역에 영향을 끼치는 삶을 살아야 한다는 것이다. 일부 고린도 성도가 지향하던 '금욕주의적 영성'(ascetic spirituality)과는 질적으로 다르다.

바울은 "그 때가 단축하여진 고로" 이렇게 말한다며 이 섹션을 시작한다(29a절). '단축하여진 고로'(συνεσταλμένος ἐστίν)는 짧아졌다는 뜻이다(cf. BDAG). 그런데 이 '단축된 시간'은 무엇인가? 지금부터 종말 사이에 있는 시간을 의미하는 것으로 해석하는 이들이 있다(Fee, Robertson & Plummer). 지금과 종말 사이에 있는 시간이 압축이 되어 종말이 더 확실하게 보이게 되었다는 것이다(Fee). 이렇게 해석할 경우 사도는 종말을 맞이할 시간이 멀지 않았으니 세상에 너무 젖어 살지 말라고 권면하는 것이 된다.

그러나 '단축된 시간'을 그리스도인이 하나님을 온전히 섬길 수 있는 시간이 짧아진 것으로 해석하는 것이 바람직하다(Garland, Thiselton). 이렇게 해석할 경우 시간이 지나면 하나님을 온전히 섬기지 못할 수도 있으니 기회가 있는 지금 주님을 온전히 섬기라는 의미가 된다. 바울이 지금 여러 가지를 절제하는 것이 좋다고 권면하는 동기로 이 해석이 더 적절하다. 바울은 그리스도인이 보내는 시간의 '양'(duration)보다는 '질'(character, quality)에 대해 말하고 있다. 사람이 아무리 오래 살아도 하나님을 온전히 섬기기에는 시간이 부족하다.

그리스도인이 하나님을 온전히 섬기고자 한다면 어떻게 살아야 하는가? 사도는 다섯 가지를 예로 들며 삶의 방향을 제시한다. 첫째, 결혼한 사람(아내 있는 자)은 아내가 없는 자같이 살아야 한다(29b절). 이혼하고 독신으로 살라는 뜻이 아니다(cf. 7:2-3). 결혼 생활에 지나치게 집착하지 말라는 의미다(cf. 33-34절). 결혼은 하나님의 축복이며 그리스도인이 결혼해 부부가 서로 섬기고 사랑하는 것은 좋은 일이다. 그러나 부부가 서로에게 지나치게 몰두한 나머지 하나님을 멀리하거나 예수님께 순종하는 일을 소홀히 해서는 안 된다. 우리가 죽으면 결혼은 끝이 난다(7:39). 우리와 영원히 함께하실 예수님은 "부활 때에는 장가도 아니 가고 시집도 아니 가고 하늘에 있는 천사들과 같으니라"(마 22:30)라고 하셨다.

둘째와 셋째, 우는 자들은 울지 않는 자같이 해야 하며, 기쁜 자들은 기쁘지 않은 자같이 해야 한다(30a절). 이 땅에서의 삶은 슬플 때가 많지만, 다행히 기쁠 때도 종종 있다. 바울도 이런 경험을 자주 했다(고후 2:4; 7:13). 슬픔과 기쁨은 잠시 우리 삶에 머무는 것들이며 결국에는 모두 지나간다. 그러므로 이 두 가지 감정(느낌)이 우리를 노예로 삼아 하나님 섬기는 일을 방해하게 해서는 안 된다. 사는 동안 항상 슬픔에 젖어 살지도 말고, 삶의 유일한 목적이 희락을 추구하는 것처럼 살지도 말라는 권면이다(Barrett).

사람은 기쁨만 누리거나 슬픔만 누리며 살 수는 없다. 슬플 때도 있고, 기쁠 때도 있다. 또한 이런 감정에 몰입하지 않고 살면 삶에 대해 큰 진리를 깨닫게 된다: "근심하는 자 같으나 항상 기뻐하고 가난한 자 같으나 많은 사람을 부요하게 하고 아무 것도 없는 자 같으나 모든 것을 가진 자로다"(고후 6:10). 세상이 끝나는 날 하나님은 우리의 모든 슬픔을 제거하시고 영원한 기쁨을 주실 것이다(사 35:10; 51:11; 65:19; 계 21:4). 그때까지 우리는 이 둘 중 하나 안에서 방황하면 안 된다(Barrett).

넷째, 매매하는 자들은 없는 자같이 해야 한다(30b절). 비즈니스를 하는 사람들에게 주는 권면이다. 우리 삶은 '사고파는 일'의 연속이다. 그러나 사고파는 일에 너무 몰입한 나머지 정신이 팔리지 않게 하라는 권면이다. 그리스도인에게 비즈니스는 분명 삶의 수단이다. 그러나 우리는 비즈니스가 우리를 붙잡지 못하게 하고 오직 하나님께 붙잡혀야 한다. 세상일에 지나치게 몰입해 하나님을 섬기는 일에 방해되지 않도록 하라는 권면이다(Gardner). 예수님이 들려주신 어리석은 부자 이야기(눅 12:16-21)는 이러한 권면과 일치한다.

다섯째, 세상 물건을 쓰는 자들은 다 쓰지 못하는 자같이 하라고 한다(31a절). 그리스도인은 세상에 있는 물건을 마음껏 쓰되 그것에 마음이 빼앗기지 않게 하라는 권면이다: "세상 물건을 쓰는 사람은 그것들에 마음이 빼앗기지 않은 사람처럼 사십시오"(아가페, cf. NAS, NIV). 그리스도인의 웰빙(wellbeing)은 세상 물건을 이용하는 데서 비롯되지 않는다. 하나님을 사랑하고 예수님을 섬기는 일에서 비롯된다. 그러므로 세상 물건을 악용하거나 남용해서는 안 된다.

바울이 이와 같은 다섯 가지 권면을 고린도 성도들에게 주는 것은 이 세상의 외형은 지나가기 때문이다(31b절). 세상에 영원한 것은 없다. 모두 지나가고 종말이 온다. 오직 하나님만이 영원하시다. 그러므로 그리스도인은 세상에서 영원히 살 것처럼 생각하거나 행동해서는 안 된다. 우리는 이 땅에 살면서도 마음 한편은 영원한 처소인 하늘에 가 있어야 한다.

세상에 지나치게 몰입해 살지 말라고 권면한 사도는 왜 독신으로 사는 것이 좋은지 설명한다(32-34절). 장가가지 않은 사람은 어떻게 하면 주님을 더 기쁘시게 할 수 있을지 생각한다(32절). 반면에 장가간 사람은 어떻게 하면 아내를 기쁘게 할지 염려한다(33절). 남자가 결혼해 아내와 행복한 가정을 위해 열심을 다하는 것은 좋지만, 그것이 과하면 하나님 섬기는 일을 등한시할 수 있다.

사도가 우려하는 것은 결혼한 사람의 마음이 갈라져 있다는 것이다(34a절). '갈라져 있다'(μεμέρισται)는 완료형 수동태다. 결혼한 사람이 자기 마음을 가르는 것이 아니라, 결혼이 그의 마음을 갈라놓는다. 그의 마음은 하나님과 아내와 가족 사이에 갈라져 있다(Findlay).

시집가지 않은 자와 처녀는 주의 일을 염려해 몸과 영을 다 거룩하게 하려 한다(34b절). 온전히 하나님께 구별된 삶을 살 수 있다는 뜻이다. '시집가지 않은 자와 처녀'(ἡ γυνὴ ἡ ἄγαμος καὶ ἡ παρθένος)를 직역하면 '여자, 미혼녀 그리고 처녀'(the woman, the unmarried and the virgin)다. 앞 섹션에서 언급한 것처럼 '처녀'(παρθένος)는 약혼한 여자를 뜻한다(cf. 7:25-28).

사도가 '여자, 미혼녀 그리고 처녀'라는 말로 한 사람에 대해 말하는 것인지, 혹은 두 사람에 대해 말하는 것인지 확실하지 않다. 어떤 이들은 한 사람, 즉 '시집가지 않은 자, 곧 처녀'로 해석해야 한다고 한다(Garland, cf. ESV, NAS, NIV). 반면에 대부분 우리말 번역본과 NRS는 '결혼하지 않은 여자와 처녀'라며 두 사람으로 해석한다(cf. 새번역, 공동, 아가페). 두 사람으로 해석하면 이혼하거나 사별한 여자들이 '결혼하지 않은 여자'가 된다(공동, NRS). 바울이 미혼인 여자와 기혼인 여자를 대조하고자 하므로 두 사람으로 보는 것이 좋다.

반면에 시집간 자는 어떻게 남편을 기쁘게 할지 염려한다(34c절). 결혼한 여자에 대한 우려도 결혼한 남자에 대한 우려와 같다. 결혼이 그녀의 마음을 나눠 놓는다. 원래 우리의 마음은 온전히 하나님만을 사모하고 사랑해야 한다: "우리 하나님 여호와는 오직 유일한 여호와이시니 너는 마음을 다하고 뜻을 다하고 힘을 다하여 네 하나님 여호와를 사랑하라"(신 6:4-5). 바울은 이러해야 하는 그리스도인의 마음이 나눠지는 것을 염려해 독신으로 지내는 것이 좋다고 한다.

바울이 이렇게 권면하는 것은 그의 경험을 바탕으로 한 것이다. 그는 부르심을 받은 사도로서 온전히 하나님을 사랑하고 섬기기 위해 결혼을 포기했다. 만일 결혼했더라면 부르심으로 인해 그가 당하는 핍박을 견뎌 내기 매우 힘들었을 것이다.

> 내가 수고를 넘치도록 하고 옥에 갇히기도 더 많이 하고 매도 수없이 맞고 여러 번 죽을 뻔하였으니 유대인들에게 사십에서 하나 감한 매를 다섯

> 번 맞았으며 세 번 태장으로 맞고 한 번 돌로 맞고 세 번 파선하고 일 주야를 깊은 바다에서 지냈으며 여러 번 여행하면서 강의 위험과 강도의 위험과 동족의 위험과 이방인의 위험과 시내의 위험과 광야의 위험과 바다의 위험과 거짓 형제 중의 위험을 당하고 또 수고하며 애쓰고 여러 번 자지 못하고 주리며 목마르고 여러 번 굶고 춥고 헐벗었노라(고후 11:23–27).

만일 남자가 결혼한 후에도 일편단심으로 하나님을 사랑할 수 있다면 결혼하는 것이 좋다. 사도는 결혼이 선택 사항이라고 하지, 결혼을 금하는 것이 아니다. 바울은 자신이 그리스도인으로 살면서 경험한 고난과 환난을 떠올리며 결혼이 신앙에 해가 될 때는 혼자 살며 마음껏 하나님을 섬기고 사랑하는 것이 좋다고 한다. 냉소주의자들(Cynics)은 책임과 의무로부터 자유롭기 위해 결혼을 거부했는데, 바울은 섬기는 자유를 위해 결혼을 포기했다(Garland).

결혼이 문제가 아니라 남편과 아내를 기쁘게 하려고 하나님을 소홀히 하는 것이 문제다. 하나님을 기쁘시게 하는 것이 그리스도인에게 삶의 가장 중요한 목표가 되어야 한다. 우리에게는 하나님을 섬길 시간이 많지 않다(cf. 29절).

바울이 이렇게 말하는 것은 그들을 염려하기 때문이지 무거운 짐을 지어 주기 위해서가 아니다. 목회자의 안타까운 마음으로 성도들이 당면할 고난과 어려움을 생각해 이렇게 조언하고 있다. 이슈는 옳고 그름이 아니라, 둘 다 좋은 것이지만 당면한 현실(기근)을 생각할 때 무엇이 더 나은 선택인가다.

이 말씀은 우리 삶에서 가장 우선 되어야 하는 것은 하나님을 기쁘시게 하는 것이라 한다. 우리는 온 마음과 정성과 힘을 다해 하나님을 사랑하라는 부르심을 받았다. 만일 결혼이나 비혼이 하나님을 온전히 사랑하는 일에 문제가 된다면 신중하게 선택해야 한다는 것이 사도의 조언이다. 실제로 바울은 사도직을 잘 감당하기 위해 결혼하지 않았다.

우리는 각 사람의 고유 성향과 특성을 인정해야 한다. 어떤 이들은 독신으로 살면서 하나님을 온전히 사랑할 수 있다. 반면에 어떤 이들은 결혼 전에는 방황하다가 결혼한 후에야 마음에 안정을 찾고 하나님을 더 사랑할 수 있다. 그러므로 결혼이나 비혼을 선택할 때는 어떤 선택이 신앙에 더 도움이 될지 고려해야 한다. 한 가지 선택을 모든 사람에게 적용할 수는 없다.

Ⅳ. 교회의 질문들(7:1–15:58)
A. 결혼과 이혼과 독신(7:1–40)

7. 결혼은 해도 좋고, 안 해도 좋음(7:36–40)

36 그러므로 만일 누가 자기의 약혼녀에 대한 행동이 합당하지 못한 줄로 생
각할 때에 그 약혼녀의 혼기도 지나고 그같이 할 필요가 있거든 원하는 대
로 하라 그것은 죄 짓는 것이 아니니 그들로 결혼하게 하라 37 그러나 그가
마음을 정하고 또 부득이한 일도 없고 자기 뜻대로 할 권리가 있어서 그 약
혼녀를 그대로 두기로 하여도 잘하는 것이니라 38 그러므로 결혼하는 자도
잘하거니와 결혼하지 아니하는 자는 더 잘하는 것이니라 39 아내는 그 남편
이 살아 있는 동안에 매여 있다가 남편이 죽으면 자유로워 자기 뜻대로 시
집 갈 것이나 주 안에서만 할 것이니라 40 그러나 내 뜻에는 그냥 지내는 것
이 더욱 복이 있으리로다 나도 또한 하나님의 영을 받은 줄로 생각하노라

본 텍스트(특히 36–38절)는 바울 서신에서 가장 해석하기 어려운 말씀에 속한다(cf. Barrett, Bruce, Garland, Gardner, Verbrugge). 여러 가지 난해한 해석적 이슈를 포함하고 있기 때문이다: (1)'누가'(τις)의 선행(antecedent)은 무엇/누구인가? (2)'합당하지 못한 행동'(ἀσχημονεῖν)은 무엇인가? (3)'자기의 약혼녀'(παρθένον αὐτοῦ)에서 '자기'는 누구인가? 여자와 약혼한 남자이거나 그녀의 아버지일 수 있다, (4)'그같이 할 필요가 있거든 원하는 대로 하라'(καὶ οὕτως ὀφείλει γίνεσθαι)는 무엇을 하라는 것인가?

위에 나열된 해석적 이슈는 하나하나 해결하기가 쉽지 않다. 본문의 이러한 불확실성은 번역본에도 반영되어 있다. 우리말 번역본 중 네 가지 주요 사례를 정리하면 다음과 같다.

번역본	36절 번역
새번역	어떤 이가 결혼을 단념하는 것이 자기의 약혼녀에게 온당하게 대하는 일이 못 된다고 생각하면, 더구나 애정이 강렬하여 꼭 결혼을 해야겠으면, 그는 원하는 대로 그렇게 하십시오. 결혼하는 것이 죄를 짓는 것이 아니니, 그런 사람들은 결혼하십시오.
새번역 각주	어떤 사람이 자기 딸을 혼기가 지날 때까지 붙들어 둔 것이 온당하지 못하다고 생각하고, 결혼을 시켜야겠다고 생각하면 결혼을 시키십시오. 그것은 아버지에게 죄가 되지 않습니다.
공동	어떤 사람이 욕정을 억제할 수 없어서 자기 약혼녀와 한 약속을 어겨야 할 경우 그 약혼녀에 대해서 떳떳하지 못하다는 생각이 들겠지만 어쩔 수 없을 때는 원하는 대로 그와 결혼하십시오. 그래도 죄가 되지 않습니다.
아가페	어떤 남자에게 약혼한 여자가 있는데 자기가 그 여자에게 적절하지 못하게 행동하고 있다는 생각이 들고, 더욱이 약혼녀가 혼기를 지날 만큼 나이가 들게 되어 여자와 결혼해야 할 것 같다고 판단된다면, 원하는 대로 행하십시오. 죄짓는 것이 아닙니다. 두 사람은 결혼하는 것이 좋습니다.

새번역은 파혼을 생각하지만 약혼녀에 대한 애정이 강렬한 남자에 대한 말씀으로 해석한다. 고대 사회에서는 부모가 자녀의 결혼을 주선했으며, 먼저 두 사람을 약혼시킨 후 특별한 어려움이 없으면 1–2년 이내에 결혼식을 올렸다. 어떠한 이유에서인지는 알 수 없지만, 남자는 결혼을 단념하고 싶다. 그러나 파혼은 약혼녀를 온당하게 대하는 일이 아니라는 생각이 든다. 더욱이 시간이 지날수록 남자의 마음속에 그녀에 대한 애정이 강력해진다. 결국 결혼을 단념하고자 했던 마음이 반드시 결혼해야겠다는 마음으로 바뀐다. 이런 경우 그는 원하는 대로 결혼해도 된다. 결혼은 죄를 짓는 것이 아니다.

새번역 각주는 결혼 적령기의 딸을 둔 아버지에 관한 말씀으로 해석한다. 만일 아버지가 딸의 혼기가 지날 때까지 집에 붙들어 두는 것이 합당하지 못한 일이라 생각해 결혼시켜야겠다고 생각하면 결혼시키는 것도 좋다는 것이다. 딸을 결혼시키는 것이 아버지에게 죄가 되지 않기 때문이다.

공동번역은 남자와 여자가 성관계를 배제한 '영적 결혼'(spiritual marriage)을 약속했다가 약혼 기간 중 남자가 끓어오르는 정욕을 주체하지 못할 때에 대한 말씀으로 해석한다(cf. NEB). 남자가 욕정을 억제할 수 없어서 약혼녀와 맺은 성관계를 배제한 결혼 약속을 어겨야 할 경우, 약혼녀와 한 약속을 지킬 수 없기 때문에 그녀에게 떳떳하지 못하다. 그럼에도 불구하고 미안한 마음으로 그녀와 결혼하는 것이 좋다. 이러한 결혼은 죄가 되지 않는다.

아가페 쉬운성경은 남자가 약혼한 여자와 차일피일 결혼식을 미루는 상황에 대한 말씀으로 해석한다. 어떠한 이유에서인지 남자는 자기 자신을 위해 결혼을 미루고 있다. 그러나 약혼녀가 혼기를 넘길 만큼 결혼을 미루는 것은 적절하지 못한 행동이다. 그러므로 더는 지체하지 않고 여자와 결혼해야 할 것 같다고 판단해 결혼한다면 죄짓는 것이 아니며, 두 사람에게 좋은 일이다. 남자의 결정에는 약혼녀에 대한 정욕이 영향을 미치지 않는다.

이 네 가지 해석 중 37절과의 흐름을 고려할 때, 아가페 쉬운성경의 해석과 번역이 가장 잘 어울린다. 바울은 약혼한 남자가 약혼녀와 반드시 결혼해야 할 필요를 느끼지 못하더라도 그녀를 혼기가 지나도록 내버려 두는 것은 옳지 않다고 생각해 결혼하는 것도 좋은 일이라 한다(36절). 결혼에서는 상대에 대한 배려가 매우 중요하기 때문이다.

반면에 반드시 당장 결혼할 필요는 없다고 생각해 약혼녀를 그대로 두어 혼기를 지나게 하는 것도 잘하는 일이라고 한다(37절). 이미 언급한 것처럼 고린도는 기근으로 인해 어려운 시간을 보내고 있다. 이러한 상황에서 무리해서 결혼할 필요가 없다면, 기근이 끝날 때까지 기다리는 것도 좋다는 뜻이다.

남자가 자신을 위하고 약혼녀를 배려해 결혼하는 것은 잘하는 일이다(38a절). 또한 기근으로 인한 어려움이 해소될 때까지 결혼을 하지 않는 것(보류하는 것)은 더 잘하는 것이다(38b절). 결혼과 홀로 사는 것은 옳고 그름의 이슈가 아니라, 잘하느냐 더 잘하느냐의 문제다.

이미 결혼한 여자는 남편이 살아 있는 동안에 매여 있다(39a절). 결혼한 부부는 배우자가 살아 있는 동안만 서로에게 매여 있다는 뜻이다. 남편이 죽으면 자유로워져서 자기 뜻대로 시집갈 수 있다. 아내가 죽은 남편도 마찬가지로 다른 여자에게 자유로이 장가갈 수 있다. 그러나 사도는 '주 안에서만'(ἐν κυρίῳ) 결혼할 것을 제안한다. 그리스도인은 그리스도인하고만 결혼해야 한다는 뜻이다. 결혼을 통해 두 사람이 영적으로 결합하는 것이 육적으로 결합하는 것보다 더 중요하기 때문이다.

그리스도인이 그리스도인과 재혼하는 것은 참으로 복된 일이지만, 재혼하지 않고 홀로 지내는 것은 더 복이 있다(40a절). 온 마음을 다해 하나님을 섬길 수 있기 때문이다. 또한 하나님이 결혼한 부부에게만 성령을 내려 주신다고 생각할 필요도 없다. 바울은 독신이지만 하나님이 그에게 영을 주셨다. 하나님은 결혼 여부로 사람을 차별하지 않으신다. 그러므로 결혼하지 않고도 얼마든지 성령을 받을 수 있다.

이 말씀은 결혼과 재혼과 독신으로 사는 것은 각 그리스도인이 선택할 사항이지 한 가지 관점이 모든 사람에게 강요될 수는 없다고 한다. 결혼과 재혼도 좋고, 독신으로 사는 것도 좋다. 중요한 것은 어떤 삶이 자신에게 가장 잘 어울리는가다. 우리는 우리에게 가장 잘 어울리는 삶으로 하나님을 온전히 사랑해야 한다. 홀로 살며 하나님을 섬기는 것도 좋지만, 결혼해서 부부가 함께 하나님을 섬기는 것도 좋은 시너지 효과를 발휘한다.

재혼도 마찬가지다. 사별이나 이혼 후 홀로 사는 것이 좋은 사람도 있지만, 재혼하는 것이 좋은 사람도 있다. 신중하게 고려해 가장 좋은 결정을 해야 한다. 우리는 모두 하나님께 사랑받기 위해 태어난 것처럼 결혼한 배우자의 사랑과 섬김을 누리기에 합당하다.

Ⅳ. 교회의 질문들(7:1–15:58)

B. 우상에게 바친 음식(8:1–13)

[1] 우상의 제물에 대하여는 우리가 다 지식이 있는 줄을 아나 지식은 교만하게 하며 사랑은 덕을 세우나니 [2] 만일 누구든지 무엇을 아는 줄로 생각하면 아직도 마땅히 알 것을 알지 못하는 것이요 [3] 또 누구든지 하나님을 사랑하면 그 사람은 하나님도 알아 주시느니라 [4] 그러므로 우상의 제물을 먹는 일에 대하여는 우리가 우상은 세상에 아무 것도 아니며 또한 하나님은 한 분밖에 없는 줄 아노라 [5] 비록 하늘에나 땅에나 신이라 불리는 자가 있어 많은 신과 많은 주가 있으나 [6] 그러나 우리에게는 한 하나님 곧 아버지가 계시니 만물이 그에게서 났고 우리도 그를 위하여 있고 또한 한 주 예수 그리스도께서 계시니 만물이 그로 말미암고 우리도 그로 말미암아 있느니라 [7] 그러나 이 지식은 모든 사람에게 있는 것은 아니므로 어떤 이들은 지금까지 우상에 대한 습관이 있어 우상의 제물로 알고 먹는 고로 그들의 양심이 약하여지고 더러워지느니라 [8] 음식은 우리를 하나님 앞에 내세우지 못하나니 우리가 먹지 않는다고 해서 더 못사는 것도 아니고 먹는다고 해서 더 잘사는 것도 아니니라 [9] 그런즉 너희의 자유가 믿음이 약한 자들에게 걸려 넘어지게 하는 것이 되지 않도록 조심하라 [10] 지식 있는 네가 우상의 집에 앉아 먹는 것을 누구든지 보면 그 믿음이 약한 자들의 양심이 담력을 얻어 우상의 제물을 먹게 되지 않겠느냐 [11] 그러면 네 지식으로 그 믿음이 약한 자가 멸망하나니 그는 그리스도께서 위하여 죽으신 형제라 [12] 이같이 너희가 형제에게

죄를 지어 그 약한 양심을 상하게 하는 것이 곧 그리스도에게 죄를 짓는 것 이니라 [13] 그러므로 만일 음식이 내 형제를 실족하게 한다면 나는 영원히 고 기를 먹지 아니하여 내 형제를 실족하지 않게 하리라

초대교회 성도들에게 시중에 유통되는 고기를 사 먹는 일은 상당히 혼란스러운 이슈였다. 당시 고기는 대부분 우상에게 먼저 바친 다음에 시장에서 팔렸기 때문이다(cf. Gardner). 바울이 이곳에서 우상과 고기에 대해 자세히 말하는 것도 이러한 정서를 반영한다(cf. 행 15:20, 29; 계 2:14-17, 20). 사도는 8-10장에서 우상에게 바친 고기와 연관해 세 가지 정황을 말한다(Barrett, Conzelmann, Robertson & Plummer): (1)우상의 신전에서 우상에게 바친 음식을 먹을 때(8:7-13; 10:1-22), (2)역사와 유통 과정을 알 수 없는 고기를 시장에서 사 먹을 때(10:23-27), (3)우상 숭배자들의 집에서 음식을 먹을 때(10:28-31).

가르침의 핵심은 강자는 하나님이 그들에게 주신 자유를 행사할 때 항상 약자를 배려하는 마음으로 해야 한다는 것이다(cf. 8:7, 10-11). 강자는 그리스도인의 자유에 대해 깊은 깨달음이 있어 어떠한 음식(고기)도 거리낌이나 주저함 없이 먹는 사람이다. 반면에 약자는 음식을 가릴 뿐 아니라 하나님을 위한다며 여러 가지 금기 사항을 만들고 준수하는 사람이다(cf. 롬 14-15장).

이 섹션을 시작하는 '대하여는…"(περὶ δὲ)(cf. 7:1, 25; 8:4; 12:1; 16:1)이 주제의 변화를 알리는 것이라 하는 이들이 있지만(Mitchell), 바울은 고린도 성도들이 편지를 보내 질문한 것에 답하고 있음을 암시한다(Fee, Gardner, cf. 7:1). 그들이 우상의 제물에 대해 사도에게 물었는데, '우상의 제물'(τῶν εἰδωλοθύτων)은 '우상에게 바친 것'이라는 의미를 지닌다(cf. 행 15:29; 21:25). 이 헬라어 단어가 신약에서 사용되는 것은 고린도전서가 처음이다(Witherington, cf. 8:4, 7, 10; 10:19, 28). 논쟁적(polemic)인 뉘앙스를 지닌 단어다(Garland). 당시 시중에서 유통되는 고기는 상당 부분 우상들의 신전에서 도살되었다. 도살한 짐승의 장기를 보고 점을 치기 위해, 혹은 단순히 시장에 내다팔기 위해서도 신전에서 가축들을 도살했다.

대부분 학자는 1절이 고린도 성도들이 사도에게 보낸 서신에 기록된 말을 반영한다고 하지만(cf. 7:1), 정확히 어디서부터 어디까지가 인용구인지에 대해서는 이견이 있다(cf. Conzelmann, Sampley, Thiselton). 아마도 일부 고린도 성도는 "우리가 다 지식이 있다"(πάντες γνῶσιν ἔχομεν)라는 말을 슬로건으로 외친 것으로 생각된다(Parry, Willis). '지식'(γνῶσις)은 이 섹션의 핵심이다. 이 서신 전체에서 열 차례 사용되는데, 그중 8장에서만 다섯 차례 사용된다(8:1[2x], 7, 10, 11; cf. 1:5; 12:8; 13:2, 8; 14:6).

한때는 일부 주석가가 이 '지식'을 영지주의자(Gnostics)가 말하는 지식으로 해석하기도 했지만, 지금은 대부분이 이러한 해석을 부인한다(Garland). 사도가 말하는 지식은 각 그리스도인이 지닌 생각이 아니다(Kennedy). 신에 관한 객관적이고 철학적인 지식, 곧 세상에는 오직 하나님 한 분만 계시고 나머지 소위 '신들'은 존재하지 않는다는 지식으로 풀이하는 이들이 있다(Conzelmann). 그리스도인은 어떻게 살아야 하는지에 대해 성령이 주시는 지식(Gardner), 혹은 영적 은사로 주시는 삶에 대한 지식으로 해석하기도 한다(Fee, Garland, cf. 1:5; 고후 8:7).

이처럼 좋은 지식을 우리에게 주는 이는 성령이지만, 그가 주신 지식을 잘못 사용하면(적용하면) 교만하게 된다(1b절). 반면에 사랑은 덕을 세운다(1c절). 지식은 좋은 것이지만, 어떻게 적용하고 사용할 것인지는 사랑을 바탕으로 결정해야 한다는 뜻이다.

누구든지 무엇을 아는 줄로 생각하면 아직도 마땅히 알 것을 알지 못한다는 증거다(2절). 벼는 익을수록 고개를 숙인다고, 하나님을 아는 지식이 커질수록 더 겸손하게 된다. 그러므로 하나님을 아는 지식이 있다고 하면서 교만하면 그는 당연히 알아야 할 것을 알지 못한다고 할 수 있다. 결국 지식이 그에게는 속이는 것이 된다(cf. 3:18; 10:12; 14:37; 갈 6:3).

누구든지 하나님을 사랑하면 하나님도 그 사람을 알아주신다(3절; cf. 13:12; 갈 4:9). 이 말씀은 예정과 선택에 관한 것이다(Garland, Horsley, cf. 출 33:12, 17; 렘 1:5; 암 3:2). 우리의 구원은 우리에게서 난 것이 아니라 하나님께로부터 왔다. 우리를 먼저 사랑하는 분은 하나님이시고, 우리를 택하고 죄와 사망의 권세에서 건지는 분도 하나님이시다. 그러므로 중요한 것은 하나님에 대한 우리의 지식이 아니라 우리에 대한 하나님의 지식이다. 바울은 고린도 성도들이 서로 사랑하는 것을 의심하지 않는다. 그러나 이 말씀을 통해 그들이 하나님을 사랑하는지 우회적으로 한 번 더 묻는다. 하나님을 사랑하는 사람은 하나님에 대해 많은 것을 알고, 또한 알고자 하기 때문이다.

하나님을 아는 사람에게는 우상의 제물을 먹는 일이 문제가 되지 않는다. 우상은 세상에 아무것도 아니기 때문이다(4a절). '우상의 제물을 먹는 일'(τῆς βρώσεως τῶν εἰδωλοθύτων)은 우상에게 바친 음식을 먹는 것을 뜻한다(Verbrugge). 이방인 성도가 부정한 짐승을 먹는 것은 예루살렘 공의회에서도 논의되고 허락되었다(cf. 행 15장). 바울은 한 걸음 더 나아가 우상의 제물을 먹는 것에 관해 말한다.

그리스도인이 우상에게 바친 음식을 먹는 것은 문제가 되지 않는다. 우상은 '세상에 아무것도 아니기'(οὐδὲν εἴδωλον ἐν κόσμῳ) 때문이다. 이 말은 고린도 성도들이 우상에게 바친 음식을 먹으면서 자신의 행동을 정당화하기 위해 사용한 것이며, 바울의 가르침에서 인용한 것으로 보인다(Fee, Hays). 우상은 실제로 존재하는 신이거나 그 신들을 반영하지 않는다. 하나님보다 훨씬 능력이 못한 악령에 불과하다(신 4:19; 32:17; 대상 16:26; 시 106:37; 사 8:19; 19:3). 또한 선지자들은 우상은 사람의 손으로 만든 것이지, 스스로 존재하는 것이 아니라고 한다(사 41:29; 44:9-17; 렘 10:3-11). 그러므로 우상이 인간을 타락시키는 것이 아니라, 타락한 인간이 우상을 만든다.

"하나님은 한 분밖에 없다"(οὐδεὶς θεὸς εἰ μὴ εἷς)(4b절)는 '셰마'(신 6:4-5)의 일부인 "우리 하나님 여호와는 오직 유일한 여호와이시니"(신 6:4)를 반영한 말씀이다(cf. 사 44:8; 45:5). 이 또한 일부 고린도 성도가 신전에 가서 우상에게 바친 고기를 먹으며 자신의 행위를 정당화하는 말로 사용한 것으로 보인다(Gardner, Garland).

세상에는 신이라 불리는 자가 참으로 많다(5b절). 하늘에도 있고, 땅에도 있다(5a절). 인간은 본능적으로 우상을 만들어 '주'로 숭배하고자 한다는 사실을 생각하면 세상에는 사람의 수만큼이나 우상의 수도 많을 수 있다. 그들은 자신이 만들어 낸 신이 창조주이거나 창조주 하나님과 경쟁한다고 생각하지만, 잘못된 생각이다.

그리스도인에게는 한 하나님 곧 아버지가 계신다(6a절). 구약은 이 하나님의 이름을 '여호와'라고 한다. 우리를 포함한 세상 만물이 그분에게서 났다(6b절). 그러므로 우리는 우리를 창조하신 그분을 위해 존재한다(6c절). 우리가 창조된 목적은 창조주 하나님을 경배하고 영화롭게 하기 위해서이기 때문이다.

창조주 하나님은 세상을 창조하실 때 한 주(유일하신 주)이신 예수 그리스도를 통해 창조하셨다(6d절). 예수님이 아버지 하나님이 하시는 일에 얼마나 깊이 연루되어 있는지, 사역에 있어 두 분을 따로 말할 수 없다(Smit). 우리도 그로 말미암아 창조되었으며, 세상 만물이 모두 그리스도를 통해 존재하게 되었다. 이 말씀은 기독론에서 가장 위대한 선언이다(Dunn, Wright).

사도와 고린도 성도 대부분은 여호와 하나님은 한 분이시며 예수 그리스도를 통해 모든 것을 자기를 위해 창조하셨다는 '사실을 안다'(지식을 가졌다). 또한 세상에 있는 많은 신과 우상이 아무것도 아니라는 사실도 안다. 그러나 고린도 성도 중 모르는 사람들이 있다(7a절). 아마도 그리스도를 영접한 후 영적으로 성장하지 못한 사람들을 두고 하는 말일 것이다. 평생 우상을 숭배하다가 그리스도인이 되면, 우상의 흔적이 쉽게 지워지지 않는다. 그들은 아직도 우상에 대한 옛 습관을 지니고 있다. 비록 그들이 입으로 하나님을 시인하지만, 마음 한구석에는 우상들이 하나님보다는 못하지만 그래도 실존하는 신이라는 생각이 도사리고 있다. 머리에 있는 지식(1절)이 마음으로 내려가 마음의 지식이 되어야 하는데, 아직 그러지 못했기 때문이다(Barrett, Collins, Conzelmann, Fee, Moffatt, Murphy-O'Connor, Parry). 그러므로 우상에게 바친 제물을 먹을 때 그들의 양심이 약해지고 더러워진다(7b절). 하나님의 자녀라고 자부하는 자들이 실제 신이라 생각하는 우상에게 제물로 바친 음식을 먹는 것은 양심을 불편하고 불안하게 만든다. 바울은 이 사람들이 다시 우상 숭배로 끌릴 것도 염려한다(Garland, Gardner).

음식은 우리를 하나님 앞에 내세우지 못한다(8a절). 우리가 먹는 것이 우리를 심판자이신 하나님 앞에 세워 정죄받게 하지 못한다는 뜻이다(Bruce, Fee, Murphy-O'Connor). 아마도 이 말 또한 고린도 성도들이 우상에게 바친 음식을 먹으면서 자신을 정당화하는 데 사용한 것으로 보인다(Fee, Murphy-O'Connor). '더 못사는 것이 아니다'(ἐὰν μὴ ὑστερούμεθα)와 '더 잘사는 것도 아니다'(οὔτε ἐὰν περισσεύομεν)는 우상에게 바친 음식을 먹거나 먹지 않는 일이 하나님의 심판에 어떠한 영향도 미치지 않는다는 뜻이다.

그러므로 그리스도인은 자신의 자유가 믿음이 약한 자들을 걸려 넘어지게 하는 것이 되지 않도록 조심해야 한다(9절). '자유'(ἐξουσία)는 '권리'(right)를 뜻하기도 한다(BDAG). 그러므로 일부 번역본은 '권리'로 번역한다(가톨릭 ESV, NIV). 둘 다 가능하다. 각 사람의 자유 혹은 자유에 대한 권리 행사가 약한 자들을 넘어지게 하지 않도록 조심하라는 뜻이다. 그리스도인의 자유는 자기 마음에 내키는 대로 하는 무절제한 것이 아니다(Fee, Willis).

각 그리스도인이 자유를 행사하는 일에서 가장 중요한 것은 이웃(특히 믿음이 연약한 자)에 대한 배려와 사랑이다. 안타깝게도 고린도 성도들의 자유 행사에는 배려와 사랑이 없다. 그러므로 바울은 그들의 자유 행사를 만족스럽게 생각하지 않는다. 그들은 더 잘할 수 있다. 그러나 사도는 직접 문제를 제기하지 않고 우회적으로 말한다.

사도는 하나의 가상 사례를 통해 자신이 하고자 하는 말을 설명한다(10-12절). 만일 다른 사람보다 지식이 있다고 하는 사람이 우상의 집에 앉아 먹는 것을 믿음이 약한 사람이 보면 어떠한 반응을 보일까(10a절)? 그도 분명 용기를 내어 우상의 제물을 먹을 것이다(10b절). 스스로 믿음의 결단을 내리지 못하는 사람일수록 따라 할 것이다. 하지만 문제는 그의 양심이 약해지고 더러워진다는 것이다(7b절). 어떠한 양심의 거리낌 없이 따라 하면 괜찮은데, 양심에 거리낌이 있음에도 불구하고 따라 하는 것은 양심이 상하는 일이다(cf. 12절)

결국 믿음이 강한 사람의 지식이 믿음이 약한 자를 멸망하게 한다(11a절). 바울 서신에서 '멸망하다'(ἀπόλλυμι)는 항상 영원한 멸망을 의미한다(Barrett, Conzelmann, Fee, cf. 롬 2:12; 고전 1:18; 15:18; 고후 2:15; 4:3, 9; 살후 2:10). 그러므로 어떤 이들은 믿는 자들이 결코 잃을 수 없는 구원(롬 8:28-39)과 연관할 때 모순이라며 문제를 제기하기도 한다. 그러나 사도는 이 가상 시나리오를 통해 연약한 자를 실족하게 하는 일을 강력하게 경고하는 것이지, 실제로 이렇게 될 것이라고 하는 것이 아니다(Verbrugge).

지식이 많고 믿음이 강한 자가 멸망하게 만든 믿음이 약한 자는 그리스도께서 위하여 죽으신 형제다(11b절). 마치 바울이 "그리스도는 이 연약한 사람을 위해 죽으셨는데 너는 식단도 바꿀 수 없느냐?"라고 질문하는 듯하다(Hays).

이런 경우 믿음이 강한 사람이 그의 행동을 보고 따라 한 믿음이 약한 형제에게 죄를 짓는 일이다(12a절). 믿음이 약한 자가 강한 자를 보고 양심이 상하면서도 따라 했기 때문이다. 믿음이 강한 자가 이런 일로 약한 형제에게 죄를 짓는 것은 곧 그리스도에게 죄를 짓는 것과 다름없다(12b절). 매우 심각한 결과를 초래하는 행위다.

그러므로 만일 음식이 형제를 실족하게 한다면, 차라리 영원히 고기를 먹지 않음으로써 형제를 실족하지 않게 하는 것이 좋다(13절). 영원히 고기를 먹지 않는 채식주의자가 되겠다는 뜻이다. 사도는 고린도 성도들에게 명령하지 않고, "나 같으면…"이라는 어투로 부드럽게 말한다.

이 말씀은 그리스도인의 자유를 배려와 사랑으로 실천해야 한다고 한다. 우리는 분명 그리스도께서 주신 참 자유를 누릴 권리가 있다. 그러나 만일 나의 권리 행사가 다른 사람을 실족하게 하거나 시험에 들게 한다면 자제해야 한다. 그리스도께서는 그를 위해서도 죽으셨다. 내 권리 행사보다 더 중요한 것은 이웃에 대한 배려와 사랑이다.

하나님은 무엇을 먹고 먹지 않는지에 따라 우리를 심판하지 않으신다. 하나님은 유일한 주님이시며, 세상의 우상과 신들은 모두 아무것도 아니다. 그러므로 그리스도인은 우상에게 바친 음식을 먹어도 괜찮다. 하지만 이러한 사실을 알고 있는 사람이 우상에게 바쳤던 음식을 먹는 자기 모습을 믿음이 연약한 사람이 보고 실족할 것 같으면, 먹지 않는 것이 좋다. 거리낌 없이 먹는 것이 진리라 할지라도, 사랑과 배려 없이 진리를 강요하는 것은 죄를 낳을 수 있기 때문이다. 세상에는 이런 것 외에도 먹을 것이 많다.

우리는 무엇을 하든지 사랑으로 해야 한다. 사랑은 덕을 세우며, 공동체도 세운다. 우리의 권리와 지식을 앞세워 남을 지배하려고 하는 것은 교만이다. 지식은 항상 배려와 사랑을 동반해야 한다.

Ⅳ. 교회의 질문들(7:1-15:58)

C. 바울의 권리와 갈등(9:1-27)

사도는 그리스도인의 행동은 믿음이 연약한 사람들을 위한 사랑과 배려를 바탕으로 행해져야 한다고 했다. 우상에게 바친 음식을 먹는 것도 예외는 아니다. 그리스도인의 자유에 대한 확고한 믿음이 있어서 일체 거리낌 없이 이런 음식을 먹을 수 있는 사람이라도 자기 행동을 보고 실족할 만한 연약한 성도가 있다면, 그를 배려하고 사랑하는 차원에서 먹지 않아야 한다. 권리는 항상 사랑과 배려를 염두에 두고 행사되어야 한다.

바울은 하나님의 부르심에 따라 그리스도의 사도가 된 자신도 가진 권리가 있다고 한다. 그러나 그는 권리를 스스로 포기했다. 그의 사역과 삶을 후원하는 교회와 성도들을 배려하는 차원에서 이렇게 살아왔다. 그러나 헌신과 포기는 쉽지 않다. 그러므로 자신이 운동선수처럼 계속 훈련하고 있다고 말한다. 이러한 내용을 담고 있는 본 텍스트는 다음과 같이 구분된다.

A. 바울의 사도직 권리(9:1-14)
B. 바울이 권리를 포기하고 전도함(9:15-23)
C. 바울의 자기 훈련(9:24-27)

Ⅳ. 교회의 질문들(7:1-15:58)
C. 바울의 권리와 갈등(9:1-27)

1. 바울의 사도직 권리(9:1-14)

1 내가 자유인이 아니냐 사도가 아니냐 예수 우리 주를 보지 못하였느냐 주
안에서 행한 나의 일이 너희가 아니냐 2 다른 사람들에게는 내가 사도가 아

닐지라도 너희에게는 사도이니 나의 사도 됨을 주 안에서 인친 것이 너희라
3 나를 비판하는 자들에게 변명할 것이 이것이니 4 우리가 먹고 마실 권리가
없겠느냐 5 우리가 다른 사도들과 주의 형제들과 게바와 같이 믿음의 자매
된 아내를 데리고 다닐 권리가 없겠느냐 6 어찌 나와 바나바만 일하지 아니
할 권리가 없겠느냐 7 누가 자기 비용으로 군 복무를 하겠느냐 누가 포도를
심고 그 열매를 먹지 않겠느냐 누가 양 떼를 기르고 그 양 떼의 젖을 먹지
않겠느냐 8 내가 사람의 예대로 이것을 말하느냐 율법도 이것을 말하지 아니
하느냐 9 모세의 율법에

곡식을 밟아 떠는 소에게 망을 씌우지 말라

기록하였으니 하나님께서 어찌 소들을 위하여 염려하심이냐 10 오로지 우리
를 위하여 말씀하심이 아니냐 과연 우리를 위하여 기록된 것이니 밭 가는
자는 소망을 가지고 갈며 곡식 떠는 자는 함께 얻을 소망을 가지고 떠는 것
이라 11 우리가 너희에게 신령한 것을 뿌렸은즉 너희의 육적인 것을 거두기
로 과하다 하겠느냐 12 다른 이들도 너희에게 이런 권리를 가졌거든 하물며
우리일까보냐 그러나 우리가 이 권리를 쓰지 아니하고 범사에 참는 것은 그
리스도의 복음에 아무 장애가 없게 하려 함이로다 13 성전의 일을 하는 이들
은 성전에서 나는 것을 먹으며 제단에서 섬기는 이들은 제단과 함께 나누는
것을 너희가 알지 못하느냐 14 이와 같이 주께서도 복음 전하는 자들이 복음
으로 말미암아 살리라 명하셨느니라

저자는 '아니냐?'(οὐκ/οὐ)라는 단어로 시작하는 네 개의 수사학적 질문으로 이 섹션을 시작한다(1절). 모두 다 '맞다/이다'(yes)를 답으로 기대하는 질문이다: (1)내가 자유인이 아니냐? (2)내가 사도가 아니냐? (3)내가 예수 우리 주를 보지 못하였느냐? (4)주 안에서 행한 나의 일이 너희가 아니냐?

어떤 이들은 이 질문들이 바울이 고린도 성도 중 그의 사도직에 문제를 제기하는 자들에게 반박하는 것이라 한다(cf. Garland). 그들이 바

울의 사도직을 부인하거나, 혹은 다른 사도들보다 낮은 것으로 간주한 데 대한 반격이라는 것이다(Moffatt). 그러나 바울은 고린도 성도들이 이미 알고 인정하는 사실을 재차 확인하고자 이 질문을 한다(Gardner, Smit). 이 질문들에 그들이 긍정적으로 답하며 공감해야 이어지는 바울의 이야기가 바로 앞 섹션에서 언급한 '배려와 헌신'의 사례로 효력을 발휘한다. 그러므로 이 네 가지 수사학적인 질문은 이런 의미를 지닌다: "너희도 알다시피 나는 자유인이고, 사도이며, 예수님을 직접 보았고, 너희는 내 사역의 열매다."

바울은 고린도 교회가 하나님의 밭이라 했다(3:9). 그는 그 밭에서 씨앗 뿌리는 일을 한 종에 불과하며, 그가 뿌린 씨앗을 자라게 하시는 이는 하나님이라고 했다(3:6-7). 그러므로 그는 고린도 교회와 성도들이 그가 '주 안에서'(ἐν κυρίῳ) 행한 자기 '일'(씨 뿌리는 일)의 열매라 한다(1b절). 하나님은 그를 사용해 고린도 성도들에게 믿음과 은혜와 자비를 베푸신 것이다. 그는 하나님 안에서 고린도 사역을 자랑하고 있다(1:30-31; 고후 10:17). 좋은 일이다.

그러므로 바울이 다른 사람들에게는 사도가 아닐지라도 복음의 씨앗을 뿌려 이룩한 고린도 교회의 성도들에게는 사도다(2a절). '다른 사람들'을 고린도 교회 안에서 바울을 공격하는 자들로 해석하는 이들도 있지만(Fee), 바울에게 복음을 듣지 않은 사람들을 뜻하는 보편적인 표현이다(Judge, Marshall). 즉, 그가 세우지 않은 교회들에 속한 성도를 의미한다. 바울에게 복음을 전파받지 않은 사람들은 그를 사도라 하지 않을 수 있지만, 그에게 복음을 듣고 회심한 고린도 성도들은 바울을 사도로 대해야 한다(Collins).

그러므로 주 안에서 고린도 성도들은 바울이 사도라는 사실에 인을 쳤다고 할 수 있다(2b절). 그의 사도 사역의 열매이기 때문이다. 고린도 성도 중 바울의 사도직에 문제를 제기하는 사람들은 스스로 자신의 정당성을 부인하고 있다. 그들은 자신에게 복음을 전해준 바울이 사도가 아니라며 그들을 회심하게 한 복음의 출처를 문제 삼기 때문이다.

바울도 자기를 비판하는 자들에게 변명할 것이 있다(3절). 아마도 고린도 교회에는 바울이 그리스도인은 어떠한 음식도 먹을 수 있는 권리와 자유가 있다고 하면서도 정작 음식법을 지키는 유대인처럼 행동하는 것을 비난하는 자들이 있었던 것으로 보인다(cf. Gardner, Hays, Martin). 그러므로 바울은 왜 자신이 믿음이 약한 자들로 말미암아 자유를 절제하는지 말하고자 한다(Garland, Malherbe, Smit, cf. Verbrugge).

사도는 먼저 자신을 포함한 모든 복음 전파자가 지닌 세 가지 권리를 수사학적인 질문을 통해 말한다(4-6절). 이 질문은 모두 '있다'(yes)라는 대답을 기대한다. 첫째, 복음을 전파하는 이들은 먹고 마실 권리가 있다(4절). 하나님이 그들을 복음 전하는 자로 부르신 만큼 그들을 사역자로 세우고 파송한 교회로부터 재정적 지원을 받을 권리를 가졌다는 뜻이다(Garland). 또한 앞 섹션과 연결하면 그들도 우상에게 바친 음식을 먹고 마실 권리가 있다.

둘째, 복음을 전파하는 이들은 아내를 데리고 다닐 권리가 있다(5절). 사도 중에는 아내와 함께 다니는 이들이 있었으며, 주의 형제들과 게바(베드로)도 그러했다. '주의 형제들'(ἀδελφοὶ τοῦ κυρίου)은 야고보 등 예수님의 형제들을 뜻한다(cf. 마 12:46-49; 13:55; 28:10; 막 3:31-34; 6:3; 눅 8:19-21; 요 2:12; 7:3-10; 20:17). 복음서에 나타나는 그들의 모습은 믿는 자가 아니었지만, 예수님이 부활하신 후 그리스도인이 된 것으로 보인다.

가톨릭에서는 예수님의 '형제들'이 아니라 '사촌들'이라며 마리아가 예수님을 낳은 후에도 영구적으로 동정녀였다고 하지만(cf. Garland), 별로 설득력이 없다. 바울은 '사촌'(ἀνεψιὸς)이라는 단어를 알고 있고, 자기 서신에서 실제로 사용하기도 하기 때문이다(골 4:10). 또한 야고보는 예수님의 '형제'다(갈 1:19).

'믿음의 자매 된 아내'(ἀδελφὴν γυναῖκα)는 남편과 함께 예수님을 믿는 여인들이다. 사도들은 아내를 데리고 다니며 복음을 전파할 권리를 지녔다. 그러나 예수님은 이 이슈에 대해 아무 말씀도 하지 않으셨다(cf. 눅 10:7).

셋째, 복음을 전파하는 이들은 일하지 않아도 되는 권리가 있다(6절). 그들은 파송한 교회와 세운 교회로부터 생활비와 사역비를 지원받을 권리가 있다. 실제로 여러 사도가 이러한 권리를 행사한 것으로 보인다. 오직 바울과 바나바만 이 권리를 주장하지 않았다. 그들은 오늘날로 말하면 '이중직'(tentmaking)을 통해 생활비를 충당하며 사역했다.

바울이 바나바를 언급하는 것이 인상적이다. 아마도 바나바가 고린도 교회에도 알려졌기 때문일 것이다. 바나바는 바울처럼 자비량 선교를 했다. 두 사도는 마가의 일로 심하게 다투고 헤어졌지만(cf. 행 15:36-41), 바울이 고린도전서를 보낼 때는 화해한 것으로 보인다.

세상의 이치에 비추어 보아도 복음 전파자들이 교회와 성도들에게 재정적 지원을 받는 것은 당연한 일이다. 사도는 세 가지 사례를 든다(7절). 이번에도 수사학적인 질문을 사용해 자신이 강조하고자 하는 원리를 제시한다. 첫째, 자기 비용으로 군 복무를 하는 사람은 없다(7a절). 당시 군인들은 봉급을 받았을 뿐 아니라 식사와 잠자리도 제공받았다(Caragounis). 만일 스스로 이런 비용을 모두 감당해야 한다면, 누가 군인이 되어 나라를 섬기겠는가!

둘째, 포도나무를 심고 가꾸는 농부는 당연히 자기가 가꾼 포도를 먹는다(7b절). 만일 가꾸기만 하고 먹을 수 없다면, 세상에 어느 농부가 포도원을 보살피겠는가! 노동자가 노동의 열매를 즐기는 것은 당연한 일이다. 바울은 포도원을 가꾸는 농부를 예로 들며 신명기 20:6을 떠올렸을 것이다: "포도원을 만들고 그 과실을 먹지 못한 자가 있느냐 그는 집으로 돌아갈지니."

셋째, 양 떼를 치는 목자는 당연히 자신이 보살피는 양 떼의 젖을 먹는다(7c절). 먹지 않는 것이 오히려 이상하다. 모든 사람은 자기가 수고해 얻은 열매를 누릴 권리가 있다.

군인, 농부, 목자 세 이미지 모두 그리스도인과 연관된 것이다(Godet). 이들이 누리는 것은 남들에게 지원받는 것이 아니라, 스스로 수고해서 얻은 열매다. 그러므로 바울에게는 자기 사역의 열매인 고린도 성도들에게 재정적인 지원을 요구할 권리가 있다는 것을 암시한다.

사도는 사람의 예(세상의 예)를 들어 자신을 포함한 사역자들의 권리에 대해 말했지만(7절), 율법도 이러한 권리를 지지한다(8절). '율법도 말한다'(ὁ νόμος λέγει)는 흔치 않은 표현이며(cf. 롬 3:19; 7:7; 고전 14:34), 말씀 주해를 준비하는 역할을 한다(Garland, cf. 9b-11절). 바울은 율법에서 말씀을 인용한 후 그 의미를 설명한다.

모세 율법은 "곡식을 밟아 떠는 소에게 망을 씌우지 말라"라고 한다. 신명기 25:4이다. 여기까지는 확실한데 "하나님께서 어찌 소들을 위하여 염려하심이냐?"(9b절)라는 질문의 의미가 혼란스럽다. 이 질문을 문자적으로 해석하면 하나님이 소들에 대해 염려하지 않으신다는 뜻이 되기 때문이다. 그래서 어떤 이들은 바울이 말씀에서 더 영적인 교훈을 얻기 위해 알레고리적으로 접근할 것임을 밝히는 것이라 한다(Barrett, Conzelmann, Robertson & Plummer).

이 말씀의 배경이 되는 신명기 24-25장은 배려에 관한 율법으로 가득하다(Godet): (1)가난한 사람의 겉옷을 담보로 잡을 경우 해가 지기 전에 돌려주어라(24:10-13), (2)일한 사람의 일당은 매일 주어라(24:14-15), (3)추수할 때 밭의 일부는 고아와 과부를 위해 거두지 말고 두어라(24:19-21), (4)죄인을 처벌할 때는 죽지 않게 하라(25:1-3). 이러한 배려를 바탕으로 바울은 "하나님께서 어찌 소들을 위하여 염려하심이냐?"라는 질문을 통해 소에게 망을 씌우지 말라는 율법을 지키면 하나님은 소뿐 아니라 그 소의 주인도 배려하고 복을 주신다는 사실을 강조하고자 한다(Calvin). 그러므로 율법이 짐승을 배려하기 위해 지정되었지만, 그에 순종하는 사람 역시 복을 받도록 지정된 것이라는 뜻이다(Brewer,

Gardner).

그러므로 곡식을 밟아 떠는 소에게 망을 씌우지 말라는 율법은 하나님의 사역자들을 위한 것이기도 하다(10a절). 밭을 가는 자는 수확을 누릴 소망을 가지고 갈며, 추수한 곡식을 떠는 자도 함께 얻을 소망을 가지고 떤다(10b절). 이와 같이 사역자들도 수확의 열매를 누릴 소망을 가지고 사역한다. 더욱이 사역자들은 신령한 것(복음의 씨앗)을 뿌리고 가꾸었다. 그러므로 그들이 육적인 것을 거두는 것을 과하다고 할 수 없다. 바울을 포함한 복음 사역자들은 교회와 성도들에게 재정적 지원을 요구할 권리가 있다는 뜻이다(Barrett).

다른 이들도 고린도 성도들에게 재정적인 지원을 요구할 권리를 가졌으므로, 바울과 함께 사역하는 사람들은 더욱더 그렇다(12a절). '다른 이들'(ἄλλοι)은 바울의 선교 팀과 상관없이 독립적으로 고린도 교회와 성도들을 위해 사역한 이들이다. 아볼로가 그들 중 하나다. 이들과 비교할 때 바울의 선교 팀은 참으로 헌신적으로 고린도 교회와 성도들을 위해 사역했다. 그러므로 바울 일행은 고린도 교회에 대해 그 누구보다도 큰 권리를 가졌다.

그러나 바울 일행은 고린도 교회와 성도들에게 사역을 재정적으로 도우라며 권리를 쓰지 않았다(12b절). 그들이 권리를 행사하지 않고 참는 것은 그리스도의 복음에 아무 장애가 없게 하기 위해서다(12c절). '참는 것'(στέγομεν)은 '지나치다, 덮다'(στέγω)라는 동사에서 비롯된 것이다. 사랑장이라고 하는 13장에서는 사랑은 모든 것을 '참는다'는 의미로 사용된다(7절). 그러므로 권리를 행사하지 않고 지나친다는 의미다.

사역자가 교회와 성도들에게 재정적인 지원을 요구하는 것이 어떻게 복음에 장애가 될 수 있는가? 이미 회심한 사람에게는 사역자를 후원하는 일이 당연한 일이지만, 아직 그리스도인이 되지 않은 사람, 혹은 주저하는 사람에게는 교회와 성도들이 사역자를 재정적으로 후원하는 일이 걸림돌이 될 수 있다. 그리스도인이 되면 헌금을 해서 사역자들을 도와야 할 것이라는 부담을 가질 수 있기 때문이다. 그러므로 바울 일행은 최대한 많은 사람을 그리스도께 인도하기 위해 이때까지 친히 손으로 일하며 복음을 전파했다(4:12). 오늘날로 말하자면 이중직(tentmaking)을 한 것이다. 이중직은 피할 수 있으면 피하는 것이 좋다. 온전히 복음 전파에 힘쓸 수 없기 때문이다. 그러나 다가오는 세대에는 대부분 사역자가 이중직을 피할 수 없게 될 것이다. 이중직은 부끄러운 것이 아니라, 오히려 자랑스러운 것이다. 성경적인 사역자의 삶이기 때문이다.

성전의 일을 하는 이들도 성전에서 나는 것을 먹는다(13a절). 제단에서 섬기는 이들은 제단과 함께 나눈다(13b절). 성전에서 일하는 이들은 레위 사람을, 제단에서 섬기는 자들은 제사장을 뜻한다(cf. 민 18:8–32; 신 18:1–8). 그들도 성도들이 하나님께 드리는 제물과 성물을 먹고 산다는 뜻이다.

이와 같이 그리스도께서도 복음 전하는 자들이 복음으로 말미암아 살리라고 명하셨다(14절). 예수 그리스도의 사역자들이 성도가 그리스도께 드린 제물과 성물을 먹고 사는 것은 당연한 일이며, 그리스도의 명령이기도 하다.

이 말씀은 그리스도인 사역자들에게는 행사할 권리가 있다고 한다. 고린도 교회를 세운 바울과 동료들은 고린도 교회와 성도들에게 여러 가지 권리를 행사할 수 있었다. 특히 그들의 사역을 위해 재정적인 지원을 요구할 수 있었다. 그러나 그들은 이러한 권리를 행사하지 않았다. 혹시라도 자신의 권리 행사가 복음 전파에 장애가 될까 봐 염려했기 때문이다.

바울은 연약한 교회와 지체들을 위해 자신의 권리를 행사하지 않았다. 그러나 사도가 요구하지 않더라도 교회와 성도들이 자발적으로 그를 지원했다면 사도는 더 많이 사역하고 가르칠 수 있었을 것이다. 가장 좋은 지원은 요구하기 전에 지원자들이 알아서 도움을 주는 것이다.

오늘날에는 대부분 교회가 사역자들을 재정적으로 지원하려 해도 충분히 하지 못한다. 교회 수는 많아졌지만, 규모가 작기 때문이다. 성도 수도 많이 줄고 있다. 미래에는 이중직이 주류가 될 것으로 보인다.

권리보다는 배려가 우선이라는 본문의 가르침은 오늘날 사역자들에게 큰 부담을 준다. 각자 기도하면서 하나님의 인도하심을 받아야 하며, 어떤 결정을 하든지 연약한 성도들을 실족하지 않게 하는 것이 최우선이다. 하나님은 교회를 통해 사역자들의 필요를 채우시지만, 교회가 아니라 하나님이 우리의 필요를 채우신다는 사실을 기억해야 한다.

Ⅳ. 교회의 질문들(7:1–15:58)
C. 바울의 권리와 갈등(9:1–27)

2. 바울이 권리를 포기하고 전도함(9:15–23)

**15 그러나 내가 이것을 하나도 쓰지 아니하였고 또 이 말을 쓰는 것은 내게
이같이 하여 달라는 것이 아니라 내가 차라리 죽을지언정 누구든지 내 자랑
하는 것을 헛된 데로 돌리지 못하게 하리라 16 내가 복음을 전할지라도 자랑
할 것이 없음은 내가 부득불 할 일임이라 만일 복음을 전하지 아니하면 내
게 화가 있을 것이로다 17 내가 내 자의로 이것을 행하면 상을 얻으려니와 내
가 자의로 아니한다 할지라도 나는 사명을 받았노라 18 그런즉 내 상이 무엇
이냐 내가 복음을 전할 때에 값없이 전하고 복음으로 말미암아 내게 있는
권리를 다 쓰지 아니하는 이것이로다 19 내가 모든 사람에게서 자유로우나
스스로 모든 사람에게 종이 된 것은 더 많은 사람을 얻고자 함이라 20 유대
인들에게 내가 유대인과 같이 된 것은 유대인들을 얻고자 함이요 율법 아래
에 있는 자들에게는 내가 율법 아래에 있지 아니하나 율법 아래에 있는 자 같
이 된 것은 율법 아래에 있는 자들을 얻고자 함이요 21 율법 없는 자에게는 내
가 하나님께는 율법 없는 자가 아니요 도리어 그리스도의 율법 아래에 있는
자이나 율법 없는 자와 같이 된 것은 율법 없는 자들을 얻고자 함이라 22 약**

한 자들에게 내가 약한 자와 같이 된 것은 약한 자들을 얻고자 함이요 내가 여러 사람에게 여러 모습이 된 것은 아무쪼록 몇 사람이라도 구원하고자 함이니 [23] 내가 복음을 위하여 모든 것을 행함은 복음에 참여하고자 함이라

바울은 사도로서 교회와 성도들의 재정적 지원을 받을 권리가 있지만 그들에게 어떠한 도움도 요구하지 않았다. 이때까지 이 권리를 포기하고 이중직으로 사역해 왔다. 바울에게 복음 전파는 가장 소중한 소명인데, 자신의 권리 행사가 혹시라도 회심하고자 하는 자들에게 방해가 되어서는 안 된다고 생각했기 때문이다.

바울의 권리 포기에 따른 가장 큰 수혜자는 고린도 교회와 성도들이었다. 그들은 대가를 지불하지 않고 복음을 영접했다. 또한 회심한 후에도 아무런 값을 치르지 않고 그에게 가르침을 받았다. 사도는 고린도 성도들에게 자기 희생(self-sacrifice)을 배우라고 한다. 다른 사람들을 구원하기 위해 모든 것을 희생하는 자신을 모델로 삼아 본받으라는 것을 암시한다(cf. 4:16; 11:1).

사도는 앞 섹션에서 복음을 전파하는 사역자들이 지닌 여러 가지 권리에 대해 말했다. 그는 이것을 하나도 쓰지 않았다고 한다(15a절). '이것들'(τούτων)은 재정적인 지원을 요구할 권리를 포함한 복음 사역자들의 권리를 뜻한다(cf. 새번역, 공동, ESV, NIV, NRS).

사도가 이제 와서 고린도 성도들에게 이런 말을 하는 것은 이제라도 이렇게 해 달라는 뜻이 아니다(15b절). 그는 오래전에 이런 권리를 포기했다. 그러므로 단순히 지난 일을 회고하는 것일 뿐 그들에게 무엇을 요구하고자 하는 것이 아니다.

그는 "내가 차라리 죽을지언정"(γάρ μοι μᾶλλον ἀποθανεῖν ἤ-)이라며 이 문장을 끝내지 않는다(15c절). 그의 감정이 극에 달해 문장을 끝내지 못하고 있다(Garland, Gardner). 사도는 이렇게 시작한 미완성 문장을 아마도 다음과 같은 의미를 지닌 문장으로 완성했을 것이다: "내가 차라리 굶어 죽을지언정 복음을 생활 수단으로 삼지 않았고, 앞으로도 그렇게 하는 일은 없을 것이다"(cf. Garland).

바울이 모든 권리를 포기한 것은 누구든지 그가 자랑하는 것을 헛된 데로 돌리지 못하게 하기 위해서다(15d절). '헛되다'(κενώσει)는 '비우다'(to empty)라는 뜻이다. 사도가 자랑하는 것은 무엇인가? 그는 개인적인 능력과 재능을 자랑하지 않는다. 바울은 주 안에서 자랑한다(1:29-31; cf. 렘 9:24). 그러므로 그가 자랑하는 것은 복음을 전파하고 가르치는 일이다(cf. 16절). 바울이 모든 권리를 포기한 것은 그가 복음 전파한 일이 헛되지 않게 하기 위해서였다.

사도는 하나님의 부르심에 따라 복음을 전파하게 된 것을 매우 영광스럽게 생각하지만, 그렇다고 해서 자신이 자랑할 만한 일은 아니라고 생각한다(16a절). 그는 부득불 복음을 전파하게 되었기 때문이다(16b절). '부득불'(ἀνάγκη)은 '강박, 압력' 등 하지 않고는 견딜 수 없는 상황을 뜻한다(BDAG). '자유'(ἐλεύθερος, 9:1)와 매우 강력한 대조를 이룬다(TDNT). 사도는 자신에게 복음을 전파하지 않을 자유가 없다고 한다. 마치 노예가 멍에를 지듯 그는 복음 전파라는 멍에를 졌기 때문에 자신이 원하는 대로 할 수 없다(Collins, Marshall).

복음을 전파하는 하나님의 노예인 사도는 만약 복음을 전하지 않으면 자신에게 화가 임할 것을 잘 안다. 그는 하나님의 화를 피하려는 절박감으로 복음을 전파하고 있다. 바울은 하나님이 숨 돌릴 겨를도 주지 않고 자신을 몰아가신다고 생각한다(Käsemann). 옛적에 예레미야 선지자가 이러한 절박감을 가지고 사역했다(Barrett, Hays, Malherbe, cf. 렘 1:5; 20:9). 예레미야는 슬퍼하며 사역을 했지만, 바울은 기쁜 마음으로 사역을 한다(Collins).

바울은 자신이 자의로 복음을 전파하면 상을 얻겠지만, 하나님이 주신 사명에 따라 하기 때문에 받을 상이 없다고 한다(17절). '상'(μισθός)은 '품삯, 보수'를 뜻한다(cf. 롬 4:4; 고전 3:8, 14; 딤전 5:17-18). 노동에 대한 대가다. 사도가 하나님의 부르심이 없는 상황에서 스스로 복음을 전했다면 하나님께 '품삯'을 기대할 수 있다. 그러나 그는 하나님의 부르심에 따라 복음을 전파하고 있다. 하나님이 그에게 이 일을 맡기려고 소명을 주신 것이다. 마치 주인이 종을 불러 일을 맡기는 것과 같다. 그러므로 하나님이 주신 소명에 따라 복음을 전파하는 그는 하나님께 '품삯'을 기대하지 않는다. 주인이신 하나님이 종인 그에게 할 일을 주셨기 때문이다. 하나님의 노예인 바울은 고린도 성도들에게 보상을 기대하지 않는다(Horsley). 예수님은 이러한 상황에 대해 이렇게 말씀하셨다.

> 너희 중 누구에게 밭을 갈거나 양을 치거나 하는 종이 있어 밭에서 돌아오면 그더러 곧 와 앉아서 먹으라 말할 자가 있느냐 도리어 그더러 내 먹을 것을 준비하고 띠를 띠고 내가 먹고 마시는 동안에 수종들고 너는 그 후에 먹고 마시라 하지 않겠느냐 명한 대로 하였다고 종에게 감사하겠느냐 이와 같이 너희도 명령 받은 것을 다 행한 후에 이르기를 우리는 무익한 종이라 우리의 하여야 할 일을 한 것뿐이라 할지니라(눅 17:7–10).

하나님의 부르심에 따라 복음을 전파하는 사도는 하나님께 보상을 바라지 않는다. 그는 자신의 복음 전파 과정에서 이미 보상을 받아 누리고 있다고 생각한다. 그가 이미 누리고 있는 보상은 두 가지다.

첫째, 복음을 전할 때 값없이 전하는 것이다(18a절). 그는 하나님의 은혜로 그리스도의 복음을 값없이 받았다. 세상에서 가장 값진 것을 값없이 받았으니 감개무량하다. 또한 아무런 금전적 대가를 치르지 않고 받은 복음을 다른 사람들에게 값없이 전하고 있다. 자신이 받은 대로 복음을 흘려 보내고 있는 것이다. 사도는 이러한 상황을 보상이라 생각한다.

둘째, 복음으로 말미암아 자신에게 있는 권리를 다 쓰지 않는 것이다(18b절). 그는 어떠한 걸림돌도 없이 그리스도의 복음을 전파하고자 한다(9:12). 그러므로 조금이라도 복음 전파에 해가 될 만한 것을 피할 수 있는 것을 보상이라고 생각한다. 그만큼 효과적으로 복음을 전할 수 있기 때문이다. 사도가 우려하는 '걸림돌'은 세 가지다(Verbrugge). 첫 번째는 회심 후에 느낄 재정적인 부담으로 인해 복음을 영접하지 않는 경우다. 두 번째는 회심 때 그리스도께 값없이 받은 은혜와 사역자들을 재정적으로 지원해야 하는 그리스도인의 삶이 대조적이고 모순적이라고 하는 경우다. 세 번째는 사역자들이 헌금을 많이 하는 성도들에게 얽매이는 경우다.

사도는 복음 전파를 위해 자유를 온전히 포기한 네 가지 정황에 관해 말한다(19-22절). 첫째, 모든 사람에게 자유로우나 스스로 모든 사람의 종이 된 것이다(19절). 둘째, 유대인들에게는 유대인이 된 것이다(20a절). 이는 율법 아래 있는 유대인들을 자신도 율법 아래 있는 유대인처럼 대했다는 뜻이다(20b절). 셋째, 율법이 없는 자들에게는 율법 없는 자가 된 것이다(21절). 넷째, 약한 자들에게는 약한 자처럼 된 것이다(22a절). 그가 이처럼 여러 사람에게 여러 모습이 된 것은 아무쪼록 몇 사람이라도 구원하고자 해서다(22b절).

사도는 모든 사람에게서 자유롭다(19a절). 그 누구에게도 얽매이지 않는다는 뜻이다. 참 자유인인 바울은 스스로 모든 사람에게 종이 되었다(19b절). 이는 모든 사람에게 얽매였다는 의미다. 사역자들은 그리스도의 노예이며, 그들의 지위는 십자가에 의해 결정된다(Conzelmann, Martin, Witherington). 또한 그리스도의 노예가 되는 것은 모든 사람에게 종이 되는 것이다(Martin, cf. 막 10:42-45; 고후 4:5).

사도가 스스로 모든 사람에게 얽매인 것은 더 많은 사람을 얻고자 해서다(19c절). '얻다'(κερδαίνω)는 19-21절에서 다섯 차례 사용되는 단어이며, 기본적인 의미는 '이기다'이다. 회심을 뜻하기도 하고(벧전 3:1), 흔들리는 믿음을 가진 자를 주님 안에서 굳건히 세우는 것을 의미하기도 한다(마 18:15).

바울은 유대인을 얻기 위해 유대인과 같이 되었다(20a절). 그는 아브라함의 후손이며 이스라엘 사람이다(고후 11:22; 롬 9:3; 갈 2:15; 빌 3:5). 그러나 그리스도의 복음을 영접한 후 그는 더 이상 유대인이 아니다. 인종적으로는 여전히 유대인이지만, 그들의 종교와 삶의 방식에 더는 동조하지 않는다는 뜻이다.

사도는 유대인에 대해 다른 말로 한 번 더 설명한다(20b절): "율법 아래에 있는 자들에게는 내가 율법 아래에 있지 아니하나 율법 아래에 있는 자 같이 된 것은 율법 아래에 있는 자들을 얻고자 함이요." 앞에서 바울은 유대인인 자신이 유대인들에게 유대인처럼 되었다고 했는데(20a절), 무슨 뜻으로 그렇게 말했는지 이 말씀이 설명해 준다. 그는 인종적으로는 여전히 유대인이다. 그러나 그리스도의 복음을 영접한 후로는 자신을 율법 아래에 있는 유대인으로 생각하지 않는다. 그는 그리스도 안에 있는 참 자유를 누리며 살고 있다. 하지만 그의 동족인 유대인들은 아직도 율법 아래에서 살고 있다. 그러므로 그는 아직도 율법 아래에 있는 유대인에게 복음을 전파하기 위해 자신도 율법 아래에 있는 유대인처럼 되었다.

바울은 율법이 없는 자들을 얻고자 그들에게 율법 없는 자와 같이 되었다(21절). 이방인을 그리스도께 인도하기 위해 이방인처럼 되었다는 뜻이다. 그는 더는 유대인의 율법 아래 있지 않다. 그렇다고 해서 모든 율법에서 해방된 사람이라 할 수도 없다. 그는 그리스도의 율법 아래 있기 때문이다(21b절).

'그리스도의 율법'(ἔννομος Χριστοῦ)은 모세 율법처럼 체계화한 것을 의미하지는 않는다(Garland, Gardner). 예수님이 제자들에게 지시한 구체적인 것들도 아니다(cf. 7:10; 9:14). 예수님이 사랑으로 성취한 것들을 의미할 수 있고, 성도들이 서로의 짐을 지는 것(갈 6:2) 등 다양한 섬김과 서로에 대한 사랑을 의미할 수도 있다(Barclay). 이곳에서는 그리스도가 보이신 기준과 원리다(Hays). 그리스도께서 보여 주신 헌신적이고 희생적인 삶이며, 바울에게 모범이 된 그리스도의 행적이다(Carson, Conzelmann). 바울은 그 누구보다도 그리스도를 닮고자 했다(cf. 11:1).

사도는 약한 자들을 얻고자 그들에게 약한 자처럼 되었다(22a절). '약한 자들'(ἀσθενέσιν)은 믿음이 약한 자들이다(cf. 롬 14:1). 믿음이 약하다 보니 그리스도인의 자유를 마음껏 누리지 못하는 사람들이다. 그들은 음식을 가려 먹는다. 일주일 중 어떤 날을 매우 특별하고 거룩한 날로 생각해 그날에만 예배를 드린다. 바울은 이 사람들의 잘못을 지적하기보다는 그들을 이해하고 스스로 변하기를 기다려 주었다.

사도는 19–22a절을 통해 네 가지 정황을 말하며, 자신이 마치 '영적 카멜레온'처럼 되어 모든 정황에서 그들을 불편하게 하지 않았다고 한다. 핵심은 그들의 잘못을 지적하거나 변화를 요구하는 것이 아니라, 사도가 그들을 수용한 것이다. 바울이 그들을 수용한 것은 아무쪼록 몇 사람이라도 더 구원하기 위해서다(22b절). 우리는 복음 전파를 위한 사도의 융통성을 배워야 한다.

바울은 이 모든 일을 복음에 참여하기 위해 했다고 말한다(23절). 그가 모든 사람에게서 자유로우나 스스로 모든 사람에게 종이 된 것은 더 많은 사람이 그리스도의 복음을 영접하게 하기 위해서다. 또한 어떠한 권리도 행사하지 않은 것은 회심자들이 실족하지 않게 하기 위해서다. 바울은 복음에 참여하고자 이렇게 살아왔다. '참여자'(συγκοινωνὸς)는 파트너를 뜻한다(Martin). 그는 복음의 파트너로 사는 것이 하나님의 부르심이라고 생각했다.

이 말씀은 우리는 복음을 전파하는 카멜레온이 되어야 한다고 한다. 복음을 전할 때 듣는 사람들이 복음을 영접하기 적합하게 변화하기를 바라는 것은 옳지 않다. 그들을 이해하고 포용하도록 우리가 변하고 바뀌어야 한다. 중요한 것은 복음의 본질을 훼손하지 않으면서 융통성을 발휘하는 것이다.

어떻게 복음의 본질을 훼손하지 않는 선에서 융통성을 발휘해 사람들을 포용(수용)할 수 있는가? 그들의 삶을 이해하고 공감하는 수준까지 낮아져야 한다. 그러므로 복음을 전하는 일은 우리를 매우 겸손하게 하며, 평소에 익숙하지 않은 곳에 이르게 한다. 중요한 것은 이 모든 과정에서 죄를 짓지 않고 양심을 속이지 않는 것이다. 그들은 우리의 일거수일투족을 지켜보고 있다.

배려와 희생 없이는 복음의 파트너가 될 수 없다. 바울은 몇 사람이라도 구원하고자 자신의 모든 권리를 포기했다. 그들을 구원하기 위해 익숙하지 않은 자리로 낮아졌다. 그는 율법 아래 있는 자들을 전도하기 위해 그리스도인의 자유도 포기하고자 했다. '모든 사람'에게 '모든 사람'이 되는 것은 참으로 큰 희생과 헌신이 필요한 일이다.

Ⅳ. 교회의 질문들(7:1-15:58) C. 바울의 권리와 갈등(9:1-27)

3. 바울의 자기 훈련(9:24-27)

24 운동장에서 달음질하는 자들이 다 달릴지라도 오직 상을 받는 사람은 한
사람인 줄을 너희가 알지 못하느냐 너희도 상을 받도록 이와 같이 달음질하
라 25 이기기를 다투는 자마다 모든 일에 절제하나니 그들은 썩을 승리자의
관을 얻고자 하되 우리는 썩지 아니할 것을 얻고자 하노라 26 그러므로 나는
달음질하기를 향방 없는 것 같이 아니하고 싸우기를 허공을 치는 것 같이
아니하며 27 내가 내 몸을 쳐 복종하게 함은 내가 남에게 전파한 후에 자신
이 도리어 버림을 당할까 두려워함이로다

그리스도인은 세상의 가치관과는 질적으로 다른 세계관을 추구하며 살아야 하기 때문에 삶이 결코 쉽지 않다. 사도는 무엇을 먹고 먹지 않는지도(Verbrugge, cf. 10장) 복음 전파를 위해 융통성을 가지는 것도

(9:15-23) 쉽지 않다고 한다. 많은 훈련이 필요하다. 마치 운동선수가 혹독한 훈련을 통해 자신을 연마하는 것처럼 그리스도인도 꾸준한 훈련이 필요하다.

바울은 이번에도 "알지 못하느냐?"(Οὐκ οἴδατε)라는 말로 시작하며 사람들의 공감을 구한다(24절). 운동장에서 달음질하는 선수가 많을지라도 오직 상을 받는 선수는 한 사람이다(24a절; cf. 빌 3:12-14; 4:1; 살전 2:19; 딤후 2:5; 4:8). '운동장'(στάδιον)은 큰 경기가 열리는 경기장(stadium)이다. 고린도는 온 그리스가 2년마다 개최하던 지협 게임(Isthmian games)에 항상 참여했기 때문에 고린도 성도들에게 매우 익숙한 이미지다(Horsley, Murphy-O'Connor).

사도는 그리스도인의 삶을 '달음질'(τρέχοντες)에 비유한다(cf. 갈 5:7; 빌 2:16). 그렇다고 해서 그리스도인이 같은 경주에서 서로 경쟁적으로 달린다는 것은 아니다. 각 그리스도인은 각자의 경주를 홀로 달린다(Verbrugge). 그러나 경주에 참여한다고 해서 자동으로 승자의 면류관을 쓰는 것은 아니다(24b절).

경주에서 이기고자 하는 자는 모든 일에 절제한다(25a절). 달리기에는 계속되는 노력(continuing exertion)이 필요하다(cf. 빌 3:12-14). 선수들은 절제를 통해 훈련한다. 하고 싶은 일을 자제하고, 먹고 싶은 음식을 절제하는 것도 훈련의 일부다. 바울은 절제를 모든 그리스도인이 맺어야 하는 성령의 열매 중 하나라고 한다(갈 5:23). 음식과 성적 욕망에 이르기까지 모든 영역에서 절제가 필요하다(Findlay). '고진감래'(No pain, no gain)라는 말이 있다.

운동선수들은 썩을 승리자의 관을 얻고자 훈련하고 달린다(25a절). 당시 경기에서 이긴 승자에게 씌워 주는 면류관은 셀러리(celery) 같은 식물로 만들었다. 곧 시들고 썩기 시작하는 관이었다. 반면에 그리스도인은 썩지 아니할 것을 얻고자 훈련하고 달린다. 우리는 하나님이 주시는 '의의 면류관'을 받게 될 것이다(딤후 4:8).

선수는 마음에 내키는 대로 아무 곳을 향해 달리지 않는다. 그러므로 사도는 자신도 달음질하기를 향방 없는 것같이 하지 않고, 싸우기를 허공을 치듯 하지 않는다고 한다(26절). 각 그리스도인의 삶은 경주이며, 경주에서 승리하려면 목적(목표)이 뚜렷해야 하고 모든 노력을 그 목적을 이루기 위해 쏟아야 한다는 뜻이다.

바울은 하나님이 주신 경주를 잘 해내기 위해 자기 몸을 쳐서 복종하게 하는 훈련을 꾸준히 한다(27a절). 우리의 몸은 하나님을 섬기는 일에 쓰일 수 있다(6:20; cf. 롬 6:17-19; 살전 5:23). 그러나 끊임없는 훈련이 필요하다.

사도가 몸을 복종시키는 훈련을 계속하는 것은 혹시라도 남들에게 복음을 전파한 후에 자신이 도리어 버림을 당할까 봐 두렵기 때문이다(27b절). 사도가 정확히 무슨 뜻으로 이렇게 말하는지 해석하기가 쉽지 않다. '버림을 당하다'(ἀδόκιμος)는 시험을 통과하지 못한다는 뜻을 지닌다(cf. BDAG). 바울 자신의 회심과 세례와 부르심과 섬김이 영원한 구원을 보장하지 않는다는 의미로 해석하는 이들이 있다(Barrett). 그러나 구원은 하나님이 선물로 주시는 것이고, 한 번 주시면 영원한 것이기 때문에 설득력 없는 해석이다. 어떤 이들은 사도직 박탈(Gundry-Volf), 혹은 자제력 훈련에 실패한 것(Sampley), 혹은 하늘에서 받을 상급을 받지 못하는 것으로 해석한다(Verbrugge, cf. 3:10-15). 한 가지 확실한 것은 사도가 구원 잃는 것을 의미하는 것은 아니다.

이 말씀은 그리스도인의 삶은 하나님이 각자에게 주신 경주를 하는 것과 같다고 한다. 성실하게 임하면 하나님이 의의 면류관을 씌워 주시며 우리를 위로하실 것이다. 또한 경주를 잘하려면 운동선수처럼 꾸준히 훈련해야 한다. 하나님을 섬겨도 지치지 않는 체력과 영적 근육을 계속 키워 나가야 한다. 깊은 성경 연구와 묵상과 많은 기도가 우리의 영적 힘을 키워 줄 것이다.

그리스도인이 목적의식을 가지고 삶을 살아가는 데 가장 필요한 것은 자기 통제(self-control)다. 세상은 온갖 죄와 유혹으로 가득하기 때문에 이러한 것에 얽매이지 않고 각자의 경주를 잘 달리기 위해서는 끊임없이 자기 몸을 쳐서 복종하도록 스스로 통제해야 한다.

Ⅳ. 교회의 질문들(7:1-15:58)

D. 하나님 자녀들의 삶과 우상(10:1-11:1)

우상 숭배는 때와 장소를 막론하고 항상 그리스도인을 괴롭히는 주제다. 그리스도인은 항상 하나님을 섬기고 사모해야 한다. 그러나 우리가 당면하는 현실은 우상으로 가득하다. 고린도 성도들이 살던 세상은 더욱더 그러했다. 사도는 본 텍스트에서 한 번 더 우상 숭배와 우상에게 바친 음식에 대해 경고하며 가르침을 준다. 이 섹션은 다음과 같이 구분된다.

A. 이스라엘의 광야 생활이 주는 교훈(10:1-13)
B. 우상 숭배에 대한 경고(10:14-22)
C. 우상에게 바친 음식(10:23-11:1)

Ⅳ. 교회의 질문들(7:1-15:58)
D. 하나님 자녀들의 삶과 우상(10:1-11:1)

1. 이스라엘의 광야 생활이 주는 교훈(10:1-13)

[1] 형제들아 나는 너희가 알지 못하기를 원하지 아니하노니 우리 조상들이 다 구름 아래에 있고 바다 가운데로 지나며 [2] 모세에게 속하여 다 구름과 바다에서 세례를 받고 [3] 다 같은 신령한 음식을 먹으며 [4] 다 같은 신령한 음료를 마셨으니 이는 그들을 따르는 신령한 반석으로부터 마셨으매 그 반석은

곧 그리스도시라 [5] 그러나 그들의 다수를 하나님이 기뻐하지 아니하셨으므
로 그들이 광야에서 멸망을 받았느니라 [6] 이러한 일은 우리의 본보기가 되어
우리로 하여금 그들이 악을 즐겨 한 것 같이 즐겨 하는 자가 되지 않게 하려
함이니 [7] 그들 가운데 어떤 사람들과 같이 너희는 우상 숭배하는 자가 되지
말라 기록된 바

백성이 앉아서 먹고 마시며
일어나서 뛰논다

함과 같으니라 [8] 그들 중의 어떤 사람들이 음행하다가 하루에 이만 삼천 명
이 죽었나니 우리는 그들과 같이 음행하지 말자 [9] 그들 가운데 어떤 사람들
이 주를 시험하다가 뱀에게 멸망하였나니 우리는 그들과 같이 시험하지 말
자 [10] 그들 가운데 어떤 사람들이 원망하다가 멸망시키는 자에게 멸망하였나
니 너희는 그들과 같이 원망하지 말라 [11] 그들에게 일어난 이런 일은 본보기
가 되고 또한 말세를 만난 우리를 깨우치기 위하여 기록되었느니라 [12] 그런
즉 선 줄로 생각하는 자는 넘어질까 조심하라 [13] 사람이 감당할 시험 밖에는
너희가 당한 것이 없나니 오직 하나님은 미쁘사 너희가 감당하지 못할 시험
당함을 허락하지 아니하시고 시험 당할 즈음에 또한 피할 길을 내사 너희로
능히 감당하게 하시느니라

이 섹션과 앞 섹션이 서로 연관성이 없다며 10:1-22은 바울이 고린도에 보낸 다른 서신의 일부를 도입한 것이라고 주장하는 이들이 있다(Hurd, cf. Garland). 문맥을 고려하면 10:1-22은 분명 여담(digression)이다. 그러나 이 여담은 저자의 의도에 완벽하게 부응하며(Garland), 우상에게 바친 음식에 관해 말하는 8:1-11:1의 중요한 부분이다(Gardner, Verbrugge).

사도는 이때까지 우상에게 바친 음식에 대해 말하면서 '지식'과 연관지었다. 우상에게 바친 음식을 먹는 것이 어떠한 문제도 되지 않는다는 사실을 알고 있더라도, 연약한 지체가 실족할 것 같으면 먹지 말라

고 했다. 이 섹션에서는 우상에게 바친 음식을 먹는 것이 고린도 성도들과 하나님의 관계에 어떤 영향을 미치는지 말하고자 한다.

이스라엘은 광야 생활 중 하나님이 내려 주신 음식과 물을 먹으며 살았고, 그리스도를 경험했다. 세례와 성만찬 모형을 경험하기도 했다(cf. 6, 11절). 그러나 그들은 약속의 땅에 들어가지 못했다. 우상을 숭배해 하나님의 진노를 사서 모두 죽다시피 했다. 바울은 이 이야기가 고린도 성도들에게 교훈을 준다며 우상을 숭배하지 않도록 조심하고 신중할 것을 경고한다.

"나는 너희가 알지 못하기를 원하지 아니 하노니"(Οὐ θέλω γὰρ ὑμᾶς ἀγνοεῖν)(1a절)는 저자가 지금부터 전하고자 하는 이야기를 반드시 숙지하라는 권면이다(Barrett, Gundry-Volf). 그가 출애굽 이야기를 회고하며 사용하는 해석 방식은 당시 랍비들이 흔히 사용하던 미드라쉬(midrash), 그것도 연장된 미드라쉬의 진수를 보여 준다고 할 수 있다(Collins). 어떤 이들은 바울이 이미 존재하던 출애굽 미드라쉬(Exodus midrash)를 인용한다고 하지만(Barrett), 입증할 만한 증거가 없다(Garland).

사도는 대부분 이방인으로 구성된 고린도 성도들에게 옛 이스라엘 이야기를 시작하면서 이스라엘의 조상을 '우리 조상들'(πατέρες ἡμῶν)이라 한다(1b절). 신약 시대 교회는 구약 시대 이스라엘을 이어 가는 공동체이기 때문이다(Fee, Thiselton, Verbrugge, cf. 롬 4:12, 16; 갈 3:29). 교회는 구약 시대 하나님의 백성이며, 이스라엘의 이야기는 곧 교회의 이야기다. 이방인이 처음부터 이스라엘의 일부였던 것은 아니다. 이방인은 하나님의 백성인 이스라엘에 접붙인 나무와 같다(롬 11:17): "또한 가지 얼마가 꺾이었는데 돌감람나무인 네가 그들 중에 접붙임이 되어 참감람나무 뿌리의 진액을 함께 받는 자가 되었은즉." 그러므로 신약은 이방인 그리스도인을 마치 이스라엘 사람처럼 취급한다(Collins).

출애굽 때 이스라엘 조상들은 다 구름 아래에 있었다(1b절). 하나님의 인도하심과 보호하심을 상징하는 구름은 이스라엘이 행진할 때면 앞 혹은 뒤에 있었다(출 13:21-22; 14:19; 40:38). 그들이 한곳에 진을 치고 머물면 그들 위에 있었다. 그러므로 구름이 주의 백성을 덮는 것은 구원을 상징한다(Fee).

우리 조상들은 바다 가운데로 지났다(1c절). 바울은 이스라엘이 홍해를 건넌 일을 회상한다(출 14:21-22; 시 78:13). 이집트에서 노예였던 이스라엘이 홍해를 건넌 후 시내산에서 하나님의 백성이 된 것처럼, 죄의 노예였던 우리는 그리스도의 복음을 통해 언약 백성이 되었다(Verbrugge).

조상들은 모세에게 속하여 다 구름과 바다에서 세례를 받았다(2절). 사도는 왜 이스라엘을 덮은 구름과 그들이 지나간 바다를 세례라고 하는 것일까? 고린도 교회 지도자 중에 성례(sacraments)를 지나치게 의존하는 자들이 있었기 때문이다(Barclay): "우리는 세례를 받았으므로 그리스도와 하나다. 우리는 성례를 통해 그리스도의 몸과 피를 받았다. 우리는 예수님 안에 있고, 예수님은 우리 안에 계신다. 그러므로 우리는 매우 안전하므로 우상에게 바친 고기를 먹어도 해를 입지 않는다." 그러므로 바울은 그들의 과신에 대해 경고하기 위해 출애굽 경험을 세례에 비유하고 있다(Gardner).

출애굽 경험이 세례의 모형이라 하는 것이 우리에게는 상당히 생소하지만, 사도 베드로도 비슷한 말을 한다. 베드로전서 3:20-21은 노아 홍수 때 방주에서 물로 말미암아 구원을 얻은 자는 겨우 여덟 명이며, 물은 예수 그리스도께서 부활하심으로 말미암아 우리를 구원하는 표니 곧 세례라 한다. 노아 홍수 이야기가 세례의 모형이 된 것이다.

저자는 이스라엘이 홍해를 건널 때 양쪽으로 나뉜 바닷물 벽 사이로 지나고 광야 생활 내내 구름 아래로 간 것을 모세에게 속하여 세례를 받은 것이라 한다. '모세에게 속하여 세례를 받은 것'은 '그리스도의 이름으로 세례를 받은 것'에서 유래한 표현이다(Barrett, Willis, cf. 마 28:19; 행 8:16; 19:5; 롬 6:3; 고전 1:13; 갈 3:27). 그들이 모세에게 속하여 세례를 받은 것은 모세에게 충성을 다짐하거나(Moffatt), 혹은 그의 리더십을 따르겠다고 서약하거나(Bruce, Calvin), 혹은 리더인 모세의 운명에 자신들도 동참하겠다는 취지를 의미한다(Barrett).

사도는 세례에 대한 신학을 제시하고자 하는 것이 아니다. 그는 출애굽 사건을 모형으로 삼아 광야 세대와 고린도 성도들의 공통점을 지적하고자 할 뿐이다(Gardner). 이스라엘이 모세에게 속하여 구름과 바다에서 세례를 받아 하나님 백성이 된 것처럼, 고린도 성도들도 그리스도의 이름으로 세례를 받아 하나님 백성이 되었다.

이스라엘은 광야에서 다 같은 신령한 음식을 먹고, 다 같은 신령한 음료를 마셨다(3-4a절). 광야에서 그들이 먹은 '음식'은 만나다(출 16장; 시 78:23-29). 그들이 마신 '음료'는 반석에서 흘러나온 물이다(출 17:1-7; 민 20:2-13; 시 78:15-16; 105:41; 114:8). 그들이 먹고 마신 음식과 물은 신령하다. 이것들이 '신령한'(πνευματικός) 이유는 성령에서 유래했거나(Fee, Gardner, Garland), 성령이 내려 주시는 것이기 때문이다(Barrett, Jewett, Käsemann). 이 음식과 물은 하나님과 이스라엘의 특별한 관계를 상징한다(Bandstra, Conzelmann, Smit).

물이 흘러나온 반석은 40년 동안 지속된 광야 생활 내내 그들을 따라다녔다(4b절). 그 반석은 곧 그리스도셨다(4c절). 사도는 어떤 교리(기독론)를 발전시키고자 이스라엘에게 물을 주었던 반석이 예수님이라고 말하는 것이 아니다. 그는 이스라엘의 광야 세대를 구원하신 분이 그리스도이시며 고린도 성도들을 구원하신 이도 예수님이라며, 광야 세대와 고린도 성도들의 공통점을 강조하고자 한다(Fee, Horsley).

이스라엘의 광야 세대는 그리스도인 세례와 비슷한 것을 경험했다. 또한 성만찬(Lord's Supper)과 비슷한 것도 경험했다. 그들은 이 기독교 성례들(sacraments)의 '모형'(type, typology)을 경험한 것이다. 하나님은 성령을 통해 그들에게 이러한 것을 경험하게 하셨다(Verbrugge). 그러므로 상징적인 의미에서 광야 세대는 그리스도인이 먹는 것과 같은 음식을 먹고 같은 것을 마셨다고 할 수 있다(Calvin). 이러한 사실이 강조하는 바는 두 공동체에 속한 모든 사람이 같은 영적 축복을 받았다는 것이다(Barrett, Fee).

광야 세대가 이집트를 탈출해 하나님이 축복으로 내려 주신 음식과 물을 먹으며 광야 생활을 했다고 해서 모두 약속의 땅에 들어간 것은 아니다. 하나님이 그들 중 다수를 기뻐하지 않으셨으므로 그들은 광야에서 멸망을 받았다(5절). 하나님이 그들의 필요를 채워 주셨지만, 그들은 하나님의 요구 조건을 충족시키지 못했기 때문이다(Moffatt).

'다수'(πολύς)는 매우 절제된 표현이라 할 수 있다. 출애굽 1세대는 모두 광야 생활 40년 중에 죽고('멸망을 받았다') 오직 여호수아와 갈렙 두 사람만 약속의 땅에 들어갔기 때문이다(민 14:29-32; 26:65). '기뻐하다'(εὐδοκέω)는 하나님의 주권과 선택에 대한 신비로움을 표현하는 단어이며, 하나님의 예정에 있어 가장 강력한 감정 표현이다(TDNT). 하나님은 참으로 기뻐하시는 자들의 구원을 예정하신다.

이와 같이 고린도 성도들도 그들이 그리스도의 죽음과 부활을 통해 구원을 얻었다고 해서 위험한 '광야 생활'(온갖 유혹과 죄가 난무하는 이 땅에서의 삶)에서 제외되는 것은 아니라는 사실을 깨달아야 한다(Garland). 그러므로 이러한 일은 그리스도인에게 본보기가 되어야 한다(6a절). '이러한 일들'(ταῦτα)은 출애굽 1세대가 광야에서 하나님의 축복을 누리며 살았지만 약속의 땅에 들어가지 못한 일과 고린도 성도들이 그리스도를 영접해 예수님의 축복을 누리고 있는 일이다(Gardner).

'본보기'(τύπος)는 '모델(model), 사례(example), 모형(type)'이다(BDAG, cf. 빌 3:17; 살전 1:7; 살후 3:9; 딤전 4:12; 딛 2:7). 신학적 용어인 '모형론'(typology)이 이 단어에서 유래했다. 이곳에서는 이스라엘의 광야 생활이 그리스도인에게 '지침의 예'(examples for guidance)가 되어야 함을 의미한다(Collins, Robertson & Plummer).

그리스도인은 이스라엘의 광야 생활을 본보기로 삼아 그들이 악을 즐겨 했던 것같이 악을 즐겨 행하는 자가 되지 않아야 한다(6b절). 이스라엘은 광야에서 악을 즐겨 행하다가 하나님의 심판을 받아 멸망했다. 만일 그리스도인이 그들처럼 악을 즐겨 행하면 그리스도인이라도 하나님의 심판을 받아 멸망할 것이라는 경고다.

광야에서 이스라엘이 즐겨 행한 악은 개역개정이 '즐김'으로 번역한 '갈망'(ἐπιθυμητής, craving, 욕심)이다(6절; cf. 출 17:2; 민 11:33-34; 신 6:16; 시 78:18; 95:8-9; 106:14). 사람이 필요한 것을 기도를 통해 하나님께 구하는 것은 당연한 일이지만, 불만과 원망을 통해 표출하는 것은 죄다. 사도는 7-10절을 통해 이스라엘이 갈망하다가 우상 숭배(7절), 음행(8절), 주(그리스도)를 시험함(9절), 원망(10절) 등 네 가지 죄를 지었다고 한다. 이 네 가지 죄는 누구나 저지를 수 있는 보편적인 죄지만(Barrett, Gardner, Willis), 고린도 교회 상황과 연관된 죄들이기도 하다(Bandstra).

첫째, 고린도 성도들은 광야 세대처럼 우상을 숭배하는 자가 되어서는 안 된다(7a절). 우상 숭배는 항상 먹고 마시는 것과 연관되어 있다(cf. 8:1). 그러므로 이곳에서도 우상을 숭배할 때 먹고 마시는 것에 대한 말씀을 인용한다(7b절): "백성이 앉아서 먹고 마시며 일어나서 뛰논다." 모세가 율법을 받기 위해 시내산 정상에 올라가 있는 동안 이스라엘이 금송아지를 숭배한 일을 회고하는 출애굽기 32:6의 일부다. '일어나서 뛰노는 것'은 종교적 예식에서 춤을 추고 게임을 하는 것이다(Gardner). 여기에는 성적 문란함도 포함되어 있었다.

고린도 성도들이 우상을 숭배하지는 않았다. 그러나 불신자들이 우상에게 경의를 표하기 위해 거행하는 절기에는 종종 참여했다(Calvin). 예식이 끝나면 그들을 초청한 사람들과 어울려 우상 앞에서 먹었기 때문에 바울은 이 말씀을 인용해 경고한다(Hays, cf. Fee). 그리스도인은 가능하면 우상 숭배와 연관된 모임을 멀리하는 것이 좋다. 고린도 성도들은 광야에서 매일 하나님이 내려 주신 음식을 먹었던 이스라엘이 순식간에 금송아지를 숭배하는 죄를 지었다는 사실에서 교훈을 얻어야 한다.

둘째, 고린도 성도들은 이스라엘이 음행하다가 하루에 2만 3,000명이 죽은 일을 교훈 삼아 음행을 하지 않아야 한다(8절). 민수기 25:1-9에 기록된 일이다. '음행하다'(πορνεύω)는 창녀를 찾아 성관계를 갖는 등 성적으로 문란한 일 행하는 것을 뜻한다(BDAG). 고린도 성도 중 일부는 음행을 행하고 있었다(cf. 5:1-13; 6:12-20; 7:2-5). 유대인에게 음행과 우상 숭배는 동전의 양면이다(Garland): "그 여자들[모압 여인들]이 자기 신들에게 제사할 때에 이스라엘 백성을 청하매 백성이 먹고 그들의 신들에게 절하므로"(민 25:2).

분노하신 하나님은 이스라엘 회중에 염병이 돌게 하셨다. 제사장 아론의 손자 엘르아살의 아들 비느하스가 음행하는 이스라엘 남자와 모압 여인의 배를 창으로 꿰뚫었고, 그제야 염병이 그쳤다(민 25:7-8). 그날 이스라엘 회중 중에서 죽은 자가 2만 4,000명이었다(민 25:9). 본문에서 바울은 2만 4,000명이 아니라 2만 3,000명이 죽었다고 한다. 이에 대해 학자들은 다양한 추측을 내놓았다. 어떤 이들은 이 사건에 대한 바울의 기억이 희미해졌기 때문에 빚어진 일이라 하고(Barrett, Barclay, Robertson & Plummer), 어떤 이들은 민수기 26:61-62에 기록된 사건과 혼선을 빚은 결과라고 하기도 한다(Collins, Conzelmann). 바울이 마소라 사본이 아닌 다른 전승을 따른 결과라고 하는 이(Fee)도 있지만, 오늘날까지 알려진 전승은 모두 2만 4,000명으로 기록한다. 원래는 그날 죽은 사람이 2만 3,500명인데 민수기는 천 단위로 말하고자 500명을 더하고, 바울은 500명을 뺀 것이라는 해석도 있다(Calvin, Gardner). 하나님은 재판관들에게 이 광란의 파티에 가담한 사람들을 죽이라고 하시는데(민 25:5), 재판관들이 죽인 수가 두 숫자의 차이인 1,000명이라고 하는 이도 있다(Morris, 민 25:5). 사건이 터진 첫날 2만 3,000명이 죽임당하고, 이튿날 1,000명이 더 죽은 것이라는 해석도 있다(Mare). 바울이 민수기 25:9에 기록된 2만 4,000명과 출애굽기 32:28에 기록된 3,000명을 의도적으로 섞은 것이라고 주장하는 이들도 있다(Garland, Koet). 바울이 출애굽기 32장과 민수기 25장에 기록된 같은 금송아지 숭배 사건을 종합적으로 언급하기 위해 숫자를 의도적으로 섞고자 만 단위는 민수기에서, 천 단위는 출애굽기에서 인용한 것이라는 해석이 가장 설득력이 있어 보인다.

셋째, 고린도 성도들은 주를 시험하다가 뱀에게 멸망한 광야 세대 사람들처럼 주를 시험해서는 안 된다(9절). 개역개정이 '주'라고 번역한 헬라어는 '그리스도'(τὸν Χριστόν)다(cf. 새번역, ESV, NIV). 광야 세대가 4절에서 '신령한 반석'으로 묘사된 그리스도께 범죄했다는 것이다. 앞서 사도는 고린도 성도들이 우상에게 바친 음식을 먹음으로 인해 형제에게 죄를 지어 그들의 약한 양심을 상하게 하는 것은 곧 그리스도께 죄를 짓는 것이라 했다(8:12).

광야 세대는 호르산에서 에돔 땅으로 가는 길에 하나님을 시험하다가 뱀에 물려 죽었는데(민 21:4-9), 저자는 그들이 그리스도를 시험한 것과 같다고 한다. 그들은 먹을 것과 마실 것이 마땅치 않다고 불평함으로써 하나님을 시험했는데, 반석이신 그리스도께서 그들에게 물을 주셨으므로(4절) 그들의 불평은 그리스도께 범죄한 것과 마찬가지다. 바울은 이 사건을 교훈 삼아 고린도 성도들이 우상에게 바친 제물을 먹는 일로 연약한 자들을 실족하게 하여 그리스도와의 언약을 위반하는 일이 없어야 한다고 한다.

넷째, 고린도 성도들은 하나님을 원망하다가 멸망시키는 자에게 멸망한 광야 세대처럼 하나님을 원망해서는 안 된다(10절). '원망'은 이스라엘의 광야 생활 40년을 가장 잘 요약한다(출 17:2; 민 14:36; 16:41, 49; 17:5, 10). 그들은 40년 동안 하나님과 모세를 원망했다. 주로 음식과 물에 대한 원망이었다(민 11:1; 14:2-4). 또한 원망은 세 번째 죄인 하나님을 시험하는 것과도 연관이 있다. 그들은 원망으로 하나님을 시험하기 일쑤였다.

> 백성이 모세와 다투어 이르되 우리에게 물을 주어 마시게 하라 모세가 그들에게 이르되 너희가 어찌하여 나와 다투느냐 너희가 어찌하여 여호와를 시험하느냐 거기서 백성이 목이 말라 물을 찾으매 그들이 모세에게 대하여 원망하여 이르되 당신이 어찌하여 우리를 애굽에서 인도해 내어서 우리와 우리 자녀와 우리 가축이 목말라 죽게 하느냐(출 17:2–3).

이처럼 광야 세대는 하나님을 원망하다가 멸망시키는 자에게 멸망했다(10절). '멸망시키는 자'(ὀλοθρευτής)는 사람들을 죽이는 천사 혹은 사탄이다(Verbrugge, cf. 출 12:23; 삼하 24:16; 대상 21:12; 대하 32:21). 바울이 원망에 대해 강력하게 경고하는 것은 아마도 고린도 성도 중에 바울을 원망하는 이들도 있었기 때문으로 생각된다(Robertson & Plummer). 그러나 원망은 어떠한 긍정적인 결과도 안겨 주지 않으며, 혹독한 심판을 초래할 뿐이다. 그러므로 고린도 성도들은 광야 세대의 일을 교훈 삼아 그리스도를 원망하는 일이 없어야 한다.

이스라엘의 광야 세대가 지은 네 가지 죄에 대해 설명한 사도는 그들에게 일어난 일은 본보기가 되고 또한 말세를 만난 우리를 깨우치기 위해 기록되었다고 한다(11절). '본보기'(τυπικῶς)는 6절에서 언급한 것처럼 '본보기'(τύπος)와 같은 어원에서 온 단어이며(TDNT) '모델(model), 사례(example), 모형(type)'을 뜻한다(BDAG, cf. 빌 3:17; 살전 1:7; 살후 3:9; 딤전 4:12; 딛 2:7). 이스라엘의 광야 생활이 그리스도인에게 '지침의 예'(examples for guidance)가 되어야 함을 의미한다(Collins, Robertson & Plummer).

'말세'(τέλη τῶν αἰώνων)는 세상이 끝나는 날이다. 우리가 말세를 만났다는 것은 세상이 끝나는 때가 이미 시작되었음을 의미한다(Bruce). 광야에서 이스라엘 백성에게 일어난 일들은 말세를 살고 있는 우리를 깨우치기 위해서 기록되었다. 과거 일은 미래 세대를 염두에 두고 기록되었기 때문에 미래 세대는 항상 과거로부터 배울 수 있다. 또한 과거에는 그리스도께서 베일에 가린 채로 주의 백성에게 임하셨지만, 지금은 그 베일이 걷혔다(Gardner).

그런즉 선 줄로 생각하는 자는 넘어질까 조심해야 한다(12절). 이스라엘의 광야 생활을 근거로 한 논리와 가르침이 적용으로 이어지고 있다. 그러므로 이 말씀은 이 섹션의 핵심이다(Gardner). 사도는 고린도 성도 중 교만한 자들에게 경고한다. 그들은 자신이 믿음으로 하나님 앞에 서 있다고 생각한다(롬 11:20; 고후 1:24). 그러나 실상은 하나님 앞에 넘어져 있다고 경고한다. 구약에서 넘어짐(쓰러짐)은 죽음을 상징한다(민 14:3). 하나님께 불순종한 출애굽 세대는 광야에서 비극적인 죽음을 맞이했다. 그러므로 광야 세대 이야기는 어느 시대든 주의 백성에게 강력하게 경고한다(cf. 히 4:11).

신약에서도 넘어짐은 구원에 이르지 못하는 일을 상징한다(롬 11:11-12). 고린도 성도 중 지식이 있는 자들은 남을 넘어지게 해서는 안 되며, 자기 역시 넘어지지 않도록 조심해야 한다. 지식을 가졌다고 자랑하는 자들은 자신이 가진 지식에 대해 잘못된 확신을 갖는다(Calvin). 그러므로 이 경고는 고린도 성도뿐 아니라 모든 그리스도인에게 주는 보편적인 것이다.

하나님은 항상 우리가 감당할 수 있는 시험만 허락하시고 피할 길도 주신다는 13절은 참으로 은혜로운 말씀이지만, 저자가 이때까지 이스라엘의 광야 생활에 관해 말한 것과 잘 어울리지 않는 듯하다. 그러므로 일부 학자는 이 말씀이 고린도전서에서 해석하기 가장 어려운 말씀이라고 한다(Godet). 12절에서 곧바로 14절로 뛰어넘어야 문맥이 매끈해진다는 이들도 있다(Fee).

그러나 이스라엘의 광야 생활과 고린도 성도들의 삶은 지속되는 시험과 연단이라는 공통점이 있다. 이스라엘의 광야 이야기는 하나님의 신실하심에 관한 이야기라 할 수 있다. 지속적인 실패와 반역에도 불구하고 이스라엘이 살 수 있었던 것은 하나님의 신실하심 때문이다.

이와 같이 고린도 성도들도 삶에서 수많은 시험과 연단을 경험하고 있다(Gardner). 그러나 좌절할 필요가 없는 것은 신실하신 하나님이 감당할 만한 시험만 주시기 때문이다.

고린도 성도들이 당하고 있는 시험은 모두 사람이 감당할 만한 시험이다(13a절). 그들이 당면하는 이슈는 독특하거나 특별하지 않으며, 모든 사람이 삶에서 겪는 것들이다(Barrett, Edwards, Fee, Murphy-O'Connor). 그러므로 어떠한 시험이 와도 절망할 필요가 없으며 헤쳐 나갈 수 있다.

하나님은 미쁘시기에 그들이 감당하지 못할 시험을 허락하지 않으신다(13b절). '미쁘다'(πιστός)는 신실하여 신뢰할 수 있다는 뜻이다(BDAG). 하나님의 미쁘심(신실하심)이 우리에게 어떠한 영향을 미치는지에 대해서는 신명기 7:9이 잘 설명한다: "그런즉 너는 알라 오직 네 하나님 여호와는 하나님이시요 신실하신 하나님이시라 그를 사랑하고 그의 계명을 지키는 자에게는 천 대까지 그의 언약을 이행하시며 인애를 베푸시되." 하나님의 인애가 우리를 시험에서 지키신다.

어떤 이들은 저자가 언급하는 시험은 고린도 교회가 여러 파로 나뉜 것을 의미한다고 주장한다(Mitchell). 죄를 짓고자 하는 욕망이나, 항상 좋은 사람들과 좋은 음식을 먹고자 하는 것도 시험이다(Verbrugge). 그러나 문맥상 우상 숭배와 우상 숭배를 거부할 때 오는 핍박을 시험으로 간주하는 것이 바람직하다(Findlay). 고린도 성도들은 우상에게 바친 음식을 먹지 않는 일로 인해 핍박이 임하더라도 하나님과의 언약에 신실해야 한다. 이렇게 하면 시험을 이기게 하시는 하나님 은혜를 기대할 수 있다.

하나님은 우리가 시험당할 때 피할 길을 내셔서 능히 감당하게 하신다(13c절). 하나님의 능력과 은혜가 우리 삶에 시험이 없어지게 하지는 않는다. 다만 피할 길을 주신다. 그러므로 시험당할 때는 하나님이 우리를 위해 마련해 주신 피할 길을 보여 달라고 열심히 기도해야 한다.

이 말씀은 과거에 주의 백성에게 있었던 일을 교훈 삼아 그들이 저지른 죄를 짓지 않도록 주의하라고 한다. 성경에 기록된 그들의 이야기는 그리스도를 통해 하나님의 백성 된 우리의 이야기이기도 하기 때문이다. 하나님의 새 백성인 교회는 옛적에 하나님의 백성이었던 이스라엘의 맥을 잇는다. 그러므로 그들의 조상 이야기는 곧 우리 조상의 이야기가 된다.

해 아래 새로운 것은 없다고, 우리가 삶에서 경험하는 수많은 유혹과 시험은 이미 옛 이스라엘도 경험했다. 그들의 성공과 실패가 모두 성경에 기록되어 있다. 그러므로 성경을 공부하고 묵상하면 어떻게 사는 것이 하나님의 백성으로 사는 것인지 통찰력을 얻을 수 있다.

우리 삶은 이스라엘의 광야 생활과 비슷하기 때문에 삶에서 시험을 피할 수는 없다. 시험은 수시로 우리를 괴롭힌다. 그렇다고 절망할 필요는 없다. 하나님은 우리가 감당할 수 없는 시험은 허락하지 않으시기 때문이다. 하나님은 시험을 통해 우리의 믿음이 더 굳건해지길 원하시지, 우리가 넘어지는 것을 원하지 않으신다. 또한 하나님은 우리가 시험을 당할 때 피할 길도 주신다. 우리가 시험받을 때 하나님이 우리와 함께하시며 도우시는 것이다.

Ⅳ. 교회의 질문들(7:1–15:58)
D. 하나님 자녀들의 삶과 우상(10:1–11:1)

2. 우상 숭배에 대한 경고(10:14–22)

14 그런즉 내 사랑하는 자들아 우상 숭배하는 일을 피하라 15 나는 지혜 있
는 자들에게 말함과 같이 하노니 너희는 내가 이르는 말을 스스로 판단하라
16 우리가 축복하는 바 축복의 잔은 그리스도의 피에 참여함이 아니며 우리
가 떼는 떡은 그리스도의 몸에 참여함이 아니냐 17 떡이 하나요 많은 우리가
한 몸이니 이는 우리가 다 한 떡에 참여함이라 18 육신을 따라 난 이스라엘
을 보라 제물을 먹는 자들이 제단에 참여하는 자들이 아니냐 19 그런즉 내가

무엇을 말하느냐 우상의 제물은 무엇이며 우상은 무엇이냐 [20] 무릇 이방인 이 제사하는 것은 귀신에게 하는 것이요 하나님께 제사하는 것이 아니니 나는 너희가 귀신과 교제하는 자가 되기를 원하지 아니하노라 [21] 너희가 주의 잔과 귀신의 잔을 겸하여 마시지 못하고 주의 식탁과 귀신의 식탁에 겸하여 참여하지 못하리라 [22] 그러면 우리가 주를 노여워하시게 하겠느냐 우리가 주보다 강한 자냐

당시의 종교는 모두 혼합주의(여러 신을 동시에 숭배하는 것)를 허용했다(cf. 행 17:23). 사람들은 자신이 숭배하는 신이 아닌 다른 신의 신전을 돌며 그 신에게 바친 음식을 먹고 종교적 절기에 참여했다(Smit, Willis). 반면에 바울은 고린도 성도들에게 오직 예수 그리스도만 섬길 것을 요구하며, 우상들의 신전을 찾아다니며 음식 먹는 것을 금한다. 그러므로 한 종교에만 충성하라는 사도의 요구는 당시 종교적 정서를 고려하면 매우 색다르다. 바울은 기독교만이 유일한 종교이며 창조주께 나아가는 길이라는 사실을 확신한다.

그는 그리스도인은 오직 예수 그리스도만 섬겨야 한다는 사실을 성만찬을 통해 설명한다. 신약에는 성만찬에 대한 텍스트가 많지 않기 때문에 본문은 많은 학자의 관심을 불러일으킨 텍스트다. 그러나 바울이 우상 숭배를 금하기 위해 성만찬을 하나의 예로 들어 설명하는 만큼 본 텍스트가 성만찬에 대한 모든 것을 말한다는 생각은 버리고 다른 성경 말씀과 함께 연구하고 적용해야 한다(Garland).

저자는 고린도 성도를 '나의 사랑하는 자들'(ἀγαπητοί μου)이라 부르며 섹션을 시작한다(14a절). 바울은 고린도 성도들을 진심으로 사랑한다(cf. 15:58; 고후 7:1; 12:19). 그중에는 바울의 사도직에 이의를 제기하는 자들도 있고, 온갖 문제를 일으키는 자들도 있지만, 그는 아직도 아버지가 자식을 대하듯 그들을 대한다. 사도는 고린도 성도들을 영적 자녀로 생각한다. 자녀는 부모를 버려도, 부모는 자녀를 버리지 않는다.

저자는 고린도 성도들에게 우상을 숭배하는 일을 피하라고 한다(14b절). 우상을 숭배하는 일에서 '나오라고'(ἐκ) 하는 것이 아니라, '도망하라'(ἀπὸ)고 한다(Robertson & Plummer). 또한 현재 명령형(present imperative) 동사(φεύγετε)를 사용해 절대 포기하지 말고 계속 피하라고 권면한다(Gardner, Garland, Verbrugge). 우상 숭배는 해로운 방사성 폐기물(radioactive waste)과 같다(Castelli). 우상에게 '피폭되지 않으려면' 우상이 있는 곳을 피해야 한다. 그렇지 않으면 멸망을 피할 수 없다. 무모하게 우상을 숭배하는 길로 걸어 들어갔다가는 하나님의 구원을 기대할 수 없다(Edwards, Robertson & Plummer). 그들은 온전히 우상 숭배를 피해야 한다.

우상 숭배와 음행은 서로 떼려야 뗄 수 없는 사이다. 그리스도인이 창녀와 한 몸이 되는 것이 있을 수 없는 일이듯, 그리스도인이 우상을 숭배하는 것은 있을 수 없는 일이다. 우상 숭배에 관해 말하는 본문은 음란에 관해 말하는 6:12-20과 다음과 같이 평행적 구조를 지닌다(Garland, Gardner).

고전 10:14-11:1	고전 6:12-20
우상 숭배하는 일을 피하라(10:14)	음행을 피하라(6:18)
성만찬은 우리가 그리스도와 한 몸 됨을 상징한다(10:16-17)	너희 몸은 그리스도의 지체; 너희는 창녀와 한 몸이 될 수 없다(6:15-17)
모든 것이 가하나 모든 것이 유익한 것은 아니다(10:23)	모든 것이 가하나 모든 것이 유익한 것은 아니다(6:12)
다 하나님의 영광을 위하여 하라(10:31)	너희 몸으로 하나님께 영광을 돌리라(6:20)

사도는 고린도 성도들에게 말하기를 지혜 있는 자들에게 말하는 것과 같이 한다고 한다(15a절). 앞서 바울이 그들을 향해 지혜가 없고 어리석다며 몇 차례 비난했기 때문에, 그들을 지혜 있는 자라고 하는 것이 아이러니라고 하는 이들이 있다(Barrett, Hays, Gardner, Soards,

Witherington, cf. 롬 11:25; 12:16). 저자가 앞에서는 고린도 성도들을 비난한 것이 사실이지만, 이곳에서는 진지하게 지혜 있는 사람들 대하듯 그들을 대하고 있다. 바로 앞 절에서 진심으로 '내 사랑하는 자들아'(14절)라고 부른 다음에 냉소적인 말을 할 리가 없기 때문이다(Conzelmann, Edwards, Fee, Findlay, Garland, Smit).

고린도 성도들은 사도가 하는 말을 지혜롭게 판단해야 한다(15b절). 바울이 그들에게 가르침을 줄 수는 있어도, 그의 가르침에 수긍하거나 수긍하지 않는 것은 고린도 성도들의 몫이다. 또한 그들이 사도의 가르침에 어떻게 반응하느냐는 그들의 삶에 지대한 영향을 미칠 것이다. 잘못하면 귀신들이 좋아하는 삶을 살 수도 있다(cf. 20절).

저자는 고린도 성도들에게 성만찬의 잔과 떡에 대해 생각해 보라고 한다. 성만찬에서 우리가 마시는 잔은 그리스도의 피에 참여하는 것이며, 우리가 나누는 떡은 그리스도의 몸에 참여하는 것이다(16절). '참여함'(κοινωνία)은 '교제'를 의미하며 16-20절에서 네 차례 사용되고, 비슷한 말인 '참여함'(μετέχομεν)도 17절과 20절에서 사용된다(cf. 고후 6:14; 히 2:14). 본문의 핵심은 그리스도인은 성만찬을 통해 하나님과 교제하든, 우상 숭배를 통해 귀신들과 교제하든 둘 중 하나를 택해야 한다는 것이다.

성만찬은 구약의 유월절 예식과 언약을 맺은 후 쌍방이 나누던 음식을 대체한다(Willis). 본문은 잔을 먼저 언급하고 이어서 떡에 대해 말하지만, 11장은 잔보다 떡을 먼저 언급한다. 이곳에서는 잔보다 떡에 대한 설명이 더 길기 때문에 잔을 간단하게 언급한 후(16a절) 떡에 대해 자세하게 언급하는 것으로 보인다(16b-17절).

성찬식에서 우리가 잔을 마시는 것은 그리스도의 보혈에 참여한다는 의미다(16a절). 잔을 마시는 것은 우리와 그리스도가 하나 된다는 뜻이다. 예수님은 잔에 대해 이렇게 말씀하셨다: "이것은 죄 사함을 얻게 하려고 많은 사람을 위하여 흘리는 바 나의 피 곧 언약의 피니라"(마

26:28; cf. 롬 3:25; 5:9; 엡 1:7; 2:13; 골 1:20). 그러므로 그리스도인은 잔을 마실 때마다 그리스도께서 세우신 언약과 그 언약을 세우신 예수님을 기념해야 한다(11:25; cf. 막 14:23; 눅 22:20).

성찬식에서 우리가 떡을 떼는 것은 그리스도의 몸에 참여한다는 의미다(16b절). 예수님은 떡에 대해 이렇게 말씀하셨다: "이것은 너희를 위하는 내 몸이니 이것을 행하여 나를 기념하라"(11:24; cf. 눅 22:19).

성찬식에서 우리가 떼는 떡은 하나다(17a절). 반면에 그 떡을 떼는 우리는 수가 많다. 그러나 한 떡에 참여하기 때문에 우리는 그리스도의 한 몸을 이루는 지체다. 모든 성도가 한 떡에 참여하는 것은 성만찬을 통해 하나가 된 참여자들이 하나님을 예배하는 것을 의미한다(Hays). 그러므로 모든 형태의 우상 숭배와 이와 연관된 예식을 피해야 한다. 아무리 의미 없는 것처럼 보여도 그리스도의 몸을 이루는 지체가 우상과 연관된 예식에 참여하는 것은 옳지 않다. 우상에게 바친 음식을 먹는 것은 성만찬에 참여하는 것과 비슷하지만, 실상은 정반대 결과를 낳는다(Smit). 그리스도에게서 떨어져 나오게 하기 때문이다.

성만찬은 우상에게 바친 음식을 먹는 잔치에 참여하는 자들에게 세 가지 교훈을 준다(Garland). 첫째, 성만찬에서 잔과 떡을 함께 떼는 것은 그리스도와 교제하는 것을 의미한다. 이와 같이 우상에게 바친 음식을 먹는 것도 참여자와 우상 사이에 교제가 이루어짐을 뜻한다. 그러므로 그리스도인은 중립적으로 우상에게 바친 음식을 먹을 수는 없다(Fee, Hays).

둘째, 성만찬은 참여자 사이에 영적 파트너십과 교제를 이루게 한다. 그들이 그리스도와 하나 될 뿐 아니라, 그들도 하나 되게 한다. 이와 같이 우상에게 바친 음식을 먹는 사람들도 영적으로 하나가 된다. 그러므로 그리스도인이 우상 숭배자들과 영적인 교제를 하지 않으려면 우상에게 바친 음식을 먹지 않아야 한다.

셋째, 그리스도의 피가 우리와 그리스도의 언약적 관계가 얼마나 고

귀하고 중요한 것인지 강조한다. 피는 언약을 봉인한다(창 15:9-18; 출 24:3-8; 슥 9:11; 히 9:18). 잔은 그리스도의 보혈을 상징하고, 그리스도의 보혈은 하나님과 인간 사이에 체결된 새로운 언약을 봉인한다(11:25). 그러므로 그리스도의 보혈을 통해 믿음 공동체가 형성되었다(Willis). 이 언약을 파괴하는 것은 매우 심각한 결과를 초래할 것이므로 우상 숭배는 생각도 하지 말아야 한다.

바울은 우상 숭배를 했다가 낭패를 본 이스라엘을 예로 든다(18a절). '육신을 따라 난 이스라엘'(τὸν Ἰσραὴλ κατὰ σάρκα)을 '역사적 이스라엘'(historical Israel, 오랜 세월 고유 민족으로 존재했던 자들)로 해석하는 이들도 있지만(Barrett, Collins, Robertson & Plummer), 이미 10:1-11에서 언급한 '광야 세대'로 제한하는 것이 바람직하다(Gardner, Garland, Kistemaker, Smit). '육신에 따라'(κατὰ σάρκα)는 죄의 권세에 사로잡힌 육체를 의미한다: "육신을 따르는 자는 육신의 일을, 영을 따르는 자는 영의 일을 생각하나니 육신의 생각은 사망이요 영의 생각은 생명과 평안이니라 육신의 생각은 하나님과 원수가 되나니 이는 하나님의 법에 굴복하지 아니할 뿐 아니라 할 수도 없음이라"(롬 8:5-7). 앞서 바울은 고린도 성도들을 육신에 속한 자, 곧 그리스도 안에서 어린아이를 대하는 것처럼 대할 수밖에 없다며 그들이 아직도 죄의 권세에 사로잡힌 육체를 지녔다는 사실에 탄식했다(Hays, cf. 3:1).

광야 세대 이스라엘은 제물을 먹는 자들이었으며, 제단에 참여했다(18b절). '제단에 참여하는 자들'(κοινωνοὶ τοῦ θυσιαστηρίου)은 예배자가 서로 교제하는 '친교 테이블'(communion table)에서 교제했다는 뜻이다(Thiselton). 이스라엘은 광야에서 우상에게 바친 음식을 먹음으로써 우상과 하나가 되었고, 하나님의 백성이 아니라 우상 숭배자로서 서로 교제했다는 뜻이다(Gardner, Thiselton, Verbrugge).

우상을 숭배하는 것은 하나님을 예배하는 것과 정반대이므로 하나님이 우상 숭배를 혐오하고 분노하시는 것은 알겠는데, 사도는 우상이 실제로 존재하지 않는 것이라고 하지 않았던가: "우상의 제물을 먹는 일에 대하여는 우리가 우상은 세상에 아무 것도 아니며 또한 하나님은 한 분밖에 없는 줄 아노라"(8:4). 그렇다면 그리스도인이 우상에게 바친 음식을 먹는 것은 왜 심각한 문제가 되는가?

바울은 우상이 무엇이고, 우상의 제물이 무엇인지 생각해 보라고 한다(19절). 우상은 존재하지 않는다. 인간이 만들어 낸 가짜 신이다. 이사야는 우상과 우상 숭배자들에 대해 다음과 같이 말한다.

> 우상을 만드는 자는 다 허망하도다 그들이 원하는 것들은 무익한 것이거늘 그것들의 증인들은 보지도 못하며 알지도 못하니 그러므로 수치를 당하리라 신상을 만들며 무익한 우상을 부어 만든 자가 누구냐 보라 그와 같은 무리들이 다 수치를 당할 것이라 그 대장장이들은 사람일 뿐이라 그들이 다 모여 서서 두려워하며 함께 수치를 당할 것이니라 철공은 철로 연장을 만들고 숯불로 일하며 망치를 가지고 그것을 만들며 그의 힘센 팔로 그 일을 하나 배가 고프면 기운이 없고 물을 마시지 아니하면 피로하니라 목공은 줄을 늘여 재고 붓으로 긋고 대패로 밀고 곡선자로 그어 사람의 아름다움을 따라 사람의 모양을 만들어 집에 두게 하며 그는 자기를 위하여 백향목을 베며 디르사 나무와 상수리나무를 취하며 숲의 나무들 가운데에서 자기를 위하여 한 나무를 정하며 나무를 심고 비를 맞고 자라게도 하느니라 이 나무는 사람이 땔감을 삼는 것이거늘 그가 그것을 가지고 자기 몸을 덥게도 하고 불을 피워 떡을 굽기도 하고 신상을 만들어 경배하며 우상을 만들고 그 앞에 엎드리기도 하는구나 그 중의 절반은 불에 사르고 그 절반으로는 고기를 구워 먹고 배불리며 또 몸을 덥게 하여 이르기를 아하 따뜻하다 내가 불을 보았구나 하면서 그 나머지로 신상 곧 자기의 우상을 만들고 그 앞에 엎드려 경배하며 그것에게 기도하여 이르기를 너는 나의 신이니 나를 구원하라 하는도다(사 44:9-17).

사도도 선지자 이사야의 말씀에 전적으로 동의한다. 그럼에도 불구하고 그리스도인이 우상을 숭배하거나 우상에게 바친 음식을 먹는 것을 금하는 것은 귀신들이 우상에 기생하기 때문이다(cf. Verbrugge). 귀신은 하나님을 대적하는 영적 능력이다(Hays, cf. 시 96:5; 106:37).

원래 우상은 인간이 만들어 낸 아무 생명력 없는 것에 불과하다. 그러나 어떻게 해서든 사람들을 현혹하고자 하는 귀신들이 우상의 '빈자리'를 차지했다. 우상이 상징하는 영적 존재의 자리를 귀신들이 차지한 것이다. 성만찬이 단순히 먹고 마시는 것이 아니라 하나님과의 교제와 성도 간의 교제를 의미하는 것처럼, 우상 앞에서 우상에게 바친 음식을 먹는 것은 단순히 먹고 마시는 것보다 훨씬 더 중요한 영적 의미를 포함한다.

그러므로 하나님을 믿지 않는 이방인이 우상에게 제사하는 것은 귀신에게 하는 것이다(20a절). 또한 그리스도인이 이런 제사에 참여하면 하나님께 제사하는 것이 아니라, 귀신에게 제사하는 것이다. 자신은 귀신이 아니라 유일하신 하나님께 제물을 드린다 해도 억지 주장에 불과하다. 이스라엘이 금송아지를 만들어 숭배할 때 그들은 금송아지를 가리켜 이집트에서 그들을 구원하신 여호와라며 하나님을 경배한다고 했다(출 32:4-5). 그러나 실상은 귀신을 예배하는 일이었다: "그들이 다른 신으로 그의 질투를 일으키며 가증한 것으로 그의 진노를 격발하였도다 그들은 하나님께 제사하지 아니하고 귀신들에게 하였으니 곧 그들이 알지 못하던 신들, 근래에 들어온 새로운 신들 너희의 조상들이 두려워하지 아니하던 것들이로다"(신 32:16-17; cf. 레 17:7; 시 106:36-37; 사 65:11).

그러므로 사도는 고린도 성도들이 우상에게 바친 음식을 먹음으로써 귀신과 교제하는 자가 되지 않기를 원한다(20b절). 우상은 실제 존재하는 것이 아니니, 그들이 우상과 교제할 수는 없다. 그러나 우상에 기생하는 악령은 존재한다. 결과적으로 우상에게 바치는 것은 악령을 위한 것이 된다. 악령에게 바친 음식을 먹는 것은 악령과 파트너가 되는 것을 상징한다. 아무리 본인의 의도와 상관없는 일이라 해도 소용없다. 그리스도인이 우상에게 바친 음식을 먹는 것은 괜찮다며 그냥 지나칠 수 없는 사안이다.

사도가 우상 숭배와 우상에게 바친 음식에 대해 이처럼 강하게 말해도 잘 들으려 하지 않는 자들이 있을 것이다. 그러므로 그들에게 양자택일을 하라고 한다: "주의 잔과 귀신의 잔을 겸하여 마시지 못하고 주의 식탁과 귀신의 식탁에 겸하여 참여하지 못하리라"(21절). 저자는 '그리스도의 잔'과 '그리스도의 식탁'에 대해 말하고 있다. 그러면서도 '주의 잔'(ποτήριον κυρίου)과 '주의 식탁'(τραπέζης κυρίου)이라는 표현을 사용하는 것은 그리스도의 '주'(κύριος) 되심을 강조하기 위해서다. 선택은 하나님을 택할 것인가, 혹은 귀신을 택할 것인가 둘 중 하나다. 주의 잔을 마시면서 악령의 잔을 마실 수는 없다. 당연히 하나님을 택해야 한다. 이 선택의 이슈는 충성(allegiance)이다(Gardner, cf. 눅 16:13). 하나님과 교제하는 관계에 들어가 주님과 함께해야 한다(Garland, cf. 시 16:4-5). 그러므로 하나님을 택하는 이는 절대 귀신 곁에 얼씬거리면 안 된다(cf. 10:14).

그리스도인은 귀신의 잔을 마시고 귀신의 식탁에 참여함으로 주를 노여워하게 하면 안 된다(22a절). 질투와 시기는 하나님의 거룩하심과 능력의 일부다(Fee). 모세 오경에서는 하나님이 우상으로 인해 자주 질투하고 시기하신다(Rosner, cf. 출 20:5; 34:14; 신 4:24; 5:9; 6:14-15).

하나님이 노하시면 우리는 절대 그분의 진노를 피할 수 없다. 주님은 우리보다 훨씬 더 강하시기 때문이다(22b절). 저자는 이러한 사실을 수사학적인 질문을 통해 강조한다: "우리가 주보다 강한 자냐?" 이 질문의 중요한 포인트는 악령들의 능력에 관한 질문이 아니라, 하나님의 능력에 관한 질문이라는 사실이다(Sampley). 우리가 두려워해야 할 것은 우상에 연루된 귀신이 아니라, 심판하시는 하나님이다.

이 말씀은 성만찬에 참여하는 것은 잔과 떡을 나누는 일을 통해 주님을 기념하는 것이며, 더 나아가 예수님과 맺은 언약에 충성을 다짐하는 행위라고 한다. 성만찬을 하나의 기독교 성례로 가볍게 여겨서는 안 된다는 뜻이다. 성찬식은 예수님과 우리 관계에 대해 여러 가지 중요한 의미를 지닌 예식이므로 온 마음을 다해 참여해야 한다. 사도는 잠시 후 성찬식에 올바른 마음으로 참여하지 않았다가 병들거나 죽은 사람들에 관해 말한다(11:27–30).

우상 숭배와 우상에게 바친 음식을 먹는 것은 그 우상이 상징하는 신, 그러나 존재하지 않는 신을 숭배하는 일이다. 그러므로 우상 숭배는 실제로 존재하는 신이 아니라 인간이 만들어 낸 신에게 속는 것이라 할 수 있다. 문제는 귀신들이 우상이 상징하는 신처럼 군다는 것이다. 결국 그리스도인이 우상을 숭배하거나 우상에게 바친 음식을 먹으면 그리스도를 예배하고 기념해야 할 사람이 우상에 기생하는 귀신을 숭배하고 귀신들의 잔치에 참여하는 결과를 초래한다. 우리는 오직 그리스도를 예배해야 하며, 그리스도의 잔치인 성찬식에만 참여해야 한다.

Ⅳ. 교회의 질문들(7:1–15:58)
D. 하나님 자녀들의 삶과 우상(10:1–11:1)

3. 우상에게 바친 음식(10:23–11:1)

23 모든 것이 가하나 모든 것이 유익한 것은 아니요 모든 것이 가하나 모든
것이 덕을 세우는 것은 아니니 24 누구든지 자기의 유익을 구하지 말고 남의
유익을 구하라 25 무릇 시장에서 파는 것은 양심을 위하여 묻지 말고 먹으라
26 이는 땅과 거기 충만한 것이 주의 것임이라
27 불신자 중 누가 너희를 청할 때에 너희가 가고자 하거든 너희 앞에 차려
놓은 것은 무엇이든지 양심을 위하여 묻지 말고 먹으라 28 누가 너희에게 이
것이 제물이라 말하거든 알게 한 자와 그 양심을 위하여 먹지 말라 29 내가

말한 양심은 너희의 것이 아니요 남의 것이니 어찌하여 내 자유가 남의 양심으로 말미암아 판단을 받으리요 [30] 만일 내가 감사함으로 참여하면 어찌하여 내가 감사하는 것에 대하여 비방을 받으리요 [31] 그런즉 너희가 먹든지 마시든지 무엇을 하든지 다 하나님의 영광을 위하여 하라 [32] 유대인에게나 헬라인에게나 하나님의 교회에나 거치는 자가 되지 말고 [33] 나와 같이 모든 일에 모든 사람을 기쁘게 하여 자신의 유익을 구하지 아니하고 많은 사람의 유익을 구하여 그들로 구원을 받게 하라 [11:1] 내가 그리스도를 본받는 자가 된 것 같이 너희는 나를 본받는 자가 되라

사도는 앞 섹션에서 그리스도인은 우상을 숭배하거나 신전에 가서 우상에게 바친 음식을 먹으면 안 된다고 했다. 우상 숭배가 만연하던 고린도에서 사람이 우상에게 바친 음식을 먹지 않고 사는 것은 어려운 일이다. 바울도 이러한 사실을 잘 알고 있다.

땅과 거기에 충만한 것은 모두 주의 것이다(26절). 우상은 인간이 만들어 낸 허상에 불과하다. 그러므로 사도는 우상에게 바친 음식을 먹어도 괜찮다는 '조건적 자유'(conditional liberty)에 관해 말하고자 한다(cf. 26절). 시장에서 파는 고기는 그냥 사 먹으면 된다(25절). 불신자의 초청을 받아 음식을 함께 먹을 때도 음식의 출처가 우상이라는 구체적인 말을 듣지 않는 한 먹어도 된다(27절). 그가 이처럼 구체적인 사례를 말하는 것은 모든 것이 가하다고 했던 자신의 가르침을(cf. 6:12) 고린도 성도들이 마음대로 적용한 것에 대해 앞으로는 그렇게 왜곡하지 말라고 하는 취지에서다.

저자는 8:9에서 언급한 우상에게 바친 음식을 먹을 수 있는 그리스도인의 자유(ἐξουσία)를 다시 주제로 삼는다(23절). 고린도 성도들은 "모든 것이 가하다"(πάντα ἔξεστιν)라는 바울의 가르침을 남용해 자신들의 죄를 정당화하려 했다(6:12). 고린도 교회 안에서 스스로 그리스도인이라 하면서도 비(非)윤리적인 짓을 하는 자들이 자기 죄를 정당화하고 합리화하기 위해 사용한 슬로건이다(Fee, Gardner, Garland, Verbrugge). 그러므로 우리말 번역본들은 "…고 사람들은 말하지만"(새번역), "…고 말할 수 있습니다"(공동), "…고 여러분은 말하지만"(아가페)을 더해 23절의 다른 내용과 따로 구분한다.

대부분 학자는 이 슬로건의 출처가 바울이고, 그가 그리스도인은 모든 종류의 음식을 먹을 수 있는 자유가 있다며 가르친 것이라 한다. 성경 저자 중에서 그리스도인의 자유에 대해 바울처럼 자세하고 넓고 포괄적으로 가르친 이가 없기 때문이다(Barrett, Conzelmann, Fee, Findlay, Godet, Robertson & Plummer, Thiselton, Witherington, cf. 롬 14:1-15:13; 고전 8-10장). 고린도 성도들이 말하는 대로 '모든 것이 가하다.' 다만 자유에 대한 그들의 개인적인 생각이 이 원칙을 적용하는 유일한 기준이 되는 것이 문제다.

바울은 자신의 도덕적 해이와 죄를 정당화하기 위해 자신의 가르침을 오용하는 고린도 성도들에게 그리스도인의 자유는 반드시 두 가지 '테두리' 안에서 행해져야 한다고 한다. 첫째는 유익함이다(23b절). 그들이 말하는 대로 그리스도인은 모든 것을 할 수 있지만, 만일 그들의 자유가 자신이나 공동체에 유익하지 않다면 자제해야 한다(cf. Willis). 이 기준으로 보면 우상에게 바친 음식을 먹는 것은 먹는 사람이나 그가 속한 교회에 유익하지 않다. 그러므로 우상에게 바친 음식을 먹는 것은 그리스도인의 자유에 포함될 수 없다. 담배도 마찬가지다. 우리에게는 담배를 피울 자유가 있지만, 담배는 우리 자신에게도 주변 사람들에게도 해롭다. 그러므로 피지 않는 것이 좋다.

둘째는 덕을 세우는 것이다(23c절). '덕을 세우다'(οἰκοδομέω)를 직역하면 '집을 세우다'이다(TDNT). 그리스도인의 자유는 그가 속한 교회를 세우는 데 사용되어야 한다는 것이다(Collins). 그러므로 개인의 자유가 자신이 속한 공동체를 해치거나 파괴하는 것은 옳지 않다(cf. 8:7-13). 우리가 자유를 행사한답시고 하는 행위 중에는 우리의 품성이나 신앙,

혹은 우리가 속한 공동체를 세워 주지 못하는 것들이 있다는 사실을 의식해야 한다(Robertson & Plummer, cf. 10:1-22). 우리는 어떤 일을 하기 전에 우리 행동이 다른 사람과 교회에 어떤 유익을 끼치고 덕을 세울 것인지 생각해야 한다.

그렇다면 그리스도인의 자유를 행사할 때 어떻게 하면 우리 자신과 교회에 유익이 되고 덕이 되는가? 사도는 간단한 원리를 제시한다. 누구든지 자기의 유익을 구하지 않고 남의 유익을 구하면 된다(24절). '남'(ἕτερος)은 함께 신앙생활을 하는 그리스도인뿐 아니라(8:11), 세상 사람들도 포함한다(Garland, cf. 27절). 성숙한 그리스도인은 모든 것을 사랑으로 생각하고 남을 먼저 배려해야 한다(cf. 13:5). 지식은 교만하게 하지만, 사랑은 덕을 세우기 때문이다(8:1).

그리스도인은 우상을 숭배하는 신전에서 제물로 바친 고기를 먹으면 안 되지만, 시장에서 파는 것은 사다 먹어도 된다(25a절). 우상에게 바친 고기라 할지라도 시중에서 판매되는 순간 더는 우상 숭배와 연관이 있는 음식이 아니다(Tomson). 우상에게 바친 음식은 우상 숭배와 연관된 공간을 떠나면 우상과의 연관성을 잃는다(Garland). 이때부터 한 분이신 하나님께 속한 고기가 된다: "무엇이든지 스스로 속된 것이 없으되 다만 속되게 여기는 그 사람에게는 속되니라"(롬 14:14).

다만 그 고기가 어떤 경로로 시장에서 팔리게 되었는지 알려고 하지 않으면 된다(25b절). 당시 시중에 유통되던 많은 고기가 우상에게 바친 고기였기 때문이다. 고기를 살 때 일부러 고기의 출처를 알려고 할 필요는 없다. 알면 부담스러우므로 모르는 것이 축복이다. 학자들은 바울이 25절에서 제시하는 지침을 두고 그가 매우 비유대인처럼 말한다고 한다(Barrett, Garland). 유대인이라면 이렇게 말할 수 없다는 것이다. 당연하다. 그는 유대인으로서 말하는 것이 아니라, 그리스도 안에서 참 자유를 누리는 그리스도인으로서 말하기 때문이다.

그리스도인이 우상에게 바친 음식을 먹을 수 있는 것은 땅과 거기 충만한 것이 주의 것이기 때문이다(26절). 시편 24:1을 인용한 말씀이다(cf. 시 50:12; 89:11). 만물은 하나님에게서 났다(8:6). 또한 하나님이 지으신 모든 것이 선하다(딤전 4:4). 그러므로 속된 것도 사람이 속되다고 생각해서 속된 것이지, 스스로 속된 것은 없다(롬 14:14; cf. 행 10:15). 그러므로 살아도 주를 위해, 죽어도 주를 위해 죽는 그리스도인은 하나님을 위해 어떠한 음식도 먹을 수 있다(롬 14:7-8).

그리스도인이 우상의 신전에 가서 우상에게 바친 음식을 먹지는 않지만, 만일 불신자에게 초청받을 때는 어떻게 해야 하는가(27a절)? 저자가 가정하는 상황은 불신자의 집에서 벌어지는 만찬(잔치)이다(Barrett, Fee, Findlay, Tomson, Robertson & Plummer). 당시 정황을 고려할 때 잔치에 내온 고기는 십중팔구 우상에게 제물로 바친 고기다. 시장에서 파는 고기를 아무것도 묻지 않고 먹는 것처럼, 불신자가 대접한 고기를 묻지 않고 먹으면 된다(27b절). 사도는 그리스도인이 신앙의 절개를 지킨다는 이유로 믿지 않는 사람들의 세상에서 고립되는 것을 원치 않는다. 되도록 불신자와도 교제해야 한다.

그러나 만일 누가 잔치 음식이 우상의 제물이라고 말하면 그 사람과 그 양심을 위해 먹지 않아야 한다(28절). 학자들은 그리스도인에게 잔치 음식이 우상의 제물이라고 알려 준 사람이 '누구'(τις)인지에 대해 여러 가지 해석을 내 놓았다: (1)잔치를 베푼 불신자(Craig, Witherington), (2)잔치에 초청받은 불신자(Garland, Watson), (3)함께 잔치에 초청받은 그리스도인(Edwards, Gardner, Godet, Murphy-O'Connor, Robertson & Plummer, Verbrugge). 실상은 '누구'가 누구든 상관 없다(cf. Gardner). 누가 되었든 잔치 음식이 우상에게 바친 것이라는 사실을 알리는 것이 중요하다고 생각하는 사람이다. 그러므로 누구든지 나서서 음식에 종교적인 의미를 부여하면 먹지 말라는 권면이다.

사도는 자신이 말하는 '양심'(συνείδησις)은 불신자에게 초대받은 그리스도인의 양심이 아니라 남의 것이라 한다(29a절). 잔치(식사) 음식이 우상에게 바친 음식이라고 알려 준 사람의 양심이다. 그는 그리스도인은 우상에게 바친 음식을 먹지 않는다고 생각하기에 음식의 출처를 알려 주었고, 이런 상황에서 그리스도인이 먹으면 사실을 알려 준 사람이 시험에 들 수 있다. 그러므로 그의 양심을 생각해 먹지 말라고 한다.

사도는 두 개의 수사학적 질문을 통해 이런 상황에서는 우상에게 바친 음식을 먹지 않는 것이 좋다고 한다(29b-30절). 첫째, 그리스도인의 자유가 남의 양심으로 인해 판단받는 일이 없게 하기 위해서다(29b절). 그가 우상에게 바친 음식이라고 한 것은 그리스도인은 무엇이든 먹을 수 있는 자유가 있다는 사실을 알지 못하거나 인정하지 않아서다. 그러므로 그리스도인이 어떠한 음식도 먹을 수 있는 자유가 있다며 우상에게 바친 음식을 먹으면, 그는 그리스도인의 자유를 자유가 아닌 방종으로 여길 것이다.

둘째, 모든 것을 먹을 수 있는 자유가 있는 그리스도인이 감사함으로 불신자의 잔치(식사)에 참여했는데 그가 감사하는 것에 대해 비방을 받지 않게 하기 위해서다(30절). 그리스도인은 감사한 마음으로 잔치에 참여했고, 잔치에 나온 음식에 어떠한 거리낌도 없으므로 오히려 감사히 먹으려 한다. 그런데 우상에게 바친 음식이라고 알려 준 사람은 그리스도인은 우상에 바친 음식을 먹을 수 없다고 생각한다. 그러므로 그리스도인이 음식을 감사히 먹는다 해도 우상에게 바친 음식이라고 말한 사람은 그를 비난할 것이다. 아무 거리낌 없이 감사히 먹은 음식에 대해 비난을 받는 것보다 차라리 먹지 않는 것이 낫다.

바울은 이 두 가지 수사학적 질문을 통해 27절에서 제시한 원칙에 대해 보완 설명을 하고 있다(Blomberg, Bruce, Craig, Hays). 무엇이든 먹되, 먹는 일로 인해 다른 사람에게 비방받는 일은 없어야 한다. 비방받을 상황이라면 차라리 먹지 않는 것이 좋다. 우상을 숭배하지 않는 그리스도인이 모든 음식에 대해 하나님께 감사하고 먹는 자유로 인해 남의 입에 오르내리는 것은 옳지 않다.

사도는 '그런즉'(οὖν)이라며 그리스도인이 우상에게 바친 음식을 먹는 일에 대해 결론을 내린다(31절). 우리는 먹든지 마시든지 무엇을 하든지 다 하나님의 영광을 위해 해야 한다(31절). 이 말씀은 8-10장에 대한 결론적인 권면이기도 하다(Gardner). 하나님의 영광이 그리스도인이 먹고 마시는 모든 것의 리트머스 테스트가 되어야 한다(Garland). 같은 음식이라도 상황에 따라 먹는 것이 하나님의 영광을 가릴 것 같으면 먹지 않는 것이 좋고, 먹지 않는 것이 하나님의 영광을 가릴 것 같으면 먹는 것이 좋다. 모든 것이 가하나, 모든 것이 유익하거나 덕을 세우는 것은 아니기 때문이다(23절; cf. 6:12).

그리스도인은 유대인에게나 헬라인에게나 하나님의 교회에나 거치는 자가 되지 말아야 한다(32절). 누구보다도 자유로운 바울은 율법 아래에 있는 유대 사람들에게는 율법 아래 있는 유대 사람처럼 되었다(9:19-20). 그리고 율법이 없는 사람들(헬라인과 이방인)에게는 율법이 없는 사람처럼 되었다(9:21). 그들을 모두 얻기 위해서(구원하기 위해서)였다. 본문에서 그는 '하나님의 교회'를 더한다. '하나님의 교회'가 9장에서 언급한 유대인들과 율법이 없는 사람들 다음에 언급된 '믿음이 약한 자들'을 대처하는 것으로 보인다.

그리스도의 복음을 잘 모르는 유대인과 헬라인은 그리스도인의 자유로 인해 실족할 수 있다(cf. 9:12). 그리스도인 중에서 그리스도가 주신 자유에 대해 잘 모르거나 잘 설득되지 않는 '믿음이 약한 자들'도 자유로 인해 실족할 수 있다(cf. 8:13). 그러므로 '믿음이 강한' 그리스도인이 자유를 행사할 때는 이런 사람들의 연약한 마음이 걸려 넘어지지 않도록 배려해야 한다.

우리는 바울처럼 모든 일에서 우리 자신의 유익을 구하지 않고 다른 사람의 유익을 구하여 모든 사람을 기쁘게 하고 그들로 구원을 받게 해야 한다(33절). 남을 배려하는 삶을 살면 모든 사람이 행복하고, 불신자들이 구원에 이르는 일도 생길 것이라는 뜻이다(cf. 9:19-22). 바울에게 유익한 것은 다른 사람의 구원이지, 자신의 자유를 행사하는 것이 아니다(Willis).

사도는 이런 삶을 살고자 그리스도를 본받으려고 무던히 노력하고 있다(11:1a). 그러므로 그는 자신 있게 고린도 성도들에게 자신을 본받으라고 한다(11:1b). 우리는 그리스도를 본받는 바울을 본받아야 한다. 혹은 그리스도를 본받는 삶을 살아야 한다.

이 말씀은 그리스도인의 자유보다 더 중요한 것은 연약한 믿음을 가진 자와 불신자에 대한 배려라고 한다. 때로는 남이 우리를 어떻게 보는지를 통해 우리 자신을 돌아보는 것이 바람직하다. 모든 것이 가하지만, 모든 것이 유익하거나 덕을 세우는 것은 아니기 때문이다. 우리가 삶에서 가장 중요하게 여겨야 할 기준은 나뿐만이 아니라 이웃에게도 유익과 덕을 끼치는 것이다. 만일 우리의 언행이 유익하지 않고 덕이 되지 않으면, 죄가 아니더라도 피하는 것이 좋다.

세상과 그 안에 있는 모든 것은 한 분이신 하나님의 것이다. 그러므로 우리는 우상이나 귀신을 두려워할 필요가 없다. 오히려 하나님을 두려워해야 한다. 오늘 이 순간 우리가 어떻게 살고, 무엇을 추구하며 사는지가 세상이 끝나고 하나님 앞에 섰을 때 큰 효력을 발휘할 것이다.

우리는 하나님의 영광을 드러내는지를 기준으로 언행을 결정해야 한다. 아무리 필요하다고 생각하는 말이라도 하나님의 영광을 가리면 하지 않는 것이 좋다. 별로 하고 싶지 않은 행동이라도 하나님의 영광을 드러내는 것이면 해야 한다. 이러한 관점에서 생각하면 우리 삶에서 불분명한 것은 별로 없다. 하나님의 영광은 우리가 살면서 하는 말과 행동의 가장 중요하고 기본적인 리트머스 테스트다.

바울은 성도들에게 그리스도를 본받는 자신을 본받으라고 한다. 목회자들이 성도들에게 할 수 있는 가장 아름답고 고귀한 말이다. 우리는 성도들에게 "우리를 본받으라"라고 당당하게 말할 수 있는 삶을 살아야 한다. 그리스도의 복음을 살아내면 이렇게 말할 수 있다.

Ⅳ. 교회의 질문들(7:1-15:58)

E. 예배(11:2-14:40)

고린도 교회는 하나님께 드리는 예배에서도 많은 문제를 안고 있었다. 함께 예배드리는 사람들에 대한 배려를 찾아볼 수 없고, 무질서와 혼란이 난무했다. 이에 사도는 그들의 예배에 나타나는 문제점을 지적하면서 대안도 제시한다. 아마도 그가 있는 에베소를 방문한 고린도 성도들에게 여러 가지 이슈로 인해 예배가 상당히 혼란스럽다는 소식을 들은 것으로 보인다(Verbrugge, cf. 11:18). 본 텍스트는 다음과 같이 구분된다.

A. 잘못 드리는 예배(11:2-34)
B. 성령의 은사와 예배(12:1-14:40)

Ⅳ. 교회의 질문들(7:1-15:58)
E. 예배(11:2-14:40)

1. 잘못 드리는 예배(11:2-34)

바울은 고린도 교회의 예배에 대해 두 가지 문제를 지적한다. 첫째는 여자들의 무질서한 머리 스타일과 역할이다. 둘째는 오용되고 있는 성만찬이다. 사도는 이 두 가지 문제에 대해 대안을 제시한다. 본 텍스트는 다음과 같이 구분된다.

A. 여자의 머리를 덮는 너울(11:2-16)
B. 성만찬(11:17-34)

V. 교회의 질문들(7:1–15:58)
E. 예배(11:2–14:40)
1. 잘못 드리는 예배(11:2–34)

(1) 여자의 머리를 덮는 너울(11:2–16)

2 너희가 모든 일에 나를 기억하고 또 내가 너희에게 전하여 준 대로 그 전통을 너희가 지키므로 너희를 칭찬하노라 3 그러나 나는 너희가 알기를 원하노니 각 남자의 머리는 그리스도요 여자의 머리는 남자요 그리스도의 머리는 하나님이시라 4 무릇 남자로서 머리에 무엇을 쓰고 기도나 예언을 하는 자는 그 머리를 욕되게 하는 것이요 5 무릇 여자로서 머리에 쓴 것을 벗고 기도나 예언을 하는 자는 그 머리를 욕되게 하는 것이니 이는 머리를 민 것과 다름이 없음이라 6 만일 여자가 머리를 가리지 않거든 깎을 것이요 만일 깎거나 미는 것이 여자에게 부끄러움이 되거든 가릴지니라 7 남자는 하나님의 형상과 영광이니 그 머리를 마땅히 가리지 않거니와 여자는 남자의 영광이니라 8 남자가 여자에게서 난 것이 아니요 여자가 남자에게서 났으며 9 또 남자가 여자를 위하여 지음을 받지 아니하고 여자가 남자를 위하여 지음을 받은 것이니 10 그러므로 여자는 천사들로 말미암아 권세 아래에 있는 표를 그 머리 위에 둘지니라 11 그러나 주 안에는 남자 없이 여자만 있지 않고 여자 없이 남자만 있지 아니하니라 12 이는 여자가 남자에게서 난 것 같이 남자도 여자로 말미암아 났음이라 그리고 모든 것은 하나님에게서 났느니라 13 너희는 스스로 판단하라 여자가 머리를 가리지 않고 하나님께 기도하는 것이 마땅하냐 14 만일 남자에게 긴 머리가 있으면 자기에게 부끄러움이 되는 것을 본성이 너희에게 가르치지 아니하느냐 15 만일 여자가 긴 머리가 있으면 자기에게 영광이 되나니 긴 머리는 가리는 것을 대신하여 주셨기 때문이니라 16 논쟁하려는 생각을 가진 자가 있을지라도 우리에게나 하나님의 모든 교회에는 이런 관례가 없느니라

학자들은 남자와 여자에 대한 신약의 관점에 대해 논할 때 대부분 이 본문과 고린도전서 14:33–35, 갈라디아서 3:28, 디모데전서 2:11–15 등 네 개의 텍스트를 인용하고 분석하는데, 그중 가장 긴 텍스트다. 그러다 보니 이 말씀은 많은 학자의 관심 중심에 있고, 수많은 해석적 이슈와 논쟁을 낳았다. 심지어 학자들은 본 텍스트를 신약에서 가장 해석하기 어려운 텍스트라 하기도 한다(Verbrugge). 해석자가 많은 만큼 해석도 다양하기 때문이다. 한때는 이 본문을 두고 바울이 보낸 서신의 일부가 아니라 바울과 어떠한 연관도 없는 사람이 삽입한 것이라고 주장하는 이들도 있었지만, 더는 그렇게 주장하는 사람이 없다(cf. Conzelmann, Bruce, Fee, Murphy–O'Connor).

본문은 주석가들을 짜증 나게 할 정도로 매우 복잡하게 구성되어 있다. 또한 이슈가 오늘날에도 기독교 교리의 '뜨거운 감자'라 할 수 있는 '남자와 여자'에 관한 것이다 보니, 많은 학자가 본문을 공정하게 석의(exegesis)하지 않고 자기가 하고 싶은 말을 하는 '자기 해석'(eisegesis)을 하기도 한다. 종종 학자들의 비학문적 관심이 성경 해석에 지대한 영향을 미치는데, 본문이 이러한 사례다.

본문 해석을 어렵게 만드는 가장 큰 원인은 신학과 문화가 매우 복잡하게 얽혀 있다는 점이다. 그러므로 무엇이 당시 고린도의 문화이며, 무엇이 영원히 변하지 않는 기독교적 원리인지 구분하기가 매우 어렵다. 바울이 고린도 성도들에게 전하고자 하는 지침의 핵심이 정확히 무엇인지 자세하고 세밀한 분석이 필요하지만, 구조를 보면 어느 정도 짐작할 수 있다. 본문은 다음과 같은 평행적 구조를 바탕으로 전개된다(Garland).

남자를 위한 지침(고전 11장)		여자를 위한 지침(고전 11장)	
4절	무릇 남자로서 머리에 무엇을 쓰고 기도나 예언을 하는 자는	5절	무릇 여자로서 머리에 쓴 것을 벗고 기도나 예언을 하는 자는
7a절	남자는 하나님의 영광	7b절	여자는 남자의 영광

남자를 위한 지침(고전 11장)		여자를 위한 지침(고전 11장)	
11a절	남자 없이 여자만 있지 않고	11b절	여자 없이 남자만 있지 아니하니라
12a절	이는 여자가 남자에게서 난 것 같이	12b절	남자도 여자로 말미암아 났음이라
13절	(대칭되는 내용이 없음)	13절	여자가 머리를 가리지 않고 하나님께 기도하는 것이 마땅하냐

이 구조에 따르면 본 섹션의 핵심은 여자가 기도하고 예언할 때는 머리를 가리고 하라는 것이다(cf. Delobel, Perriman). 사도는 고린도 교회의 예배에서 여자들이 기도하고 예언하는 것을 당연하게 여기고 있다. 다만 여성도 중 일부가 머리를 덮지 않고 대중 기도를 하고 예언하는 것(말씀을 전하는 것)이 문제라고 한다.

바울은 자신이 전해준 전통을 고린도 성도들이 잘 지킨다고 칭찬하며 섹션을 시작한다(2절). '전통'(παραδόσεις)은 그리스도의 복음과 그 복음에서 비롯된 기독교의 기본적인 교리 및 그리스도인의 삶에 대한 지침을 포함한다(Gardner, cf. 롬 6:17; 고전 15:3; 살후 2:15; 3:6). 그러므로 고린도 성도들이 전수받은 전통을 잘 지킨다는 것은 그들에게 전통을 전해준 사도들과의 관계를 소중하게 여기고 있음을 의미한다. 또한 세상 곳곳에서 같은 전통에 따라 살고 있는 그리스도인과 교회와 연대한다는 뜻이다. 사도가 고린도 교회를 칭찬하는 것은 지금부터 전개할 가르침을 조금이나마 더 잘 받아들이게 하려는 전략적인 제스처라고 할 수 있다(Mitchell).

3절을 시작하는 "나는 너희가 알기를 원한다"(Θέλω δὲ ὑμᾶς εἰδέναι)는 "나는 너희가 알지 못하기를 원하지 아니하노라"(Οὐ θέλω γὰρ ὑμᾶς ἀγνοεῖν, 10:1)보다 훨씬 더 긍정적인 말이다(Ciampa & Rosner). 사도는 고린도 성도들에게 새로운 통찰력을 주고자 이렇게 시작한다

(Conzelmann).

그는 고린도 성도들이 세 가지를 알기 원한다: (1)남자의 머리는 그리스도이시다, (2)여자의 머리는 남자다, (3)그리스도의 머리는 하나님이시다(3b절). 이 말씀은 두 가지 해석적인 이슈를 안고 있다. 첫째, 사도는 누구를 두고 '남자'(ἀνήρ)와 '여자'(γυνή)라 하는가? 이 두 단어가 사용되는 용례를 보면 고린도 교회 안에 있는 모든 남자와 여자를 성별로 구분하는 말일 수도 있고(Conzelmann, Hays), 결혼한 부부(남편과 아내)를 지목하는 말일 수도 있다(Gardner, Verbrugge, Winter). 문맥도 두 가지 해석에 모두 잘 어울린다. 그러나 바울이 8-9절에서 성경에 기록된 인류 최초의 결혼 이야기(창 2:18-24)를 근거로 들고, 14:34-35에서 구체적으로 부부를 언급하는 것으로 보아 이 말씀 역시 부부를 위한 것으로 간주하는 것이 바람직하다(cf. 7:2-16; 엡 5:23; 딛 1:6).

둘째, '머리'(κεφαλὴ)는 무엇을 뜻하는가? 세 차례 반복되는 '머리'는 신체적인(anatomical) 머리가 아니라 비유적(metaphorical)인 것이 확실하다. 그러나 이 비유가 정확히 무엇을 상징하는지에 관해 수많은 논문이 나왔고, 아직도 학자들 사이에 논란이 되고 있다. 가장 중요한 세 가지 해석은 다음과 같다.

첫째, 머리는 '권위적 자리'(authoritative headship)를 뜻한다(Edwards, Gardner, Grudem, Kistemaker, Robertson & Plummer). 가장 전통적인 해석이며, 남편과 아내의 관계에서 남편이 아내보다 더 높은 지위에 있으므로 여자는 남자에게 복종해야 함을 표현한 것이라고 한다. 그루뎀(Grudem)은 주전 8세기에서 주후 4세기에 이르는 헬라 문헌을 총망라해 이 단어(κεφαλη)의 2,336가지 용례를 살펴보았다. 그중 2,004회는 신체적 머리를 의미했고, 302회는 비유적으로 사용되었다. 비유적으로 사용된 302회 중 41차례에서는 자기보다 더 높은 지위에 있는 사람을 '머리'라고 불렀다. 그러므로 그는 바울이 본문에서 다른 사람에 대한 권위 또는 우월함의 의미로 '머리'(κεφαλὴ)를 사용한다고 주장했다

(Grudem, cf. Fee).

그러나 '머리'는 다른 사람에 대한 한 사람의 권위나 군림이 아니라 단순히 공동체를 대표하는 것이라는 해석도 있다(Conzelmann). 만일 사도가 다른 사람에 대한 한 사람의 권위에 대해 말하고자 했다면 주인과 종의 비유를 사용했을 것이라는 주장이다(Thiselton, cf. 엡 5:22-23).

그루뎀이 증거를 잘못 활용하고 있다는 반론도 만만치 않다(cf. Cervin, Perriman). 그가 제시하고 연구한 자료를 가지고 다른 해석을 내놓은 학자도 있다(Perriman). 또한 여자가 기도하고 예언하는 데에 남편의 권위(허락)가 필요하다는 것은 이해되지 않는다(Perriman).

둘째, 머리는 '출처'(source)를 뜻한다(Barrett, Bedale, Bruce, Fee, Horsley, Morris, Murphy-O'Connor, Scroggs, Talbert, Snyder). 하나님은 세상을 창조하실 때 그리스도를 통해 창조하셨다. 그리스도는 만물의 출처이자 최종 목적이다(ultimate goal of all reality). 그러므로 하나님의 창조 에이전트(agent)이신 그리스도는 모든 남자(혹은 최초의 남자)의 출처가 되신다(cf. 8:6; 15:46-49).

그리스도가 남자의 머리(출처)가 되신 것처럼, 남자는 여자의 머리(출처)다. 남자가 먼저 창조되고, 그다음 하나님이 남자에게서 갈빗대를 취해 여자를 만드셨기 때문이다(창 2:18-23; cf. 고전 11:12). 그리스도가 남자의 출처가 되신 것처럼, 하나님은 그리스도의 출처가 되신다(cf. 3:23; 8:6; 11:12; 15:28). 하나님이 그리스도의 출처가 되신다는 것은 '머리'는 권위와 상관없는 개념이며 단지 '출처'라는 뜻을 지닌다는 것을 보여 준다(Fee, Horsley, Murphy-O'Connor, Scroggs, Talbert, Snyder).

그러나 '머리'가 '출처'라는 해석의 경우 이 단어의 사전적 의미와 이렇게 사용되었다는 데이터가 부족하다(Grudem, Perriman). 게다가 남자가 여자의 출처인 것처럼 하나님이 그리스도의 출처라 할 때, 하나님의 일부가 그리스도를 만들었기 때문에 하나님보다 못하다는 오해를 불러일으킬 수 있다(Hurley, Kistemaker). 또한 이 해석은 "여자는 천사들로 말미암아 권세 아래에 있는 표를 그 머리 위에 둘지니라"(10절)라는 말씀을 충분히 설명하지 못한다.

셋째, 머리는 '대표성'(가장 두드러지고 중요한 것, the most prominent, pre-eminent)을 뜻한다(Cervin, Garland, Fitzmyer, Perriman). 산이나 강과 같은 물체의 물리적 '머리'처럼 가장 쉽게 눈에 띄는 것을 의미한다는 것이다. 이는 칠십인역(LXX)이 '머리'(κεφαλὴ)를 사용하는 용례를 근거로 제시한 해석이다(cf. 신 28:44; 애 1:5; 사 7:9).

'머리'는 '권위'나 '출처'가 아니라, 단순히 사람들이나 그룹을 대표한다(Blomberg, Cervin, Delobel, Garland, Perriman, Thiselton). 순종이나 복종과는 상관없는 개념이다. 그러므로 바울이 남자가 여자의 머리라고 말했다고 해서 남자가 여자보다 더 위대하거나, 여자가 남자에게 복종해야 함을 의미하지는 않는다(Garland). 모든 사람과 그룹은 대표하는 머리가 있으며, 우리가 어떻게 하느냐에 따라 그 머리를 영화롭게 하거나 수치를 안긴다.

머리에 대한 세 가지 해석 중 가장 설득력 있다. 교회에서 부부를 대표하는 머리는 남편이다. 교회에 모인 남자들을 대표하는 머리는 그리스도이시다. 교회에 모인 자들에게 그리스도를 대표하는 머리는 하나님이시다. 남편이 아내보다 낫다는 뜻이 아니며, 하나님 아버지가 그리스도보다 낫다는 뜻이 아니다. 대표성에 관한 표현일 뿐이다.

남자가 머리에 무엇을 쓰고 기도나 예언을 하면 그는 그 머리를 욕되게 한다(4절). '머리에 무엇을 쓰는 것'(κατὰ κεφαλῆς ἔχων)을 직역하면 '머리로부터 내려온 것'(having down from the head)이다(Garland). 학자들은 이 표현을 겉옷(toga) 등 머리를 가리는 '덮개'로 해석한다(Delobel, Engberg-Pedersen, Fitzmyer, Gardner, Oster, Sampley, Winter, Witherington, cf. 고후 3:13-16). 당시 고린도 상류층 여자들 사이에 남자처럼 머리를 짧게 자르는 것이 유행했다며 '헤어스타일'로 해석하는 이들도 있다(Collins, Dunn, Fee, Gundry-Volf, Hjort, Horsley, Hurley, Martin, Murphy-O'Connor).

로마 제국에서 남자가 머리에 무엇을 쓰고 기도하거나 예언하는 모습은 흔한 것이었다(Oster). 고린도에서 발굴된 로마 황제 아우구스투스(Augustus)의 동상도 그가 신들에게 신주(libation)를 바치기 위해 겉옷(toga)을 머리에 뒤집어쓴 모습을 하고 있다(Gill, Winter). 그러므로 이 말씀은 남자가 모자를 쓰거나 특정한 헤어스타일을 했다는 뜻이 아니다(Bruce, Conzelmann, Delobel, Garland, Thiselton).

남자는 하나님의 형상과 영광이다(7a절). 또한 남자의 머리는 그리스도이시다. 그가 기도하거나 예언할 때는 하나님의 형상과 하나님의 영광과 머리이신 그리스도를 가리지 않아야 한다(7b절). 머리를 가리는 것은 곧 하나님의 형상과 영광과 그리스도를 가리는 행위로 생각될 수 있다. 그러므로 이방인의 풍습에 따라 머리를 가리면 안 된다(Bruce, Conzelmann, Robertson & Plummer).

반면에 여자는 머리에 쓴 것을 벗고 기도나 예언을 하면 그 머리를 욕되게 한다(5a절). 여자는 남편의 영광이다(7c절). '예언하는 것'(προφητεύων)은 성도들에게 어떻게 살아야 하는지 가르치고 지침을 주는 것이다(Aune, Hill, Sampley, cf. 14:19). 누구든지 기도하거나 예언할 때는 사람의 영광을 가려야 한다. 또한 여자의 머리는 남편이다. 그러므로 여자가 머리에 쓴 것을 벗고 기도하는 것은 남편을 하나님께 자랑하고자 하는 것과 같다. 인간은 예배를 통해 온전히 하나님의 영광을 구해야 하는데, 하나님께 자랑할 것이 하나도 없는 남편을 자랑하는 것은 오히려 남편을 욕되게 한다. 오늘날 가톨릭에서 미사에 참석하는 여자들에게 미사포(흰색과 검은색이 있음)를 착용하게 하는 것이 이 말씀에서 유래했다.

그리스-로마 여자들은 집을 나설 때 항상 머리에 너울을 썼다(Delobel, Derrett). 너울을 쓰지 않고 외출하는 여자는 누구에게 공격당해도 로마법의 보호를 받지 못했다(Martin, Thiselton). 또한 고린도에서는 여자가 너울을 쓰지 않고 다니는 것을 간음한 여자와 창녀나 할 만한 부끄러운 일로 여겼다(Hurley, Oster, Winter).

바울이 너울로 머리를 가리라고 한 여자들은 사회적으로 버림받은 자들이 아니라, 고린도 사회에서 존경받는 여자들이다(Delobel, Winter). 이들이 예배 등 여러 사람이 모이는 곳에서 머리를 가리는 것은 지극히 정상적인 일이다. 또한 여자가 머리를 가리지 않는 것은 남자들에게 잘못된 성적인 신호를 줄 수도 있었다(Garland, Gardner, Hurley).

사도의 비난을 받는 고린도 여자 성도들은 왜 머리를 너울로 가리지 않았을까? 아마도 소규모 교회들이 가정집에 모여 예배를 드렸고(cf. 행 18:7; 롬 16:5; 고전 16:19; 골 4:15), 성도들의 호칭이 '형제와 자매'(1:1; 6:6; 7:12, 15; 8:11, 13; 9:5)였던 만큼 예배에 참석하는 것이 집을 벗어나는 것이라 생각하지 않았기 때문일 것이다(Macdonald, Winter). 반면에 바울은 예배 참석을 집 밖으로 나가는 것으로 생각하라고 한다(Collins). 그러므로 여자가 예배에 참여할 때 너울을 착용하는 것은 순전히 문화적인 것이었다(Fee).

고린도 교회에서 여자들이 예배 중에 남자들처럼 머리를 가리지 않는 것은 그리스도 안에서는 남자도 여자도 없다는 바울의 가르침(갈 3:28)을 근거로 남자처럼 행동함으로써 일상에서 남자보다 낮은 존재로 취급받는 것을 극복하려는 노력이었다(Delobel, Hurley, Meeks). 그들에게 너울은 열등감과 종속의 상징이었기 때문이다(Barrett, Hurley, Macdonald). 그들은 기도하고 예언할 때면 자신이 성적(性的) 구별을 초월했다는 것을 보여 주기 위해 머리를 가리는 너울을 벗어 던졌다(Hays). 그러나 사도는 여자가 머리를 가리지 않고 기도나 예언을 하는 것은 머리를 민 것과 다름없다고 한다(5b절).

여자가 머리를 가리지 않고 기도나 예언을 하는 것은 머리를 민 것과 다름없다는 말이 상당히 혹독하게 들린다. 사도의 혹독한 권면에도 불구하고 머리를 가리지 않고자 하는 여자는 차라리 머리를 깎으라 한다(6a절). 만일 여자가 머리를 깎거나 미는 것이 부끄러움(수치)이 된다고 생각하면 머리를 너울로 가리라고 한다(6b절). 바울은 여자가 머리를 가리지 않는 것에 대해 당당하다면 차라리 머리를 깎고, 만일 여자가 머리를 미는 것이 부끄러운 일이라고 생각한다면 너울을 착용하라고 하는 것이다.

남자는 하나님의 형상과 영광이기 때문에 머리를 가리지 않아야 한다(7a절). 반면에 여자는 남자(인간)의 영광이기 때문에 머리를 가려야 한다(7b절). 남자가 반사된 하나님의 영광이듯, 여자는 반사된 남자의 영광이다. 또한 명예와 수치를 중요하게 여기는 사회에서 여자가 머리를 가리지 않고 다니는 것은 자신뿐 아니라 가족과 남편에게 수치를 안겨 주는 일이다(Gardner).

사도가 이렇게 말하는 것은 남자가 여자에게서 난 것이 아니라 여자가 남자에게서 났고, 남자가 여자를 위해 지음받은 것이 아니라, 여자가 남자를 위해 지음받았기 때문이다(8-9절). 바울은 창세기 1:27을 창세기 2장을 바탕으로 해석하고 있다(cf. 창 2:21-23). 하나님이 남자와 여자를 자기의 형상과 모양에 따라 창조하셨지만(창 1:27), 남자를 먼저 창조하시고 그다음 남자에게서 갈빗대를 취해 여자를 창조하셨다(2:21-23). 여자는 하나님의 직접적인 형상과 영광이 아니라, 남자를 통해 하나님의 형상과 영광이 되었다. 그러므로 남자는 하나님의 영광을 반영하기 때문에 너울로 가리면 안 된다. 반면에 여자는 남자의 영광을 반영하기 때문에 너울을 써야 한다(Collins, Perriman). 만일 여자가 너울을 쓰지 않고 예배에 참석하면, 그녀의 아름다운 머리가 남편을 영화롭게 할 것이다(Hays). 그러나 예배에서는 오직 하나님께 영광을 돌려야 한다. 그러므로 남자의 영광인 여자는 하나님 앞에서 가려져야 한다.

"여자는 천사들로 말미암아 권세 아래에 있는 표를 머리 위에 둘지니라"라는 10절은 번역하고 해석하기 매우 어려운 말씀이다. '권세 아래에 있다'(ἐξουσίαν ἔχειν ἐπὶ)를 직역하면 '…에 대해 권세를 갖다'(to have authority over)이다(cf. 막 2:10; 눅 5:24; 19:17; 계 11:6; 14:18; 16:9; 20:6). 권세 아래 있거나 복종한다는 의미가 아니다.

여러 번역본이 여자가 쓰는 너울을 그녀가 남편의 권세 아래 있다는 상징으로 번역한다(cf. 새번역, 공동, ESV, NAS, NRS). 그러나 '…에 대해 권세를 갖다'를 수동적인 의미로 해석하는 것은 심각한 문제다(Fitzmyer). 이러한 용례는 없기 때문이다. 신약에서 '권세'는 항상 권세를 가진 자가 무엇을 한다는 의미를 지니며, 단 한 번도 권세에 복종한다는 수동적인 의미로 사용되지 않는다(Fitzmyer, Garland).

사도는 여자가 남자의 권세 아래 있지 않으며, 스스로 무엇을 할 수 있는 권리(right)와 권한을 가졌다고 한다. 여자는 자기 머리를 원하는 대로 할 수 있는 권리를 가졌다는 뜻이다(Delobel, Garland, Robertson & Plummer, Thiselton). 당시 풍습에 따라 스스로 머리를 가림으로써 남편을 욕되게 하지 않고 동시에 자신의 지위를 드러내라는 뜻이다(Robertson & Plummer). 그러므로 여자가 예배에 임할 때면 스스로 너울로 머리를 덮어 상황을 조정하라는 의미다(Gardner).

너울은 종속이 아니라 예배에서 여자가 기도하고 예언할 수 있는 권리를 상징한다. 과거에는 여자에게 없던 권리다(Barrett, Bruce, Orr & Walther, Scroggs). 그러므로 너울은 남자들을 중심으로 하는 당시 예배에서 꼭 필요한 여자의 권리를 상징했다. 여자가 갖게 된 새로운 권리는 천사들에게도 알려야 한다. 천사들도 하나님을 예배하는 데 동참하며 하나님과 사람 사이에 기도와 예언을 중계하기 때문이다(cf. 사 6:1–4; 눅 2:14; 계 5:11–12; 7:11–12). 그러므로 여자의 너울은 두 가지 기능을 한다. 하나님 앞에서는 남자의 영광을 가려 겸손한 자세로 하나님을 예배하게 하며, 동시에 여자의 기도하고 예언할 수 있는 권리를 상징한다(Garland). 여자는 너울을 통해 이러한 사실을 천사들에게도 알린다.

남자의 머리는 그리스도이며, 여자의 머리는 남편이라는 사실이(cf. 3절) 자칫 잘못하면 남자가 여자보다 낫다는 오해를 유발할 수도 있다.

이러한 오해를 차단하기 위해 저자는 남자와 여자는 주님 안에서 서로 공존하고 상호 의존적이므로 하나가 다른 사람보다 낫다고 할 수 없다고 한다(11-12절). 그리스도 안에는 남자 없이 여자만 있지 않고, 여자 없이 남자만 있지 않다. 주님 안에 남자와 여자가 함께 있다는 것은 남자와 여자는 하나님 안에서 동일한 지위를 가지고 있다는 뜻이다: "너희는 유대인이나 헬라인이나 종이나 자유인이나 남자나 여자나 다 그리스도 예수 안에서 하나이니라"(cf. 갈 3:28).

주님 안에서 남자와 여자가 동일한 지위를 지니는 것은 여자가 남자에게서 난 것같이 남자도 여자에게서 났기 때문이다(12a절). 여자가 남자에게서 난 것은 창세기 2:22을, 남자가 여자에게서 난 것은 창세기 1:28와 3:16 등을 배경으로 하는 말씀이다. 하나님이 처음 남자와 여자를 창조하실 때는 여자가 남편을 통해 태어나게 하셨다. 이후로 남자는 모두 어머니인 여자로부터 태어난다. 여자가 남자를 통해 태어나고 남자는 여자를 통해 태어난다는 것은 둘은 동일한 지위를 가졌을 뿐 아니라 상호 의존적이라는 뜻이다.

또한 남자와 여자를 포함한 세상 만물은 모두 하나님에게서 났다(12b절). 여자가 남자를 통해 남자가 여자를 통해 태어나지만, 그들을 창조하신 분은 하나님이시다. 둘 다 하나님의 아름다운 피조물이며 걸작품이다. 또한 하나님이 그리스도를 통해 구원을 이루시는 일에는 남자와 여자의 구분이 별 의미가 없다(Garland).

바울은 고린도 성도들에게 여자가 머리를 가리지 않고 하나님께 기도하는 것이 마땅하냐고 묻는다(13b절). '가리지 않는 것'(ἀκατακάλυπτος)은 드러내는 것을 뜻한다(BDAG). 너울 벗는 것을 말하지 헤어스타일을 말하는 것이 아니다(Garland).

이 수사학적인 질문은 '마땅치 않다'를 답으로 요구한다. 고린도 성도들도 여자가 너울을 쓰지 않고 기도하는 모습을 떠올려 보면 옳지 않다는 판단이 설 것이라는 뜻이다(cf. 13a절). 사도는 여자가 기도할 때 너울로 머리를 덮는 것이 그녀를 합당하고 존귀하고 영광스럽게 한다고 한다(Ciampa & Rosner).

남자에게 긴 머리가 있으면 부끄러움(수치)이 되는 것을 본성이 가르친다(14절). '본성'(φύσις)은 '자연, 본능'이라는 의미를 지니지만(TDNT), 이곳에서는 고린도 성도들이 사는 사회의 정서를 뜻한다(Ciampa & Rosner, Gardner, Garland, Murphy-O'Connor, Sampley). 당시 로마 남자들은 머리를 짧게 잘랐다(Garland). 고린도 사람들도 남자가 머리를 길게 기르는 것을 부끄러운 일로 생각했다.

반면에 여자가 긴 머리를 지니는 것은 그녀에게 영광이 된다(15a절). 고린도 사람들은 여자가 긴 머리를 유지하는 것을 좋게 생각했다는 뜻이다. 창녀들과 간음한 여자들이 머리를 짧게 깎고 다니는 사회에서 여자의 긴 머리는 여자와 남편과의 관계가 원만하다는 것을 상징했다(Gill).

여자의 긴 머리는 가리는 것을 대신하도록 주어진 것이다(15b절). '가리는 것'(περιβόλαιον)은 몸을 거의 다 가리는 치장(장식)을 뜻한다(BDAG). 망토(cloak)와 맨틀(mantle)이 대표적인 '가리는 것'이다. 여자의 긴 머리는 마치 의복처럼 몸을 가리는 역할을 한다는 것이다. 개역개정은 '주셨기 때문이다'라며 하나님이 긴 머리를 가리는 것으로 주셨다고 해석하지만, 하나님에 대한 언급이 없는 '긴 머리가 가리는 것으로 주어졌다'가 더 정확한 번역이다(cf. 새번역, 공동, ESV, NAS, NIV, NRS). 이 또한 당시 고린도 사람들의 풍습에서 비롯된 논리다(Blomberg, Calvin).

사도는 너울과 머리에 대해 자신이 하는 말을 고린도 성도들이 쉽게 이해하지 못할 것을 안다(Gardner, Hays, Murphy-O'Connor). 그들은 추가적인 질문을 할 수도 있고, 거부할 수도 있다. 바울은 이러한 일을 원천적으로 차단하고자 한다. 그러므로 논쟁하려 하지 말고, 하나님의 모든 교회가 기준으로 삼은 것을 받아들이라고 한다(16절): "여기에 대해서 의견을 달리하는 사람이 있더라도 나는 더 이상 설명하지 않겠습니다. 여자는 교회에서 공중 앞에 예언하거나 기도할 때 반드시 머리를 가리십시오. 이것은 모든 교회의 일치된 의견입니다"(현대어, cf. 아가페, NAS, NIV).

이 말씀은 기독교 전통을 지키는 것은 좋은 일이라고 한다. 그렇다고 해서 모든 전통을 말하는 것은 아니고 성경에서 비롯된, 곧 하나님의 진리에서 비롯된 전통이다. 세상은 끊임없이 변한다. 기독교 전통도 성경적 범주를 벗어나지 않는 선에서 계속 변해야 한다. 그러므로 우리는 전수받은 전통을 성경을 바탕으로 재해석해야 하며, 그리스도인의 삶을 더 성경적이고 행복하게 할 수 있는 전통을 계속 세워 가야 한다.

우리는 그리스도인의 자유와 권리를 지혜롭게 행사해야 한다. 여자들도 예배에서 기도하고 설교할 수 있는 권리를 하나님께 받았다. 또한 주님 안에서 남자와 여자는 같다. 그렇다고 해서 여자가 남자처럼 행동하면 안 된다. 고린도에서는 여자가 집을 나설 때 머리를 너울로 가리고 다녔다. 반면에 남자는 가리지 않았다. 그러므로 여자가 자신의 자유와 권리를 행사한다며 남자처럼 머리를 가리지 않고 기도하고 설교하는 일이 오히려 사람들을 불편하게 했다. 오늘날 우리에게는 이러한 풍습이 없으니 너울을 착용하지 않아도 상관없다. 그러나 우리가 배워야 할 원리는 다른 사람을 배려하는 차원에서 자유와 권리를 행사하되, 융통성을 가지고 지혜롭게 해야 한다는 것이다.

그리스도인의 예배에서 질서와 절차는 중요하다. 사도는 여자도 기도할 수 있고 예언할 수 있다고 한다. 다만 적절한 절차와 방법에 따라서 할 것을 주문한다. 우리는 예배에서 오직 하나님의 영광만을 구하고 드러내야 한다. 우리의 언행이 이 원리를 거스르는 것으로 생각되면 하지 않는 것이 좋다.

남자와 여자는 상호 보완적이다. 하나가 없이 다른 하나가 존재할 수 없다. 남자와 여자에 대한 차별은 없어야 하지만, 차이가 없어지는 것은 아니다. 그러므로 차이를 인정하며 서로를 존중하고 아끼고 섬겨야 한다.

Ⅳ. 교회의 질문들(7:1-15:58)
E. 예배(11:2-14:40)
1. 잘못 드리는 예배(11:2-34)

(2) 성만찬(11:17-34)

고린도 교회는 기독교의 가장 기본적인 성례인 성만찬을 행하는 데서도 심각한 문제를 안고 있었다. 심지어 성만찬으로 인해 병들고 죽은 자도 적지 않았다(30절). 그러므로 바울은 그들의 성만찬 실태를 지적하고 그리스도께서 이 성례를 제정하실 때 어떻게 하셨는지를 바탕으로 바른 성만찬을 제시한다. 본 텍스트는 다음과 같이 구분된다.

A. 오용된 성만찬(11:17-22)
B. 성만찬 제정(11:23-26)
C. 바른 성만찬(11:27-34)

Ⅳ. 교회의 질문들(7:1-15:58)
E. 예배(11:2-14:40)
1. 잘못 드리는 예배(11:2-34)
(2) 성만찬(11:17-34)

a. 오용된 성만찬(11:17-22)

17 내가 명하는 이 일에 너희를 칭찬하지 아니하나니 이는 너희의 모임이 유
익이 못되고 도리어 해로움이라 18 먼저 너희가 교회에 모일 때에 너희 중에

분쟁이 있다 함을 듣고 어느 정도 믿거니와 [19] 너희 중에 파당이 있어야 너희 중에 옳다 인정함을 받은 자들이 나타나게 되리라 [20] 그런즉 너희가 함께 모여서 주의 만찬을 먹을 수 없으니 [21] 이는 먹을 때에 각각 자기의 만찬을 먼저 갖다 먹으므로 어떤 사람은 시장하고 어떤 사람은 취함이라 [22] 너희가 먹고 마실 집이 없느냐 너희가 하나님의 교회를 업신여기고 빈궁한 자들을 부끄럽게 하느냐 내가 너희에게 무슨 말을 하랴 너희를 칭찬하랴 이것으로 칭찬하지 않노라

성만찬은 성도가 주님의 죽음을 기념하며 그리스도 안에서 하나가 되는 좋은 성례다. 그러나 안타깝게도 고린도 교회에서는 성도들의 분란과 갈등의 근원이 되었다. 성찬식에서는 그 누구도 차별받지 않아야 하는데, 고린도 교회는 성만찬을 행할 때마다 '가진 자들'(haves)과 '가지지 못한 자들'(have-nots)을 차별했다. 세상에 있는 모든 차별을 없앤 그리스도의 죽음을 기념하는 성례에서 있어서는 안 될 일이 벌어진 것이다. 물론 의도적으로 그런 것은 아니겠지만, 지도자들이 정책을 잘못 세워서 빚어진 일이다.

앞서 11:2에서 고린도 성도들을 칭찬했던 사도가 이번에는 그들을 칭찬하지 않겠다는 말로 가르침을 시작한다(17a절). 그들이 사도들에게 받은 전통 중 하나인 성만찬이 참여하는 모든 성도에게 유익이 되지 않고, 오히려 해가 되었기 때문이다(17b절). 성만찬은 참으로 은혜로운 성례인데, 이 성례에 참여한 성도 중 많은 사람이 차별을 경험하고 시험에 들었다. 그러므로 사도는 성만찬에 대해서는 고린도 교회를 칭찬할 것이 없다.

'모이다'(συνέρχομαι)는 성만찬을 논하는 11:17-34에서 다섯 차례나 사용된다(17, 18, 20, 33, 34절). 나머지 바울 서신에서는 두 차례(14:23, 26) 더 사용될 뿐이다. 교회 모임과 성만찬은 떼어 놓을 수 없는 관계다.

바울은 고린도 성도들이 교회에 모일 때에 그들 중에 분쟁이 있다는 소식을 들었다(18a절). '분쟁'(σχίσμα)은 1:10에서 처음으로 사용되었다. 고린도 성도들은 여러 가지 이슈로 분쟁을 겪고 있었지만, 그중 성만찬으로 인한 분쟁이 가장 안타깝다. 예수님이 성만찬을 제정하신 목적은 모든 그리스도인이 같은 잔과 떡을 나누며 하나가 되어 그리스도를 기념하게 하려는 것이기 때문이다. 고린도 교회는 주님이 성도들에게 하나가 되라며 주신 성례까지 악용해 분쟁하고 있다.

사도가 처음 소식을 접했을 때는 도무지 일어나서는 안 될 일이 일어나고 있다는 사실을 믿고 싶지 않았을 것이다. 그러나 소식을 전한 이들이 믿을 만한 고린도 성도니 믿지 않을 수가 없다(Barrett, Robertson & Plummer). 그러므로 그는 고린도 교회의 성만찬에서 일어나고 있는 일을 '어느 정도는 믿는다'고 한다(18b절). 이 고백을 통해 우리는 바울이 겪는 심리적 갈등을 조금은 이해할 수 있다(Horsley, Witherington).

고린도 교회의 분쟁은 어떻게 해서 성도들이 함께 음식을 나누는 성만찬에서 가장 두드러지게 나타난 것일까? 성만찬에 참여한 사람들의 유일한 공통점은 그들이 그리스도인이라는 것이다. 성도들은 저마다 다른 목적으로 음식을 가지고 교회에 모였고, 성만찬을 통해 하나님을 예배하는 일은 뒷전으로 밀렸다(Murphy-O'Connor). 가장 큰 문제는 '가진 자들'(haves)이 음식을 가지고 '가지지 못한 자들'(have-nots)을 차별하는 것이었다(cf. 22절). 결국 고린도 성도들은 성만찬으로 교회를 '불화의 극장'(a theatre of discord)으로 만들었다(Godet).

당시 성도들이 '교회에'(ἐν ἐκκλησίᾳ) 모이는 것은 오늘날처럼 교회로 사용하는 건물에 모이는 것이 아니었다. 신약에서 '교회'(ἐκκλησία)는 장소가 아니라 사람들의 모임을 뜻한다. 고린도 성도들이 언제, 어디서, 얼마나 자주 교회(모임)로 모였는지는 알 수 없다. 아마도 예수님이 부활하신 주의 첫째 날인 주일(일요일)에 일을 마치고 저녁에 모였을 것이다(cf. 16:2). 주일 저녁에 시작된 예배는 밤늦게까지 계속되었다(cf. 행 20:7-12).

교회가 모인 장소는 부자 성도들의 집이었다(cf. 행 18:8; 롬 16:5, 23; 고전 16:19; 골 4:15). 부자와 상류층 성도들은 집 안에서도 넓고 안락한 공간에서, 나머지 성도들은 비좁은 방에 모여 예배를 드렸다(Gardner, Murphy-O'Connor). 장소를 제공한 이가 성도들을 사회적 계층에 따라 나누어 각기 다른 공간에서 예배드리게 한 것은 어느 정도 이해가 간다. 그의 집이기 때문이다. 그러나 주님 안에서 한 가족이라면서 음식을 가지고 함께 예배드리는 성도들을 차별하는 것은 옳지 않다. 차라리 함께 모여 예배드리되 음식은 나누지 않았으면 좋았을 뻔했다. 이런 모임은 공동체에 해가 된다.

사도가 고린도 교회의 잘못된 성만찬에 대해 유일하게 긍정적으로 생각하는 것은 그들 중에 파당이 있어야 옳다고 인정함을 받은 자들이 나타나게 된다는 사실이다(19절). '파당'(αἵρεσις)은 교리를 바탕으로 파가 나뉘는 것이 아니라, 각 사람의 개인적인 선호도에 따라 나뉘는 것을 뜻한다(Garland).

'옳다 인정함을 받은 자들'(οἱ δόκιμοι)은 누구인가? 하나님이 종말에 의롭다고 인정할 사람이라는 것이 전통적인 해석이다(cf. Calvin, Edwards, Robertson & Plummer). 그러므로 바울은 마치 하나님이 알곡과 쭉정이를 구별하시듯 성만찬이 참 그리스도인과 가짜 그리스도인을 구분할 것이라고 한다(Conzelmann, Fee, Gardner). 최근에는 고린도 교회의 성만찬에서 물의를 일으키는 상류층을 아이러니하게(냉소적으로) 부르는 것이라고 해석하는 이들이 있다(Campbell, Horsley). 성만찬은 매우 종말적인 의미를 지닌 성례라는 것을 고려하면 전통적인 해석이 더 설득력이 있다.

그리스도는 십자가에서 자신을 헌신하고 희생함으로써 모든 차별을 없애셨다. 그러므로 성만찬을 사회적 계층을 차별하는 장으로 만들어 버린 고린도 교회는 십자가의 핵심에 따라 살지 못하는 공동체가 되었다. 성만찬에서 배부른 자와 배고픈 자가 존재한다는 것이 참으로 아이러니하다. 바울도 남이야 어떻든 상관하지 않고 배 터지게 먹고 마신 자들을 '[술에] 취했다'(μεθύει)라고 말하며 자신의 불편한 심기를 표현한다(21절).

오늘날 우리는 포도주 조금과 웨이퍼(얇고 바삭하게 구운 과자)로 성만찬을 하지만, 초대교회에서는 각 성도가 집에서 음식을 가져와 실제로 만찬을 했다. 고린도 성도들도 교회로 음식을 가져와 식사했지만, 주의 만찬을 먹는 것은 아니었다(20절). 그들이 음식을 먹는 것은 성만찬의 취지를 완전히 무색하게 하는 것이었기 때문이다.

고린도 성도들은 성만찬을 할 때면 각각 자기의 만찬을 먼저 갖다 먹었다(21a절). '먼저 가져가다'(προλαμβάνει)의 의미는 알겠는데, 각자 자기의 만찬을 먼저 가져다 먹었다는 것은 무엇을 뜻하는가? 세 가지 해석이 주류를 이룬다.

첫째, 부자들이 가난한 사람들이 보는 앞에서 자신이 가져온 음식을 그들과 나누지 않고 자기들만 먹었다는 해석이다(Hays, Hofius, Winter). 그러므로 부자들은 자신이 가져온 좋은 음식을 실컷 먹고 술에 취하기까지 하는데, 가져온 것이 별로 없거나 일을 마치고 곧바로 교회로 온 가난한 사람들은 먹을 것이 없어서 배가 고팠다.

둘째, 부자들이 가져온 음식을 가난한 자들과 나눠 먹기는 하는데, 부자들은 부자들끼리 가난한 자들은 가난한 자들끼리 먹었다는 해석이다(Henderson). 부자들은 좋은 음식을 실컷 먹지만, 가난한 사람들이 먹는 음식은 질도 떨어지고 양도 많지 않았다.

셋째, 누구든지 도착하는 대로 다른 사람을 기다리지 않고 먼저 자기 음식을 먹었다는 해석이다(Lampe, Murphy-O'Connor, Sampley, Verbrugge). 일터에서 곧바로 오는 가난한 사람들은 음식을 가져올 수 없었으며, 그들이 교회에 도착할 때면 부자들은 배가 부를 대로 부르고 취해 있었다. 부자들은 가난한 사람들을 기다리지 않고, 또한 그들이 먹을 음식을 남겨 두지도 않고 자기들끼리 먼저 먹고 뒷정리를 했다.

교회가 함께 모여 성만찬을 나눌 때는 평소에 각자 집에서 하던 식으로 할 수 없다. 배가 고프다고 해서 먼저 가져다 먹거나 음식을 다른 사람들과 나누지 않고 혼자 먹을 수는 없다. 함께 음식을 나누는 데에 성만찬의 의미가 있기 때문이다. 그러나 고린도 교회가 성만찬을 할 때는 각각 자기가 가져온 것을 먹고 남들과 나누지 않았다. 또한 교회에 도착하는 대로 먹었기 때문에 늦게 오는 사람들은 안중에도 없었다. 심지어 어떤 자들은 술에 취해 있기까지 했다.

그리스도의 복음 위에 세워진 공동체에서 이런 일이 일어났다는 사실을 받아들이기가 쉽지 않다. 예수님은 십자가에서 온전한 자기희생(self-sacrifice)을 하셨고, 주님의 헌신과 희생은 모든 성도에게 모범이 되어야 한다. '가진 놈이 더 무섭다'고 부자들은 가난한 자들과 음식도 나눠 먹지 않았다. 그러면서 그들을 '형제, 자매'라 불렀다! 그러므로 한 주석가는 바울이 고린도 교회의 '음식 나눠 먹는 짓거리'를 무엇이라 부르던 '성만찬'이라고는 부르지 말라고 하는 것이라 해석했다(Garland).

사도는 고린도 교회의 성만찬에 대해서는 칭찬할 것이 없으므로 그들을 칭찬하지 않겠다고 한다(22c절). 오히려 성만찬에서 추태를 부리는 부자들을 맹렬하게 비난한다. 그런 식으로 할 거면 교회에 나와 사람들 앞에서 먹지 말고, 집에서 먹고 마시라는 것이다(22a절). 그들이 성만찬에서 하는 짓은 하나님의 교회를 업신여기고 가난한 자들을 부끄럽게(수치를 안겨 줌) 하기 때문이다(22b절). 하나님의 교회를 업신여긴다는 것은 성만찬을 함께 나누며 주님의 자기희생과 헌신을 기념해야 하는데 그렇게 하지 않는다는 뜻이다.

가난한 자들을 부끄럽게 하는 이유는 기독교는 모든 성도를 '형제와 자매'라고 부르기에 다를 줄 알았는데 성만찬에서도 배가 고프기는 마찬가지이므로 좋은 것을 기대한 자신이 바보라는 생각을 버릴 수 없기 때문이다. 당시 가난한 사람들이 사는 집에는 부엌이 없었다(Garland). 공간이 협소했기 때문이다. 간단한 요리는 이동식 화덕에서 했고, 대부분 끼니는 싸구려 식당에서 해결했다. 가끔 후견인들이 제공하는 괜찮은 식사를 먹었다(Fitzmyer). 그러므로 성도들이 교회에 모여 함께 음식 먹는 것은 가난한 자들에게 매우 귀하고 특별한 일이었다. 그러나 '소문난 잔치에 먹을 것이 없다'고 그들이 성만찬에서 경험한 실망은 기대한 만큼이나 컸다.

부자들은 가난한 자들을 왜 이렇게 대했는가? 당시 문화가 그랬다. 대부분 부자는 가난한 자들을 도우려 하지 않고 경멸했다. 심지어 잔치를 벌여도 부자와 가난한 자들을 공간적으로 구분할 뿐 아니라, 내놓는 음식으로도 차별해 대접했다. 부자들은 그리스도인이 되어서도 바뀌지 않았다. 이에 대해 바울은 맹렬한 분노를 토하고 있다.

이 말씀은 교회가 하는 일 중에서도 어떤 것들은 차라리 하지 않는 것이 좋다고 한다. 고린도 교회는 주님이 제정하신 성만찬을 통해 은혜를 끼치는 것이 아니라, 많은 사람에게 실망과 상처만 안겨 주었다. 그러므로 그들이 성만찬을 행하는 방법을 완전히 개혁하든지, 그렇게 못 할 것 같으면 차라리 하지 않는 것이 좋다. 주님을 욕되게 하기 때문이다.

우리가 교회에서 사역과 행사라며 행하는 것 중에 어떤 것이 하나님이 기뻐하시고 칭찬하실 일인지, 어떤 것이 칭찬하지 않으실 일인지 생각해 보아야 한다. 경제적인 요인으로 인해 일부 성도를 소외시키거나 참여하지 못하는 사람들에게 상처를 주는 일은 피하는 것이 좋다.

그리스도는 십자가에서 자기를 희생하심으로써 모든 차별의 벽을 허무셨다. 우리는 하나님 안에서 한 가족이다. 그러므로 우리는 서로를 '형제-자매'로 부른다. 신앙은 내 자원을 사용해 남을 섬기고 사랑할 때 자란다.

Ⅳ. 교회의 질문들(7:1–15:58)
E. 예배(11:2–14:40)
1. 잘못 드리는 예배(11:2–34)
(2) 성만찬(11:17–34)

b. 성만찬 제정(11:23–26)

[23] 내가 너희에게 전한 것은 주께 받은 것이니 곧 주 예수께서 잡히시던 밤에 떡을 가지사 [24] 축사하시고 떼어 이르시되 이것은 너희를 위하는 내 몸이니 이것을 행하여 나를 기념하라 하시고 [25] 식후에 또한 그와 같이 잔을 가지시고 이르시되 이 잔은 내 피로 세운 새 언약이니 이것을 행하여 마실 때마다 나를 기념하라 하셨으니 [26] 너희가 이 떡을 먹으며 이 잔을 마실 때마다 주의 죽으심을 그가 오실 때까지 전하는 것이니라

기독교 공동체가 함께 성만찬을 행하는 것은 예수님이 잡히시던 밤에 이 성례를 제정하셨기 때문이다(cf. 마 26:26–29; 막 14:22–25; 눅 22:14–20). 하나님의 구속사에서 가장 중요한 예수님의 대속적인 죽음을 기념하는 예식이며, 구약의 유월절 양(출 12장)과 고난받는 여호와의 종(사 42–53장) 등을 상기시키는 성례다. 성만찬은 주님이 다시 오실 때까지 교회가 계속 행할 성례다. 또한 이 '최후의 만찬'은 유대인의 유월절 기념 만찬이었다. 유대인의 유월절 만찬은 다음과 같이 진행되었다(cf. ABD, DJG).

1. 아버지가 유월절과 마실 술을 축복하고 첫 잔을 마심.
2. 무교병, 쓴 나물, 채소, 삶은 과일, 구운 양고기 등 음식이 나옴.
3. 아들이 아버지에게 왜 이 밤이 다른 밤과 다른지 질문함. 아버지가 출애굽 이야기를 들려줌. 시편에서 '할렐 모음집'으로 불리는 노래들(시 113–118편)의 처음 절반(시 113–115편)을 통해 과거와 미래에 있을 하나님의 구속을 찬양함.

4. 두 번째 잔을 마심.
5. 무교병을 축복하고 아버지가 무교병의 의미를 설명하는 동안 쓴 나물과 삶은 과일을 먹음.
6. 식사를 시작하되 자정을 넘기면 안 됨.
7. 식사가 마무리되면 아버지가 세 번째 잔을 축복함. '할렐 모음집'의 나머지 절반(시 116-118편)을 노래함.
8. 네 번째 잔을 마심으로 유월절 식사를 마무리함.

사도는 자신이 성만찬에 대해 고린도 성도들에게 전해준 것은 주께 받은 것이라 한다(23a절). 그는 고린도 성도들에게 여러 가지 전통을 전해주었는데(cf. 11:2), 이 전통 중 '주께 받은 것'(παρέλαβον ἀπὸ τοῦ κυρίου)은 성만찬이 유일하다(Garland). 어떤 이들은 사도가 부활하신 예수님께 직접 들은 것이라는 의미에서 이렇게 말한다고 하지만(Edwards), 단순히 복음서에 기록된 성만찬에 관한 전통이 예수님이 주신 것임을 사도도 확신한다는 의미에서 이렇게 말하는 것으로 해석할 수도 있다(Fee, Garland).

성만찬은 그리스도께서 잡히시던 밤에 주님이 제정하셨다. '잡히다'(παραδίδωμι)는 '넘겨주다'라는 의미를 지니며, 수동태(παρεδίδετο)로 사용되어 가룟 유다에게 배신당해 팔리신 일을 뜻한다. 그러므로 많은 번역본이 '배신당하시던 밤'(night when he was betrayed)으로 번역한다(아가페, 현대인, ESV, NAS, NIV, NRS).

예수님은 자신을 희생해 우리에게 아낌없이 주신 일을 기념하라며 성만찬을 제정하셨다. 그러므로 이기적으로 이 만찬에 참여해 자기 배만 불린 일부 고린도 성도의 행태는 그리스도께서 제정하신 성만찬과는 거리가 멀다. 게다가 주님의 만찬은 세상이 끝나는 날까지 계속 반복해야 하는(cf. 26절) 종말론적인 의미를 지닌다. 이에 반해 고린도 교회의 성만찬은 부자들이 당장(지금) 배불리 먹는 것에만 초점이 맞추어져 있다. 그들이 하는 짓은 성만찬의 종말론적 의미를 퇴색시키는 일이었다.

성만찬은 떡으로 시작해 잔으로 마무리되었다(24-25절). 역사적으로 성만찬이 떡 의식과 잔 의식 사이에 만찬/식사(full meal)를 포함했다는 것에 대해서는 조금도 의심할 여지가 없다(Hofius). 예수님은 제자들과 함께 유월절 식사를 하실 때 떡(빵)을 가지사 축복하시고 떼어 제자들에게 주시면서 이것은 그들을 위한 자기 몸이니 떡을 뗄 때마다 자기를 기념하라고 하셨다(24절). 위에서 언급한 유월절 식사 순서 중 다섯 번째 단계이며, 무교병(누룩을 넣지 않고 만든 빵)을 자기 몸이라며 제자들에게 주신 것이다. 구약은 무교병을 '고난의 떡'이라고 부르기도 한다(신 16:3). 예수님은 유월절을 새로 해석해 자신에게 적용하셨다. 예수님의 죽음이 주는 혜택을 받아 누리라는 의미에서다.

무교병을 "내 몸이니라"라고 하시는 것은 이 떡이 십자가에서 상한 예수님의 몸을 상징한다는 뜻이다. 주님의 찢기신 몸은 구속하는 효과를 지니며, 제자들을 위한 것이며(눅 22:19), 많은 사람을 위한 것이다(마 26:28; cf. 히 9:28; 벧전 2:24).

가톨릭에서는 '…이다'(ἐστιν)를 지나치게 강조하다가 성찬식에서 사용하는 떡과 잔이 실제로 예수님의 몸과 피로 변한다는 화체설(化體說, transubstantiation)을 내놓았고, 루터교에서는 성찬식의 떡과 잔 '안에, 함께, 아래'(in, with and under) 예수님의 몸과 피가 임한다는 공존설(共存說, consubstantiation)을 내놓았다. 이 말씀이 강조하는 것은 십자가에서 상하신 예수님의 몸이 유월절 양의 몸이 찢긴 것과 비슷하다는 이미지를 성취하는 것이지 성찬식의 존재론적(ontological) 의미가 아니다(Davies & Allison, Hagner). 그러므로 성찬식에 예수님이 실제적으로 임하시는 것이 아니라 영적으로 함께하시는 것이라며 '기념적'(Memorial)으로 해석하는 개혁 교회와 장로교의 관점이 가장 합리적이다. 이 해석은 종교개혁자 칼뱅(Calvin)이 처음 제시했다.

식후에 예수님은 잔을 가지시고 이 잔은 자기 피로 세운 새 언약이니 이것을 행하여 마실 때마다 자기를 기념하라고 하셨다(25절). 잔은 십자가에서 흘리실 보혈을 상징한다. 유월절 식사 중 유대인들은 아직 이집트를 탈출하지 못한 이스라엘 백성에게 하나님이 주신 네 가지 약속(출 6:6-7a)을 기념하며 네 잔의 술을 마셨다: (1)내가 애굽 사람의 무거운 짐 밑에서 너희를 빼낼 것이다, (2)그들의 노역에서 너희를 건질 것이다, (3)편 팔과 여러 큰 심판으로 너희를 속량할 것이다, (4)너희를 내 백성으로 삼고 나는 너희의 하나님이 될 것이다. 이 중 예수님이 드신 잔은 세 번째 약속을 기념하며 마신 세 번째 잔(위에 언급한 유월절 식사 순서 중 일곱 번째)이다. 예수님은 하나님이 이스라엘을 속량하신 것처럼 죄인을 그들의 죄에서 속량할 것을 약속하신 것이다(Blomberg).

예수님의 피는 많은 사람으로 죄 사함을 얻게 하려고 흘리신 언약의 피다. 모세는 하나님과 이스라엘 사이에 맺은 언약을 봉인하기 위해 짐승의 피 절반은 제단 주변에 뿌리고, 나머지 절반은 백성에게 뿌렸다(출 24:8). 이것이 언약의 피다. 한편, 예수님이 봉인하고자 하시는 언약은 예레미야가 예언한 새 언약이다(cf. 렘 31:34; cf. 눅 22:20). 이 새 언약은 고난받는 종으로 오신 예수님이 자신의 죽음으로 세우신 것이다(cf. 사 53:11-12). 믿는 사람들은 예수님의 대속적인 희생을 통해 하나님의 자녀가 되고 또한 하나님께 순종하며 살 수 있는 능력을 얻는다.

예수님이 '먹고 마시라'고 하신 것은 성만찬에 대한 가장 강력한 참여 요구라 할 수 있다. 사람은 생존을 위해 반드시 먹고 마셔야 한다. 이와 같이 예수님의 찢긴 몸과 피를 먹고 마시는 사람만이 주님의 대속하는 죽음을 통해 영원히 살 수 있다.

성만찬은 주님의 죽으심을 기념하는 성례이지만, 그렇다고 과거의 일을 회상하는 데만 머무는 것은 아니다. 성만찬을 행할 때마다 주님이 다시 오실 때까지 그분의 죽으심을 계속 전해야 한다(26절). 주의 만찬을 통해 과거, 현재, 미래를 바라보며 십자가에 못 박히시고 부활하시고 다시 오실 주님에 대한 그리스도인의 증인이 되어야 한다 (Witherington).

이 말씀은 그리스도인은 성찬식을 결코 가볍게 여기면 안 된다고 한다. 성찬식은 예수님이 시작하신 전통이다. 예수님이 지신 고난의 십자가와 그 십자가를 통해 이루신 대속적인 구원을 기념하는 일이다. 또한 장차 종말에 예수님과 함께 누릴 만찬을 기대하며 행하는 일이다. 우리는 이처럼 영광스러운 성찬식에 참여할 때마다 과연 어떤 삶을 살고 있는지 각자 자신을 돌아보아야 한다.

Ⅳ. 교회의 질문들(7:1–15:58) E. 예배(11:2–14:40) 1. 잘못 드리는 예배(11:2–34) (2) 성만찬(11:17–34)

c. 바른 성만찬(11:27–34)

**27 그러므로 누구든지 주의 떡이나 잔을 합당하지 않게 먹고 마시는 자는 주
의 몸과 피에 대하여 죄를 짓는 것이니라 28 사람이 자기를 살피고 그 후에
야 이 떡을 먹고 이 잔을 마실지니 29 주의 몸을 분별하지 못하고 먹고 마시
는 자는 자기의 죄를 먹고 마시는 것이니라 30 그러므로 너희 중에 약한 자
와 병든 자가 많고 잠자는 자도 적지 아니하니 31 우리가 우리를 살폈으면 판
단을 받지 아니하려니와 32 우리가 판단을 받는 것은 주께 징계를 받는 것이
니 이는 우리로 세상과 함께 정죄함을 받지 않게 하려 하심이라 33 그런즉
내 형제들아 먹으러 모일 때에 서로 기다리라 34 만일 누구든지 시장하거든
집에서 먹을지니 이는 너희의 모임이 판단 받는 모임이 되지 않게 하려 함
이라 그밖의 일들은 내가 언제든지 갈 때에 바로잡으리라**

성만찬의 원래 의미를 설명한 사도는 다시 고린도 교회의 성만찬 행

태로 돌아와 매우 강력하게 경고한다. 성만찬에 참여하는 것보다 더 중요한 것은 어떻게 참여하는가다. 성만찬에 잘못 참여하면 오히려 죄를 짓기 때문이다. 그러므로 바울은 앞으로 고린도 교회가 어떻게 성만찬을 행해야 하는지 직접 권고한다.

누구든지 주의 떡이나 잔을 합당하지 않게 먹고 마시면 주의 몸과 피에 대해 죄를 짓는다(27절). '합당하지 않게'(ἀναξίως)는 신약에서 단 한 차례 사용되는 단어다. 어떤 것의 속성이나 본질에 맞지 않는 일을 하는 것을 뜻한다(Garland, cf. 엡 4:1; 빌 1:27; 골 1:10; 살전 2:12). '합당하지 않은 것'을 고백하지 않은 죄를 가진 채 성찬식에 참여하는 것으로 해석해서 만찬에 참여하기 전에 먼저 하나님께 죄를 고백해 용서받고 그런 다음 성찬식에 참여하라고 권면하는 목회자들이 있다. 그러나 문맥을 고려할 때 '합당하지 않은 것'은 공동체의 하나 됨을 기념하는 만찬에 참여해서 사회적 지위에 따라 서로 차별하고 음식도 나누어 먹지 않는 것을 뜻한다(Verbrugge, cf. Gardner). 합당한 성만찬에는 어떠한 차별도 있어서는 안 되며, 음식도 모든 참여자에게 공평하게 분배되어야 한다. 그래야 종말에 주님과 누릴 만찬을 미리 맛보는 잔치인 성만찬에서 소외되거나 배고픈 성도가 없다.

'죄를 짓는 것'(ἔνοχος)은 '책임, 유죄'(liable, guilty)라는 의미를 지닌다(BDAG). 고린도 성도들이 성만찬에 합당하지 않게 참여하면 하나님께 예수님의 죽음에 대해 책임을 추궁당할 것이라는 뜻이다(Fee, Garland). 그리스도는 믿는 자들을 위해 십자가에서 모든 것을 희생하셨는데 성만찬에 참여한 성도들이 자기 음식을 나누지 못한다면, 이는 그리스도의 십자가가 무엇을 의미하는지 잘 알지 못하는 처사다. 하나님의 책임 추궁이 있을 수밖에 없다. 그러므로 성만찬은 가족이나 친지들과 어울려 먹는 만찬과는 질적으로 다르다. 성만찬에 잘못 참여하면 하나님의 심판을 받아 죽을 수도 있다(cf. 30절).

합당하지 않게 성만찬에 참여하지 않으려면 먼저 자기 자신을 살피고 난 후에야 떡을 먹고 잔을 마셔야 한다(28절). '살피다'(δοκιμάζω)는 '테스트하다'라는 뜻이다(BDAG). 그리스도께서 모든 차별의 벽을 무너뜨리기 위해 죽으셨고 교회는 십자가 복음 위에 세워졌다는 사실을 되돌아보아야 한다. 그리스도의 십자가 죽음의 의미를 제대로 이해한다면 성만찬에서 사회적 계층에 따라 사람을 차별하는 일은 없을 것이다. 또한 성만찬에 참여할 때는 하나님의 심판이 만찬을 통해 임할 수도 있다는 것을 의식하며 자기 자신을 살펴야 한다.

만일 사람이 자신을 살피지 않아 주의 몸을 분별하지 못하고 먹고 마시면 그는 자기 죄를 먹고 마시는 것이다(29절). '분별하다'(διακρίνω)는 '차이를 알다, 구분하다'라는 뜻이다(BDAG). 성만찬에 참여하는 사람은 무엇을 분별해야 하는가? 성만찬은 일반적인 음식 나눔과 다르다는 것을 깨달아야 한다. 가족과 친지들을 초청해 음식을 나누어 먹는 만찬은 베푸는 사람 마음대로 룰(rule)을 정하면 된다. 성만찬은 죄인을 위해 모든 것을 내어 주신 그리스도의 헌신적인 죽음을 기념하는 기독교 예식이다. 이러한 차이를 분별하면 공동체가 모여 서로에게 더 헌신적이고, 더 따뜻하고, 더 나눔으로써 모든 참여자를 행복하게 하는 바른 성만찬이 될 것이다(Garland).

성만찬에 합당하게 참여하지 않으면 죽거나 질병을 앓을 수도 있다(30절). '적지 않다'(ἱκανός)는 '충분히, 여럿'이라는 의미를 지닌다(BDAG). 죽음을 뜻하는 '잠자다'(κοιμάω)가 현재형 복수(κοιμῶνται)로 사용되는 것은 고린도 성도 중 여럿이 이미 죽거나 죽어 가고 있다는 뜻이다(Gardner). 그러므로 고린도 성도들이 다른 성도의 상황을 살펴보면 성만찬에 합당하게 참여하지 않을 때 하나님의 심판을 받아 죽거나 병을 앓을 수도 있다는 사도의 말이 사실임을 입증할 만한 증거가 충분하다.

어떤 이들은 성만찬으로 인한 질병과 죽음이 실제 있었던 일이 아니라 고린도 성도들의 영(spirit)이 병들거나 죽어 가고 있음을 의미한다며 이 말씀을 비유적으로 해석한다(cf. Garland). 그러나 비유적으로 해석할 근거가 없다. 그러므로 고린도 성도 중 성만찬에 합당하지 않게 참여했다가 육체적인 질병과 죽음을 맞이한 사람들이 있다는 것으로 해석해야 한다(Gardner, Garland, Oster, Robertson & Plummer).

바울이 이 서신을 보낼 당시 고린도는 기근으로 어려움을 겪고 있었다. 그러므로 질병을 앓거나 죽은 사람들은 평소에 먹을 음식이 없어 굶다가 음식을 얻기 위해 성만찬에 참여했지만, 성만찬에서도 음식을 나눠주지 않자 결국 질병을 앓거나 굶어 죽은 것이라고 해석하는 이들도 있다(Winter). 그러나 바울은 질병과 죽음은 합당하지 않게 성만찬에 참여한 것에 대한 심판이라고 한다. 그러므로 이러한 해석은 설득력이 없다.

성만찬은 공동체를 온전하게 하는 좋은 것이지만, 합당하지 않게 참여하면 오히려 공동체를 파괴하고 성도들을 해칠 수도 있다(Dunn). 그러므로 성령은 성찬식을 사람을 두 부류로 분류하는 데 사용하신다(Gardner). 첫째 부류는 종종 하나님이 징계하시지만(32a절) 그래도 하나님이 사랑하시는 참 자녀들이다. 이들은 먹고 마시며 그리스도의 십자가 고난과 죽음을 기념한다. 둘째 부류는 하나님의 자녀가 아닌 자들이다. 이들은 먹지 않아야 할 떡을 먹고, 마시지 않아야 할 잔을 마셔 스스로 하나님의 심판을 불러오는 자들이다(32b절).

사도는 고린도 교회의 성만찬에 대한 잘못된 관행을 혹독하게 비난한 다음 성도들을 '내 형제들'(ἀδελφοί μου)이라고 부른다(33a절). 그들의 죄와 잘못에도 불구하고 바울은 아직도 고린도 성도들을 사랑한다. 또한 고린도 성도들이 서로 어떤 관계인지를 생각해 보기를 원한다. 그들은 서로 형제요 자매다. 형제와 자매는 서로 먹을 것도 나누고 삶도 나누어야 한다.

그러므로 그들은 먹으러 모일 때 서로 기다려야 한다(33b절). 성만찬을 행할 때 '서로 기다리라'(ἀλλήλους ἐκδέχεσθε)고 하는데, 이는 참여할 사람이 모두 도착하기를 기다렸다가 각자 가져온 음식을 먹으라는 뜻이 아니다. 가난한 자들은 가져오는 것이 별로 없을 것이며, 일터에서 바로 오는 사람들은 빈손으로 올 것이다. 그러므로 이 말씀은 함께 기다렸다가 성만찬에 참여하는 사람들이 가져온 음식을 모두 함께 나누어 먹으라는 뜻이다(Gardner, Lampe).

만일 누구든지 시장하면 집에서 조금 먹고 오는 것이 좋다(34a절). 배고픔에 사로잡혀 허겁지겁 음식을 먹는 사람이 많으면, 성찬식은 그리스도의 죽음을 기념하는 성례가 아니라 흥청망청 먹고 마시는 모임에 불과하다는 비난을 받을 수 있다(34b절). 성례의 의미가 희석될 수 있는 것이다.

사도는 그 밖의 일들은 고린도를 직접 방문해서 바로잡겠다고 한다(34c절). 그 밖의 일들이 무엇인지는 알 수 없지만, 서신을 통해 지침을 내리기보다는 직접 가서 바로잡는 것이 낫다고 생각한 것이다.

이 말씀은 성만찬은 온 공동체가 함께 모여 행하는 성례라고 한다. 이 성례에 모인 사람들은 그리스도의 몸을 구성하는 여러 지체다. 그러므로 누구도 소외되거나 차별받아서는 안 된다. 모두 다 하나님이 사랑하시는 귀한 사람이다.

성만찬에는 하나님의 심판이 동반한다. 그러므로 합당하게 참여해야 한다. 합당한 성만찬에는 어떠한 차별도 있을 수 없다. 만일 식사를 통해 성만찬을 행한다면 준비된 음식은 모든 참여자에게 공평하게 분배되어야 한다. 그래야 종말에 주님과 누릴 만찬을 미리 맛보는 잔치인 성만찬에서 소외되거나 배고픈 성도가 없을 것이다.

Ⅳ. 교회의 질문들(7:1–15:58)
E. 예배(11:2–14:40)

2. 성령의 은사와 예배(12:1–14:40)

고린도 교회에는 성만찬 외에도 예배와 관련해 여러 가지 합당하지 않은 일이 있었다. 특히 은사 사용에 있어 무질서와 혼란이 있었다. 아마도 성령의 은사 중 어떤 것이 가장 큰 은사인지 성도 사이에 논쟁이 있었거나, 방언하는 사람들과 예언의 은사를 가진 사람들 사이에 불협화음이 있었던 것으로 보인다. 고린도 교회의 이 같은 상황은 12–14장에서 '방언'과 '예언'이 각각 21차례나 사용되는 것에서 알 수 있다.

또한 바울이 이 이슈에 대해 세 장(章)이나 할애하는 것을 보면 이 이슈가 매우 논쟁적이었음을 알 수 있다(Sampley, Verbrugge). 사도는 질서의 하나님이 기뻐하실 일이 아니라며 성령의 은사가 교회와 예배의 질서를 헤치는 데 사용되는 것은 옳지 않다고 한다. 이 섹션은 다음과 같이 구분된다.

A. 성령의 은사와 교회(12:1–31)
B. 사랑: 가장 좋은 길(13:1–13)
C. 방언과 예언(14:1–25)
D. 예배 질서(14:26–40)

Ⅳ. 교회의 질문들(7:1–15:58)
E. 예배(11:2–14:40)
2. 성령의 은사와 예배(12:1–14:40)

(1) 성령의 은사와 교회(12:1–31)

성령은 공동체를 격려하고 세워 가는 데 사용하도록 여러 가지 은사를 그리스도인들에게 주신다. 성령의 은사는 매우 다양하지만 또한 같은 성령이 주신 것이므로 공통점도 지닌다. 성령의 은사가 어떻게 교회를 위해 사용될 수 있는가에 대해 설명하는 본 텍스트는 다음과 같이 구분된다.

A. 성령으로 주 예수를 고백함(12:1-3)
B. 성령의 은사의 다양성과 통일성(12:4-11)
C. 한 몸을 이루는 여러 지체(12:12-26)
D. 지체들의 다양한 은사(12:27-31)

Ⅳ. 교회의 질문들(7:1-15:58)
E. 예배(11:2-14:40)
2. 성령의 은사와 예배(12:1-14:40)
(1) 성령의 은사와 교회(12:1-31)

a. 성령으로 주 예수를 고백함(12:1-3)

1 형제들아 신령한 것에 대하여 나는 너희가 알지 못하기를 원하지 아니하노니 2 너희도 알거니와 너희가 이방인으로 있을 때에 말 못하는 우상에게로 끄는 그대로 끌려 갔느니라 3 그러므로 내가 너희에게 알리노니 하나님의 영으로 말하는 자는 누구든지 예수를 저주할 자라 하지 아니하고 또 성령으로 아니하고는 누구든지 예수를 주시라 할 수 없느니라

고린도 성도 중 많은 사람이 무아지경/입신(ecstatic trance)을 경험하면서 예언과 방언을 했다. 그들은 자신의 경험이 매우 특별하고 독특하다는 특권 의식에 빠져 있었다(Bassler). 이에 대해 사도는 예언과 방언의 내용과 어떻게 하느냐가 중요하지, 이런 일을 행하는 것 자체가 중요한 것이 아니라고 한다.

바울은 고린도 성도들이 신령한 것에 대해 알지 못하기를 원하지 않는다(1절). 그들도 분명히 알아야 한다는 것이다. '신령한 것에 대하여'(περὶ δὲ τῶν πνευματικῶν)는 고린도 성도들이 에베소에 있는 사도에게 보낸 편지를 통해 질문한 것에 답하고 있음을 시사한다(Fee, Gardner, cf. 7:1, 8:1). '신령한 것'(τῶν πνευματικῶν)은 남성 혹은 중성으로 해석할 수 있다. 남성 복수형으로 읽으면 '신령한 사람들'이 되므로 사도가 영적인 사람은 어떤 사람인지 말하고자 하는 것으로 해석된다. 고린도전서에서 이 형용사(πνευματικός)는 14차례 사용되는데 그중 네 차례는 사람을(2:13, 15; 3:1; 14:37), 여섯 차례는 물건을(2:13; 9:11; 10:3-4; 14:1), 네 차례는 육체와 영을 구분하는 데 사용된다(14:44-46)(Garland).

만일 중성 복수형으로 읽으면 '신령한 은사들'이 되므로 사도가 성령의 은사에는 어떤 것이 있는지 말하고자 하는 것으로 해석해야 한다. 거의 모든 번역본이 개역개정처럼 중성으로 해석한다(새번역, 공동, ESV, NAS, NIV, NRS). 영성에 대한 고린도 성도들과 바울의 견해 차이를 고려하면 이 단어가 남성으로 사용되었는지 혹은 중성으로 사용되었는지가 중요할 수도 있지만(Garland), 신령한 은사는 영적인 사람이 소유하기 때문에 중요하지 않다(Barrett, Morris).

바울은 고린도 성도들에게 그들이 이방인으로 있을 때의 일을 생각해 보라고 한다(2a절). '이방인들'(ἔθνη)은 원래 유대인이 비(非)유대인을 구분할 때 사용하는 용어다. 사도는 불신자라는 의미로 이 단어를 사용하고 있다. 그들이 그리스도인이 되기 전에 있었던 일을 돌아보라는 것이다. 또한 바울이 회심하기 전의 고린도 성도를 이방인이라고 부르는 것은 고린도 성도들이 대부분 이방인 출신이라는 점을 암시한다(Verbrugge).

그때 그들은 말 못하는 우상에게로 사람들이 끄는 그대로 끌려다녔다(2b절). 불신자였을 때 그들은 우상 숭배가 만연한 고린도에서 일부러 신전을 찾아가기도 했다. 또한 자신은 원치 않았더라도 아는 사람들의 권유와 압력 때문에 우상들의 종교 축제에 강제로 참여하기도 했다는 뜻이다(Grudem).

우상은 사람이 만든 것이기에 말도 하지 못하지만, 그들의 신전에서는 온갖 영적 사기와 속임수가 난무했다. 귀신들(악령들)이 우상에 기생하고 있기 때문이다(cf. 10:20). 그러므로 우상을 기념하는 종교 축제에서 무아지경/입신(ecstatic trance)에 빠져 예언하고 점을 치는 자들을 쉽게 목격할 수 있었다. 겉에서 보기에는 그들도 일종의 '영적 은사'를 사용하는 듯하다. 그러므로 고린도 성도들은 바울에게 그리스도인의 무아지경(ecstatic trance) 경험과 우상 숭배자들의 무아지경 경험이 어떻게 다른지 물어본 것으로 보인다(Verbrugge).

이에 대해 바울은 하나님의 영으로 말하는 자는 누구든지 예수를 저주할 자라 하지 않는다고 한다(3a절). '예수는 저주를 받았다'('Ανάθεμα 'Ιησοῦς)라고 말하는 자는 누구이며, 어떤 정황에서 이런 말을 내뱉는지 정확히 알 수 없다. 그리스도인을 포함해 누구든지 남을 저주하고 싶을 때 예수님이 그를 저주하기를 바라며 하는 말이라고 해석하는 사람이 있다(Winter). 그러나 이 말의 정황은 예수님이 누구를 저주하는 것이 아니라, 저주받으신 것으로 말하는 것이 확실하다.

한 학자는 이러한 말을 내뱉는 정황과 누가 이렇게 말하는지에 대해 열두 가지 가능성을 제시한다(Thiselton). 학자들은 이런 말을 하는 자로 귀신 들린 자들(Dunn, Murphy-O'Connor, cf. 막 1:23; 5:7; 행 16:17), 혹은 회심하지 않은 유대인들이(Moffatt, Robertson & Plummer, cf. 갈 3:13-14) 가장 유력하다고 한다.

사도가 정황을 가정(假定)한 것으로 보는 것이 좋을 듯하다(Conzelmann, Fee, Gardner). 실제로 이런 일이 있었을 수도 있지만, 사도는 사실 여부에는 관심이 없다. 그는 무아지경에 이른 사람을 사로잡은 영이 누구(무엇)인지 판단하는 '리트머스 테스트'를 제시하고 있다. 누구든지 예수님을 저주하거나 주의 이름을 악한 일에 동원하면 그는 하나님의 영으로 말하는 자가 아니다(Conzelmann).

또한 성령으로 하지 않고는 누구도 예수를 주라고 고백할 수 없다(3b절; cf. 갈 4:6). "예수는 주님이시다"(Κύριος Ἰησοῦς)라는 말은 구약과 유대인들의 정황에서는 예수님을 여호와로 고백하는 것이다(Verbrugge). 고린도 같은 로마 식민지에서는 로마 황제를 주(신)(κύριος)로 인정하거나 숭배하는 일을 거부하는 것이다(Verbrugge). 단순히 말로 하는 고백이 아니라, 온 마음과 삶으로 예수님이 유일한 구원자이자 주인이심을 믿는다(Garland). 그러므로 예수님이 그리스도라는 고백을 바탕으로 성령이 주시는 은사는 소수에게만 주어지는 것이 아니라, 모든 그리스도인에게 주어진다(Mitchell).

이 말씀은 모든 그리스도인은 성령이 내재하시는 영적인 존재라고 한다. 성령이 없이는 그 누구도 예수님을 주(하나님)라 할 수 없기 때문이다. 그러므로 예수님이 우리 삶의 주인이시라는 확신이 있다면, 우리는 언제든지 감사의 제단을 쌓을 수 있다. 우리의 구주 되신 예수님을 언제든 마음껏 경배할 수 있어야 한다.

그리스도인뿐 아니라 불신자들도 무아지경(입신)을 경험할 수 있다. 우리는 주변에서 이런 사람들을 종종 목격한다. 그들이 어떤 영에 사로잡혀 있는지를 구분하는 가장 좋은 테스트는 두 가지다: (1)예수님의 이름을 악용(남용)하는가? (2)예수님을 구주로 고백하는가? 이 두 가지 테스트는 그들을 사로잡은 영(들)의 출처를 정확하게 보여 줄 것이다.

성령은 모든 그리스도인에게 은사를 주신다. 성령이 은사를 주실 때는 단 한 가지, 곧 그리스도를 구주로 영접한 그리스도인인가만 보시기 때문이다. 우리는 항상 더 큰 은사를 사모해야 한다. 그리고 성령이 은사를 주시면 우리가 속한 공동체를 위해 사용해야 한다.

Ⅳ. 교회의 질문들(7:1–15:58)
E. 예배(11:2–14:40)
2. 성령의 은사와 예배(12:1–14:40)
(1) 성령의 은사와 교회(12:1–31)

b. 성령의 은사의 다양성과 통일성(12:4–11)

4 은사는 여러 가지나 성령은 같고 5 직분은 여러 가지나 주는 같으며 6 또 사역은 여러 가지나 모든 것을 모든 사람 가운데서 이루시는 하나님은 같으니 7 각 사람에게 성령을 나타내심은 유익하게 하려 하심이라 8 어떤 사람에게는 성령으로 말미암아 지혜의 말씀을, 어떤 사람에게는 같은 성령을 따라 지식의 말씀을, 9 다른 사람에게는 같은 성령으로 믿음을, 어떤 사람에게는 한 성령으로 병 고치는 은사를, 10 어떤 사람에게는 능력 행함을, 어떤 사람에게는 예언함을, 어떤 사람에게는 영들 분별함을, 다른 사람에게는 각종 방언 말함을, 어떤 사람에게는 방언들 통역함을 주시나니 11 이 모든 일은 같은 한 성령이 행하사 그의 뜻대로 각 사람에게 나누어 주시는 것이니라

성령은 여러 사람에게 다양한 은사를 주신다. 은사는 받는 사람이 다른 사람보다 더 영적이어서 주시는 것이 아니라, 공동체에 속한 성도들을 돕고 세우도록 모든 그리스도인에게 주신다. 즉, 은사는 하나님이 공동체의 결속을 위해 주시는데, 고린도 교회에서는 불협화음의 원인이 되었다.

사도는 믿는 자들에게 은사를 주셔서 직분과 사역을 감당하게 하시는 것은 삼위일체 하나님 중 한 분이 하시는 일이 아니라, 세 분이 함께 하시는 일이라 한다(4–6절). 저자는 이 같은 사실을 같은 말을 반복하는 것으로 표현한다.

은사는 여러 가지나 성령은 같다(4절).
직분은 여러 가지나 주(예수님)는 같다(5절).

사역은 여러 가지나…하나님은 같다(6절).

성령이 주시는 은사는 여러 가지다(4절; cf. 롬 12:6). '은사'(χάρισμα)는 신약에서 17차례 사용되는데, 그중 단 한 차례만 바울 서신 밖에서(벧전 4:10) 사용되며, 나머지는 모두 바울 서신 안에서 사용된다. '은사'는 바울이 사용하기 전까지는 헬라어 문헌과 칠십인역(LXX)에 거의 나오지 않는 표현이다(Dunn). 그러므로 '은사'는 바울의 용어라고 할 수 있다(Garland). 사도는 고린도전서에서 이 단어를 일곱 차례 사용하는데, 그중 다섯 차례가 본 장에서 사용된다(4, 9, 28, 30, 31절).

바울은 구약의 종교적 예식과 율법과는 완전히 새로운 경험을 가리키는 의미로 '은사'를 사용하는 듯하다(Dunn). 이 새로운 경험은 하나님이 주신 것이므로 은사의 속성이나 성향이 아니라 출처가 강조된다(Baker). 또한 은사는 남을 위해 쓰일 때 입증된다(Käsemann).

사도는 '은사'(χάρισμα) 대신 '신령한 것'(πνευματικός)(12:1)이라는 표현을 사용할 수도 있었다. 그러나 그는 영적 현상에 대한 고린도 성도들의 인식을 신학적으로 교정하기 위해 '은사'라는 표현을 사용한다(Collins). 고린도 성도들은 은사가 영성의 상징이라고 자랑한다. 그들 중에 은사가 많이 나타나는 것은 그들이 영적이기 때문이라는 것이다. 이에 대해 사도는 은사는 하나님이 은혜로 주시는 선물(grace-gifts)이므로 그들에게 자랑할 것이 없다고 한다(Fisk).

'은사'(χάρισμα)는 사람이 노력해서 얻는 것이 아니라(그러므로 가진 자가 특권 의식을 가질 수 없음) 하나님이 은혜로 주신 선물임을 강조하기 위해 최근 학자들은 '은혜-선물'(grace-gift)이라는 용어를 사용한다(Garland, Gardner). 은사는 기독교 공동체의 유익을 위해 하나님이 공동체에 속한 지체들을 통해 일하신다는 증거다(롬 1:11; 고전 1:4-7). 다양한 은사가 있는 것처럼 사람은 하나님을 다양한 방법으로 경험할 수 있다.

여러 가지 은사를 주시는 성령이 같은 것처럼, 여러 가지 직분을 주시는 주도 같다(5절). '주'(κύριος)는 하나님을 뜻할 수도 있지만, 사도가 '성령-성자-성부' 순서를 바탕으로 4-6절을 전개하고 있다는 점을 고려하면 예수님이다. '직분'(διακονία)은 '섬김, 봉사'를 뜻한다(BDAG). 바울이 직분에 대해 복수형(διακονιῶν)으로 말하는 것은 '섬김, 봉사'의 다양성을 강조하기 위해서다(Gardner). '직분'은 예수님의 헌신과 희생하고도 잘 어울린다(cf. 11:17-34).

바울은 고린도 성도들이 은사에 대한 이해 폭을 넓혀 일상적인 섬김(직분)도 은사에 포함하기를 원한다(Garland). 그리스도인은 남을 섬기려면(직분을 행하려면) 먼저 성령의 은사를 받아야 한다. 형편이 어려운 성도를 위해 헌금하는 것도 '섬김'(διακονία, 직분)이다(고후 8:4; 9:1, 12-13; 롬 15:31).

사역에는 여러 가지가 있지만, 모든 것을 모든 사람 가운데서 이루시는 하나님은 같다(6절). '사역'(ἐνέργημα)은 '일, 활동'(work, activity)이며, 하나님이 하시는 일을 뜻한다(cf. 갈 2:8; 엡 1:11; 3:20; 빌 2:13). 기독교 공동체 안에서는 항상 여러 사람을 통해 다양한 일(사역)이 진행되며, 이 모든 일을 하시는 분은 하나님 아버지시다.

성령이 공동체에 속한 각 개인에게 은사를 주시는 것은 남들을 이롭게 하고 온 공동체를 유익하게 하는 하나님의 일(사역)을 하게 하기 위해서다(7절). 이러한 사실을 강조하는 7절은 이 장(章)의 주제다(Fee, Gillespie, Verbrugge). 앞으로 8-10절은 성령이 다른 사람들과 공동체를 유익하게 하고자 각자에게 주시는 은사에는 어떤 것들이 있는지 말하고, 12-26절은 '서로를 위한 유익'이 무엇인지 설명하고 발전시킬 것이다(Garland).

'각 사람'(ἕκαστος)을 소수로 해석하는 이들이 있는가 하면(Fee), 공동체에 속한 모든 사람으로 해석하는 이들이 있다(Garland, Gillespie, Mitchell, cf. 12:12-26). 성령이 은사를 소수에게만 주시는지, 혹은 모든 그리스도인에게 주시는지에 관한 것이다. 정황과 문맥을 고려할 때 성령은 소수에게만 은사를 주시는 것이 아니라 모든 사람에게 주신다(cf. 3:5, 13; 7:17). 모든 그리스도인은 자신이 속한 공동체를 위해 최소한 한 가지 은사와 역할을 받는다. 그리스도인은 자신이 성령께 받은 은사가 무엇인지 인지하지 못할 수는 있지만, 받은 은사가 없지는 않다(Verbrugge). 또한 한 사람이 여러 가지 은사를 받을 수도 있다.

어느 공동체에 속한 구성원이라 할지라도 성령이 자기에게만 은사를 주셨다고 할 수 없다(Gillespie). 바울은 자신이 받은 은사를 고유하고 특별하게 여기는 고린도 성도들에게 그들이 잘못 생각하고 있음을 지적하고자 한다(Collins, cf. 6절). 성령은 모든 사람에게 은사를 주시며, 하나님은 각 사람이 성령에게서 받은 은사를 통해 사역하신다. 그러므로 각 구성원은 서로 다른 방식으로 하나님의 일을 할 수는 있지만, 은사가 없지는 않다(12:29-30). 하나님은 각 사람이 받은 은사를 공동체에 속한 모든 사람의 유익을 위해 사용하기를 원하신다(Mitchell, cf. 12:12-26).

은사가 공동체를 위한 것이라면, 성령께 은사를 받은 사람은 그 은사를 개인의 소유라 주장할 수 없다. 또한 자신의 개인적인 유익만을 위해 사용하는 것을 자제해야 한다(cf. Murphy-O'Connor). 은사는 방종을 위한 것이 아니라 사역을 위해 주신 것이다(Gardner).

성령이 은사를 주시는 것은 받은 자들을 높이기 위해서가 아니다. 성령이 은사를 받은 자의 삶을 통해서 역사하신다고 해서 그 사람의 위상이 높아지고 명성이 자자해지는 것은 옳지 않다. 은사의 출처가 그 사람 밖에 있기 때문이다. 은사를 주신 성령을 높여야 한다. 은사를 받은 사람은 받은 은사를 사랑을 원리로 삼아 사용해야 한다.

8-10절은 말(speech)에 관한 두 가지 은사(message of wisdom, message of knowledge)로 시작해 말에 관한 두 가지 은사(many kinds of tongues, interpretation of tongues)로 마무리된다. 바울은 고린도 성도들이 가장 중요하게 여겼던 스피치 은사들(8, 10절) 사이에 여러 가지 은사를 둠으

로써 그들이 가장 중요시하는 스피치 은사는 독특하지 않으며, 오히려 그것보다 더 나은 은사들도 있다는 사실을 강조하고자 한다(Gillespie, Hays). 8-10절의 구조는 다음과 같이 요약할 수 있다(Garland).

A. 지혜의 말씀, 지식의 말씀(8절)
    B′. 믿음
    B″. 병 고치는 은사
    B‴. 능력 행함
    B⁗. 예언함
    B⁗′. 영들 분별함
A′. 방언 말함, 방언들 통역함(10d-e절)

이 아홉 가지는 성령이 성도들에게 주시는 은사에 대한 포괄적인 목록이 아니다. 성령은 우리에게 훨씬 더 다양하고 많은 은사를 주신다(cf. 롬 12:3-8; 엡 4:11). 아마도 이 아홉 가지는 고린도 성도들이 성령께 받은 은사라고 주장한 것들로 보인다(Sampley). 그들이 가장 중요하게 여기는 지혜 은사와 지식 은사와 방언 은사는 신약의 다른 은사 목록에 등장하지도 않는다(Garland). 예언 은사만 다른 곳에 등장한다.

지혜(σοφία)와 지식(γνῶσις)(8절) 자체는 은사가 아니다(Dunn). 다른 사람들에게 지혜와 지식을 근거로 메시지를 전할 때, 곧 '지혜의 말씀'(λόγος σοφίας)과 '지식의 말씀'(λόγος γνώσεως)을 전할 때 은사가 된다. 지혜와 지식은 소유한 사람이 적절하게 사용할 때 은사가 되는 것이다.

'지혜의 말씀'은 하나님이 그리스도를 통해 이루신 신비로운 목적과 사역에 대한 통찰력에 관해 말하는 것이다(Soards). 그러므로 하나님이 어떻게 십자가에 못 박히신 예수님을 통해 역사하셨는지에 대한 증언이다. 이 지혜는 사람이 스스로 깨닫는 것이 아니라, 하나님이 선물로 주시는 것이기 때문에 은사다.

'지식의 말씀'은 우상이 존재하지 않는다는 확신과 오직 여호와만이 유일하신 하나님이라는 것 등을 포함한다(Garland, cf. 8:4; 14:6; 15:2). 하나님이 세상에서 어떤 일을 하시는지에 대한 통찰도 지식의 말씀이다(cf. 2:12-16).

'믿음'(πίστις)도 성령이 주시는 은사다(9a절). 이는 예수님을 구주로 영접할 때 모든 사람에게 주시는 '구원에 이르게 하는 믿음'과 다르다. 회심 이후에 성령의 선물로 받는 특별한 믿음이다(Barrett, Collins, Conzelmann, Dunn, Fee, Robertson & Plummer). 이 믿음은 우리가 일상적으로 믿을 수 없다고 하는 것을 믿게 하고, 성경에 약속되지 않은 축복에 대해 하나님을 신뢰하는 능력이다(Carson, cf. Dunn). 그러므로 성령이 은사로 주시는 믿음은 내적인 확신이 외적인 결과로 드러나는 것이라 할 수 있다. 예를 들면 산을 움직이는 믿음이다(마 17:20; 21:21; 막 11:23-24; cf. 고전 13:2).

'병 고치는 은사'(χαρίσματα ἰαμάτων)(9b절)는 믿음 은사와 연관된 은사다(Thiselton, cf. 마 16:8; 21:21; 막 5:34; 10:52; 11:2; 눅 17:5-6; 행 3:16; 27:25; 히 11:29-30; 약 5:15). 신약에서 병 고치는 일을 은사라고 하는 곳은 이 본문이 유일하다(Garland). 사도는 의료 행위로 병이 낫는 일과 구분하기 위해서 병 고치는 것을 은사라 한다. 사도가 '병 고치는 은사들'(χαρίσματα ἰαμάτων)이라며 복수형을 사용하는 것은 이 은사의 다양성을 강조한다(Carson).

병 고치는 은사는 모든 병을 고치는 하나의 은사가 아니다. 다양한 병에는 다양한 은사가 필요하다. 그러므로 병 고치는 은사는 치유를 위해 기도해 실제로 치유가 일어나는 것으로 제한해야 한다(Dunn). 그리스도인이 질병을 앓는 한 사람을 치료하는 은사를 받았다고 해서, 치유의 은사를 받은 것으로 생각해 '치유 사역'(healing ministry)을 시작해서는 안 된다(Carson).

바울은 성령께 병 고치는 은사를 받았다(행 14:8-10; 28:7-9). 심지어 그의 앞치마와 손수건도 치유하는 능력을 지녔다(행 19:11–12; cf. 20:7–11). 그러나 사도는 자신을 모든 병을 고치는 은사를 받은 사람으로 생각하지 않았다. 심지어 자기 은사로는 사랑하는 동역자 에바브로디도의 병을 고칠 수 없음을 탄식했다(빌 2:27). 또한 그는 아픈 드로비모를 밀레도에 남겨 두어야 했다(딤후 4:20).

'능력 행함'(ἐνεργήματα δυνάμεων)(10a절)은 '병 고치는 은사'와 겹치는 부분이 있다. 그러나 모든 '능력 행함'이 '병 고치는 은사'는 아니다(Garland, Gardner). 능력 행함은 하나님의 능력을 실현하는 것이다(Gillespie, Morris, cf. 고후 12:12; 갈 3:5). 일상적으로 기대되는 것 이상의 일을 하는 능력이다(Gardner).

'예언함'(προφητεία)(10b절)이 정확히 어떤 은사인지에 대해 많은 논쟁이 있다(cf. Aune, Dunn, Fee, Gillespie, Grudem). 대체로 학자들은 예언은 계시이므로 사람들에게 하나님의 뜻을 선포하는 것을 예언이라 한다(cf. Garland). 그러므로 예언이라 해서 반드시 미래에 대한 것일 필요는 없다(cf. 행 11:28). 성도들과 교회가 처한 상황에서 하나님의 위로와 격려를 전하는 것도 예언이다(Thiselton, cf. 14:3).

예언은 공동체 예배에서 가장 중요한 은사다(14:1, 5). 그러나 각 개인이 받은 예언이 성경을 대체하거나 성경과 동급은 아니다. 요엘의 예언(욜 2:28–29)이 오순절 성령 강림을 통해 이미 성취되었기 때문에 성령이 모든 그리스도인에게 예언의 은사를 주실 수 있게 되었다(Fee, cf. 행 2:17–18). 성령은 예언의 은사를 각 사람에게 그의 믿음에 비례해 주신다(롬 12:6). 사도는 예언의 은사에 대해 14장에서 더 구체적이고 자세하게 설명할 것이다.

'영들 분별함'(διακρίσεις πνευμάτων)(10c절)은 예언의 은사에 부수적인 은사라 할 수 있다. 어떤 이들은 성령의 계시를 해석하고 설명하는 것이 곧 영들을 분별하는 은사라고 한다. 그러나 잘못된 해석이다(Grudem).

모든 예언은 검증이 필요하다(신 13:1-3; 왕상 22:19-28; 렘 28장; 마 24:24; 살전 5:20-21; 살후 2:1-2; 딤전 4:1; 벧후 2:1-2; 요일 4:1). 영을 분별하는 은사는 예언에 대해 평가와 조사와 시험을 해 보는 은사다(Dunn). 그러므로 이 은사의 목적은 참 예언과 거짓 예언을 구분하는 데 있다(Collins, cf. 살전 5:20-21; 살후 2:1-2). 예언을 한답시고 다른 복음(갈 1:6) 혹은 다른 예수(고후 11:4)를 전하는 건 아닌지 테스트하고, 공동체를 세우는지 혹은 망치는지를 평가한다(Dunn).

'방언 말함'(γένη γλωσσῶν)(10d절)이 무엇인가에 대해 학자들 사이에 논쟁이 있다(cf. Carson, Mills). 대부분 학자는 방언은 성령이 영감을 주신 언어이며, 사람이 알아들을 수 없거나 이해할 수 없는 말은 아니라는 데 동의한다(cf. 13:1; 사 28:11-12). 방언은 찬양과 기도를 통해 사람이 하나님께 하는 말이다(Gardner, 14:2, 14, 15, 28).

방언은 세상 언어와 비슷하지만, 다르다고 할 수 있다(Dunn, Fee). 기도와 찬양을 통해 오직 하나님께만 하는 말이기 때문이다. 인간이 서로에게 하는 말이 아니므로(14:2, 6, 9), 방언을 하는 사람에게만 유익한 은사다(14:4). 방언은 복음을 전파하는 일에도 도움이 되지 않는다. 그러므로 바울은 홀로 있을 때만 방언 은사를 사용하라고 한다(14:28).

어떤 이들은 13:1을 근거로 방언 은사가 천사의 말을 하는 것도 포함한다고 한다. 방언하는 사람들은 인간이 경험하지 못하는 새로운 영적 경지에 오르게 된다는 것이다. 그러나 학자들 대부분은 바울이 방언을 어느 정도 부정적인 관점에서 말하는 것을 근거로 동의하지 않는다(Barrett, Collins, Dunn, Martin, Thiselton, Witherington). 고린도 교회에서 방언은 사회적 지위가 낮은 사람들에게 높은 지위를 선사하는 은사로 간주되었던 것으로 보인다(Martin). 이에 대해 바울은 그렇지 않다고 한다.

'방언들 통역함'(ἑρμηνεία γλωσσῶν)(10e절)은 분별하는 영이 예언에 필요한 은사인 것처럼, 통역하는 은사는 방언에 필요하다. 통역의 은사는 방언을 명료하고 이해할 수 있게 설명한다(Dunn, Thiselton). 방언하는 사람이 스스로 내용을 통역할 수도 있다(Gardner). 한 사람이 방언의 은사와 통역의 은사를 같이 가질 수도 있다는 것이다.

"이 모든 일은 같은 한 성령이 행하사 그의 뜻대로 각 사람에게 나누어 주시는 것이니라"(11절)는 7-10절 내용을 요약적으로 정리한다(Verbrugge). 모든 은사는 성령이 주시는 것이다. 또한 성령은 자기 뜻에 따라 은사를 선물로 주신다. 사람이 스스로 노력해서 얻는 것이 아니다.

이 말씀은 모든 그리스도인이 성령께 은사를 받는다고 한다. 자신이 성령께 선물로 받은 은사가 무엇인지 알 수도 있고 모를 수도 있다. 그러나 모든 사람이 성령의 은사를 받는다. 어떤 사람은 여러 은사를 받을 수도 있다. 그러나 한 사람이 모든 은사를 받을 수는 없다. 그러므로 우리는 하나님의 축복과 평안을 위해 서로의 은사가 필요하다는 사실을 인정해야 한다.

성령은 은사를 각 사람이 속한 공동체와 지체들을 위해 사용하도록 주신다. 그러므로 은사를 사용할 때 준수해야 할 가장 기본적인 원칙은 공동체의 유익이다. 또한 우리는 하나님이 공동체의 유익을 위해 다양한 은사를 주시길 기도해야 한다.

Ⅳ. 교회의 질문들(7:1-15:58)
E. 예배(11:2-14:40)
2. 성령의 은사와 예배(12:1-14:40)
(1) 성령의 은사와 교회(12:1-31)

c. 한 몸을 이루는 여러 지체(12:12-26)

12 몸은 하나인데 많은 지체가 있고 몸의 지체가 많으나 한 몸임과 같이 그리스도도 그러하니라 13 우리가 유대인이나 헬라인이나 종이나 자유인이나 다 한 성령으로 세례를 받아 한 몸이 되었고 또 다 한 성령을 마시게 하셨느니

라 [14] 몸은 한 지체뿐만 아니요 여럿이니 [15] 만일 발이 이르되 나는 손이 아니니 몸에 붙지 아니하였다 할지라도 이로써 몸에 붙지 아니한 것이 아니요 [16] 또 귀가 이르되 나는 눈이 아니니 몸에 붙지 아니하였다 할지라도 이로써 몸에 붙지 아니한 것이 아니니 [17] 만일 온 몸이 눈이면 듣는 곳은 어디며 온 몸이 듣는 곳이면 냄새 맡는 곳은 어디냐 [18] 그러나 이제 하나님이 그 원하시는 대로 지체를 각각 몸에 두셨으니 [19] 만일 다 한 지체뿐이면 몸은 어디냐 [20] 이제 지체는 많으나 몸은 하나라 [21] 눈이 손더러 내가 너를 쓸 데가 없다 하거나 또한 머리가 발더러 내가 너를 쓸 데가 없다 하지 못하리라 [22] 그뿐 아니라 더 약하게 보이는 몸의 지체가 도리어 요긴하고 [23] 우리가 몸의 덜 귀히 여기는 그것들을 더욱 귀한 것들로 입혀 주며 우리의 아름답지 못한 지체는 더욱 아름다운 것을 얻느니라 그런즉 [24] 우리의 아름다운 지체는 그럴 필요가 없느니라 오직 하나님이 몸을 고르게 하여 부족한 지체에게 귀중함을 더하사 [25] 몸 가운데서 분쟁이 없고 오직 여러 지체가 서로 같이 돌보게 하셨느니라 [26] 만일 한 지체가 고통을 받으면 모든 지체가 함께 고통을 받고 한 지체가 영광을 얻으면 모든 지체가 함께 즐거워하느니라

사도는 몸의 비유를 통해 이 장의 주제 구절인 12:7이 언급한 '서로를 위한 유익'이 무엇인지 말하고자 한다(Garland). 무언가를 몸에 비유하는 것은 스토아 철학자들이 자주 사용하던 교육 방법이다(Mitchell). 신약도 몸에 대한 비유를 여러 차례 사용한다(cf. 롬 12:4-5; 고전 6:15; 엡 4:11-16; 5:30; 골 1:18-20; 약 3:6).

이 서신에서 바울은 이미 밭과 집(3:5-9)과 건물(3:10-15)과 성전(6:19) 비유 등을 사용했다. 이번 비유의 핵심은 그 누구도 자신이 남보다 뛰어나다고 할 수 없다는 것이다. 한 몸을 이룬 우리는 서로를 필요로 한다(Carson). 그리스도의 몸인 교회는 모든 지체가 필요하다. 한 지체라도 무시하거나 가볍게 여기면 제대로 기능하지 못한다. 각 지체는 그 지체만이 할 수 있는 역할이 있으며, 자신이 속한 몸을 위해 그 역할을 해야 한다.

사람의 몸은 하나이지만, 많은 지체로 구성되어 있다(12a절). 혹은 우리 몸에는 지체가 많지만 모두 한 몸을 이룬다(12b절). 그리스도도 그러하다(12c절). '그리스도도 그러하다'(οὕτως καὶ ὁ Χριστός)는 그리스도의 몸인 교회도 많은 지체로 구성되어 있다는 의미다(Garland). 중요한 것은 교회는 그리스도의 몸이지, 구성원들의 몸이 아니라는 사실이다. 그러므로 그리스도의 몸인 고린도 교회가 성도들에 의해 여러 파로 나뉜 것은 매우 안타까운 일이다(Mitchell). 지체들이 자신이 속한 그리스도의 몸을 나눈 것과 마찬가지이기 때문이다.

하나님의 자녀이자 그리스도의 몸을 이루고 있는 그리스도인들은 다양한 인종과 민족으로 구성되어 있다. 유대인이 있는가 하면 헬라인도 있고, 노예가 있는가 하면 자유인도 있다(13a절). 세례는 각 회심자가 지닌 인종적, 사회적, 지위적 차이를 모두 제거하고 그리스도의 한 몸이 되게 한다(Findlay, Robertson & Plummer). 세례는 물세례와 성령 세례를 모두 뜻하며(Calvin, Gardner, Garland), 그리스도 교회의 구성원이 되는 것을 상징한다.

또한 우리는 한(같은) 성령을 마셨다(13b절; cf. 1:13; 갈 3:26-28). 일부 학자는 '한 성령을 마셨다'(πνεῦμα ἐποτίσθημεν)가 성찬식을 연상케 하는 표현이라고 한다(Calvin). 그러나 신약은 우리가 성찬식에서 성령을 마신다고 하지 않는다. 그러므로 '한 성령을 마셨다'는 것은 이스라엘이 광야에서 마셨던 '신령한 음료(물)'를 연상케 하며(10:4), 선지자들이 성령이 물 부어지듯 사람들 위에 부어질 것이라고 예언한 것을 배경으로 한다(Fee, cf. 사 29:10; 겔 36:25-27; 욜 2:28; 요 4:10, 14; 7:37-39; 롬 5:5). 모든 그리스도인은 성령에게 같은 축복을 받았다는 뜻이다(Verbrugge).

몸은 한 지체뿐만이 아니요 여럿이다(14절). 몸을 구성하는 지체들의 다양성을 강조한다. 바울은 영적으로 강한 자들(부유층)에게 연약한 자들(가난한 자들)을 배려하고 존중하라는 의미에서 이렇게 말한다

(Witherington). 몸은 여러 지체로 이루어져 있기 때문에 지체들이 나누어지면 죽는다.

만일 같은 몸에 속한 지체들이 분란을 일으켜 자신은 몸에 속하지 않았다며 독단적으로 행동하면 어떻게 될까? 바울은 결코 있어서는 안 되는 일이며, 있을 수도 없는 일이라고 한다(15-20절). 사도는 먼저 몸을 구성하는 지체 중 두 쌍을 예로 들며 어느 지체도 한 몸에 속해 있다는 사실을 부인할 수 없다고 한다. 첫째, '손과 발'(15절)은 몸에서 가장 활동적이고 일을 많이 하는 지체다. 발이 자기는 손이 아니므로 몸에 붙지 않았다고 말해도 그가 몸의 일부라는 사실은 바뀌지는 않는다(15절). 둘째, '귀와 눈'(16절)은 몸이 정보를 수집하는 데 사용하는 지체다. 귀가 자기는 눈이 아니므로 몸에 붙지 않았다고 주장한다고 해서 그가 몸의 일부라는 사실이 바뀌지는 않는다(16절).

사도는 이 두 가지 예를 들며 아무리 부인해도 진실이 바뀌는 일은 없다고 한다. 그리스도의 몸인 교회에 속한 구성원들이 자신은 교회의 일부가 아니라고, 혹은 다른 사람에게 그는 교회의 일부가 아니라고 하는 것은 옳지 않다. 또한 그렇게 말해도 소용이 없다. 그렇게 말해도 우리는 모두 한 몸을 이루는 지체라는 사실이 바뀌지 않기 때문이다. 그러므로 우리는 서로를 귀하게 여기고 소중하게 대해야 한다.

만일 온몸이 눈이면 누가 들을 것인가(17a절)? 만일 온몸이 귀라면, 누가 냄새를 맡을 것인가(17b절)? 몸이 온전하기 위해서는 한두 가지 지체만 있어서는 안 된다. 여러 지체가 있어야 하며, 이 지체들이 각자 맡은 역할을 해야 한다.

그러므로 하나님은 그분이 원하시는 대로 여러 지체를 각각 몸에 두셨다(18절). '원하시는 대로'(καθὼς ἠθέλησεν)는 계획에 따라 적절하게 마련해 주셨다(arranged)는 뜻이다(cf. 현대인, ESV). 한 교회의 성도는 모두 하나님의 디자인에 의해 한 몸을 이루게 되었다. 그러므로 우리는 서로가 필요하다는 사실을 인지하고 고백해야 한다.

만일 한 몸에 속한 지체가 모두 같다면, 다양한 지체로 구성되어야 하는 건강한 몸이 되지 못한다(19절). 인체의 모든 지체가 듣는 능력만 가지면 안 되는 것처럼, 그리스도의 몸인 교회에 속한 모든 구성원이 예언과 방언의 은사만 받으면 안 된다(Baker).

또한 지체는 많지만 몸은 하나다(20절). 건강한 몸은 모든 지체가 각자의 기능을 잘 해내야 한다. 교회도 건강하려면 모든 구성원이 각자의 역할을 잘 감당하되, 한 몸에 속한 다른 구성원들도 필요하다는 것을 의식하고 그들을 존중해야 한다.

그러므로 눈이 손에게 쓸모가 없다고 하거나 머리가 발에게 쓸모가 없다고 할 수 없다(21절). 눈과 머리는 많이 배우고 부유한 교회의 지도층을, 손과 발은 일하고 노동하는 서민과 노예들을 상징한다(Garland). 교회뿐 아니라 어디서든 부자와 지도층은 특별한 대우를 받다 보니 교만해지기 쉽고, 더 나아가 자신은 서민들이 필요 없다고 하기 일쑤였다. 사도는 고린도 교회에서 일어나는 현실을 지적하고 있다(Gardner, Horsley, Verbrugge). 그러나 각 지체가 다른 지체들에게 자기에게는 그들이 쓸모없다고 할 수 없듯이, 교회 지도자들은 성도를 무시하거나 하찮게 여기면 안 된다. 모든 지체가 한 몸을 구성하고 있기 때문에 자기와 직접적인 연관이 없어 보이더라도 서로가 필요하다.

그뿐 아니라 더 약해 보이는 지체가 도리어 요긴할 수 있다(22절). '약하게 보이는 몸의 지체'(μέλη τοῦ σώματος ἀσθενέστερα)는 하나님이 "하나님께서 세상의 미련한 것들을 택하사 지혜 있는 자들을 부끄럽게 하려 하시고 세상의 약한 것들을 택하사 강한 것들을 부끄럽게 하려 하시며"(1:27)라는 말씀을 생각나게 한다(cf. 4:10; 9:22). 가난해서 헌금을 많이 할 수 없고 배운 것이 많지 않아 리더십을 발휘하기가 쉽지 않은 사람들이 많이 배우고 부유한 지도층보다 더 중요하고 결정적인 역할을 할 수 있다는 뜻이다. 교회는 예수 그리스도에 대한 믿음 위에 세워지고 성령이 주신 은사로 서로 섬기고 사역하는 공동체이지, 학력과 재력을 과시하는 모임이 아니기 때문이다.

그러므로 교회는 하찮게 여겨질 수 있는 지체들을 더 귀하게 여기고, 볼품없는 지체들을 더욱더 아름답게 꾸며 주어야 한다(23절). 한 가지 예를 들자면, 생식기는 신체에서 가장 부끄러운 부분처럼 보이지만, 생식기를 덮어 사소하고 저속한 노출로부터 보호하려는 끊임없는 관심은 생식기가 실제로 '신체 부위 중 가장 필요한 것'임을 보여 준다(Martin).

반면에 이미 아름답게 보이고 노출된 지체는 이렇게 할 필요가 없다(24a절). 교회의 지도자들과 상류층은 이미 많은 사람에게 선망의 대상이다. 그러므로 그들을 더 영화롭게 할 필요는 없다. 반면에 하나님은 온몸을 아름답게 하기 위해 변변치 못한 지체들에게 귀중함을 더하신다(24b절). 하나님은 여러 지체로 구성된 그리스도의 몸이 아름다운 조화를 이루길 원하신다. 그렇게 되려면 한 몸에 속한 지체 사이에 분쟁이 없어야 하며, 모든 지체가 서로를 돌보아야 한다(25절).

이것이 교회에 대한 하나님의 뜻이다. 여러 사람으로 구성된 교회가 아름다운 조화를 이루려면 존경과 명예를 누리는 이들이 가장 비천한 사람들과 자신이 누리는 영광과 존귀를 나누어야 한다(Mitchell). '쇠사슬은 가장 약한 고리만큼 강하다'(A chain is as strong as the weakest link)라는 영어 속담이 생각난다.

하나님이 부족한 지체에게 귀중함을 더하시는 것은 몸 안에 분열이 생기지 않고 모든 지체가 희로애락(喜怒哀樂)을 같이하게 하기 위해서다(26절). 모든 지체가 함께 고통을 받고, 한 지체가 영광을 얻으면 모든 지체가 함께 즐거워하는 공동체가 바로 하나님이 세우시고자 하는 교회다. 망치질하다가 손가락을 다치면 그 손가락만 아픈 것이 아니다. 고통으로 인해 온몸을 비틀며 소리를 지른다. 하나님의 교회는 이래야 한다.

안타깝게도 고린도 교회의 현실은 하나님의 비전에서 많이 멀어져 있다. 성만찬 때 부유층은 기다리지 않고 자기들이 가져온 음식을 모두 먹어 치우고, 취하도록 술을 마신다. 늦게 도착한 가난한 지체들은 먹을 것이 없어 배를 곯는다. 사도는 언젠가는 고린도 교회가 음식을 함께 나눌 뿐 아니라 함께 슬퍼하고 함께 기뻐하는 믿음 공동체가 되기를 꿈꾼다. 그의 꿈은 또한 하나님의 비전이다.

이 말씀은 교회는 여러 지체가 모여 한 몸을 이루는 그리스도의 몸이라 한다. 몸이 온전하려면 모든 지체가 필요하다. 세상에 필요 없는 지체는 없다. 비천한 지체가 오히려 요긴할 수 있다. 하나님이 교회를 이렇게 디자인하셨기 때문이다. 그러므로 우리는 먼저 서로를 존중하고, 귀하게 여기는 마음으로 섬기고 사랑해야 한다.

같은 몸 안에서는 어느 지체가 잘나고 어느 지체가 못났는지 논하는 것은 의미가 없다. 모든 지체가 각각 다르고 같은 지체가 하나도 없다면, 지체들을 비교하는 것은 마치 사과와 오렌지와 바나나를 비교하는 것처럼 의미 없는 일이다. 또한 모든 지체는 그들이 이루고 있는 한 몸으로 평가된다. 그러므로 교회는 한 개인이 아니라 온 공동체가 '함께 잘나고, 함께 못나야 하는' 운명 공동체다.

그렇다면 '잘난 지체'가 나르시시즘(narcissism)에 빠져 있는 것은 꼴불견이다. '못난 지체'를 돕고 세워 자기뿐 아니라 그리스도의 온몸이 영화로워지게 해야 한다. 이것이 잘난 사람들이 감당해야 할 몫이다. 겸손한 섬김과 봉사만이 이런 일을 가능하게 한다.

사람이 슬픔을 나누는 것은 어느 정도 쉽다. 그러나 함께 기뻐하는 것은 매우 어렵다. 시기와 질투가 우리 안에 도사리고 있기 때문이다. 오죽하면 '사촌이 땅을 사면 배가 아프다'라는 말이 있겠는가! 믿음 공동체의 성숙함은 시기와 질투를 버리고 함께 기뻐하는 일에서 드러나야 한다.

d. 지체들의 다양한 은사(12:27-31)

27 너희는 그리스도의 몸이요 지체의 각 부분이라 28 하나님이 교회 중에 몇을 세우셨으니 첫째는 사도요 둘째는 선지자요 셋째는 교사요 그 다음은 능력을 행하는 자요 그 다음은 병 고치는 은사와 서로 돕는 것과 다스리는 것과 각종 방언을 말하는 것이라 29 다 사도이겠느냐 다 선지자이겠느냐 다 교사이겠느냐 다 능력을 행하는 자이겠느냐 30 다 병 고치는 은사를 가진 자이겠느냐 다 방언을 말하는 자이겠느냐 다 통역하는 자이겠느냐 31 너희는 더욱 큰 은사를 사모하라 내가 또한 가장 좋은 길을 너희에게 보이리라

12절에서 시작된 몸 비유가 결론에 도달하고 있다(Verbrugge). 만일 고린도 성도들이 이때까지 한 몸과 여러 지체에 대한 바울의 가르침이 남에 관한 이야기라고 생각했다면, 이제는 자신의 이야기라는 사실을 깨달아야 한다(Gardner, Garland). 여러 파로 나뉜 그들은 그리스도의 한 몸을 이루는 여러 지체처럼 자신이 그리스도에게만 연결되어 있는 것이 아니라 서로와도 연결되어 있다는 사실을 깨달아야 한다(27절). 어느 교회든 한 지체가 모든 은사를 지닐 수는 없다. 또한 성령은 은사를 공동체의 필요를 채우기 위해 주신다. 그러므로 공동체에 속한 모든 사람은 서로를 필요로 한다.

사도는 사도, 선지자, 교사, 능력을 행함, 병 고침, 서로 도움, 다스림, 방언 등 여덟 가지 은사를 나열한다(28절). 신약이 은사에 관해 말할 때는 어느 곳에서도 모든 은사를 다 나열하지는 않는다. 그러므로 이 목록은 성령이 고린도 교회 성도들에게 주신 은사 중 대표적인 것이라 할 수 있다.

처음 세 가지 은사(사도, 선지자, 교사) 앞에 순서(첫째-셋째)가 붙는 것으로 보아 이 세 가지 은사는 교회를 세워 가는 과정에서 중요한 역할에 따라(cf. 엡 4:11), 혹은 필요한 순서에 따라(Blomberg, Grudem, cf. 엡 2:20) 나열된 것으로 보인다. 첫 번째 은사자인 '사도들'(ἀποστόλους)은 바울처럼 곳곳을 다니며 복음을 전파하는 사람이다. 예수님의 열두 제자로 제한할 수도 있고, 아볼로 같은 사역자들을 포함할 수도 있다. 이들은 교회를 세우는 첫 번째 단계를 맡는다. 오늘날로 말하면 곳곳을 다니며 교회를 세우는 개척자들(church planters)과 선교사들이다.

두 번째 은사자인 '선지자들'(προφήτας)은 하나님의 말씀을 대언하기도 하고, 앞으로 있을 일을 미리 알려 주는 역할을 하기도 한다(행 11:28; 13:1; 15:32; 21:9-10). 이 구절에서는 선지자의 사역 중 예언은 배제하고, 하나님 말씀을 대언하고 가르치는 일로만 제한해 사도들 다음에 언급하는 것으로 보인다. 선지자의 두 가지 기능을 모두 전제하는 12:10 목록에서는 '병 고침'과 '능력 행함' 다음에 나오는데 이곳에서는 선지자 다음으로 언급되기 때문이다. 대부분 선지자는 여러 교회를 돌아다녔다. 오늘날로 말하자면 사경회와 부흥회 인도자들이라 할 수 있다.

세 번째 은사자인 '교사들'(διδασκάλους)은 성도들을 가르치고 양육하는 일을 맡은 이들이다. 사도들이 세운(개척한) 교회가 복음 위에 든든하게 세워지는 데 가장 중요한 역할을 한다. 교사들은 한(같은) 교회에 머물며 사역하기 때문이다. 오늘날로 말하자면 교회 목회자들이다.

교회를 세우는 일에 사도가 가장 중요한 역할을 하는 것은 당연한 일이지만, 선지자와 교사를 중요도에 따라 나열한 것으로 볼 필요는 없다. 이 은사가 12:10에서는 '병 고침'과 '능력 행함' 다음에 언급되기 때문이다. 또한 이 리스트에서 네 번째로 언급되는 '능력 행함'과 다섯 번째로 언급되는 '병 고침'의 순서도 12:9-10에서는 바뀌어 있다. 처음 세 가지 은사 모두 가르치는 일과 연관이 있다.

사도가 '그 다음은'(ἔπειτα)이라고 말한 후 나머지 다섯 가지 은사에 순서를 붙이지 않는 것으로 보아 이 은사들은 모두 비슷한 중요성을 지닌다(Collins, Gardner, Garland). 마지막(여덟 번째)으로 언급되는 방언은 고린도전서를 벗어나서는 찾아볼 수 없는 은사인데, 교회를 여러 그룹으로 나누고 알아듣지 못하는 사람들에게 벽을 세우는 은사다. 그러나 고린도 성도들이 가장 중요하게 여긴 은사인 만큼(Fee, Thiselton), 교회를 가장 시끄럽게 한 은사이기도 하다(Mitchell). 바울은 이 은사를 가장 마지막에 둠으로써 방언은 고린도 성도들이 생각하는 만큼 중요한 은사는 아니라고 한다. 방언은 공동체를 위한 은사이기보다는 받은 사람을 위한 은사이기 때문이다(Smit). 사도의 방언에 대한 가르침은 고린도 성도들을 놀라게 했을 것이다(Thiselton). 그들은 방언을 최고 은사로 생각했기 때문이다.

'능력을 행하는 자들'(δυνάμεις)은 다음에 언급될 병 고치는 은사와 겹치는 부분이 있다(cf. 12:10). 그러나 모든 '능력 행함'이 '병 고치는 은사'는 아니다. 능력 행함은 하나님의 능력을 실현하는 것이다(Gillespie, Morris, cf. 고후 12:12; 갈 3:5). 일상적으로 기대되는 것 이상의 일을 하는 능력이다(Gardner).

'병 고치는 은사'(χαρίσματα ἰαμάτων)는 모든 병을 고치는 한 가지 은사가 아니다. 다양한 병에는 다양한 은사가 필요하다. 그러므로 병 고치는 은사는 치유를 위해 기도해 실제로 치유가 일어나는 것으로 제한해야 한다(Dunn, cf. 12:10).

여섯 번째 은사인 '서로 돕는 것'(ἀντιλήμψεις)은 '도움, 돕는 자'를 뜻한다. 신약에서 이러한 은사를 언급하는 곳은 본문이 유일하다. 집사들이 교회에서 하는 일로 해석하는 이들이 있고(Calvin), 교회를 운영하는 행정적인 리더십으로 해석하는 이들도 있다(Thiselton). 다른 사람들에게 일반적인 도움을 주는 일, 혹은 연약한 자들을 돕는 것으로 해석하기도 한다(Carson, cf. 행 20:35). 어떤 이들은 경제적으로 어려운 사람들을 돕는 일이라 하기도 한다(Fee, cf. 롬 12:13).

'다스리는 것'(κυβερνήσεις)은 교회 운영과 행정에 관한 은사다(Mitchell). 배를 항해하는 일과 연관된 단어로(cf. 행 27:11; 계 18:17), 항구 도시인 고린도 사람들이 쉽게 이해할 수 있는 은사다(Mitchell). 그러나 교회를 운영하는 행정력보다는 공동체가 나아가야 할 방향을 제시하는 일과 연관된 일이다(Thiselton).

여덟 번째이자 이 목록의 마지막 은사인 '방언을 말하는 것'(γένη γλωσσῶν)이 무엇인지에 대해 학자들 사이에 논쟁이 있다(cf. Carson, Mills). 대부분은 방언이 성령이 영감을 주신 언어이며, 사람이 알아들을 수 없거나 이해할 수 없는 말은 아니라는 데에 동의한다(cf. 13:1; 사 28:11–12). 방언은 찬양과 기도를 통해 사람이 하나님께 하는 말이다(Gardner, 14:2, 14, 15, 28).

방언은 세상 언어와 비슷하지만 다르다고 할 수 있다(Dunn, Fee). 기도와 찬양을 통해 오직 하나님께만 하는 말이기 때문이다. 인간이 서로에게 하는 말이 아니므로(14:2, 6, 9), 방언을 하는 사람에게만 유익한 은사다(14:4). 방언은 복음을 전파하는 일에도 도움이 되지 않는다. 그러므로 바울은 홀로 있을 때만 방언 은사를 사용하라 한다(14:28).

바울은 한 번 더 수사학적인 질문들을 통해 28절에서 언급한 여덟 가지 은사를 거의 똑같은 순서로 나열하며 은사의 다양성을 강조한다(29–30절). 다만 '서로 돕는 것'과 '다스리는 것'은 목록에서 삭제되고, '통역하는 자'(30절; cf. 12:10)가 새로 추가되었다. 둘이 삭제되고 하나가 더해졌으니 총 일곱 개의 수사학적인 질문이다. 모두 '아니다'(no)를 답으로 기대한다: (1)다 사도이겠느냐? (2)다 선지자이겠느냐? (3)다 교사이겠느냐? (4)다 능력을 행하는 자이겠느냐? (5)다 병 고치는 은사를 가진 자이겠느냐? (6)다 방언을 말하는 자이겠느냐? (7)다 통역하는 자이겠느냐?

그리스도의 몸인 교회는 이와 같이 매우 다양한 은사를 필요로 한다. 그러나 한 사람이 모든 은사를 가질 수는 없다. 은사는 성령이 선물로 주시는 것인데, 한 사람에게 모두 주시지는 않기 때문이다. 그러므로 은사의 다양성은 모든 교회는 모든 구성원이 필요하다는 것을 암시한다.

많은 학자와 번역본이 31절을 두 개의 독립적인 문장으로 번역해 첫 문장은 앞 섹션의 결론으로, 두 번째 문장은 다음 섹션의 서론으로 간주한다. 첫 번째 문장인 "너희는 더욱 큰 은사를 사모하라"(31a절)를 명령문으로 간주하면 이러한 해석이 가장 자연스럽기 때문이다.

'사모하라'(ζηλοῦτε)는 지속성을 강조하는 현재형 명령(present imperative)이다. 고린도 성도들은 방언이 최고인 줄 알고 그것만 사모했다(Baker, Martin). 이에 대해 바울은 여러 가지 은사를 언급하며 방언은 별로 사모할 만한 은사가 아니라고 했다(cf. Fee). 그러므로 그는 고린도 성도들에게 더 큰 은사를 계속 간절히 갈망하라며 앞 섹션에 대한 결론적 권면을 하는 듯하다(Robertson & Plummer).

그러나 모든 은사는 성령이 원하는 대로 주시는 선물이다(12:4, 11). 그러므로 은사는 사람이 사모한다고 해서 얻을 수 있는 것이 아니다. 이러한 문제로 인해 "너희는 더욱 큰 은사를 사모하라"(31a절)에 대해 다양한 해석이 제시되었다. 어떤 이들은 사도가 고린도 성도들이 내건 슬로건을 인용한 것이라 하고(Baker, cf. 8:1), 31절 전체가 13장을 시작하는 서론이라고도 한다(Barclay, Horsley, Talbert). 이 문장을 질문으로 바꾸어야 한다는 이들도 있고(Martin), 받은 은사를 열심히 사용하라는 권면으로 보는 이들도 있다(Verbrugge, cf. 살전 5:19; 딤전 4:14; 딤후 1:6). '더욱더 큰 은사를 사모하라! 그러면 너희가 망할 것이다!'라는 의미를 지닌 아이러니로 해석해야 한다는 이들도 있다(Fitzmyer, Smit).

가장 설득력이 있는 해석은 이 문장을 명령문이 아니라 직설 문장(indicative sentence)으로 간주해야 한다는 것이다(Dunn, Gardner, Ruef, Talbert). 이 해석에 따르면 31절은 '너희는 계속 더 큰 은사를 사모한다.

이제 내가 가장 좋은 길을 너희에게 보이겠다'가 된다. 사도가 계속 더 큰 은사를 사모하는 그들에게 정작 그들이 추구해야 할 것은 은사가 아니라 길이라며, 그 길을 알려 주겠다는 뜻이다. 기독교는 은사가 아니라 삶에 관한 것이며, 삶은 길을 가는 것이다. 그러므로 바울은 방언 은사가 최고라는 고린도 성도들의 생각을 뒤집고 있다(Thiselton).

고린도 성도들은 은사를 통해 영성을 추구한다면서 가장 중요한 것을 놓쳤다. 그러므로 사도는 은사도 좋지만, 더 좋은 것은 사랑이라며 이렇게 말하고 있다. 그러므로 이렇게 해석하는 것이 가장 설득력 있다.

이 말씀은 성령이 그리스도인에게 크게 두 가지 종류의 은사를 주신다고 한다. 가르치고 양육하는 은사와 섬기고 봉사하는 은사다. 성령은 공동체의 필요에 따라 은사를 주시므로 각 교회(공동체)가 받는 은사는 다양하며, 때에 따라 다르다. 은사는 모두 성령으로부터 오는 것이기 때문에 모두 똑같이 귀하다. 그러므로 일부 은사자의 엘리트 의식은 배제되어야 한다.

성령은 공동체를 하나 되게 하고 세우기 위해 여러 가지 은사를 주신다. 그러므로 은사를 선물로 받은 사람은 자신보다는 공동체와 이웃을 위해 은사를 사용해야 한다. 그렇다면 교회는 두 가지 극단적인 상황을 피해야 한다. 은사를 제대로 사용하지 못하게 하는 일이 없어야 한다. 그리고 무분별하게 아무 때나 은사를 사용하는 것도 옳지 않다.

Ⅳ. 교회의 질문들(7:1–15:58)
E. 예배(11:2–14:40)
2. 성령의 은사와 예배(12:1–14:40)

(2) 사랑: 가장 좋은 길(13:1–13)

1 내가 사람의 방언과 천사의 말을 할지라도
사랑이 없으면 소리 나는 구리와

울리는 꽹과리가 되고
2 내가 예언하는 능력이 있어
모든 비밀과 모든 지식을 알고
또 산을 옮길 만한 모든 믿음이 있을지라도
사랑이 없으면 내가 아무 것도 아니요
3 내가 내게 있는 모든 것으로 구제하고
또 내 몸을 불사르게 내줄지라도
사랑이 없으면 내게 아무 유익이 없느니라
4 사랑은 오래 참고
사랑은 온유하며
시기하지 아니하며
사랑은 자랑하지 아니하며
교만하지 아니하며
5 무례히 행하지 아니하며
자기의 유익을 구하지 아니하며
성내지 아니하며
악한 것을 생각하지 아니하며
6 불의를 기뻐하지 아니하며
진리와 함께 기뻐하고
7 모든 것을 참으며
모든 것을 믿으며
모든 것을 바라며
모든 것을 견디느니라
8 사랑은 언제까지나 떨어지지 아니하되
예언도 폐하고
방언도 그치고
지식도 폐하리라

[9] 우리는 부분적으로 알고
부분적으로 예언하니
[10] 온전한 것이 올 때에는
부분적으로 하던 것이 폐하리라
[11] 내가 어렸을 때에는 말하는 것이 어린 아이와 같고
깨닫는 것이 어린 아이와 같고
생각하는 것이 어린 아이와 같다가
장성한 사람이 되어서는 어린 아이의 일을 버렸노라
[12] 우리가 지금은 거울로 보는 것 같이 희미하나
그 때에는 얼굴과 얼굴을 대하여 볼 것이요
지금은 내가 부분적으로 아나
그 때에는 주께서 나를 아신 것 같이
내가 온전히 알리라
[13] 그런즉 믿음, 소망, 사랑,
이 세 가지는 항상 있을 것인데
그 중의 제일은 사랑이라

사도는 성령이 주시는 여러 가지 은사에 대해 가르친 다음 고린도 성도들이 혼란을 빚는, 혹은 서신을 통해 질문한 이슈(cf. 15장의 부활)에 관해 말할 수도 있었다. 하지만 그 대신 그는 사랑에 대해 아름다운 찬가를 부른다. 이에 어떤 이들은 본 텍스트가 문맥에 어울리지 않는 우회(detour)이거나, 혹은 바울이 저작하지 않은 노래를 누군가가 서신에 삽입한 것이라고 하기도 한다(cf. Verbrugge). 어떠한 설득력도 없는 주장이다.

저자는 12장에서 은사에는 여러 가지가 있으며 성령이 공동체를 위해 주시는 것이라고 했다. 잠시 후 14장에서는 방언 은사와 예언 은사의 관계에 대해 말할 것이다. 중간에 있는 13장에서 사도는 서로 더 큰

은사를 얻으려고 치열하게 경쟁하는 고린도 성도들에게 은사를 사모하는 것과 은사를 사용하는 것은 사랑하고 섬기기 위한 것이라며 과열된 분위기를 누그러뜨리고자 한다. 또한 서로 사랑하면 고린도 교회를 괴롭히는 분란도 없어질 것이다. 사랑은 기독교 건물을 형성하는 벽돌 사이에서 접착제(mortar) 역할을 한다(Mitchell).

학자들은 13장의 장르에 대해 다양한 해석을 내놓았다(cf. Anderson, Mitchell, Sigountos, Smit). 가장 보편적인 관점은 13장을 시작(13:1-3), 정의(13:4-7), 비교(13:8-12), 마무리(13:13-14:1a)로 구성된 '사랑에 대한 찬사'(encomium)로 보는 것이다(Sigountos). 찬사는 예찬(praise) 양식을 취하지만, 실질적으로는 권면하는 기능을 지닌다. 그러므로 13장은 그리스도인은 어떻게 살 것인가(a way of life)에 관한 노래다(Sigountos). 많은 경우 예수 그리스도를 영접한 후 성화의 길을 걷는 일을 게을리할 수 있는데, 이 노래는 성화의 최고봉인 사랑을 평생 성실하게 추구할 것을 권면한다(Godet). 바울은 본문을 자신의 회고와 고백으로 만들어 1인칭(I)을 사용해 고린도 성도들을 권면한다.

우리는 본 텍스트를 1-3절과 4-7절과 8-13절 등 세 파트로 구분할 수 있지만, 이 시는 나누어 주해하기에는 너무나도 아름다운 한 편의 노래다. 또한 어떤 이들은 여러 개의 독립적인 말이 모여 이 시를 형성하게 되었다고 하지만(Conzelmann), 대부분 학자와 함께 우리는 13장을 통일성 있는 한 편의 시로 간주해 해석할 것이다(cf. Sigountos).

사도는 노래의 도입 부분(1-3절)에서 앞 장(章)에서 언급한 다양한 은사를 회상한다. 방언과 예언과 믿음과 섬김(구제)과 순교 등을 언급하는데, 이 중 처음 네 가지는 12:8-10에도 등장하는 것들이다. 마지막으로 언급하는 순교(몸을 불사르게 내주는 것)는 12장에서 언급되지 않았지만, 이곳에서 다른 은사들과 함께 언급되는 것으로 보아 이 또한 은사로 간주하는 것이 바람직하다(Verbrugge).

사도는 이 귀한 성령의 은사들을 사랑 없이 행하면 아무런 의미(가치)가 없다고 한다. 성령의 은사는 공동체를 세우고 격려하기 위해 주어지는 것이므로 이웃에 대한 사랑 없이 은사들을 행하면 은사를 주신 목적을 이루는 일에 실패하는 것이라 할 수 있기 때문이다. 또한 다른 사람들을 위해서가 아니라 우리의 어떤 목적을 이루기 위해 은사를 사용하는 것도 마찬가지다. 은사를 행할 때 사랑이 이처럼 중요한 이유는 사랑을 통해 하나님을 닮아 가기 때문이다: "우리가 아직 죄인 되었을 때에 그리스도께서 우리를 위하여 죽으심으로 하나님께서 우리에 대한 자기의 사랑을 확증하셨느니라"(롬 5:8; cf. 요일 4:10). 사랑과 은사는 둘 중 하나를 택하는 것이 아니다. 은사와 사랑, 둘 다 있어야 한다.

바울은 사람의 방언과 천사의 말을 하더라도, 사랑이 없으면 소리 나는 구리와 울리는 꽹과리에 불과하다고 한다(1절). 방언에 대해서는 이미 12장에서 여러 차례 언급했다(cf. 12:10, 30). 그도 방언하는 은사를 받았다(14:18).

고린도 성도 중 방언을 하는 사람들은 '천사의 말'도 할 수 있다며 자랑했다(Conzelmann, cf. Carson). 그러나 '천사의 말'은 사람이 들어도 이해할 수 없는 신비로운 말이며, 사람이 절대 할 수 없는 말이다(Sigountos). 그러므로 사도는 사람이 얼마나 방언에 능숙한지 '설령 천사의 말까지 한다 할지라도'라며 가상(假想)의 정황을 예로 들고 있다(Sampley, cf. Gardner, Sigountos).

'소리 나는 구리'(χαλκὸς ἠχῶν)는 악기가 아니라 단순한 구리 조각 혹은 때리면 소리가 나는 구리 병(acoustical sounding-vases) 정도로 생각된다(Gardner, Garland). '소리 나다'(ἠχέω)는 천둥이 치는 소리다(BDAG, Verbrugge, cf. 시 46:3; 렘 5:22). 절대로 아름답거나 리듬 있는 음악적인 소리는 아니다.

'꽹과리'(κύμβαλον)는 악기인 '심벌즈'를 말한다(cf. ESV, NAS, NIV, NRS). 그래서 '울리는 꽹과리'(κύμβαλον ἀλαλάζον)를 꽹과리 연주 소리로 이해하는 사람들은 사도가 이 두 기구의 소리를 대조하는 것으로 본

다: "나는 기뻐 울리는 심벌즈가 아니라 시끄러운 소리를 내는 조각에 불과하다"(Sanders). 그러나 대부분 주석가는 둘 다 나쁜 소리를 내는 것이며, 사도가 같은 의미를 반복하는 것으로 해석한다: "시끄러운 소리만 내는 구리 조각 혹은 요란한 꽹과리에 불과하다." 정황을 고려할 때 후자가 더 설득력 있는 해석이다.

사도는 자기에게 예언하는 능력이 있어 모든 비밀과 모든 지식을 알고 또 산을 옮길 만한 모든 믿음이 있을지라도 사랑이 없으면 자기는 아무것도 아니라고 한다(2절). 이 말씀의 핵심은 세 차례 반복되는 '모든'(πᾶς)이다. '모든' 비밀과 '모든' 지식에 대해 알고 말하는 예언의 능력을 가진 사람이 있다. 그는 하나님에 대해 모르는 것이 없다. 그는 산을 옮길 만한 '모든' 믿음도 가지고 있다(cf. 마 17:19-20; 21:21; 막 11:22-24; 눅 17:6). 대부분 사람에게는 불가능해 보이는 대단한 예언과 믿음의 은사다. 그러나 사랑이 없으면 그는 아무것도 아니다.

'나는 아무것도 아니다'(οὐθέν εἰμι)는 은사를 무력화시키는 것을 초월해 사람의 존재를 부인하는 것이다(Furnish). 은사를 행할 때 사랑으로 하지 않으면 은사자의 모든 수고가 헛될 뿐이라는 뜻이다. 이 말씀을 데카르트(Renee Descarte)의 "나는 생각한다. 고로 나는 존재한다"(I think, therefore I am)에 빗대어 설명하자면, "나는 사랑한다. 고로 나는 존재한다"(I love, therefore I am)가 된다(Garland, cf. 요일 3:14).

사랑은 공동체에 속한 사람들이 서로에게 베푸는 것이다. 아울러 은사는 공동체를 세우기 위한 것이라는 점을 고려할 때 은사를 행하는 사람들이 "나는 사랑한다. 고로 우리는 존재한다"(I love, therefore we are) 라고 말하는 것도 본문의 의도를 잘 드러낸다(Penna).

내게 있는 모든 것으로 구제하고 또 내 몸을 불사르게 내줄지라도 사랑이 없으면 아무 유익이 없다(3절). '불사르다'에 대해 사본들이 다소 차이를 보인다. 일부는 '불사르기 위해'(καυθήσωμαι), 다른 사본들은 '자랑하기 위해'(καυχήσωμαι)로 표기하고 있기 때문이다(cf. 새번역, 공동). 차이는 중간에 들어 있는 'θ'와 'χ' 한 글자다. 순교하고 나면 자랑은 종말에나 할 수 있다는 것을 고려하면 '불사르기 위해'가 맞다(cf. 새번역 각주, 공동, ESV, NAS). 다니엘의 세 친구를 생각나게 한다(단 3장; cf. 히 11:34).

'내게 아무 유익이 없다'는 예수님의 말씀을 생각나게 한다: "사람이 만일 온 천하를 얻고도 제 목숨을 잃으면 무엇이 유익하리요 사람이 무엇을 주고 제 목숨과 바꾸겠느냐"(마 16:26; 막 8:36; 눅 9:25). 여러 차례 순교할 뻔했던 바울에게 주님의 말씀은 참으로 실감나는 가르침이었을 것이다. 고린도 성도들이 생각하는 최고의 은사들도 사랑 없이 행하면 아무것도 아닐 뿐 아니라, 그들에게 아무 유익도 되지 않는다.

1-3절을 요약하면, "사랑이 없으면 나는 아무 가치도 생산하지 못하고(1절), 나는 아무 가치도 없고(2절), 나는 아무 가치도 얻지 못한다(3절)"라는 사도의 고백이다(Robertson & Plummer). 사랑이 가치를 생산하고, 사랑이 가치가 있고, 사랑이 가치를 얻게 한다. 그러므로 우리는 모든 일을 사랑으로 해야 한다.

4-7절에서는 사랑을 의인화해 노래를 이어 간다(Garland). 인상적인 것은 사랑이 형용사가 아니라 동사로 설명된다는 사실이다. 네 절에 거쳐 총 15개의 동사가 사용되고 있으며, 이 모든 동사의 주어는 사랑이다. 오늘날 사람들은 사랑을 흔히 감정이나 느낌으로 말하는데, 사도는 사랑이 행동이라 한다. 사랑은 매우 활동적이며(dynamic) 정적이지(static) 않다. 사랑은 마음에 품은 것이나 생각으로 머물지 않는다. 사랑은 하는 것과 하지 않는 것으로 드러나야 한다. 그러므로 정적으로 느껴질 수 있는 '사랑'이 활동적으로 느껴지도록 '사랑하는 것(일)'으로 번역하는 것도 괜찮은 생각이다.

사랑이 주어인 동사 15개 중 일곱 개는 긍정적으로 사랑이 하는 행동을 묘사하고, 여덟 개는 사랑이 하지 않는 일을 묘사한다. 본문에 나열된 15가지는 고린도 성도들이 지닌 약점을 지적한다고 할 수 있다

(Robertson & Plummer). 특히 사랑이 하지 않는 여덟 가지는 그들이 지닌 문제가 확실하다(Hurd, Verbrugge): 시기, 자랑, 교만, 무례히 행함, 자기의 유익을 구함, 성냄, 악한 것을 생각함, 불의를 기뻐함. 그러므로 사도가 이처럼 구체적으로 말하는 것은 우연이 아니다(Sigountos).

인상적인 것은 바울이 고린도 성도들의 잘못을 지적하는 단어를 사용해 사랑을 노래한다는 사실이다. 그러므로 본문은 고린도 성도들에게 상당한 아이러니로 읽혔을 것이다. 그들은 이 장(章)이 낭독될 때 얼굴이 뜨거워졌을 것이다. 기독교 사랑을 실천하는 일에 실패했기 때문이다. 이러한 관점에서 본 텍스트는 사랑을 찬양하는 노래가 아니다. 이제부터는 이렇게 살아야 한다는 권고다.

사랑이 하는 행동 중 상당수가 성령의 열매와 연결된다(갈 5:22-23): 오래 참음, 온유, 믿음, 기쁨. 사랑이 하지 않는 일은 모두 성령의 열매 중 '절제'와 연관이 있다. 성령의 은사는 항상 성령의 열매를 동반해 행해져야 한다. 그렇지 않으면 누구에게도 유익하지 않으며, 목적도 이루지 못한다.

사랑은 오래 참는다(4a절). '오래 참는다'(μακροθυμεῖ)는 지속성을 강조하는 현재형이다. 앞으로 사랑을 묘사하는 데 사용되는 동사 역시 모두 현재형이다. 사랑은 남의 약점과 특이한 성격에 대해 불평하지 않고 기다려 주는 것이다(Verbrugge): "또 형제들아 너희를 권면하노니 게으른 자들을 권계하며 마음이 약한 자들을 격려하고 힘이 없는 자들을 붙들어 주며 모든 사람에게 오래 참으라"(살전 5:14). 사랑은 고난 중에도 참으며, 피해를 보더라도 보복하지 않는다(Carson, cf. 롬 12:12; 골 1:11). 불의도 선으로 참아낸다(6:7; cf. 마 18:26, 29).

사랑은 온유하다(4b절). '온유하다'(χρηστεύεται)는 '친절하다'(be kind), 곧 남을 사랑과 존중으로 대하는 것이다(Verbrugge, cf. BDAG). 하나님이 그리스도를 통해 우리에게 보여 주신 따뜻한 마음과 용서로 남을 대하는 것이다: "서로 친절하게 하며 불쌍히 여기며 서로 용서하기를 하나님이 그리스도 안에서 너희를 용서하심과 같이 하라"(엡 4:32). 모든 사람이 각자 무거운 짐을 지고 살아가고 있다는 사실을 깨달을 때 그들을 온유하게 대할 수 있다(Garland).

사랑은 시기하지 않는다(4c절). '시기하다'(ζηλόω)는 긍정적인 의미와 부정적인 의미를 지닌 동사다. 부정적인 의미로는 성공한 사람에 대해 매우 부정적인 감정을 갖는 것이다(BDAG). 자신과 이웃을 비교하는 것이 시기의 핵심이다(Gardner). 고린도 성도들의 분란은 시기에서 비롯되었다(3:3).

긍정적인 의미로는 무엇에 대해 열정을 가지는 것이다(BDAG, cf. 12:31). 고린도 성도들의 영적 은사에 대한 사모함을 표현한다(14:12). 그들은 열정을 가지고 영적 은사를 갈망했지만, 공동체를 세우거나 남들을 섬기기 위해서가 아니라 자기 자신의 유익과 교회 안에서의 지위 상승을 위해 구했다.

사랑은 자랑하지 않는다(4d절). '자랑하다'(περπερεύομαι)는 성경에서 단 한 차례 사용되는 희귀한 동사다. 균형과 절제가 없는 '과시적인 수사적 자랑'(ostentatious rhetorical boasting)이다(Sigountos). 남들을 주눅 들게 하는 복잡한 말주변이 이 '자랑'에 속한다(cf. 1:17; 2:1). 즉, 남들에게 상처를 주는 언사다(TDNT). 고린도 교회의 엘리트들은 잘못된 것을 추구하다가 그것을 얻었다 싶으면 '자랑했다'(Gardner).

사랑은 교만하지 않는다(4e절). '교만하다'(φυσιόω)는 '부어오르다'(puff up, inflate)라는 의미다(BDAG). 사실을 부풀리고 과장한다는 뜻이다. 고린도 성도들의 가장 기본적인 문제는 교만이다. 은사는 성령께 선물로 받은 것이므로 아무리 은사가 많다고 해도 자랑하거나 교만해서는 안 된다(cf. 4:7). 그러나 고린도 성도들은 받은 은사가 자기 업보와 능력인 듯 자랑하고 교만했다. 그러므로 이 단어는 신약에서 일곱 차례 사용되는데, 그 중 여섯 차례가 이 서신에서 사용되었다(4:6, 18, 19; 5:2; 8:1). 관계는 서로 세워 가는 것인데, 교만은 관계를 무너뜨린다(Judge).

사랑은 무례하게 행하지 않는다(5a절). 신약에서 '무례하다'(ἀσχημονέω)는 이곳과 7:36에서 두 차례 사용되는 흔치 않은 동사다. 성추행 등 성적으로 적절치 않은 짓을 하는 것을 뜻한다(Cranfield, cf. 롬 1:27; 고전 7:36; 12:23; 계 16:15). 상대방에게 수치감을 안기는 행동도 포함한다. 고린도 교회에서는 아버지의 아내와 잠자리를 같이하는 자가 이 부류에 속한다(5:1-2).

사랑은 자기의 유익을 구하지 않는다(5b절; cf. 롬 15:3; 빌 2:4). 고린도 교회의 문제 중 하나가 각 사람이 남을 배려하지 않고 자기 유익을 구하는 것이었다(10:24). 이에 대해 사도는 자기처럼 "모든 일에 모든 사람을 기쁘게 하여 자신의 유익을 구하지 아니하고 많은 사람의 유익을 구하여 그들로 구원을 받게 하라"라고 한다(10:33).

우리는 공동체에서 '무엇을 얻을 수 있는가?'가 아니라 '무엇을 할(줄) 수 있는가?'를 물어야 한다. 더욱이 남을 희생시키면서 자기 이익을 구하면 안 된다. 우리가 이 땅에서 그리스도의 마음을 품고 사는 것은 남들의 유익을 구하며 자신을 비우는 것을 뜻하기 때문이다.

> 너희 안에 이 마음을 품으라 곧 그리스도 예수의 마음이니 그는 근본 하나님의 본체시나 하나님과 동등됨을 취할 것으로 여기지 아니하시고 오히려 자기를 비워 종의 형체를 가지사 사람들과 같이 되셨고 사람의 모양으로 나타나사 자기를 낮추시고 죽기까지 복종하셨으니 곧 십자가에 죽으심이라(빌 2:5-8).

사랑은 성내지 않는다(5c절). '성내다'(παροξύνω)는 신약에서 단 두 차례 사용되는 흔치 않은 단어다. 사도행전 17:16에서는 수동태로 사용되며 '격분하다'라는 의미를 지닌다(행 17:16). 긍정적인 면에서 '자극하다', 부정적인 면에서는 '불편하게 하다, 화나게 하다'이다(BDAG). 사랑은 남에게 자극받아 분노하지 않는다. 내가 다른 사람으로 인해 분노

한다는 것은 내 감정에 대한 결정권이 남에게 있다는 뜻이다(Gardner). 사랑은 내가 하는 것이기에 남에게 자극을 받아 성내지 않는다. 오래 참음과 온유함이 화를 내지 않는 비결이다.

사랑은 악한 것을 생각하지 않는다(5d절). '생각하다'(λογίζομαι)는 '계산하다'라는 의미를 지닌다(BDAG). 나중에 보복하기 위해 혹은 죄책감으로 얽매기 위해 다른 사람의 죄와 실수를 기록하는 것이다(Gardner, Verbrugge, NIV). 사도는 소송을 통해 남의 죄에 대해 책임을 묻기보다는 차라리 손해를 보라고 한다(6:7). 하나님이 우리에게 이렇게 하셨기 때문이다(롬 4:8; 고후 5:19).

사랑은 악이 존재하지 않는다고 하거나 무시하지 않는다. 사랑은 악을 인정하되, 선으로 악을 이기려 한다. 그러므로 사랑은 남들의 죄를 기록해 남기지 않는다(cf. 고후 2:5-11). 예수님은 서로의 죄를 용서할 때 일곱 번을 일흔 번까지 하라고 하셨다(마 18:21-22). 하나님은 죄를 용서하는 것에 대해 이렇게 말씀하신다: "나 곧 나는 나를 위하여 네 허물을 도말하는 자니 네 죄를 기억하지 아니하리라"(사 43:25). 남의 죄에 대한 기록을 남겨 두지 않는 것이 손해를 보는 것처럼 느껴질 수도 있지만, 사실은 우리 자신을 위한 일이기도 하다고 하신다. 하나님이 자기 자신을 위해 우리의 죄를 더는 기억하지 않으시는 것처럼 말이다.

사랑은 불의를 기뻐하지 않는다(6a절). 한 학자는 고린도 교회가 행한 '불의'(ἀδικία)의 대표적인 사례는 아버지의 아내와 관계한 사람을 내쫓지 않은 일이라 한다(Sigountos, cf. 5:1-3). 그러나 바울 서신에서 이 단어는 항상 판결(재판) 정황에서 사용된다(Holladay). 그러므로 오히려 성도가 성도를 상대로 세상 법정에 소송을 제기한 일이 고린도 성도들이 저지른 불의의 대표적인 사례라 할 수 있다(cf. 6:1-8).

사랑은 진리와 함께 기뻐한다(6b절). 사도는 사랑은 불의를 기뻐하지 않으며, 진리와 함께 기뻐한다는 말씀을 통해 '진리'(ἀλήθεια)의 반대말은 '불의'(ἀδικία)라 한다. 그러므로 진리는 남을 자비롭게 대한다는 의미를 내포한다. 불의는 진리를 막는다: "하나님의 진노가 불의로 진리를 막는 사람들의 모든 경건하지 않음과 불의에 대하여 하늘로부터 나타나나니"(롬 1:18). 사랑은 진리를 기뻐하며, 거짓과 바꾸지도 않는다(cf. 롬 1:25). 사랑은 진리를 거스르는 일도 하지 않는다(고후 13:8). 사랑은 진리가 아무리 불편하게 한다 할지라도, 진리를 미워하지 않는다: "그런즉 내가 너희에게 참된 말(진리)을 하므로 원수가 되었느냐?"(갈 4:16).

진리와 불의는 곧 복음과 복음을 반대하는 모든 것이다(Fee). 그러므로 진리를 기뻐하는 사람은 복음을 기뻐한다. '함께 기뻐하다'(συγχαίρει)는 여러 사람이 함께 기뻐한다는 뜻이다(12:26; 빌 2:17-18). 복음(진리) 위에 세워진 공동체는 함께 기뻐한다.

'모든'은 이 단어를 세 차례나 반복하는 7절의 핵심이다. '모든'(πάντα)은 '항상'으로 번역할 수 있다(Carson, Martin, cf. BDAG, NIV). 그러므로 7절은 사랑이 항상 하는 것 네 가지에 관해 말한다(Thiselton).

사랑은 모든 것을 참는다(7a절). '참다'(στέγω)는 소리를 내지 않고 조용히 견딘다는 뜻이다(BDAG). 사랑은 고난과 핍박을 묵묵히 견디어 낸다(Verbrugge, cf. 고후 6:4; 12:12; 딤후 2:10). 또한 다른 사람들의 과오를 눈감아 준다. 모든 것을 참는 것은 7절을 마무리하는 '모든 것을 견딘다'라는 것과 비슷한 말이다. 무슨 일이든지 묵묵히 견디어 낸다는 뜻이다(Oster).

사랑은 모든 것을 믿는다(7b절). '믿는다'(πιστεύει)는 확신하고 의심하지 않는다는 뜻이다. 무엇을 믿는가? 그리스도의 복음을 통해 우리를 구원하신 하나님을 믿고, 하나님이 성령을 통해 성도를 변화시켜 가신다는 것을 믿는 것이다. 그러므로 교회와 성도에 대해 낙관적인 생각을 갖는 것이다(Garland, Verbrugge). 하나님의 은혜를 경험한 사람은 반드시 변화된다.

사랑은 모든 것을 바란다(7c절). '바라다'(ἐλπίζω)는 '소망하다, 기대하다'라는 의미를 지닌다(BDAG). 그리스도인은 어떠한 일이 있어도 예수님의 재림 후에 있을 영원한 축복에 대한 소망을 버리지 않아야 한다(15:19; cf. 롬 8:24-25; 골 1:4-5). 하나님이 우리를 돕도록 성령을 보내셨기 때문에 우리는 항상 더 나은 날에 대한 희망을 가질 수 있다(Verbrugge, cf. 빌 2:12-13; 3:14). 하나님의 보호하심과 인도하심을 기대하고(cf. 고후 1:10), 다른 사람에 대한 신뢰를 버리지 않아야 한다(cf. 고후 1:7; 10:15).

사랑은 모든 것을 견딘다(7d절). '견디다'(ὑπομένω)는 7절을 시작하는 '참다'(στέγω)와 비슷한 말이다. 어떤 일이 있어도 자기가 서 있는 자리(stand one's ground)를 포기하지 않는다는 뜻이다.

사도는 4-7절에서 사랑을 여러 가지로 설명했다. 그러나 사랑의 가장 으뜸되는 속성은 '참는 것'이다. 그러므로 그는 사랑을 정의하기 시작하는 4절을 '오래 참는다'로 시작해, 사랑에 대한 정의를 마무리하는 7절에서 '참는다'와 '견딘다'를 반복한다. 서로 용납하고 참는 것이야말로 가장 위대한 사랑이다.

바울은 8절에서 예언과 지식과 방언 등 고린도 성도들이 가장 중요하게 여기는 은사들과 사랑을 비교한다. 9절에서는 이 세 가지 은사 중 방언을 제외하고 지식과 예언만 언급한다. 12절에서는 예언도 제외하고 지식에 대해서만 말한다. 그들이 귀하게 여기는 은사들은 사라질 것이며, 이 세 가지 중 방언이 제일 먼저 사라지고(9절) 그다음 예언도 사라질 것이다(12절). 그러나 사랑은 영원히 우리와 함께 있다.

사랑은 언제나 떨어지지 않는다(8절). '언제나 떨어지지 않는다'(οὐδέποτε πίπτει)를 직역하면 '절대 넘어지지 않는다'라는 의미이며, 이는 고린도 성도 중 스스로 서 있다고 생각하는 자들에게 넘어질까 조심하라는 바울의 경고를 생각나게 한다(10:12). 사랑이 언제나 떨어지지 않는다는 것은 '절대 실패하지 않는다'(never fails, NAS, NIV), 혹은 '절대 끝이 없다'(never ends, ESV, NRS)라는 뜻이다. 사랑이 영원하다는 것은 사랑을 행하는 사람은 절대 실족하지 않는다는 것을 의미한다(Verbrugge).

반면에 예언과 방언과 지식은 폐한다(8절). 이 세 가지 은사는 고린도 교회에 가장 심각한 문제를 일으킨 것들이다(Verbrugge). 고린도 성도들은 마치 자신의 은사가 영원할 것처럼 생각하지만, 이 은사들은 그들과 영원히 있지 않을 것이다. 은사는 성령이 공동체의 필요를 채우기 위해 주시므로 더는 필요가 없다고 생각되면 언제든 거두어 가실 수 있다. 그러므로 방언은 '그칠 것이고', 예언과 지식은 '폐할 것이다'(καταργηθήσονται). '그치다'(παύω)는 멈추는 것을, '폐하다'(καταργέω)는 아무 효력을 발휘하지 못하는 것을 뜻한다. 사도는 이 동사를 1:28에서 "하나님께서 세상의 천한 것들과 멸시 받는 것들과 없는 것들을 택하사 있는 것들을 폐하려(καταργέω) 하신다"라며 사용했다(cf. 2:6; 6:13; 15:26).

세상이 끝나는 날, 이 은사들은 없어질 것이다. 예수님의 재림으로 시작되는 다음 세상으로는 이어지지 않을 것이라는 뜻이다. 그러므로 고린도 교회에서 지식을 자랑하던 사람들은 더는 자랑할 수 없게 될 것이다. 예언은 교회를 세워 나가는 좋은 은사이지만, 이 또한 끝날 것이다. 방언도 끝날 것이라는 경고는 고린도 성도들을 놀라게 했을 것이다(Conzelmann).

이 세상에 있는 한 우리는 부분적으로 알고 부분적으로 예언한다(9절). 고린도 교회의 엘리트들이 자랑하는 지식은 온전하지 못하며, 그들의 예언도 완전하지 않다. 하나님이 은사를 통해서는 완전하고 온전한 지식과 예언을 주시지 않기 때문이다. 유일하게 완전하고 온전한 지식과 예언은 성경 말씀이다. 그러므로 예언과 지식의 은사를 얻으려는 것보다 성경을 읽고 묵상하는 것이 더 좋다.

예언과 지식이 폐한다고 해서 안타까워할 필요는 없다. 온전한 것이 오고 있기 때문이다(10a절). 예수 그리스도가 재림하시는 날 모든 것이 온전하게 될 것이다(Fee, Robertson & Plummer). 그러므로 부분적으로 알고 부분적으로 예언하던 것은 모두 폐지될 것이다(10b절). 은사는 이미 시작된 종말(already)과 언젠가는 임할 종말(not-yet) 사이에 주시는 것이기 때문이다(Hays).

바울은 부분적으로 알고 부분적으로 예언하는 지금과 온전한 것이 올 종말의 차이를 설명하기 위해 두 가지 비교를 예로 든다(11-12절). 첫 번째 비교는 사람의 어린 시절과 성인 시절의 차이다(11절; cf. 엡 4:13-14). 우리가 어렸을 때는 말하는 것과 깨닫는 것과 생각하는 것이 모두 어린아이 같았다(11a절). 그러나 장성한 사람이 되어서는 어린아이처럼 말하고, 어린아이처럼 깨닫고, 어린아이처럼 생각하는 것을 모두 버린다(11b절). 성인은 어린아이처럼 생각하거나 행동하지 않기 때문이다.

지금은 우리가 아직 어린아이 같아서 여러 가지 은사가 필요하다. 은사가 어린아이 같은 우리가 그리스도인의 삶을 사는 데 도움을 주기 때문이다. 그러나 그리스도가 재림하시면 더는 은사가 필요 없다. 재림하신 그리스도를 뵙는 순간 우리는 어린아이가 아니라 장성한 사람으로 변화받을 것이기 때문이다.

그렇다고 해서 일부 학자가 주장하는 것처럼 성령의 은사가 신앙의 초보자를 위한 것이라는 뜻은 아니다(Bruce, Findlay, Holladay). 사도는 지금처럼 방언이 필요한 시대가 있고, 그때(미래)처럼 방언이 필요하지 않을 시대가 오고 있다는 것을 말하고자 할 뿐이다(Garland).

두 번째 비교는 사람이 거울로 보는 것과 얼굴과 얼굴을 대하여 보는 것이다(12a절). 거울을 통해 보는 것은 세 가지 가능한 의미를 지닌다(Conzelmann). 첫째, 어느 정도 뚜렷하게 보는 것이다(Fee). 당시에도 상당히 질이 좋은 거울이 있었다. 그러므로 거울을 통해 보는 것이 실물을 보는 것과는 조금 다르지만 상당히 뚜렷하게 보았다는 뜻이다. 둘째, 희미하게 보는 것이다(Garland). 당시 거울은 대부분 광을 낸 금속이었으며 반사하는 물체를 희미하게 보여 주었다(Robertson & Plummer, Verbrugge). 셋째, 어느 정도 왜곡된 이미지를 보는 것이다(cf. BDAG).

사도가 거울 이미지를 설명하며 사용하는 '희미하다'(αἴνιγμα)는 '혼란스럽다'라는 의미를 지니며, 이 헬라어 단어에서 '수수께끼'를 뜻하는 영어 단어(enigma)가 유래했다. 이러한 정황을 고려할 때 거울 이미지는 뚜렷하게 보는 것을 의미하지 않는다. 그러므로 두 번째와 세 번째 의미를 반영해 거울의 이미지를 이해하는 것이 바람직하다(cf. 고후 3:18).

사도는 온전한 것이 올 때는 부분적으로 알던 것(지식)이 폐할 것이라고 했는데(10절), 그 이유를 설명한다: "지금은 내가 부분적으로 아나 그 때에는 주께서 나를 아신 것 같이 내가 온전히 알리라"(12b절). 예수님은 우리가 우리 자신에 대해 아는 것보다 우리를 더 잘 아신다. 우리에 대해 모르시는 것이 없다. 우리가 아는 것이 그러하다. 지금 내가 아는 것은 내가 내 자신에 대해 부분적으로 아는 것과 같다. 그러나 그날이 되면 주님이 나를 온전히 아시듯 나의 지식도 온전해질 것이다.

그런즉 믿음, 소망, 사랑 이 세 가지는 항상 있을 것이다(13a절). 믿음과 소망과 사랑은 바울 서신에서 종종 함께 등장한다(롬 5:1-5; 갈 5:5-6; 엡 4:2-5; 골 1:4-5; 살전 1:3; 5:8). '그런즉'(νυνί δὲ)은 앞에서 전개한 내용에 대해 결론을 짓는 것으로 해석할 수 있다(cf. 새번역, 공동). 이 문구를 결론을 시작하는 말로 간주하면 '이 모든 것을 고려하면'(taking all into account)이라는 뜻이다(Barrett, Carson, Godet, Kistemaker, Parry). 그렇다면 저자가 하고자 하는 말은 '방언과 예언과 지식은 잠시 있다 사라질 것들이며, 믿음과 소망과 사랑은 영원하다'는 것이다(Kistemaker). 이렇게 해석하면 사도는 은사를 추구하지 말고, 믿음, 소망, 사랑을 추구하라고 권면한다.

그러나 문자적으로는 '그리고(그러나) 지금은'(but/and now)이라는 뜻이다(NAS, NIV, NRS). 그러므로 종말에 대해 말한 8-12절의 결론이 아니다. 저자는 종말(8-12절)과 지금(13절)을 대조하고자 한다. 종말이 오기 전까지 현재는 믿음과 소망과 사랑이 기독교의 가장 핵심적인 가치로 자리를 잡았다는 뜻이다.

어떤 이들은 믿음과 소망은 영원하지 않으며 종말에 끝이 난다고 한다. 이와는 대조적으로 사랑은 영원하며, 이 세상과 다음 세상을 연결해 주는 다리 역할을 한다고 주장하는 이들도 있다(Witherington, cf. 롬 8:24–25; 고후 5:7). 그러나 저자는 이 세 가지는 항상 있을 것이라며 지속성을 강조하는 현재형 동사(μένει)를 사용한다. 이 세 가지는 이 세상과 다음 세상에서도 끊임없이 우리와 함께할 것이라는 뜻이다(Garland, Gardner, Verbrugge).

믿음과 사랑은 다음 세상에서도 하나님 백성의 삶에서 감당할 역할이 있다. 그런데 종말을 바라보는 소망은 종말 이후에 어떤 역할을 한다는 말인가? 한 주석가는 '소망'(ἐλπίς)을 '신뢰와 확신'으로 해석하면 별문제가 없다고 한다(Verbrugge, cf. 행 23:6). 믿음, 소망, 사랑은 주의 백성과 영원히 함께할 것이다.

이 말씀은 사랑은 정적인 것이 아니라 동적인 것이라 한다. 사랑은 생각으로 하는 것이 아니라 행동으로 옮기는 것이다. 사랑은 삶의 방식이며, 살아 내는 것이다.

사랑의 가장 중요한 속성은 참는 것이다. 사랑은 오래 참고(4절), 사랑은 모든 것을 참으며(7절), 사랑은 모든 것을 견딘다(7절). 참고 기다리는 아름다움을 잃고 사는 이 세대에게 사랑은 신선한 도전을 주어야 한다. 대인 관계에서도 가장 필요한 미덕은 기다려 주는 것이다.

사랑은 무조건 부드럽게 대하는 것이 아니다. 사랑은 불의에 얼굴을 붉힌다. 죄를 모르는 척하지 않는다. 사랑이 때로는 이를 악물게 한다. 그래서 "사랑은 강해야 한다"(love must be tough)라는 말이 있다. 우리 말에는 '사랑의 매'가 있다(cf. 히 12:6). 사랑은 책임을 요구한다.

믿음, 소망, 사랑은 우리가 갈망해야 할 영원한 가치다. 이 세 가지는 그 어떤 은사보다도 귀한 것이다. 성령의 열매 중에도 이 세 가지를 바탕으로 하는 것이 많다(cf. 갈 5:22-23). 우리는 지금 무엇을 갈망하고 있는가?

Ⅳ. 교회의 질문들(7:1-15:58)
E. 예배(11:2-14:40)
2. 성령의 은사와 예배(12:1-14:40)

(3) 방언과 예언(14:1-25)

사랑에 대해 가장 아름다운 노래를 부른 사도가 방언의 은사와 예언의 은사를 비교한다. 그는 이미 이 두 가지 은사에 대해 12장과 13장에서 언급했다. 특히 방언 은사는 고린도 교회의 예배를 매우 혼란스럽게 만들고 있다(cf. 12:8-10). 바울은 두 은사에 대해 자세하게 논하는데, 이에 대한 그의 평가는 명확하다. 예언이 공동체에 훨씬 더 유익하므로 방언보다 더 좋은 은사다. 이 섹션은 다음과 같이 구분된다.

A. 예언의 은사를 사모하라(14:1-5)
B. 방언은 예배에 무익할 수 있다(14:6-12)
C. 예배는 모든 사람에게 명료해야 한다(14:13-19)
D. 방언보다 나은 예언(14:20-25)

Ⅳ. 교회의 질문들(7:1-15:58)
E. 예배(11:2-14:40)
2. 성령의 은사와 예배(12:1-14:40)
(3) 방언과 예언(14:1-25)

a. 예언의 은사를 사모하라(14:1-5)

1 사랑을 추구하며 신령한 것들을 사모하되 특별히 예언을 하려고 하라 2 방

언을 말하는 자는 사람에게 하지 아니하고 하나님께 하나니 이는 알아 듣는 자가 없고 영으로 비밀을 말함이라 [3] 그러나 예언하는 자는 사람에게 말하여 덕을 세우며 권면하며 위로하는 것이요 [4] 방언을 말하는 자는 자기의 덕을 세우고 예언하는 자는 교회의 덕을 세우나니 [5] 나는 너희가 다 방언 말하기를 원하나 특별히 예언하기를 원하노라 만일 방언을 말하는 자가 통역하여 교회의 덕을 세우지 아니하면 예언하는 자만 못하니라

'사랑을 추구하라'(διώκετε τὴν ἀγάπην)(1a절)라는 말로 13장의 여담(digression)이 마무리되고 있다. '신령한 것들을 사모하라'(ζηλοῦτε δὲ τὰ πνευματικά)(1b절)는 '신령한 것들'에 대해 말하는 12:1과 '더 큰 은사를 사모하라'는 12:31을 조합해 14장이 12장의 내용을 이어 가고 있음을 암시한다.

'신령한 것들'(πνευματικά)은 언어 사용과 연관된 은사다(Edwards). 사도는 언어와 연관된 은사를 사모하되 특별히 예언의 은사를 사모하라고 한다(1c절). '사모하다'(ζηλόω)는 영적인 노력을 아끼지 말라는 뜻이다(Garland, cf. 롬 9:30-31; 12:13; 14:19; 빌 3:12, 14; 살전 5:15; 딤전 6:11; 딤후 2:22). 은사를 사모할 거면 예언하는 은사를 사모하라는 것이다(cf. 12:31). 그러나 은사는 사람이 사모한다고 해서 얻을 수 있는 것이 아니라, 성령이 주시는 선물이다(Garland). 그러므로 이 권면은 옛적에 모세가 했던 말을 생각나게 한다: "여호와께서 그의 영을 그의 모든 백성에게 주사 다 선지자가 되게 하시기를 원하노라"(민 11:29).

우리말 번역본에는 반영되어 있지 않지만, '사랑을 추구하라'와 '신령한 것들을 사모하라' 사이에 역접 접속사(δὲ)가 있다. 이 역접 접속사의 역할을 '그러나'(but, yet)로 간주하면, 사랑을 전적으로 추구하되 신령한 것도 어느 정도 사모하라는 뜻이 된다(Barrett, Edwards, Thiselton, cf. NAS). 반면에 '그리고'(and)라는 의미로 간주하면 사랑을 추구하는 것처럼 신령한 것도 동일한 열정으로 추구하라는 뜻이 된다(Fee, Hays, Kistemaker).

정황을 고려할 때 바울은 고린도 성도들에게 두 가지를 함께 추구하라고 한다. 이 역접 접속사(δέ)를 '그리고'로 해석해야 한다는 것이다(Garland).

앞에서 언급한 것처럼 '예언하다'(προφητεύω)는 하나님의 말씀과 계시를 가르치고 선포하는 것이다(Collins). 그러므로 건강한 설교도 예언이다(Dunn, Fee, Thiselton). 어떤 이들은 예언에는 즉흥적 면모가 있어야 한다며 처음으로 하는 설교만 예언이라 하지만(Dunn, Fee), 지속되는 묵상도 예언이 될 수 있다(Thiselton). 그러므로 목회자가 다시 사용하는 설교도 예언이다. 사도가 모든 사람에게 이 은사를 사모하라고 하는 것으로 보아 누구든지 예언의 은사를 받을 수 있다(Grudem).

바울이 고린도 성도들에게 방언이 아니라 예언을 사모하라고 하는 이유는 명확하다. 예언은 사람에게 하는 것인데, 방언은 사람에게 하지 않고 하나님께 하기 때문이다(2a절). 예언이 방언보다 공동체에 더 유익하다는 뜻이다. 사도는 방언을 왜 하나님께 하는 것이라 하는가? 공동체 예배 중 방언을 하면 알아듣는 자가 없기 때문이다(2b절). 다른 사람이 알아들을 수 있게 말하는 사람이 알아듣지 못하게 말하는 사람보다 더 위대하다(Garland).

또한 방언은 영으로 비밀을 말하는 것이다(2c절). 학자들은 '영'(πνεῦμα)을 성령으로(Fee, Gardner, Kistemaker, Talbert) 혹은 사람의 영으로 해석한다(Godet, Morris). 본문이 성령의 은사에 관해 말하고 있으므로 '성령'이다. 방언은 하나님께 하는 것이므로 하나님이 방언을 통해 사람들에게 주시는 메시지는 없다(Fee).

하나님께 말하는 방언과 달리 예언은 사람에게 말함으로써 덕을 세우고 권면하며 위로한다(3절). '덕'(οἰκοδομή)은 건물이다(BDAG). 예언은 공동체를 말씀으로 권면하고 위로해 건강하게 한다. '권면'(παράκλησις)과 '위로'(παραμυθία)는 의미가 상당 부분 겹치는 단어다(Garland, cf. BDAG). '덕을 세우는 것'은 목회자의 가장 기본적인 사역 목적이다(cf.

Gardner). 메시아도 이러한 사역을 하기 위해 오셨다: "[그는] 상한 갈대를 꺾지 아니하며 꺼져가는 등불을 끄지 아니하고 진실로 정의를 시행할 것이며"(사 42:3). 또한 '덕'은 대중 예배에서 할 수 있는 것의 기준이 되어야 한다(Garland).

예언이 방언보다 더 좋은 은사인 이유는 방언은 말하는 자의 덕을 세우지만, 예언은 교회의 덕을 세우기 때문이다(4절). 방언은 말하는 한 사람에게만 덕이 되지만, 예언은 듣는 온 공동체에 덕이 된다. 그러므로 더 많은 사람에게 은혜를 끼치는 예언이 방언보다 더 많은 덕을 세운다.

바울은 고린도 성도들이 다 방언하기를 원하지만, 특별히 예언하기를 원한다(5a절). 옛적에 모세에게도 이스라엘 백성에 대한 비슷한 바람이 있었다(Kistemaker, cf. 민 11:29). 방언도 성령이 주시는 좋은 은사이지만 통역하는 자가 없으면 공동체가 함께 드리는 예배에 별 도움이 되지 않는다. 방언 자체가 문제가 아니라, 통역 없이 방언하는 것이 문제다(Fee).

통역은 도저히 알아들을 수 없는 방언을 사람들이 이해할 수 있는 말로 표현하는 것이다(Thiselton). 그러므로 통역은 방언을 예언으로 변화시키는 것이라 할 수 있다(Godet). 통역이 없으면 방언은 예언만 못하다(5b절).

이 말씀은 덕을 세우는 것이 우리가 교회와 서로에게 하는 모든 일의 기준이 되어야 한다고 한다. 아무리 좋아 보이는 일이라도 공동체와 구성원에게 덕이 되지 않을 것 같으면 하지 않는 것이 좋다. 반면에 공동체와 남들에게 덕을 세우는 일이라면 싫어도 해야 한다. 나를 중심으로 생각하지 않고 이웃과 공동체를 중심으로 생각할 때만 가능한 일이다.

공동체 예배에서 가장 중요한 것은 알아듣는 것이다. 아무리 아름답게 들리는 방언이라 할지라도 사람들이 알아들을 수 없다면 안 하는 것이 좋다. 우리가 함께 예배드리는 것은 하나님이 우리에게 하시고자 하는 말씀을 듣고 실천하는 것이다. 이는 예배를 통해 하나님이 주시는 말씀을 알아들을 때 가능한 일이다.

방언과 예언은 소수에게만 주시는 특별한 은사가 아니다. 모든 사람이 누릴 수 있는 보편적인 은사다. 또한 방언보다는 예언이 훨씬 더 유익하다. 방언은 한 사람의 덕을 세우지만, 예언은 온 공동체에 덕을 세우기 때문이다.

Ⅳ. 교회의 질문들(7:1-15:58)
E. 예배(11:2-14:40)
2. 성령의 은사와 예배(12:1-14:40)
(3) 방언과 예언(14:1-25)

b. 방언은 예배에 무익할 수 있다(14:6-12)

[6] 그런즉 형제들아 내가 너희에게 나아가서 방언으로 말하고 계시나 지식이
나 예언이나 가르치는 것으로 말하지 아니하면 너희에게 무엇이 유익하리요
[7] 혹 피리나 거문고와 같이 생명 없는 것이 소리를 낼 때에 그 음의 분별을
나타내지 아니하면 피리 부는 것인지 거문고 타는 것인지 어찌 알게 되리요
[8] 만일 나팔이 분명하지 못한 소리를 내면 누가 전투를 준비하리요 [9] 이와
같이 너희도 혀로써 알아 듣기 쉬운 말을 하지 아니하면 그 말하는 것을 어
찌 알리요 이는 허공에다 말하는 것이라 [10] 이같이 세상에 소리의 종류가 많
으나 뜻 없는 소리는 없나니 [11] 그러므로 내가 그 소리의 뜻을 알지 못하면
내가 말하는 자에게 외국인이 되고 말하는 자도 내게 외국인이 되리니 [12] 그
러므로 너희도 영적인 것을 사모하는 자인즉 교회의 덕을 세우기 위하여 그
것이 풍성하기를 구하라

사도는 앞 섹션에서 주장한 것에 대해 가정(假定)적인 상황을 예로 들어 설명한다. 핵심은 알아들을 수 있게 하는 명료함(intelligibility)이다. 어떠한 소리와 말과 대화라 할지라도 사람들이 알아들을 수 없으면 덕을 세우는 것은 둘째 치고 아무런 소용이 없다. 그러므로 바울은 세 가지 비유를 통해 고린도 성도들에게 공동체 예배에서 방언하지 말 것을 권면한다(Gardner).

이 섹션을 시작하는 '형제들아'(ἀδελφοί)(6a절)는 저자가 고린도 성도들에게 매우 강한 어조로 말하고 있는 것이 아니라, 그들을 설득하고자 부드러운 말로 하고 있음을 암시한다. 만일 그가 고린도 교회를 방문해 그들이 알아들을 수 있는 계시나 지식이나 예언이나 가르치는 것으로 말하지 않고 그들이 알아듣지 못하는 방언으로만 말하면 어떤 유익이 있을까(6절)? 계시와 지식과 예언과 가르치는 것은 모두 언어를 사용하는 것과 연관된 은사다. 또한 우리가 공동체 예배로 모이는 것은 이것을 듣기 위해서다. 그러나 아무도 알아들을 수 없는 방언으로 이것을 말하면 아무런 유익이 없다.

첫 번째 비유는 음악을 연주하는 피리와 거문고 등 악기에 관한 것이다(7절). 만일 악기들이 소리를 낼 때 그 음의 분별을 나타내지 않으면 어떤 악기인지 어떻게 알 수 있을까? '음의 분별'(φθόγγος)은 음색(tones)이나 음표(notes) 등을 뜻한다(BDAG). 듣는 이들이 악기가 내는 소리를 멜로디로 알아듣게 하는 역할을 한다(Garland). 그러므로 피리 소리와 거문고 소리를 강조하는 개역개정보다는 연주에 초점을 맞춘 공동번역이 더 정확하다: "피리나 거문고 같은 생명 없는 악기도 소리는 납니다. 그러나 악보대로 분명하게 연주하지 않으면 무슨 곡이 연주되고 있는지 어떻게 알겠습니까?"(cf. ESV, NAS, NIV, NRS). 바울은 생명이 없는 사물에도 뚜렷함과 조화와 적절성이 필요하다면, 하물며 사람이 하는 말은 얼마나 더 그러하겠냐는 논리를 펼치고 있다.

두 번째 비유는 전쟁을 알리는 나팔 소리다(8절). '나팔'(σάλπιγξ)은 군대에서 신호용으로 사용하는 나팔(bugle)이다(Verbrugge, cf. BDAG). 나팔 소리는 군인들에게 전투 단계(준비, 진군, 후퇴 등)를 알려 준다(cf. 수 6:16, 20; 삿 6:34; 7:19-22; 마 24:31; 살전 4:16; 계 1:10). 저자는 만일 나팔이 분명하지 못한 소리를 내면 누가 전투를 준비하겠냐고 질문한다. 소리가 명확하지가 않아 군인들이 듣고도 무엇을 해야 할지 모르는 상황이다. 나팔 소리가 무엇을 해야 하는지 혼란을 겪게 한다면 차라리 불지 않는 것이 낫고, 나팔은 무용지물이다.

이와 같이 우리가 혀를 사용해 말을 할 때는 누구나 알아듣기 쉬운 말로 해야 한다(9a절). '알아듣기 쉬운'(εὔσημος)은 신약에서 단 한 차례 사용되는 단어이며, 명확하고 뚜렷해 들으면 쉽게 이해할 수 있다는 뜻이다(BDAG). 알아듣기 어려운 말을 하는 것은 허공에다 말하는 것과 다를 바가 없다(9b절). 아무도 알아듣지 못할 것이기 때문이다. 악기 소리와 나팔 신호가 어떠해야 하는지 아는 사람들이 왜 방언할 때는 아무도 알아듣지 못하는 말로 하느냐는 것이다.

세 번째 비유는 세상에 있는 다양한 소리다(10절). '소리들'(φωνῶν)은 민족들이 사용하는 언어(말)를 뜻한다(cf. 창 11:1, 7). 세상에는 수많은 언어가 있지만, 뜻이 없는 언어는 없다. 사람들은 남들과 소통하기 위해 언어를 사용한다. 그러나 누구도 알아듣지 못하는 방언은 이러한 원칙에 어긋난다.

여러 사람이 각자 익숙한 언어(모국어)로 소통하는 것은 항구 도시인 고린도에서는 매일 실감하는 일이었다. 로마 제국의 일부였던 만큼 헬라어와 라틴어가 주된 언어(통용어)로 사용되었지만, 각 나라와 지역에서 모인 사람들은 모국어로 서로 소통했기 때문이다.

누가 하는 말을 듣고도 내용을 알지 못하면 우리는 그 말을 하는 사람에게 외국인이 되는 것이고, 그도 우리에게 외국인이 되는 것이다(11절). 여러 민족이 고린도 곳곳에 공동체를 이루며 살았기 때문에 고린도 성도들은 이 말의 의미를 실감하며 살았다. 자기가 사는 지역을 조금만 벗어나 다른 민족이 모여 사는 곳으로 가면 흔히 겪는 일이었다.

사도는 영적인 것을 사모하는 고린도 성도들에게 교회의 덕을 세우기 위해 풍성하게 구하라고 권면한다(12절). '영적인 것들'(πνευμάτων)은 '성령의 능력들/은사들'을 뜻한다(Gardner, Godet, Thiselton). 이 구절의 의미는 공동번역이 잘 살렸다: "성령의 선물은 여러분이 갈망하는 것이니 되도록 풍성하게 받으십시오. 그러나 그것은 교회를 돕는 것이어야 합니다"(12절). 하나님께 풍성한 은사를 사모하되(cf. 12:31; 14:1), 은사를 받게 되면 교회에 덕을 세우기 위해 사용하라는 권면이다.

이 말씀은 우리가 하는 말은 다른 사람이 알아들을 수 있도록 명료해야 한다고 한다. 계시나 지식이나 예언이나 가르치는 것 모두 명료함이 관건이다. 아무리 좋은 의도를 가진 소리와 말과 대화라 할지라도 사람들이 알아들을 수 없으면 덕이 되지 않는다.

우리의 가르침과 대화를 성도들의 영적인 눈높이에 맞춰야 한다. 그들이 알아듣지 못하면 별 의미가 없기 때문이다. 가르치고 설명할 때 신학적인 용어와 어려운 말은 되도록 사용하지 않는 것이 좋다. 만일 사용하게 되면 반드시 쉬운 말로 설명해 주어야 한다.

Ⅳ. 교회의 질문들(7:1–15:58)
E. 예배(11:2–14:40)
2. 성령의 은사와 예배(12:1–14:40)
(3) 방언과 예언(14:1–25)

c. 예배는 모든 사람에게 명료해야 한다(14:13–19)

13 그러므로 방언을 말하는 자는 통역하기를 기도할지니 14 내가 만일 방언
으로 기도하면 나의 영이 기도하거니와 나의 마음은 열매를 맺지 못하리라
15 그러면 어떻게 할까 내가 영으로 기도하고 또 마음으로 기도하며 내가 영
으로 찬송하고 또 마음으로 찬송하리라 16 그렇지 아니하면 네가 영으로 축
복할 때에 알지 못하는 처지에 있는 자가 네가 무슨 말을 하는지 알지 못하

고 네 감사에 어찌 아멘 하리요 [17] 너는 감사를 잘하였으나 그러나 다른 사람은 덕 세움을 받지 못하리라 [18] 내가 너희 모든 사람보다 방언을 더 말하므로 하나님께 감사하노라 [19] 그러나 교회에서 내가 남을 가르치기 위하여 깨달은 마음으로 다섯 마디 말을 하는 것이 일만 마디 방언으로 말하는 것보다 나으니라

사도는 공동체 예배에서 방언을 금하지 않는다. 다만 누가 방언을 할 때는 반드시 통역을 동반해야 한다. 예배에 참여한 모든 사람이 알아듣게 하기 위해서다. 가장 좋은 것은 방언하는 사람이 통역도 하는 것이다(13절). 그러므로 이 말씀은 방언하는 사람들에게 통역의 은사도 구하라는 권면이다(Garland).

바울은 자신을 예로 들며 통역의 필요성을 강조한다. 만일 그가 방언으로 기도하면 그의 영이 기도하거니와 그의 마음은 열매를 맺지 못한다고 한다(14절). '영'(πνεῦμα)과 '마음'(νοῦς)이 무엇을 말하는지는 이 장(章)에서 가장 어려운 이슈이며, 학자들 사이에 많은 논쟁을 불러일으켰다(Hodge, cf. Gardner, Garland). 한 학자는 영에 대해 세 가지 가능성을 제시한다(Barrett): (1)사람의 심리를 구성하는 것으로 이성적인 마음에 대조되는 비합리적인 부분, (2)영적 은사, (3)성령.

바울은 한 번도 성령을 '나의 영'(πνεῦμά μου)이라고 부르지 않는다. 그러므로 세 번째 해석은 가능성이 없다(Gardner, Garland, Thiselton). 대부분 학자는 첫 번째, 혹은 그와 유사한 해석을 선호한다. 영은 우리 영혼의 가장 깊은 곳이며 하나님과 교제할 때 무아지경에 이르기 때문에 생각과 감정을 이해할 수 있는 언어로 표현하지 않고도 하나님과 소통할 수 있다(Garland, Martin, cf. 롬 1:9; 고전 16:18; 고후 2:13). 마음은 인간 사이의 일상적인 의사소통을 가능하게 하는 사고 기관이다(Collins).

영과 마음의 관계는 십자가를 통해 설명할 수 있다(Sampley). 영은 십자가의 두 기둥 중 수직 기둥이며, 마음은 수평 기둥이다. 영은 하나님과 소통하며, 우리는 영의 말을 알아들을 수 없다. 영은 우리가 조종할 수 있는 영역이 아니다.

마음은 사람들과 소통하며, 우리는 마음의 말과 생각을 쉽게 알 수 있다. 그러므로 사도는 고린도 성도들에게 같은 마음을 품으라고 하기도 하고(1:10), 우리는 그리스도의 영이 아니라 마음을 가졌다고 하기도 한다(2:16). 또한 오직 마음을 새롭게 해야 변화를 받아 하나님의 선하시고 기뻐하시고 온전하신 뜻이 무엇인지 분별할 수 있다고 한다(롬 12:2). 마음은 우리가 조정할 수 있는 영역이다.

우리가 만일 방언으로 기도하면 우리의 영은 기도하지만, 우리 마음은 열매를 맺지 못한다(14절). 기도하는 사람의 영은 하나님께 말하느라 바쁘지만, 영이 하는 기도를 알아듣지 못하는 마음은 아무런 일(역할)을 하지 못한다는 뜻이다(Garland). 다른 사람들에게 기도의 내용이나 의미를 알릴 수 없기 때문이다.

그러므로 영으로 기도하고 또 마음으로 기도하며, 영으로 찬송하고 또 마음으로 찬송하는 것이 가장 좋다(15절). 영은 하나님을 향하고, 마음은 공동체를 향한다. 마음만 활동하면 모든 것이 이론적인 수준으로 유지될 뿐이다. 반면, 영만 활동하면 자기기만의 위험이 도사리고 있다. 마음과 영이 함께 활동하면 공동체를 세우고 서로에 대한 사랑의 열매를 맺을 수 있다(Thiselton).

영과 마음으로 하지 않고 영으로만(방언으로만) 축복한다면 듣는 사람들은 무슨 말인지 알지 못해 빌어 주는 축복에 '아멘'으로 화답할 수 없다(16절). 본문에서 '축복하다'(εὐλογέω)는 유대인이 일상적으로 하는 것에서 유래했으며(Tomson), '감사하다'라는 의미를 지닌다(cf. 16-17절).

개역개정이 '알지 못하는 처지에 있는 자'(16b절)로 번역한 문구(ὁ ἀναπληρῶν τὸν τόπον τοῦ ἰδιώτου)를 직역하면 '은사가 없는 자의 자리를 채우는(앉는) 사람'(one who fills in the place of the ungifted)이라는 뜻이다. 어떤 이들은 바울이 고린도 성도들을 믿는 자와 외부인 그리고 믿지 않는 자로 구분했으며, 이 문구는 외부인의 자리에 앉은 사람들을 뜻하는 것이라고 한다(Weiss). 그러나 가정 교회에서 이들을 위한 자리를 따로 마련하지는 않았을 것이다(Robertson & Plummer). 그러므로 '갓 믿기 시작한 사람'(새번역), 혹은 '초심자들의 자리에 있는 이'(아가페) 등이 좋은 번역이다. 교회는 다니지만 아직 세례 등을 통해 그리스도를 영접한 증거를 드러내지 않은 사람으로 해석하는 것이 바람직하다(Garland). 누가 방언으로 하나님께 감사한다면, 방언에 익숙하지 않은 갓 믿기 시작한 사람은 더욱더 '아멘'을 할 수 없을 것이다(cf. Conzelmann, Fee, Godet, Robertson & Plummer).

결국 방언으로 기도한 사람은 하나님께 감사를 잘했지만, 다른 사람은 덕 세움을 받지 못한다(17절). 그가 무엇에 대해 감사했는지 알아들을 수 없기 때문이다. 사도가 방언을 배제하거나 잘못되었다고 하는 것이 아니다. 그는 통역이 필요하다는 것을 강조하고자 한다.

바울은 자신을 모델로 삼는다(Hays). 그는 모든 사람보다 방언을 더 말하므로 하나님께 감사한다(18절). 그도 방언하기 때문에 방언하는 사람들을 충분히 이해한다. 그러나 예배 중에 방언으로 기도하고 감사하는 것은 자제한다. 교회에서 남을 가르치기 위해 깨달은 마음으로 다섯 마디 말을 하는 것이 일만 마디 방언으로 말하는 것보다 낫다는 사실을 잘 알기 때문이다(19절). 예배는 참여하는 모든 사람에게 덕이 되고 유익해야 한다(Collins). 그러나 통역이 없는 방언 기도는 누구도 알아들을 수 없기에 덕이 되지 않을 뿐 아니라 오히려 해가 될 수 있다(Thiselton).

이 말씀은 예배는 모두에게 유익하고 덕이 되어야 한다고 한다. 통역이 없으면 예배 중에는 방언으로 하는 기도는 하지 않아야 한다. 알아듣지 못하는 사람들이 있기 때문이다. 예배는 명료함과 배려를 동반한다. 차라리 모든 사람이 알아들을 수 있는 한 마디 말이 천 마디의 방언보다 낫다.

우리는 기도와 찬송을 영과 마음으로 해야 한다. 말로 표현할 수 없는 영과 이성과 의지를 지닌 마음을 다해 예배드려야 한다. 이 두 가지 요소가 교차해 십자가를 형성할 때 비로소 하나님이 기뻐하시는 예배를 드릴 수 있다.

Ⅳ. 교회의 질문들(7:1–15:58)
E. 예배(11:2–14:40)
2. 성령의 은사와 예배(12:1–14:40)
(3) 방언과 예언(14:1–25)

d. 방언보다 나은 예언(14:20–25)

20 형제들아 지혜에는 아이가 되지 말고 악에는 어린 아이가 되라 지혜에는
장성한 사람이 되라 21 율법에 기록된 바

주께서 이르시되 내가 다른 방언을 말하는 자와 다른 입술로
이 백성에게 말할지라도
그들이 여전히 듣지 아니하리라

하였으니 22 그러므로 방언은 믿는 자들을 위하지 아니하고 믿지 아니하는
자들을 위하는 표적이나 예언은 믿지 아니하는 자들을 위하지 않고 믿는 자
들을 위함이니라 23 그러므로 온 교회가 함께 모여 다 방언으로 말하면 알지
못하는 자들이나 믿지 아니하는 자들이 들어와서 너희를 미쳤다 하지 아니하
겠느냐 24 그러나 다 예언을 하면 믿지 아니하는 자들이나 알지 못하는 자들
이 들어와서 모든 사람에게 책망을 들으며 모든 사람에게 판단을 받고 25 그
마음의 숨은 일들이 드러나게 되므로 엎드리어 하나님께 경배하며 하나님이
참으로 너희 가운데 계신다 전파하리라

이 섹션은 방언의 은사가 아니라 예언의 은사를 더 사모해야 한다는 마지막 권면이다. 방언은 믿지 않는 자들을 위한 것이며, 예언은 믿는 자들을 위한 것이니 그리스도인은 당연히 예언을 더 사모해야 한다는 것이다.

사도는 고린도 성도들에게 두 가지를 권면한다(20절). 첫째, 지혜에는 아이가 되지 말고 장성한 사람이 될 것을 권한다. 앞서 사도는 고린도 성도들을 신령한 자를 대하는 것같이 할 수 없어서 육신에 속한 자, 곧 그리스도 안에서 어린아이들을 대하듯 할 수밖에 없다고 했다(3:1; cf. 2:6; 13:11-12). 그러므로 장성한 사람이 되는 것은 영적으로 성숙해 신령한 사람이 된다는 뜻이다. 모든 그리스도인은 영적이다. 그러나 고린도 성도들은 마치 어린아이처럼 행동하고 있기 때문에 이런 말을 한다.

아이들은 남들을 지배하려 하고, 관심을 끌기 위해 이기적이고 허무맹랑한 짓을 한다. 고린도 성도 가운데 이런 일들이 벌어지고 있다. 그러므로 사도는 이런 짓은 어린아이나 하는 것이니 스스로 장성한 사람이라고 생각하는 사람들은 멈출 것을 권면한다(Godet).

고린도 교회에서 영적 아이와 성인을 구분하는 기준은 무아지경 중 방언으로 선포하는 메시지에 대해 일부 성도가 취하는 자세다(Gillespie). 예배 중 통역이 없는데도 방언하는 것은 어린아이가 관심을 끌기 위해 하는 어리석은 행동과 다름없다. 교육(education)보다는 흥행/오락(entertainment)에 관심을 쏟는 행위이기 때문이다(Kistemaker). 우리는 하나님이 주신 지능을 '계몽된 성숙'(enlightened maturity)을 발전시키는 데 사용해야 한다(Garland). 꾸준히 영적인 성숙을 추구해야 한다.

둘째, 악에는 어린아이가 될 것을 권면한다. '악'(κακία)은 좋지 않은 것에 대한 가장 포괄적인 용어다(cf. TDNT). 그리스도인은 모든 악을 멀리하고 어린아이처럼 순결(순진)해야 한다. 악에 대해서는 어제 태어난 아이처럼 아예 관심을 갖지 않는 것이 좋다(Thiselton, cf. 롬 16:19).

바울은 율법에 기록된 말씀이라며 이사야 28:11-12을 인용해 방언은 전도와 양육에 별 효과를 발휘하지 못한다고 한다(21-22절). 사도는 이사야서 말씀을 인용하면서 마소라 사본이나 칠십인역(LXX)에서 직접 가져온 것이 아니라 이 말씀에 대한 자신의 기억에서 인용하는 것으로 보인다. 몇 가지 작은 표현의 차이가 있기 때문이다(Stanley, cf. Conzelmann, Fee, Garland, Moffatt, Thiselton). 그러나 그가 하고자 하는 말을 잘 전달하기 때문에 문제가 되지 않는다.

이사야 선지자는 이스라엘에 심판을 선언하며 이 말씀을 선포했다. 선지자가 이스라엘이 알아듣는 말(히브리어)로 하나님 말씀을 선포해도 듣지 않기 때문에 그들을 침략한 아시리아 사람들의 말(아람어)로 전했다는 것이다. 그러나 그들이 듣지 않기는 마찬가지였다. 하나님의 메시지가 그들에게는 의미 없는 소리로, 알아들을 수 없는 언어로 들렸다(Grudem). 그러므로 하나님이 주신 은혜의 말씀이 심판의 말씀이 되었다(Garland). 그들이 듣지 않았기 때문이다.

사도는 이사야서 말씀을 예언이라 하지 않고 율법이라 한다(cf. 9:8, 9, 20; 14:34). 하지만 별 문제 되지 않는다. 구약도 종종 선지자들이 선포한 말씀을 율법이라 한다: "여호와께서 각 선지자와 각 선견자를 통하여 이스라엘과 유다에게 지정하여 이르시기를 너희는 돌이켜 너희 악한 길에서 떠나 나의 명령과 율례를 지키되 내가 너희 조상들에게 명령하고 또 내 종 선지자들을 통하여 너희에게 전한 모든 율법대로 행하라"(왕하 17:13).

그러므로 사도는 방언이 믿는 자들을 위한 것이 아니라 믿지 않는 자들을 위한 표적이라고 말한다(22a절). 이 말씀이 모순적으로 들릴 수도 있다. 오순절 강림 때 방언은 믿는 사람뿐 아니라 믿지 않는 사람에게도 긍정적인 영향을 미쳤기 때문이다(cf. 행 2장).

학자들은 이에 대해 다양한 해석을 내놓지만, 바울이 '표적'(σημεῖον)을 어떤 의미로 사용하는지를 파악하는 것이 이 '모순'을 해결하는 열쇠다. 바울은 이 단어를 자주 사용하지는 않는다. 그러나 사용할 때는 다양한 의미로 사용한다: 할례 등 겉으로 드러나는 표시(롬 4:11), 좋은 기적(롬 15:19; 고후 12:12), 좋지 않은 것의 나타남(살후 2:9), 편지 끝에 친필로 문안하는 것(살후 3:17).

구약에서 '표적'은 긍정적인 의미와 부정적인 의미를 지닌다. 긍정적인 의미로는 무지개(창 9:1-14)와 문설주에 바른 양의 피(출 12:13) 등이 있다. 무지개는 하나님이 다시는 비로 세상을 심판하지 않으실 것이라는 표적이며, 문설주에 바른 피는 죽음의 천사들이 그 집에 들어가지 않도록 하는 표적이었다.

부정적인 의미로는 고라와 다단과 아비람의 향로를 쳐서 제단을 싸는 철판을 만든 일이다(민 16:23-38). 이 철판은 이스라엘 백성에게 하나님께 반역하지 말라고 경고하는 표적이 되었다. 또한 아론의 싹튼 지팡이도 반역한 자에 대한 표징이 되도록 증거궤 앞에 두었다(민 17:1-10).

한 표적이 두 가지 의미를 모두 지니는 경우도 많다. 출애굽을 위한 열 가지 재앙이 이스라엘에는 구원을 위한 표적이었지만, 이집트에는 심판의 표적이었던 것처럼 말이다(출 10:1-4; 신 4:34-35). 본문에서도 '표적'(σημεῖον)은 이 두 가지 의미를 지닌다(Fee, Garland, Grudem).

방언은 불신자들에게 부정적이다. 그들의 마음을 강퍅하게 해 결국 심판에 이르게 할 것이기 때문이다(Dunn, Grudem). 그러므로 방언은 불신자들을 심판에 이르게 하는 표적이다. 구원받은 자만을 위한 은혜의 표적이라고 생각했던 방언이 불신자에게는 심판의 징조라는 사실이 고린도 성도들에게 매우 충격적으로 다가왔을 것이다. 또한 방언은 믿는 자들에게도 그들이 사랑하는 자 중 복음을 영접하지 않은 자는 심판받을 수 있다는 부정적인 표적이다.

방언은 동시에 긍정적인 표적이 될 수 있다. 불신자를 자극해 복음을 영접하게 할 수도 있기 때문이다(cf. 행 2장). 또한 방언은 믿는 자에게도 긍정적인 표적이다. 그들에게 방언은 성령이 주시는 은사이며 하나님이 그들과 함께하신다는 표적이기 때문이다. 그러므로 불신자들에게 임할 심판이 그들에게는 임하지 않는다는 긍정적인 표적이다.

예언은 믿지 않는 자들을 위한 것이 아니고, 믿는 자들을 위한 것이다(22b절). 예언은 복음에 대해 선포하는 것이다. 유일하게 불신자를 회개시킬 수 있는 말씀이다(Garland). 또한 믿는 자에게는 영적 성장을 위해 꼭 필요한 하나님의 말씀이다(Thiselton). 그러므로 예언은 믿는 자와 불신자 모두를 위한 표적이다. 그러나 불신자가 예언을 통해 얻을 수 있는 은혜는 믿는 자가 예언을 통해 누리는 은혜에 비교하면 마치 없는 것과 같다. 그러므로 예언은 믿지 아니하는 자들을 위한 것이 아니라 믿는 자들을 위한 것이라 할 수 있다.

바울은 가상적인 상황을 예로 든다. 방언은 불신자에게는 심판을 상징하는 표적이기 때문에 온 교회가 함께 모여 다 방언으로 말하면 알지 못하는 자들이나 믿지 아니하는 자들이 들어와서 방언하는 자들을 미쳤다고 할 것이다(23절). '알지 못하는 자들'(ἰδιῶται)은 기독교와 그리스도인 예배에 익숙하지 않은 자들이다(Barrett, Findlay). 믿는 자들을 따라 교회에 오는 믿지 않는 남편들과 아내들을 포함한다. 이 사람들은 '믿지 않는 자들'(ἄπιστοι)과 다를 바 없다.

'미치다'(μαίνομαι)는 광기와 거친 말이 결합된 상태다(Thiselton). 흥분된 어조로 생각나는 것을 마구 내뱉는 상황이다. 당시 신비 종교들(mystery religions)에서 자주 일어나던 현상이다(Conzelmann, Hays, Horsley, Smit). 불신자나 기독교에 익숙하지 않은 사람이 기독교 예배에 참석했다가 모든 사람이 방언하는 것을 목격하면 기독교도 신비 종교와 별반 다를 바 없다고 생각할 것이라는 뜻이다. 결국 복음은 그들의 마음을 침범하지 못한다. 복음이 마음에 들어오기 전에 그들이 먼저 마음의 문을 걸어 잠갔기 때문이다. 이성적인 사람은 자신이 알아듣지 못하는 말에 마음을 열지 않는다.

반면에 예배에 참석한 모든 사람이 예언을 하면 어떻게 될까? 믿지 아니하는 자들과 기독교에 익숙하지 않은 자들이 엎드려 하나님께 경배하는 일이 생길 수 있다(24–25절). 이미 언급했듯이 예언하는 것은 복음을 전파하는 것이다(Garland, Gillespie). 그러므로 이 사람들이 예배에 참석했다가 선포된 메시지를 통해 하나님의 책망을 듣고 판단(정죄) 받을 뿐 아니라, 그들의 마음에 숨은 일이 드러나는(마음이 찔리는) 경험을 할 수 있다. 예언하는 사람들이 그들을 심판하는 것이 아니라, 예언을 통해 선포되는 하나님의 메시지가 그들을 판단(정죄)한다(Gardner, Garland). 이에 반응해 일부 사람은 엎드려 하나님께 경배하며, 더 나아가 그리스도인 예배 중에 하나님이 참으로 거하신다고 소문도 낼 것이다. 그리스도인 예배는 믿지 않는 사람들에게 충격을 주는 것이 아니라, 놀라움을 선사해야 한다.

이 말씀은 그리스도인은 영적인 성장을 계속해야 한다고 한다. 처음 예수를 구주로 영접한 것에 우리의 영성이 머물러 있어서는 안 된다. 처음에는 아이처럼 젖을 먹는 것이 당연하지만, 성장함에 따라 밥을 먹어야 한다(3:1–2). 히브리서 저자는 그리스도인이 된 후 성장하지 않는 그리스도인에 대해 이렇게 탄식한다: "때가 오래 되었으므로 너희가 마땅히 선생이 되었을 터인데 너희가 다시 하나님의 말씀의 초보에 대하여 누구에게서 가르침을 받아야 할 처지이니 단단한 음식은 못 먹고 젖이나 먹어야 할 자가 되었도다"(히 5:12). 우리의 영성은 계속 성장해야 한다.

이와는 대조적으로 성장하지 않는 아이로 머물러야 할 영역도 있다. 악에는 어린아이로 머물러야 한다. 항상 악을 배제하고 선을 추구해야 한다. 악역을 맡아도 안 된다. 우리가 맡지 않아도 악역을 감당할 자들은 언제든 넘쳐난다.

사람들은 하나님이 자기와 함께하신다는 표적을 구한다. 사실 표적은 우리 주변에 널려 있다. 사도는 방언과 예언도 표적이라 한다. 또한 성령의 열매와 은사도 표적이다. 그러므로 표적은 하나님이 주시는 것이지만, 또한 우리가 노력해 이루어 가는 것이기도 하다. 그리스도인이라면 평생 성령의 열매를 맺는 삶을 살고자 노력하기 때문이다.

예배는 그리스도인을 위한 것이지만, 또한 믿지 않는 사람들과 기독교에 대해 알지 못하는 사람들을 위한 것이기도 하다. 그러므로 믿지 않는 사람들도 어느 정도 공감할 수 있는 질서 정연한 영적 예배를 드려야 한다. 예배는 비기독교인들을 충격에 빠트리는 것이 아니라, 놀라움을 선사해야 한다.

Ⅳ. 교회의 질문들(7:1–15:58)
E. 예배(11:2–14:40)
2. 성령의 은사와 예배(12:1–14:40)

(4) 예배 질서(14:26–40)

[26] 그런즉 형제들아 어찌할까 너희가 모일 때에 각각 찬송시도 있으며 가르
치는 말씀도 있으며 계시도 있으며 방언도 있으며 통역함도 있나니 모든 것
을 덕을 세우기 위하여 하라 [27] 만일 누가 방언으로 말하거든 두 사람이나
많아야 세 사람이 차례를 따라 하고 한 사람이 통역할 것이요 [28] 만일 통역
하는 자가 없으면 교회에서는 잠잠하고 자기와 하나님께 말할 것이요 [29] 예
언하는 자는 둘이나 셋이나 말하고 다른 이들은 분별할 것이요 [30] 만일 곁
에 앉아 있는 다른 이에게 계시가 있으면 먼저 하던 자는 잠잠할지니라 [31] 너
희는 다 모든 사람으로 배우게 하고 모든 사람으로 권면을 받게 하기 위하
여 하나씩 하나씩 예언할 수 있느니라 [32] 예언하는 자들의 영은 예언하는 자
들에게 제재를 받나니 [33] 하나님은 무질서의 하나님이 아니시요 오직 화평의
하나님이시니라 모든 성도가 교회에서 함과 같이 [34] 여자는 교회에서 잠잠하
라 그들에게는 말하는 것을 허락함이 없나니 율법에 이른 것 같이 오직 복
종할 것이요 [35] 만일 무엇을 배우려거든 집에서 자기 남편에게 물을지니 여
자가 교회에서 말하는 것은 부끄러운 것이라 [36] 하나님의 말씀이 너희로부터
난 것이냐 또는 너희에게만 임한 것이냐 [37] 만일 누구든지 자기를 선지자나

혹은 신령한 자로 생각하거든 내가 너희에게 편지하는 이 글이 주의 명령인 줄 알라 [38] 만일 누구든지 알지 못하면 그는 알지 못한 자니라 [39] 그런즉 내 형제들아 예언하기를 사모하며 방언 말하기를 금하지 말라 [40] 모든 것을 품위 있게 하고 질서 있게 하라

사도는 이 섹션(12-14장)이 시작된 이후 성령이 우리 모두에게 은사를 주시는 목적과 적절한 사용법에 대해 말했다. 가장 중요한 것은 모든 것을 사랑으로 하는 것이다(cf. 13장). 그는 이 섹션을 마무리하며, 은사가 예배에서 어떻게 사용되어야 하는지 지침을 준다. 그러므로 이 섹션은 은사와 예배가 어떻게 융합해야 하는지에 대한 가르침이라 할 수 있다. 융합의 핵심은 품위와 질서다(cf. 40절).

모든 사람이 예배에 참여할 뿐 아니라, 성령의 인도하심에 따라 이바지할 수도 있다. 그러나 무질서와 혼란은 용납해서는 안 된다. 그러므로 바울은 예배에 참여하는 모든 사람이 준수해야 할 가이드라인, 곧 질서에 대해 말한다. 예배 중 방언하는 사람은 통역이 필요하고, 예언하는 사람은 검증할 사람이 필요하다. 예배에 참여한 모든 사람이 알아들을 수 있도록 방언하고 예언하라는 것이다. 그리스도인 예배에서 하나님을 경배하는 일 다음으로 중요한 것은 모든 참여자의 덕을 세우는 일이다.

"그런즉 형제들아 어찌할까?"(26a절)는 바울이 다음 주제로 넘어가기 전에 이때까지 제시한 가르침에 대해 결론을 지을 때 자주 사용하는 의문형 표현이다(Verbrugge, cf. 롬 3:9; 6:1, 15; 8:31; 9:14, 30; 11:7; 고전 3:5; 10:19). 이번에는 고린도 성도들이 드리는 예배가 어떠해야 하는지에 대해 결론적인 가르침을 준다.

'모일 때'(ὅταν συνέρχησθε)에서 '때'(ὅταν)는 '언제든지'(whenever)를 뜻한다(Wallace). 그러므로 이 문구는 '언제든지 예배를 드리기 위해 모일 때'라는 의미를 지닌다. 즉, 사도는 혼란과 분란으로 가득한 고린도 교회가 앞으로 준수해야 할 예배 지침을 제시하고 있다. 저자가 나열하는 예배 요소는 이미 은사로 언급된 것들이다(26b절): 찬송시(14:15), 가르치는 말씀(14:6), 계시(14:6), 방언(14:2, 4, 5, 6, 9, 13, 14, 18, 19, 22, 23), 통역(14:5, 13). 이 은사 중 가르치는 말씀과 계시는 예언의 은사와 연관된 것들이다.

어떤 이들은 여기에 나열된 은사의 순서가 고린도 교회의 예배 순서를 반영한 것이라고 하지만((Findlay), 별 설득력 없는 해석이다. 저자는 단순히 예배는 성령이 성도들에게 주신 온갖 은사가 사용되는 곳이라는 사실을 강조할 뿐이다(Conzelmann). 예배 순서는 참여자들에게 덕을 끼치는 범위에서 얼마든지 조정할 수 있다.

'찬송시'(ψαλμός)는 기도 혹은 성가를 뜻할 수 있다. 찬송은 초대교회 예배의 중요한 부분이었다(cf. 엡 5:19-20; 골 3:16; 계 5:9-14). 확실하지는 않지만, 교회가 지어 부른 새 찬양(Collins, Moffatt, cf. 골 1:15-20; 딤전 3:16; 계 4:11; 5:9)과 유대인들이 오래전부터 시편 등의 말씀에 음을 붙여 부른 찬송을 포함했다(Gardner). 솔로로 부르고, 합창하기도 했다. 반주에 맞춰 부르거나, 아카펠라로 부르기도 했다.

'가르치는 말씀'(διδαχή)은 예배 중에 하나님이 주신 즉흥적인 말씀이 아니다. 많은 시간을 투자해 연구하고 묵상한 결과다(Garland, Thiselton, cf. 4:17). 오늘날로 말하자면 설교라 할 수 있다.

'계시'(ἀποκάλυψις)는 사전에, 혹은 예배 중에 임할 수 있다(고후 12:1-7; 갈 1:12, 16; 2:2). 하나님이 계획과 뜻을 알려 주시는 것이다. '방언'(γλῶσσα)과 '통역'(ἑρμηνεία)은 예배 중 즉흥적으로 임하는 은사다.

우리가 공동체 예배를 드리는 것은 참여한 모든 사람에게 덕을 세우기 위해서다(26c절). 이는 예배에 대한 바울의 가르침의 핵심이다(Sampley, Verbrugge). 고린도 교회의 예배는 은사를 받은 사람들이 서로 경쟁하는 곳이었다(Garland). 또한 그들은 즉흥적이고 초자연적인 은사를 좋아했다(cf. Fee). 예배 중이라도 방언하는 자들과 계시를 받은 자들은 받은 즉시 떠들어 댔다. 그러다 보니 그들의 예배는 참여자들에게 덕을 끼치지 못하고 오히려 예배와 교회의 질서를 위협했다. 이에 대해 사도는 예배는 경쟁하는 곳이 아니므로 받은 은사를 적절하게 사용해 품위 있고 질서 있는 예배를 드리라고 한다(cf. 40절). 개인에게만 덕을 세우는 은사는 예배에서 사용하지 말 것을 권면한다(Garland, cf. 14:4). 이렇게 하면 예배에 참여한 모든 사람에게 덕을 끼친다. 요즘 말로 하자면, 예배에는 '인싸'(insider)와 '아싸'(outsider)가 있어서는 안 된다.

사도는 공동체 예배에서 방언을 전적으로 금하지는 않는다. 성령이 주신 좋은 은사이기 때문이다. 다만 합리적인 가이드라인에 따라 방언 은사를 행할 것을 권한다(27-28절). 하나님을 경배하는 예배에서 사람으로 인한 무질서와 혼란은 옳지 않다. 방언에 대한 가이드라인은 다음과 같다.

첫째, 누가 방언으로 말하거든 두 사람 혹은 많아야 세 사람이 차례를 따라 해야 한다(27a절). 예배 중 여러 사람이 동시에 방언하면 안 된다(Gardner, Verbrugge). 순서에 따라서 해야 한다. 어떤 이들은 두세 사람이 방언한 후 그들이 한 말을 누가 통역하면 연이어 다른 사람이 방언할 수 있다고 하지만(Fee), 사도는 한 예배에서 방언하는 사람을 두세 사람으로 제한하라고 한다(Collins, Garland). 고린도 성도 중 방언하는 사람들은 자신을 자랑하기 위해 안달이 나 있다(Collins). 이런 상황에서 예배마다 방언하는 사람을 두세 명으로 제한하라는 것은 자성하라는 의미다.

둘째, 통역이 있어야 한다(27b절). 통역은 방언한 자가 직접 할 수도 있고, 통역 은사를 받은 다른 사람이 할 수도 있다. 대부분 학자는 이 문장의 문법이 방언하는 사람이 직접 통역할 것을 의미하는 것으로 해석한다.

셋째, 만일 통역하는 자가 없으면 교회에서는 잠잠하고 홀로 하나님께 기도할 때 사용해야 한다(28절). 공동체 예배는 참여하는 모든 사람의 유익을 위한 것이다. 그러므로 방언하는 사람이 알아들을 수 없는 말을 하는데 그 누구도 통역해 줄 수 없다면 방언을 하지 않는 것이 덕이 된다.

핵심은 예배 중에 방언이 즉흥적으로 임하더라도 방언하는 사람이 조절할 수 있다는 것이다(Gardner). 성령은 자신이 주신 은사인 방언을 통해 말씀하신다. 그러나 방언하는 자의 차분한 마음과 언어를 통해 질서 정연한 예배에서 말씀하신다(Fee). 방언하는 사람이 적절한 정황과 장소에서 하나님의 말씀을 대언하는 것은 구약 예언자들과 비슷하다고 할 수 있다.

사도는 공동체 예배 중 예언의 은사를 어떻게 사용해야 하는지에 대해서도 가이드라인을 제시한다(29-32절). 앞서 저자는 예언이 방언보다 훨씬 더 좋은 은사라고 했다(14:20-25). 그러나 예언의 은사도 조절하며 사용해야 한다. 예언에 대한 가이드라인은 다음과 같다.

첫째, 예언은 두세 사람만 해야 한다(29a절). 사도가 한 예배에서 방언하는 사람의 수를 두셋으로 제한한 것처럼, 예언하는 사람의 수도 제한해야 한다(Calvin, Conzelmann, Findlay, Robertson & Plummer). 방언과 달리 예언은 누구나 알아들을 수 있는 말로 하기 때문에 더 많은 사람에게 덕이 된다. 예언은 공동체에 속한 사람이라면 누구든지 할 수 있다(Barrett, Carson, Fee, Gardner, Garland, Grudem).

둘째, 다른 이들은 예언을 분별해야 한다(29b절). '분별하다'(διακρίνω)는 '판결하다, 평가하다'라는 뜻을 지닌다(BDAG). 선포된 예언이 경건하고, 선하고, 덕이 되며, 성경적인지 판단하는 사람이 있어야 한다는 것이다. 신명기 13장은 선지자들의 메시지를 판단해 거짓 선지자로 드러나면 죽이라고 한다. 교회가 선지자를 죽이는 일은 없겠지만, 평가는 반드시 이뤄져야 한다. 바울은 그가 전한 메시지를 성경을 살펴 가며 평가했던 베뢰아 사람들을 칭찬했다(행 17:11). 그는 고린도 성도들에게도 자기가 하는 말이 사실인지 확인해 볼 것을 요구했다(10:15;

11:13).

그렇다면 예배 중에 선포된 예언을 어떤 기준으로 평가할 것인가? 저자가 이 서신에서 말한 것을 근거로 다음 질문들을 통해 평가할 수 있다(Garland).

1. 예수님이 남기신 전통(7:10; 9:14; 11:23; 12:3; 15:3), 십자가에 못 박히신 그리스도의 가르침(1:18-25)과 일치하는가?
2. 그리스도에 의해 올바르게 해석된 성경과 일치하는가(1:19, 31; 4:6)?
3 사도들이 전하고 가르친 것과 일치하는가(2:1-5; 7:25; 11:2; 15:3)?
4. 다른 사람에 대한 희생적인 사랑과 일치하는가(13:1-13; 8:1)?
5. 공동체의 유익을 증진시키는가(14:3-5, 12, 17, 26)?
6. 다른 그리스도인으로 하여금 믿음 안에서 걸려 넘어지게 하는가(8:7-13)?
7. 불신자들을 책망하고, 확신시킴으로써 하나님에 대한 믿음으로 인도하는가(14:20-25)?

셋째, 만일 곁에 있는 다른 이에게 계시가 있으면 먼저 예언하던 자는 잠잠해야 한다(30절). 계시는 하나님이 주시는 통찰력(insight)이다(Garland). 하나님은 몇 사람에게만 계시를 주시는 것이 아니라, 많은 사람에게 주신다. 그러나 한 예배에서 예언하는 사람의 수는 두세 명으로 제한해야 한다(Robertson & Plummer). 예배의 질서를 위해서다.

배우고 훈련받으면 예언할 수 있다(cf. 31a절). 누구든지 하나님의 말씀을 배우고 묵상하면 예언(가르침과 계시)할 수 있다. 한 사람 한 사람 질서 정연하게 예언하면 된다(31b절). 사도는 자신이 예언(계시)을 독점한다고 생각하는 사람들을 견제하기 위해 이렇게 말한다(Sampley, cf. 롬 12:6; 고전 12:28; 14:37).

중요한 것은 예언의 목적이다. 예언의 목적은 예배에 참석한 사람들을 깨우치고 권면하기 위함이다(31a절). 공동체의 덕을 세우는 것이 중요한 이슈로 한 번 더 부각되고 있다. 그러므로 예언 은사를 받은 사람들은 은사를 사용할 때 스스로 자신을 제재해야 한다(32절). 공동체의 유익과 예배의 질서와 연관해 자신이 선포하고자 하는 예언이 적절한지를 생각해 보아야 한다. 방언을 절제하는 것처럼 예언도 절제할 수 있다는 뜻이다.

사도가 방언하는 자들과 예언하는 자들에게 절제하고 자제함으로 예배를 혼란스럽게 하는 일이 없게 하라고 당부하는 것은 그리스도인의 예배는 하나님의 속성을 반영하는 것이기 때문이다. 하나님은 무질서의 하나님이 아니시며 오직 화평의 하나님이시다(33a절). '무질서'(ἀκαταστασία)는 '날뜀'(unruliness), '불안'(unrest), '어수선함'(disorder) 등을 뜻한다(BDAG). 이에 반대되는 말은 '화평'(εἰρήνη)이다.

히브리어 단어 '샬롬'(שָׁלוֹם)을 헬라어로 번역하면 '화평'(εἰρήνη)이 된다. 샬롬을 가장 쉽게 설명하자면 수많은 악기로 구성된 오케스트라가 마치 한 악기인 듯 완벽한 화음을 이루는 것이다. 하나님은 성도들이 함께 드리는 예배가 혼연일체의 예배가 되기를 기대하신다. 고린도 교회 안의 무질서와 분란은 성령에게서 비롯된 것이 아니라, 나르시시즘과 받은 은사를 자랑하고 싶은 욕심에서 비롯되었다. 야고보서 3:16이 고린도 상황을 잘 설명하는 듯하다: "시기와 다툼이 있는 곳에는 혼란과 모든 악한 일이 있음이라."

"모든 성도가 교회에서 함과 같이"(33b절)는 앞 문장을 수식할 수도 있고(NAS, NIV), 뒤 문장을 수식할 수도 있다(새번역, 공동, ESV, NRS). 앞 문장을 수식하는 것으로 간주하면 33절은 "성도들의 모든 교회에서 하나님은 무질서의 하나님이 아니시요 오직 화평의 하나님이시다"(For God is not a God of confusion but of peace, as in all the churches of the saints)가 된다. 뒤 문장을 수식하는 것으로 간주하면 34절은 "성도들의 모든 교회에서 여자는 교회에서 잠잠하라…"(As in all the churches of the saints, the women should keep silent in the churches…)가 된다.

사도가 34-35절에서 교회와 여자에 대해 하는 말은 여러 고린도 성도의 반발을 사기에 충분하다. 이러한 사실을 의식한 듯 바울은 여자에 대한 자신의 가르침은 고린도 교회뿐 아니라 세상 어느 교회에서든 유효하다는 의미로 이 말을 사용해 여자에 대한 가르침(34-35절)을 시작하는 듯하다. "모든 성도가 교회에서 함과 같이"(33b절)는 뒤 문장을 수식하는 것이다.

저자는 무엇 때문에 "여자는 교회에서 잠잠하라"(34a절)라고 명령하는 것일까? 고린도 교회의 여자 성도들이 예배를 방해했는가? 예배 중에 예언하고 방언하는 사람들을 훼방했는가? 이유는 알 수 없지만, 바울이 세상 모든 교회에서 여자는 잠잠해야 한다고 하는 것은 아니다. 이 말씀은 영원히 유효한 기독교 원칙이 아니라는 뜻이다. 다음 사항을 생각해 보라.

> 유오디아와 순두게(빌 4:2-3), 브리스가(롬 16:3; 고전 16:19), 마리아(롬 16:6), 유니아(롬 16:7), 드루배나와 드루보사(롬 16:12)와 같은 여성들이 교회에서 말할 수 없다면 어떻게 동역자로 사역할 수 있었을까? 뵈뵈가 집회에서 발언할 수 없다면 어떻게 집사의 역할을 다할 수 있었을까(롬 16:1-2)? 가정 교회를 개척할 만큼 영향력이 있는 눔바와 같은 여인(골 4:15)이 어떻게 자기 집에서 침묵을 지킬 수 있었을까(Bassler)?

사도는 이미 11:5에서 머리를 가리면 여자도 예언하고 기도할 수 있다고 했다. 14:31에서는 여자를 포함한 모든 사람이 예배 중에 예언을 할 수 있다고 했다. 예언을 포함한 모든 은사는 성령이 원하시는 자들에게 성별을 가리지 않고 주시기 때문이다(12:11). 그러므로 만일 바울이 여자가 교회에서 말하는 것을 원칙적으로 막는다면, 그는 성령이 주신 은사를 교회에서 금하며 자신이 한 말을 번복하는 것이다. 또한 오순절 강림에 대한 요엘의 예언도 수정하는 것이다: "그 후에 내가 내 영을 만민에게 부어 주리니 너희 자녀들이 장래 일을 말할 것이며 너희 늙은이는 꿈을 꾸며 너희 젊은이는 이상을 볼 것이며 그 때에 내가 또 내 영을 남종과 여종에게 부어 줄 것이며 내가 이적을 하늘과 땅에 베풀리니 곧 피와 불과 연기 기둥이라"(욜 2:28–30; cf. 행 2:18; 21:9). 요엘은 하나님이 남자와 여자를 가리지 않고 모두에게 예언의 은사를 주실 것이라고 했는데, 바울의 처사는 여자가 예언 은사를 받았다는 사실을 부인하기 때문이다.

학자들은 크게 세 가지 가능성을 논한다. 첫째, 34–35절은 고린도 성도들이 한 말을 인용한 것이다(Arichea, Talbert, Odell–Scott, cf. 1:12; 2:15; 6:12–13; 7:1; 8:1, 4, 8; 11:2; 15:12). 즉, 고린도 교회 안에서 남자들이 여자들에 대해 한 말이라는 뜻이다(Odell–Scott). 이 해석에 따르면 바울은 고린도 교회 남자들(혹은 남자 엘리트들)이 고수하는 입장을 비판하기 위해 이곳에 그들의 말을 인용하고 있다.

이 해석의 가장 큰 장점은 36절을 설명하기 쉽다는 데 있다. 사도는 여자들에게 잠잠하라고 하는 자들을 향해 "하나님의 말씀이 너희로부터 난 것이냐 또는 너희에게만 임한 것이냐?"라며 그들의 비(非)성경적인 생각을 맹렬히 비난한다는 것이다.

하지만 이 해석의 가장 큰 문제는 바울이 인용한다는 고린도 성도들의 말이 지나치게 길다는 데 있다(Garland, Hays). 바울이 고린도 성도들의 슬로건을 인용하는 것은 사실이지만 모두 매우 짧다. 반면에 이곳에서 인용하고 있다는 말은 두 절(그것도 다른 절에 비교해 긴 두 절)에 해당한다. 또한 바울의 비난(36절)이 그들의 논리에 문제를 제기한다고 할 수도 없다.

둘째, 34–35절은 바울이 직접 쓴 것이 아니라 훗날 다른 사람이 이 서신에 삽입한 것이다(Barrett, Conzelmann, Fee, Hays, Horsley, Munro, Murphy–O'Connor, Sampley, Snyder, Weiss, cf. NRS). 이렇게 해석하는 학자

들은 이 문구를 삽입한 사람이 교회 모임과 여자의 역할에 대해 다르게 말하는 텍스트(cf. 딤전 2:11-15)와 이 서신이 서로 하모니를 이루게 하려고 삽입했다고 주장하기도 한다.

이들이 증거로 드는 것은 일부 사본이 34-35절을 14:40 이후에 표기하고 있다는 점이다(cf. 새번역 각주). 34-35절은 훗날 삽입된 것이기에 이처럼 유동적인 위치에서 발견된다는 것이다. 또한 만일 이 구절들이 바울이 쓴 오리지널이라면 그는 자신의 말을 너무나도 빨리 번복한다. 그러므로 이러한 사실도 본문이 삽입된 것임을 암시한다. 문맥의 흐름도 이 두 구절을 삭제하면 훨씬 더 매끄럽다.

이 해석의 가장 큰 문제는 가장 오래된 사본은 모두 34-35절을 제자리에 표기하고 있다는 것이다(Martin, Odell-Scott). 34-35절이 14:40 이후로 옮겨진 것은 중세기에나 있었을 법한 일이다. 그러므로 나름 매력적인 면모를 지닌 이 해석도 역사적인 증거가 뒷받침하지 못하므로 별 설득력이 없다.

셋째, 남편과 아내의 관계에서 서로 화합을 추구하라는 취지의 말이다(Blomberg, Carson, Dunn, Ellis, Gardner, Garland, Liefeld, Thrall). 교회 예배에서 아내는 어떻게 남편과 하나가 되어야 하는지에 관한 말씀이라는 것이다. 그렇다면 이 말씀은 여자 선지자들을 포함한 모든 여자 성도에 대해 원칙을 제시하는 것이 아니다. 남편이 있는 여자들에게만 적용되는 말씀이다.

'여자들'(αἱ γυναῖκες)(34절)은 여자들 혹은 아내들을 뜻한다(BDAG). '남자들'(ἄνδρας)과 함께 사용될 때는 남편과 아내를 의미하는 것이 더 확실해진다(7:2-5; 11:3). 그러므로 모든 번역본이 '자기 남자들'로 번역할 수 있는 문구(ἰδίους ἄνδρας, 35절)를 '자기 남편'으로 번역한다(새번역, 공동, ESV, NAS, NIV, NRS). 그러므로 34-35절의 더 정확한 번역은 "아내들(결혼한 여자들)은 교회에서 잠잠하라…만일 무엇을 배우려거든 집에서 자기 남편에게 물을지니 아내들(결혼한 여자들)이 교회에서 말하는 것은 부끄러운 것이다"이다. 개역개정이 같은 단어를 34절에서는 '여자'로 35절에서는 '아내'로 번역한 것이 혼란을 가중시켰다.

'복종할 것'(ὑποτασσέσθωσαν, 34절)도 남편-아내 관계에 가장 잘 어울리는 표현이다(cf. 엡 5:24; 골 3:18; 딤전 2:11-15; 딛 2:5; 벧전 3:1-6). 종이 모든 사람에게 복종하는 것이 아니라, 자기 주인에게만 복종하는 것처럼 아내는 남편에게 복종해야 한다.

당시 사회에서 아내의 침묵은 복종의 상징이었다(Blomberg). 아내는 남편이 하는 예언을 공개적으로 판단하지 않아야 한다(Gardner). 또한 교회에서 남편이 한 말에 대해 공개적으로 반론을 제기해서도 안 된다(Verbrugge). 이런 일은 집에서도 얼마든지 할 수 있기 때문이다.

아내가 침묵하지 않으면 예배의 화평을 해치는 무질서가 아니라 '부끄러운 것'이 된다(35절). 당시 문화와 정서에 비추어 볼 때 남편에게 수치가 되는 일이라는 뜻이다(Dunn, Witherington). 그러므로 이 말씀은 여자들의 사역과는 상관없는 일이다. 여자도 얼마든지 교회에서 예언하고 기도할 수 있다(11:5).

문맥을 고려할 때 예언자들의 예언을 평가하는 일에서 결혼한 여자들(아내들)은 침묵하라는 뜻이다(Blomberg, Carson, Dunn, Ellis, Liefeld, Thrall, cf. 29절). 특히 자기 남편이 한 예언에 대해서는 더욱더 그렇게 해야 한다(Garland). 만일 질문하거나 반론할 것이 있으면 집에서 하면 된다. 부부는 일심동체인데 교회 같은 공개적인 장소에서 남편과 아내가 갈등을 빚는 모습을 보이는 것은 그 당시뿐 아니라 지금도 바람직해 보이지 않는다.

이 해석의 가장 큰 어려움은 율법 어디에도 아내가 남편에게 복종해야 한다는 말이 없다는 것이다(34절). '율법'(νόμος)은 모세 오경 혹은 그 안에 기록된 율법을 뜻한다(cf. 롬 3:19; 7:7; 고전 9:9). 그러나 모세 오경 어디에도 이런 말씀이 없다. 가장 근접한 것은 창세기 3:16이다: "너는 남편을 원하고 남편은 너를 다스릴 것이니라." 그러나 이 말씀은 저주의 일부이지 율법이 아니다. 그러므로 학자들은 바울이 구체적인 율법을 인용하는 것이 아니라, 당시 유대인의 보편적인 율법 해석을 근거로 이렇게 말하는 것으로 간주한다(Gardner, Verbrugge).

사도는 고린도 교회에 두 개의 수사학적인 질문을 던진다(36절): "하나님의 말씀이 너희로부터 난 것이냐?", "너희에게만 임한 것이냐?" 바울이 이렇게 말하는 것은 방언과 예언에 관한 가르침, 그리고 결혼한 여자는 잠잠해야 한다는 가르침에 대해 어느 정도 반발이 있을 것을 예상하기 때문이다(Gardner, Verbrugge, Witherington). 사도는 고린도에서 그리스도의 복음이 시작되지 않았다며 고린도 성도들에게 자기 말에 귀 기울일 것을 요구하고 있다. 그 누구도 하나님의 말씀이 바울에게 임했다는 사실을 부인할 수는 없기 때문이다.

12:1에서 시작된 섹션이 37-40절에서 결론에 이르고 있다(Smit). 고린도 성도들은 자신이 참으로 지혜롭고, 성경에 대해 많이 알고, 신령한 은사를 많이 지닌 영적인 사람이라 생각한다. 사도는 그들이 영적인 사람인지 확인하는 테스트로 이 서신을 통해 자신이 한 말을 제시한다. 선지자나 신령한 자는 바울의 글을 주의 명령으로 알 것이다(37절).

만일 누구든지 알지 못하면 그는 알지 못한 자다(38절). 어떤 이들은 이 말을 어떠한 반론도 허용하지 않을 것이라는 뜻으로 해석한다(Barrett). 그러나 더 강력한 경고다. 누구든지 바울의 글이 주의 명령이라는 것을 부인하면, 하나님이 그를 부인하실 것이다(Edwards, Fee, Kistemaker, cf. 마 7:22-23). 그의 글이 주의 명령이라는 것을 부인하는 사람은 하나님이 세우신 선지자나 신령한 자가 아니기 때문이다.

예언과 방언에 대한 사도의 마지막 권면은 예언하기를 사모하되 방언 말하기를 금하지 말라는 것이다(39절; cf. 14:1). 둘 다 중요한 은사라는 것을 인정하는 말이다. 그러나 두 은사 중 어느 것이 더 중요한지는 확실하다. 예언이 방언보다 더 중요하다.

그리스도인은 모든 것을 품위 있게 하고 질서 있게 해야 한다(40절).

그리스도인은 세상 사람들 앞에서 '품위 있게'(εὐσχημόνως) 또는 정중하게 걷거나 생활해야 한다(Gardner, 롬 13:13; 살전 4:12). 질서는 방종한 남용을 억제하고 모든 사람이 사랑 안에서 공동체를 세우기 위해 함께 일하는 분위기를 조성하는 데 필요하다(Hays).

현명하고 성경에 근거한 기독교 예배는 질서를 희생시키면서 자유를 추구하지 않으며, 경건을 희생시키면서 즉흥성을 추구하지 않는다(Carson). 예언과 방언 은사를 사용하는 일에도 품위와 질서를 유지해야 한다. 공동체 예배에도 품위와 질서가 있어야 한다. 기독교는 품위와 질서의 종교다.

이 말씀은 공동체 예배에서 인싸(insiders)와 아싸(outsiders)가 있어서는 안 된다고 한다. 예배에 참여하는 모든 사람은 각자 받은 은사에 따라 맡은 역할을 다하며 하나님께 영광을 돌리고 서로에게 격려와 위로가 되어야 한다. 우리 예배는 하나님을 경배하고 온 공동체에 덕을 세워야 한다.

예배는 내용도 중요하지만, 질서와 격식도 중요하다. 예언 등 특별한 은사도 예외가 될 수 없다. 모든 은사가 적절한 질서와 품위를 유지하는 가운데 사용되어야 한다. 은사가 잘 사용되는지는 온 공동체에 덕을 끼치는지로 판단할 수 있다.

우리는 예배 중 분란을 일으키거나 질서를 위협하는 일을 자제해야 한다. 예언을 선포하고 방언을 말하는 자들도 예외가 아니다. 하나님의 화평이 공동체를 감싸는 예배를 드려야 한다.

결혼한 여자들은 교회에서 남편을 비난하거나 반박하는 말을 해서는 안 된다. 이런 일은 부끄러운 일이다. 만일 남편에게 질문하거나 할 말이 있거든 집에서 해야 한다.

성경 말씀에 이의를 제기하기보다는 이해하려고 노력해야 한다. 하나님의 말씀이기 때문이다.

Ⅳ. 교회의 질문들(7:1-15:58)

F. 부활(15:1-58)

서신의 주제가 고린도 교회의 무질서한 예배에서 그들의 잘못된 믿음으로 바뀌고 있다. 바울 서신에 있는 하나의 주제에 대한 강론으로는 부활에 대한 본 텍스트가 가장 길다(Gardner). 일부 고린도 성도는 그리스도인은 죽자마자 부활을 거치지 않고 곧바로 다음 생을 시작한다고 했다(Soards). 그러므로 부활은 영생하는 데 필요 없으며, 실제로 있지도 않다고 한 것이다(cf. 12절). 그들이 이렇게 생각하게 된 것은 어떻게 우리의 육신이 다음 세상에서 갖게 될 몸으로 이어지는지를 이해하지 못했기 때문이다(cf. 35절).

사도는 그리스도께서 부활하셨다는 사실을 증명하려 하지 않고, 그리스도가 부활하셨기 때문에 믿는 우리도 부활할 것이라고 한다. 우리가 어떠한 구체적인 단계와 절차를 통해 부활하는지 이해할 수 없다고 해서 부활을 믿을 수 없다며 부인하는 것은 옳지 않다는 것이다. 잘못된 믿음은 잘못된 언행으로 이어지기 때문이다. 성경에서 부활에 대해 가장 자세하게 말하는 이 섹션은 다음과 같이 구분된다.

A. 그리스도의 부활(15:1-11)
B. 부활이 없다면(15:12-19)
C. 부활의 첫 열매 그리스도(15:20-28)
D. 부활이 없다면(15:29-34)
E. 몸의 부활(25:35-49)
F. 모든 것이 변화될 것(15:50-58)

Ⅳ. 교회의 질문들(7:1–15:58)
F. 부활(15:1–58)

1. 부활하신 그리스도(15:1–11)

[1] 형제들아 내가 너희에게 전한 복음을 너희에게 알게 하노니 이는 너희가
받은 것이요 또 그 가운데 선 것이라 [2] 너희가 만일 내가 전한 그 말을 굳게
지키고 헛되이 믿지 아니하였으면 그로 말미암아 구원을 받으리라 [3] 내가 받
은 것을 먼저 너희에게 전하였노니 이는 성경대로 그리스도께서 우리 죄를
위하여 죽으시고 [4] 장사 지낸 바 되셨다가 성경대로 사흘 만에 다시 살아나
사 [5] 게바에게 보이시고 후에 열두 제자에게와 [6] 그 후에 오백여 형제에게
일시에 보이셨나니 그 중에 지금까지 대다수는 살아 있고 어떤 사람은 잠들
었으며 [7] 그 후에 야고보에게 보이셨으며 그 후에 모든 사도에게와 [8] 맨 나
중에 만삭되지 못하여 난 자 같은 내게도 보이셨느니라 [9] 나는 사도 중에 가
장 작은 자라 나는 하나님의 교회를 박해하였으므로 사도라 칭함 받기를 감
당하지 못할 자니라 [10] 그러나 내가 나 된 것은 하나님의 은혜로 된 것이니
내게 주신 그의 은혜가 헛되지 아니하여 내가 모든 사도보다 더 많이 수고
하였으나 내가 한 것이 아니요 오직 나와 함께 하신 하나님의 은혜로라 [11] 그
러므로 나나 그들이나 이같이 전파하매 너희도 이같이 믿었느니라

부활은 세상 사람뿐 아니라 기독교인도 가장 믿기 어려워하는 교리다. 대부분 그리스도인은 예수님의 십자가 죽음이 우리의 죄를 사하기 위해서라는 사실은 별 어려움 없이 믿는다. 그러나 그리스도께서 죽은 지 사흘째 되는 날 부활하셨다는 사실은 믿기 어렵다는 사람이 많다. 죽음은 주변에서 자주 경험하지만, 부활은 한 번도 경험하지 못했기 때문이다. 사람이 부활한다는 것이 도대체 어떤 일인지 상상하기도 쉽지 않다. 바울은 이 섹션에서 기독교가 시작된 이후 교회가 변함없이, 꾸준히 선포한 예수 그리스도의 부활이 어떤 것인지 요약적으로 설명한다.

사도는 고린도 성도들이 이미 그를 통해 경험한 일들을 회상하며 이 섹션을 시작한다. 바울은 과거에 자신이 고린도를 찾아가 그들에게 복음 전한 일을 떠올리라고 한다(1a절). 그는 예수 그리스도의 복음을 그들에게 전했다. 그가 전한 '복음'(εὐαγγέλιον)은 "모든 믿는 자에게 구원을 주시는 하나님의 능력"이다(롬 1:16).

그들은 바울이 전한 복음을 받고, 그 가운데 섰다(1b절). 여기서 '알리다'(γνωρίζω)는 현재형이다. 과거에 선포한 복음의 효과(영향력)과 지금도 복음을 영접한 고린도 성도 중에 지속되고 있다는 것이다. '받았다'(παρελάβετε)는 영접했다는 뜻이다(BDAG). '섰다'(ἑστήκατε)는 완료형이다. 그들이 한때는 복음 안에 굳건히 서 있었지만, 지금은 그렇지 않음을 암시한다(Garland, Sider). 그들이 그리스도의 복음을 영접할 때 정확히 알지 못해서 혹은 이해하지 못해서 지금은 복음의 본질에서 조금 멀어졌다(Robertson & Plummer, Thiselton).

만일 그들이 바울이 전한 그 말(복음)을 굳게 지키고 헛되이 믿지 않으면 그 복음으로 말미암아 구원을 받을 것이다(2절; cf. 롬 1:16). '굳게 지키고'(κατέχετε)와 '구원을 받으리라'(σῴζεσθε)는 현재형 동사다. 그들이 과거에 받은 복음을 지금도 계속 지키면('굳게 지키고'는 능동태) 현재 진행 중이고 미래에 완성될 그들의 구원('구원을 받으리라'는 수동태)을 하나님이 반드시 이루실 것이다(Findlay, Robertson & Plummer). 그러므로 만일 그들이 사도가 전해 준 복음을 과거에는 믿었다가 지금은 믿지 않으면 그들이 미래에 하나님과 함께 누릴 모든 것이 위협받는다(Garland, cf. 15:58, 16:13).

이 말씀은 그리스도의 복음을 영접한 사람이 구원에 이르지 못하는 헛수고를 할 수 있는지에 대해 상당한 논쟁을 낳았다(cf. Conzelmann, Garland, Kistemaker). 우리는 하나님의 은혜로 구원을 선물로 받았다. 그러므로 이미 얻은 구원을 잃을 수는 없다. 복음은 종말에 실현된 우리의 구원을 보장한다. 그러나 그리스도의 복음은 믿는 자들에게 주는 경고와 권면도 동반한다. 그러므로 믿음으로 인내할 것을 권면한다. 그리스도를 영접한 믿음이 현재와 미래에는 필요 없다고 하지 않는다(Schreiner). 그러므로 끝까지 믿음으로 인내하는 자만이 구원을 얻는다는 말도 성경적이다.

바울은 자신이 받은 복음을 먼저 고린도 성도들에게 전했다(3a절). 그도 사도들에게 받은 것을 전했다는 뜻이다. 이는 그가 갈라디아서 1:11-12에서 말한 것과는 사뭇 다르다: "형제들아 내가 너희에게 알게 하노니 내가 전한 복음은 사람의 뜻을 따라 된 것이 아니니라 이는 내가 사람에게서 받은 것도 아니요 배운 것도 아니요 오직 예수 그리스도의 계시로 말미암은 것이라."

그가 그리스도인들을 잡아들이기 위해 다메섹으로 가다가 예수님을 만나 주님께 복음을 직접 들은 것이 맞다(행 9장). 그가 전한 복음은 사람에게서 받은 것이 아니라 예수님께 계시로 받은 것이다. 그러나 그는 예수님의 사역과 죽음과 부활의 정황에 대해 아는 것이 별로 없었다. 예수님이 이 땅에서 사역하실 때 그는 주님의 열두 제자 중 하나가 아니었기 때문이다. 그러므로 이러한 정보를 사도들을 통해 듣게 된 것을 '내가 받은 것'이라고 한다. 바울이 사도들에게 받은 전승은 그가 다메섹 근처에서 예수님께 직접 들은 복음을 확인해 주었다(Dunn).

바울이 고린도 성도들에게 전한 복음의 핵심은 세 가지다(3b-4절): (1)그리스도는 우리 죄를 대속하기 위해 죽으셨다, (2)그리스도는 장사되셨다, (3)그리스도는 사흘 만에 다시 살아나셨다. 그리스도의 대속적인 죽음과 부활은 바울 서신에 가장 자주 등장하는 가장 중요한 고백이다(Hengel). 이 세 가지는 기독교 믿음을 지탱하는 세 가지 축이라 할 수 있다(cf. 롬 5:6, 8; 8:32; 고전 8:11; 고후 5:14-15).

첫째, 그리스도는 우리 죄를 대속하기 위해 죽으셨다. 유대인들은 메시아의 사역과 대속적인 죽음을 연결하지 않았다(Hengel). 선지자들은 메시아가 이런 죽임을 당할 것을 미리 예언했지만, 메시아를 승리하는 해방자로만 생각했던 유대인들은 받아들이지 않았다. 이사야는 메시아에 대해 이렇게 예언했다: "그가 찔림은 우리의 허물 때문이요 그가 상함은 우리의 죄악 때문이라 그가 징계를 받으므로 우리는 평화를 누리고 그가 채찍에 맞으므로 우리는 나음을 받았도다 우리는 다 양 같아서 그릇 행하며 각기 제 길로 갔거늘 여호와께서는 우리 모두의 죄악을 그에게 담당시키셨도다"(사 53:5-6). 메시아가 죄인들을 위해 대속적인 죽임을 당해야 한다는 것은 예수님이 직접 가르치고 행하신 일이다(cf. 11:23-25).

둘째, 그리스도는 장사되셨다. 예수님은 우리의 죄를 대속하기 위해 십자가에서 죽으신 다음 장사되셨다. 사람의 시신이 장사되었다는 것은 그가 완전히 죽었다는 사실을 암시한다(Bruce, Calvin, Fee). 한때 초대교회를 괴롭혔던 '가현설'(Docetism)은 예수님의 몸은 인간의 몸이 아니라 환상이거나, 천상의 실체이기 때문에 죽음을 포함한 모든 고난은 실제로 있었던 일이 아니라 그렇게 보일 뿐이라고 했다. 사도는 그리스도가 죽어 장사되셨다고 말함으로써 가현설이 근거 없는 허무맹랑한 가설임을 암시한다(cf. Thiselton). 그리스도가 장사되신 것은 장례가 그분의 죽음과 부활을 연결해 주는 다리 역할을 하기 때문이다. 그리스도는 죽으셨고, 죽은 자들과 함께 묻히셨다가 부활하셨다.

셋째, 그리스도는 사흘 만에 다시 살아나셨다(cf. 마 16:21; 20:19; 눅 9:22; 24:46; 행 10:40). 신약에는 예수님이 죽은 지 사흘째 되는 날 부활하신 것에 대한 기록이 많지만, 구약에는 메시아가 사흘째 되는 날 부활할 것이라는 말씀을 찾을 수 없다. 가장 비슷한 것은 호세아 6:2이다: "여호와께서 이틀 후에 우리를 살리시며 셋째 날에 우리를 일으키시리니 우리가 그의 앞에서 살리라."

사도는 복음이 메시아에 대해 제시하는 이 세 가지 사실이 모두 성경대로 된 일이라고 한다(3-4절). '성경대로'(κατὰ τὰς γραφὰς)에서 '성경'은 구약을 뜻하는 표현이다(cf. 마 21:42; 막 14:49; 눅 24:27; 요 20:9; 행 8:32;

갈 3:8). 그러나 베드로는 바울 서신도 이렇게 부른다(벧후 3:16). 바울은 구약과 연관해서는 어느 구체적인 말씀보다 '선지자들이 메시아에 대해 남긴 가르침을 종합해 볼 때'라는 의미로 '성경대로'라는 말을 사용한다(Garland, Thiselton, cf. 사 52:13-53:12). 신약과 연관해서는 그가 이 서신을 보낼 당시 이미 권위 있는 하나님의 말씀으로 자리 잡은 복음서(들)와 서신들을 가리키는 의미로 '성경대로'라는 말을 사용한다.

부활하신 예수님은 먼저 게바에게 보이시고 후에 열두 제자에게 보이셨다(5절). '게바'(Κηφᾶς)는 수제자인 베드로(Πέτρος)의 아람어 이름이다(cf. 1:2; 3:22; 9:5; 갈 1:18; 2:9, 11, 14). 게바와 베드로는 '바위'(rock)라는 의미다. 바울이 사도들을 '열두 명'(τοῖς δώδεκα)이라고 부르는 것은 이곳이 유일하다. 그는 자신이 사도들에게 받은 전승을 말하고 있음을 암시한다. '보이셨다'(ὤφθη, 부정 과거형 수동태)는 제자들이 본 것보다는 예수님이 자신을 그들에게 보여 주신 일을 강조한다(TDNT).

이후 부활하신 예수님은 수많은 사람에게 자신의 모습을 보여 주셨다(6-7절). 오백여 명의 형제자매에게 일시에 보이셨다(6a절). '일시에'(ἐφάπαξ)는 이 많은 사람이 동시에 예수님을 보았다는 뜻이다(Garland, Gardner, Murphy-O'Connor). 사도가 이 서신을 고린도 교회에 보낼 때도 이 목격자 중 대다수가 살아 있지만 일부는 잠들었다(6b절). '잠들었다'(ἐκοιμήθησαν)는 '죽었다'의 완곡어법이다. 그들은 부활을 기다리고 있다. 그러므로 그리스도의 부활에 대해 증언하는 본문의 문맥에 매우 적절한 표현이다.

예수님은 야고보에게도 보이셨다(7a절). 예수님의 동생이며 예루살렘 교회의 기둥이었던 야고보가 확실하다(Gardner, cf. 갈 1:18-21). 이후 모든 사도에게도 보이셨다(7b절). 앞에서 이미 열두 제자를 언급했으므로(cf. 5절) '모든 사도'(ἀποστόλοις πᾶσιν)의 범위가 어디까지인지는 알 수 없지만, 열두 명보다는 더 넓은 의미를 지닌다.

맨 나중에는 만삭되지 못해 난 자와 같은 바울에게도 보이셨다(8절).

'만삭되지 못하여 난 자'(ἔκτρωμα)는 신약에서 단 한 차례 사용되는 단어로 '조산아'(早産兒, premature)를 뜻한다(BDAG). 일부 주석가는 이 단어가 지닌 이미지를 바탕으로 의미를 도출하려 하지만(cf. Barrett, Calvin, Garland), 사도는 여러 가지 정황을 고려할 때(cf. 9절) 주님이 자기에게는 모습을 보이지 않으셔도 되는데 보여 주신 것은 참으로 자신을 겸손하게 하는 일이며, 감당하기 어려운 영광스러운 일임을 표현하기 위해 이렇게 말한다.

바울이 부활하신 예수님이 자기에게 보이신 일을 가리켜 감히 감당하기 어려운 영광이라고 말하는 것은 그가 주님을 만나기 전에 저질렀던 일들 때문이다(cf. 행 9:1-5; 22:7-8; 26:14-15; 갈 1:13; 빌 3:6). 사도는 자신을 주님이 모습을 보여 주지 않으셔도 되는, 사도 중에 가장 작은 자로 생각한다(9a절; cf. 엡 3:8). 그는 하나님의 교회를 박해했다(9b절). 스데반이 순교할 때 그가 처형당하는 것을 당연한 일로 여기며 그 자리에 있었다(행 7:58). 또한 살기 등등해 주의 제자들을 잡아들였고, 그들을 잡아들이기 위해 심지어 다메섹까지 원정을 갔다(행 9:1-2). 과거에 이런 만행을 저질렀고, 또 예수님께 훈련받은 열두 명 중 하나가 아니었으니 그가 자신을 '사도라 칭함받기를 감당하지 못할 자'라고 하는 것은 당연한 일이라 할 수 있다(9c절).

교회를 핍박한 바울의 사도직 시작은 그 어느 사도보다 부끄럽고 볼품없었다. 그러나 그는 어느 사도보다 많은 지역을 다니며 복음을 전파했고, 하나님은 많은 열매를 허락하시며 그의 사역을 이날까지 축복하셨다. 그는 자신의 노력으로 이날에 이르게 된 것이 아니라는 사실을 잘 안다. 그러므로 위축되지 않고 오히려 다른 사도보다 더 당당하다: "내가 나 된 것은 하나님의 은혜로 된 것이니"(10a절). 하나님이 그의 부끄러운 과거와 겸손을 들어 쓰신 것이다.

하나님이 바울에게 주신 은혜는 헛되지 않았다(10b절). 하나님이 내려 주신 은혜가 그를 통해 많은 열매를 맺었다는 뜻이다. 사도는 하나님의 은혜가 자신을 통해 많은 열매를 맺도록 그 어느 사도보다 더 많이 수고했다(10c절; cf. 고후 11:23-29). 그러므로 그는 사역의 열매를 많이 맺으면서도(롬 15:18-19; 빌 1:22) 이 모든 열매는 자신이 아니라 오직 그와 함께하신 하나님의 은혜가 맺은 것이라고 한다(10d절). 어린아이가 부모의 돈으로 부모의 생일 선물을 마련한 상황을 생각나게 하는 말이다(Robertson & Plummer). 열심히 사역해 큰 성과를 거둔 사람만 할 수 있는 말이다.

그러므로 바울이나 다른 사도들이나 전파한 그리스도의 복음과 메시지는 같다(11a절). 누가 전파하든 전파한 메시지는 같았다. 고린도 성도들도 그렇게 믿었다(11b절). 교회가 전파한 복음은 사도들이 전파한 것이며, 지난 2,000년 동안 바뀌지 않았다. 주님이 다시 오실 때까지 교회가 전파할 메시지도 같다.

이 말씀은 그리스도의 복음은 세 가지, 곧 예수님의 대속적인 십자가 죽음과 장사되심과 부활로 구성되어 있다고 한다. 이 세 가지 중 하나라도 부인하면 복음을 온전히 영접한 그리스도인이라 할 수 없다. 반드시 세 가지 모두 믿어야 그리스도인이다.

사람들이 가장 믿기 어려워하는 것이 그리스도의 부활이다. 그래서 하나님이 선물로 주시는 믿음이 필요하다. 믿음이 없이는 그리스도의 부활이 믿기지 않기 때문이다. 동시에 인간의 지성은 한계를 지니고 있다는 사실을 인정해야 한다. 그러므로 사람의 지성만으로는 결코 부활을 이해할 수 없다.

예수님이 죽으시고, 장사되시고, 부활하신 것은 성경대로 된 일이다. 하나님이 임시방편으로 이루신 일이 아니라 오래전부터 계획하고 예언한 것에 따라 이루신 일이다. 우리의 구원은 하나님의 철저한 계획과 준비와 진행에 따라 된 일이다. 우리의 구원은 하나님이 모든 것을 행하신 참으로 놀라운 일이다. 그러므로 두려움과 떨림으로 우리의 구원을 이루어 나가야 한다.

Ⅳ. 교회의 질문들(7:1-15:58)
F. 부활(15:1-58)

2. 부활이 없다면(15:12-19)

12 그리스도께서 죽은 자 가운데서 다시 살아나셨다 전파되었거늘 너희 중에
서 어떤 사람들은 어찌하여 죽은 자 가운데서 부활이 없다 하느냐 13 만일 죽
은 자의 부활이 없으면 그리스도도 다시 살아나지 못하셨으리라 14 그리스도
께서 만일 다시 살아나지 못하셨으면 우리가 전파하는 것도 헛것이요 또 너
희 믿음도 헛것이며 15 또 우리가 하나님의 거짓 증인으로 발견되리니 우리
가 하나님이 그리스도를 다시 살리셨다고 증언하였음이라 만일 죽은 자가
다시 살아나는 일이 없으면 하나님이 그리스도를 다시 살리지 아니하셨으리
라 16 만일 죽은 자가 다시 살아나는 일이 없으면 그리스도도 다시 살아나신
일이 없었을 터이요 17 그리스도께서 다시 살아나신 일이 없으면 너희의 믿
음도 헛되고 너희가 여전히 죄 가운데 있을 것이요 18 또한 그리스도 안에서
잠자는 자도 망하였으리니 19 만일 그리스도 안에서 우리가 바라는 것이 다
만 이 세상의 삶뿐이면 모든 사람 가운데 우리가 더욱 불쌍한 자이리라

고린도 성도 중에는 부활이 없다고 하는 이들이 있었다. 바울을 대적하거나 그의 가르침에 문제를 제기하고자 부활이 없다고 하는 것이 아니다. 부활에 대해 충분히 이해하지 못해서 믿지 못하겠다는 것이다(Asher). 그러므로 사도는 마치 선생이 가르친 것을 잘 이해하지 못하는 학생들을 다시 가르치듯 고린도 성도들에게 부활을 다시 가르쳐야 한다(Garland).

바울은 자신이 전한 복음의 핵심은 그리스도께서 죽은 자 가운데서 다시 살아나셨다는 사실이었는데, 어찌하여 고린도 성도 중 부활이 없다고 하는 이들이 있는지 묻는다(12절). "부활이 없다 하느냐?"(ἀνάστασις νεκρῶν οὐκ ἔστιν;)라는 질문은 도무지 이해할 수 없다는 취지의 질문이다(Gardner, Garland, cf. 갈 4:9). 그는 고린도 성도 중에 부활이 없다고 하는 이들이 있다는 소식을 접하고 이러한 불신이 어떻게 가능한지 의아해한다. 바울뿐 아니라 모든 사도가 부활을 가르치며, 부활하신 그리스도를 만난 증인이다(15:1-11). 고린도 성도들도 바울과 사도들이 전한 복음을 믿었다(15:11; cf. 15:1). 그러므로 이제 와서 그리스도께서 죽은 자 가운데서 다시 살아나셨다는 것을 믿지 못하는 자들이 있다는 것이 쉽게 이해되지 않는다.

고린도 성도 중 얼마나 많은 사람이 부활을 믿지 못했을까? 어떤 이들은 주류가 믿지 못했다고 하지만(Fee), 사도의 표현을 고려하면 많은 수는 아니고 소수에 그쳤던 것으로 보인다(Garland, Mitchell). 그들은 누구이며, 왜 부활을 믿지 못했을까? 학자들은 다양한 추측을 내놓았다(cf. Asher, Gardner, Garland, Holleman, Lewis).

첫째, 이원론적 세계관에 익숙한 사람들이다. 고린도 성도 대부분은 헬라 문화권에서 온 사람들이라 세상이 물질과 영적인 것(material and spiritual)으로 구성되었다고 생각했다. 그들은 영혼 불멸을 믿지만, 육체의 부활은 부인했다.

둘째, 헬라-유대교 문화권에서 온 사람 중에서 사두개인의 가르침을 따르는 사람들이다. 사두개인은 첫 번째와 비슷한 이유로 육신적 부활을 부인했다(cf. 마 22:23; 행 23:6).

셋째, 당시에 유행하던 철학 중 하나인 향락주의(epicureanism)에 영향을 받은 사람들이다. 향락주의는 이번 삶 외에는 아무것도 없으니 이 삶을 마음껏 누리고 즐기자는 철학이었다(cf. 15:19). 그러므로 향락주의는 부활의 가능성을 전적으로 부인했다.

넷째, 영지주의자들(Gnostics)에게 영향을 받은 사람들이다. 영적인 자들(혹은 지혜로운 자들)은 이미 영적인 삶을 시작했다. 그러므로 부활이 필요 없다. 그러나 영지주의는 바울이 이 서신을 고린도에 보낼 당시에는 없었다.

다섯째, 종말이 이미 시작되었다는 실현된 종말론(over realized eschatology)

에 과도하게 빠진 사람들이다(Kistemaker, Talbert, Tuckett, cf. 딤후 2:16-18). 이미 새로운 영적 삶이 시작되었으므로, 사람이 죽는다고 해서 그의 영적인 삶이 끊기는 것이 아니다. 영적인 삶이 계속된다면 부활을 논하는 것은 의미가 없다.

여섯째, 영의 부활은 믿지만, 육신의 부활은 없다고 생각하는 사람들이다(Hays, Horsley, Martin, Robertson & Plummer, Sider). 이들은 영은 부활해 천국에 가지만, 육신은 이 땅에서 썩는다고 생각했다(Hollerman). 그러므로 영혼이 부활하면 영적인 몸이 필요하며, 이 영적인 몸은 육신을 변화시키는 것이 아니라 하나님이 새로 창조하신 몸이 될 것이다.

나열한 것 중 여섯 번째가 가장 가능성 있어 보인다. 대부분 그리스도인이 영의 부활은 별 문제없이 이해하지만, 부활한 영이 지닐 몸이 완전히 새로운 몸(하나님이 창조하신 영적인 몸)인지 혹은 우리가 지닌 육신을 변화시킨 것인지 혼란스러워하기 때문이다. 이러한 혼란은 성경 자체에서 비롯된 것이다. 예수님의 손과 옆구리에는 도마가 알아볼 수 있는 자국이 있었다(요 20:24-27; cf. 눅 24:39). 그러나 디베랴 호수에서 물고기를 잡던 제자들은 예수님을 알아보지 못했다(요 21:1-4).

바울은 고린도 성도들이 부활에 대해 잘 이해하지 못하는 것을 이해한다. 그들이 평생 익숙해져 있는 이원론적 세계관을 벗어나는 것은 쉬운 일이 아니기 때문이다. 사도는 그들에게 전통적인 생각에 사로잡히지 말고 새로운 사고 프레임으로 생각하라며 그리스도가 잠자는 자들의 첫 열매가 되셨다고 한다(15:20).

예수님의 경험은 곧 모든 믿는 사람의 경험이다: "내가 그리스도와 함께 십자가에 못 박혔나니 그런즉 이제는 내가 사는 것이 아니요 오직 내 안에 그리스도께서 사시는 것이라 이제 내가 육체 가운데 사는 것은 나를 사랑하사 나를 위하여 자기 자신을 버리신 하나님의 아들을 믿는 믿음 안에서 사는 것이라"(갈 2:20). 그러므로 만일 부활이 없다면, 그리스도도 부활하지 못하셨을 것이다(13절).

성경에는 부활의 모형(type)이 될 만한 사건이 여럿 기록되어 있다. 엘리야는 사르밧성에 사는 과부의 죽은 아들을 살렸다(왕상 17:17–22). 엘리사는 수넴에 사는 여인의 죽은 아들을 살렸다(왕하 4:18–35). 엘리사의 시신에 닿은 시신이 살아났다(왕하 13:21). 이러한 사실을 바탕으로 유대인들은 메시아가 오시면 사람을 살리는 것보다는 소경을 보게 하고 귀머거리를 듣게 하는 것이 증표가 될 것이라고 생각했다. 죽은 사람을 살리는 일은 선지자들도 할 수 있는 일이지만, 소경을 보게 하고, 귀머거리를 듣게 하는 일은 어느 선지자도 해내지 못했기 때문이다.

신약도 예외는 아니다. 예수님은 죽은 나사로를 살리셨다(요 11장). 한 관리의 죽은 딸을 살리셨으며(마 9:18–25), 회당장 야이로의 죽은 딸도 살리셨다(막 5:22–42). 그러므로 하나님이 죽은 그리스도를 살리신 것은 어려운 일이 아니다.

구약의 예언자들은 세상이 끝나는 날 부활이 있을 것이라고 예언했다. 다니엘은 "땅의 티끌 가운데에서 자는 자 중에서 많은 사람이 깨어나 영생을 받는 자도 있겠고 수치를 당하여서 영원히 부끄러움을 당할 자도 있을 것이며"라고 했다(단 12:2). 이사야도 "주의 죽은 자들은 살아나고 그들의 시체들은 일어나리이다 티끌에 누운 자들아 너희는 깨어 노래하라 주의 이슬은 빛난 이슬이니 땅이 죽은 자들을 내놓으리로다"라고 예언했다(사 26:19).

만일 그리스도가 부활하지 않으셨다면, 사도들이 전파하는 복음도 헛것이다(14a절). '헛것'(κενός)은 비어 있다는 뜻이다(BDAG). 사도는 15:3–5에서 복음은 세 가지 사건, 곧 그리스도의 대속적인 죽음과 장사되심과 사흘째 되던 날 죽은 자 중에서 부활하신 일이라고 했다. 그러므로 만일 그리스도가 부활하지 않으셨다면 그들이 전파한 복음은 헛것이다. 그리스도의 부활이 없다면 복음은 무너진다.

또한 그들의 믿음도 헛것이다(14b절). 그들은 부활하신 그리스도의 복음을 믿었다. 그러므로 만일 그리스도가 부활하지 않으셨다면, 그들의 믿음도 헛것이다. 그들의 믿음도 무너진다.

그리스도가 부활하지 않으셨다면 사도들은 하나님의 거짓 증인이 된다(15a절). 하나님이 그리스도를 죽은 자 중에서 살리지 않으셨는데 살리셨다고 했으니 위증자가 되는 것이다. 그리스도의 부활을 전파한 사도들도 무너진다.

만일 죽은 자가 다시 살아나는 일이 없다면 하나님이 그리스도를 다시 살리지 않으셨을 것이다(15b절). 그러므로 죽은 자가 다시 살아나는 일이 없으면 그리스도도 다시 살아나신 일이 없었을 것이다(16절). 그러나 앞에서 말한 것처럼 하나님이 죽은 자들을 살리신 이야기는 구약과 신약에 여럿 있다. 하나님은 죽은 사람을 살리신 것처럼 십자가에서 죽으신 메시아도 살리신 것이다.

그리스도가 다시 살아나지 않으셨다면, 모든 그리스도인의 믿음도 헛되다(17a절). 우리는 그리스도께서 우리 죄를 대속해 죽으셨고 또 부활하셨다고 믿는다. 만일 그리스도께서 죽기만 하고 부활하지 않으셨다면, 그분은 구세주가 될 수 없다. 우리는 그리스도께서 우리를 위해 죽으셨을 뿐 아니라, 부활하셔서 영생까지 주실 것을 믿기 때문이다. 그러므로 만일 그리스도께서 부활하지 않으셨다면 우리의 믿음도 헛되다.

또한 우리는 여전히 죄 가운데 있다(17b절). 그리스도께서 우리 죄를 대속해 십자가에서 죽으셨다고 믿는데, 만일 그가 부활하지 않으셨다면 그는 자신의 죄를 위해 죽은 것이지 우리 죄를 대속해 죽은 것이 아니다. 메시아가 우리를 대속해 죽으셨다는 증거는 하나님이 죽은 자 가운데서 그를 살리신 일이다. 그러므로 만일 그리스도가 부활하지 않으셨다면, 우리는 아직도 죄 가운데 있다.

만일 그리스도가 죽은 자 중에서 살아나지 않으셨다면 그리스도 안에서 잠자는 자들도 망했다(18절). 복음을 영접해 그리스도인이 된 다음 죽은 사람들은 언젠가는 그리스도처럼 자신도 부활할 것을 확신하며 죽었다. 그러나 만일 그리스도가 부활하지 않으셨다면, 그들의 소망은 허황된 꿈에 불과하다. 그리스도가 부활하지 못하신 것처럼 그들도 부활하지 못할 것이기 때문이다.

만일 우리가 그리스도 안에서 바라는 것이 이 세상의 삶뿐이라면 우리는 세상 모든 사람 가운데 가장 불쌍한 자들이다(19절). 우리는 그리스도 안에서 내세를 바란다. 내세는 부활한 사람만 누릴 수 있다. 그런데 그리스도가 부활하지 않으셨다면, 우리에게도 부활은 없다. 그러므로 그리스도를 믿는 이유가 내세를 배제하고 이 세상의 삶으로만 국한된다면 굳이 그리스도를 믿을 필요가 없다. 그런데도 믿는다면 우리는 참으로 불쌍한 자들이다.

이 말씀은 기독교 신앙에서 부활은 마차의 '린치핀'(lynchpin)과 같다고 한다. 린치핀은 마차의 바퀴를 고정하는 핀(pin)이다. 만일 이 핀이 부러지거나 빠지면 마차는 망가져서 움직일 수 없다. 부활은 기독교의 모든 신앙과 교리를 지탱하는 린치핀이라 할 수 있다. 부활이 없는 기독교는 존재할 수 없다. 구약 종교의 린치핀은 출애굽의 역사성이다.

예수님의 죽음과 장사되심과 부활로 구성된 그리스도의 복음 중 하나라도 부인하면 모든 것을 잃게 된다. 기독교 신앙은 자기가 원하는 것은 취하고, 원치 않는 것은 버릴 수 있는 것이 아니다. 모든 것을 고르든지, 혹은 모든 것을 버리든지 해야 한다. 기독교 신앙은 온전한 세트로 구성되어 있기 때문이다.

많은 사람이 부활을 믿기 어려워한다. 그러나 믿기 어렵다고 부인하는 것은 옳지 않다. 우리가 진리를 거부한다고 그것이 거짓이 되는 것은 아니기 때문이다. 부활을 부인하기보다는 믿기지 않는 부활을 믿고 확신하는 믿음을 달라고 하나님께 기도하는 것이 현명한 처사다.

Ⅳ. 교회의 질문들(7:1–15:58)
F. 부활(15:1–58)

3. 부활의 첫 열매 그리스도(15:20-28)

20 그러나 이제 그리스도께서 죽은 자 가운데서 다시 살아나사 잠자는 자들
의 첫 열매가 되셨도다 21 사망이 한 사람으로 말미암았으니 죽은 자의 부활
도 한 사람으로 말미암는도다 22 아담 안에서 모든 사람이 죽은 것 같이 그
리스도 안에서 모든 사람이 삶을 얻으리라 23 그러나 각각 자기 차례대로 되
리니 먼저는 첫 열매인 그리스도요 다음에는 그가 강림하실 때에 그리스도
에게 속한 자요 24 그 후에는 마지막이니 그가 모든 통치와 모든 권세와 능
력을 멸하시고 나라를 아버지 하나님께 바칠 때라 25 그가 모든 원수를 그
발 아래에 둘 때까지 반드시 왕 노릇 하시리니 26 맨 나중에 멸망 받을 원수
는 사망이니라

27 만물을 그의 발 아래에 두셨다

하셨으니 만물을 아래에 둔다 말씀하실 때에 만물을 그의 아래에 두신 이가
그 중에 들지 아니한 것이 분명하도다 28 만물을 그에게 복종하게 하실 때
에는 아들 자신도 그 때에 만물을 자기에게 복종하게 하신 이에게 복종하게
되리니 이는 하나님이 만유의 주로서 만유 안에 계시려 하심이라

앞 섹션에서 부활이 없으면 기독교가 믿는 모든 것이 헛것이라고 한 사도는 이 섹션에서 그리스도께서 죽은 자 중에서 살아나신 것은 역사적 사실이라고 한다. 이어서 그리스도의 부활을 바탕으로 믿는 자들의 부활도 세상이 끝나는 날 반드시 실현될 것이라고 한다.

"그러나 이제"(νυνὶ δὲ)(20a절)는 앞 내용과 매우 대조되는 말을 시작할 것을 암시하며(Gardner), 바울이 복음의 놀라움을 강조할 때 자주 사용된다(Barrett, cf. 롬 3:21; 고전 12:18; 13:13). 이어지는 섹션은 위로와 소망에 관한 것으로 신약에서 가장 달콤한 말이라 할 수 있다(Verbrugge, cf. 롬 3:21; 6:22; 엡 2:13; 5:8; 골 1:22; 히 9:26; 벧전 2:10).

사도는 앞 섹션(15:13-19)에서 만일 그리스도가 부활하지 않으셨다면 기독교의 모든 것이 헛것이라고 했다. '그러나 이제' 그리스도께서 죽은 자 가운데서 다시 살아나 잠자는 자들의 첫 열매가 되셨다(20절). 그리스도의 부활은 과거에 이미 일어난 일이다. 그러므로 앞 섹션에서 헛것이라고 했던 모든 것이 헛것이 아니다(Verbrugge). 그리스도가 부활하심으로써 헛것이 될 수 있었던 모든 것에 사실성과 중요성을 부여하셨기 때문이다.

'첫 열매'(ἀπαρχὴ)는 유대인의 종교적 예식에서 유래한 것이다. 곡식을 거둘 때 곡물의 첫 이삭 한 단을 여호와께서 기쁘게 받으시도록 손으로 높이 들어 흔들어 바쳤다(레 23:10-11). 수확한 '첫 열매'를 드리는 것은 추수를 허락하신 하나님을 찬양하고 좋은 수확을 복으로 받고자 해서였다. 첫 열매를 올려드리는 것이 나머지 수확을 보장하는 의미를 지녔던 것이다(Finlan).

이와 같이 그리스도가 부활의 첫 열매가 되어 하나님께 올라가신 것은 그를 믿는 나머지 성도도 부활을 누리게 될 것을 상징한다(Finlan, Gardner). 이스라엘이 첫 열매를 매년 니산월 16일인 안식일 다음 날(일요일)에 드렸다는 것은 예수님이 일요일에 부활하셔서 첫 열매가 되신 것과 연관성이 있어 보인다(Garland).

'첫 열매'라는 것은 앞으로 많은 열매가 더 있을 것을 암시한다(cf. Holleman, Weiss). 그리스도를 믿는 자들이 그리스도처럼 부활할 것이라는 뜻이다. 우리 모두 아담 안에서 죽은 것같이 그리스도 안에서 모든 사람이 삶을 얻을 것이다.

그리스도가 죽은 자들의 첫 열매가 되셨다는 것은 예수님은 하나님의 아들이시기 때문에 사람이 죽음을 경험하는 것과 다르다는 식의 주장을 모두 불식시킨다(Fee). 만일 그분이 사람처럼 죽지 않으셨다면, 그분의 부활도 사람의 부활과 다를 수밖에 없다. 그러나 사도는 그리스도의 죽음과 부활은 사람의 죽음과 부활과 똑같다고 한다. 그분은 사람으로 죽으셨고, 사람으로 부활하셨기 때문에 죽은 자들의 첫 열매가 되신 것이다: "자녀들은 혈과 육에 속하였으매 그도 또한 같은 모양으로 혈과 육을 함께 지니심은 죽음을 통하여 죽음의 세력을 잡은 자 곧 마귀를 멸하시며 또 죽기를 무서워하므로 한평생 매여 종 노릇 하는 모든 자들을 놓아 주려 하심이니"(히 2:14-15).

예수님이 죽은 자들의 첫 열매가 되셨다고 해서 역사적으로 죽음에서 살아난 첫 사람이라는 뜻은 아니다(Parry). 앞서 언급한 것처럼 성경은 죽음에서 살아난 사람 여럿에 대해 기록하고 있다. 그들은 부활하신 예수님의 모형이라 할 수 있다. 그러나 그리스도의 부활은 그들이 살아난 것과 질적으로 다르며 종말에 있을 부활의 첫 사례다(Hollerman). 부활은 하나님이 모든 것을 새롭게 하시는 창조 사역의 시작이다(Perkins, cf. 롬 4:17). 부활의 첫 열매가 되신 그리스도는 그분을 믿는 모든 사람도 부활할 것이라는 보증이 되셨다(Godet).

바울은 그리스도의 부활이 어떻게 그분을 믿는 모든 사람의 부활을 보장하는지에 대해 아담 한 사람으로 인해 모든 사람이 죽게 된 일을 예로 들어 설명한다(21-22절). 사망이 한 사람(아담)으로 인해 온 인류에게 임한 것처럼, 죽은 자의 부활도 한 사람(그리스도)으로 인해 임할 것이다(21절).

아담 안에서 모든 사람이 죽었다(22a절; cf. 롬 5:12-21). 아담은 모든 인류의 조상이다. 그가 죄(cf. 창 3장)를 지었을 때 우리도 상징적으로 그곳에 있었다(Barrett, cf. 롬 5:12). 그러므로 아담 안에서 모든 사람이 죽게 되었다. 이와 같이 그리스도 안에서 모든 사람이 삶을 얻을 것이다(22b절). 영생할 것이라는 뜻이다.

아담의 죽음과 예수님의 부활의 효력에는 한 가지 중요한 차이가 있다. 아담은 모든 사람을 죽게 했다. 반면에 그리스도는 그분을 믿는 사람만 살게 하신다(Barrett, Garland, Kistemaker, cf. 롬 4:17; 6:8; 8:11; 고전 15:45). 그리스도 안에 있지 않은 사람은 모두 죽는다(1:18; 3:17; 5:13;

6:9-10; 9:27; cf. 살후 1:9). 이것이 아담이 한 옛일과 그리스도가 하신 새 일의 차이다.

다니엘은 모든 사람이 부활할 것이라고 한다: "땅의 티끌 가운데에서 자는 자 중에서 많은 사람이 깨어나 영생을 받는 자도 있겠고 수치를 당하여서 영원히 부끄러움을 당할 자도 있을 것이며"(단 12:2). 바울은 이곳에서 그리스도인의 부활에 대해서만 언급한다(Conzelmann, Fee, Hollerman, cf. 살전 4:16).

그리스도의 부활은 몇 가지 일의 시작이다(23-24절). 이 일들은 각각 차례대로 될 것이다(23a절). '차례대로'(τάγμα)는 순서를 강조하는 말이다. 바울은 부활이 어떤 것인지 디테일을 말하는 것이 아니라, 단순히 연쇄적으로 일어날 일의 순서를 나열하고 있다(Robertson & Plummer). 첫째, 잠자는 자들의 첫 열매가 되신 그리스도께서 부활하신다(23b절). 둘째, 그리스도께서 강림하실 때(재림하실 때) 그에게 속한 자들이 부활할 것이다(23c절; cf. 롬 8:11). '강림'(παρουσία)은 현실이 된다는 뜻이다(Garland). 그리스도가 재림해 우리의 현실이 될 때 그분을 믿는 자들이 부활할 것이다. 셋째, 세상이 끝날 것이다(24a절).

바울은 세상이 끝난 후에 있을 일(24-28절)을 다음과 같은 순서와 구조로 설명한다(Garland).

A. 그리스도께서 나라를 하나님 아버지께 넘겨주심(24절)
  B. 그리스도께서 모든 원수가 굴복할 때까지 왕 노릇 하심(25절)
    C. 최후의 원수는 사망(26절)
  B'. 하나님이 모든 것을 그의 발 아래 복종시키심(27절)
A'. 그리스도 자신이 아버지께 복종하심(28절)

세상이 끝나는 날 그리스도는 모든 통치와 모든 권세와 능력을 멸하시고 나라를 아버지 하나님께 바치실 것이다(24절). 예수님이 멸하시는 모든 통치(πᾶσαν ἀρχὴν)와 모든 권세(πᾶσαν ἐξουσίαν)와 능력(δύναμιν)을 영적인 것(천사와 마귀 등)으로 해석하는 이들이 있는가 하면(Forbes), 세상을 지배하는 인간 권세로 해석하는 이들도 있다(Calvin). 이 두 가지를 모두 포함해야 그리스도께서 자기와 온 세상을 화목하게 하신다: "그의 십자가의 피로 화평을 이루사 만물 곧 땅에 있는 것들이나 하늘에 있는 것들이 그로 말미암아 자기와 화목하게 되기를 기뻐하심이라"(골 1:20).

어떤 이들은 그리스도의 강림(재림)과 그분이 온 세상을 하나님께 바치실 때까지 그 사이에 천년 왕국 등 상당한 시간이 흐른다고 생각한다(Barrett, Godet, cf. 계 20:4-6). 그러나 24절은 이 둘 사이에 어떤 시간(기간)이 있음을 뜻하는 것이 아니라, 종말은 그리스도께서 하나님께 온 세상을 바치는 때라고 한다(Hill). 그리스도가 부활하셨을 때 그분의 통치가 시작되었기 때문이다(롬 8:34; 엡 1:20-23; 골 1:13; 벧전 3:22).

또한 그리스도의 다스리심은 세상에서 죄를 없애는 일이다. 그러므로 성도가 부활하는 때에도 죄를 없애지 못해 천년 왕국 등을 통해 죄 문제를 해결하신다는 것은 납득할 수 없는 해석이다. 이러한 중간 단계가 없다고 사도가 구체적으로 언급하지는 않지만, 없는 것이 확실하다(Lewis).

어떤 이들은 부활하셨을 때 시작된 그리스도의 통치를 로마 제국에 저항하는 것으로 해석하기도 하지만(Hays, Witherington), 지나친 해석이다. 예수님은 이 세상에서 권세를 잡는 일에 관심이 없으셨다.

그가 모든 원수를 그 발 아래에 둘 때까지 반드시 왕 노릇 하실 것이다(25절). 누가 누구의 발 아래에 원수들을 두신다는 것인지 확실하지 않다. 학자들은 하나님이 그리스도의 발 아래, 혹은 그리스도가 자기 발 아래에 두는 것이라 한다(Conzelmann, Edwards, Fee, Robertson & Plummer). 그다지 중요한 이슈는 아니다. 세상의 모든 통치와 권세와 능력을 실제로 파괴하시는 이는 예수님이시지만, 예수님을 통해 이 일을 행하시는 분은 하나님이시기 때문이다(Hollerman).

왕 노릇 하시는 분은 예수님이시다. '왕 노릇'(βασιλεύειν)은 현재형 부정사(present infinitive)이며 행동이 계속된다는 의미다(Barrett). 예수님은 종말까지 계속 왕 노릇을 하실 것이다(Gardner). 하나님이 그분에게 권세와 영광과 나라를 주셨기 때문이다.

> 내가 또 밤 환상 중에 보니 인자 같은 이가 하늘 구름을 타고 와서 옛적부터 항상 계신 이에게 나아가 그 앞으로 인도되매 그에게 권세와 영광과 나라를 주고 모든 백성과 나라들과 다른 언어를 말하는 모든 자들이 그를 섬기게 하였으니 그의 권세는 소멸되지 아니하는 영원한 권세요 그의 나라는 멸망하지 아니할 것이니라(단 7:13-14).

맨 나중에 멸망받을 원수는 사망이다(26절). 사도는 죽음에 정관사를 더해(ὁ θάνατος) 이 사실을 절대화(absolutize)하고 있다(Lewis). '멸망을 받다'(καταργεῖται)는 현재형 수동태(present passive)다. 죽음은 저항하지 못하고 그리스도에 의해 파괴될 것이다(Fee, Robertson & Plummer). 그리스도의 통치는 온 우주에서 죽음을 없애지 않고는 완성되지 않을 것이다. 그리스도께서 종말에 최종적으로 물리치실 원수는 죽음이라는 뜻이다(cf. 공동). 사도는 죽음도 우리를 그리스도의 사랑에서 떼어 놓을 수 없다고 했다(롬 8:38-39). 그러므로 우리는 사나 죽으나 그리스도께 속하기만 하면 된다(cf. 롬 14:7-9).

"만물을 그의 발 아래에 두셨다"(27a절)는 시편 8:6을 인용한 말씀이다. 죄가 왜 멸망을 받아야 하는지 설명하고 있다. 하나님이 세상 만물을 그리스도의 발 아래 두시기 위해서다(Boer, Lewis). 그렇다면 하나님이 그리스도의 발 아래 만물을 두실 때 자기도 포함하셨는가? 사도는 아니라는 사실을 분명히 밝힌다: "만물을 그의 아래에 두신 이가 그 중에 들지 아니한 것이 분명하도다"(27b절). 바울은 하나님이 그리스도를 다스린다는 오해와 그리스도가 하나님의 주권을 침해한다는 오해를 피하고자 이렇게 말한다.

하나님은 만물을 그리스도의 발 아래 두실 때 자신을 그리스도의 발 아래 있는 것에 포함하지 않으신다(27절). 반면에 그리스도가 하나님이 자기 발 아래 두신 만물을 하나님께 복종시킬 때는 자신을 포함한다(28a절). 모든 것이 끝나는 날, 아들이신 그리스도는 하나님 아버지께 복종하실 것이다. 이러한 말은 하나님을 축복/송축하는 언어(doxology)이며, 삼위일체 하나님 사이에 어떤 질적인 차이가 있다는 뜻이 아니다(Sampley, cf. Gardner, Garland).

하나님이 통치자이시지만 하나님의 통치는 아들이신 그리스도 안에서 실현된다. 그리스도께서는 우리가 온전히 하나님의 자녀가 될 수 있도록 그분이 받으신 왕국을 하나님께 돌려드릴 것이다(Calvin, cf. 단 7:13–14). 아들이신 예수님도 항상 아버지의 권위와 뜻에 복종하려고 노력하셨다: "아빠 아버지여 아버지께는 모든 것이 가능하오니 이 잔을 내게서 옮기시옵소서 그러나 나의 원대로 마시옵고 아버지의 원대로 하옵소서"(막 14:36).

예수님이 자기 발 아래에 있는 만물을 하나님께 돌려드리는 것은 하나님이 만유의 주로서 만유 안에 계시고자 하시기 때문이다(28b절). 하나님이 '만유 안에 계신다'(ὁ θεὸς τὰ πάντα ἐν πᾶσιν)라는 표현은 그 누구에게도 도전받지 않는 하나님의 영원한 통치를 뜻한다(Boer, cf. 롬 9:5; 11:36; 고전 8:6). 하나님이 세상을 창조하실 때 계획하셨던 통치가 드디어 실현되게 되었다.

이 말씀은 그리스도께서 부활의 첫 열매가 되셨으며, 그분의 부활이 우리의 부활을 보장한다고 한다. 만일 그리스도께서 부활하지 않으셨다면, 우리도 부활의 소망을 가질 수 없다는 뜻이다. 또한 부활에는 순서가 있는데, 예수님은 이미 부활하셨기 때문에 종말에 우리가 부활할 것이다. 그리고 세상의 끝이 온다.

하나님은 그리스도의 발 아래 만물을 두셨다. 세상 모든 것을 다스리게 하기 위해서다. 이미 부활하신 예수님은 통치를 통해 세상에서 악을 멸하실 것이다. 이 일은 우리가 부활할 때까지 계속된다.

그날이 되면 그리스도는 자기 발 아래 있는 것과 자신을 하나님께 복종시키실 것이다. 하나님이 어떠한 방해도 받지 않고 세상을 다스리시게 하기 위해서다. 드디어 하나님의 나라가 이 땅에 도래할 것이다.

Ⅳ. 교회의 질문들(7:1–15:58)
F. 부활(15:1–58)

4. 부활이 없다면(15:29–34)

29 만일 죽은 자들이 도무지 다시 살아나지 못하면 죽은 자들을 위하여 세
례를 받는 자들이 무엇을 하겠느냐 어찌하여 그들을 위하여 세례를 받느냐
30 또 어찌하여 우리가 언제나 위험을 무릅쓰리요 31 형제들아 내가 그리스도
예수 우리 주 안에서 가진 바 너희에 대한 나의 자랑을 두고 단언하노니 나
는 날마다 죽노라 32 내가 사람의 방법으로 에베소에서 맹수와 더불어 싸웠
다면 내게 무슨 유익이 있으리요 죽은 자가 다시 살아나지 못한다면
내일 죽을 터이니 먹고 마시자
하리라 33 속지 말라 악한 동무들은 선한 행실을 더럽히나니 34 깨어 의를 행
하고 죄를 짓지 말라 하나님을 알지 못하는 자가 있기로 내가 너희를 부끄
럽게 하기 위하여 말하노라

이 섹션은 부활이 없으면 기독교의 모든 것이 헛것이라는 15:13–19 말씀을 두 가지 사례를 통해 설명한다. 하나는 성도들이 경험하는 세례에 관한 것이며, 다른 하나는 온갖 고난과 위험을 무릅쓰고 복음을 전파하는 사도들의 삶이다. 만일 부활이 없다면 우리의 신앙에서 비롯된 모든 수고는 헛것이다. 또한 부활이 없다면 죄를 지으며 살아도 괜찮다. 죄의 가장 큰 무기는 죽음인데, 죽음은 부활에 의해 헛것이 된다. 그런데 부활이 없다면, 우리를 영원한 죽음에서 깨어나게 할 수 있는 것은 없다. 따라서 만일 우리가 죽음에서 부활할 수 없다면, 오늘 이 순간 마음껏 죄를 짓고 살아도 상관없다.

만일 부활이 없다면 죽은 자들을 위해 세례를 받는 자들의 수고는 헛수고이므로 그들을 위해 세례를 받는 일은 헛것이다(29절). '죽은 자들을 위해 세례를 받는 자들'(οἱ βαπτιζόμενοι ὑπὲρ τῶν νεκρῶν)은 해석하기가 매우 난해하다. 아예 해석이 불가능하다고 하는 이들도 있다(Kistemaker). 학자들은 여러 가지 해석을 내놓았지만, 가장 보편적인 네 가지는 다음과 같다.

첫째, 죽은 사람을 대신해서 받는 세례다(Barrett, Collins, Conzelmann, Hays, Horsley, Parry, Sampley). 문장의 의미를 고려할 때 가장 자연스러운 해석이다. 고린도 사람들은 사후 세상에 지대한 관심을 가지고 있었다(DeMaris). 많은 이방 종교가 죽은 사람들을 위한 여러 가지 예식을 권장했다(BDAG). 고린도 교회도 이러한 이방 풍습의 일부로 죽은 자들을 대신해서 세례받는 일을 교회에 도입한 것이다(Collins). 죽은 자들을 위해 세례를 받는 것은 중세기 가톨릭교회가 연옥에 있는 조상들의 위치를 높인다며 팔았던 대사부(大赦符, indulgence)와 비슷한 개념이거나(DeMaris), 부활할 때 이 사람들이 다른 사람보다 우선적으로 부활하게 하기 위한 것일 수도 있다(Schweitzer). 이미 죽은 사람에게 영적인 덕이 되거나 그들의 영혼이 구원을 얻을 수 있도록 이런 일을 했을 수도 있다.

이러한 세례는 당사자(죽은 사람)의 믿음과 상관없는 일인 만큼 누구보다도 그리스도인의 삶에서 믿음의 중요성을 강조한 바울이 이 예식을 비난할 만한데 왜 한마디도 하지 않고 지나치는 것일까? 이러한 해석을 제시하는 학자들은 사도가 죽은 자들을 대신해서 세례받는 일은 대꾸할 가치도 없는 어처구니없는 짓이라는 것을 강조하기 위해서라고 한다(Conzelmann).

둘째, 죽음이 임박한 사람들이 받는 세례다(Garland, Martin, Talbert). 이렇게 해석하는 이들은 사도가 세례를 받은 사람들을 가리켜 2인칭 복수형을 사용해 '너희'라 하지 않고, 3인칭 복수형인 '그들'이라고 하는 사실에 주목한다. 세례를 받는 사람은 이미 죽은 사람을 대신해서 받는 친지들이 아니라, 임박한 죽음에 처한 사람 자신이라고 한다. 그러므로 본문의 의미를 이렇게 해석한다: "그렇지 않다면(부활이 없다면), 죽어 가는 몸을 위해 침례를 받은 사람들이 성취하고자 하는 것은 무엇인가? 이미 죽은 자들이 살아나지 않는다면, 왜 그들은 시체로서(거의 시체가 된 몸으로) 자신을 위해 세례를 받는가?"(Otherwise what do those hope to achieve who are baptized for their dying bodies? If the completely dead are not raised, why then are they baptized for themselves as corpses?)(Talbert).

셋째, '죽은 자들'은 세례를 받기 전 사람들의 육체적 상태에 대한 은유다(Oliver, O'Neil, Thompson, Verbrugge). 우리가 세례를 받을 때 우리 몸은 죽은 것이나 다름없게 된다: "또 그리스도께서 너희 안에 계시면 몸은 죄로 말미암아 죽은 것이나 영은 의로 말미암아 살아 있는 것이니라"(롬 8:10; cf. 롬 6:3-4; 골 2:12-13). 만일 세례가 믿는 사람의 육신이 죄에 대해 죽고 그리스도 안에서 새로운 육신으로 새로운 삶을 시작하는 것이라면, 부활이 없으면 모두 허무맹랑한 일이 된다는 뜻이다.

넷째, 믿음 안에서 죽은 사랑하는 자들과 천국에서 함께하기 위해 산 사람이 받는 세례다(Fitzmyer, Gardner, Robertson & Plummer, Thiselton). 한 가지 예를 들자면, 믿는 부모가 죽으면서 믿지 않는 자녀들에게 예수님을 영접하고 세례를 받아야 천국에서 다시 만날 수 있다고 권유함에 따라 자녀들이 천국에서 부모를 만날 생각에 세례를 받는 것이다. 이 해석은 전치사 '위하여'(ὑπὲρ, in place of, 대신하여)를 죽은 사람을 '보고자, 만나고자'(with a view toward, for the sake of)로 간주한다.

성경에서 죽은 사람과 세례에 관한 말씀으로는 본문이 유일하다. 게다가 사도가 이렇게 말하는 의도를 파악하기도 매우 어렵다. 한 가지 확실한 것은 신약 저자 중 바울은 그 누구보다도 각 성도의 믿음의 필요성을 강조한다. 그러므로 믿음이 없이 죽은 사람을 위해 대신 세례를 받는다는 첫 번째 해석과 사랑하는 자를 천국에서 만나기 위해 믿음이 없는 자가 세례를 받는다는 네 번째 해석은 배제할 수 있다.

두 번째와 세 번째 해석은 각각 어느 정도 가능성을 지닌 것으로 보인다. 이 두 가지 옵션 중 굳이 하나를 선택해야 한다면 두 번째 해석이 조금 더 매력 있어 보인다. 만일 세 번째 해석이 주장하는 것처럼 이 말씀이 모든 세례받은 자가 경험하는 일이라면, 사도가 굳이 3인칭 복수형을 사용해 마치 우리와 상관이 없는 남의 일처럼 말할 필요가 없기 때문이다. 다시 말해 이미 죽은 자들에게 부활이 없다면, 거의 시체나 다름없이 쇠퇴한 사람들이 숨을 거두기 전에 세례를 받으려고 안간힘을 쓸 필요가 없다는 것이다.

만일 부활이 없다면 바울을 포함한 모든 사도와 사역자들이 생명을 담보로 복음을 전파하는 일도 헛것이다(30-32절). 사도들은 항상 위험을 무릅쓰고 복음을 전파한다(30절). 바울은 그리스도 예수 안에서 고린도 성도들을 자기 자랑으로 삼았다(31a절). 그는 자기의 가장 큰 자랑거리인 고린도 성도들을 두고 단언하기를(맹세하기를) 자기는 매일 죽는다고 한다(31b절). 매일 죽음을 감수하며 사역한다는 뜻이다(Collins, cf. Thiselton). 그는 복음 전파를 위해 죽도록 고생하고 있다(cf. 딤후 4:16-17).

하나의 예로 자신이 에베소에서 복음을 전파하다가 겪은 일을 회고한다(32절). 그는 에베소에서 맹수와 더불어 싸웠다(32a절). '맹수와 더불어 싸우다'(θηριομαχέω)는 이곳에 단 한 차례 사용되는 단어로 짐승들과 싸우는 것으로 번역할 수도 있고, 맹수 같은 사람들과 싸운다는 뜻으로 해석할 수도 있다(cf. 현대인).

그는 에베소에서 사람의 방법으로 싸우지 않았다. '사람의 방법'(κατὰ

ἄνθρωπον)은 목숨을 부지하는 등 인간적인 동기를 뜻한다(새번역, 공동, 아가페). 만일 그가 인간적인 이유로 싸움에 임했다면 아무 유익이 없다. 인간적인 동기는 생명 보존이 최우선이다. 그러므로 그가 사람의 방법으로 싸움에 임했다면, 그는 싸우지 않고 그곳에서 도망쳤어야 한다.

바울은 설령 자신이 그들과 싸우다가 죽더라도 부활이 있다는 것을 알기에 싸움을 피하지 않았다. 부활이 있기 때문에 맹수들과 싸우다가 죽어도 의미가 있었다. 부활로 인해 죽음도 그에게 유익하다고 확신했기 때문이다. 바울이 복음으로 인해 겪은 고난은 다음과 같다(고후 11:23–27; cf. 고전 4:8–13; 고후 1:3–7; 4:8–10; 6:1–10; 갈 6:17).

> 내가 수고를 넘치도록 하고 옥에 갇히기도 더 많이 하고 매도 수없이 맞고 여러 번 죽을 뻔하였으니 유대인들에게 사십에서 하나 감한 매를 다섯 번 맞았으며 세 번 태장으로 맞고 한 번 돌로 맞고 세 번 파선하고 일 주야를 깊은 바다에서 지냈으며 여러 번 여행하면서 강의 위험과 강도의 위험과 동족의 위험과 이방인의 위험과 시내의 위험과 광야의 위험과 바다의 위험과 거짓 형제 중의 위험을 당하고 또 수고하며 애쓰고 여러 번 자지 못하고 주리며 목마르고 여러 번 굶고 춥고 헐벗었노라(고후 11:23–27).

만일 부활이 없다면 이 모든 고난이 헛수고다. 바울은 자신이 사역을 하다가 죽더라도 부활한다는 것을 알았기에 이 모든 고난과 죽음의 위협을 버텨 내며 사역했다. 부활이 없고 죽음이 삶의 끝이라면 그는 어떻게 해서든 죽음을 피하려고 했을 것이고, 위험을 감수하며 사역하지도 않았을 것이다.

부활이 없다면 그는 세상 사람들처럼 "내일 죽을 터이니 먹고 마시자"라며 살았을 것이다(32b절). 이사야 22:13을 인용한 말씀이다. 하나님은 이스라엘 사람들에게 굵은 베옷을 입고 통곡하며 애곡하라고 하셨는데, 그들은 오히려 기뻐하고 즐거워하며 소를 잡고 양을 잡아 고기를 먹고 포도주를 마시면서 이렇게 말했다. 만약 부활이 없다면 사도는 미래에 대해 어떠한 소망도 없으니 오늘 흥청망청하고 내일 죽자는 자세로 살았을 것이다. 부활이 없으면 삶이 참으로 비참하고 불쌍해진다.

그러므로 사도는 고린도 성도들에게 속지 말라고 권면한다(33a절). '속지 말라'(μὴ πλανᾶσθε)는 수동태 명령문이다. 부활이 없다고 하는 사람들에게 속지 말라는 뜻이다. 부활이 없다고 말하는 사람들은 악한 동무들이며 악한 동무들은 선한 행실을 더럽힌다(33b절). '동무들'(ὁμιλίαι)은 이곳에서 단 한 차례 사용되는 단어로 '그냥 아는 사람'이 아니라 교제하는 사람들, 즉 우리에게 어느 정도 영향을 미칠 수 있는 사람들이다.

"악한 동무들은 선한 행실을 더럽히나니"는 그리스의 희극 작가 메난드로스(Menander, 주전 342-292)의 코미디(Comedy) 『타이스』(Thais)에서 유래한 말로, 바울 시대에 이르러서는 헬라 문화권에서 격언이 되었다(Verbrugge, cf. Garland, Sampley). 오늘날로 말하면 부정적인 '또래 압력'(peer pressure)에 대한 경고다. 고린도 성도들이 가까이하는 사람 중에 부활은 없다며 하나님의 심판을 두려워하지 않고 죄와 향락을 즐기는 자들이다.

사도는 이런 사람들에게 속지 말라고 한다. 속지 않으려면 사귀지(교제하지) 않아야 한다. 이런 사람들과 교제하면 그동안 유지해 왔던 선한 행실이 더럽혀질 수 있다. '선한 행실'(ἤθη χρηστὰ)은 바른 품행(good morals)을 뜻한다(공동, ESV, NAS, NRS). 선이 악을 변화시키면 좋겠지만, 현실을 보면 항상 악이 선을 오염시킨다. 그러므로 악은 멀리하는 것이 최선이다.

"깨어 의를 행하라"(ἐκνήψατε δικαίως)(34a절)는 정신 똑바로 차리고 악한 동무들이 하는 말을 따르지 말고 계속 선하게 살아가라는 권면이다. "죄를 짓지 말라"(μὴ ἁμαρτάνετε)(34b절)는 지속성을 강조하는 현재형 명령문이다. 그동안 착하게 살아온 것처럼 앞으로도 계속 죄를 짓지 말라는 말이다.

고린도 성도들의 '동무' 중에 부활이 없다며 죄와 향락을 즐기는 자들은 하나님을 알지 못하는 자들이다(34c절). 사도는 고린도 성도들이 이러한 사실을 망각하고 그들과 교제하는 것 같아서 그들을 부끄럽게 하고자 이 사실을 상기시킨다. 고린도 성도들이 자기에게 특별한 영적 지식과 은사가 있다고 하면서 정작 하나님을 잘 알지 못하는 사람들과 어울린다는 비난이기도 하다(Barrett).

이 말씀은 부활은 우리 삶의 목표이자 동기 부여라고 한다. 우리가 살면서 온갖 고난과 역경을 견디며 선하게 살고 복음을 전파할 수 있는 것은 부활에 대한 소망이 있기 때문이다. 쉽지 않아도 견딜 수 있는 것은 부활하신 주님이 우리에게 성실하게 살 능력을 주시기 때문이다.

부활이 없다고 하거나 믿지 못하는 것은 죄다. 부활을 부인하는 사람들과 알고는 지내도 깊이 교제하는 것은 바람직하지 않다. 우리가 삶에서 행하는 선한 일마저 오염될 수 있기 때문이다. 이와는 반대로 만일 우리가 경건하고 선하게 살고 싶다면, 경건하고 선하게 사는 사람들과 교제하는 것이 큰 도움이 된다. 성도의 교제는 우리 삶에 거룩한 불을 지피기 때문이다.

Ⅳ. 교회의 질문들(7:1-15:58)
F. 부활(15:1-58)

5. 몸의 부활(25:35-49)

**[35] 누가 묻기를 죽은 자들이 어떻게 다시 살아나며 어떠한 몸으로 오느냐
하리니 [36] 어리석은 자여 네가 뿌리는 씨가 죽지 않으면 살아나지 못하겠
고 [37] 또 네가 뿌리는 것은 장래의 형체를 뿌리는 것이 아니요 다만 밀이나**

다른 것의 알맹이 뿐이로되 38 하나님이 그 뜻대로 그에게 형체를 주시되 각
종자에게 그 형체를 주시느니라 39 육체는 다 같은 육체가 아니니 하나는 사
람의 육체요 하나는 짐승의 육체요 하나는 새의 육체요 하나는 물고기의 육
체라 40 하늘에 속한 형체도 있고 땅에 속한 형체도 있으나 하늘에 속한 것
의 영광이 따로 있고 땅에 속한 것의 영광이 따로 있으니 41 해의 영광이 다
르고 달의 영광이 다르며 별의 영광도 다른데 별과 별의 영광이 다르도다
42 죽은 자의 부활도 그와 같으니 썩을 것으로 심고 썩지 아니할 것으로 다
시 살아나며 43 욕된 것으로 심고 영광스러운 것으로 다시 살아나며 약한 것
으로 심고 강한 것으로 다시 살아나며 44 육의 몸으로 심고 신령한 몸으로
다시 살아나나니 육의 몸이 있은즉 또 영의 몸도 있느니라 45 기록된 바

첫 사람 아담은 생령이 되었다

함과 같이 마지막 아담은 살려 주는 영이 되었나니 46 그러나 먼저는 신령한
사람이 아니요 육의 사람이요 그 다음에 신령한 사람이니라 47 첫 사람은 땅
에서 났으니 흙에 속한 자이거니와 둘째 사람은 하늘에서 나셨느니라 48 무
릇 흙에 속한 자들은 저 흙에 속한 자와 같고 무릇 하늘에 속한 자들은 저
하늘에 속한 이와 같으니 49 우리가 흙에 속한 자의 형상을 입은 것 같이 또
한 하늘에 속한 이의 형상을 입으리라

사도가 하는 말을 고려하면 고린도 성도 중 부활을 부인한 사람들은 무엇보다도 우리의 육신과 부활 후에 얻게 될 영화로운 몸이 연결성을 유지하면서도 획기적인 변화를 거친다는 것을 이해하지 못했기 때문에 부인한 것이 확실하다. 그러나 부활을 부인하면서 복음을 영접했다고 할 수는 없다. 부활은 복음에서 떼어 낼 수 없는 부분이기 때문이다.

바울은 이 땅에서 우리가 지닌 육신과 하늘에서 지닐 몸이 극과 극을 이룬다고 한다. 상상하기 어려운 변화가 있을 것이며, 이러한 변화는 오직 하나님만이 하실 수 있는 일이다. 그러므로 사도는 우리가 지닌 육의 몸과 부활 후에 갖게 될 영의 몸이 지니는 차이에 초점을 맞추

어 우리의 부활을 설명한다.

고린도 성도 중 어떤 이들은 "죽은 자들이 어떻게 살아나느냐? 어떠한 몸으로 오느냐?"라고 묻는다(35절). 진실을 알고 싶어서 하는 질문일 수도 있고(cf. 약 2:18; 롬 9:19; 11:19), 불신을 전제하는 비아냥일 수도 있다(cf. 막 12:23). 사도가 이들은 부활을 부인한다고 한 것이나, 다음 절에서 그들을 '어리석은 자'라고 비난하는 것으로 보아 이들은 빈정대는 투로 이런 질문을 한 것으로 보인다. 두 질문을 하나로 묶으면, "그러면 죽은 사람이 부활하면 그는 어떤 몸으로 나타나느냐?"라는 의미다(Gardner). '몸, 육신'(σῶμα)이 처음으로 부활을 설명하는 데 사용되고 있다. 그들은 우리가 이 땅에서 지닌 육의 몸에서 하늘에서 얻게 될 영의 몸이 나온다는 것을 상상할 수 없어 부활을 부인했다(Fee, Findlay).

바울은 믿을 수 없다며 부활을 부인하는 사람들을 '어리석은 자들'(ἄφρων)이라고 비난한다(36a절). 성경은 하나님이 없다고 하는 자들을 가리켜 어리석다고 한다(시 14:1; 53:1). 또한 부활을 부인하는 사람들은 부활이 무엇인지 이해하지 못하고, 하나님이 어떤 일을 하실 수 있는지 알지 못하면서 부활이 없다고 단정하니 어리석다(Barrett, Fee, cf. 1:21-22). 부활은 우리가 이해하기 쉽지 않은 신비로운 일이다. 그러나 신비롭다고 해서 있을 수 없는 일이라고 단정하는 것은 어리석은 자들이나 하는 일이다(Findlay).

사도는 먼저 농부가 뿌리는 씨앗을 사례로 들어 부활을 설명한다(36-38절). 씨앗 비유에는 세 가지 포인트가 있다(Asher). 첫째, 땅에 뿌려진 씨앗이 죽지 않으면 싹(생명)이 살아나지 못한다(36절). 둘째, 씨앗에서 자라나는 (식물의) 형체는 땅에 심은 (밀알 등 씨앗의) 형체와 다르다(37절). 셋째, 하나님이 종자에 따라 각 씨앗과 그 씨앗에서 자라난 식물의 형체를 다르게 하신다(38절).

십자가에서 죽으신 예수님의 시신은 씨앗이 묻히듯 땅에 묻히셨다(cf. Verbrugge). 그리고 하나님이 그를 죽은 자 가운데서 살리셨다. 씨앗 비유에 따르면 땅에 묻힌 예수님의 시신은 하나님이 죽은 자들 가운데서 살리신 그리스도의 몸과 전혀 다르다. 제자들이 잘 알아볼 수 없을 정도였다. 우리도 죽어 땅에 묻히면 예수님이 부활하신 것처럼 부활할 것이다. 우리가 지닌 육신과 부활한 몸은 완전히 다르기에 사람들이 잘 알아보지 못할 정도가 될 것이다.

세상에는 여러 형태의 육체가 있다(39-40절). 사람의 육체, 짐승의 육체, 새의 육체, 물고기의 육체가 있다(39절). 앞 비유에서 사도는 씨앗을 뿌리면 씨앗을 보고는 도저히 상상할 수 없는 다른 모습의 식물이 나온다고 했다. 사람이 죽으면 새의 몸으로 부활할 수 없다. 오직 사람의 몸으로 부활할 것이다(cf. Gardner). 하나님이 이 모든 것을 각각 종류대로 창조하셨으며(cf. 창 1장), 부활할 때도 이러한 경계선이 허물어지지 않는다.

우리의 형체는 땅에 속했으며, 땅에 속한 것의 영광이 각각 따로 있다(40b절). 또한 하늘에 속한 형체에는 하늘에 속한 영광이 각각 따로 있다(40a절). 해의 영광이 다르고, 달의 영광이 다르며, 별의 영광도 다르며, 심지어 별과 별의 영광이 각각 다르다(41절).

우리는 땅에 속한 것의 영광도 잘 모른다. 하늘에 속한 것의 영광은 더더욱 모른다. 그런데도 일부 고린도 성도는 땅에 속한 보잘것없는 육신을 심어 하늘에 속한 성체의 영광에 견줄 만한 영광을 지니고 살아나는 부활이 없다고 한다(Asher, Martin, cf. 단 12:2-3; 마 13:43)! 하나님이 우리를 죽은 자 가운데서 살리실 때는 우리 육신을 재활용하는 것이 아니라, 우리 육신을 씨앗으로 사용해 완전히 새로운 몸을 창조하신다. 이 땅에 속한 우리는 하늘에 속한 부활에 대해 아는 것보다 모르는 것이 더 많다.

저자는 죽은 자의 부활도 앞에서 말한 것과 같다며 우리가 죽을 때 이 땅에 심는 육신과 부활하는 몸을 다음과 같이 대조한다(42-44절). 부활의 몸은 우리의 육신과 극과 극을 이루기 때문에 어떻게 이런 일이 가능한지 상상하기도 어렵다(cf. 빌 3:21). 그러나 상상하기가 어렵다고 해서 실체를 부인할 수는 없다. 지금 우리에게 육의 몸이 있는 것처럼 부활하면 영의 몸이 있을 것이기 때문이다(44a절).

죽은 자	부활한 자
썩을 것	썩지 아니할 것
욕된 것	영광스러운 것
약한 것	강한 것
육의 몸	신령한 몸

우리가 지닌 육의 몸과 부활 후 얻을 영의 몸의 차이는 첫 아담과 마지막 아담이신 예수님의 차이로도 설명할 수 있다(45-49절). 아담이 우리에게 육체적인 몸을 준 것처럼(cf. 창 2:7) 예수님은 아담의 후손 중 믿는 자들에게 영적인 몸을 주실 것이다. 마치 새로운 인류를 시작하시듯 하나님의 백성을 시작하셨다(Dunn). 이 둘의 차이는 땅과 하늘의 차이로밖에 설명할 수 없다. 다음을 참조하라(45-49절, cf. Sampley).

첫 아담	마지막 아담
생령(living being)이 됨	살려 주는 영(life-giving spirit)이 됨
육의 사람	신령한 사람
땅에서 남	하늘에서 남
흙에 속한 자들	하늘에 속한 자들
흙에 속한 자의 형상	하늘에 속한 이의 형상

이 말씀은 우리의 선입견이나 편견으로 하나님의 사역을 제한하지 않아야 한다고 한다. 고린도 성도 중에는 부활을 도저히 이해할 수 없다며 부인하는 자들이 있었다. 하나님은 모든 일을 하실 수 있고 우리

가 이해하거나 상상할 수 없는 일도 하실 수 있다고 믿는다면, 내가 이해할 수 없다는 이유로 부활을 부인하는 것은 나의 편견과 어리석음으로 하나님의 사역을 부인하는 일이다. 교만의 극치라 할 수 있다. 우리는 겸손해야 한다. 하나님은 우리의 이해력과 상상력을 초월해 사역하신다.

부활은 우리가 경험하는 모든 것과 다르다. 하나님의 새로운 창조이기 때문이다. 우리에게 선행 지식이 없다면, 한 알의 밀을 심을 때 그 씨앗만 보고는 어떤 형체가 싹트고 열매를 맺는지 알 수 없다. 이와 같이 우리의 부활은 우리가 상상할 수 있는 것보다 더 좋을 것이다. 하늘과 땅의 차이라 할 수 있다.

Ⅳ. 교회의 질문들(7:1–15:58)
F. 부활(15:1–58)

6. 모든 것이 변화될 것(15:50–58)

50 형제들아 내가 이것을 말하노니 혈과 육은 하나님 나라를 이어 받을 수
없고 또한 썩는 것은 썩지 아니하는 것을 유업으로 받지 못하느니라 51 보
라 내가 너희에게 비밀을 말하노니 우리가 다 잠 잘 것이 아니요 마지막 나
팔에 순식간에 홀연히 다 변화되리니 52 나팔 소리가 나매 죽은 자들이 썩지
아니할 것으로 다시 살아나고 우리도 변화되리라 53 이 썩을 것이 반드시 썩
지 아니할 것을 입겠고 이 죽을 것이 죽지 아니함을 입으리로다 54 이 썩을
것이 썩지 아니함을 입고 이 죽을 것이 죽지 아니함을 입을 때에는

사망을 삼키고 이기리라고

기록된 말씀이 이루어지리라

55 사망아 너의 승리가 어디 있느냐
사망아 네가 쏘는 것이 어디 있느냐

56 사망이 쏘는 것은 죄요 죄의 권능은 율법이라 57 우리 주 예수 그리스도로

말미암아 우리에게 승리를 주시는 하나님께 감사하노니 58 그러므로 내 사랑하는 형제들아 견실하며 흔들리지 말고 항상 주의 일에 더욱 힘쓰는 자들이 되라 이는 너희 수고가 주 안에서 헛되지 않은 줄 앎이라

앞 섹션에서 저자는 우리의 육신과 부활 이후의 몸이 어떻게 다른지 설명했다. 이 섹션에서는 그리스도께서 부활하셨으므로 그를 믿는 우리에게도 반드시 부활이 있을 것이라 한다. 우리의 부활은 우리 육신의 모든 것을 변화시킨다.

주님이 재림하시기 전에 죽든, 혹은 살아 있는 동안에 주님이 오시든 하나님의 자녀는 모두 획기적으로 변한 몸으로 하나님 나라에 입성하게 될 것이다. 그리스도께서 죽음을 이기고 부활하셨기 때문에 이러한 변화가 가능하게 되었다. 또한 부활한 사람은 죽음의 권세에서 완전히 놓일 것이다. 하나님 나라에는 죽음이 없기 때문이다.

어떤 이들은 사도가 본문에서 죽은 사람과 산 사람을 대조한다고 한다(Jeremias, Thiselton). 그러나 본문은 우리가 지닌 육신과 부활 때 얻을 영화로운 몸을 대조하는 것이지 산 사람과 죽은 사람을 대조하는 것이 아니다(Asher, Collins, Conzelmann, Fee, Verbrugge, Witherington). 우리가 살아서 종말을 맞이하게 되든지, 혹은 죽은 다음에 종말을 맞이해 부활하게 되든지 우리의 육신은 하나님 나라에 절대 어울리지 않는다(Edwards, Godet, Robertson & Plummer). 그러므로 천국에 걸맞은 몸으로 획기적으로 변화되어야 하며, 반드시 변화될 것이다.

바울은 부활을 부인하는 고린도 성도들을 '어리석은 자들'(ἄφρων, 15:36)이라며 비난하기도 했지만, 부활에 대한 가르침을 마무리하면서 다시 그들을 '형제들'(ἀδελφοί)이라고 부드러운 말로 부른다(50a절). 혈과 육은 하나님 나라를 이어받을 수 없다(50b절). '혈과 육'(σὰρξ καὶ αἷμα)은 우리의 육신(몸)을 뜻하는 히브리 사람들의 표현이다(Verbrugge).

우리가 이 땅에서 지니는 몸으로는 절대 하나님 나라를 이어받을 수 없다. '이어받다'(κληρονομέω)는 유산으로 받는 것을 의미하는 히브리 사람들의 표현이다. 다음 문구에서 사용되는 '유업으로 받지 못한다'(οὐδὲ κληρονομεῖ)도 같은 동사를 사용하고 있다. 하나님 나라에 입성할 수 없다는 뜻이다. '하나님의 나라'(βασιλείαν θεοῦ)가 복음서에서는 '하나님의 다스리심'을 의미하지만, 이곳에서는 우리가 영원히 거할 천국을 뜻한다(Gardner).

또한 썩는 것은 썩지 않는 것을 유업으로 받지 못한다. '썩는 것'(φθορὰ)은 이 땅과 우리 육신을 포함한 이 땅의 모든 것이다. '썩지 아니하는 것'(ἀφθαρσία)은 천국이다. 사도는 썩는 것과 썩지 않는 것으로 세상과 하늘나라를 대조하며 둘은 결코 하나가 될 수 없는 양극이라고 한다. 이 땅에 사는 인간의 능력으로는 절대 천국에 입성할 수 없다는 사실을 암시한다.

바울은 고린도 성도들에게 종말에 관한 비밀을 알려 주고자 한다(51a절). 잠자는 사람(죽은 사람)은 그리스도가 재림하시면 변화된 몸으로 주를 맞이할 것이다(cf. 15:22-23). 예수님이 재림하실 때 살아 있는 사람들도 변화된 몸으로 주님을 맞이하게 될 것이다(51b절). 재림 때 살아 있는 사람들의 변화는 마지막 나팔 소리가 울릴 때 순식간에 일어난다. 나팔 소리는 종말을 알리거나(cf. 마 24:31; 살전 4:16; 욜 2:1; 습 1:14-16; 슥 9:14), 하나님의 임재와 연관이 있다(출 19:13, 16, 19; 20:18; 슥 9:14). 이곳에서는 종말의 시작을 알린다.

나팔 소리가 울리고 종말이 시작되면 죽은 자들이 썩지 않을 것으로 다시 살아나고, 우리도 변화될 것이다(52절). 이미 죽은 사람은 부활하면서 썩지 않는 신령한 몸을 얻을 것이며, 살아 있다가 종말을 맞이하는 사람은 이 땅에서 지니고 있는 몸과 전혀 다른 변화된 몸을 갖게 될 것이다.

사도는 이러한 변화를 옷을 입는 것으로 설명한다(53절). 이 썩을 것(육신)이 반드시 썩지 아니할 것(신령한 몸)을 입겠고, 이 죽을 것(육신)

이 죽지 아니함(신령한 몸)을 입을 것이다. 우리의 육신에 새로운 옷을 입혀 변화를 이루는 것은 육신과 신령한 몸의 연결성을 암시한다(Garland).

썩을 것이 썩지 않음을 입고, 죽을 것이 죽지 않음을 입을 때에 "사망을 삼키고 이기리라"라고 기록된 말씀이 실현될 것이다(54절). 이 말씀은 이사야 25:8을 인용한 것이며, 요한계시록 21:4에도 비슷한 말씀이 기록되어 있다: "모든 눈물을 그 눈에서 닦아 주시니 다시는 사망이 없고 애통하는 것이나 곡하는 것이나 아픈 것이 다시 있지 아니하리니 처음 것들이 다 지나갔음이러라." 그날이 되면 부활이 사망을 완전히 없앨 것이다.

그러므로 사도는 담대하게 외친다: "사망아 너의 승리가 어디 있느냐? 사망아 네가 쏘는 것이 어디 있느냐?"(55절). 학자들은 이 수사학적 질문이 "내가 그들을 스올의 권세에서 속량하며 사망에서 구속하리니 사망아 네 재앙이 어디 있느냐 스올아 네 멸망이 어디 있느냐 뉘우침이 내 눈 앞에서 숨으리라"(호 13:14)에서 유래한 것이라 하기도 하고, 호세아서 말씀과 차이가 너무 많다는 점에서 바울이 한 말이라 하기도 한다(cf. Barrett, Calvin).

그날이 되면 사망은 부활한 사람들을 억압하거나 그들을 상대로 승리할 수 없다. 부활로 인해 사망이 완전히 무력화될 것이기 때문이다. 또한 사망이 쏘는 것도 더는 효과를 발휘하지 못한다. 사망이 쏘는 것은 죄다(56a절). 죄와 사망은 아담을 통해서 왔다: "한 사람으로 말미암아 죄가 세상에 들어오고 죄로 말미암아 사망이 들어왔나니 이와 같이 모든 사람이 죄를 지었으므로 사망이 모든 사람에게 이르렀느니라"(롬 5:12; cf. 고전 15:21–22). 그날이 되면 죄와 사망은 부활한 사람들에게 어떠한 능력도 발휘하지 못하는 무용지물이 될 것이다.

그동안 죄는 율법을 통해 사람들을 억압하고 죽였다(56b절). 율법은 죄가 무엇인지 알게 했다(롬 4:15; 5:13, 20; 7:7; 갈 3:19). 그러나 율법은 생명을 주거나 의롭게 할 수 없다(갈 3:21). 그러므로 율법은 사람을 정죄해 죽음으로 몰아갔다.

> 율법으로 말미암지 않고는 내가 죄를 알지 못하였으니 곧 율법이 탐내지 말라 하지 아니하였더라면 내가 탐심을 알지 못하였으리라 그러나 죄가 기회를 타서 계명으로 말미암아 내 속에서 온갖 탐심을 이루었나니 이는 율법이 없으면 죄가 죽은 것임이라 전에 율법을 깨닫지 못했을 때에는 내가 살았더니 계명이 이르매 죄는 살아나고 나는 죽었도다(롬 7:7-9).

사도는 우리 주 예수 그리스도로 말미암아 우리에게 승리를 주시는 하나님께 감사한다(57절). 죽음에서 부활하신 예수 그리스도는 죄와 죽음을 상대로 승리하셨다. 하나님은 그리스도의 부활을 통해 우리에게도 죽음과 죄에 대한 승리를 주실 것이다(cf. 롬 6:17; 7:25). 그러므로 승리를 주시는 하나님께 감사하는 것이 옳다.

죄와 죽음에 대해 승리하는 날이 오고 있다. 그러므로 사도는 고린도 성도들에게 부활에 대한 소망을 품어 그들의 믿음이 항상 견실하고 흔들리지 않게 하라고 한다(58a절). 부활을 소망하며 흔들리지 않는 믿음으로 항상 주의 일에 힘쓰라고 하는데, 주의 일에 힘쓰는 것은 교회에 덕을 세우는 일과 연관이 있다(cf. 14:12). 부활 신앙에 든든히 세워진 믿음은 교회에 덕을 세우는 섬김과 봉사를 지향하는 삶을 살게 할 것이다. 반면에 부활을 부인하는 사람은 '오늘 실컷 즐기고 내일 죽자'는 향락주의(Epicurean)에 빠진다(15:33-34).

그리스도께서 부활하지 않으셨다면 교회를 세우려는 우리의 노력은 부질없는 짓이라 할 수도 있다(15:14). 그러나 사도는 이러한 수고가 주 안에서 헛되지 않다고 한다(58b절). 그리스도께서 부활하셨고, 우리도 부활할 것이기 때문이다.

이 말씀은 그리스도께서 재림하실 때 모든 것이 순식간에 홀연히 변화할 것이라 한다. 죽은 사람은 부활해 신령한 몸을 갖게 될 것이며, 살아서 그리스도를 맞이하는 사람은 재림을 알리는 나팔 소리에 모든 것이 변화하는 경험을 할 것이다. 변화 전과 후의 차이가 얼마나 파격적이고 놀라운지 땅과 하늘의 차이라고 할 수밖에 없다. 그러므로 우리가 지닌 육체적·영적 연약함에 대해 걱정하지 말고 모든 것이 변화될 부활의 날을 기대하며 살아야 한다.

그날이 되면 인류가 시작된 이후 해결하지 못한 죄와 사망 문제가 완전히 해결될 것이다. 첫 아담이 세상에 죄와 사망을 안겨 주었지만, 마지막 아담이신 예수님이 대속적인 죽음과 부활로 죄와 사망 문제를 해결하셨기 때문이다. 그러므로 우리가 그리스도처럼 부활하는 날, 죄와 사망은 더는 우리를 괴롭힐 수 없다. 우리는 부활을 소망하며 살아야 한다. 그날은 죄와 사망에서 자유로워지는 날이 될 것이기 때문이다.

우리가 이 땅에서 하나님과 그의 나라를 위해 하는 수고는 헛되지 않다. 지치고 힘들 때면 우리의 헌신과 희생이 아무 의미 없는 것처럼 느껴질 수도 있다. 그러나 우리의 선행은 분명 의미가 있으며 하나님이 기뻐 받으신다. 그러므로 부활을 소망하며 더 열심히 사랑하고 섬겨야 한다.

Ⅴ. 연보와 마무리 인사
(16:1–24)

바울이 고린도 성도들에게 하는 마지막 말은 예루살렘 교회를 위한 헌금을 매주 모아서 적절한 때에 예루살렘으로 보낼 수 있게 하라는 것이다. 또한 적절한 때가 이르면 자신도 고린도를 방문할 것이라고 한다. 이러한 내용과 마무리 인사를 담고 있는 본 텍스트는 다음과 같이 구분된다.

A. 연보와 고린도 방문 계획(16:1–12)
B. 마무리 인사(16:13–24)

Ⅴ. 연보와 마무리 인사(16:1–24)

A. 연보와 고린도 방문 계획(16:1–12)

**1 성도를 위하는 연보에 관하여는 내가 갈라디아 교회들에게 명한 것 같이
너희도 그렇게 하라 2 매주 첫날에 너희 각 사람이 수입에 따라 모아 두어
서 내가 갈 때에 연보를 하지 않게 하라 3 내가 이를 때에 너희가 인정한 사**

**람에게 편지를 주어 너희의 은혜를 예루살렘으로 가지고 가게 하리니 4 만
일 나도 가는 것이 합당하면 그들이 나와 함께 가리라 5 내가 마게도냐를 지
날 터이니 마게도냐를 지난 후에 너희에게 가서 6 혹 너희와 함께 머물며 겨
울을 지낼 듯도 하니 이는 너희가 나를 내가 갈 곳으로 보내어 주게 하려 함
이라 7 이제는 지나는 길에 너희 보기를 원하지 아니하노니 이는 만일 주께
서 허락하시면 얼마 동안 너희와 함께 머물기를 바람이라 8 내가 오순절까지
에베소에 머물려 함은 9 내게 광대하고 유효한 문이 열렸으나 대적하는 자
가 많음이라 10 디모데가 이르거든 너희는 조심하여 그로 두려움이 없이 너
희 가운데 있게 하라 이는 그도 나와 같이 주의 일을 힘쓰는 자임이라 11 그
러므로 누구든지 그를 멸시하지 말고 평안히 보내어 내게로 오게 하라 나는
그가 형제들과 함께 오기를 기다리노라 12 형제 아볼로에 대하여는 그에게
형제들과 함께 너희에게 가라고 내가 많이 권하였으되 지금은 갈 뜻이 전혀
없으나 기회가 있으면 가리라**

새로운 섹션을 시작하는 '…에 관하여'(περὶ δὲ)(1a절)가 이 서신에서 여섯 번째 사용되고 있다(cf. 7:1, 25; 8:1, 4; 12:1). 바울은 고린도 성도들이 질문한 내용에 답을 시작할 때 이 문구를 사용한다(Gardner, Garland). 고린도 성도들이 예루살렘 성도들을 위한 헌금에 관해 질문한 것이다. 그러나 그들의 질문이 정확히 무엇이었는지는 알 수 없다. 학자들은 두 가지 가능성을 제시한다. 첫째, 바울이 예루살렘 교회를 위해 갈라디아 성도들을 상대로 헌금을 모으고 있다는 소식을 들은 고린도 성도들이 자기들도 참여할 수 있는지 물었다(Barrett, Witherington). 둘째, 바울이 과거에 예루살렘 교회를 위해 모금할 것을 고린도 교회에 요청했으며, 그들이 서신을 통해 구체적인 방법을 물었다(Collins, Garland, Robertson & Plummer).

사도가 다른 곳에서도 구제 헌금의 중요성을 강조하는 것으로 보아(롬 15:25-33; 고후 8-9장) 후자가 맞다. 하나님의 사랑은 형편이 나은 교

회가 어려운 교회 성도들을 돕는 일을 통해서도 실현되어야 한다. 바울은 갈라디아 지역에 있는 교회들이 예루살렘 교회를 위해 모금하고 있다는 것을 고린도 교회에도 알리며 동참할 것을 권면했다. 이에 대해 고린도 교회가 내부적인 논의를 통해 참여를 결정하고 바울에게 구체적인 방법을 질문한 것이다.

바울은 갈라디아 교회들이 하고 있는 모금 방법을 따라 할 것을 권한다(1절). 그가 권하는 모금 방법은 다섯 가지 원칙을 반영한다(2절, cf. Soards, Talbert). 첫째, 정기적으로 해야 한다. 바울은 매주 첫날에 헌금하라고 한다. 주의 첫날은 예수님이 부활하신 날이며, 그리스도인이 함께 모여 예배하는 날이었다(cf. 행 20:7). 둘째, 모든 사람이 참여해야 한다. 예외 없이 공동체에 속한 '각 사람'이 모두 헌금을 해야 한다. 셋째, 수입에 따라 해야 한다. 하나님의 은혜를 많이 받아 수입이 많으면 많이, 적으면 적게 하되 무리는 하지 말라는 권면이다. 수입에 따라 매주 금액이 다를 수 있다. 넷째, 따로 떼어 모아 두어야 한다. 각각 집에 모아 두었다가 때가 이르러 사도가 가면 한꺼번에 가져오라는 뜻이다(Fee). 다섯째, 강요하지 말고 자유롭게 해야 한다. 매주 헌금을 모아 두면 사도가 모금을 위해 방문했을 때 분위기와 눈치를 살피며 연보를 하지 않아도 된다.

바울은 왜 자신이 도착한 후에 연보를 하지 않게 하라고 하는가? 첫째, 그는 헌금으로 인해 누구에게도 압력을 행사하고 싶지 않다(Garland). 모든 것이 은혜로이 진행되어야 그들이 예루살렘으로 보내는 헌금도 '은혜'(χάρις)가 될 것이다(cf. 3절). 둘째, 사도는 사역할 시간을 헌금을 모으는 데 쓰고 싶지 않다(Robertson & Plummer). 셋째, 사도가 도착한 후 갑자기 모금하면 액수가 적을 수도 있다(Thiselton).

고린도 성도들이 모으는 연보는 유대인의 성전세(헌금)처럼 부자나 가난한 자나 같은 액수를 드리는 것이 아니다(cf. 마 17:24-27). 헌금에는 어떠한 압박이나 속임수나 죄책감이 있어서는 안 된다. 고린도 성도들은 하나님이 주신 복을 누리는 분량에 따라 감사한 마음으로 질서 정연하게 각자의 몫을 드려야 한다.

고린도 교회가 예루살렘 성도를 위해 모은 헌금은 언제, 어떻게 전달될 것인가? 이에 대해 사도는 자기가 머지않은 시일 내에 고린도를 방문할 것이며, 그때 예루살렘으로 보낼 것이라고 한다(3-4절). 바울이 이 서신에서 고린도 방문 계획을 언급하는 것은 이번이 세 번째다(cf. 4:19; 11:34).

예루살렘 성도를 위한 모금은 바울이 주도하고 진행하는 일이다. 그러나 사도는 고린도 교회가 인정하는 사람들에게 편지를 주어 예루살렘으로 가져가게 할 계획이다(3절). 고린도 교회를 대표해 예루살렘에 가서 헌금을 전달할 사람들을 직접 선출하라는 것이다. 바울은 헌금을 가지고 예루살렘 교회를 찾아가는 고린도 교회 대표들에게 편지(추천서, 소개서)를 써 줄 생각이다. 혹은 만일 바울이 그들과 함께 예루살렘으로 가는 것이 합당하면 자신도 함께 갈 계획이다(4절). '합당한'(ἄξιος)은 '가치 있는'(worthy)을 뜻하며 '금액이 크면'으로 해석된다(Blomberg, Findlay, Godet, Moffatt, Morris, Parry).

바울은 고린도에서 곧바로 배를 타고 수리아로 갈 계획이었지만, 유대인들이 그를 배 안에서 죽이려 한다는 음모를 듣고는 육로로 마게도냐의 빌립보까지 갔다(cf. 행 20:3). 그곳에서 그와 함께 예루살렘 성도들을 위한 헌금을 가지고 배를 탄 사람은 일곱 명이었다(행 20:4): (1)베뢰아 사람 부로의 아들 소바더(cf. 롬 16:21), (2)데살로니가 사람 아리스다고(cf. 행 19:29; 27:2), (3)데살로니가 사람 세군도, (4)더베 사람 가이오(cf. 행 19:29), (5)[루스드라 사람] 디모데(cf. 행 16:1-3; 19:22), (6)아시아 사람 두기고(cf. 엡 6:21-22; 골 4:7-8; 딤후 4:12; 딛 3:12), (7)아시아 사람 드로비모(cf. 행 21:29; 딤후 4:20).

이들 중에 고린도 교회를 대표하는 사람은 없다. 아마도 바울이 고린도에 3개월 머무는 동안 교회가 그에게 대표가 되어 달라고 부탁했던 것으로 보인다. 강도와 도둑이 많던 시대라 모금한 금액으로 금과 같이 분량이 적지만 언제 어디서든 돈으로 바꿀 수 있는 귀중품을 사서 전대에 싸 허리에 묶든지, 혹은 겉으로 티 나지 않게 속옷에 꿰맸을 것이다(Murphy-O'Connor).

바울은 마게도냐를 지나면서 곳곳에 세워진 교회를 둘러보며 고린도로 갈 계획이다(5절). 마게도냐에는 빌립보, 데살로니가, 베뢰아 등에 그가 세운 교회가 있었다. 사도는 고린도로 가는 길에 이 교회들을 둘러볼 계획이다. 그리고 고린도에서 겨울을 지낼 계획이다(6a절). '혹'(τυχὸν, perhaps)은 불확실성을 표현하는 것이 아니라, 강요성이 없는 바람(polite desire)이다(Perry). 사도는 고린도에서 겨울을 보내고 싶지만, 고린도 교회에 부담을 주고 싶지는 않다고 한다. 당시 자료들에 따르면 9월 14일 이후로는 거의 모든 선박이 지중해를 항해하지 않았다. 이때가 되면 배가 다니기에는 파도와 바람이 너무 거셌기 때문이다. 두 달 후인 11월 11일에서 이듬해 3월 5일까지는 모든 항로가 끊겼다.

사도는 고린도에서 겨울을 보낸 후 고린도 성도들이 그를 보내 주기를 원한다(6b절). '보내다'(προπέμπω)는 선교 사역에 필요한 재정적인 후원과 함께 사역할 동역자 파송을 전제한다(cf. 행 15:3; 롬 15:24; 고후 1:16; 딛 3:13). 이때까지 안디옥 교회의 파송을 받아 사역해 온 바울은 여건이 허락하면 이번에는 고린도 교회의 파송을 받고자 한다. 그가 어디로 가려고 하는지는 알 수 없다. 아마도 로마 제국의 동쪽(스페인)으로 가고자 했을 것이다.

바울이 고린도에서 겨울을 지내고자 하는 것은 그들과 함께 교제하며 충분한 시간을 보내기 위해서다. 그는 주후 50년에 고린도에 도착해 1년 6개월간 선교한 후 주후 51년 가을에 떠났다(Fitzmyer). 그러나 1년 6개월은 충분한 시간이 아니었다. 그는 더 많은 시간을 고린도 성도들과 보내려 한다. 그러므로 다른 목적지를 향해 가는 길에 고린도에 잠시 들리고자 하는 것이 아니다(7a절). 주께서 허락하시면 한동안 고린도에 머무는 것이 그가 바라는 바다(7b절).

사도는 오순절까지 에베소에 머물 계획이다(8절). 우리는 서론에서 바울이 고린도전서를 주후 54년 봄에 보낸 것이라 했다. 주후 54년 오순절은 6월 2일이었다(Schreiner). 그는 여름에 고린도를 향해 떠날 계획이다(Thiselton). 그에게 광대하고 유효한 문이 열렸기 때문이다(9a절). '광대하고 유효한 문'(θύρα ἀνέῳγεν μεγάλη)은 전도의 문이 활짝 열렸다는 뜻이다. 에베소 사람들이 바울이 선포하는 복음에 매우 긍정적인 반응을 보이고 있다(cf. 행 14:27; 고후 2:12; 골 4:3).

그러나 아무리 좋은 때라도 복음은 항상 거부 반응도 일으킨다(cf. 행 19:23-20:1). 그러므로 그는 대적하는 자도 많다고 한다(9b절). 복음에 대한 반응이 혹독할수록 전도도 잘 된다(Findlay).

사도는 5-9절에서 자신의 선교와 사역 전략에 네 가지 원칙이 있음을 암시한다(Gardner). 첫째, 항상 하나님의 뜻에 자신을 복종시킨다(7b절; cf. 행 18:21; 히 6:3; 약 4:15). 바울은 많은 계획을 세우지만, 항상 주의 인도하심에 열려 있다. 둘째, 복음 전파가 최우선이 되는 실용적인 계획을 세운다(8-9a절). 그는 광대하고 유효한 문이 활짝 열린 에베소를 한동안 떠나지 않을 생각이다. 셋째, 목회적인 필요를 고려한 계획을 세운다(5-6절). 그는 고린도 교회와의 껄끄러운 관계가 오래 지속되는 것을 원치 않는다. 그러므로 다른 곳은 지나가는 길에 잠시 들리지만, 고린도에는 오래 머물 계획이다. 넷째, 그는 치열하게 진행되는 영적인 전쟁을 의식하고 계획을 세운다(8b절). 원수들은 항상 그를 방해하며, 심지어 생명까지 위협해 온다.

바울은 디모데가 고린도에 도착하면 그로 두려움이 없이 그들 중에 있도록 각별히 신경을 쓰라고 한다(10a절). 누가 이 서신을 고린도 교회에 전달했는지는 알 수 없다. 하지만 만약 스데바나와 브드나도와 아가이고 중 하나라면(16:17-18), 전달자는 에베소에서 배를 타고 고린도로 가고 디모데는 육로를 통해 고린도로 가기 때문에 서신이 먼저 도착할 것을 염두에 둔 부탁이다(Verbrugge). 디모데는 고린도 교회를 반드시 찾아갈 것이지만, 당시 여행 여건상 도착하는 날짜를 확정해 말하기는 어려웠다(Fee, Gardner).

사도는 디모데가 고린도에 도착하면 그로 두려움 없이 지내게 하라는데, 디모데는 무엇을 두려워하는가? 어떤 이들은 성경 그 어디에도 디모데를 소극적이거나 침울한 사람으로 볼 만한 증거가 없다며 사도가 고린도 성도들에게 디모데의 공격적인 성향에 대해 경고하는 것이라고 한다(Garland, Hudson). 그러므로 이들은 10절을 이렇게 해석한다: "디모데가 오거든, 그가 너희를 두려워하지 않는다는 것을 인식하라. 그는 나처럼 주님의 일을 하고 있기 때문이다"(Hudson, cf. 빌 1:14).

그러나 대부분 학자는 성경이 디모데를 부드럽고 어느 정도 소심한 사람으로 묘사한다고 생각한다. 그러므로 바울은 디모데가 고린도 성도들에게 환영받지 못할 것을 두려워하거나(Barrett, Fee, Gardner, cf. 4:18-19; 고후 10:10; 11:6, 7, 29; 12:11, 16, 21), 예전에 고린도에서 경험한 좋지 않은 일로 인해(Collins), 혹은 어린 나이로 인해(Morris, cf. 딤후 1:7; 2:1, 3) 고린도 성도들을 두려워할 것을 염려한다.

어떠한 이유로 디모데가 고린도 성도들을 두려워하는지 정확히 알 수는 없지만, 이번에도 두려워할 만하다. 교만해질 대로 교만해진 고린도 교회 지도자들이 행실을 고치라는 바울의 권면이 담긴 이 서신을 반기지 않을 것이기 때문이다(Hays, Mitchell). 사도는 디모데도 자기처럼 주의 일에 힘쓰는 사역자라고 한다(10b절). 어린 디모데를 대할 때 사역자에 대한 예를 갖추라는 뜻이다.

그 누구도 디모데를 멸시하지 못하게 하고 그를 자기에게 평안히 보내라고 한다(11a절). '평안히 보내라'(προπέμψατε ἐν εἰρήνῃ)는 히브리 사람들의 전통적인 인사말이다(cf. 출 4:18; 삼상 20:42; 왕하 5:19; 행 15:33; 16:36; 약 2:16). 바울은 디모데가 다른 형제들과 함께 자기에게 돌아오기를 기다리고 있다(11b절).

12절을 시작하는 '…에 대하여는'(περὶ δὲ)은 1절을 시작한 '…에 관하여는'과 같은 말이다. 고린도 성도들이 바울에게 아볼로에 대해 물어보았던 것이다(Ker, Mitchell). 그들은 아볼로가 언제쯤 고린도를 방문할 수 있는지 바울에게 물어 왔다. 아마도 바울이 그를 붙잡고 있다고 생각했던 것으로 보인다(Calvin).

사도는 이에 대해 자기는 아볼로에게 고린도 교회를 방문할 것을 많이 권했지만, 아볼로는 현재로서는 갈 뜻이 전혀 없으며, 앞으로 적절한 기회가 있으면(때가 되면) 갈 것이라고 한다(12절). 아볼로도 바울처럼 하나님의 인도하심에 따라 움직인다는 뜻이다(cf. 7절).

아볼로는 왜 고린도에 방문하기를 꺼렸을까? 아마도 자기가 가는 것은 불에 기름을 끼얹는 일이 될 것이라고 생각한 것으로 보인다(Witherington). 그는 고린도 성도들이 그들의 분란에 자기의 이름을 이용한 것이 불쾌하다(Godet). 그러므로 고린도 교회에 사도들의 권위에 도전하는 '아볼로파'가 있는 한 절대로 가지 않을 것이다(Robertson & Plummer).

이 말씀은 형편이 나은 교회가 어려운 교회를 돕는 것은 이미 초대교회 때부터 시작된 기독교 미덕이라고 한다. 정확한 이유는 알 수 없지만, 예루살렘 교회는 매우 어려웠다. 경제적 형편이 어려운 성도가 많았다. 형편이 나은 이방인 교회들은 그들의 어려움에 눈을 감지 않았다. 그들을 위해 모금을 했다.

사실 형편은 상대적이다. 아무리 형편이 어려운 교회라도 더 어려운 교회를 도울 수 있다. 중요한 것은 돕겠다는 마음이다. 마음이 있으면 작은 정성이라도 모으면 된다. 교회와 성도들이 누리는 하나님의 축복은 교회 밖으로 흘려 보낼 때 의미가 있다. 오병이어로 5,000명을 먹이신 하나님은 우리의 작은 정성을 가지고 기적을 일으키실 것이다.

헌금은 부자만 하는 것이 아니다. 가난한 사람들도 얼마든지 헌금할 수 있고, 나눌 수 있다. 필요한 데 쓰고 남는 것으로 헌금하려면 할 수 없다. 필요한 데 쓰기 전에 공동체의 몫으로 떼어 놓고 생활하면 된다. 또한 헌금은 한꺼번에 큰 금액을 하려고 하기보다, 작은 액수를 꾸준히 하는 것이 좋다.

교회는 사역자들을 귀하게 여겨야 한다. 함부로 대하거나 무례하게 예우해서는 안 된다. 그들은 하나님이 세우신 종이다. 나이가 어리다고 해서, 경험이 적다고 해서 예외가 될 수는 없다. 교회는 어린 주의 종의 설교에 귀를 기울일 줄 알아야 한다.

V. 연보와 마무리 인사(16:1-24)

B. 마무리 인사(16:13-24)

13 깨어 믿음에 굳게 서서 남자답게 강건하라 14 너희 모든 일을 사랑으로 행
하라 15 형제들아 스데바나의 집은 곧 아가야의 첫 열매요 또 성도 섬기기로
작정한 줄을 너희가 아는지라 내가 너희를 권하노니 16 이같은 사람들과 또
함께 일하며 수고하는 모든 사람에게 순종하라 17 내가 스데바나와 브드나도
와 아가이고가 온 것을 기뻐하노니 그들이 너희의 부족한 것을 채웠음이라
18 그들이 나와 너희 마음을 시원하게 하였으니 그러므로 너희는 이런 사람
들을 알아 주라 19 아시아의 교회들이 너희에게 문안하고 아굴라와 브리스가
와 그 집에 있는 교회가 주 안에서 너희에게 간절히 문안하고 20 모든 형제
도 너희에게 문안하니 너희는 거룩하게 입맞춤으로 서로 문안하라 21 나 바
울은 친필로 너희에게 문안하노니 22 만일 누구든지 주를 사랑하지 아니하면
저주를 받을지어다 우리 주여 오시옵소서 23 주 예수 그리스도의 은혜가 너
희와 함께 하고 24 나의 사랑이 그리스도 예수 안에서 너희 무리와 함께 할
지어다

바울의 마무리 인사는 다섯 개의 명령문으로 시작한다(13-14절; cf. 고후 13:11): (1)깨어라, (2)믿음에 굳게 서라, (3)남자다워라, (4)강건하라, (5)모든 일을 사랑으로 행하라. 첫째, '깨어라'(γρηγορεῖτε)는 종말을 의식하고 살라는 뜻이다(Verbrugge, cf. 마 24:42–43; 25:13; 막 13:34–35; 눅 12:37; 살전 5:6, 10; 계 3:3). 종말에 임할 심판이 오늘 우리가 하는 생각과 행동을 결정해야 한다(1:8; 3:13; 5:5). 또한 쉼 없이 그리스도인을 위협하는 세상을 경계하라는 뜻이기도 하다(Fee, Gardner, Garland, cf. 행 20:31; 골 4:2; 벧전 5:8; 계 3:3).

둘째, '믿음에 굳게 서라'(στήκετε ἐν τῇ πίστει)는 사도가 그들에게 준 가르침에 따라 살아가라는 권면이다(Hays). 사도가 그들에게 준 가르침은 고린도 공동체의 근간이 되어야 한다. 셋째, '남자다워라'(ἀνδρίζεσθε)는 남자들에게만 하는 말이 아니다. 모든 성도에게 용감할 것을 당부하는 권면이다. 그래서 많은 번역본이 이 말을 '용감하라'(be courageous)로 번역한다(새번역, 공동, 아가페, NIV, NRS). 하나님의 뜻을 온전히 따라 사는 일에 담대하라는 것이다. 넷째, '강건하라'(κραταιοῦσθε)는 어린아이처럼 어리석지 말고, 성인처럼 성숙하라(Thiselton) 혹은 믿음의 행보에서 용감하고 담대하라는 뜻이다(Garland). 다섯째, '모든 일을 사랑으로 행하라'(πάντα ὑμῶν ἐν ἀγάπῃ γινέσθω)는 사랑장인 13장을 생각나게 하는 말씀이다. 그리스도인은 무엇을 하든 사랑으로 하는 것이 가장 중요하다.

사도는 고린도 성도들에게 스데바나를 가까이하고 모델로 삼으며 이런 사람들에게 순종하라고 한다(15–16절; cf. 1:16). '스데바나'(Στεφανᾶς, Stephanas)는 헬라어 이름이다. 그와 그의 집은 고린도를 포함한 로마 제국 아가야주(州)의 첫 열매다(15a절). '첫 열매'(ἀπαρχή)는 그리스도께서 죽은 자 중 '첫 열매'이셨던 것처럼(15:20) 영광스러운 의미를 지니며, 스데바나 이후 수많은 열매가 뒤를 따랐다(cf. Collins). 그도 하나님의 일에 동참하기 위해 고린도 교회의 가정 교회 중 하나의 모임 장소로 자기 집을 제공했다(롬 16:5). 그가 재정적으로 상당히 부유했다는 뜻이다(Garland).

스데바나가 성도를 섬기기로 작정한 사람이라는 사실은 고린도 성도들에게도 잘 알려진 일이다(15b절). 그는 바울의 비난을 받는 지도자 중 하나가 아니다. 그는 지도자여서 성도들을 섬기는 것이 아니라, 원해서 성도들을 섬긴다(Barrett, Robertson & Plummer, cf. 롬 16:1). 그러므로 학자들은 그가 리더십과 섬김의 관계를 완전히 뒤집었다고 하기도 한다(Winter). 많은 사람이 교회 지도자들만 성도를 섬기는 것으로 생각하기 때문이다.

사도는 고린도 성도들에게 스데바나 같은 사람들과 또 함께 일하고 수고하는 모든 사람에게 순종하라고 한다(16절). 바울은 고린도 교회 지도자들보다는 스데바나처럼 조용히, 묵묵히 성도를 섬기는 사람들을 모델로 삼고 있다. 그는 성도들에게 스데바나 같은 사람들과 또 그들과 같이 일하는 사람들에게 복종하라고 한다. 리더십과 존경은 섬김으로 사랑하는 데 있다는 뜻이다. 그러면서 좋은 사례로 스데바나와 함께 고린도에서 바울을 찾아 에베소까지 온 브드나도와 아가이고를 든다(17a절).

'브드나도'(Φορτουνᾶτος, Fortunatus)는 라틴어 이름이며, '행운'이라는 의미다. '아가이고'(Ἀχαϊκός, Achaicus)는 헬라어 이름이며 '아가야 사람'이라는 의미다. 그가 아가야주의 수도인 고린도에 산다는 것을 고려하면, 아마도 그가 다른 지역에 갔다가 얻은 이름으로 보인다. 이들은 고린도 교회의 파송을 받아 에베소에 온 것은 아니며, 사업 차 에베소에 오는 길에 교회의 편지를 사도에게 전달한 것으로 보인다(Fee). 고린도로 돌아갈 때 이 서신을 교회에 전달했을 것이다(Garland).

바울은 자신과 함께 세 그룹 곧 아시아 교회들, 아굴라와 브리스가와 그 집에 있는 교회, 모든 형제가 고린도 교회를 문안한다고 한다(19-20a절). 온 지역에 있는 교회가 인사를 보낸다고 하는 것은 바울 서신에서 이곳이 유일하다. 사도는 고린도 교회 역시 아시아에 있는 교회들처럼 예수 그리스도의 온 세상 교회에 속했음을 암시하고자 이렇게 말한다(Fee, cf. 1:2; 4:17; 11:16; 14:33, 36; 16:1). 엘리트주의에 빠져 있는 고린도 교회 지도자들에게 필요한 인사다.

'아굴라'(Ακύλας, Aquila)는 '본도'(Ποντικός, Pontus) 출신이다. '본도'는 갈라디아의 북쪽, 비두니아와 갑바도기아 사이에 위치한 지역이었다. 아굴라의 아내 '브리스길라'(Πρίσκιλλα, Priscilla)는 본문에서처럼 '브리스가'(Πρίσκα, Prisca)로 불리기도 한다(cf. 롬 16:3).

아굴라 부부는 로마에서 살다가 황제 글라우디오(Κλαύδιος, Claudius)가 주후 49년에 로마에서 유대인을 내쫓을 때 이달리야를 떠나 고린도로 갔다(Fitzmyer, Schnabel). 로마에서 그리스도인들이 예수님이 곧 메시아라고 하자, 유대인들이 반발해 폭동을 일으켰다. 글라우디오는 기독교인과 유대인의 갈등을 해소하기 위해 유대인 중 로마 시민을 제외한 나머지를 모두 로마에서 내보냈다. 이때 유대인 5만 명이 로마에서 쫓겨났다(Polhill, cf. Schnabel).

만일 아굴라와 브리스길라 두 사람이 모두 로마 시민이었다면, 그들은 로마를 떠날 필요가 없었다. 그러므로 어떤 이들은 로마 시민인 브리스길라가 히브리 노예였다가 자유인이 되었지만 로마 시민은 아닌 남편 아굴라를 따라 나온 것으로 추측한다(Longenecker). 정황을 고려할 때 바울이 고린도를 방문한 것은 주후 50년쯤에 있었던 일이다(Fitzmyer). 더 구체적으로 말하는 이들은 바울이 주후 50년 2-3월에 고린도에 도착했고, 1년 반 후인 주후 51년 가을에 고린도를 떠났다고 한다(Schnabel). 바울이 주후 52년 유월절(3월)에 예루살렘 성전을 방문했다면(cf. 행 18:22), 그는 겨울철에 지중해를 항해하는 배가 끊기기 전인 9월에는 출발해야 한다. 바울이 고린도를 떠날 때 아굴라와 브리스길라 부부도 그와 함께 떠났다. 그들은 바울과 함께 에베소로 갔으며(행 18:18-19), 에베소 교회가 그들의 집에서 모였다(16:19).

훗날 바울은 아굴라와 브리스길라 부부가 "내 목숨을 위하여 자기들의 목까지도 내놓았나니 나뿐 아니라 이방인의 모든 교회도 그들에게 감사한다"라고 회고한다(롬 16:4). 아마도 에베소에서 있었던 일을 언급하는 것으로 보인다. 부부는 주후 56년에 로마로 돌아갔고, 로마 교회가 그들의 집에서 모였다(롬 16:3, 5). 사역자들은 아굴라 부부 같은 동역자가 항상 필요하다.

사도는 고린도 성도들에게 거룩한 입맞춤으로 서로 문안하라고 한다(20b절). '거룩한 입맞춤'(φιλήματι ἁγίῳ)은 보편화된 그리스도인의 인사법이다(cf. 롬 16:16; 고후 13:12; 살전 5:26; 벧전 5:14). 당시 그리스-로마 문화에는 이러한 인사법이 없었다. 그러므로 이 인사법은 순전히 그리스도인 방식이다. 초대교회에서는 서로 다른 사회 계층 사람들이 하나 됨을 표현하고, 성별과 신앙과 국가와 민족의 분열을 초월하는 사랑의 따뜻함을 표현하는 의미에서 거룩한 입맞춤을 인사법으로 사용했다.

바울도 친필로 인사를 더한다(21절). 사도가 고린도에서 머물며 로마에 보낸 서신(로마서)은 더디오라는 필기자(amanuensis)가 바울이 한 말을 받아 작성했다(롬 16:22). 서신을 보내는 자의 말을 받아 적어 문서로 만드는 일은 그리스-로마 문화권에서 흔히 있는 일이었다. 바울도 이러한 서비스를 여러 차례 사용해 서신을 보냈다(cf. 갈 6:11; 골 4:18; 살후 3:17; 몬 1:19). 바울이 친필로 인사를 더한 것은 오늘날로 말하면 프린터로 인쇄한 편지에 직접 서명하는 것과 비슷하다(Stowers).

만일 누구든지 주를 사랑하지 않으면 저주를 받을 것이다(22a절). 사랑은 우리가 그리스도인으로서 하는 모든 일의 동기이자(cf. 13장) 방법이다(cf. 14절). 하나님은 사랑이시기 때문이다(요일 4:8b). 또한 사랑하지 않는 자는 하나님을 알지 못한다(요일 4:8a). 그러므로 이런 사람은 하나님의 저주를 받을 수밖에 없다.

사도는 주께서 속히 오시기를 간절히 소망하며 "우리 주여 오시옵소서"(μαράνα θά)라고 외친다. 일명 '마라나타'는 아람어를 음역한 것이며, 서로 비슷하지만 세 가지 해석이 가능하다: (1)우리 주께서 오셨다

(Our Lord has come), (2)우리 주께서 오신다(Our Lord is coming), (3)우리 주여, 오소서(Our Lord, come). 종말이 속히 오기를 바울이 염원하고 있다는 점을 고려할 때 세 번째 해석이 그의 마음을 가장 잘 반영한다고 할 수 있다(cf. 계 22:20).

바울은 고린도 성도들에게 복을 빌어 주는 일로 서신을 마무리한다: "주 예수 그리스도의 은혜가 너희와 함께 하고 나의 사랑이 그리스도 예수 안에서 너희 무리와 함께 할지어다"(23-24절). 그를 서운하게 한 사람들도 모두 다 주 안에서 복을 받을 사람이다.

이 말씀은 그리스도인은 담대함과 강건함으로 믿음 위해 굳게 서야 한다고 한다. 사탄은 그리스도인의 삶이 평탄하도록 놓아 두지 않는다. 온갖 권모술수를 동원해 유혹하고 실패하게 한다. 우리 삶은 영적 전쟁터라 할 수 있다. 그러므로 각오를 단단히 하고 주의 도우심을 받아 하나님이 기뻐하시는 삶을 살아 내야 한다.

항상 이러한 각오로 사는 것은 결코 쉽지 않다. 이럴 때 도움이 되는 것은 깨어서 예수님이 재림하실 종말을 마음에 품고 사는 것이다. 그날이 되면 하나님이 우리의 눈물을 씻기시며 잘했다고 칭찬하실 것이다. 또한 우리는 그리스도가 부활하신 것처럼 부활할 것이다. 이러한 소망을 의식하면 현실을 살아 내기가 조금은 쉬워진다.

섬김과 봉사는 리더십하고만 연관이 있는 일은 아니다. 하나님을 사랑하고 성도를 사랑하는 마음이 있으면 누구나 할 수 있다. 스데바나는 이런 면에서 우리에게 좋은 영감을 준다. 교회가 섬김을 받겠다는 자보다 섬기려는 사람으로 채워지면 이 세상에서 조그만 낙원을 경험하게 될 것이다.

엑스포지멘터리

고린도후서

2 Corinthians

EXPOSItory comMENTARY

고린도후서

고린도전·후서의 저자가 사도 바울이라는 사실에 문제를 제기하는 사람은 거의 없다(cf. Harris, Beale & Gladd, Wright & Bird). 그러나 이 책들의 통일성에 대해서는 다소 논란이 있다. 학자들 대부분은 고린도전서를 통일성과 논리적 흐름을 지닌 한 편의 서신으로 간주한다. 그러나 고린도후서에 대해서는 바울이 고린도에 보낸 두세 편의 서신이 부분적으로 섞여 있다고 하기도 한다. 저자가 고린도전서와 고린도후서 외에도 고린도에 보낸 최소 두 편의 다른 서신을 언급하기 때문이다(cf. 고전 5:9; 고후 2:3-4; 7:8). 이러한 이유로 인해 고린도후서는 가장 분석하기 어려운 서신으로 간주된다(cf. Conzelmann, Gardner, Hafemann, Harris, Schreiner). 고린도후서가 여러 개의 편지로 구성되었다고 주장하는 이들은 다음과 같은 내용 분석과 순서를 제안한다(Mitchell, cf. Harris).

1. 8장 — 바울이 고린도 교회에 예루살렘 교회를 위한 구제 헌금을 준비하게 하려는 첫 시도
2. 2:14-7:4(6:14-7:1 제외) — 바울의 사역에 대한 고린도 성도들의 문제 제기에 대한 답변

3. 10:1–13:10 — 바울의 '눈물의 편지' 일부, 바울이 자신의 사도권을 변호함
4. 1:1–2:3; 7:5–16; 13:11–13 — 고린도 교회와 화해한 다음 기쁨을 표현하는 서신의 일부
5. 9장 — 예루살렘 교회를 위한 모금에 대해 아가야 지역 교회에 보낸 회람 서신

아직도 고린도후서가 바울이 보낸 서신 두세 편을 모아 놓은 것이라고 주장하는 이들이 있기는 하지만(cf. Martin), 대부분은 고린도후서 전체가 처음부터 하나의 편지였다고 본다(Beale & Gladd, Dunn, Guthrie, Hafemann, Harris, Schnelle, Schreiner, Witherington, Wright & Bird). 무엇보다도 사본들이 한결같이 고린도후서를 하나의 서신으로 취급하기 때문이다.

그렇다면 일부 학자가 고린도후서의 통일성과 흐름에 대해 제기한 문제들은 어떻게 설명할 수 있는가? 고린도후서는 바울이 한 곳에서 한순간에 저작한 것이 아니라 상당한 시간에 걸쳐 마게도냐의 교회를 방문하며 저작한 것이라는 사실이 통일성과 흐름에 대한 문제 제기를 충분히 설명할 수 있다고 한다. 하나의 사례로 한 학자는 고린도후서 1–9장은 바울이 일루리곤(롬 15:19–21)에서 저작했으며, 일루리곤에서 마게도냐로 돌아온 후 10–13장을 집필해 디도와 이름이 알려지지 않은 두 명의 동역자를 통해 고린도로 보냈다고 한다(Harris, cf. 8:6, 16–24; 9:3–5).

이때의 일을 재구성하자면, 바울은 고린도 교회에 총 네 개의 편지를 보냈는데, 그중 세 개는 에베소에 머무는 동안 보냈다(고전 5:9; cf. 행 19:1–22). 이 중 첫 번째 편지는 보존되지 않았다. 바울은 이 서신을 주후 53년 여름에 에베소에서 보냈다(Schreiner, cf. Garland, Harris, Sampley, Verbrugge, cf. 고전 5:9).

바울은 몇 달 후인 주후 54년 봄에 에베소에서 두 번째 편지를 보냈다. 이것이 고린도전서다(Beale & Gladd, Gardner, Harris, Thiselton, Verbrugge, cf. 고전 4:17; 16:8, 19-20). 바울은 사업차 에베소를 찾은 글로에와 스데바나와 아가이고 등을 통해 고린도 교회가 매우 심각한 갈등과 분란을 겪고 있다는 소식을 들었다(Gardner, Schreiner, cf. 고전 1:11; 7:1; 16:17). 그리고 그들을 통해 고린도전서를 교회에 전달했다(Garland, Verbrugge). 디모데도 얼마 지나지 않아 고린도에 도착했다. 안타깝게도 디모데와 고린도전서는 고린도 교회가 당면한 문제를 해결하지 못했다(Verbrugge).

몇 달 후 디모데가 에베소로 돌아와 고린도 교회의 어려운 형편을 전해 주었다(Schreiner, cf. 행 19:22). 원래 바울은 오순절(6월 2일)까지 에베소에 있다가 마게도냐와 고린도를 거쳐 예루살렘으로 가려고 했다(cf. 행 19:21). 바울은 곧바로 고린도를 방문했다.

바울의 두 번째 고린도 방문은 매우 짧았으며 참으로 혹독한 시간이었다. 그가 고린도에 도착하기 바로 전 팔레스타인 지역에서 온 선생들('거짓 사도들', cf. 11:13-15)이 바울의 사도직과 가르침을 맹렬히 비난하며 공격했고, 많은 성도가 그들의 주장에 현혹되었기 때문이다(Beale & Gladd, cf. 2:1, 5-8; 7:8-13; 11:4). 그들은 바울이 사도가 아니며, 심지어 그리스도인도 아니라며 고린도 성도들에게 그와 그의 가르침을 부인할 것을 강요했다(Hafemann, cf. 10:7). 이 사람들은 기독교를 '유대교화하려는 자들'(Judaizers)이었다(Harris). 큰 상처를 받은 바울은 예루살렘으로 가지 않고 에베소로 돌아왔다(cf. 13:2).

에베소로 돌아온 바울은 곧바로 일명 '혹독한 편지'로 알려진 세 번째 편지를 썼다(cf. 2:1-11; 7:8-12). 이 편지는 주후 54년 여름에 저작한 것이며 디도를 통해 고린도 교회에 전달했다(cf. 2:4, 13). 바울이 디도가 가지고 돌아올 고린도 교회 소식을 기다리는 동안 에베소 은장색들이 바울로 인해 우상이 잘 팔리지 않는다며 폭동을 일으켰다(cf. 행 19:23-

41). 에베소 성도들은 바울을 급히 에베소에서 탈출시켰다(cf. 1:8-10). 계속 머물면 죽음을 면하기 어렵기 때문이다.

이듬해인 주후 55년 봄에 바울은 아시아를 떠나 드로아를 거쳐 마게도냐로 건너갔다. 디도가 고린도 교회에 대해 좋은 소식과 나쁜 소식을 가지고 바울이 있는 마게도냐로 돌아왔다. 좋은 소식은 고린도 교회가 바울의 사도권과 가르침에 문제를 제기한 자들을 대부분 정리해 교회에서 내보냈다는 것이다(Beale & Gladd, cf. 7:6-16). 나쁜 소식은 많지 않지만 아직도 거짓 사도들에게 현혹된 자들이 있다는 것이다(cf. 11:5; 12:11). 반가운 소식을 들은 바울은 네 번째 편지를 고린도에 보냈다. 이 네 번째 편지가 고린도후서다(cf. 2:13; 7:5; 8:1; 9:2-4). 그가 고린도후서를 보낸 때는 주후 55년 가을이었다(Schreiner, cf. Beale & Gladd, Harris).

이러한 이유로 인해 고린도후서는 바울의 그 어느 서신보다 사적(personal)이고, '육신의 신학'(theology in the flesh)이다(Hafemann). 그는 사도직의 정당성을 방어해야 하고, 가짜 선생들에게 놀아나는 고린도 교회와 성도들을 성경적인 터 위에 새로 세워야 했다. 이 과정에서 참으로 많은 고통을 견뎌 내야 했다. 바울은 자신의 고통은 십자가에 못 박히신 그리스도의 향기가 되는 것이요(2:14-16), 자신은 하나님의 영광을 위해 빚어져 가는 진흙이라 한다(4:6-7).

고린도전·후서와 연관한 연대를 정리하면 다음과 같다. 학자에 따라 1년 정도 차이를 보인다(cf. Gardner, Guthrie, Hafemann, Harris).

에베소에서 첫 번째 서신(보존되지 않음)을 보냄(주후 53년 여름)
에베소에서 두 번째 서신(고린도전서)을 보냄(주후 54년 봄)
에베소에서 세 번째 서신('혹독한 편지')을 보냄(주후 54년 여름)
마게도냐에서 네 번째 서신(고린도후서)을 보냄(주후 55년 가을)

이 주석에서는 다음과 같은 분석을 바탕으로 고린도후서를 주해해 나가고자 한다.

Ⅰ. 안부와 감사 기도(1:1–11)
Ⅱ. 방문을 보류한 이유(1:12–2:13)
Ⅲ. 사도의 사역과 삶(2:14–7:4)
Ⅳ. 고린도에서 온 희소식(7:5–16)
Ⅴ. 예루살렘 교회를 위한 연보(8:1–9:15)
Ⅵ. 사도직 변호(10:1–13:10)
Ⅶ. 마무리 인사(13:11–13)

I. 안부와 감사 기도
(1:1-11)

당시 문화에서는 서신을 시작할 때 "보내는 자가 받는 이에게, 안녕"(A to B, greetings), 혹은 "받는 이에게 보내는 자로부터, 안녕"(To B from A, greetings) 정도로 매우 간략하게 인사한 다음 받는 이가 건강하기를 기원하고 곧바로 본론으로 들어갔다(Garland, cf. Verbrugge). 이와는 대조적으로 바울은 예수 그리스도의 사도로서 고린도 교회에 관한 상당히 많은 정보와 영적인 면모를 지닌 인사말로 시작한다. 교회는 세상의 사교 집단과 다르게 영적인 정체성과 목적을 지닌 공동체임을 암시하기 위해서다. 바울의 인사말은 다음과 같이 세 파트로 구분된다.

A. 인사(1:1-2)
B. 모든 영광을 하나님께(1:3-7)
C. 고난의 목적(1:8-11)

I. 안부와 감사 기도(1:1-11)

A. 인사(1:1-2)

[1] 하나님의 뜻으로 말미암아 그리스도 예수의 사도 된 바울과 형제 디모데는 고린도에 있는 하나님의 교회와 또 온 아가야에 있는 모든 성도에게 [2] 하나님 우리 아버지와 주 예수 그리스도로부터 은혜와 평강이 있기를 원하노라

바울 서신의 전반적인 특징은 서신을 시작하는 인사말에 저자가 본론에서 중요하게 다룰 주제(들)에 대한 암시를 포함한다는 것이다(Verbrugge, cf. Sampley). 바울은 자신의 사도직에 대해 두 가지를 말한다(1a절). 첫째, 바울이 사도가 된 것은 하나님의 뜻이다. '뜻'(θέλημα)은 의지의 표현이다(cf. TDNT). 하나님은 태초부터 그를 사도로 세우고자 계획하셨고, 드디어 때가 차자 이러한 계획(뜻)을 실현하셨다. 그러므로 바울의 사도직은 갑자기 된 일이나 어쩌다 보니 우연히 된 일이 아니다. 하나님이 처음부터 뜻하신 일이다.

둘째, 바울은 그리스도 예수의 사도다. '사도'(ἀπόστολος)는 '보내진 자'라는 의미를 지닌 히브리어 단어(שָׁלִיחַ)에서 비롯되었다(Agnew). 구약에서는 하나님의 선지자와 메신저를 뜻한다. 신약에서는 예수님이 직접 세우신 제자들(막 3:14-15)과 예수님의 부활에 대한 증인 중 소수를 이렇게 부른다(고전 9:1; 15:3-9; cf. 행 9:1-9; 고후 8:23; 갈 1:12; 빌 2:25). 바울은 그리스도의 사도로서 십자가에서 죽으신 그리스도를 고린도 사람들에게 전파해 교회를 세우고(cf. 고전 9:2; 고후 3:2-3), 그들을 양육하는 영적 아버지가 되었다(cf. 고전 4:14-21).

이 두 가지 모두 바울의 사도직은 그가 원해서 된 일이 아니라는 사실을 강조한다. 사도로 부르심을 받기 전에 그는 그리스도의 교회를 핍박하는 자였다(cf. 고전 15:9-10). 그는 사도로 보내심을 받은 이후 회심하기 전에는 상상하지 못했던 길을 가고 있다(cf. 갈 1:15-16; 고후

5:14).

또한 교회가 그를 사도로 세워 파송한 것이 아니다(cf. 갈 1:1). 그가 사도가 된 것은 처음부터 하나님이 뜻하신 바였으며, 예수님이 그를 이방인에게 보내기 위해 부르셨다(갈 1:16; 2:7; cf. 롬 11:13; 고후 10:13-16; 엡 3:1-2). 그러므로 바울이 사도가 된 것은 하나님과 예수님의 부르심에 순종하는 일이다. 그를 사도로 부르신 하나님만이 그의 소명과 사역을 평가하실 수 있다(Danker, cf. 4:3-4). 따라서 고린도 성도들이 마치 교회에서 바울을 사도로 세운 것처럼 생각해 그의 사도직에 문제를 제기하는 것은 참으로 잘못된 일이다.

바울은 디모데와 함께 이 서신을 보내고 있다고 한다(1b절). 사도는 고린도전서에서 디모데를 두 차례 언급한 적이 있다(고전 4:17; 16:10). 바울은 2차 선교 여행 중 루스드라에서 처음 그를 만났다. 이후 그는 바울의 영적 아들이자 동역자가 되어 평생 함께했다(cf. 고전 4:17 강해). 바울이 이 서신을 고린도에 보낼 때 디모데가 곁에 있었다.

사도는 고린도 성도들이 구성하고 있는 공동체를 '하나님의 교회'(ἐκκλησίᾳ τοῦ θεοῦ)라고 부른다(1c절). '교회'(ἐκκλησία)는 원래 정치적인 목적을 가지고 정기적으로 모이는 세속적인 그룹을 가리키는 말이었다(BDAG, TDNT, cf. 행 19:39). 기독교는 이 용어를 예수 그리스도를 구세주로 고백하는 사람들이 모인 공동체를 뜻하는 단어로 사용했다(Thiselton, cf. 고전 11:18; 14:4). 이러한 차이로 인해 '정치적 집회'(ἐκκλησία)에서는 우아한 수사적 설득의 기술이 무엇보다 중요했지만, '교회'(ἐκκλησία)에서는 십자가에 못 박힌 그리스도를 선포하고 나약함과 두려움 중에 하나님의 은혜로 구원에 이른 일을 증언하며 성령의 능력을 드러내는 일이 가장 중요했다(Garland).

우리는 교회가 어떤 곳인지 생각해 보아야 한다. 교회는 세속적인 가치나 생각이 지배하는 사람들의 모임이 아니다. 교회는 '예수 그리스도의 복음'이라는 배타적인 진리를 선포하는 공동체다. 오직 예수 그리스도를 통한 구원을 선포하기보다는 사람들과 좋은 시간을 보내려 하는 이들의 사교 모임이 아니다(Bornkamm). 또한 교회는 사람이 세운 기관이 아니라, 하나님이 세우고 소유하신 공동체다.

바울은 고린도 교회와 아가야주(州)에 있는 모든 성도에게 문안한다. 고린도는 아가야주의 수도였다. 그가 '교회들'이라고 하지 않고 '성도들'이라고 하는 것은 아마도 아가야주 곳곳에 성도들이 있지만, 교회는 고린도에만 있기 때문일 것이다. 우리는 어디에 살든 공동체를 형성하고 있다는 사실을 기억해야 한다. 혼자서 신앙을 유지하는 것보다는 서로 격려하고 세우며 함께하는 신앙생활이 훨씬 더 쉽기 때문에 하나님이 우리를 공동체로 묶으셨다.

사도는 고린도 교회와 아가야에 있는 모든 성도에게 하나님 우리 아버지와 주 예수 그리스도로부터 은혜와 평강이 있기를 원한다(2절). '하나님 우리 아버지'(θεοῦ πατρὸς ἡμῶν)와 '주 예수 그리스도'(κυρίου Ἰησοῦ Χριστου)는 동격으로, 예수님이 하나님이심을 전제한다(Harris). 그는 고린도뿐 아니라 아가야주 모든 곳에 있는 성도에게 복을 빌어 주고 있다. 또한 이 말씀은 모든 성도를 위한 바울의 기도라 할 수 있다(Gardner). 일부 학자가 주장하는 것처럼 '은혜'(χάρις)와 '평강'(εἰρήνη)은 바울이 세상의 인사말을 기독교화한 것이 아니다. 하나님이 성도의 삶에서 행하시는 온전한 사역을 강조하기 위해 저자가 만들어 낸 독특한 표현이다(Garland, Porter, cf. Gardner).

'은혜'(χάρις)는 성도에 대한 하나님의 특별한 배려로, 그리스도인의 삶의 시작과 근원이다. 그러므로 하나님의 은혜가 없으면 그리스도인의 삶을 살 수가 없다. '평강'(εἰρήνη)은 구약의 '샬롬'(שָׁלוֹם)에서 유래한 것으로 삶의 모든 요소가 완벽한 조화를 이룰 때 누리는 평안이다. 하나님과의 원수 관계가 은혜를 통해 용서와 축복으로 바뀔 때 가능하다(Porter, cf. 롬 5:1; 15:13; 엡 2:14; 골 1:20). 그러므로 그리스도인에게 은혜는 삶의 시작이며, 평강은 은혜의 실현이라 할 수 있다.

이 말씀은 우리가 맡은 직분은 모두 하나님의 뜻에 따라 된 것이라 한다. 바울이 하나님의 뜻에 따라 사도가 된 것처럼, 우리가 사역자가 되고 섬기는 자가 되는 것도 모두 하나님의 뜻에 따라 된 일이다. 그러므로 우리는 하나님의 계획을 실현하고 있음에 자부심을 느끼며 감사한 마음으로 더 열심히 섬겨야 한다.

교회의 머리는 그리스도이시며, 주인은 하나님이시다. 사도는 고린도 교회처럼 문제와 상처가 많은 교회도 하나님의 교회라 한다. 이러한 사실은 오늘날 너무나 쉽게 교회를 비난하는 우리를 겸손하게 할 뿐 아니라 우리가 교회를 세우는 사역과 섬김을 절대 포기하지 않는 이유가 되어야 한다. 그리스도의 복음을 영접한 성도가 모인 교회는 모두 하나님의 것이다.

그리스도인은 서로에게 하나님 우리 아버지와 주 예수 그리스도의 은혜와 평강을 빌어 주어야 한다. 우리는 말뿐 아니라 행동을 통해 서로에게 하나님의 축복의 통로가 되어야 한다. 어려운 형제자매를 격려하고 돕는 일에 인색하지 않아야 한다. 하나님은 우리를 통해 그들에게 복을 내리기를 원하시기 때문이다.

I. 안부와 감사 기도(1:1–11)

B. 모든 영광을 하나님께(1:3–7)

3 찬송하리로다 그는 우리 주 예수 그리스도의 하나님이시요 자비의 아버지
시요 모든 위로의 하나님이시며 4 우리의 모든 환난 중에서 우리를 위로하사
우리로 하여금 하나님께 받는 위로로써 모든 환난 중에 있는 자들을 능히
위로하게 하시는 이시로다 5 그리스도의 고난이 우리에게 넘친 것 같이 우리
가 받는 위로도 그리스도로 말미암아 넘치는도다 6 우리가 환난 당하는 것도
너희가 위로와 구원을 받게 하려는 것이요 우리가 위로를 받는 것도 너희가

위로를 받게 하려는 것이니 이 위로가 너희 속에 역사하여 우리가 받는 것 같은 고난을 너희도 견디게 하느니라 7 너희를 위한 우리의 소망이 견고함은 너희가 고난에 참여하는 자가 된 것 같이 위로에도 그러할 줄을 앎이라

본 텍스트는 그리스도의 복음은 그리스도의 고난에 동참하는 사람들에 의해 가장 잘 전파된다고 한다. 바울은 복음을 전파하며 참으로 많은 핍박을 받았다. 그런 그가 자신이 경험한 고난으로 인해 하나님을 찬송한다. 그는 개인적인 차원에서 하나님께 감사하지만, 그의 찬송은 그리스도인이 고난에 어떻게 반응해야 하는지를 보여 주는 모범 사례다.

고난이 이 섹션의 핵심 주제인 것처럼 그에 뒤따르는 위로도 핵심적인 주제다(Hughes, Guthrie). 고린도후서가 위로의 서신이라면, 본 텍스트는 위로에 대해 가장 잘 표현하고 있다(Hafemann).

'찬송하리로다'(εὐλογητὸς)(3a절)는 '찬송을 받기에 합당하다'라는 의미다(Guthrie). 칠십인역(LXX)이 히브리어 '축복하다'(ברך)를 이 헬라어 단어로 번역했다(Guthrie, cf. TDNT). 이 단어의 의미를 영어로 표현하면 '축복이 하나님께 임하기를!'(Blessed be God! May God be blessed!)(cf. ESV, NAS, NRS)이 된다. 그러나 우리나라에서는 인간이 하나님을 축복하는 것이 별 의미 없다 하여, '찬송하리로다, 송축하리로다'로 번역했다(삿 5:2, 9; 대상 29:20; 시 16:7; 26:12; 34:1; 103:1; 104:1; 134:1).

바울은 서신을 시작하자마자 그의 신앙이 고난으로 인해 조금도 흔들리지 않으며, 오히려 고난이 하나님께 찬송할 이유가 되었다고 한다. 또한 고린도 성도들이 그를 모델로 삼아 그들도 고난에 어떻게 반응해야 하는지 가르치고자 한다(Welborn). 그리스도인의 삶에서 절망을 소망으로, 슬픔을 사랑으로, 두려움을 기쁨으로 변화시키는 것은 하나님을 찬양하는(축복하는) 것이다(Welborn).

사도는 하나님을 찬양하면서 구체적으로 세 가지를 감사한다. 첫째,

하나님이 우리 주 예수 그리스도의 하나님이심을 찬양한다(3b절). 하나님은 독생자 예수를 세상에 보내셔서 누구든지 그를 믿으면 자기 자녀로 삼으신다. 이처럼 은혜로운 구원이 가능한 것은 하나님이 우리 주 예수 그리스도의 하나님이 되셨기 때문이다.

둘째, 하나님이 자비의 아버지이심을 감사한다(3c절). 본문이 단수형 '자비'(οἰκτιρμοῦ)가 아니라 복수형 '자비들'(οἰκτιρμῶν)을 사용하는 것은 하나님이 우리에게 모든 종류의 자비를 무한정으로 주신다는 것을 강조하기 위해서다(Harris, cf. 시 145:9; 애 3:22; 미 7:19). 하나님은 자녀들이 처한 어려움을 아시며 적절한 때에 무한한 자비를 베푸시는 아버지이시다.

셋째, 하나님이 모든 위로의 하나님이심을 찬송한다(3d절). '위로'(παράκλησις, comfort)(NAS, NIV)는 '격려'(encouragement)를 뜻하기도 한다(BDAG). 하나님은 항상 자기 백성을 위로하시고 격려하시는 분이다(사 40:1; 51:3, 12; 66:13).

위로의 하나님은 모든 환난 중에서 우리를 위로하신다(4a절). '환난'(θλῖψις)은 헬라어 문헌에서는 거의 사용되지 않지만, '압력'(pressure)을 의미한다(Guthrie). 신약에서는 사람이 처한 상황에서 비롯된 고난과 어려움을 가리킨다(cf. 롬 2:9; 5:3; 8:35; 고전 7:28; 엡 3:13; 골 1:24). 바울은 다음 섹션(1:8-11)에서 그가 최근에 경험한 매우 큰 환난을 회고할 것이다. 하나님은 믿음으로 인해 우리가 처하는 모든 고난과 핍박 중에 우리를 위로하신다.

하나님은 우리가 환난 중에 받은 위로를 우리만 간직하고 누리는 것을 기뻐하지 않으신다. 하나님은 우리가 받은 위로로 모든 환난 중에 있는 자들을 능히 위로하게 하시는 분이다(4b절). 우리가 하나님께 받은 위로로 다른 사람을 위로하는 것은 하나님이 하시는 일이다. 그러므로 우리가 받은 위로로 남을 위로하는 것은 하나님의 사역에 동참하는 것이다.

사도는 그리스도의 고난이 우리에게 넘칠 때가 있다고 한다(5a절). 예수님은 그리스도인들을 핍박한 사울(바울)에게 "사울아 사울아 네가 어찌하여 나를 박해하느냐?"라고 하셨다(행 9:4). 그러므로 '그리스도의 고난'(παθήματα τοῦ Χριστου)은 그리스도인이 믿음으로 인해 당하는 고난이다(Guthrie, Hafemann).

그리스도의 고난이 우리에게 넘치면, 하나님은 그리스도를 통해 넘치는 위로도 주신다(5b절). 고난을 견딜 수 있는 위로도 주시는 것이다. 그러므로 우리는 고난 중에 고난에 대한 답으로 위로를 얻는다고 할 수 있다.

그리스도인의 사역에서 고난과 위로는 뗄 수 없는 관계이며, 세 가지 역할을 한다(6절). 첫째, 사역자들이 환난당하는 것은 성도들이 위로와 구원을 얻게 하기 위해서다(6a절). 사역자들이 고난당하면 사역을 잘하고 있다는 증거가 될 수 있다(Guthrie). 사역자가 환난을 각오하고 섬기면 그로 인해 위로와 구원을 얻는 성도가 생긴다.

둘째, 사역자가 위로받는 것은 성도들이 위로를 받게 하기 위해서다(6b절). 앞에서 사도는 하나님이 모든 환난 중에 우리를 위로하시는 것은 우리가 받은 위로로 다른 사람들을 위로하게 하기 위함이라고 했다(4절). 이러한 사실이 재차 확인되고 있다.

셋째, 사역자들을 통해 성도들이 받는 위로가 그들 속에 역사해 사역자들이 받는 것 같은 고난을 견디게 한다(6c절). 하나님은 사역자에게만 고난과 위로를 주시는 것이 아니라, 성도에게도 고난과 위로를 주신다. 사역자들을 통해 하나님의 위로를 경험한 사람은 그리스도의 고난이 임하더라도 견딜 수 있다. 사역자들을 통해 경험한 하나님의 위로가 그들의 믿음을 자라게 하기 때문이다.

고린도 성도들에 대한 바울의 소망은 견고하다(7a절). 사도의 소망은 하나님이 고린도 성도들을 그리스도 안에서 굳건하게 하신 일에 근거한다(cf. 1:21). '견고함'(βέβαιος)은 전혀 흔들림이 없다는 뜻이다(BDAG).

그들은 바울과 같은 사역자가 겪는 고난뿐 아니라, 위로에도 참여하는 자가 되었다(7b절). 하나님은 사도와 고린도 성도들을 희로애락을 같이 하는 운명 공동체로 세우셨다.

이 말씀은 그리스도인의 삶에서 그리스도의 고난과 하나님의 위로는 떼어 놓을 수 없는 관계라고 한다. 우리가 그리스도를 믿음으로 인해 반드시 겪어야 할 고난이 있다. 감사한 것은 고난이 임하는 곳에 항상 하나님의 위로도 함께한다는 것이다. 하나님의 위로는 고난을 견디게 해 준다.

우리의 믿음은 고난과 위로를 통해 더욱더 굳건해진다. 이러한 사실은 우리의 소망이 되어 좋은 미래를 꿈꾸게 한다. 고난과 위로가 우리를 미래에 대한 소망으로 인도하는 것이다.

I. 안부와 감사 기도(1:1-11)

C. 고난의 목적(1:8-11)

8 형제들아 우리가 아시아에서 당한 환난을 너희가 모르기를 원하지 아니하노니 힘에 겹도록 심한 고난을 당하여 살 소망까지 끊어지고 9 우리는 우리 자신이 사형 선고를 받은 줄 알았으니 이는 우리로 자기를 의지하지 말고 오직 죽은 자를 다시 살리시는 하나님만 의지하게 하심이라 10 그가 이같이 큰 사망에서 우리를 건지셨고 또 건지실 것이며 이 후에도 건지시기를 그에게 바라노라 11 너희도 우리를 위하여 간구함으로 도우라 이는 우리가 많은 사람의 기도로 얻은 은사로 말미암아 많은 사람이 우리를 위하여 감사하게 하려 함이라

사도는 이 섹션에서 자신이 당한 환난과 이 환난으로 인해 얻은 교훈 등을 회고한다. 그가 회고하는 환난은 고린도전서를 보낸 후에 경험한 일이다(Harris). 사도는 이 환난이 '이제는 죽는구나'라고 생각할 정도로 혹독했다고 한다.

바울은 고린도 성도들이 그의 선교 팀이 아시아에서 당한 환난에 대해 모르기를 원하지 않는다(8a절). '모르기를 원하지 아니하노니'(οὐ γὰρ θέλομεν ὑμᾶς ἀγνοεῖν)는 당시 서신에서 흔히 사용되던 표현이며, 수신자들에게 어떤 일에 대해 알릴 때 사용했다(Furnish, cf. 롬 1:13; 11:25; 고전 10:1; 12:1; 살전 4:13).

'아시아'(Ἀσία)는 로마 제국의 원로원이 관리하는 주(senatorial province)였다. 소아시아 지역이 여기에 속했으며, 에베소가 주의 수도였다(Furnish). 사도가 최근까지 에베소에 머물렀으므로 이 환란은 에베소에서 겪은 일이라고 주장하는 이들은 다음과 같은 가능성을 제시한다: (1)에베소에서 맹수들과 싸운 일(Tertullian, cf. 고전 15:32), (2)사도의 성공적인 사역에 대한 에베소 사람들의 반발(Yates, Barnett, cf. 고전 16:8-9), (3)유대인에게 다섯 차례나 39대를 맞은 일(Duncan, cf. 11:24), (4)은장색 데메드리오가 일으킨 폭동(Kruse, cf. 행 19:23-41), (5)알려진 바 없는 핍박(Plummer, cf. 행 20:19; 고전 16:9), (6)그를 지속적으로 괴롭히는 질병(Barrett, Harris, Thrall, Witherington, cf. 12:7).

만일 그가 당한 환난이 나열된 것 중 하나라 해도 단언할 수는 없다. 사도가 이에 관한 정보를 너무나도 적게 제공하고 있기 때문이다(Bruce). 게다가 그의 환난이 에베소에 머무는 동안 있었던 일이라면 그는 '에베소에서' 있었던 일이라며 장소를 알려줄 텐데, 아시아에서 당한 일이라 한다. 그러므로 아시아 지역 전반에서 유대인들에게 지속적으로 당했던 고통을 의미한다고 하는 이들도 있다(Garland, cf. 행 20:3; 21:11; 21:27; 고전 11:24). 바울은 복음을 전파하는 동안 참으로 많은 고난을 당했다. 특히 이 서신을 고린도에 보낼 즈음에는 유대인 암살자들이 그의 뒤를 좇고 있었다. 고린도전·후서에서만 언급되는 환난도 여럿이다.

성경 구절	내용
고전 4:9	내가 생각하건대 하나님이 사도인 우리를 죽이기로 작정된 자 같이 끄트머리에 두셨으매 우리는 세계 곧 천사와 사람에게 구경거리가 되었노라
고전 15:32	내가 사람의 방법으로 에베소에서 맹수로 더불어 싸웠다면 내게 무슨 유익이 있으리요
고후 4:9	박해를 받아도 버린 바 되지 아니하며 거꾸러뜨림을 당하여도 망하지 아니하고
고후 11:23–28	그들이 그리스도의 일꾼이냐 정신없는 말을 하거니와 나는 더욱 그러하도다 내가 수고를 넘치도록 하고 옥에 갇히기도 더 많이 하고 매도 수없이 맞고 여러 번 죽을 뻔하였으니 유대인들에게 사십에서 하나 감한 매를 다섯 번 맞았으며 세 번 태장으로 맞고 한 번 돌로 맞고 세 번 파선하고 일 주야를 깊은 바다에서 지냈으며 여러 번 여행하면서 강의 위험과 강도의 위험과 동족의 위험과 이방인의 위험과 시내의 위험과 광야의 위험과 바다의 위험과 거짓 형제 중의 위험을 당하고 또 수고하며 애쓰고 여러 번 자지 못하고 주리며 목마르고 여러 번 굶고 춥고 헐벗었노라 이 외의 일은 고사하고 아직도 날마다 내 속에 눌리는 일이 있으니 곧 모든 교회를 위하여 염려하는 것이라

이 서신을 보내고 몇 달 후 바울은 고린도를 세 번째로 방문한다. 그곳에 머물며 로마서를 보내는데, 로마서 16:4은 그와 함께 에베소에서 사역하다가 로마로 돌아간 브리스가와 아굴라 부부에 대해 이렇게 회고한다: "그들은 내 목숨을 위하여 자기들의 목까지도 내놓았나니 나뿐 아니라 이방인의 모든 교회도 그들에게 감사하느니라."

바울의 고난을 심리적인 것으로 해석하는 사람들은 사도가 고린도 교회와의 갈등을 얼마나 힘들어했는지 마치 죽어 가는 것 같은 느낌을 표현한 것이라 한다(Talbert). 고린도 교회와 사도의 갈등이 매우 심각하다는 것은 이해되지만, 죽음이 얼마나 가까이 왔는지 살 소망까지 끊어졌다는 말은 이해되지 않는다. 게다가 단순히 느낌을 표현하는 것이라면 이 고통이 '아시아'에서 있었던 일이라는 것을 언급할 필요도 없다(Thrall).

정확히 어떤 일이었는지 우리는 알 수 없지만, 고린도 교회는 이 사건에 대해 알고 있었다(Barrett, Harris). 그러므로 바울은 자세히 설명하지 않고 간단히 '환난'이라고 한다. 바울이 당한 환난은 '힘에 겹도록 심한 고난'이었다(8b절). 얼마나 혹독했는지 살 소망까지 끊어졌다고 한다. 그는 이 환난의 심각성을 고린도 성도들이 알기를 바란다. 단순한 정보 공유로 끝내지 말고 이 사건이 시사하는 바, 곧 통찰력을 얻으라는 권면이다(Thrall). 환난은 이를 당한 자의 삶에 대한 통찰도 바꾸지만, 소식을 들은 자들의 삶에 대한 태도와 관점도 바꾸기 때문이다.

소망까지 끊어질 만큼 혹독한 환난을 당한 바울의 선교 팀은 마치 자신이 사형 선고를 받은 것으로 알았다(9a절). 어떤 이들은 '사형 선고'(τὸ ἀπόκριμα τοῦ θανάτου)를 법정에서 형을 받은 것으로 해석하지만, 대부분은 죽을 만큼 고통스러웠다는 말로 해석한다(Barnett, Furnish, Martin, Thrall). 사도는 이 혹독한 고통을 견뎌 내면서 자신의 능력이나 리소스를 의지하지 않고 오직 죽은 자를 다시 살리시는 하나님을 의지하는 것을 배웠다(9b절). 혹독한 고통은 사람을 그의 능력과 리소스 밖으로 밀어내기 때문에 인간적인 수단을 의지하는 것은 아무 의미가 없다. 반면에 하나님은 절망을 소망으로, 죽음을 생명으로 바꾸시는 분이다.

믿음은 고난을 통해 위기를 맞는다. 모든 것이 기도하는 대로, 혹은 원하는 대로, 혹은 평소에 믿은 대로 되지 않아서 고난이 임하기 때문이다. 또한 고난은 하나님을 가장 가까이에서 경험할 기회를 허락한다.

하나님은 인간적인 수단을 모두 버리고 오직 하나님을 의지한 사도 일행을 큰 사망에서 건지셨다(10a절). 십자가 죽음을 경험하던 이들이 부활을 경험하게 하신 것이다(Harris). 큰 위기에서 하나님의 구원을 경험한 바울은 하나님이 지금도 건지시고, 앞으로도 건지실 것을 확신한다(10b절). 하나님은 우리의 때가 이르지 않으면 우리를 환난에서 구원하신다.

바울은 고린도 성도들에게 자신과 동역자들을 위해 간구함으로 도울 것을 부탁한다(11a절). 고린도 교회에서 사도를 대적하는 자들에게도 기도로 함께할 기회를 주는 것이다(Matera). 사도를 위해 기도하다 보면 그들도 자신을 돌아볼 기회를 얻게 될 것이다(Hafemann).

사역자들은 영적인 전쟁 가운데 있기 때문에 항상 많은 기도가 필요하다. 그러므로 성도들이 그들을 위해 기도하는 것은 그들과 사역을 돕는 일이다. 성도들이 기도하면 사역자들은 하나님께 은사를 받아 많은 사람이 그들로 인해 하나님께 감사하게 된다(11b절). 사역자들이 하나님께 받은 은혜/은사로 사역하기 때문이다.

이 말씀은 고난, 특히 믿음에서 비롯된 고난을 서로 나누라고 한다. 고난당하는 것은 부끄러운 일이 아니다. 오히려 불의한 고난을 가하는 자들이 부끄러워할 자다. 고난에 대해 나누다 보면 분명 위로와 격려를 받는 사람들이 있다. 또한 기도하게 된다. 그러므로 고난을 나누고 함께 기도하는 것도 그리스도인이 해야 하는 친교(fellowship)다.

성도는 사역자들을 위한 기도를 멈추지 않아야 한다. 사역자들은 영적 전쟁 중이다. 많은 기도가 필요하다. 또한 성도는 기도한만큼 사역자들을 사랑한다.

Ⅱ. 방문을 보류한 이유
(1:12-2:13)

바울은 본 텍스트를 통해 계획했던 고린도 방문을 취소한 일을 설명한다. 사도의 방문 취소는 일부 고린도 성도에게 바울을 비난하고 비하할 빌미를 제공했다. 저자는 방문에 대한 루머와 오해를 해소하고자 한다. 본 텍스트는 다음과 같이 구분된다.

A. 방문 계획 수정(1:12-14)
B. 방문 계획에 대한 오해(1:15-22)
C. 취소된 방문(1:23-2:4)
D. 근심하게 한 자들 용서(2:5-11)
E. 드로아에서 마게도냐로(2:12-13)

II. 방문을 보류한 이유(1:12-2:13)

A. 방문 계획 수정(1:12-14)

12 우리가 세상에서 특별히 너희에 대하여 하나님의 거룩함과 진실함으로 행

하되 육체의 지혜로 하지 아니하고 하나님의 은혜로 행함은 우리 양심이 증언하는 바니 이것이 우리의 자랑이라 [13] 오직 너희가 읽고 아는 것 외에 우리가 다른 것을 쓰지 아니하노니 너희가 완전히 알기를 내가 바라는 것은 [14] 너희가 우리를 부분적으로 알았으나 우리 주 예수의 날에는 너희가 우리의 자랑이 되고 우리가 너희의 자랑이 되는 그것이라

바울은 그가 이끄는 선교 팀이 그동안 거룩함과 진실함으로 모든 일을 해 왔으며, 고린도 교회 및 성도와의 관계도 이러한 자세로 임했으므로 양심에 부끄러움이 없다고 한다. 지금부터 그가 취소한 방문 계획에 대해 말하는 것은 모두 진실이라는 것을 암시한다. 사도의 진실성을 설명하는 이 섹션은 고린도후서의 핵심 주제(main thesis)다(Garland, Guthrie, Mitchell, Matera).

바울의 선교 팀은 항상 모든 사람을 거룩함과 진실함으로 대했으며, 고린도 교회와 성도들을 대할 때도 이렇게 대한 것이 자신들의 자랑이라고 한다(12절). 개역개정은 일부 고대 사본을 따라 '거룩함'(ἁγιότητι)으로 번역했지만(cf. NAS), 대부분 번역본은 다른 사본들의 표기에 따라 '순수함(ἁπλότητι)으로 번역했다(새번역, 공동, ESV, NIV, NRS). 이 단어와 쌍을 이루는 단어가 '진실함'(εἰλικρίνεια, 깨끗함, 투명함, cf. BDAG)이라는 것을 고려할 때 순수함이 문맥에 더 잘 어울린다. 사도는 자신들의 행동과 말을 통해 모든 사람을 솔직하고 진실하게 대했다고 한다.

'하나님의'(τοῦ θεοῦ)는 출처를 의미하는 속격(genitive of source)이다. 바울의 선교 팀은 그동안 하나님이 주신 순수함과 진실함으로 사역했고 고린도 성도들을 대했다(Harris, Plummer). '행하다'(ἀναστρέφω)는 원래 '뒤집다, 돌아오다'라는 뜻이지만, 본문에서처럼 수동태(ἀνεστράφημεν)로 사용될 때는 '바르게 행하다'라는 뜻이다(TDNT). 사도는 고린도 성도들을 적절하지 않게(잘못) 대한 적이 없다고 한다(Plummer).

고린도전·후서에서 '육체의 지혜'(σοφίᾳ σαρκικῇ)는 육체를 따르는 지혜(1:17; 5:16; 10:2; cf. 롬 8:3-17; 갈 5:13-26; 엡 2:1-3), 세상의 지혜(고전 1:20; 2:12; 3:19; cf. 엡 2:2; 딛 2:12), 이 세대를 따르는 지혜(고전 1:20; 2:6, 8; 3:18; 고후 4:4) 등 모두 세상에 속한 부정적인 것이다. 이와는 대조적으로 사도가 삶에서 기준으로 삼은 지혜는 '하나님의 은혜'(χάριτι θεοῦ)다. 하나님이 주신 것이며, 이 세상의 기준과 질적으로 다르다. 바울은 육체의 지혜와 하나님의 은혜를 대조함으로써 고린도 교회에서 성도들을 현혹하는 거짓 선생들과 자기 선교 팀은 전혀 다르다고 한다(Guthrie). 하늘과 땅 차이라 할 수 있다.

'양심'(συνείδησις)은 사람의 비판적 자기 평가 능력(human faculty of critical self-evaluation)이다(Furnish). 바울은 평생을 하나님의 속성과 성경적 윤리를 마음에 품고 사역했다(Garland). 그는 양심에 따라 살며 사역한 것이다(Hafemann). 사람의 양심은 그를 속일 수 있으며 하나님의 심판을 받을 수 있다(Hafemann, cf. 고전 4:4-5; 고후 5:10). 그러나 하나님의 은혜를 바탕으로 삼은 양심은 솔직함과 성실함이 특징이다(Harris). 바울은 자신들은 하나님이 주신 양심, 곧 순수함과 진실함으로 모든 사람을 대했다고 한다.

그는 선교 팀의 그동안 언행에 한 점 부끄러움이 없으며, 오히려 그 누구에게도 당당하게 말할 수 있는 자랑거리라 한다. 성경에서 '자랑'(καύχησις)은 두 가지 의미를 지닌다: (1)인간의 능력과 성취를 과시하는 부정적인 의미(삿 7:2; 삼상 2:3; 렘 12:13; 겔 24:25), (2)하나님의 속성과 하신 일을 찬양하는 긍정적인 의미(대상 16:35; 29:13; 시 5:11; 잠 16:31). 사도는 하나님이 자기 팀을 사용하신 것을 찬양하는 의미에서 '우리의 자랑'이라 한다. 이를 종합해 볼 때 새번역이 12절의 의미를 잘 전달하고 있다: "우리의 자랑거리는 우리의 양심이 또한 증언하는 것이기도 합니다. 그것은 곧, 우리가 세상에서 처신할 때에, 특히 여러분을 상대로 처신할 때에, 하나님께서 주신 순박함과 진실함으로 행하고, 세상의 지혜로 행하지 않고 하나님의 은혜로 행하였다는 사실입니다"(12절, 새번역).

사도 일행은 고린도 성도들이 읽고 아는 것 외에는 다른 것을 쓰지 않았다(13a절). 바울이 쓰는 모든 글은 고린도 성도들이 쉽게 이해할 수 있는 명백한 것이라는 뜻이다(Guthrie). 아마도 고린도 성도 중 일부는 사도의 말을 지나치게 해석해 그가 의도하지 않은(reading between the lines) 의미까지 만들어 낸 것으로 보인다(Harris). 그러므로 바울은 자신의 글은 투명하고 성실하게 쓰였기에 아무런 숨은 의도가 없다고 한다. 그가 쓴 글은 그와 동료들이 살아온 삶과 사역 패턴의 일부라는 것이다.

사도는 그동안 자기 팀을 부분적으로만 알던 고린도 성도들이 이제는 완전히 알기를 바란다(13b-14a절). 편견과 오해로 인해 불편해진 관계가 회복되기를 바라며 그동안 적절한 조치를 취했음을 암시한다(Guthrie). 관계가 서먹서먹해지면 억울한 피해자(원인 제공자)가 나서서 가해자(왜곡하는 자)를 설득할 수밖에 없다. 아무런 조치도 취하지 않고 기다리기만 하면 오해가 풀리기까지 너무 오래 걸리며, 시간이 오래 걸려도 풀리지 않을 수도 있다.

사도가 적극적으로 고린도 교회와 관계를 회복하고자 하는 것은 주 예수의 날에 서로가 서로에게 자랑이 되기를 소망하기 때문이다(14b절). 사도는 고린도 교회와 성도들을 자기 사역의 열매로 예수님께 자랑하고, 고린도 교회는 그들에게 복음을 전해 주어 하나님의 자녀가 되게 한 스승 바울을 예수님께 자랑하는 날을 꿈꾸고 있다. 사역자들도 같은 소망을 가지고 목회에 임해야 한다. 지금은 이러한 꿈이 현실과 동떨어져 있다고 생각되더라도 언젠가는 반드시 실현될 것이다.

이 말씀은 주님이 다시 오시는 날 서로에게 자랑거리가 되게끔 살라고 권면한다. 더 사랑하고, 더 섬겨야 한다. 오해와 분란이 생기면 방치하지 말고 먼저 자기 자신을 낮추어 설득하고 이해시켜야 한다. 언젠가는 서로를 가리키며 주님께 '나의 자랑'이라고 할 날을 꿈꾸면서 말이다.

이러한 삶과 사역의 가장 기본적인 속성은 순수함과 진실함이다. 우리는 서로를 대할 때 속이거나, 왜곡을 동원해서는 안 된다. 이런 것들은 세상의 지혜다. 우리는 하나님이 은혜로 주신 양심에 따라 살며, 사랑하고, 섬겨야 한다. 이런 공동체를 형성하기 위해서는 솔직 담백한 교제가 필요하다.

Ⅱ. 방문을 보류한 이유(1:12–2:13)

B. 방문 계획에 대한 오해(1:15–22)

[15] 내가 이 확신을 가지고 너희로 두 번 은혜를 얻게 하기 위하여 먼저 너희에게 이르렀다가 [16] 너희를 지나 마게도냐로 갔다가 다시 마게도냐에서 너희에게 가서 너희의 도움으로 유대로 가기를 계획하였으니 [17] 이렇게 계획할 때에 어찌 경솔히 하였으리요 혹 계획하기를 육체를 따라 계획하여 예 예 하면서 아니라 아니라 하는 일이 내게 있겠느냐 [18] 하나님은 미쁘시니라 우리가 너희에게 한 말은 예 하고 아니라 함이 없노라 [19] 우리 곧 나와 실루아노와 디모데로 말미암아 너희 가운데 전파된 하나님의 아들 예수 그리스도는 예 하고 아니라 함이 되지 아니하셨으니 그에게는 예만 되었느니라 [20] 하나님의 약속은 얼마든지 그리스도 안에서 예가 되니 그런즉 그로 말미암아 우리가 아멘 하여 하나님께 영광을 돌리게 되느니라 [21] 우리를 너희와 함께 그리스도 안에서 굳건하게 하시고 우리에게 기름을 부으신 이는 하나님이시니 [22] 그가 또한 우리에게 인치시고 보증으로 우리 마음에 성령을 주셨느니라

바울이 고린도 성도들에게 방문 계획을 바꾼 일에 대해 설명하고 있다. 왜 이런 설명이 필요한지 이해하려면 고린도전서와 고린도후서 사이에 있었던 일들을 생각해 보아야 한다.

바울은 주후 54년 봄에 에베소에서 고린도전서를 보냈다. 디모데가 얼마 지나지 않아 고린도에 도착했다. 안타깝게도 디모데와 고린도전서는 고린도 교회가 당면한 문제를 해결하지 못했다. 몇 달 후 디모데가 에베소로 돌아와 고린도 교회의 안타까운 소식을 전해 주었다. 원래 바울은 오순절까지 에베소에 있다가 마게도냐와 고린도를 거쳐 예루살렘으로 가려고 했다(cf. 행 19:21). 그러나 고린도 교회 상황을 보고받은 바울은 곧바로 방문했다.

바울의 두 번째 고린도 방문은 매우 짧고 혹독한 시간이었다(2:1-2). 그가 고린도에 도착하기 바로 전에 팔레스타인 지역에서 온 선생들('거짓 사도들', cf. 11:13-15)이 바울의 사도직과 가르침에 대해 맹렬히 비난하며 공격했고, 많은 성도가 그들의 주장에 현혹되었다(2:1, 5-8; 7:8-13; 11:4). 큰 상처를 받은 바울은 원래 계획대로 그곳에서 겨울을 난 다음 예루살렘으로 가지 않고 곧바로 마게도냐를 거쳐 에베소로 돌아왔다(cf. 13:2). 이때 그는 고린도 성도들에게 몇 달 안에 다시 돌아올 것이라고 한 것으로 보인다. 이때도 그의 계획은 마게도냐를 거쳐 고린도로 왔다가 예루살렘으로 가는 것이다(Guthrie).

에베소로 돌아온 바울은 곧바로 일명 '혹독한, 눈물의 편지'로 알려진 세 번째 편지를 썼다(cf. 2:1-11; 7:8-12). 이 편지는 주후 54년 여름에 저작한 것이며 디도를 통해 고린도 교회에 전달했다(cf. 2:4, 13). 이 편지가 바울의 방문 계획을 대신했다고 할 수 있다(Guthrie).

바울이 디도가 가지고 돌아올 고린도 교회 소식을 기다리는 동안 에베소 은장색들이 바울로 인해 우상이 잘 팔리지 않는다며 폭동을 일으켰다(cf. 행 19:23-41). 에베소 성도들은 바울을 급히 에베소에서 탈출시켰다(cf. 1:8-10). 그가 계속 머물면 죽음을 면하기가 어렵기 때문이다.

이듬해인 주후 55년 봄에 바울은 드로아를 거쳐 아시아를 떠나 마게도냐로 건너갔다. 디도가 고린도 교회에 대해 좋은 소식과 나쁜 소식을 가지고 바울이 있는 마게도냐로 돌아왔다. 좋은 소식은 고린도 교회가 바울의 사도권과 가르침에 문제를 제기한 자들을 정리해 대부분 교회에서 내보냈다는 것이다. 나쁜 소식은 예전처럼 수가 많지는 않지만, 아직도 거짓 사도들에게 현혹된 자가 있다는 것이다. 또한 일부 성도는 바울이 두 번째 방문했을 때 몇 달 내에 다시 방문하겠다고 했던 말을 지키지 않았다며 그를 비난한다는 소식도 전해 주었다. 소식을 들은 바울은 고린도후서를 보내면서 지난 방문 이후 바뀐 그의 방문 계획을 설명하고 있다.

사도는 자신이 고린도 방문 계획을 세울 때 확신을 가지고 세웠다고 한다(15a절). '확신'(πεποίθησις)은 신약에서 바울만 사용하는 단어다(1:15; 3:4; 8:22; 10:2; 엡 3:12; 빌 3:4). 사람이나 상황에 대해 신뢰한다는 뜻이다(BDAG). 어떤 이들은 고린도 성도들이 그를 이해할 것이라는 확신으로 해석하지만(Harris, Kruse, Martin, Scott, Thrall), 바울은 고린도 성도들이 자신을 부분적으로만 안다고 했다(1:13-14). 그러므로 사도가 확신하는 것은 고린도 방문을 취소한 일에 있어서 자신이 진실하며, 여정 취소는 하나님도 인정하신 일이라는 것이다(Guthrie, Hafemann).

취소하기 전 그의 계획은 고린도 성도들에게 두 번 은혜를 얻게 하기 위함이었다(15b절). '은혜'(χάρις)는 혜택(benefit, NIV), 축복(blessing, NAS), 특혜(favor, NRS), 은혜(grace, ESV) 등으로 번역된다. 바울의 방문으로 인해 고린도 성도들이 경험하게 될 은혜라고 하는 이들도 있지만(Furnish, Thrall), 그가 고린도에서 머물다가 예루살렘으로 떠날 계획이었다는 점을 고려할 때(cf. 16절) 고린도 성도들이 그에게 베푸는 은혜(숙식, 여행 경비 제공 등)를 뜻한다(Fee, Garland, Guthrie, Hafemann, Martin).

고린도전·후서를 바탕으로 재구성하면 바울의 고린도 여행 계획은 다음과 같다(Harris).

바울의 계획	계획한 여행 일정
처음 계획(original, plan A)	• 에베소-마게도냐-고린도-예루살렘(고전 16:5-9) • 마게도냐 교회들뿐 아니라 고린도 교회 연보도 '고통스러운 방문'으로 취소 • 사도가 고린도를 급히 방문하기 위해 에베소에서 배를 타고 곧바로 고린도로 향함
두 번째 계획(plan B)	• 에베소-고린도-마게도냐-고린도-유대 • '고통스러운 방문'으로 취소, 배를 타고 곧바로 에베소로 돌아옴
세 번째 계획(plan C) 현재 상황	• 에베소-고린도(고통스러운 방문)-에베소(데메드리오의 폭동, 행 19장)-드로아(2:12-13)-마게도냐(7:5, 이 서신을 보낸 곳)-고린도(행 20:2-3, 계획)

바울의 '고통스러운 방문'으로 첫 번째 계획은 자동으로 취소되었다. 그가 고린도를 방문한 동안 성도들에게 두 번째 계획을 말한 것으로 보인다. 원래 계획은 육로를 통해 마게도냐 지역의 교회를 돌며 헌금을 모아 고린도에서 배를 타고 예루살렘으로 가는 것이었다. 그러나 디모데로부터 고린도 상황이 매우 좋지 않다는 소식을 듣고 바울은 배를 타고 곧바로 고린도로 갔다. 이때 계획은 고린도 상황이 진정되면 고린도에서 마게도냐 교회들을 육로로 방문해 예루살렘 성도들을 위한 헌금을 모은 후 다시 고린도로 돌아와 배를 타고 유대(예루살렘)로 가는 것이었다. 고린도-베뢰아-데살로니가-빌립보에 있는 교회들을 방문했다가 다시 빌립보-데살로니가-베뢰아-고린도로 돌아올 생각이었던 것이다. 그러나 짧은 고린도 방문에서 엄청난 상처와 수모를 당한 바울은 배를 타고 곧바로 에베소로 돌아왔다.

고린도에서 바울을 대적하던 자들이 이 소식을 듣고 그를 심하게 비난했다. 개인적인 이유로 계획을 이렇게 쉽게 바꾸는 것은 그의 변덕스러움을 드러내는 것이라며 인신공격했고, 성령의 인도하심을 받는 자는 이렇게 쉽게 계획을 수정하지 않는다며 그의 사도권에 문제를 제기했다(Hafemann). 그의 삶과 사역에는 성령이 함께하시지 않는다는 것이다. 그러므로 바울은 그들의 비난에 대해 자신의 입장을 설명해야 한다.

사도는 두 개의 수사학적인 질문을 통해 이 계획들을 경솔하게 세우지 않았으며, 인간적인 생각으로 세운 것이 아니라고 한다(17절): (1)이런 계획을 세울 때 어찌 경솔히 했겠느냐? (2)어떠한 기준 없이 상황에 따라 변덕스럽게 계획을 세웠겠느냐?

바울이 하는 말을 생각해 보면 그를 비난하는 자들은 바울이 경솔하며 변덕이 심해 믿을만한 사람이 못 된다고 한 것으로 보인다. 이에 대해 바울은 경솔히 세운 계획이 아니라고 한다. 또한 육체에 따라 앞에서는 '예, 예' 하면서 돌아서서는 '아니라, 아니라' 하는 계획이 아니었다고 한다.

사도는 자신의 진실함을 설명하기 위해 먼저 하나님은 미쁘신(신실하신) 분이라고 한다(18a절). 그는 신실하신 하나님 안에서 그분의 인도하심을 받으며 살아왔다. 복음이 진리라는 것을 보이기 위해서라도 전파자의 진실한 삶은 필수다(Calvin). 그러므로 그는 하나님의 신실하심을 닮고자 고린도 성도들에게 '예'(yes)라 해 놓고 돌아서서 '아니라'(no) 한 적이 한 번도 없다(18b절).

바울은 자신을 비난하는 자들이 그가 불성실하게 행동한다고 비난한다는 소식을 들었다. 그들은 바울이 변덕스럽고 인본주의적인 생각에 빠져 있어 도저히 신뢰할 수 없는 자라고 비난한다. 이에 대해 바울은 거의 맹세하다시피 자신의 진실성(integrity)을 호소한다(Welborn).

사도는 2차 선교 여행 때 자기와 실루아노와 디모데가 처음 고린도를 방문해 복음을 전파한 때를 회상한다(19a절; cf. 행 18:1-18). '실루아노'(Σιλουανός)를 줄여 부르면 '실라'(Σίλας)가 된다(행 17:14-15; 18:5; cf. 살전 1:1; 살후 1:1; 벧전 5:12). 그는 예루살렘 교회의 권위를 상징하는 예언자였다(행 15:22, 32; cf. 벧전 5:12). 사도들이 예루살렘 공의회 이후 바울에게 편지를 써 줄 때 이방인은 할례를 받지 않아도 된다는 사실을 확인해 주며 그 편지에 공신력을 더하기 위해 실라를 따라 보냈다. 실라는 여러 차례 디모데와 함께 사역했다(cf. 살전 1:1; 살후 1:1).

바울 일행이 고린도에서 전파한 복음에는 변덕이 없다(19b절). 만일 변덕이 있었다면 그리스도께는 '예'(yes)만 있다는 말은 설득력이 없다. 하나님이 주의 백성 이스라엘에게 주신 약속은 모두 예수 그리스도 안에서 '예'가 되었다(20a절). 하나님의 모든 약속이 그리스도를 통해 온전히 성취되었다는 뜻이다. 예를 들자면 열방에 복을 내리시겠다는 축복(cf. 창 12:3; 18:18; 갈 3:16; 엡 1:13; 3:6)과 다윗에게 약속하신 메시아(삼하 7:12-16; 대상 17:11-14; 시 89:3; 132:11; 사 11:1-5, 10; 렘 23:5-6; 30:9; 33:14-18)와 새 언약(렘 31:31-34)도 예수 그리스도를 통해 성취되었다(Guthrie). 그러므로 하나님이 그리스도를 통해 이루신 약속에 대해 우리는 '아멘' 하여 주님께 영광을 돌리게 된다(20b절).

21-22절을 구성하는 네 개의 분사(participle)는 모두 하나님을 주어로 한다. 이 구절들은 하나님 아버지와 아들 그리스도와 성령이 함께 하시는 일을 묘사함으로써 삼위일체 신학을 반영한다(Hafemann). 하나님은 자기 백성을 구원하시고, 거룩하게 하시고, 영화롭게 하겠다는 약속을 지키셨다. 하나님은 이러한 약속을 그리스도를 통해 하셨고, 그를 통해 영광을 받으신다. 또한 성령이 그리스도를 통해 하나님이 하신 일을 성도들의 삶에서 실현하신다.

만일 사도가 그리스도 안에 거하고, 고린도 성도들도 그리스도 안에 거한다면, 그들은 하나다. 그들의 하나님도, 그리스도도, 성령도 같은 하나님이시기 때문이다. 바울은 하나님이 그의 선교 팀과 고린도 성도 중에 하시는 공통적인 사역을 네 가지로 언급한다.

첫째, 하나님은 우리 모두를 그리스도 안에서 굳건하게 하신다(21a절). 현재형 분사(present participle)를 사용해 하나님이 믿는 자들의 삶에서 계속 일하신다는 것을 강조한다. 둘째, 하나님이 우리 모두에게 기름을 부으셨다(21b절). 부정 과거형(aorist)을 사용해 기름 부으심은 이미 일어난 일이라 한다.

셋째, 하나님이 우리 모두에게 인을 치셨다(22a절). 성경에서 인은 여러 가지 의미를 지니지만, 이곳에서는 소유권을 상징한다(Hafemann Harris). 하나님이 소유하신 모든 성도를 안전하게 보호하고 보존하실 것이다(Fee, Harris). 넷째, 하나님이 보증으로 우리 마음에 성령을 주셨다(22b절). '보증'은 '계약금'(downpayment)이다(BDAG). 우리 안에 시작하신 일을 반드시 이루실 것이며, 하나님이 그렇게 하실 것을 성령이 보증하신다.

이 네 가지 사실을 강조하는 본문은 바울 서신에서 하나님 중심적인 텍스트 중 하나다(Fee). 바울은 삼위일체 하나님 안에서 자신과 고린도 성도들은 하나라는 사실을 강조하며, 바울 자신은 고린도 성도들이 거울에 비친 모습과 같다고 한다(Guthrie). 그들이 사도의 정당성과 진실성을 부인하면, 그들 스스로 자신의 정당성과 진실성을 부인하는 것과 같다. 그들은 하나이기 때문이다.

이 말씀은 사역자들이 사역 계획을 바꾸는 것을 지나치게 문제 삼지 말라고 한다. 계획을 세울 때 분명 하나님의 인도하심에 따라 세우지만, 마지막 순간에 계획을 수정해야 하는 변수는 항상 존재한다. 세상에는 우리가 하나님의 일 하는 것을 반대하는 악의 세력이 항상 있다는 사실을 고려할 때, 많은 기도와 묵상으로 계획을 세우지만 변수에 대해서는 항상 열려 있어야 한다. 세상에서도 흔히 차선(Plan B)과 제3의 가능성(Plan C)을 논하지 않는가!

사역자에게 가장 필요한 것은 진실성(integrity)이다. 만일 그들이 진실하지 못하면 그들이 전하는 모든 메시지가 진실하다는 보장이 없기 때문이다. 그러므로 무엇을 하든 혹은 전파하든 우리는 인간적인 방법(육체를 따라)을 따르지 않도록 최선을 다해야 한다. 항상 하나님의 인도하심을 구하며 하나님의 신실하심을 닮아 가는 사역을 하고 메시지를 전해야 한다.

II. 방문을 보류한 이유(1:12-2:13)

C. 취소된 방문(1:23-2:4)

[23] 내가 내 목숨을 걸고 하나님을 불러 증언하시게 하노니 내가 다시 고린도
에 가지 아니한 것은 너희를 아끼려 함이라 [24] 우리가 너희 믿음을 주관하
려는 것이 아니요 오직 너희 기쁨을 돕는 자가 되려 함이니 이는 너희가 믿
음에 섰음이라 [2:1] 내가 다시는 너희에게 근심 중에 나아가지 아니하기로 스
스로 결심하였노니 [2] 내가 너희를 근심하게 한다면 내가 근심하게 한 자 밖
에 나를 기쁘게 할 자가 누구냐 [3] 내가 이같이 쓴 것은 내가 갈 때에 마땅히
나를 기쁘게 할 자로부터 도리어 근심을 얻을까 염려함이요 또 너희 모두에
대한 나의 기쁨이 너희 모두의 기쁨인 줄 확신함이로라 [4] 내가 마음에 큰 눌
림과 걱정이 있어 많은 눈물로 너희에게 썼노니 이는 너희로 근심하게 하려
한 것이 아니요 오직 내가 너희를 향하여 넘치는 사랑이 있음을 너희로 알
게 하려 함이라

바울은 고린도 방문 계획을 취소한 것에 대해 맹세하다시피 설명한다. 아마도 그를 대적하는 자들이 사도를 비난할 만한 마땅한 명분을 찾지 못하자 그의 방문 취소에 올인해 인신공격을 해 온 것으로 보인다. 바울은 자신뿐 아니라 고린도 성도들에게도 큰 상처가 될 것이 불 보듯 뻔하기 때문에 방문 계획을 취소했다고 한다.

사도는 자기 목숨을 걸고 하나님을 불러 증언하시게 한다며 말을 시작한다(23a절). 당시 법정에서 증인이 증언하기 전에 선서하던 것과 비슷하다(Guthrie). 만일 자신의 말이 사실이 아니면 하나님께 벌을 받아 죽어도 좋다는 맹세 수준의 말이다(Hafemann).

그가 방문 계획을 바꾼 것(취소한 것)은 고린도 성도들을 아끼기 때문이다(23b절). '아끼다'(φείδομαι)는 그들이 힘든 일을 겪지 않도록 해 주었다는 뜻이다. 사도가 방문 계획을 취소한 것은 고린도 성도 중 계속 죄를 짓고 문제를 일으키는 자들을 맞서고 징계하는 것을 피하기 위해서라는 뜻이다. 바울이 원래 계획대로 했다면 이 사람들을 징계하는 일을 피할 수 없을 것이고, 그들이 징계받으면 그들과 주변의 많은 사람이 또 상처를 받았을 것이다. 교회에 분란을 일으키고 성도를 선동하는 자들은 징계받아야 한다. 그러나 징계에서 가장 중요한 것은 때(timing)다. 사도는 원래 계획대로 고린도를 방문하는 것은 지혜로운 일이 아니라고 생각해 취소했다.

바울은 고린도 성도들의 믿음을 주관하는 일에는 관심이 없다(24a절). '주관하다'(κυριεύω)는 왕이 백성을 다스리는 것, 상관이 부하를 장악하는 것 등 지배력과 구속력에 관한 단어다(TDNT). 사도는 자신을 고린도 성도들의 신앙을 지시하고 지배하는 자로 생각하지 않는다.

그는 자신을 고린도 성도들의 기쁨을 돕는 자로 생각한다(24b절). '돕는 자'(συνεργός)는 '동역자, 조력자'라는 의미다(BDAG). 사역자는 성도들을 지배하지 않는다. 사역자는 성도가 하나님을 아는 기쁨을 마음껏 누리고 즐기도록 돕는 자다. 우리는 이런 일을 위에서 다스리는 리더십이 아니라, 아래에서 섬기는 리더십을 통해 실현해야 한다. 바울은 자신과 고린도 성도들의 관계를 자비로운 아버지가 자식을 사랑으로 섬기고 은혜를 베푸는 것으로 생각한다(Barnett, 6:13; 11:2; 12:14-15). 반면에 고린도 성도들을 현혹하는 거짓 선생들은 그들을 착취하고 억압한다(11:20).

사도가 자신을 고린도 성도들의 조력자로 생각하는 것은 그들이 믿음에 서 있다고 확신하기 때문이다(24c절). 믿음은 하나님이 그들에게 주신 선물이다. 바울이 그들을 다스리며 심어 준 것이 아니다. 그러므로 고린도 성도들은 분란 중에도 믿음이 자랐다. 바울은 이러한 사실을 인정한다. 만일 그들이 아직도 어린아이 같았으면 그들을 다스리고 훈계했을 텐데, 그들은 성인이다. 바울은 이러한 사실을 인정하기에 그들을 어린아이로 취급하는 일의 일환이었던 방문을 취소했다.

사도는 참으로 고통스러웠던 마지막 방문을 끝으로 다시는 고린도 성도들에게 근심 중에 나아가지 아니하기로 스스로 결심했다(2:1). 어떠한 외압이 있어서 이런 결정을 내린 것이 아니다. 바울 스스로 이렇게 하기로 했다. 좋지 않은 일로 성도들과 부딪치는 것이 너무 싫은데, 결과도 매우 좋지 않았다. 그는 혹독한 수모와 모멸감을 안고 고린도를 떠났고, 고린도 성도들도 큰 상처를 받았다. 그 누구에게도 이득이 되지 않은 방문이었다.

이런 상황에서 그가 방문 계획을 그대로 진행하면 또다시 자기와 성도들이 엄청난 상처를 받는 것은 뻔한 일이었다. 계획된 방문은 그 누구에게도 도움이 될 것 같지 않았다. 그의 방문은 고린도 성도들의 기쁨을 돕는 일이 되어야 하는데, 그렇지 않을 것을 잘 알았다. 그러므로 바울은 서로를 위해 방문 계획을 취소했다.

바울이 대적하는 자들로부터 '변덕스럽다'라는 비난을 받으면서까지 방문을 취소한 것은 고린도 성도들이 그의 기쁨의 근원이기 때문이다(2절). 그러므로 만일 사도가 그들을 슬프게 하면, 스스로 자기의 기쁨의 샘을 마르게 하는 것과 같다(Harris). 고린도 성도들도 슬프지만, 바울도 슬퍼하게 된다.

바울은 고린도 교회가 그를 기쁘게 하기를 기대한다. 그러나 만일 원래 계획대로 방문했다면 고린도 교회는 슬퍼했을 것이며, 그들에게 기쁨을 기대하는 자신도 슬퍼하는 교회로 인해 슬퍼했을 것이다(3a절). 또한 사도는 고린도 교회 역시 자신이 그들로 인해 기뻐하는 것을 그들의 기쁨으로 삼을 것을 확신한다(3b절). 고린도 교회에 대한 바울의 기쁨은 그와 고린도 교회를 하나 되게 하는 끈이다(Matera). 만일 계획대로 고린도를 방문했다면 이 끈이 끊어졌을 것이다.

이러한 정황을 고려한 사도는 직접 방문하는 것보다 그들에게 편지를 보내는 것이 서로에게 더 좋은 일이라고 생각했다. 이것이 사도가 고린도전서와 고린도후서 사이에 디도를 통해 보낸 '혹독한 편지'다.

사도는 마음에 큰 눌림과 걱정이 있어 많은 눈물로 이 편지를 보냈다(4a절). 부모가 심각한 사고를 친 자식에게 보내는 편지와 비슷했다. 이런 편지는 받는 자보다 보낸 자의 마음이 더 아프고 괴롭다. 그러므로 그는 엄청난 무게가 그의 가슴을 짓누르는 느낌으로 참으로 많은 눈물을 흘리며 편지를 써서 고린도 교회에 보냈다.

그가 이 혹독한 편지를 보낸 것은 그들을 미워하거나 비난하기 위해서가 아니었다. 그들을 향한 넘치는 사랑이 있다는 것을 알게 하기 위해서였다(4b절). 만일 사도가 고린도 교회를 사랑하지 않았다면, 그들에게 관심도 없었을 것이다. 그러므로 염려하는 편지를 보낼 필요가 없다. 바울은 하나님께 배워 고린도 성도들을 아비가 자식을 사랑하는 것처럼 사랑했다: "대저 여호와께서 그 사랑하시는 자를 징계하시기를 마치 아비가 그 기뻐하는 아들을 징계함 같이 하시느니라"(잠 3:12; cf. 잠 13:24; 히 12:6; 계 3:19).

이 말씀은 사역자는 성도와 끊임없이 소통해야 한다고 한다. 고린도 성도들은 바울의 방문 취소에 대해 크게 오해하고 있다. 사도는 본문을 통해 그들의 오해를 해소하고 있다. 오해를 그냥 두는 것이 좋지 않은 이유는 마귀가 틈을 타서 사이를 갈라 놓기 때문이다. 그러므로 이런 일을 방지하기 위해서라도 사역자는 성도들과 끊임없이 소통해야 한다. 또한 성도는 사역자들의 말을 믿어야 한다. 한 공동체에서 함께 신앙생활을 하는 것은 서로에 대한 신뢰를 바탕으로 한다는 사실을 기억해야 한다.

우리가 사역하고 교제하는 것은 서로의 기쁨을 충만하게 하기 위해서다. 만일 우리의 만남이 오히려 아픔과 상처만 안길 것 같으면 한동안 보류하는 것도 지혜다. 시간이 때로는 많은 상처를 치료하고, 오해를 푸는 약이 될 수도 있기 때문이다. 우리의 사역과 만남은 성도와 우리 자신에게도 기쁨이 되어야 한다.

때로는 매우 심각한 의사 전달이 필요하다. 이럴 때는 솔직해야 한다. 그러나 만일 서로에 대한 신뢰가 없다면 한동안 미루고 관계 회복에 집중하는 것이 좋다. 심각한 권면은 신뢰를 바탕으로 할 때 가장 효과적이다.

II. 방문을 보류한 이유(1:12–2:13)

D. 근심하게 한 자들 용서(2:5–11)

**[5] 근심하게 한 자가 있었을지라도 나를 근심하게 한 것이 아니요 어느 정도
너희 모두를 근심하게 한 것이니 어느 정도라 함은 내가 너무 지나치게 말
하지 아니하려 함이라 [6] 이러한 사람은 많은 사람에게서 벌 받는 것이 마땅
하도다 [7] 그런즉 너희는 차라리 그를 용서하고 위로할 것이니 그가 너무 많
은 근심에 잠길까 두려워하노라 [8] 그러므로 너희를 권하노니 사랑을 그들에
게 나타내라 [9] 너희가 범사에 순종하는지 그 증거를 알고자 하여 내가 이것
을 너희에게 썼노라 [10] 너희가 무슨 일에든지 누구를 용서하면 나도 그리하
고 내가 만일 용서한 일이 있으면 용서한 그것은 너희를 위하여 그리스도
앞에서 한 것이니 [11] 이는 우리로 사탄에게 속지 않게 하려 함이라 우리는 그
계책을 알지 못하는 바가 아니로라**

어느 그리스도인 공동체에서나 가장 어려운 이슈는 징계다. 아무리 큰 죄를 저질렀다 할지라도 그 사람을 징계하는 것은 쉬운 일이 아니다. 또한 징계는 공동체에 좋은 결과를 안겨 주기보다는 상처와 갈등을 초래하기 일쑤다. 그렇다고 해서 공동체의 삶에서 징계를 부인할 수는 없다.

사도는 고린도 교회가 징계한 사람을 다시 공동체 구성원으로 환영할 때가 되었다고 한다. 우리는 이 사람이 누구인지 어떤 죄를 지었는지 아는 바가 없다. 전통적으로 많은 주석가가 아버지의 첩과 잠자리를 같이한 자(cf. 고전 2:5-11)로 해석했고, 아직도 그렇게 해석하는 이들이 있다(Hughes, Kruse). 그러나 대부분 학자는 아니라고 한다.

바울은 근심하게 한 자가 자기뿐 아니라 고린도 성도를 모두 근심하게 했다고 한다(5a절). '근심하게 한 자'(λελύπηκεν)는 마음을 아프게 한 '범죄자'다(cf. BDAG). 그럼에도 불구하고 자신과 고린도 교회를 어느 정도 '근심하게 한 자'로 표현하는 것은 그에 대해 너무 지나치게 말하지 않기 위해서다(5b절). 이 사람이 저지른 죄가 사도와 고린도 교회에 큰 상처를 입혔다는 것을 암시한다.

사도는 이 사람이 누구이며 무슨 짓을 했는지 정보를 제공하지 않는다. 그를 존중하는 의미에서 '한 사람, 어떤 사람'(τις)이라고 부른다(Thrall, cf. 3:1; 10:2, 7, 12; 11:16-21; 12:6). 물론 그와 고린도 성도들은 그가 누구이며 무슨 짓을 했는지 잘 안다. 그가 저지른 죄에는 사도를 비방하는 일도 포함되었다(Guthrie, Harris).

그는 고린도 교회에서 사람들을 현혹해 바울을 대적한 무리의 주동자였다(Hafemann). 처음에는 온 교회가 그에게 현혹되어 바울을 비방했다가 바울이 2차 방문 후 에베소로 돌아와 디도를 통해 보낸 '눈물의 편지'(cf. 2:3-4; 7:8-9)를 받고 난 후 자신들의 잘못을 깨닫고 바울 쪽으로 돌아서서 그를 징계한 것으로 보인다(cf. 6절).

만일 그가 저지른 짓이 바울 개인에 관한 일이었다면 차라리 개인적으로 손해를 보고 말지, 서신을 통해 자신의 억울함을 알리며 그의 징계를 요구하지는 않았을 것이다(cf. 고전 6:7). 그가 바울을 공격한 것은 바울이 세운 고린도 교회까지 공격한 일이 된다. 고린도 교회와 사도는 하나나 다름없기 때문이다(3:1-3). 그는 바울뿐 아니라 고린도 교회에도 큰 상처를 입혔다. 그러므로 사도는 고린도 교회를 생각해서라도 그냥 넘어갈 수 없었다(Hafemann, cf. 고전 4:14-21; 고후 2:3-4).

이런 사람은 많은 사람에게서 벌을 받는 것이 마땅하다(6절). 새번역이 이 구절을 더 정확하게 번역했다: "여러분 대다수는 그러한 사람에게 이미 충분한 벌을 내렸습니다"(cf. 공동, ESV, NAS, NIV, NRS). 고린도 교회가 사도의 서신을 받은 후 그를 징계했으며, '대다수'(τῶν πλειόνων) 라고 하는 것으로 보아 징계에 반대하는 소수도 있었음을 암시한다. 고린도 교회는 그의 징계 문제로 아직도 어느 정도 나뉘어 있다고 할 수 있다. 당시 상황을 고려할 때 고린도 성도들이 죄를 지은 자와 성도의 교제(fellowship)를 중단한 것으로 보인다(Guthrie, Harris).

사도는 차라리 그를 용서하고 위로하라고 한다(7a절). '차라리'는 오해의 소지가 있는 번역이다. 이 헬라어 단어는 '이제는'(μᾶλλον)으로 번역해야 한다: "이제는 여러분도 그를 용서하고 위로해 주시기 바랍니다"(공동, cf. 아가페, NIV, NRS).

신약이 용서의 의미로 사용하는 가장 흔한 헬라어 단어(ἀφίημι)는 '떠나보내다'(let go, send away)라는 뜻이다(BDAG). 사도는 본문에서 다른 용어를 사용하고 있다. '용서하다'(χαρίζομαι)는 호의를 베푸는 의미에서 그를 자유롭게 한다는 뜻이다(BDAG). 고린도 성도 중에는 그가 아직 정당한 응징을 다 받지 않았다고 생각하는 사람이 있을 수 있다. 용서할 때가 아니라는 것이다. 이에 대해 사도는 그를 자비롭게 대하라는 의미에서 용서하고 위로하라고 권면한다. 또한 '위로하다'(παρακαλέω)는 본문에서 '격려하다'라는 의미를 지닌다(Garland).

고린도 교회는 사도가 '눈물의 편지'에서 요구한 대로 그를 징계했다(Hafemann). 이제는 그를 용서하고 격려할 때가 되었다. 그가 회개했다는 것을 암시한다. 징계가 그를 회개하게 했으므로 이미 효력을 발휘했다. 그러므로 이제는 그에게서 돌아선 공동체가 다시 그를 향해 두 팔을 벌려 구성원으로 환영할 때다(Guthrie). 진정한 회개가 이뤄졌다면, 그때부터는 징계가 징벌이 된다(Furnish, cf. 7:9-11).

사도가 염려하는 것은 그를 계속 징계 단계에 두면 그가 너무 많은 근심에 잠길 것이라는 사실이다(7b절). '잠기다'(καταπίνω)는 '물에 잠기다, 삼켜지다'라는 뜻이다. 징계가 너무 오래 지속되면 그 사람의 인격이 파괴된다. 그렇게 되면 징계는 그와 하나님과 공동체의 관계를 회복하게 하려는 것이라는 취지도 사라진다. 그러므로 너무 오래되기 전에 용서하고 다시 공동체로 돌아오게 해야 한다. 용서는 참 그리스도인 공동체의 근간이다.

그러므로 사도는 이제부터 그들에게 사랑을 나타내라고 한다(8절). 사도는 이 일로 인해 고린도 교회나 자신이 받은 상처를 가볍게 생각해 심각성을 낮추려 하는 것이 아니다(cf. Barrett, Harris, Thrall). 사실 그 누구보다도 큰 상처를 받은 사람은 바울 자신이다(Guthrie). 이제는 징계의 다음 단계(용서와 사랑)가 곧 시작되어야 한다는 것이다.

'나타내다'(κυρόω)는 '확인하다, 비준하다'(confirm, ratify)라는 의미를 지닌다(BDAG). 이제는 죄를 범한 자에게 공동체가 아직도 그를 사랑하고 그가 공동체의 일원으로 돌아오는 것을 환영한다는 점을 보여 주어야 할 때라는 것이다. 징계의 목적은 벌을 주는 데 있지 않다. 죄인이 근신하고 회개한 다음에 다시 회복시키고 사랑하는 데 목적이 있다.

사도는 고린도 성도들이 범사에 순종하는지 그 증거를 알고자 이것을 썼다고 한다(9절). '증거'(δοκιμή)는 바울만 사용하는 단어이며 '인정받은 품질'(the quality of being approved)이라는 의미가 있다(BDAG, cf. 롬 5:4; 고후 9:13; 13:3; 빌 2:22). 그러므로 이곳에서는 고린도 성도들의 '인격/성품'을 뜻한다. '이것'(τοῦτο)은 그들에게 보낸 눈물로 쓴 편지다(Hafemann, Harris). 사도는 고린도 성도들이 자기 말에 얼마나 잘 순종하는지 알아보기 위해 그 편지를 보냈다고 한다.

만일 고린도 교회가 무슨 일에든지 누구를 용서하면 사도도 그렇게 할 것이다(10a절). 고린도 교회가 누구를 용서하면 자신도 영적으로 그들과 함께하며 그들의 용서를 지지할 것이라는 뜻이다. 바울은 개인적인 의로움보다는 교회가 좋은 결과를 누리게 하려고 용서를 권장한다(Sampley).

사도가 용서한 일이 있다면, 용서한 것은 고린도 성도들을 위해 그리스도 앞에서 한 일이다(10b절). '만일 용서한 일이 있으면'(εἴ τι κεχάρισμαι)은 상당히 불확실하고 자신이 용서한 일의 가치를 낮추는 표현이다(Guthrie, Harris). 고린도 성도들이 범죄자를 용서하는 일에 있어서 자신의 역할을 최소화하고자 하는 목회적인 전략이다(Harris). 그는 이 일에 연루된 격한 감정을 누그러뜨리고자 한다(Guthrie). 이제는 모든 일을 조금 더 객관적으로 볼 때가 되었다.

'그리스도 앞에서'(ἐν προσώπῳ Χριστου)는 그리스도의 다스림 아래 사는 사람으로서 용서했다는 뜻이다. 사도는 징계를 받는 사람이 너무 많은 근심에 잠길까 염려되니 용서해야 한다고 했다(7절). 이번에는 그를 용서하는 자들, 곧 고린도 성도들 자신을 위해 용서하라고 한다. 고린도 성도들이 이 일에 계속 묶여 있는 것은 바람직하지 않다.

그들이 징계받은 자를 계속 용서하지 않는 것은 사탄에게 속는 일이다(11a절). '속다'(πλεονεκτέω)는 '이용하다, 착취하다, 속이다, 사취하다'라는 의미를 지닌다(BDAG). 그를 용서해 공동체로 회복시키지 않고 계속 두는 것은 사탄에게 이용당하는 일이라는 뜻이다. 사탄은 교회의 분란과 성도들이 서로 불편한 관계와 감정을 갖는 것을 낙으로 삼는다. 그러므로 용서하지 않는 것은 사탄의 농간에 놀아나는 일이다.

사탄의 이러한 계책을 알면, 그의 계책을 좌절시키기 위해서라도 이제는 죄인을 용서해야 한다(11b절). 용서는 사탄의 계략을 침몰시킨다. 그러므로 우리는 서로를 용서함으로써 사탄이 기뻐할 일들을 최대한 빨리 끝내야 한다.

이 말씀은 징계는 영구적인 것이 아니라 한시적인 것이라 한다. 언제든 징계받은 자가 회개하면 용서하고 격려해야 한다. 징계의 목적은 하나님과 공동체로 그를 회복시키는 것이지, 추방하는 것이 아니다.

징계는 분명 가해자를 위한 것이다. 그러므로 지나친 징계나 너무 오래 지속되는 징계는 바람직하지 않다. 그가 너무 많은 근심에 잠기기 전에 용서해야 한다. 또한 용서는 가해자를 위한 것일 뿐 아니라, 피해자를 위한 것이기도 하다. 피해자도 하루 속히 그 일에서 자유로워지는 것이 좋다.

용서를 꺼리는 것은 사탄에게 속는 일이다. 우리가 누구를 용서하지 않으면 사탄이 가장 좋아한다. 그러므로 사탄의 계책을 무효화하기 위해서라도 우리는 용서해야 한다.

II. 방문을 보류한 이유(1:12-2:13)

E. 드로아에서 마게도냐로(2:12-13)

12 내가 그리스도의 복음을 위하여 드로아에 이르매 주 안에서 문이 내게 열렸으되 13 내가 내 형제 디도를 만나지 못하므로 내 심령이 편하지 못하여 그들을 작별하고 마게도냐로 갔노라

바울의 변경된 고린도 방문 계획에 대한 추가적인 설명이다. 그가 에베소에서 곧바로 고린도로 가지 못하고 드로아를 거쳐 마게도냐로 간 일을 회고한다. 그는 고린도후서를 마게도냐에서 보냈다.

사도는 매우 뼈아픈 고린도 방문(두 번째 방문)을 마치고 에베소로 돌아왔다. 이후 '눈물의 편지'로 알려진 세 번째 편지를 디도를 통해 보냈다(cf. 2:1-11; 7:8-12). 이 편지는 주후 54년 여름에 저작한 것이며, 디도를 통해 고린도 교회에 전달했다(cf. 2:4, 13). 디도는 바울의 이방인 동역자였다(cf. 8:23).

바울이 디도가 가지고 돌아올 고린도 교회 소식을 기다리는 동안 에베소 은장색들이 바울로 인해 우상이 잘 팔리지 않는다며 폭동을 일으켰다(cf. 행 19:23-41). 에베소 성도들은 바울을 급히 에베소에서 탈출시켰다(cf. 1:8-10). 그가 계속 머물면 죽음을 면하기가 어렵기 때문이다.

그는 에베소를 떠나 북쪽으로 240km 떨어진 드로아(Τρῳάς, Troas)로 갔다(12절). 드로아에는 이미 교회가 있었지만 바울이 세운 것은 아니었다. 아마도 에베소에 머무는 동안 그가 보낸 선교사에 의해 세워진 교회였던 것으로 보인다. 에베소에서처럼 드로아에서도 복음 전파의 문이 활짝 열렸다(cf. 고전 16:8-9). 많은 사람이 그리스도의 복음을 영접한 것이다.

바울이 '혹독한 편지'를 들고 고린도로 간 디도를 기다렸지만, 좀처럼 돌아올 기미가 보이지 않았다. 초조해진 바울은 이듬해인 주후 55년 봄에 드로아를 떠나 마게도냐로 건너갔다(13절).

이 말씀은 우리의 계획이 틀어지는 것이 때로는 하나님이 하시는 일이라는 사실을 깨달아야 한다고 한다. 바울은 고린도 방문 취소로 인해 대적하는 자들로부터 많은 비난을 받았다. 그러나 취소된 방문 계획이 그의 발걸음을 드로아로 인도했으며, 그곳에서 많은 사람이 그가 전한 복음을 영접했다. 우리는 계획을 세워 하나님의 일을 하되, 항상 하나님의 대안에 열려 있어야 한다.

하나님과 동행하며 주님과 함께 사역한다고 해서 항상 평안을 누리며 즐거워할 수 있을까? 본문은 그렇지 않다고 한다. 바울은 드로아에서 참으로 보람 있는 사역을 하면서도 고린도 교회로 인해 마음에 평안이 없었다. 그는 조금 더 일찍 마음의 평안을 찾고자 마게도냐로 건너가 디도를 기다리기로 했다. 우리는 항상 하나님이 평탄한 길을 주시고 평안 주실 것을 기도하며 사역하지만, 상황이 항상 녹록하지는 않다.

Ⅲ. 사도의 사역과 삶
(2:14–7:4)

본 텍스트는 신약에서 그리스도인의 사역에 대해 가장 자세하게 설명한다. 어떤 이들은 주제에서 벗어난 여담(digression)이라고 하기도 한다(Harris, Hughes). 사도가 2:13에서 언급한 마게도냐 이야기가 7:5에서 다시 시작하기 때문이다. 그러나 이 섹션은 여담이 아니라 고린도후서의 신학적 핵심이며, 사도가 거짓 선생들을 공격할 10–13장을 준비하는 단계라 할 수 있다(Guthrie, Keener, Matera). 본 텍스트는 다음과 같이 구분된다.

A. 사역의 영화로움(2:14–4:6)
B. 사도의 고난과 영광(4:7–5:10)
C. 사도의 사역(5:11–6:10)
D. 사역의 고충과 위로(6:11–7:4)

Ⅲ. 사도의 사역과 삶(2:14-7:4)

A. 사역의 영화로움(2:14-4:6)

사도는 이 섹션에서 그리스도인 사역에 대해 설명한다. 모세와 이스라엘의 옛 언약 사역에 비하면 그리스도를 통해 온 새 언약 사역은 참으로 찬란하고 위대하다. 사도들은 이 영화로운 사역을 하는 일꾼이 된 것에 참으로 큰 자부심을 느낀다. 이 섹션은 다음과 같이 구분된다.

A. 사도들의 영광(2:14-17)
B. 새 언약의 일꾼들(3:1-6)
C. 새 언약 사역(3:7-18)
D. 복음의 광채(4:1-6)

Ⅲ. 사도의 사역과 삶(2:14-7:4)
A. 사역의 영화로움(2:14-4:6)

1. 사도들의 영광(2:14-17)

14 항상 우리를 그리스도 안에서 이기게 하시고 우리로 말미암아 각처에서 그리스도를 아는 냄새를 나타내시는 하나님께 감사하노라 15 우리는 구원 받는 자들에게나 망하는 자들에게나 하나님 앞에서 그리스도의 향기니 16 이 사람에게는 사망으로부터 사망에 이르는 냄새요 저 사람에게는 생명으로부터 생명에 이르는 냄새라 누가 이 일을 감당하리요 17 우리는 수많은 사람들처럼 하나님의 말씀을 혼잡하게 하지 아니하고 곧 순전함으로 하나님께 받은 것 같이 하나님 앞에서와 그리스도 안에서 말하노라

사도는 항상 그리스도 안에서 이기게 하시는 하나님께 감사한다(14a절). '이기다'(θριαμβεύω)는 전쟁에서 승리하고 돌아오는 장군의 개선 행렬이다(BDAG, cf. 새번역, 공동, ESV, NIV, NRS). 개선 장군은 생포한 적들을 끌고 가다가 곳곳에서 자기가 믿는 신들에게 제물로 바쳤다. 바울은 이 동사를 두 차례 사용하는데, 골로새서 2:15에서도 이런 의미로 사용한다.

많은 학자가 하나님은 개선장군이며, 바울은 그에게 포로로 잡혀 끌려가는 자로 이 행렬에 참여하는 것이라고 해석한다(Garland, Hafemann, Thrall, Witherington, cf. NIV). 그가 쇠사슬에 묶여 죽음으로 끌려가고 있다는 것이다(Hafemann). 실제로 바울이 고린도에 보낸 서신들을 보면 그리스도로 인해 받은 수치와 고난에 대해 여러 차례 언급한다(cf. 고전 4:9; 고후 4:10).

그러나 이러한 해석은 사역을 영화롭게 묘사하는 문맥에 잘 어울리지 않는다. 그러므로 대부분은 어느 정도의 언어적 어려움('이기다'는 개선장군의 행렬에서 포로로 끌려가는 것이 정상적인 이미지라는 점)을 인정하면서도 승리자가 되어 장군이신 하나님과 함께하기 위해 행렬에 참여한 것으로 해석한다(Barrett, Calvin, Guthrie). 게다가 이어지는 '그리스도를 아는 냄새'는 승리의 결과다(cf. 개역개정, 새번역, 공동, ESV, NAS). 이 외에도 그리스도의 사랑에 포로가 되어 끌려가는 것으로 해석하는 이도 있고(Duff), 포로로 잡혀가면서도 매우 기뻐하는 자로 해석하는 이도 있다(Harris). 혹은 행렬 이미지와 상관없이 이 동사를 단순히 '승리하게 하시다'(cause to triumph)라는 의미로 해석하기도 한다(NAS, cf. BDAG). 바울의 사역은 마치 개선장군의 행렬 일부처럼 온 세상에 드러났다(Furnish).

바울은 사도들(사역자들)로 말미암아 각처에서 그리스도를 아는 냄새가 나게 하신 하나님께 감사한다(14b절). '냄새'(ὀσμή)는 아름다운 향을 뜻하며, 구약에서는 하나님께 드리는 제물의 냄새다(cf. 창 8:21; 출 29:18; 레 1:9). 냄새(향) 비유는 16절까지 계속된다.

사도들은 구원받는 자들에게나 망하는 자들에게나 하나님 앞에서 그리스도의 향기다(15절). '하나님 앞에서 우리는 그리스도의 향기'(Χριστοῦ εὐωδία ἐσμὲν τῷ θεῷ)는 그리스도가 우리 향기의 출처라는 뜻이다(Guthrie). 하나님 앞에서 사역자들은 그리스도의 향기를 내뿜는다. 그들이 내뿜는 그리스도의 향기는 사람들을 두 그룹으로 나눈다. 복음이 모든 사람을 구원할 수는 없다. 어떤 이들에게는 그리스도의 복음이 사망으로부터 사망에 이르게 하는 죽음의 냄새다(16a절). 그들은 복음을 거부한 일로 인해 정죄받아 죽을 것이라는 뜻이다. 다른 이들에게 복음은 생명으로부터 생명에 이르는 냄새다(16b절). 이 사람들은 그리스도의 은혜로운 복음을 통해 구원에 이른다.

복음을 전파하는 일은 참으로 귀하지만 우리를 겸손하게 하는 두려운 일이다(Barrett). 사람을 살릴 수도 있고 죽음으로 몰아갈 수도 있기 때문이다. 그러므로 바울은 "누가 이 일을 감당하리요?"(16c절)라면서 이런 일을 할 만한 자격이 있는 사람이 누구인지 묻는다. 세례 요한이 예수님에 대해 "나는 그의 신을 들기도 감당하지 못하겠노라"라고 증언했던 일을 생각나게 한다(마 3:11; 막 1:7).

바울은 자기 선교 팀의 사역과 고린도 교회를 혼란에 빠트린 거짓 사도들의 사역을 대조하며 자신이 복음 전파하는 일에 적격자임을 암시한다(17절). 거짓 사도들은 하나님의 말씀을 혼잡하게 한다. '혼잡하게 하다'(καπηλεύω)는 개인적인 이익을 위해 하나님의 말씀을 이용하는 행위다. 그러므로 새번역이 이 문장의 의미를 잘 살렸다: "우리는, 저 많은 사람들처럼 하나님의 말씀을 팔아서 먹고 살아가는 장사꾼이 아닙니다"(cf. 공동, ESV, NAS, NIV, NRS).

고린도 교회를 혼란에 빠트린 거짓 사도들은 복음 전파를 통해 돈을 벌고 있다. 그들은 자신이 귀한 복음을 전파하고 있으므로 돈을 받는 것이 당연하고, 바울이 돈을 받지 않고 복음을 전파하는 것은 그가 싸구려 복음을 가르치기 때문이라고 했다(Hafemann).

반면에 사도는 순전함으로 하나님께 받은 것같이 하나님 앞에서와 그리스도 안에서 복음을 전파한다(17b절). '순전함'(εἰλικρίνεια)은 '순수한 동기, 진실함'을 뜻이다(BDAG). 그는 하나님께 그리스도의 복음을 공짜로 받았다. 그러므로 대가를 요구하거나 바라지 않고 받은 대로 전파한다.

이 말씀은 사역자들이 누리는 특권은 하나님의 승리 행렬에 참여하는 것이라 한다. 이 세상의 모든 수고가 끝나고 주님이 하늘의 개선문을 향해 행진하실 때 우리도 그 행렬에서 예수님과 함께 마음껏 기뻐하고 찬양할 것이다. 그날을 꿈꾸며 오늘 우리가 하는 사역의 어려움을 이겨 내자. 사역자로 부르심을 받은 것은 참으로 영광스러운 일이다.

옛적부터 가짜 사역자들은 성도들을 현혹하고 참 사역자들을 핍박했다. 오늘날에도 주변에서 이런 일을 목격하기도 한다. 사도는 참 사역자와 거짓 사역자를 가르는 것은 사역 동기라고 한다. 거짓 사역자는 금전적 이익 등 개인적 욕구를 채우기 위해서 사역한다. 그러나 참 사역자는 순수한 동기에 따라 하나님께 받은 것을 그대로 전한다.

Ⅲ. 사도의 사역과 삶(2:14–7:4)
A. 사역의 영화로움(2:14–4:6)

2. 새 언약의 일꾼들(3:1–6)

[1] 우리가 다시 자천하기를 시작하겠느냐 우리가 어찌 어떤 사람처럼 추천서
를 너희에게 부치거나 혹은 너희에게 받거나 할 필요가 있느냐 [2] 너희는 우
리의 편지라 우리 마음에 썼고 뭇 사람이 알고 읽는 바라 [3] 너희는 우리로
말미암아 나타난 그리스도의 편지니 이는 먹으로 쓴 것이 아니요 오직 살아
계신 하나님의 영으로 쓴 것이며 또 돌판에 쓴 것이 아니요 오직 육의 마음
판에 쓴 것이라 [4] 우리가 그리스도로 말미암아 하나님을 향하여 이같은 확신
이 있으니 [5] 우리가 무슨 일이든지 우리에게서 난 것 같이 스스로 만족할 것
이 아니니 우리의 만족은 오직 하나님으로부터 나느니라 [6] 그가 또한 우리를

새 언약의 일꾼 되기에 만족하게 하셨으니 율법 조문으로 하지 아니하고 오직 영으로 함이니 율법 조문은 죽이는 것이요 영은 살리는 것이니라

2:17에서 시작된 정당한 그리스도인의 사역, 곧 하나님의 사역에 관한 이야기가 이어진다. 하나님이 인정하신 사역은 인간적인 추천서가 필요 없으며, 자기 추천(self-recommendation)도 필요 없다. 사역의 열매가 곧 추천서요 자기 추천이기 때문이다.

바울은 자기 사역(선교) 팀을 추천해야 하냐며 두 차례 수사학적인 질문을 던진다(1절): (1)우리가 다시 자천하기를 시작하겠느냐? (2)우리가 어찌 어떤 사람처럼 추천서를 너희에게 부치거나 혹은 너희에게 받거나 할 필요가 있느냐?

학자들 사이에 1절이 두 개의 수사학적인 질문으로 구성되었는지, 혹은 둘 다 단순한 선언문인지, 혹은 하나는 질문이고 하나는 선언문인지에 대해 상당한 논란이 있다(cf. Garland, Guthrie). 우리는 가장 자연스러워 보이는 것에 따라 두 개의 수사학적인 질문으로 이해한다(cf. 새번역, ESV, NAS, NIV, NRS). 이 두 질문은 '아니다'(no)를 답으로 요구한다(Hafemann, Harris).

첫째, 사도가 고린도 교회에 자기 팀을 다시 자천(스스로 추천)하는 일은 없을 것이다. '자천하다'(συνίστημι)는 신약에서 16차례 사용되는 단어인데, 그중 14차례가 바울 서신에서 사용된다(cf. BDAG). 이 단어는 바울만 사용하는 동사라 해도 과언이 아니며, 14차례 중 고린도후서에서만 아홉 차례 사용된다(3:1; 4:2; 5:12; 6:4; 7:11; 10:12, 18[2x]; 12:11). 고린도후서의 중요한 주제 중 하나임을 암시한다(Guthrie).

당시 문화에서는 자천(스스로 추천)하는 것이 흔한 일이었다(Garland, Marshall). 반면에 사도는 스스로 자신을 추천할 생각이 전혀 없다. 그가 사도로서 고린도에 교회를 세운 일이 그가 사도임을 입증하는 추천이기 때문이다(Hafemann, cf. 10:12-18; cf. 고전 4:14-17; 15:10). 게다가 만일 고린도 교회가 바울에게 스스로 사도임을 입증할 것을 요구한다면, 그들은 자신의 기독교적 정체성을 스스로 부인하는 것과 다름없다. 그들은 사도가 전파한 복음 위에 세워진 교회의 구성원이기 때문이다. 그러므로 바울은 자천하지 않겠다는 말로 고린도 교회가 그의 사역의 정당성을 온 마음으로 껴안기를 원한다.

둘째, 사도는 추천서가 필요한 어떤 사람과 다르다. 추천서(συστατικός)는 주로 아는 사람이 없는 곳을 여행하는 사람에게 써 주었다. 숙식을 제공해 달라는 것이 주된 내용이었으며, 초대교회도 이러한 제도를 자주 사용했다(cf. 행 15:25-27; 18:27). 바울도 기독교를 핍박하기 위해 예루살렘 제사장들이 써 준 추천서를 가지고 다메섹 회당을 찾아가다가 예수님을 만났다(cf. 행 9:2; 22:5).

'어떤 사람들'(τινες)은 유대 지역에서 고린도 교회를 찾아와 바울을 비난하는 거짓 선생들이다(Barnett, Hughes). 그들은 남들이 써 준 추천서를 가지고 왔기 때문에 사도는 이런 말을 한다(cf. 10:11-12). 그들은 아마도 그리스도의 복음이 예루살렘에서 처음 전파되었고, 자신은 이러한 정통성을 자랑하는 유대에서 추천서를 받아 왔다고 했을 것이다. 그들에게 추천서를 써 준 사람은 예루살렘에 머무는 사도나, 예루살렘 교회 장로는 아닌 것이 확실하다(cf. 행 15장; 갈 2:9). 아마도 유대에 있는 교회 중에 이방인 성도에 대한 사도들의 정책(할례를 받지 않아도 된다)에 불만을 품은 지도자들이 추천서를 써 주었을 것이다(cf. 갈 1:22). 그들은 고린도 성도들에게 자신은 복음의 발원지에서 지도자들의 추천서를 받아왔는데 '왜 바울은 예외인가?'라며 문제를 제기한 것으로 보인다(Harris).

그들은 분명 추천서가 필요한 자들이다. 이미 바울이 세운 교회에 와서 그를 비방하며 사도직의 정당성을 부인하고자 했기 때문이다. 반면에 사도는 이미 고린도에 하나님의 교회를 세웠고, 고린도 성도들은 그의 사역으로 인해 하나님의 자녀가 되었다. 바울이 행한 사도 사역의 열매인 것이다. 그러므로 만일 그들이 바울에게 추천서를 요구한다면, 그들은 하나님의 자녀가 아니라는 것을 스스로 인정하는 행위가 된다.

그러므로 바울의 사도직의 정당성은 이미 고린도 교회가 알아서 변호하고 마무리 지었어야 한다. 그렇지 않으면 고린도 교회가 스스로 자신의 정당성을 부인하는 일이 되기 때문이다. 고린도 성도들이 조금만 깊이 생각했어도 바울이 사도가 아니라고 비방하는 사람들을 교회에서 내쳤을 텐데, 이성이 마비되다 보니 사도에게 참으로 큰 상처를 안겨 주었다. 우리는 생각하는 그리스도인이 되어야 한다.

바울은 고린도 교회에 자기 선교 팀에 관한 추천서를 보내거나, 고린도 교회에서 추천서를 받을 필요를 전혀 느끼지 못한다(1c절). 고린도 교회와 성도들이 곧 그가 마음에 쓴 편지(추천서)이기 때문이다(2a절). 그는 어디를 가서 사역하든 마음에 새긴 고린도 교회 추천서를 뭇 사람이 알고 읽게 한다(2b절). 고린도 교회가 사역의 열매라며 자랑스럽게 예로 든다는 뜻이다(Matera).

고린도 교회는 바울의 팀을 통해 나타난 그리스도의 편지다(3a절). '나타나다'(φανερόω)는 '보이다, 드러내다'라는 의미다(BDAG). 사도는 한 번도 고린도 교회를 부끄럽게 생각해 숨기려 한 적이 없다. 그는 그들을 하나님이 세상을 얼마나 사랑하시는지를 증언하는 '그리스도의 편지'(ἐπιστολὴ Χριστοῦ)로 여기며 가는 곳마다 자랑한다. 바울이 그의 인격과 사도직을 비방하는 자들에 대해 이렇게 말하는 것은 우리 모든 사역자를 겸손하게 한다. 우리는 반항하고 문제를 제기하는 성도들도 주님의 사랑으로 껴안아야 한다.

바울의 마음에 새겨진 그리스도의 편지는 먹으로 쓴 것이 아니요 오직 살아 계신 하나님의 영으로 쓴 것이다(3b절). 글을 새긴 '잉크'의 차이를 강조한다. '먹, 잉크'(μέλας)는 영원하지 않다. 반면에 '살아 계신 하나님의 영'(πνεύματι θεοῦ ζῶντος)은 영원하다. 하나님은 영원히 사시는 분이기 때문이다.

또한 그의 마음에 새겨진 그리스도의 편지는 돌판에 쓰인 것이 아니라 오직 육의 마음판에 쓴 것이다(3c절). 이번에는 글을 새긴 '용지'의 차이를 강조한다. 에스겔 36:26-27이 그리스도의 복음을 통해 성취되었음을 암시하는 말씀이다: "또 새 영을 너희 속에 두고 새 마음을 너희에게 주되 너희 육신에서 굳은 마음을 제거하고 부드러운 마음을 줄 것이며 또 내 영을 너희 속에 두어 너희로 내 율례를 행하게 하리니 너희가 내 규례를 지켜 행할지라"(cf. 겔 11:19). 율법이 돌에 새겨지는 것과 부드러운 마음에 새겨지는 것의 차이는 시내산에서 모세를 통해 주신 옛 언약과 예레미야 선지자가 예언한 새 언약의 차이이다.

> 여호와의 말씀이니라 보라 날이 이르리니 내가 이스라엘 집과 유다 집에 새 언약을 맺으리라 이 언약은 내가 그들의 조상들의 손을 잡고 애굽 땅에서 인도하여 내던 날에 맺은 것과 같지 아니할 것은 내가 그들의 남편이 되었어도 그들이 내 언약을 깨뜨렸음이라 여호와의 말씀이니라 그러나 그 날 후에 내가 이스라엘 집과 맺을 언약은 이러하니 곧 내가 나의 법을 그들의 속에 두며 그들의 마음에 기록하여 나는 그들의 하나님이 되고 그들은 내 백성이 될 것이라 여호와의 말씀이니라 그들이 다시는 각기 이웃과 형제를 가르쳐 이르기를 너는 여호와를 알라 하지 아니하리니 이는 작은 자로부터 큰 자까지 다 나를 알기 때문이라 내가 그들의 악행을 사하고 다시는 그 죄를 기억하지 아니하리라 여호와의 말씀이니라(렘 31:31-34).

바울의 선교 팀에게는 고린도 성도들이 곧 성령이 그들 마음에 써 주신 추천서이기 때문에 글로 쓴 추천서가 필요하지 않다는 것은 그들 가운데 그리스도로 말미암아 하나님을 향한 확신이 있기 때문이다(4절). 바울은 자기 사역의 근원(그리스도)과 결과(성령의 역사)와 검증(고린도 성도들이 맺는 열매) 그리고 지향성(하나님을 향한)이 모두 사역의 진정성을 나타내며, 이는 곧 '그리스도로 말미암아'(διὰ τοῦ Χριστοῦ)와 '하나님을 향하여'(πρὸς τὸν θεόν)라는 두 문구로 요약된다는 확고한 신념을 표현한다(Guthrie).

사도는 어떤 사역을 하든 좋은 결과를 얻어도 그 결과로 인해 마치 자기 업적(성과)인 듯 스스로 만족하지 않는다(5a절). 그는 이런 일을 할 만한 능력이 자신에게 없다는 것을 잘 안다. 그러므로 사역에서 좋은 열매를 맺었다 할지라도 하나님이 하신 일이라며 주님의 은혜에 감사드린다.

사도의 만족은 자신이 한 사역의 열매가 아니라, 오직 하나님에게서 온다(5b절). 그는 자신의 재능이 아니라, 하나님이 주시는 능력으로 사역한다. 만일 자기 능력으로 사역한다면 사역은 그에게 기쁨을 줄 수도 있고 슬픔을 줄 수도 있다. 그러나 하나님이 주시는 능력으로 사역하기 때문에 항상 기뻐한다. 설령 원하는 결과를 얻지 못하더라도 하나님이 하시는 일이므로 걱정할 필요가 없다. 지혜로우신 하나님이 모든 것이 합하여 선을 이루게 하신다는 믿음이 있기 때문이다. 사역자는 오직 하나님께 만족하며 사역하면 된다.

하나님은 그리스도인을 새 언약의 일꾼 되기에 만족하게 하셨다(6a절). '만족하다'(ἱκανόω)는 '자격을 주다'라는 뜻이다(새번역, ESV, NAS, NIV, NRS). 하나님은 우리가 예수님을 통해서 온 새 언약(cf. 렘 31:31-34; 겔 36:26-27)을 위해 사역하기에 적합하다고 하셨다. '일꾼들'(διακόνους)은 직분이 아니라, 하나님이 중재하거나 대표하는 일을 맡기신 자들이다(Hafemann). 하나님은 우리를 모두 새 언약의 일꾼으로 삼으셨다.

새 언약의 일꾼으로 사역한다는 것은 율법 조문으로 하지 않고 오직 영으로 한다(6b절). 율법 조문은 죽이는 것이요, 영은 살리는 것이기 때문이다(6c절). 역사적으로 '율법 조문'(γράμμα)과 '영'(πνεῦμα)은 다양한 해석을 초래했다. 초대교회 교부들은 '율법 조문'을 성경을 글로 읽는 것으로, '영'을 성경 말씀의 참 의미를 터득하는 것으로 해석했다. 그러나 하나님의 말씀인 성경의 참 의미를 깨닫기 위해서는 글로 읽는 것을 피할 수 없다. 그러므로 이 해석은 큰 설득력을 얻지 못했다.

종교 개혁자들은 이 둘을 과격한 이원론적(radical dualism)으로 해석했다. 그들은 '율법 조문'을 이스라엘이 모세를 통해 시내산에서 받은 율법 혹은 '옛 언약'(old covenant)이며, '영'은 그리스도의 복음 혹은 '새 언약'(new covenant)이라 했다. 율법은 범법자를 정죄하고 죽인다. 반면에 복음은 회개하는 죄인을 의롭다 하고 생명을 선사한다. 옛 언약과 새 언약은 질적으로 다르지만, 연결 고리도 있다. 옛 언약은 율법을 완전하게 지킬 수 없는 사람을 절망하게 함으로써 복음이 주는 용서와 생명으로 인도하는 역할을 하기 때문이다. 그러므로 '글(율법 조문)은 성령이 살리게 하도록 사람을 죽인다'(The letter kills in order that the Spirit might make alive).

그러나 구약에서 율법은 이스라엘을 택하신 것과 구원 후에 관한 것이지 구원의 전제 조건이 아니다. 율법 준수는 하나님이 이루신 구원과 베푸신 은혜에 대한 백성의 반응이며, 율법에 순종하는 것은 하나님의 약속에 대한 신뢰의 외적인 표현이다. 율법은 좋은 것이며, 사람을 죽이는 것이 아니다.

그러므로 학자들은 '율법 조문'이 아니라 율법 왜곡, 곧 율법주의(legalism)가 죽이는 것이라 한다(Hafemann). 사도가 모든 율법이 아니라 정결법과 음식법과 할례법 등 일부를 떼어 내어 지나치게 강조하는 것을 문제 삼고 있다고 주장하는 이들도 있다. 그러나 이러한 해석도 율법과 복음의 대조만을 강조하지, 연결성을 등한시하기 때문에 설득력이 없다. 우리가 '율법과 복음'을 말할 때 '구약과 신약'으로 연결 지으며, '언약'이라는 공통 분모의 연결성을 강조하기 때문이다.

두 언약의 연결성을 바탕으로 '율법 조문'은 옛 언약 사람들이 성령의 도움 없이 율법을 지키려고 하다가 실패한 것(죽은 것)이고, '영'은 성령의 도움을 받아 율법(말씀)을 모두 지켜서 살게 된 사람들이라는 해석도 있다. 옛 언약 시대에는 사람들의 마음이 돌처럼 굳어 있었는데, 새 언약 시대에 접어들면서 하나님이 그들의 굳은 마음에 성령을 부어 부드럽게 하셨기 때문이다. 이러한 해석은 구약과 신약의 연결성을 강조하며, 문제가 율법에 있는 것이 아니라 그것을 스스로 지키지 못하는 사람들에게 있다고 하는 장점을 지닌다.

그러나 다음 섹션(3:7-18)에서 사도가 옛 언약 시대의 사역과 새 언약 시대의 사역을 대조하며 비교하는 것을 보면 이 말씀 또한 사역에 관한 것이다(Guthrie). 또한 이 섹션이 사역이 중심 주제인 2:1-4:6의 일부라는 점을 고려하면, 본 텍스트는 율법과 복음에 관한 것이 아니라, 옛 시대 사역과 새 시대 사역에 관한 것이다. 성령께서 새 언약 시대 사역을 가능하게 하시며, 새 언약 사역은 사람을 살리는 능력이 있다는 것이다.

그러므로 '율법 조문'은 새 언약을 근거로 하지 않는 사역과 가르침이다. 이러한 사역은 옛 언약이 율법을 모두 지키지 못한 사람들을 죽음으로 몰고 간 것처럼 사람들을 죽음으로 몰아간다(Harris).

반면에 '영'은 새 언약을 근거로 하는 사역과 가르침이다. 새 언약을 근거로 하는 사역은 성령이 그리스도의 복음 안에 있는 생명으로 사람들을 살리시는 일이다. 사도가 다음 섹션에서 말하는 것처럼 성령이 모세에게 임해 변화를 주신 것을 보면 옛 시대에도 성령은 사역하셨다. 그러나 생명을 주시는 성령의 사역이 모세에게 제한될 필요는 없었다(Guthrie). 다른 사람들에게도 임하실 수 있었다. 그러나 임하지 않으셨다. 이와는 대조적으로 새 시대에는 성령이 모든 사람에게 임하신다. 그리스도께서 새 언약을 통해 백성과 하나님 사이를 나누는 휘장을 찢으셨기 때문이다(마 27:51; 막 15:38; 눅 23:45; cf. 히 10:20).

이 말씀은 사역자들에게는 성도가 그들 마음에 새겨진 그리스도의 편지이자 추천서라고 한다. 성도들이 좋은 추천서가 되도록 섬기고 양육하고 사랑해야 한다. 성도는 사역자들의 자랑거리가 될 것이며 글로 쓰는 추천서를 대신할 것이다.

우리는 오직 하나님으로 인해 만족해야 한다. 사람이나 사역을 통해 만족하려고 하면 실망할 수밖에 없다. 그러므로 최선을 다해 섬기며 사역의 열매를 누리고 기뻐하되, 오직 하나님으로 인해 만족해야 한다. 하나님은 한 번도 우리를 실망시키지 않으신다.

옛 언약과 새 언약은 연결성(continuity)도 있고, 단절성(discontinuity)도 있다. 구약(old covenant)과 신약(new covenant)은 둘 다 하나님의 언약(covenant)이라는 연결성을 지닌다. 구약도 신약처럼 하나님의 말씀이며, 신약은 구약을 바탕으로 한다. 그러나 그리스도의 복음은 새 언약의 중심이며, 옛 언약의 중심이 되는 율법과 획기적으로 다르다. 만일 우리가 옛 언약으로부터 온전히 자유하지 않으면 새 언약의 일꾼이 될 수 없다.

Ⅲ. 사도의 사역과 삶(2:14-7:4)
A. 사역의 영화로움(2:14-4:6)

3. 새 언약 사역(3:7-18)

**7 돌에 써서 새긴 죽게 하는 율법 조문의 직분도 영광이 있어 이스라엘 자손
들은 모세의 얼굴의 없어질 영광 때문에도 그 얼굴을 주목하지 못하였거든
8 하물며 영의 직분은 더욱 영광이 있지 아니하겠느냐 9 정죄의 직분도 영광
이 있은즉 의의 직분은 영광이 더욱 넘치리라 10 영광되었던 것이 더 큰 영
광으로 말미암아 이에 영광될 것이 없으나 11 없어질 것도 영광으로 말미암
았은즉 길이 있을 것은 더욱 영광 가운데 있느니라 12 우리가 이같은 소망이
있으므로 담대히 말하노니 13 우리는 모세가 이스라엘 자손들에게 장차 없
어질 것의 결국을 주목하지 못하게 하려고 수건을 그 얼굴에 쓴 것 같이 아**

니하노라 [14] 그러나 그들의 마음이 완고하여 오늘까지도 구약을 읽을 때에 그 수건이 벗겨지지 아니하고 있으니 그 수건은 그리스도 안에서 없어질 것이라 [15] 오늘까지 모세의 글을 읽을 때에 수건이 그 마음을 덮었도다 [16] 그러나 언제든지 주께로 돌아가면 그 수건이 벗겨지리라 [17] 주는 영이시니 주의 영이 계신 곳에는 자유가 있느니라 [18] 우리가 다 수건을 벗은 얼굴로 거울을 보는 것 같이 주의 영광을 보매 그와 같은 형상으로 변화하여 영광에서 영광에 이르니 곧 주의 영으로 말미암음이니라

옛 언약과 사역은 모세가 수건으로 얼굴을 가린 것과 같고(cf. 출 34:29-35) 새 언약과 사역은 하나님의 영광과 성령이 그리스도를 통해 하시는 것이라는 이 섹션은 많은 연구를 불러일으켰다(cf. Abernathy, Belleville, Duff, Dumbrell, Grindheim, Hafemann, Hanson, Lambrecht). 옛 언약과 새 언약의 연결성과 단절성이 핵심 이슈다.

바울은 먼저 영광에 대해 설명하고(7-11절; cf. 출 34:29-30, 35), 이어서 모세의 얼굴을 가린 수건의 현실적 의미에 대해 설명한다(12-18절; cf. 출 34:33-35). 모세의 얼굴을 가린 수건은 하나님의 영광과 사람들 사이에 있는 장애물과 같다. 그리스도 예수 안에 있는 사람에게는 이 수건(장애물)이 이미 제거되었지만, 그리스도를 부인하는 유대인에게는 아직도 이 장애물이 완고한 마음을 통해서 구약 말씀을 제대로 이해하지 못하게 한다.

새 언약과 사역의 위대함(cf. 2:12-3:3; 3:4-6)에 관해 말하는 본문은 이 서신의 구조적 절정(structural turning point)이다(Hafemann). 모세가 옛 언약을 백성에게 중재한 것처럼 바울은 그리스도를 통해서 온 새 언약을 중재한다. 또한 사도는 3:3에서 시작한 옛 언약과 새 언약의 차이에 대한 말씀을 이 섹션에서도 이어 간다(Harris).

옛 언약	새 언약
돌판에 쓴 것(3-7절)	육의 마음판에 쓴 것(3절)
죽이는 율법 조문(6절)	살리는 영(6절)
죽게 함(7절)	영의 직분(8절)
정죄의 직분(9절)	의의 직분(9절)
영광(7, 9-11절)	더욱 영광(8절)
영광(10절)	더 큰 영광(10절)
없어짐(7, 11절)	길이 있을 것(11절)

7-8절은 작은 것을 바탕으로 더 큰 것을 논하는 점강법(a fortiori, from lesser to greater)이다. 작은 진리에 대해 말하는 7절이 사실이라면 '하물며'(πῶς οὐχὶ) 더 큰 진리에 대해 말하는 8절은 더 사실이 아니겠느냐는 논법이다. 사도는 옛 언약(구약)에 대해 세 가지를 지적하며 이 섹션을 시작한다(7a절). 첫째, 하나님이 모세를 통해서 주신 옛 언약(구약)은 돌에 써서 새긴 것이다. 하나님이 두 돌판에 율법을 상징하는 십계명을 직접 새겨 모세에게 주신 일에 대한 회상이다(출 24:12; 25:16; 31:18; 32:15). 이후 이 돌판은 법궤 안에 소장되었으며(출 34:29), '증거판'(출 16:34; 25:16, 21) 또는 '언약의 돌판들'(신 9:9)이라고 불린다.

둘째, 옛 언약은 사람을 죽게 하는 율법 조문이다. 하나님은 시내산에서 율법을 주실 때 누구도 산에 오르지 못하도록 경계를 치라고 하시고, 산을 침범하는 자는 반드시 죽이라고 하셨다(출 19:12). 또한 율법에는 이를 위반하는 자는 죽이라는 명령이 참으로 많다(cf. 출 21:12, 14-17, 28-29; 22:2, 19; 31:14-17; 레 20:2, 4, 9-13, 15-16, 27; 24:16-17, 21; 27:29; 민 1:51; 3:10, 38; 14:26-35; 15:35-36; 18:7; 신 1:3, 34-46; 2:14-16; 9:6-8; 29:4). 그러므로 옛 언약은 율법을 지키지 못하는 자들을 죽음으로 몰아간다고 할 수 있다.

셋째, 옛 언약의 직분에도 영광이 있었다(7c절). '직분'(διακονία)은 고린도후서에서 열두 차례 사용된다. '일꾼'(διάκονος)도 다섯 차례, 이 단어의 어원인 동사 '섬기다'(διακονέω)도 세 차례 사용된다(cf. BDAG). 사역은 이 서신의 주요 테마 중 하나임을 암시한다(Guthrie). 사람을 죽음으로 몰아간 옛 언약의 일꾼이었던 모세에게도 하나님의 영광이 임했다. 그의 얼굴에서 광채가 났던 일을 회상하는 말씀이다(cf. 출 34:29).

이스라엘 백성은 모세 얼굴의 없어질 영광 때문에도 그 얼굴을 주목하지 못했다(7b절). 이 말씀에서 학자들 사이에 가장 논쟁이 되는 용어는 '없어질'(καταργουμένην)이며, 11절과 13-14절에서도 사용된다. 동사 '없어지다'(καταργέω)의 현재형 분사이며, 지금도 계속되고 있다는 점을 강조한다. 이 단어는 '효력을 없게 만들다, 다 써 버리다, 소진하다, 낭비하다, 무효화하다, 어떤 것을 폐지하거나 제쳐 두다, 면제되다, 의무에서 해방되다' 등 매우 다양한 의미를 지닌다(BDAG). 그러므로 바울이 본문에서 이 단어를 어떤 의미로 사용하는지 규명하기가 쉽지 않다.

그럼에도 불구하고 이 단어의 정확한 의미를 규명하는 것은 매우 중요한 이슈다. 구약(옛 언약)과 신약(새 언약)의 연결성 혹은 단절성과 연관된 이슈이기 때문이다. 한 학자는 주전 4세기에서 주후 4세기 문헌들을 살펴본 결과 이 동사와 파생어들이 1,300여 차례 사용된 것을 확인했다(Hafemann). 이 중 신약 혹은 신약과 연관된 문서(주석 등) 범위 밖에서는 16차례밖에 사용되지 않았다(Hafemann). 신학적인 의미가 매우 짙은 단어임을 암시한다. 신약에서 이 단어는 누가복음 13:7을 제외하고는 모두 바울 서신에서 사용되며, 총 25차례에 달한다(cf. BDAG).

학자들은 이 단어의 의미 중 두 가지를 놓고 논쟁을 벌이고 있다: (1) 시간이 지나면서 희미해진다(Belleville, Harris, NAS, NIV), (2)역할이 끝났다(Garrett, Guthrie, cf. ESV, NRS). 희미해진다는 의미는 세상을 비추던 달의 빛이 태양이 뜨면 태양의 빛에 완전히 묻히는 것으로 설명할 수 있다(cf. 10-11절). 아직도 달이 빛을 발하지만, 마치 없는 것처럼 더는 효력을 발휘하지 못한다는 뜻이다. 역할이 끝났다는 것은 옛 언약은 무용지물이 되었기 때문에 아무런 효력도 발휘하지 못한다는 뜻이다. 모세가 백성을 대할 때는 수건으로 얼굴을 가렸지만 하나님을 뵐 때는 수건을 벗고 나아간 것은 수건이 필요 없기 때문이라는 논리에서 시작된 해석이다(cf. 출 34:35).

사도가 "영광되었던 것이 더 큰 영광으로 말미암아 이에 영광될 것이 없으나"(10절)라는 말로 옛 언약이 사라진 것이 아니라 계속 있지만 새 언약에 묻혀 옛날과 같은 빛을 발하지 못한다고 하는 것은 분명 '빛'(영광)이 희미해졌다는 뜻을 지닌다. 그러나 모세가 사람들을 만날 때만 수건을 쓰고 하나님을 뵐 때는 수건을 얼굴에서 제거한 것처럼 그리스도 안에 있는 사람들에게서 수건이 없어졌다는 것은(13-16절) 옛 언약이 더는 어떠한 '빛'(영광)도 발휘하지 못한다는 뜻이다.

본문이 이 두 가지 의미를 동시에 지니므로 굳이 둘 중 하나를 택할 필요는 없는 것으로 보인다. 이 단어가 본문에서 동시에 두 가지 의미로 사용된다는 것은 구약과 신약의 연결성과 단절성을 설명할 수 있다. 태양이 뜨면 달이 사라지지는 않지만 달빛이 희미해지는 것처럼 구약과 신약은 연결성을 지녔다. 또한 그리스도께서는 우리가 하나님의 백성이 될 수 있는 새로운 길, 곧 옛 언약과 전혀 다른 길을 제시하셨다. 이러한 상황은 옛 창조와 완전히 단절된 새로운 창조로 설명이 된다. 그러므로 구약과 신약은 단절성을 지녔다.

'주목하다'(ἀτενίζω)는 주시한다는 뜻이다(BDAG). 이스라엘 사람들은 모세의 얼굴에서 나오는 광채(영광)가 너무 눈부셔서 계속 쳐다볼 수 없었다. 옛 언약에 하나님의 영광이 없었던 것이 아니다. 하나님의 영광은 구름기둥과 불기둥으로, 또한 성막을 가득 채운 연기와 구름으로 옛 언약과 함께했다(cf. 출 40:34-38). 또한 사도는 사람들이 옛 언약의 직분을 맡은 모세의 얼굴을 주시할 수 없을 정도로 영광이 있었다고 한다.

옛 언약에도 하나님의 영광이 있었다면, 하물며 영의 직분은 더욱 영광이 있다(8절). '영의 직분'(ἡ διακονία τοῦ πνεύματος)은 성령이 하시는 사역이다. 성령은 사역자들을 통해 사역하신다. 성령이 바울 같은 이들을 통해 하시는 사역에는 옛적 모세가 했던 사역에는 비교되지 않을 정도로 더 큰 영광이 있다는 뜻이다(Guthrie, Hafemann, Harris).

옛 언약은 정죄의 직분인데도 하나님의 영광이 함께했다(9a절). '정죄'(κατάκρισις)는 이곳과 7:3에서만 사용되는 흔치 않은 단어다. 형벌과 관련된 사법적 판결이다(BDAG). 모세는 율법으로 사람들을 정죄하고 심지어 죽음으로 몰아가는 일을 했다. 그런데도 그의 사역에 하나님의 영광이 함께했다.

반면에 바울 등 새 언약의 사역자들은 의의 직분을 행하고 있다(9b절). 본문에서 '의'(δικαιοσύνη)가 어떤 의미로 사용되는지도 많은 논쟁을 불러일으켰다. 칠십인역(LXX)은 이 단어를 모세가 얼굴을 수건으로 가린 일에 관한 이야기(출 34:35)의 문맥에서 하나님의 속성 중 한 가지를 번역하는 데 사용한다. 하나님은 모세의 앞을 지나가시면서 "여호와께서 그의 앞으로 지나시며 선포하시되 여호와라 여호와라 자비롭고 은혜롭고 노하기를 더디하고 인자와 진실이 많은 하나님이라 인자를 천대까지 베풀며 악과 과실과 죄를 용서하리라 그러나 벌을 면제하지는 아니하고 아버지의 악행을 자손 삼사 대까지 보응하리라"(출 34:6-7)라고 하신다. 칠십인역(LXX)은 '인자'(חֶסֶד)를 '의'(δικαιοσύνη)로 번역했다. 모세의 얼굴을 가린 수건에 대해 말하고 있는 본문에서 '의'는 죄인들에게 은혜를 베푸시는 것을 뜻한다(cf. Guthrie).

의의 직분은 사람을 죽음으로 몰아가는 정죄의 직분과 완전히 대조된다. 의의 직분은 사람을 살리고 그들이 하나님의 부르심에 부합한 삶을 살게 한다. 옛 언약의 정죄 사역이 새 언약에서는 의롭다 하시는 사역으로 바뀌었다(Barnett). 두 언약과 직분에 이러한 차이가 있는 것은 옛 언약은 돌에 새겨진 율법 조문인 데 반해 새 언약은 사람의 마음판에 새겨진 그리스도의 새 율법이기 때문이다. 만일 정죄하는 옛 직분에도 하나님의 영광이 함께했다면, 의로 살리는 새 직분에 하나님의 영광이 더욱 넘치는 것은 말할 필요도 없다(9c절).

하나님의 영광이 새 언약과 사역뿐 아니라 옛 언약과 사역에도 함께 했다면 이 둘의 차이는 어느 정도인가? 사도는 새 언약이 오기 전에는 옛 언약에 영광이 있었지만, 새 언약의 영광이 옛 언약의 영광을 완전히 삼켰다고 한다(10절). 아무리 밝게 빛나는 달이라 해도 해가 뜨면 햇빛에 완전히 묻히는 것처럼 말이다. 잘 이해되지 않는다면 하나님의 종에 불과한 모세의 얼굴에서 나온 광채, 그것도 수건으로 가린 광채와 하나님이신 예수님의 얼굴에서 나오는 광채의 차이를 상상해 보라. 새 언약의 그리스도의 광채가 옛 언약의 모세의 광채를 완전히 삼켰다.

하물며 '없어질 것'(cf. 7절 주해), 곧 옛 언약도 영광 중에 생겨났다면, '길이 있을 것'(τὸ μένον)은 더욱더 큰 영광 속에 있다(11절, cf. 새번역). 이 영광은 주님이 다시 오실 때까지 계속 새 언약과 함께할 것이다.

이러한 소망이 있으므로 사도는 담대히 말한다(12절). 새 언약이 옛 언약보다 훨씬 더 큰 영광을 반영하고, 새 언약의 영광은 주님이 다시 오실 때까지 계속 새 언약 백성과 영원히 함께할 것이라는 확신과 소망을 근거로 그 누구의 눈치도 보지 않고 담대히(παρρησία) 선포한다는 뜻이다.

그리스도를 통해서 온 새 언약은 모세를 통해서 온 옛 언약과 비교가 되지 않는다. 모세는 사람들이 장차 없어질 옛 언약의 결국을 주목하지 못하게 하려고 수건을 얼굴에 썼다(13절). '결국'(τὸ τέλος)은 '끝, 목적' 등을 뜻한다(BDAG). 모세는 목이 곧은 사람들이 옛 언약의 끝이 죽음과 정죄라는 것을 보지 못하도록 수건으로 얼굴을 가렸다는 것이다(Hafemann). 모세가 얼굴을 가린 구약 이야기(출 34장)에는 이러한 의미가 없다. 그러므로 바울이 새로운 의미를 더한다고 할 수 있다. 하갈과 사라의 상징성을 재해석한 것과 비슷하다(갈 4:22-31).

'수건'(κάλυμμα)은 '베일, 면사포' 등 얇은 천으로 만든 것으로 시야를 가리면 희미하게 볼 수 있다. 옛 언약은 마치 수건으로 가리듯 율법을 가려 사람들이 율법의 끝을 희미하게 보게 했다. 반면에 새 언약은 그 무엇도 가릴 필요가 없으며, 가리지도 않는다(13b절). 새 언약의 끝은 영생이기 때문이다. 죽음을 가릴 필요가 있지만, 생명은 가릴 필요가 없다. 그러므로 투명하다.

옛 언약에 속한 유대인들은 마음이 완고해 오늘까지도 구약을 읽을 때 그 수건이 벗겨지지 않은 상황에서 읽는다(14a절). '완고하다'(πωρόω)는 편견과 강퍅함 등으로 인해 있는 그대로 볼 수 없는 상황을 묘사한다(TDNT, cf. 출 32:9; 34:9; 신 29:1-4; 렘 5:21-24). 유대인들은 예수님이 메시아라는 사실을 부인한다. 그러므로 그들은 예수님에 대한 예언으로 가득한 구약을 제대로 읽어 내지 못한다. 그들이 가지고 있는 가장 큰 신학적 편견은 두 가지다: (1)예수님은 메시아가 아니다, (2)삼위일체 하나님은 허구다.

그들이 구약을 제대로 읽고 이해할 유일한 방법은 그리스도 안에 거하는 것이다. 그리스도 안에 거하면 그들의 마음을 가린 수건(편견과 강퍅함 등)이 없어질 것이기 때문이다(14b절). 이 말씀은 그리스도를 영접한 우리는 가리는 것 없이 구약을 하나님이 의도하신 대로 읽고 있다는 뜻이다.

그리스도 안에 있지 않은 유대인들은 모세의 글(오경)을 읽을 때 지금까지도 수건이 그들의 마음을 덮고 있다(15절). 그들은 율법을 온전히 읽고 해석할 수 없다. 편견과 고집으로 인해 율법이 어디로 가는지, 어떤 목적으로 디자인되었는지 깨닫지 못하면서 고집을 부리는 것은 마치 수건을 통해 보려는 것과 같다. 희미한 윤곽은 볼 수 있겠지만, 실체는 볼 수 없다.

다행인 것은 그들이 언제든지 주께 돌아가면 그 수건(굳은 마음)이 벗겨질 것이라는 사실이다(16절). 많지는 않지만 구약에도 '주께 돌아가 수건이 벗겨지는 경험'을 한 사람들이 있다. 하나님은 성막과 기구를 디자인하고 만든 브살렐과 오홀리압을 성령으로 충만하게 하셨다(cf. 출 31:3; 35:30-35). 이스라엘을 대표해 하나님과 계약을 체결한 이스라엘의 장로들도 성령으로 충만해 예언을 했다(민 11:25).

또한 성령은 여러 가지 현상을 통해 사람들이 그분의 임재를 보고 경험하게 하셨다. 모세가 하나님을 뵌 시내산 위에는 불과 구름으로 임하셨다(출 24:15-18). 성령은 광야에서 불과 구름기둥으로 그들과 함께 하셨으며(출 33:3, 7-11; cf. 느 9:20; 사 63:11), 성막에는 구름과 연기로 임하셨다(출 33:9-11). 그러므로 이러한 일을 통해 성령을 뵌 사람은 모세와 함께 시내산 정상에 있었다고 할 수 있다(Guthrie). 구약 시대에도 '수건' 없이 하나님을 뵐 수 있는 길은 열려 있었다.

또한 수건은 복음을 믿지 않는 것과 연관이 있다(3:14; 4:4; cf. 롬 11:23). 유대인들이 그리스도의 복음을 믿으면 비로소 구약을 제대로 읽어 하나님의 뜻을 알게 될 것이다. "우리가 지금은 거울로 보는 것 같이 희미하나 그 때에는 얼굴과 얼굴을 대하여 볼 것이요"(고전 13:12)라는 말씀이 생각난다. 그리스도를 영접하기 전까지는 얼굴을 수건(베일)으로 가린 사람처럼 구약을 읽어도 하나님이 뜻하신 바를 제대로 깨달을 수 없다. 성경을 읽어서 구원에 이르는 믿음이 생기는 것이 아니라, 구원에 이르는 믿음이 있어야 성경을 바르게 읽을 수 있다(cf. 4:4-6).

주는 영이시니 주의 영이 계신 곳에는 자유가 있다(17절). 주의 영(성령)이 계신 곳에는 어떠한 자유가 있는가? 하나님을 얼굴과 얼굴을 마주해 뵐 수 있는 자유다(Guthrie). 그러므로 우리는 모두 수건을 벗은 얼굴로 거울을 보는 것같이 주의 영광을 본다(18a절). 모든 믿는 자는 그리스도 안에서 가려지지 않은 하나님의 영광을 보고 있다(cf. 4:4, 6) 예수님은 어떠한 가림도 없는 온전한 하나님의 영광이시다: "이는 하나님의 영광의 광채시요 그 본체의 형상이시라 그의 능력의 말씀으로 만물을 붙드시며 죄를 정결하게 하는 일을 하시고 높은 곳에 계신 지극히 크신 이의 우편에 앉으셨느니라"(히 1:3).

그리스도 안에서 하나님의 영광을 보는 우리는 주의 영을 통해 예수님과 같은 형상으로 변하여 영광에서 영광에 이를 것이다(18b절; cf. 빌 3:21). 부활을 통해 영원히 살 하늘나라에 최적화된 몸을 얻게 될 것이라는 뜻이다(Harris). 이러한 변화는 주의 성령으로만 가능하다.

이 말씀은 성경을 읽어서 구원에 이르는 믿음이 생기는 것이 아니라, 구원에 이르는 믿음이 있어야 성경을 바르게 읽을 수 있다고 한다. 유대인들은 먼저 예수님을 메시아로 영접해야만 그들의 시야를 가리고 있는 온갖 편견과 왜곡이 제거된 시각으로 구약을 읽을 수 있다.

같은 원리가 불신자들에게도 적용된다. 그들이 먼저 믿어야 성경을 바르게 읽을 수 있다. 성경을 읽어서 믿음을 얻고 구원에 이르겠다는 것은 착각이다. 그리스도께서 온갖 왜곡과 오해를 벗겨 주셔야 하나님의 말씀을 제대로 깨달을 수 있다. 믿음은 하나님이 주시는 선물이지 인간이 노력해서 얻는 것이 아니기 때문이다.

모세가 중재한 옛 언약과 하나님이 그리스도를 통해 주신 새 언약의 차이는 이루 말할 수 없을 정도로 커서 두 언약의 '단절'을 강조할 수 있다. 그러나 이 두 언약은 하나님의 구속사 일부로 각자의 역할이 있었고, 지금도 밀접하게 연결되어 있다. 그러므로 '연속성'도 강조해야 한다. 복음과 율법은 하나이며, 또한 둘이다.

Ⅲ. 사도의 사역과 삶(2:14-7:4)
A. 사역의 영화로움(2:14-4:6)

4. 복음의 광채(4:1-6)

[1] 그러므로 우리가 이 직분을 받아 긍휼하심을 입은 대로 낙심하지 아니하고
[2] 이에 숨은 부끄러움의 일을 버리고 속임으로 행하지 아니하며 하나님의 말씀을 혼잡하게 하지 아니하고 오직 진리를 나타냄으로 하나님 앞에서 각 사

람의 양심에 대하여 스스로 추천하노라 [3] 만일 우리의 복음이 가리었으면 망하는 자들에게 가리어진 것이라 [4] 그 중에 이 세상의 신이 믿지 아니하는 자들의 마음을 혼미하게 하여 그리스도의 영광의 복음의 광채가 비치지 못하게 함이니 그리스도는 하나님의 형상이니라 [5] 우리는 우리를 전파하는 것이 아니라 오직 그리스도 예수의 주 되신 것과 또 예수를 위하여 우리가 너희의 종 된 것을 전파함이라 [6] 어두운 데에 빛이 비치라 말씀하셨던 그 하나님께서 예수 그리스도의 얼굴에 있는 하나님의 영광을 아는 빛을 우리 마음에 비추셨느니라

2:14 이후 지금까지 그리스도인의 사역에 대해 여러 가지 가르침을 준 사도가 이 섹션에서는 자신의 가르침을 되돌아보며 요약적으로 말한다. 그래서 이 섹션과 앞 섹션(2:14-3:18)은 여러 가지 표현과 개념의 반복으로 연결되어 있다(Guthrie): 직분(사역)(3:6, 8; 4:1), 하나님의 말씀(2:17; 4:2), 하나님 앞(2:17; 4:2), 진리를 나타냄(2:14; 4:2), 말씀을 혼잡하게 하지 않음(2:17; 4:2), 자천(스스로 추천)(3:1; 4:2), 망하는 자들(2:15; 4:3), 복음 전파(2:17; 4:5), 그리스도(2:15; 4:5), 우리 자신(3:1; 4:5), 우리 마음(3:2; 4:6), 수건(3:14-15; 4:3-4), 혼미한 마음(3:14; 4:4), 복음의 광채(3:13; 4:4), 얼굴(3:13, 18; 4:6), 마음(3:15; 4:1, 6), 하나님의 형상(3:18; 4:4), 영광(3:7-11, 18; 4:4, 6), 주(3:16-18; 4:5).

이 섹션을 시작하는 '그러므로'(διὰ τοῦτο)는 사도가 2:14 이후 지금까지 한 말에 대한 결론임을 암시한다(Harris). 바울은 직분(사역)을 자기 능력으로 하는 것이 아니라, 하나님의 긍휼하심으로 한다고 한다(1a절). '긍휼'(ἠλεήθημεν)은 '자비, 은혜'다(cf. 롬 11:31). 그가 경험한 하나님의 가장 큰 긍휼은 교회를 핍박하던 그를 복음 전파자로 세우신 일이다(cf. 행 9:1-19). 그러므로 사도에게는 그가 주님의 사역을 하고 있다는 사실 자체가 하나님이 그와 함께하신다는 가장 확실한 증거다(Hafemann).

하나님이 주신 긍휼로 사역하는 사도는 낙심하지 않는다고 한다(1b절). '낙심하다'(ἐγκακέω)는 자신감을 잃는다는 뜻이다(BDAG). 사역자가 낙심하면 위축되고 의기소침해진다(Thrall). 실제로 사역자는 낙심할 만한 일을 매일 경험한다. 그러나 자기 개인의 일을 하는 것이 아니라 하나님이 맡기신 일을 하고 있고, 자기 재능으로 사역하는 것이 아니라 하나님이 주신 긍휼로 사역한다는 사실을 깨달으면 낙심할 일이 없다(cf. 고전 15:9-10). 사역자는 하나님이 공급하시는 능력으로 하나님의 일을 하는 자이기 때문이다. 하나님이 맡기신 사역이 내 것이 아니라 하나님의 것이라 생각하면 낙심할 필요가 없다. 그러므로 사역으로 인해 자신감을 잃은 사역자가 사역은 하나님의 긍휼하심을 입은 대로 하는 것이라며 사역에 대한 관점을 바꾸면 낙심하는 일이 많이 줄어들 것이다.

바울은 하나님의 긍휼하심을 입은 사람은 어떻게 사역하는지 설명한다(2절). 첫째, 그는 숨은 부끄러움의 일을 버린다. '숨은 부끄러움의 일'(τὰ κρυπτὰ τῆς αἰσχύνης)은 가짜 사역자들이 성도를 현혹하고 착취하기 위해 은밀하게 행하는 것들이다. 고린도를 찾아와 바울과 그의 사역을 맹렬히 비난하는 자들이 한 짓도 여기에 포함된다. '버리다'(ἀπεῖπον)는 이곳에서 단 한 차례 사용되는 단어로 '관계를 끊다(disown), 포기하다(renounce)'라는 뜻이다(BDAG). 사역자들은 성도를 속이는 등 '숨은 부끄러움의 일'과는 단절한다. 온 세상을 환하게 비추시는 그리스도의 빛(선한 방법)으로 사역하는 자들이 '어두운 곳에 숨겨진 것'(악한 방법)으로 사역할 수는 없다.

둘째, 하나님의 긍휼하심을 입은 사역자는 속임으로 행하지 않는다. '속임'(πανουργία)은 영리함(cleverness)에 대한 부정적인 말이다(cf. 눅 20:23; 고전 3:19; 고후 11:3; 엡 4:14). 그러므로 우리말로 하면 '잔머리'가 잘 어울리는 번역이다. 사역자는 꼼수를 부리려 하면 안 된다.

셋째, 사역자는 하나님의 말씀을 혼잡하게 하지 않는다. '혼잡하다'(δολόω)는 이곳과 고린도전서 5:6에서 한 번 더 사용되는 흔치 않은 단어다. 물고기를 잡기 위해 미끼를 사용하는 것이다(Harris). 그러므로 속임수가 내포된 동사다. 자기 잇속을 챙기기 위해 하나님 말씀을 성도들을 현혹하는 미끼로 사용하는 일이 말씀을 혼잡하게 하는 것이다. 이단들이 사용하는 방법이다.

넷째, 사역자는 오직 진리를 나타냄으로 하나님 앞에서 각 사람의 양심에 대해 스스로 추천한다. '양심'(συνείδησις)은 옳고 그름을 판단하는 능력이다(Barrett, Furnish). 사역자들은 성도의 양심을 혼란스럽게 하면 안 된다. 사역자와 성도의 관계는 진리를 바탕으로 해야 한다(Guthrie). 사역자들의 명철한 가르침은 성도의 명확한 양심으로 이어진다.

'스스로 추천하다'(συνίστημι)는 3:1에서도 사용된 단어다. 3:1에서 바울은 고린도 성도들에게 다른 누군가가 써 준 추천서로 자신을 추천할 생각이 없다고 했다. 그들이 사도의 마음에 새겨진 추천서이기 때문이다. 이곳에서는 하나님의 진리를 나타내는 일로 자신을 추천한다고 한다. 사역자는 누가 써 준 추천서가 아니라, 하나님의 진리를 혼잡하게 하지 않고 진리를 있는 그대로 선포하는 것이 추천서가 되어야 한다. 이것이 사역자가 자신을 추천하는 유일한 방법이다(Furnish).

바울은 이때까지 온전한 복음을 모든 사람에게 선포했다. 그러나 회심하지 않은 사람들에게는 복음이 가려졌다(3a절). '가리었다'(κεκαλυμμένον)는 수동태 분사다. 사탄과 졸개들이 그들과 함께 망할 자들에게 복음을 가린 것이다(cf. 11:4-15). 앞에서 보았듯이 [수건에] 가려진 시선으로 성경을 보고, 가려진 귀로 복음을 들으면 예수님이 메시아라는 사실을 깨닫고 이해할 수 없다(cf. 3:15; 10:3-12). 사탄이 하는 일이 이러하다. 하나님은 구원에 이를 자들에게는 그리스도의 복음을 온전히 보이셨다. 그러나 이 망하는 자들에게는 사탄이 복음을 깨닫지 못하도록 가렸다.

망하는 자들을 지배하는 자는 이 세상의 신이다(4a절). '세상의 신'(ὁ θεὸς τοῦ αἰῶνος)은 마귀를 두고 하는 말이다(Hafemann, Thrall). 그는 자신이 세상 모든 것을 관여하는 것처럼 불신자들을 속여 '신'으로 존재한다(cf. 요 12:31; 14:30; 16:11). 마귀는 이 세상의 정서와 분위기를 통해 불신자들의 마음을 혼미하게 하는 수건 역할을 한다. 그래야 불신자들이 그리스도의 영광의 복음의 광채를 볼 수 없기 때문이다(4b절).

'그리스도의 영광의 복음의 광채'(τὸν φωτισμὸν τοῦ εὐαγγελίου τῆς δόξης τοῦ Χριστοῦ)는 복음은 그리스도의 영광을 반영한 것이므로 온 세상을 비추는 빛이 난다는 뜻이다. 마귀가 하는 '숨은 부끄러움의 일'과 '하나님의 말씀을 혼잡하게 하는 일'과는 정반대다. 복음이 반영하는 그리스도는 하나님의 형상이시다(4c절).

바울은 새 언약의 사역자로서 자신을 전파하지 않는다(5a절). 자신을 전파한 적이 한 번도 없다. 대신 그는 두 가지를 전파한다(5b절): (1) 그리스도 예수의 주 되신 것, (2)예수를 위해 자신이 성도들의 종이 된 것. 이 두 가지 짧은 말은 기독교 사역을 매우 명료하게 묘사한다(Barrett). 고린도 교회와 연관해 사도의 두 번째 원칙을 적용하면 그는 고린도 성도들의 재정적 지원을 포기했으며(고전 9:12-18; 고후 2:17), 자기 자유를 그리스도께 귀속시켜 고린도 성도들의 영적 성숙도에 따라 제한적인 범위에서 조금씩 자유를 행하는 것(고전 9:19-23)을 뜻한다(Hafemann).

사도가 오직 그리스도 예수의 주 되심을 전하는 사역자가 된 것은 '어두운 데에 빛을 비치라'라고 말씀하신 하나님께서 그에게 예수 그리스도의 얼굴에 있는 자기 영광을 알아보도록 그의 마음에 빛을 비추셨기 때문이다(6절). '어두운 데에 빛을 비치라'는 창세기 1:3을 자유롭게(loosely) 인용한 것이다(Furnish, Guthrie, Hafemann, Thrall). 이 빛은 새로운 창조를 시작하는 '종말의 빛'이다(Guthrie, cf. 사 42:9; 43:19; 48:6-8; 62:2; 고후 5:17).

빛을 창조하신 하나님이 그리스도 예수의 얼굴에 자기 영광을 두셨다. 그러나 예수님의 얼굴에 있는 창조주 하나님의 영광을 모든 사람이 볼 수 있는 것은 아니다. 그 영광을 알아볼 수 있도록 하나님이 마음을 비추어 주신 자들, 곧 그리스도인만 볼 수 있다.

바울은 이렇게 말하면서 다메섹으로 가는 길에 만난 예수님의 얼굴을 떠올렸을 것이다(Harris, cf. 행 9:15; 26:16, 18; 갈 1:15-16). 사역자는 먼저 자신이 그리스도의 얼굴에 있는 하나님의 영광을 보고, 그런 다음 하나님의 영광을 품으신 그리스도를 전해야 한다.

이 말씀은 복음을 전파하는 것은 영적인 행위라고 한다. 아무리 정확하게, 쉽게 그리스도의 복음을 전해도 절대 알아들을 수 없는 사람들이 있다. 그들에게는 복음이 가려져 있기 때문이다. 그러므로 복음을 전파할 때는 많은 기도로 준비해야 한다. 마귀가 복음을 가리지 못하도록 하나님이 역사하시길 기도하며 전도해야 한다.

복음은 우리가 전하지만, 영접하거나 거부하는 것은 듣는 사람의 몫이다. 그들의 영성이 어떠한지에 따라 영접할 수도 있고 거부할 수도 있다. 그러므로 우리가 복음을 전할 때 열매(결과)에 과민한 반응을 보여서는 안 된다. 하나님이 우리를 통해서 하시는 일이다. 그러므로 열매도 하나님이 맺으신다.

사역은 하나님의 긍휼하심으로 하는 것이다. 그러므로 사역자가 어떤 능력과 재능을 가지고 있는지는 중요하지 않다. 또한 사역의 열매를 마치 자기가 맺은 것처럼 착각해서도 안 된다. 모든 영광은 하나님께 드려야 한다. 하나님이 우리를 통해 사역하셨고, 열매도 하나님이 맺으셨다. 우리는 그저 주신 은혜대로 사역하면 된다.

하나님이 하시는 사역은 숨은 부끄러움의 일로 하지 않는다. 옳지 않은 방법이나, 목적으로 하는 것이 아니라는 뜻이다. 하나님의 말씀을 혼잡하게 하지도 않는다. 그러므로 하나님께 쓰임받는 우리는 모든 일에 투명하여 선한 일을 명확하게 드러내면서 사역해야 한다.

B. 사도의 고난과 영광(4:7-5:10)

옛 언약과 새 언약은 분명 연속성을 지녔지만, 또한 너무나도 달라 단절성도 지녔다. 모세를 통해서 온 옛 언약은 사람들을 죽음으로 몰아갔다. 그리스도를 통해서 온 새 언약은 사람들에게 생명을 준다. 여러 가지를 고려할 때 옛 언약에 비해 그리스도의 복음은 참으로 황홀하다.

사도는 자신을 포함한 새 언약 사역자들에 대해 말하고자 한다. 새 언약은 참으로 빛이 나는 보배다. 반면에 복음 사역자들은 연약하며 많은 고통을 감수한다. 바울은 이 새 언약과 사역자들의 관계를 '보배를 담은 질그릇'으로 표현한다. 보배와 질그릇을 대조하다 보니 반대말이 여럿 사용된다. 다음을 참조하라(Sampley).

성경 구절	질그릇	보배
4:7	우리의 능력	하나님의 능력
4:16	바깥	안
4:18	보임	안 보임
4:18	일시적	영원함
5:1	땅에 있는 장막	하늘에 있는 영원한 집
5:6-9	몸에 있을 때	떠날 때

복음과 사역자들을 보배를 담은 질그릇으로 묘사하는 본 텍스트는 다음과 같이 구분된다.

A. 보배를 담은 질그릇(4:7-15)
B. 겉사람과 속사람(4:16-18)
C. 덧입고자 하는 열망(5:1-10)

Ⅲ. 사도의 사역과 삶(2:14-7:4)
B. 사도의 고난과 영광(4:7-5:10)

1. 보배를 담은 질그릇(4:7-15)

**[7] 우리가 이 보배를 질그릇에 가졌으니 이는 심히 큰 능력은 하나님께 있고
우리에게 있지 아니함을 알게 하려 함이라 [8] 우리가 사방으로 욱여쌈을 당하
여도 싸이지 아니하며 답답한 일을 당하여도 낙심하지 아니하며 [9] 박해를 받
아도 버린 바 되지 아니하며 거꾸러뜨림을 당하여도 망하지 아니하고 [10] 우
리가 항상 예수의 죽음을 몸에 짊어짐은 예수의 생명이 또한 우리 몸에 나타
나게 하려 함이라 [11] 우리 살아 있는 자가 항상 예수를 위하여 죽음에 넘겨짐
은 예수의 생명이 또한 우리 죽을 육체에 나타나게 하려 함이라 [12] 그런즉 사
망은 우리 안에서 역사하고 생명은 너희 안에서 역사하느니라 [13] 기록된 바**

내가 믿었으므로 말하였다

**한 것 같이 우리가 같은 믿음의 마음을 가졌으니 우리도 믿었으므로 또한
말하노라 [14] 주 예수를 다시 살리신 이가 예수와 함께 우리도 다시 살리사 너
희와 함께 그 앞에 서게 하실 줄을 아노라 [15] 이는 모든 것이 너희를 위함이
니 많은 사람의 감사로 말미암아 은혜가 더하여 넘쳐서 하나님께 영광을 돌
리게 하려 함이라**

사역자들은 보배를 담은 질그릇과 같다(7a절). '보배'(θησαυρός)는 보석, 혹은 보석을 보관하는 보석 상자다(BDAG). 그리스도의 복음은 참으로 찬란하게 빛나는 보석이다. 그런데 이 보배가 그 찬란함에 걸맞은 보석 상자에 보관되지 않고, 질그릇에 보관되어 있다! '질그릇들'(ὀστρακίνοις)은 대량 생산해 한 번 쓰고 버리는 흙으로 만든 그릇이다(Guthrie). 불에도 굽지 않았으니 참으로 부서지기 쉬운 그릇이다.

학자들은 사도가 본문에서 질그릇을 가치가 없다는 의미로, 혹은 쉽게 부서진다는 의미로, 혹은 이 두 가지 의미를 모두 염두에 두고 사용했는지를 두고 논쟁을 벌인다(cf. Guthrie, Hafemann, Savage). 복음을 담은

질그릇은 사역자들이다. 사역자들은 육신을 지닌 연약한 존재다. 그렇다고 해서 귀하지 않다고 할 수는 없다. 그러므로 쉽게 부서지는 연약함을 상징하는 의미로 사용되고 있다(cf. 고전 2:3-5).

연약한 질그릇 안에 하나님의 보배가 담겨 있다. 사역자들은 이 보배의 심히 큰 능력이 하나님께 있고, 자신들에게 있지 않다는 사실을 깨달아야 한다(7b절). '큰'(ὑπερβολή)은 기이할 정도로 놀랍다(extraordinary)는 뜻이다(BDAG). 하나님만이 지니신 능력이다. 복음을 통해 드러나는 능력의 출처는 하나님이지 사역자가 아니다. 그렇다면 질그릇이 연약할수록 하나님의 능력과 영광이 더 빛을 발한다. 이것이 하나님의 디자인이다(Harris).

사역자의 연약함은 흠이 아니다. 그가 연약할수록 하나님의 영광이 그를 통해 더 찬란하게 드러나기 때문이다. 또한 연약한 사역자들에게는 질그릇과 같은 그들의 몸이 때가 차면 부활하신 그리스도의 몸처럼 영광스럽게 변화할 것이라는 소망이 있다(cf. 고전 15:35-58; 고후 5:1-4). 우리는 보이는 것으로 살지 않고 소망을 품고 믿음으로 살아야 한다(Garland).

바울은 자신이 겪는 고난을 네 가지로 설명하며 사역자들의 고충에 대해 말한다(8-9절). 모두 현재형 분사(present participles)를 사용해 자신이 당하는 것과 같은 고난이 계속되고 있음을 암시한다. 사역과 고난은 뗄 수 없는 관계다. 그럼에도 불구하고 사역자는 자신이 처한 상황(고난을 주는 정황)에 지배를 받으면 안 된다. 그리스도의 다스림을 받아야 한다.

첫째, 사역자는 사방에서 욱여쌈을 당하여도 싸이지 않는다(8a절). '사방에서 욱여쌈을 당하다'(ἐν παντὶ θλιβόμενοι)는 방향(사방)보다는 하는 일마다 그렇다는 뜻이다(Guthrie). 바울은 핍박과 억압의 의미로 이 동사(θλίβω)를 자주 사용한다. 고린도후서에서만 12차례 사용한다(cf. 1:4[2x], 6, 8; 2:4; 4:8, 17; 6:4; 7:4, 5; 8:2, 13). 사역자들은 참으로 많은 일을 통해 짓눌린다(공동, cf. ESV, NAS, NRS). 그러나 '싸이지는 않는다'(οὐ στενοχωρούμενοι). 복음을 전파하면서 받는 고난으로 인해 위축되거나 의지가 꺾이는 일은 없다는 뜻이다. 복음으로 인해 고난이 오면 하나님이 항상 피할 길을 주시기 때문이다(Calvin).

둘째, 답답한 일을 당해도 낙심하지 않는다(8b절). '답답한 일들'(ἀπορούμενοι)은 왜 그런 일들이 일어나는지 혼란을 겪거나 불안해하는 것이다(BDAG, cf. 눅 24:4; 행 25:20; 갈 4:20). 선한 일을 하면 선한 일이 생겨야 하는데 오히려 악한 일들이 생기니 혼란을 겪을 수 있다. 그러나 낙심하지 않는다. 낙심(ἐξαπορούμενοι)은 '답답한 일들'이 안겨 주는 혼란과 불안보다 더 심한 심리적 불안과 의심이다(Guthrie). 사역자들은 답답한 일이 반복되며 유도하는 대로 낙심할 필요가 없다.

셋째, 박해를 받아도 버린 바 되지 않는다(9a절). '박해'(διωκόμενοι)는 쫓는다는 뜻이다. 수동태 분사로 사용되었기 때문에 '쫓기다'라는 뜻이다. 사역자들은 고난과 핍박에 쫓기는 삶을 산다. 그들의 삶이 고난과 핍박에서 자유로운 날이 별로 없다는 뜻이다. 그러나 고난에 쫓기는 것이 하나님이 그들을 버리셨음을 의미하는 것은 아니다. 하나님은 절대 사역자들을 버리지 않으신다.

물론 너무 힘들면 하나님이 자기를 버렸다고 원망할 수는 있다. 그러나 그렇다고 해서 진실이 바뀌는 것은 아니다. 예수님도 십자가에서 이렇게 탄식하셨다: "나의 하나님, 나의 하나님, 어찌하여 나를 버리셨나이까"(마 27:46).

넷째, 거꾸러뜨림을 당해도 망하지 않는다(9b절). 이 말씀의 배경이 되는 이미지는 레슬링 혹은 복싱과 같은 운동 경기이거나(Guthrie), 전쟁 중인 군대의 모습이다(Harris). 사람을 거꾸러뜨릴 정도의 힘이 가해져 사역자가 쓰러지더라도 죽지는 않는다는 뜻이다(Barrett, cf. 막 8:25; 눅 15:17; 행 14:19-20).

그리스도인의 삶에서 떼어 놓을 수 없는 고난에 대한 이 말씀은 부흥

신학의 문제점을 지적한다. 그들은 하나님을 잘 믿으면 모든 것이 순탄하고 많은 축복을 누리며 살 수 있다고 한다. 그러므로 고난은 그리스도인의 삶에서 이질적인 것이며, 신앙생활을 잘하지 못한다는 증거라 한다. 그러나 본문은 하나님이 우리를 들어 쓰실수록 더 크고 더 많은 고난이 임할 것이라고 한다.

사역자들이 항상 고난당하는 것은 그리스도의 죽음을 몸에 짊어지고 사역하기 때문이다(10a절). 그들이 전하는 메시지는 예수 그리스도께서 사람들의 죄를 사하기 위해 죽으셨다는 메시지다. 또한 사역자들은 삶에서도 그리스도의 고난과 죽음에 동참하고 있다. 그러므로 그들은 그리스도의 죽음을 몸에 짊어지고 있다고 할 수 있다.

사역자들이 예수님의 죽음을 몸에 지고 사역하는 것은 그리스도의 생명 또한 그들의 몸에 나타나게 하기 위해서다(10b절). 사역자들은 몸에 그리스도의 죽음뿐 아니라, 그리스도의 생명(부활)도 지니고 있다. 부활에 대한 소망은 '죽음을 짊어진 사역'의 원동력이자 소망이다. 그러므로 살아 있는 사역자가 항상 예수님을 위해 죽음에 넘겨지는 것은 예수님의 생명 또한 그들의 육체에 나타나게 하기 위해서다(11절). 옛 언약 사역이 사람들에게 죽음만 안겨 준 것에 반해 새 언약 사역은 그리스도의 죽음을 통해 생명을 안겨 준다. 새 언약 사역에서는 죽음이 죽음으로 머물지 않고 생명으로 인도하는 것이다.

그러므로 사망은 사역자들 안에서 역사하고, 생명은 그들이 전한 그리스도의 죽음을 영접한 성도들 안에서 역사한다(12절). '우리는 죽지만, 너희는 산다'라는 뜻이다(Guthrie). 물론 사도들 안에도 그리스도의 생명이 있고, 성도들 안에도 그리스도의 죽음이 있다(cf. Harris). 사도는 사역자들의 헌신적인 사역(죽음)으로 인해 성도들이 혜택(생명)을 누리게 되었다는 사실을 강조하기 위해 이렇게 말한다. 고난은 사역자들의 삶에 필수적이며 계속될 것이다(Furnish). 그러므로 사역자가 끊이지 않는 고난 가운데 사는 것은 정상적이다.

사도는 자기와 같은 사역자들이 고난을 감수하면서 계속 사역하는 이유에 대해 세 가지로 말한다(13-15절). 첫째, 말씀에 순종하기 위해 사역한다. 하나님의 말씀(구약)에 "내가 믿었으므로 말하였다"라는 말이 있다(13a절). 이는 "내가 크게 고통을 당하였다고 말할 때에도 나는 믿었도다"(시 116:10)라는 말씀의 일부를 인용한 것이다. 본문과 시편 116편은 고난에 대해 말한다는 공통점이 있다. 그러므로 사도가 이곳에서 이 말씀을 인용하는 것은 더없이 적절하다.

사역자들은 고통에도 불구하고 믿었다면 전파해야 한다는 시편 말씀에 전적으로 동의할 뿐 아니라, 이에 순종하기 위해 복음을 전파하는 사역을 한다(13b절). 복음을 전파하는 일은 항상 고난을 동반하기에 전하려면 고통을 감수해야 한다. 사역자들은 복음을 믿었기 때문에 믿음에 대한 책임을 다하고자 하는 것이다.

둘째, 죽음 뒤에는 부활이 있다는 것을 알고 사역한다(14절). 주 예수 그리스도를 다시 살리신 하나님이 예수와 함께 죽은 사람들도 다시 살리실 것이다(14a절). 그리스도의 부활은 모든 그리스도인의 부활을 보장한다. 그날이 되면 사역자들은 그들이 양육한 성도들과 함께 생명이신 하나님 앞에 서게 될 것이다(14b절). 사역자와 성도들은 서로의 마음에 새겨진 추천서다(cf. 3:1-3). 하나님 앞에 설 때도 마찬가지다.

셋째, 많은 사람이 하나님께 영광을 돌리도록 하기 위해 사역한다(15절). 사도들의 사역은 모두 성도를 위해 행해진다(15a절). 그들이 성실하게 사역할수록 더 많은 사람이 사도들을 통해 전해지는 하나님의 은혜를 경험하게 된다(15b절). 은혜를 경험하는 사람이 많을수록 하나님께 감사하는 사람이 늘어난다. 감사하는 사람이 많을수록 하나님께 더 큰 영광이 돌아간다. 하나님이 영광을 받으신다면, 사역자들이 고난을 감수하며 하는 사역은 의미가 있다. 그러므로 사도의 고난은 그리스도의 고난처럼 빛이 난다(Hafemann).

이 말씀은 사역자들은 고난을 두려워하거나 피하지 않아야 한다고 한다. 고난은 그리스도인의 사역 일부다. 사역자들이 고난을 많이 받을수록 하나님의 영광이 더 많이 드러난다.

오히려 세상에서 가장 귀한 보배를 연약한 질그릇에 담으신 하나님을 찬양하며 감사하는 마음으로 사역해야 한다. 사역하는 능력이 하나님께 있고 우리에게 있지 않다는 사실을 깨달으면, 열매가 잘 맺히지 않는다며 답답해하거나 낙심할 일이 없다. 이러한 것들은 우리가 처한 상황의 지배를 받고 있다는 것을 의미한다. 사역자들은 하나님의 다스림을 받아야지, 상황의 지배를 받으면 안 된다.

믿으면 말해야 한다는 것은 복음을 영접하면 받은 복음을 다른 사람에게 전파해야 한다는 뜻이다. 이것이 사역이다. 그러므로 모든 그리스도인은 사역자로 부르심을 받았다고 할 수 있다. 언젠가 우리가 예수님께 인도한 사람들과 함께 하나님 앞에 설 날을 꿈꾸며 열심히 사랑하고 전파해야 한다.

Ⅲ. 사도의 사역과 삶(2:14–7:4) B. 사도의 고난과 영광(4:7–5:10)

2. 겉사람과 속사람(4:16-18)

16 그러므로 우리가 낙심하지 아니하노니 우리의 겉사람은 낡아지나 우리의 속사람은 날로 새로워지도다 17 우리가 잠시 받는 환난의 경한 것이 지극히 크고 영원한 영광의 중한 것을 우리에게 이루게 함이니 18 우리가 주목하는 것은 보이는 것이 아니요 보이지 않는 것이니 보이는 것은 잠깐이요 보이지 않는 것은 영원함이라

앞 섹션에서 새 언약 사역자들은 그리스도의 죽음을 짊어지고 가는 사역을 한다고 했다. 그러므로 항상 고난을 각오하고 사역해야 한다. 이 섹션에서는 사역자들은 다가오는 종말에 있을 온갖 좋은 변화와 영광을 염두에 두어야 현실의 어려움을 이길 수 있다고 한다.

바울은 복음을 전파하면서 온갖 고난을 받아도 낙심하지 않는다(16a절). 위축되거나 좌절하지 않는다는 뜻이다(BDAG, cf. 4:1). 우리의 겉사람은 낡아지지만 우리의 속사람은 날로 새로워지기 때문이다(16b절). '겉사람'(ὁ ἔξω, outer self)은 사람의 육신(몸)이다(cf. ESV, NAS, NRS). 우리가 고난을 받으면 우리의 겉사람(육신)은 삭아지고 낡아진다.

'속사람'(ὁ ἔσω, inner self)은 겉사람(육신)과 대조되는 것으로 성격과 인격 등 사람의 눈으로 볼 수 없는 것들이다. 오직 하나님만이 보실 수 있는 인간의 내면이다(Guthrie). 그러므로 사람의 구성 요소에서 가장 그리스도를 닮아 가는 부분이라 할 수 있다(Hafemann, cf. 롬 8:28-30).

속사람은 고난을 받을수록 날로 새로워진다. '날로'(ἡμέρᾳ καὶ ἡμέρᾳ)는 매일(day by day)을 뜻한다. 신약에서 '새로워지다'(ἀνακαινόω)는 이곳과 골로새서 3:10에서 한 번 더 사용되는 흔치 않은 단어다. 내적인 변화와 계속되는 변화를 의미한다(Guthrie). 고난이 육신은 망가뜨리지만, 내면세계에는 매일 새로운 변화를 안겨 준다.

사역자들이 경험하는 환난은 잠시이며 경하다(17a절). '잠시'(παραυτίκα)는 오래 지속되지 않는 잠깐(momentary)이며, '경한 것'(ἐλαφρός)은 가볍다는 뜻이다(BDAG). 여러 차례 죽음의 문턱까지 간 사도가 이런 말을 하는 것이 참으로 경이롭다. 그러나 고난 가운데 있는 사람에게 고난은 잠시도 아니고, 가볍지도 않다. 그러므로 바울은 종말론적인 관점에서 이런 말을 하고 있다(Harris).

환난은 지극히 크고 영원한 영광의 중한 것을 우리에게 이루게 한다(17b절). 우리가 이 땅에서 잠깐 겪는 가벼운 고난은 비교할 수 없을 정도로 영원하고 크나큰 영광을 이루어 줄 것이라는 뜻이다(cf. 새번역). 바울이 온갖 환난을 겪으면서도 낙심하지 않은 이유가 바로 이것이다. 그는 이 땅에서 당하는 고난과 비교되지 않는 크나큰 영광이 다가오고 있다는 사실을 소망으로 삼으며 이겨 냈다.

날로 새로워지는 속사람과 다가오는 영원한 영광은 지금 우리가 볼 수 있는 것이 아니다. 그러므로 바울은 우리가 주목하는 것은 보이는 것이 아니라, 보이지 않는 것이라 한다(18a절). 보이는 것을 주목하는 것은 의미가 없다. 보이는 것은 잠깐이기 때문이다(18b절). 반면에 우리가 볼 수 없는 속사람과 영원한 영광은 영원하다. 사도는 이 말씀을 통해 바울 신학의 중심 주제인 '이미-아직'(already-not yet)에 대해 말하고 있다(Harris, cf. 롬 8:24-25; 고전 13:12). 우리는 '아직'(not yet) 눈에 보이지 않는 것에 집중해야 '이미'(already) 경험하고 있는 고난을 이겨 낼 수 있다.

이 말씀은 환난을 받을 때는 현실에서 눈을 들어 다가오는 종말을 바라보아야 한다고 한다. 현재는 항상 슬프고 힘들다. 그러나 미래는 기쁘고 영광으로 가득하다. 그러므로 미래에 대한 소망을 품고 고난을 견뎌 내야 한다. 삶에 대한 '이미-아직'(already-not yet) 관점이 필요하다.

겉사람은 낡아 없어지는 것이므로 너무 마음에 두면 안 된다. 속사람은 날로 새로워지며, 우리가 하나님을 뵐 때 진가를 발휘할 것이다. 또한 삶에서 가장 중요한 것들은 눈에 보이지 않는다.

Ⅲ. 사도의 사역과 삶(2:14-7:4)
B. 사도의 고난과 영광(4:7-5:10)

3. 덧입고자 하는 열망(5:1-10)

[1] 만일 땅에 있는 우리의 장막 집이 무너지면 하나님께서 지으신 집 곧 손으로 지은 것이 아니요 하늘에 있는 영원한 집이 우리에게 있는 줄 아느니라
[2] 참으로 우리가 여기 있어 탄식하며 하늘로부터 오는 우리 처소로 덧입기를 간절히 사모하노라 [3] 이렇게 입음은 우리가 벗은 자들로 발견되지 않으려 함이라 [4] 참으로 이 장막에 있는 우리가 짐진 것 같이 탄식하는 것은 벗고자 함이 아니요 오히려 덧입고자 함이니 죽을 것이 생명에 삼킨 바 되게 하려

**함이라 [5] 곧 이것을 우리에게 이루게 하시고 보증으로 성령을 우리에게 주
신 이는 하나님이시니라 [6] 그러므로 우리가 항상 담대하여 몸으로 있을 때에
는 주와 따로 있는 줄을 아노니 [7] 이는 우리가 믿음으로 행하고 보는 것으로
행하지 아니함이로라 [8] 우리가 담대하여 원하는 바는 차라리 몸을 떠나 주와
함께 있는 그것이라 [9] 그런즉 우리는 몸으로 있든지 떠나든지 주를 기쁘시게
하는 자가 되기를 힘쓰노라 [10] 이는 우리가 다 반드시 그리스도의 심판대 앞
에 나타나게 되어 각각 선악간에 그 몸으로 행한 것을 따라 받으려 함이라**

새 언약의 사역자들이 겪는 고난에 대한 가르침(4:7-5:10)이 절정(crescendo)에 도달하고 있다(Guthrie). 사역자들을 위로하며 고난을 이겨내게 하는 것은 우리 눈에 보이지 않는 실체(cf. 4:18)에 대한 소망이다. 이 섹션은 우리 눈에 보이지 않는 실체는 바로 부활이라 한다. 바울은 집, 장막, 건물, 옷, 덧입음 등 다양한 이미지를 사용해 지금은 많은 한계를 지닌 우리의 육신이 영광스러운 부활의 몸으로 변화할 것이라고 한다.

학자 중에는 바울이 부활에 대해 고린도전서 15장에서 가르친 것과 이 세션의 내용이 다르다고 주장하는 이들이 있다. 이들은 부활에 대한 바울의 견해가 고린도전서와 고린도후서 사이에 변한 것이라고 주장한다(cf. Hafemann, Pate). 그러나 고린도전서 15장은 '이미-아직'(already-not yet) 모델에서 다가오는 '아직'(종말)에 우리가 경험할 부활에 관해 말하는 데 반해, 본문은 '이미'를 경험하는 중에 '아직'을 갈망하며 하는 말이다. 그러므로 부활에 대해 사도가 부각하는 부분이 다를 뿐 부활에 대한 그의 생각이 변한 것은 아니다.

헬라어와 우리말의 어순이 다르기 때문에 우리말 번역본들에서는 '알다'(οἶδα)가 이 구절의 마지막에 오지만, 사본들에서는 본문을 시작하는 첫 단어다. 흔히 쓰이는 '알다'(γινώσκω)와는 다소 다른 의미다. 이 단어(οἶδα)는 경험에 근거한 확신을 뜻한다(Guthrie). 사도는 그리스도인

들을 잡아들이기 위해 다메섹으로 가는 길에 부활하신 예수님을 만났으며(행 9:1-9; 고후 12:2-9), 또한 부활하신 주님을 만난 사람들에게 증언을 들었다(고전 15:3-8). 그는 예수님을 직접 뵌 일과 증인들의 증언을 근거로 부활에 대해 알고 확신한다.

바울은 우리의 육신을 땅에 있는 우리의 장막 집이라고 한다(1a절). '장막 집'(οἰκία τοῦ σκήνους)은 거처를 텐트에 비유하는 말이다. '무너지다'(καταλύω)는 '건물을 파괴하다'라는 의미지만, 이곳에서는 '텐트를 해체하다'(dismantle)라는 뜻이다(BDAG). 이미지는 잠시 거주하던 장막을 거두는 것이다. 우리의 육신은 집이 아니라 텐트다. 우리가 이 땅에 살면서 잠시 머무는 임시 거처이며 연약하다(Barrett).

장막 집이 무너지는 것은 육신의 죽음을 뜻한다(cf. 사 38:12). 장막이 무너지는 것은 끝이 아니므로 절망할 필요가 없다. 우리의 새로운 거처로 더 좋은 집이 기다리고 있기 때문이다(1b절). 본문은 우리가 새로 살게 될 집에 대해 세 가지를 말한다. 첫째, 이 집은 사람의 손으로 지은 것이 아니라 하나님이 지으신 것이다. 우리가 부활할 때 받을 죽지 않는 영원한 몸을 하나님이 직접 창조하셨다(Barnett, Furnish, Guthrie). 그러므로 우리의 육신과 부활의 몸은 땅과 하늘의 차이가 될 것이다.

둘째, 이 집은 하늘에 있는 영원한 집이다. 우리 육신은 쉽게 깨지는 질그릇이다(4:7). 부활의 몸은 하늘에서 영원히 살기에 적합한 몸이다(cf. 고전 15:47-50). 이런 몸이 필요한 것은 우리가 이 땅에서 지닌 몸은 하늘 생활에 적합하지 않기 때문이다. 눈에 보이지 않는 것이 영원하다(4:18)는 말씀이 생각난다. 셋째, 이 집은 우리를 위해 있다. 하나님이 우리를 위해 디자인하고 지으신 것이다. 하나님은 이미 우리의 거처를 하늘에 마련해 두셨다.

하늘에 있는 집을 생각하면 이 땅에서 장막에 거하는 우리는 탄식하게 된다(2a절). '탄식하다'(στενάζομεν)는 고통으로 인해 신음하는 것이다(BDAG). 탄식이 우리 삶에서 끊이지 않는다는 사실을 암시하기 위해 현재형 동사로 표현되었다(Guthrie). 도덕적으로 살아갈 능력이 없어 죄를 짓고 살아가는 한계에 대한 탄식이다(Harris).

우리의 무능함을 깨닫고 탄식할 때 좋은 것은 하늘로부터 오는 우리 처소로 덧입기를 간절히 사모하게 된다는 것이다(2b절). 신약에서 '덧입다'(ἐπενδύομαι)는 이곳과 4절에서 한 번 더 사용되는 흔치 않은 단어다. 썩지 않는 부활의 몸을 썩어져 가는 육신에 덮어 입는 것이다(Belleville). '사모하다'(ἐπιποθέω)는 얼마나 간절히 바라는지 이루어지지 않을까 봐 불안해하기까지 한다는 뜻이다(TDNT). 바울은 이 동사의 현재형 분사(ἐπιποθοῦντες)를 사용해 사역자들은 덧입기를 간절히 바라는 마음을 계속 지녀야 한다고 한다.

우리는 이 땅에 살면서도 항상 하늘에 예비된 옷으로 덧입기를 사모해야 한다. 종종 사람들은 죽으면 육신을 완전히 벗어버리는 것으로 생각한다. 그러나 덧입는다는 것은 우리의 육신과 부활의 몸이 어느 정도 비슷한 면모를 지녔음을 암시한다.

우리가 육신이 지닌 한계를 의식하고 하늘에 예비된 처소(부활의 몸)로 덧입기를 간절히 소망하는 것은 우리가 벗은 자들로 발견되지 않기 위해서다(3절). 헬라어 사본들은 3절에서 두 가지 차이를 보인다(cf. Guthrie)

첫째는 문장을 시작하는 문구가 일부 사본에서는 '…이므로'(εἴ γε καὶ, if indeed, inasmuch)이고, 다른 사본들에서는 '그렇다 할지라도'(εἴπερ καὶ, even if)이다. 첫 번째는 기정사실에 대한 확신을, 두 번째는 가정(假定)을 뜻한다. 첫 번째를 따르면 '우리는 이 장막 집을 입어서 벌거벗은 몸으로 드러나지 않으려고 합니다'라는 의미가 된다(현대인, ESV, NAS, NRS). 두 번째를 따르면 '우리가 이 장막을 벗을지라도, 벗은 몸이 되지 않을 것입니다'(새번역, 공동, 아가페, NIV)라는 의미가 된다. 대부분 학자는 두 번째 옵션을 선호해 가정(假定)문으로 간주한다(Guthrie, Harris, Thrall).

사본들이 보이는 두 번째 차이는 '벗다'(ἐκδυσάμενοι)와 '입다'(ἐνδυσάμενοι)이다. κ와 ν 한 글자 차이다. 벗는다는 의미라면 육신을 벗는 것을 의미한다. 입는다는 의미라면 부활한 몸을 육신 위에 덧입는 것이다. 하나는 벗은 자가 되지 않으려고 부활의 몸을 덧입는다. 반면에 벗는다는 것은 육신을 벗어 던지더라도 벗은 자가 되지는 않을 것이라는 뜻이다(Hafemann, Pate).

NRS는 '벗다'를 선호하지만, 대부분 번역본은 '입다'를 따른다(새번역, 공동, ESV, NAS, NIV). 훨씬 더 많은 사본이 '입다'(ἐνδυσάμενοι)로 표기했기 때문이다(cf. 롬 13:12, 14; 갈 3:27; 엡 4:24; 6:11, 14; 골 3:10, 12; 살전 5:8). 또한 벗어 던지더라도 벗은 자가 되지 않는다는 것은 이해하기가 쉽지 않다. 우리는 그리스도 안에서 부활의 몸을 이미 덧입고 있다.

사람이 죽으면 육신을 벗는다는 생각은 고대 철학자 사이에 흔한 생각이었다(Keener). 당시 유대인의 종말론은 우리가 죽어 육신이 묻히면 부활해 새로운 몸을 얻을 때까지 벗은 몸으로 존재한다고 했다(Guthrie, Wright). 그러나 벗은 몸을 윤리적인 용어로 해석하면 굳이 죽음과 부활 사이에 한 가지 단계를 추가로 둘 필요가 없다. 벗은 몸은 하나님이 요구하시는 윤리적·도적적 기준을 충족시키지 못해 내세울 것이 하나도 없다는 뜻으로 해석하는 것이 바람직하다(Hafemann, Harris). 그러므로 사도는 내세울 것이 하나도 없는 벗은 몸이 아니라, 덧입은 부활의 몸을 지니고 하나님 앞에 서기를 간절히 바란다.

우리가 마치 무거운 짐을 진 사람처럼 탄식하는 것은 우리 육신을 벗고자 해서가 아니라 부활의 몸을 덧입고자 해서다(4a절). 우리는 고난 속에 살면서 너무 힘들다며 죽음을 갈망하는 것이 아니라, 부활을 사모하는 것이다. 우리가 간절히 바라는 이유는 죽을 것(육신)이 생명(부활)에 삼킨 바 되게 하기 위해서다(4b절). '삼키다'(καταπίνω)는 '먹어 치우다, 빨아들이다'이다(BDAG).

칠십인역(LXX)은 하나님이 사망을 멸하실 것이라는 이사야 25:8 말씀을 번역하면서 본문이 사용하는 '삼키다'(καταπίνω)로 번역했다. 개역개정이 '멸하다'로 번역한 히브리어 단어(בָּלַע)의 원래 의미가 '삼키다'이기 때문이다(HALOT, cf. ESV, NAS, NIV, NRS). 이사야가 이렇게 표현한 것은 부활이 죽음을 '삼키기 때문'이다. 부활은 우리가 육신을 빠져나와 새로운 몸으로 옮겨 가는 것이 아니다. 우리 육신이 변화해 부활한 몸이 된다. 부활한 몸이 육신을 삼키는(덧입는) 것이다(Guthrie): "이 썩을 것이 썩지 아니함을 입고 이 죽을 것이 죽지 아니함을 입을 때에는 사망을 삼키고 이기리라고 기록된 말씀이 이루어지리라"(고전 15:54).

우리의 육신이 부활의 몸에 의해 삼켜지는 일을 이루게 하시려고 하나님이 우리에게 성령을 보증으로 주셨다(5절). '보증'(ἀρραβών)은 히브리어 단어(עֵרָבוֹן)를 음역한 것이다. 약속한 것을 가져올 때까지 붙잡는 담보물이다(창 38:17). 하나님은 우리 육신이 부활의 몸으로 덧입을 것을 보증하시며, 반드시 이렇게 될 것이라는 보증(담보물)으로 성령을 주셨다.

그러므로 우리는 항상 담대하다(6a절). '담대하다'(θαρρέω)는 용감하다는 뜻이지만, 또한 무엇에 대한 확신이 있다는 뜻이다(BDAG). 믿음을 바탕으로 하는 담대함이다. 하나님이 그리스도를 통해 이루신 일과 성령이 함께하시며 보호하시는 일에 대해 확신한다는 뜻이다.

개역개정은 6절을 한 문장으로 번역해 다소 혼란을 주는데, 두 문장으로 번역하면 의미가 더 정확하다: "그러므로 우리는 언제나 마음이 든든합니다. 우리가 육체의 몸을 입고 살고 있는 동안에는, 주님에게서 떠나 살고 있음을 압니다"(새번역, 공동, ESV, NRS). 우리가 육신의 몸을 지니고 살아가는 한 주님에게서 떨어져 사는 줄을 안다(6b절). 그러므로 현실은 항상 어렵고 부족할 수밖에 없다. 주님과 떨어져 살고 있기 때문이다. 그러나 우리가 부활해 주님과 함께 살 것을 하나님이 성령을 통해 보장하셨기에 좌절하지 않고 담대히 그날을 소망하며 살아간다.

우리가 부활을 소망하며 담대히 살 수 있는 것은 우리가 믿음으로 행하고 보는 것으로 행하지 않기 때문이다(7절). "믿음으로 행하고 보는 것으로 행하지 아니함이로라"(we walk by faith, not by sight)라는 영어 표현의 명확함 때문인지 영어권 성도에게 매우 유명한 말씀이다. 새번역이 이 말씀을 더 명료하게 표현하고 있다: "우리는 믿음으로 살아가지, 보는 것으로 살아가지 아니합니다." 우리 눈에 보이는 것보다 보이지 않는 것이 더 중요하다. 그러므로 우리는 눈에 보이지 않는 것(부활)에 대한 믿음으로 살아간다.

예수님과 따로 있는(cf. 6절) 사도가 담대히 원하는 것이 있다(8a절). '담대하다'(θαρρέω)는 6절에서 사용된 단어다. 그가 간절히 바라는 것은 차라리 몸을 떠나 주와 함께 있는 것이다(8b절). 몸을 떠나는 것은 죽음을 의미한다. 삶과 사역에서 온갖 고난을 경험하고 있는 사도는 차라리 죽어 예수님과 함께 있고 싶은 간절한 바람으로 가득하다.

믿는 자들이 죽은 후에 예수님과 함께한다는 사실은 부활한 후에도 의식(consciousness)이 있다는 뜻이다. 그들이 그리스도를 의식하기 때문이다(Plummer, cf. 눅 23:43; 행 7:59; 빌 1:20-23). 어떤 이들은 본문이 성도가 죽은 후 부활하기 전 단계에 관한 말씀이라 하지만(Guthrie, Wright), 이는 부활에 관한 말씀이다(Ellis, Hafemann, Pate). 사람이 죽으면 중간 단계는 없다.

그러므로 우리는 몸으로 있든지 떠나든지 주를 기쁘시게 하는 자가 되기를 힘써야 한다(9절). '몸으로 있든지'(εἴτε ἐνδημοῦντες)를 직역하면 '집에 있든지'다. 앞서 8절이 몸을 떠나는 것에 대해 언급했으므로, 몸을 집으로 간주해 '몸으로 있든지'로 해석한 것이다.

'힘쓰다'(φιλοτιμέομαι)가 헬라 문화에서 처음 사용될 때는 '지나치게 노력하다', '욕심내다' 등 부정적인 의미를 지녔다(Harris). 그러나 바울이 이 서신을 보낼 때는 '영광으로 여기다, 염원하다'(aspire)라는 긍정적인 의미를 지니게 되었다(BDAG, cf. 롬 15:20; 살전 4:11). '기쁨'(εὐάρεστος)

은 바울 서신에서 여덟 차례 사용되는 단어로(cf. 롬 12:1-2; 14:18; 고후 5:9; 엡 5:10; 빌 4:18; 골 3:20; 딛 2:9), 디도서에서 사용된 사례를 제외하고는 항상 '하나님을 기쁘시게 하는 것'이라는 의미로 사용된다(Guthrie).

사도는 이 땅에 살면서도, 혹은 죽어서도 그리스도를 기쁘시게 하는 것이 그의 삶의 가장 중요한 목표라 한다. 우리도 마찬가지다. 이 땅에서 육신으로 살든지, 혹은 육신을 떠나(죽어) 부활의 몸으로 살든지 가장 중요한 것은 사도처럼 주를 기쁘시게 하는 삶을 사는 것이다. 어디서 사는지보다 무엇을 위해 사는지가 더 중요하다.

언젠가 우리는 모두 반드시 그리스도의 심판대 앞에 설 것이다(10a절). '심판대'(βῆμα)는 재판관이 판결하기 위해 오르는(앉는) 자리다(BDAG). 그리스도께서 모든 사람을 심판하기 위해 재판관 자리에 앉으실 것이다. 그 누가 부인한다 해도 이 사실은 바뀌지 않는다.

그리스도가 심판하시는 날, 우리는 모두 선악 간에 그 몸으로 행한 것을 따라 받을 것이다(10b절). 선한 일을 행한 사람은 상을 받을 것이고, 악한 일을 행한 사람은 벌을 받을 것이라는 뜻이다. 오늘날 많은 사람이 최종 심판 때 각 사람이 받을 상급을 별로 중요하게 여기지 않는다. 구원받은 것으로 충분하다는 것이다. 그러나 성경은 분명 사람들이 각각 받을 상벌에 관해 말한다(Barrett, Harris, Martin, Thrall). 우리는 주님을 기쁘게 해 큰 상을 받도록 노력해야 한다.

이 말씀은 육신과 부활의 몸 차이를 무너지는 장막과 하늘에 있는 영원한 집으로 대조한다. 장차 우리가 얻게 될 부활의 몸은 우리의 모든 상상력을 초월한다. 그만큼 아름답고 놀라우므로 기대해도 좋다. 질병이나 연약함으로 육신의 한계를 느끼며 산다면, 밝은 미래를 꿈꾸며 견디고 버텨 내자. 좋은 날이 오고 있다.

비록 우리 몸이 연약하고 많은 문제를 지녔다 할지라도 부활의 몸을 얻을 때 버릴 것은 아니다. 부활의 몸은 우리 육신에 덧입혀질 것이기 때문이다. 그러므로 육신도 최대한 건강하게 잘 가꾸며 부활을 소망해야 한다.

하나님은 이러한 일을 보증하기 위해 성령을 우리에게 보내셨다. 성령은 우리가 부활의 몸을 얻을 때까지 계속 우리와 함께하실 것이다. 그러므로 우리는 외롭지 않으며, 또한 어떻게 살아야 하는지 성령의 인도하심을 받으며 살아야 한다. 성령은 우리가 육신을 지니고 살든, 부활의 몸을 얻어 살든 오직 그리스도를 기쁘시게 하는 삶을 살기를 원하신다. 그러므로 성령의 인도하심에 순종하면 그리스도를 기쁘시게 하는 삶을 살 수 있다.

Ⅲ. 사도의 사역과 삶(2:14-7:4)

C. 사도의 사역(5:11-6:10)

바울은 이때까지 새 언약 사역(2:14-4:6)과 이 사역에 따르는 고난(4:7-5:10)에 대해 말했다. 이제 그는 사역의 신학적 근거에 대해 말하고자 한다(Guthrie). 사역자들이 사역하게 되는 동기와 그들이 전하는 메시지, 그리고 온갖 고난에도 불구하고 만족을 누리는 것에 대해 말한다. 여기까지는 확실한데, 구체적으로 내용을 해석하기는 매우 어렵다(Barrett). 본 텍스트는 다음과 같이 구분된다.

A. 사역의 동기(5:11-15)
B. 화해의 메시지(5:16-6:2)
C. 고난과 만족(6:3-10)

Ⅲ. 사도의 사역과 삶(2:14-7:4)
C. 사도의 사역(5:11-6:10)

1. 사역의 동기(5:11-15)

[11] 우리는 주의 두려우심을 알므로 사람들을 권면하거니와 우리가 하나님 앞에 알리어졌으니 또 너희의 양심에도 알리어지기를 바라노라 [12] 우리가 다시 너희에게 자천하는 것이 아니요 오직 우리로 말미암아 자랑할 기회를 너희에게 주어 마음으로 하지 않고 외모로 자랑하는 자들에게 대답하게 하려 하는 것이라 [13] 우리가 만일 미쳤어도 하나님을 위한 것이요 정신이 온전하여도 너희를 위한 것이니 [14] 그리스도의 사랑이 우리를 강권하시는도다 우리가 생각하건대 한 사람이 모든 사람을 대신하여 죽었은즉 모든 사람이 죽은 것이라 [15] 그가 모든 사람을 대신하여 죽으심은 살아 있는 자들로 하여금 다시는 그들 자신을 위하여 살지 않고 오직 그들을 대신하여 죽었다가 다시 살아나신 이를 위하여 살게 하려 함이라

사역자들은 주의 두려우심을 알기 때문에 사역한다(11a절). '주의 두려우심'(τὸν φόβον τοῦ κυρίου)은 하나님의 위대하심에서 비롯된 경건한 경외다(Harris). 이곳에서는 심판과 연관된 큰 두려움이다(Hafemann). '알다'(οἶδα)는 경험에서 얻은 통찰력이다(cf. 5:1).

믿음과 두려움은 동전의 양면성이라 할 수 있다. 하나님을 믿으면 주님을 두려워하게 된다. 또한 믿음과 두려움은 극과 극이다. 하나님을 두려워하는 사람은 두려워할 것이 없다. 그러나 하나님을 두려워하지 않는 사람은 두려워해야 한다.

주의 두려우심을 아는 사역자들은 사람을 권면하는 사역을 한다(11b절). '권면하다'(πείθω)는 설득한다는 뜻이다(BDAG). 사역자들은 사람들에게 주의 두려우신 심판을 피할 수 있는 길로 그리스도의 복음을 제시하며 영접하도록 설득한다.

바울은 자신이 하나님 앞에 알려져 있다고 한다(11c절). 이미지는 펼쳐진 책이다(Guthrie). 그는 모든 사역을 투명하게 해 왔으므로 하나님 앞에 하나도 거리낌이 없다. 반면에 바울을 비난하는 자들은 하나님께 알려지지 않은 것(감추는 것)이 많은 자다. 그들은 하나님에 대한 두려움이 없어서 거짓을 앞세워 사도를 비방한다(Hafemann).

사도는 자신이 하나님 앞에 알려진 것처럼 고린도 성도들의 양심에도 알려지기를 바란다(11d절). 하나님이 인정하신 그의 사역을 고린도 성도들도 귀하게 여겨 주기를 바란다는 소망이다. 고린도 성도들은 그동안 바울을 비방하는 자들로 인해 사도와 그의 사역을 바르고 정확하게 평가하지 못했다.

바울이 고린도 성도들에게 이렇게 권면하는 것은 자기를 자천하기 위해서가 아니다(12a절). '자천하다'(συνίστημι)는 스스로 칭찬한다는 의미다(BDAG). 사도는 고린도 성도들에게 자신을 자랑하기 위해 사역하지 않았다. 그는 고린도 성도들이 그가 어떤 마음으로 사역했고, 얼마나 진실하게 사역했는지 알면 그들 스스로 바울을 공격하는 자들 앞에서 바울을 자랑하고 변호할 것을 확신한다(12b절). 그러므로 그는 자기가 하나님 앞에 펼쳐져 있는 책이 된 것처럼, 그들 양심에도 펼쳐진 책이 되기를 원한다.

사도는 고린도 성도들 앞에서 그를 비방하고 괴롭히는 자들을 '외모로 자랑하는 자들'이라고 한다. 이들은 유대 지역에서 온 율법주의자로 자신은 복음의 근원인 예루살렘에서 교계의 주요 인물들이 써 준 추천서를 가지고 왔다는 등 겉으로 드러나는 자격(credential)을 자랑했다(Harris). 반면에 바울은 하나님이 그의 마음을 책 읽듯 읽으시는 것과 고린도 성도들이 알아주는 진심 외에는 내세울 것이 없다.

바울을 비방하는 자들은 그가 미쳤다고 하는데, 설령 미쳤다 할지라도 하나님을 위해 미쳤다(13a절). '미치다'(ἐξίστημι)는 원래 기적 등을 보고 놀란다는 뜻이다(BDAG). 그러나 마가는 이 단어를 예수님이 미쳤다며 집으로 데려가기 위해 온 가족들의 생각을 묘사하는 데 사용한다(막

3:21). 이곳에서도 같은 의미로 사용되고 있다. 어떤 이들은 바울의 입신 등 황홀경(ecstatic experience)을 두고 그를 미쳤다고 말하는 것일 수도 있다(Bruce).

미침의 정반대되는 것은 정신이 온전함이다. 사도는 자기 정신이 온전해도 그들을 위한 것이라 한다(13b절). '온전하다'(σωφρονέω)는 건전하고 이성적인 방식으로 생각하며 분별력 있는 사람이라는 뜻이다(BDAG). 만일 바울이 고린도 성도들에게 온전하게 행동했다면, 그것은 고린도 성도들의 복이다. 그러므로 고린도 성도들이 어떤 식으로 바울을 생각하든 사도는 하나님과 고린도 성도들을 위해 사역하며 살아왔다고 한다.

바울은 사역하는 이유를 그리스도의 사랑이 강권하시기 때문이라고 한다(14a절). 일부 학자가(Héring) 주장하는 것처럼 '그리스도의 사랑'(ἀγάπη τοῦ Χριστοῦ)은 목적격(objective)—그리스도를 향한(위한) 우리의 사랑—이 아니다. 주격(subjective)—우리를 향한(위한) 그리스도의 사랑—이다(Guthrie, Hafemann, Harris, Furnish, Plummer, Thrall, cf. 갈 2:20).

'강권하다'(συνέχω)는 '강요하다'(compel, NIV, NRS) 혹은 '조정하다'(control, ESV, NAS)라는 의미이지만, '하나로 엮다'라는 뜻도 지닌다(Guthrie, cf. TDNT). 이렇게 해석하면 바울은 그리스도의 사랑하심이 그와 고린도 성도들을 하나로 묶었다고 한다.

사도와 고린도 성도들은 무엇으로 인해 하나로 묶였는가? 그들은 같은 생각으로 하나로 묶였다. '생각하다'(κρίνω)는 '판결하다, 결론을 내리다'라는 뜻이다(BDAG). 그들은 한 사람이 모든 사람을 대신해 죽었으므로 모든 사람이 죽은 것이라고 결론을 내렸다(14b절). 아담-그리스도 신학의 요약이다(Hafemann, Pate, cf. 롬 5:12). 그리스도께서 마지막 아담이 되어 모든 사람을 대신해서 죽으셨다. 그리스도는 세상 모든 사람을 위해 죽으신 것이 아니라 오직 그분을 믿는 자들을 위해 죽으셨다(Hafemann, Harris). 그러므로 그분을 믿는 우리도 모두 주님 안에서 죽었다.

그리스도가 그분을 믿는 사람들을 위해 죽으신 것은 그분으로 인해 살게 된 자들이 다시는 자기 자신을 위해 살지 않도록 하기 위해서다(15a절). 그리스도를 영접한 사람들은 개인의 이익이나 관심을 추구하며 살지 않아야 한다는 뜻이다. 그렇다면 그들은 어떻게 살아야 하는가?

오직 그들을 대신해 죽었다가 부활하신 예수님을 위해 살아야 한다(15b절). 구원은 죽음에서 끝나지 않는다. 새로운 삶을 시작한다. 이 삶은 자신을 위한 삶이 아니라, 그리스도를 위한 삶이다.

사도가 14-15절에서 말한 것을 바탕으로 그리스도의 복음을 정리하면 다음과 같다(Hafemann). 첫째, 복음은 자기 백성을 향한 그리스도의 사랑을 기초로 하지, 그리스도에 대한 우리 사랑을 기초로 하지 않는다. 그러므로 복음은 전적으로 우리를 향한 그리스도의 사랑의 표현이다. 둘째, 그리스도께서는 우리의 죄를 대속해 우리를 죄의 권세에서 해방시키기 위해 죽으셨다. 셋째, 그리스도가 죽으실 때 죄 사함을 받은 우리도 그와 함께 죽었다. 그러므로 우리는 더는 죄의 속박과 억압 아래 있지 않다. 넷째, 그리스도 안에서 죽은 우리는 다른 사람들을 위한 새로운 삶을 시작한다.

이 말씀은 우리는 주의 두려우심을 마음에 품고 살아야 한다고 한다. 주의 두려우심은 우리를 경건하게 살게 할 뿐 아니라, 사역하고자 하는 동기가 된다. 또한 주의 두려우심은 우리가 하나님 앞에서 숨기는 것 없이 투명하게 행하고 살게 한다.

우리는 하나님과 성도들을 위해 사랑하고 섬겨야 한다. 우리가 미쳐도 하나님을 위해 미치고 온전해도 성도들을 위해 온전해야 한다는 말을 마음에 새기며 사역해야 한다. 그리스도는 우리를 대신해서 죽으실 때 우리가 더는 우리 자신을 위해 사는 것을 원치 않으셨다. 오직 그리스도를 위해 살기를 원하신다.

Ⅲ. 사도의 사역과 삶(2:14–7:4)
C. 사도의 사역(5:11–6:10)

2. 화해의 메시지(5:16–6:2)

16 그러므로 우리가 이제부터는 어떤 사람도 육신을 따라 알지 아니하노라
비록 우리가 그리스도도 육신을 따라 알았으나 이제부터는 그같이 알지 아
니하노라 17 그런즉 누구든지 그리스도 안에 있으면 새로운 피조물이라 이
전 것은 지나갔으니 보라 새 것이 되었도다 18 모든 것이 하나님께로서 났으
며 그가 그리스도로 말미암아 우리를 자기와 화목하게 하시고 또 우리에게
화목하게 하는 직분을 주셨으니 19 곧 하나님께서 그리스도 안에 계시사 세
상을 자기와 화목하게 하시며 그들의 죄를 그들에게 돌리지 아니하시고 화
목하게 하는 말씀을 우리에게 부탁하셨느니라 20 그러므로 우리가 그리스도
를 대신하여 사신이 되어 하나님이 우리를 통하여 너희를 권면하시는 것 같
이 그리스도를 대신하여 간청하노니 너희는 하나님과 화목하라 21 하나님이
죄를 알지도 못하신 이를 우리를 대신하여 죄로 삼으신 것은 우리로 하여금
그 안에서 하나님의 의가 되게 하려 하심이라 6:1 우리가 하나님과 함께 일하
는 자로서 너희를 권하노니 하나님의 은혜를 헛되이 받지 말라 2 이르시되

내가 은혜 베풀 때에 너에게 듣고
구원의 날에 너를 도왔다

하셨으니 보라 지금은 은혜 받을 만한 때요 보라 지금은 구원의 날이로다

사도는 이제부터는 어떤 사람도 육신을 따라 알지 않을 것이라 한다(16a절). '육신을 따라'(κατὰ σάρκα)는 영적인 세상을 배제하고 물리적 세상만 있다는 사고와 가치관에 따라 모든 것을 평가하는 것이다(Hafemann). 본문에서 '알다'(οἶδα)는 친밀한 관계를 유지하는 것이다(Guthrie). 바울은 그리스도의 주권 아래 사는 사람들(그리스도인들)을 더는 세상의 관점으로 판단하지 않을 것이다. 세상의 기준은 이 사람들을 판단하기에 적절하지 않기 때문이다: "남의 하인을 비판하는 너

는 누구냐 그가 서 있는 것이나 넘어지는 것이 자기 주인에게 있으매 그가 세움을 받으리니 이는 그를 세우시는 권능이 주께 있음이라"(롬 14:4).

바울도 한때는 그리스도를 육신을 따라 알았지만, 지금은 그렇지 않다(16b절). 회심하기 전에 그는 세상적인 관점에 따라 그리스도를 자기 죗값으로 죽은 다윗의 후손 정도로 알았다(Sampley, cf. 신 21:23; 롬 1:3; 갈 3:13). 그러나 이제는 예수님을 그의 죄를 대신하기 위해 죽으시고 부활하신 구세주로 안다.

사도가 부활하신 예수님을 만나고 나니 모든 것이 바뀌었다. 그의 옛 관점은 '유대인-이방인' 구분을 중요시 여겼다. 이제는 '믿는 자-불신자' 구분이 더 중요해졌다(Harris, cf. 롬 2:28-29; 10:12-13; 고전 5:12-13; 갈 3:28; 6:10; 엡 2:11-22; 골 3:11).

예수님을 통해 옛 언약 시대가 지나고 새 언약 시대가 시작되었다. 새 언약 시대가 시작되면서 종말도 시작되었다. 그리스도인은 그리스도 안에서 새 시대, 곧 이미 시작된 종말을 누리는 자들이다(Hafemann). 그들은 그리스도와 함께 죽고, 함께 부활해 완전히 새로운 사람(백성)이 되었다. 그러므로 그들은 새 피조물이다(17a절). 새 피조물을 옛 세상의 관점으로 평가하는 것은 옳지 않다.

새 피조물로서 그리스도를 따르는 사람들은 과거에 아담이 잃었던 영광을 되찾았다(Pate). 이전 것은 모두 지나갔다. 그러므로 새 피조물이 된 사람들을 옛 세상의 관점으로 평가하는 것은 옳지 않으며, 의미도 없다. 새 시대를 사는 주의 백성은 영적 황홀경(ecstasy)을 경험하는 것보다 도덕적 변화를 추구해야 한다(Harris): "우리는 그가 만드신 바라 그리스도 예수 안에서 선한 일을 위하여 지으심을 받은 자니 이 일은 하나님이 전에 예비하사 우리로 그 가운데서 행하게 하려 하심이니라"(엡 2:10).

우리가 그리스도 안에서 새로운 피조물이 되어 새로운 삶을 사는 것은 온전히 창조주 하나님이 하신 일이다(18a절). 하나님의 창조 능력이 우리가 그리스도를 통해 경험한 모든 변화의 출처다.

하나님은 그리스도를 통해 우리를 자기와 화목하게 하셨다(18b절). '화목하다'(καταλλάσσω)와 '화목'(καταλλαγή)은 단절되거나 깨어진 관계를 회복하는 것, 혹은 적대적 관계(hostility)를 우호적 관계(friendly relationship)로 바꾸는 것이다(BDAG). 바울은 그리스도에게 매우 적대적이다가 다메섹으로 가는 길에 예수님을 만나고는 그분의 복음을 전파하는 사도가 되었다. 그의 삶은 화목이 무엇인지 보여 주는 사례라 할 수 있다. 우리가 하나님과 화목하게 되자 주님은 우리에게 화목하게 하는 직분(사역)을 주셨다(18c절).

하나님이 우리에게 주신 화목하게 하는 사역은 하나님이 그리스도 안에 계시면서 세상을 자기와 화목하게 하시는 일이다(19a절). 하나님은 사람들과 화목하시려고 그들의 죄를 그들에게 돌리지 않으셨다(19b절). 이곳처럼 '죄들'(παραπτώματα)은 대부분 복수형으로 사용되며 '도덕적 기준 위반, 범죄, 부정행위, 죄'를 뜻한다(BDAG). 대부분 죄는 사람이 하나님께 저지른다.

'돌리다'(λογίζομαι)는 '숫자를 세다, 계산하다'라는 뜻이다(BDAG). 하나님이 사람이 저지른 죄를 모두 셈하시면 사람은 살지 못한다. 그러므로 하나님은 그리스도를 통해 그들의 죄를 문제 삼지 않기로 하셨다. 하나님은 누구든지 그리스도의 복음을 영접하면 그들의 죄를 문제 삼지 않겠다는 화목하게 하는 말씀을 우리에게 부탁하셨다(19c절). '부탁하다'(τίθημι)는 '맡기다'라는 뜻이다(cf. 새번역, 공동).

하나님이 우리에게 맡기신 화목하게 하는 말씀은 우리로 그리스도를 대신하는 사신이 되게 했다(20a절). '사신들'(πρεσβεύομεν)은 대사들(ambassadors)을 뜻한다. 당시 정치에서는 약자가 자신이 처한 정황을 알리고 변론하기 위해 강자에게 사신을 보냈다(Guthrie). 이와는 대조적으로 본문에서는 하나님이 연약한 우리를 그리스도의 대사로 삼아 세상으로 보내신다. 이 말씀의 배경은 당시의 정치가 아니라 구약 선지자들이 오실 메시아에 대해 선포한 메시지다(cf. 사 53장).

'대사' 하면 떠오르는 이야기가 있다. 다니엘 11장이 상당히 자세하게 예언한 안티오쿠스(Antiochus Epiphanes Ⅳ, 주전 215-164)라는 시리아 왕에 관한 이야기다. 그는 주전 168년에 이집트를 쳤다. 안티오쿠스가 이집트를 치게 된 것은 톨레미 형제가 힘을 합해 반(反)시리아 정책을 펴고 있다는 정보가 들려왔기 때문이었다.

그가 알렉산드리아를 공략할 만반의 준비를 하고 있을 무렵, 갑자기 로마에서 파견한 대사가 그를 찾아왔다. 안티오쿠스가 이집트를 치러 온다는 첩보를 들은 이집트의 왕 톨레미가 로마에 많은 돈을 보내며 도움을 요청한 것이다. 로마 원로원(senate)은 안티오쿠스를 견제하기 위해 해군을 알렉산드리아에 급파했고, 가이우스 라에나스(Gaius Popilius Laenas) 장군을 보내 안티오쿠스에게 그의 나라인 시리아로 돌아가도록 경고했다.

라에나스는 늦은 밤에 몇 명의 호위병만 거느리고 안티오쿠스의 진영을 찾았다. 그러고는 "대로마 제국은 당신이 즉시 시리아로 돌아갈 것을 명령한다"라며 로마의 뜻을 밝혔다. 안티오쿠스가 시간을 벌려는 수작으로 "생각해 보겠다"라고 대답했다. 그러자 라에나스는 조용히 일어나 안티오쿠스의 주변에 조그마한 동그라미를 그리더니, "이 원을 벗어나기 전에 결정하라"라며 단호하게 명령했다(Polybius, Hist. 29.27). 결국 안티오쿠스는 "돌아가겠다"라고 대답할 수밖에 없었다.

잔인하고 전쟁을 즐기던 안티오쿠스가 왜 이렇게 수모를 당하고도 조용히 물러나야 했는가? 그의 아버지 안티오쿠스 3세는 마그네시아에서 로마에게 대패한 적이 있다. 로마는 그 대가로 엄청난 벌금과 정기적인 조공을 포함해 많은 것을 요구했다. 안티오쿠스 4세는 인질이 되어 로마로 끌려가 15년 세월을 보낸 적이 있다. 그의 아버지는 결국 로마에게 바칠 돈을 마련하기 위해 벨 신전을 약탈하다가 화난 백성에게 살해당했다.

안티오쿠스는 로마에서 15년 동안 인질로 생활하면서 그들의 막강하고 계속 팽창해 가는 세력을 직접 목격했다. 그러므로 그는 호위병 몇 명을 이끌고 찾아온 로마 대사 라에나스의 명령에 순종할 수밖에 없었다. 아무 힘이 없어 보이는 로마 대사를 거역하거나 죽이는 일은 곧 이 대사에게 권한을 주고 뒤에 버티고 있는 로마 제국에 선전 포고를 하는 행위와 같다는 것을 잘 알았기 때문이다. 이것이 신약에서 믿는 자들을 가리켜 '그리스도의 대사들'이라고 하는 가르침의 배경이다(cf. 엡 6:20).

바울의 선교 팀을 그리스도의 대사로 보내신 하나님은 그들로 하여금 그리스도를 대신해 사람들과 하나님을 화목하게 하는 메시지를 선포하게 하셨다(20b절). 이러한 말씀은 사역자들이 불신자를 대상으로 복음을 전파하는 상황에 어울리는데(cf. Bruce, Thrall), 바울은 왜 고린도 성도들에게 말하는 것일까? 아마도 고린도 성도들이 거짓 선생들에게 놀아나면서 하나님과의 관계가 틀어졌기 때문에 하나님과의 관계를 회복하라는 의미에서 이렇게 말하는 것으로 보인다(Barnett).

하나님은 사람과 화목하시고자 죄를 알지도 못하신 예수님을 우리를 대신해 죄로 삼으셨다(21a절). 성육신한 하나님이신 예수님이 죄가 없으시다는 것은 신약에서 반복되는 주요 테마다(Harris, cf. 요 7:18; 8:46; 14:30; 요일 3:5, 7; 히 4:15; 7:26-28; 9:14; 벧전 1:19; 2:22; 3:18). 칠십인역(LXX)은 히브리어 단어 '죄'(חַטָּאת)를 번역할 때 이 단어(ἁμαρτία)를 사용한다. 이 히브리어 단어는 죄를 뜻하지만, 또한 죄를 속하는 속죄제물(sin offering)을 뜻하기도 한다(cf. 레 4:13-14, 20-21, 24; 5:6-7, 10-12; 6:18; 9:7; 14:19; 16:15). 본문에서도 이런 의미로 사용되고 있다.

예수님이 우리를 대신해 우리의 죄가 된 것이 아니라, 우리의 죄를 대속하는 속죄제물이 되셨다(Bruce). 신약은 그리스도께서 우리를 대신해 죽으셨다는 사실을 계속 강조한다(롬 3:22-25; 5:6-8; 14:15; 고후

5:14-15; 갈 1:4; 2:20; 3:13; 살전 5:9-10; 딤전 2:6). 그리스도께서 우리 죄로 인해 대속 제물이 되신 것은 이사야 53장을 배경으로 한다(Barnett, Bruce, Hafemann).

하나님이 그리스도를 대속 제물로 삼으신 것은 우리로 하여금 그리스도 안에서 하나님의 의가 되게 하기 위해서다(21b절). '하나님의 의'(δικαιοσύνη θεοῦ)는 주격(subjective genitive)으로 하나님이 우리를 의롭다고 하시는 일이다. 하나님은 그리스도가 자신을 위해 대속 제물이 되어 죽으셨다는 사실을 인정하는 모든 사람의 죄를 용서하시고 그들을 의롭다고 하셨다. 바울이 강조하고자 하는 바는 이 모든 일은 하나님이 하신 일이라는 것이다.

하나님과 화목하라는 메시지를 선포하는 우리는 하나님과 함께 일하는 자들이다(1a절). '함께 일하다'(συνεργέω)는 하나님이 우리를 사역 파트너로 세우셨다는 뜻이다! 하나님은 얼마든지 홀로 일하실 수 있지만, 우리와 함께, 우리를 통해 일하는 것을 기뻐하신다.

하나님의 사역 파트너가 된 우리는 하나님 은혜로 구원받은 성도들에게 주님의 구원을 헛되이 받지 말라고 가르치고 권면해야 한다(1b절). 독생자 예수를 대속 제물로 삼으면서까지 우리를 구원하신 하나님의 은혜가 우리 삶에서 의미 있는 효과로 드러나게 하라는 것이다. 그리스도의 복음을 통해 하나님과 화목하게 된 사람은 하나님과 화평한 것이 무엇을 의미하는지 삶에서 보여 주어야 한다.

사도가 인용하는 말씀 "내가 은혜 베풀 때에 너에게 듣고 구원의 날에 너를 도왔다"는 이사야 49:8이다. 사도는 이 말씀에서 '은혜 베풀 때'(καιρῷ δεκτῷ)와 '구원의 날'(ἡμέρᾳ σωτηρίας)이 '지금'(νῦν)이라고 한다(2b절). 드디어 이사야 선지자의 예언이 그리스도를 통해 성취된 때(καιρὸς)가 이른 것이다. 지금은 하나님이 구원하시는 은혜를 베푸실 때며, 구원을 이루실 때다. 그리스도의 때다! 할렐루야!

이 말씀은 구원받은 사람은 구원받기 전에 지녔던 가치관과 세계관으로 살면 안 된다고 한다. 우리는 그리스도를 통해 새로운 피조물이 되었기 때문이다. 옛것은 모두 버리고, 그리스도의 복음 안에 있는 새 가치관과 세계관으로 세상을 바라보고 사람들을 대하며 살아야 한다. 그러나 결코 쉽지 않은 일이다. 그러므로 매일 죽고 거듭남으로써 조금씩 바꿔 나가야 한다.

우리의 구원은 하나님의 작품이다. 하나님은 우리가 죄인이었을 때 그리스도를 통해 먼저 화해의 손을 내미셨다. 또한 화목의 메시지를 선포하도록 우리를 동역자(partners)로 삼으셨다. 하나님은 우리를 구원하신 것처럼 다른 사람도 구원하기를 원하신다. 지금은 은혜받을 만한 때요, 구원이 임하는 때다.

우리는 하나님 구원의 은혜를 헛되게 하지 않도록 경건한 삶을 살아야 한다. 더 사랑하고, 더 섬기고, 더 의로워야 한다. 우리가 경건하고 거룩하게 살 때 하나님이 우리를 구원하신 은혜가 헛되지 않았다는 사실이 온 세상에 드러난다.

Ⅲ. 사도의 사역과 삶(2:14–7:4)
C. 사도의 사역(5:11–6:10)

3. 고난과 만족(6:3–10)

**3 우리가 이 직분이 비방을 받지 않게 하려고 무엇에든지 아무에게도 거리끼
지 않게 하고 4 오직 모든 일에 하나님의 일꾼으로 자천하여 많이 견디는 것
과 환난과 궁핍과 고난과 5 매 맞음과 갇힘과 난동과 수고로움과 자지 못함
과 먹지 못함 가운데서도 6 깨끗함과 지식과 오래 참음과 자비함과 성령의
감화와 거짓이 없는 사랑과 7 진리의 말씀과 하나님의 능력으로 의의 무기를
좌우에 가지고 8 영광과 욕됨으로 그러했으며 악한 이름과 아름다운 이름으
로 그러했느니라 우리는 속이는 자 같으나 참되고 9 무명한 자 같으나 유명
한 자요 죽은 자 같으나 보라 우리가 살아 있고 징계를 받는 자 같으나 죽임**

을 당하지 아니하고 [10] 근심하는 자 같으나 항상 기뻐하고 가난한 자 같으나 많은 사람을 부요하게 하고 아무 것도 없는 자 같으나 모든 것을 가진 자로다

바울은 사역을 하면서 참으로 많은 고난을 당했다. 그는 이 서신에서만 자신이 당한 고난에 대해 네 차례 말하는데, 이번이 두 번째다(4:8-11; 6:4-10; 11:23-29; 12:10; cf. 롬 8:35; 고전 4:10-13; 빌 4:12). 그는 그리스도인의 사역에는 고난이 따른다는 것을 계속 강조한다. 세상은 하나님을 미워하기 때문에 당연한 일이라 생각된다. 안타까운 것은 종종 성도들도 옳지 않은 이유로 사역자들을 힘들게 한다는 것이다.

하나님은 우리와 화목하시고자 그리스도를 속죄제물로 삼으셨다. 또한 구원받은 우리에게 화목하게 하는 직분(사역)도 주셨다(cf. 5:11-6:2). 사도는 하나님이 주신 직분이 비방받지 않게 하려고 무엇에든지, 아무에게도 거리끼지 않게 했다(3절). '거리낌'(προσκοπή)은 '감정을 상하게 할 수 있는 기회'다(BDAG). 사도는 어디에서 누구에게 복음을 전파하든 부적절한 행동이나 문화적인 불편함, 혹은 듣는 사람들의 도덕적 감수성을 거스르는 실수 등을 하지 않으려고 했다. 그러나 그가 아무리 노력해도 비방은 항상 그를 따라다녔다. 참으로 많은 열매를 맺는 사역은 항상 성화되지 못한 사람들의 시기와 비방으로 이어진다(Harris).

그러므로 사도가 할 수 있는 일은 모든 일에 하나님의 일꾼으로 자천하는 것이었다(4a절). '하나님의 일꾼들'(θεοῦ διάκονοι)은 바울의 선교 팀이 하는 사역이 하나님에게서 비롯된 것, 혹은 하나님이 그들을 보내신 것임을 뜻한다. 하나님이 그들의 사역을 주관하셨다. 본문에서 '자천하다'(συνίστημι)는 선한 행동을 통해 그들이 선포하는 메시지가 사실이라는 것을 증거하려 했다는 뜻이다(BDAG). 그들의 선한 삶과 사역은 곧 그리스도를 살리신 하나님의 능력이 그들과 함께하신다는 증거였다.

하나님이 함께하신다고 해서 선교 팀의 삶과 사역이 영광스럽거나 '꽃길'만 걸은 것은 아니었다. 오히려 하나님이 그들을 사역자로 세우신 것이 맞는지 의심스러울 만큼 고통으로 가득했다(4b-5절). 바울은 열 가지 고통을 나열한다: 많이 견디는 것, 환난, 궁핍, 고난, 매 맞음, 갇힘, 난동, 수고로움, 자지 못함, 먹지 못함. 모두 전치사 '…안에(ἐν) + 복수형 명사'로 이루어져 있다.

'많이 견디는 것'(ἐν ὑπομονῇ πολλῇ)은 여러 가지 고난에 직면해 버티거나 견디는 것을 뜻한다(BDAG). 그러므로 이 목록을 시작하기에 적절한 요약으로 해석될 수 있다(Guthrie, Hafemann).

'환난'(ἐν θλίψεσιν)은 기독교적인 언어라 할 수 있다. 성경과 성경 관련 문헌 외에는 거의 사용되지 않는 단어이기 때문이다. 이 서신에서도 이미 여러 차례 사용되었다(1:4, 8; 2:4; 4:17; 6:4; 7:4; 8:2, 13). 사도는 이 단어를 사용해 짓누르는 상황이나(Harris) 매우 어려운 상황에 처한 일을 회고한다(Guthrie).

'궁핍'(ἐν ἀνάγκαις)은 처한 상황에 수반되는 제약 또는 필요다(cf. 9:7; 12:10; 히 7:12, 27; 9:16, 23). 사역자를 감정적으로 어렵게 하는 이슈다. 그러므로 '위기'(crisis)도 좋은 번역이다(Guthrie). 어려움이 지속되는 것에 초점을 두고 있다(Harris).

'고난'(ἐν στενοχωρίαις)은 스트레스가 많은 상황, 혹은 괴로움이나 고뇌 등을 뜻한다(BDAG). 궁핍과 고난은 환난과 연관된 일들이다. 그러므로 이 세 가지는 한 세트라 할 수 있다(Guthrie).

4b절에서 사역자들이 당면하는 환난을 전반적으로 언급한 바울이 자신이 경험한 구체적인 고난에 대한 이야기로 이어 간다(5절). 그는 '매 맞음'(ἐν πληγαῖς)과 '갇힘'(ἐν φυλακαῖς)을 여러 차례 경험했다(cf. 11:23-33). 그가 가는 곳마다 난동(ἐν ἀκαταστασίαις)이 따라다녔기 때문이다(cf. 행 13:50; 14:19; 16:22-23; 17:5; 18:12; 19:29-30; 21:30-36; 23:35). 사도가 무엇을 잘못해서 그런 것이 아니다. 그가 전한 그리스도의 복

음이 많은 사람, 특히 유대인을 불편하게 하고 그들의 문화를 자극했기 때문이다.

'수고로움'(ἐν κόποις)은 '부담스러운 일'(burdensome work)을 뜻한다(고전 3:8; 15:58; 고후 10:15; 살전 1:3; 살후 3:8, cf. ESV, NAS, NIV). 사도가 지중해를 오가며 언어와 문화가 다른 각 지역에서 사역하는 일은 결코 쉽지 않았다(Guthrie). 그에게도 참으로 부담스러운 일이었다. 그는 하나님의 도움으로 이러한 어려움을 모두 이겨 냈다.

'자지 못함'(ἐν ἀγρυπνίαις)은 불면증, 혹은 잠을 이루지 못하게 하는 스트레스 가득한 일일 수 있다(BDAG). 항상 쫓기는 삶을 살았던 그는 아마도 불면증에 시달렸던 것으로 보인다(Guthrie).

'먹지 못함'(ἐν νηστείαις)이 금식을 뜻할 수도 있지만(cf. 눅 2:37; 행 14:23; 27:9), 이곳에서는 먹지 못해 배고픔에 시달렸다는 뜻이다. 그의 삶과 사역은 풍족하지 않았다. 항상 생계를 위한 일을 하며 생활을 유지해 갔다. 그러다 보니 음식을 충분히 먹지 못하는 일이 허다했다.

이 세 가지(수고로움, 자지 못함, 먹지 못함)는 그가 항상 겪었던 일이며, 11:23-33에서 다시 언급된다. 이러한 고통은 그리스도께서 이 땅에서 사역하실 때 모두 겪으신 일이다. 즉, 바울은 그리스도의 고난에 동참하고 있는 것이다.

하나님은 왜 자기 종들에게 고난과 가난을 경험하게 하시는가? 사람들은 넘침을 자랑하지 부족함은 자랑하지 않는다. 그러므로 부족하고 연약한 하나님의 종은 내세울 것이 없다. 사역자들이 하나님을 내세우고 자랑하게 하도록 고난과 가난을 주신다.

사도는 온갖 고난을 감수하며 자신이 어떻게 사역해 왔는지 회고한다(6-7a절). 고난에 대해 말했던 4b-5절에서 '…안에(ἐν) + 복수형 명사'를 사용한 것과 달리 이번에는 '…안에(ἐν) + 단수형 명사'를 사용해 말씀을 이어 간다. 한 주석가는 각각 한 단어로 구성된 네 가지(6a절)와 두 단어로 구성된 네 가지(6b-7a절)가 서로 쌍을 이루며 연관되어 있다고 한다. 다음을 참조하라(Guthrie).

고린도후서 6:6a	고린도후서 6:6b-7
깨끗함(ἐν ἁγνότητι)	성령의 감화(ἐν πνεύματι ἁγίῳ)
지식(ἐν γνώσει)	거짓이 없는 사랑(ἐν ἀγάπῃ ἀνυποκρίτῳ)
오래 참음(ἐν μακροθυμίᾳ)	진리의 말씀(ἐν λόγῳ ἀληθείας)
자비함(ἐν χρηστότητι)	하나님의 능력(ἐν δυνάμει θεοῦ)

'깨끗함(ἁγνότητι)은 이곳과 11:3에서만 사용되는 단어다. 바울이 도덕적인 순결함과 오직 한 가지 목표, 곧 그리스도를 전파하는 일을 지향하는 것을 뜻한다(Harris). '지식'(γνώσει)은 목회적인 통찰력과 하나님을 관계적으로 아는 지식이다(Guthrie, Harris, cf. 2:14; 4:6). '오래 참음'(μακροθυμίᾳ)은 결과를 기다리며 평정심을 유지하는 것이다(BDAG). 자극을 받아도 참는 것이며(Guthrie), 성공적인 목회로 인해 생기는 온갖 시기와 질투에 감정적으로 반응하지 않는 것이다(Sampley). '자비함'(χρηστότητι)은 다른 사람과 관계에서 선하거나 옳은 일을 하는 것, 도움이 되는 것, 유익한 것, 친절하고 관대한 것 등을 뜻한다(BDAG). 오래 참음과 자비로움은 성령의 열매다(갈 5:22-23).

바울은 '성령의 감화'(πνεύματι ἁγίω)로 사역했다. 어떤 이들은 본문이 성령을 언급하는 것이 다소 이상하다며 사람의 '경건한 영[마음]'으로 해석한다(Plummer). 그러나 바울은 이미 그리스도인의 사역에서 성령의 역할에 대해 여러 차례 말했다(1:22; 3:3, 6, 8, 17-18; 5:5). 본문에서도 그는 성령이 사역을 도우시는 일을 생각하고 있다(Calvin). 성령의 감화로 흔들리지 않고 정해진 목표를 향해 가는 것이 사역이다.

'거짓이 없는 사랑'(ἀγάπῃ ἀνυποκρίτῳ) 자체가 사역으로 해석될 수도 있지만, 이 표현은 사도의 사역 방식이다. 진실한 사랑과 지식으로 사역하는 것은 성령이 하시는 일의 가장 확실한 증표이자 열매며, 또한 사역자들이 추구해야 할 가치다(갈 5:22; 롬 12:9-21; 요 13:34-35; 고후 2:4).

'진리의 말씀'(λόγῳ ἀληθείας)은 '진실한 말'(truthful speech)이다(ESV, NIV, NRS, cf. 1:17-18; 7:14; 12:6). 그러므로 사도가 전한 그리스도의 복음으로 해석할 수 있다(Guthrie). 복음을 전파하는 일은 참으로 많은 인내가 필요하다.

종합해 볼 때, 사역은 '하나님의 능력'(δυνάμει θεου)으로 자비롭게 하는 것이다. 인간은 한없이 무능하기 때문에 스스로는 좋은 사역을 할 수 없다(4:7; 12:8-9; 13:4). 그러므로 하나님의 능력과 인간의 연약함이 공존해야 사역이 가능하며, 인간의 연약함이 드러날수록 하나님의 능력이 드러난다.

사도는 이때까지 '…안에(ἐν) + 복수형/단수형 명사'로 말했다(4b-7a절). 이어지는 섹션(7b-8a절)에서는 모두 '…으로'(διὰ) 시작하는 문구를 사용한다. 먼저 사도는 의의 무기를 좌우에 가지고 사역한다고 한다(7b절). '의의 무기'(τῶν ὅπλων τῆς δικαιοσύνης)는 소유격(genitive)을 어떻게 이해하느냐에 따라 네 가지 해석이 가능하다(Harris): (1)정의로운 무기(righteous weapon), (2)의로움으로 이루어진 무기(weapons that consist of righteousness), (3)의를 증진시키는 무기(weapons that promote righteousness), (4)의로움(의로운 분)에서 온 무기(weapons that flow out of righteousness)(cf. 엡 6:11-13). 정황을 고려할 때 네 번째 해석이 가장 설득력 있다. 사도는 의로우신 하나님에게서 온 무기로 사역하고 있다(Harris). 그가 언급하는 '무기들'(ὅπλων)은 당연히 영적인 무기다(Barrett, Hughes). 성령의 은사로 사역한다는 뜻이다.

성령이 주신 영적인 무기를 양손에 지닌 사도는 여러 가지 대조되는 상황에서 꿋꿋하게 사역했다. 영광과 욕됨으로 그러했으며, 악한 이름과 아름다운 이름으로 그러했다(8a절). 새번역이 이 말씀의 의미를 더 명쾌하게 전달한다: "영광을 받거나, 수치를 당하거나, 비난을 받거나,

칭찬을 받거나, 그렇게 [사역]합니다"(cf. Guthrie, Harris).

바울은 사역자의 관점에서 사역에 대해 말했다(6-8a절). 이번에는 사역자들을 바라보는 세상 사람들의 시각과 하나님의 평가를 대조한다(8b-10절, cf. Bruce). 총 일곱 가지 대조로 구성되어 있다.

사람들의 시각	하나님의 평가
속이는 자	참됨
무명한 자	유명한 자
죽은 자	살아 있음
징계를 받는 자	죽임을 당하지 않음
근심하는 자	항상 기뻐함
가난한 자	많은 사람을 부요하게 함
아무것도 없는 자	모든 것을 가진 자

'속이는 자들'(πλάνοι)은 어리숙한 사람을 잘못된 길로 인도하는 자들이다(BDAG). '참된 자들'(ἀληθεῖς)은 진실하게 행하는 사람들이다(BDAG). 세상은 사역자들을 어리숙한 자를 속이는 자로 생각하지만, 하나님이 보시기에는 복음을 전파하는 가장 진실한 사람들이다.

'무명한 자들'(ἀγνοούμενοι)은 사람들이 알지 못하는 자들이다(TDNT). 고린도 성도들이 바울의 사도직을 의심한 것은 그를 알지 못해서다(Barrett). '유명한 자들'(ἐπιγινωσκόμενοι)은 잘 알려진 사람들이다. 세상은 사역자들을 전혀 알지 못하지만, 하나님은 그들을 잘 아시고 인정하신다(고전 13:12).

세상은 사역자들을 '죽은 자들'(ἀποθνῄσκοντες)로 생각한다. 항상 죽음에 노출된 삶을 살기 때문이다. 그러나 하나님은 그들을 '살아 있는 자들'(ζῶμεν)이라 하신다. 사도는 죽음과 삶의 강력한 대조를 위해 중간에 '보라'(ἰδοὺ)를 더한다. 죽음-삶 테마는 이 서신에서 매우 중요한 주제다(cf. 1:9-10; 4:11-12; 5:8; 7:3; 11:23).

세상은 사역자들을 '징계를 받는 자들'(παιδευόμενοι)이라 한다. 채찍 등 징벌을 통해 올바른 선택을 하도록 훈육받는다는 뜻이다(BDAG). 그러므로 '얻어맞는 자들'(beaten)도 좋은 번역이다(NIV, cf. 눅 23:16, 22). 당시에는 범죄자를 처형하기 전에 그들의 힘을 빼기 위해 채찍으로 때리는 경우가 많았다. 그러므로 사도는 징계받는 자 같으나 죽임을 당하지는 않았다고 한다(cf. 11:24-25). "여호와께서 나를 심히 경책하셨어도 죽음에는 넘기지 아니하셨도다"(시 118:18)라는 말씀을 생각나게 한다. 우리가 당하는 고난에는 한계가 있다.

'근심하는 자들'(λυπούμενοι)은 슬퍼하거나 남의 아픔에 동참하는 자들이다. 바울은 에바브로디도가 병들었을 때 참으로 근심했다고 한다(빌 2:27). 또한 자기 백성 이스라엘이 그리스도를 부인하는 것에 대해서도 근심했다(롬 9:1-4). 한편, 이와 대조적으로 그는 하나님 안에서 기뻐하는 자들과 항상 기뻐한다(롬 12:15). 하나님이 구원의 기쁨을 주셨기 때문이다. 기쁨은 그리스도인의 삶에서 가장 중요한 것이다(cf. 빌 2:17-18, 28; 3:1; 4:4, 10).

'가난한 자들'(πτωχοὶ)은 경제적인 어려움을 경험하는 사람들이다(cf. 11:7-10). 또한 참 사역자들의 삶이 이러하다(롬 8:35; 고전 4:11-12; 고후 11:27; 빌 4:11-12). 고린도에서 바울을 공격한 자들은 그가 사도가 아니기 때문에 후원받지 못해 가난하거나(Furnish), 자격이 안 되어 돈을 받지 않고 사역해서 가난하다고 했다(Guthrie). 하나님 보시기에 사도는 많은 사람을 부요하게 하는 사람이다. 만일 나누어 줄 것이 없다면 남을 부요하게 할 수 없다. 그러므로 이 말씀은 사도가 하나님께 받은 영적인 풍요로움으로 남들을 풍요롭게 한다는 뜻이다.

'아무것도 없는 자'(μηδὲν ἔχοντες)는 말 그대로 빈털터리를 말한다. 세상은 사역자들을 가리켜 아무것도 가진 것 없는 자라 하지만, 하나님 보시기에는 모든 것을 가진 자들이다. 더는 부러운 것이 없는 자들이다. 주님이 그들의 만족이 되셨기 때문이다.

이 말씀은 사역은 많은 고난을 동반하지만, 그 고난을 감수하며 사역할 가치가 있다고 한다. 삶은 고난의 연속이라 할 수 있다. 하나님은 고난을 통해 드러나는 우리의 연약함을 그분의 영광을 드러내는 일에 쓰신다. 그러므로 고난도 영광이다. 또한 우리가 고난만 받으면 의미가 없겠지만, 하나님과 사람을 화목하게 하는 사역을 하나님의 사랑과 능력으로 하면 많은 열매를 맺으며 기쁘고 즐겁게 사역할 수 있다.

사역자들의 가치는 세상의 관점이 아니라 하나님의 평가에서 비롯된다. 세상과 하나님은 우리에 대해 정반대의 평가를 내리는데, 하나님이 옳기 때문이다. 또한 하나님은 눈에 보이는 것으로만 평가하지 않으시고, 사람들이 보지 못하는 기준으로 우리를 평가하신다. 하나님 보시기에 우리는 모든 것을 가진 자다. 그러므로 우리는 하늘의 관점을 가슴에 품고 사역해야 한다.

Ⅲ. 사도의 사역과 삶(2:14-7:4)

D. 사역의 고충과 위로(6:11-7:4)

11 고린도인들이여 너희를 향하여 우리의 입이 열리고 우리의 마음이 넓어졌
으니 12 너희가 우리 안에서 좁아진 것이 아니라 오직 너희 심정에서 좁아진
것이니라 13 내가 자녀에게 말하듯 하노니 보답하는 것으로 너희도 마음을
넓히라 14 너희는 믿지 않는 자와 멍에를 함께 메지 말라 의와 불법이 어찌
함께 하며 빛과 어둠이 어찌 사귀며 15 그리스도와 벨리알이 어찌 조화되며
믿는 자와 믿지 않는 자가 어찌 상관하며 16 하나님의 성전과 우상이 어찌 일
치가 되리요 우리는 살아 계신 하나님의 성전이라 이와 같이 하나님께서 이
르시되

내가 그들 가운데 거하며 두루 행하여

나는 그들의 하나님이 되고
그들은 나의 백성이 되리라

17 그러므로

너희는 그들 중에서 나와서 따로 있고
부정한 것을 만지지 말라
내가 너희를 영접하여
18 너희에게 아버지가 되고
너희는 내게 자녀가 되리라
전능하신 주의 말씀이니라

하셨느니라 7:1 그런즉 사랑하는 자들아 이 약속을 가진 우리는 하나님을 두
려워하는 가운데서 거룩함을 온전히 이루어 육과 영의 온갖 더러운 것에서
자신을 깨끗하게 하자 2 마음으로 우리를 영접하라 우리는 아무에게도 불의
를 행하지 않고 아무에게도 해롭게 하지 않고 아무에게서도 속여 빼앗은 일
이 없노라 3 내가 이 말을 하는 것은 너희를 정죄하려고 하는 것이 아니라
내가 이전에 말하였거니와 너희가 우리 마음에 있어 함께 죽고 함께 살게
하고자 함이라 4 나는 너희를 향하여 담대한 것도 많고 너희를 위하여 자랑
하는 것도 많으니 내가 우리의 모든 환난 가운데서도 위로가 가득하고 기쁨
이 넘치는도다

학자들은 본 텍스트를 2:14-7:4의 절정이라 한다(Guthrie, Hafemann). 사도는 고린도 성도들에게 경건한 삶을 살 것을 호소하며 동시에 건강하지 않은 관계를 멀리하라고 권면한다. 성경에서 가장 감정적으로 쓰인 서신으로 알려진 고린도후서 중에서도 바울이 고린도 성도들에게 마음에서 우러나는 가장 감정적인 말을 하는 섹션으로 알려져 있다(Matera, Thrall).

디도 편으로 보냈던 '고통스러운 편지'로 인해 고린도 성도 대부분이 회개하고 바울에게 마음을 열었다. 그러나 소수는 아직 회개하지 않고

사도와 그의 사역에 마음을 열지 않고 있다(Harris). 그러므로 바울은 고린도 성도들에게 자기 마음은 넓어졌으니 그들의 심정도 넓히라고 한다(11-12절).

바울은 보통 '형제들아'(ἀδελφοί)라는 표현을 사용하지, 본문에서처럼 '고린도인들이여'(Κορίνθιοι)(11a절)라며 교회 이름과 연관해서 성도들을 부르지 않는다. 유일한 예외는 본문과 갈라디아서 3:1 그리고 빌립보서 4:15이다. 사도는 감정적으로 호소할 때 이러한 호칭을 사용한다(Guthrie).

'우리 입이 열렸다'(τὸ στόμα ἡμῶν ἀνέῳγεν)(11b절)는 '솔직하게, 숨김없이 말했다'라는 의미의 숙어다(cf. 새번역, 공동, NAS, NIV). '우리 마음이 넓어졌다'(ἡ καρδία ἡμῶν πεπλάτυνται)(11c절)도 '마음 문이 활짝 열렸다'라는 의미의 숙어다(cf. 공동, 아가페, ESV, NAS, NIV, NRS).

바울은 자기와 고린도 성도들의 관계가 원만하고 매끄럽지 못한 것은 고린도 성도들이 자기 안에서 좁아진 것이 아니라, 그들의 심정에서 그들이 좁아진 것이라 한다(12절). 신약에서 '좁아지다'(στενοχωρέω)는 이곳과 4:8에서만 사용되는 단어다. 좁은 공간에 갇히는 것, 혹은 스트레스(압력)를 받는 것을 뜻한다(BDAG). '심정'(σπλάγχνον)은 문자적으로 신체의 '장기'(internal organ)이며, 심장처럼 사람의 감정을 상징한다. 그러므로 심정은 사랑, 애정, 자비 등 사람의 다양한 감정을 가리키는 의미로 사용되기도 한다(cf. 눅 1:78; 요 3:17; 고후 7:15; 빌 1:8; 2:1; 골 3:12).

바울의 열린 마음과 일부 고린도 성도의 스스로 닫은 마음이 대조되고 있다. 사도는 언제든 진솔한 대화를 나눌 준비가 되어 있다. 소통과 교제에 문제가 있다면 고린도 성도들 쪽에 있다(Harris). 이러한 문제는 바울의 사역 팀이 뭔가를 잘못해서 빚어진 일이 아니다. 고린도 성도들이 먼저 열린 마음으로 언제든 대화할 준비를 마친 사도를 찾아야 한다. 이런 관계는 우리의 영적인 예민함을 죽게 만들고, 상대방에 대해 공정한 평가를 하지 못하게 한다. 그러므로 반드시 해결되어야 한다.

사도는 자녀에게 말하듯 그들에게 말하니 이에 보답하는 의미로 마음을 넓힐 것을 호소한다(13절). 바울은 고린도 성도들에게 그리스도의 복음을 전파해 준 영적 아버지다(고전 4:15; 고후 12:14-15; 갈 4:19; 딤전 1:2, 18). '보답'(ἀντιμισθία)은 상호 간의 거래, 혹은 적절한 보상을 뜻한다(Keener, cf. 마 5:46-47). 고린도 성도들을 향한 사도의 마음은 이미 넓어질 때로 '넓어져'(πεπλάτυνται)있다(cf. 11절). 이제는 고린도 성도들이 사도를 향해 마음을 '넓혀야 할'(πλατύνθητε) 때다.

어떤 학자들은 이어지는 6:14-7:1이 주제를 획기적으로 바꾼다는 점에서 다른 곳에 있던 말씀이 이곳에 삽입된 것(interpolation)이라고 주장한다. 그러나 학자들 대부분은 이 말씀이 주변 내용과 잘 어울리며 문맥상으로도 무난하다고 생각한다. 그러므로 원래 이 자리에 있는 말씀이라는 데 충분한 증거가 있다며, 있는 그대로 읽혀야 한다고 한다(cf. Garland, Guthrie, Hafemann).

바울은 고린도 성도들에게 믿지 않는 자와 멍에를 함께 메지 말 것을 권면한다(14a절). '믿지 않는 자'(ἄπιστος)를 일부 고린도 성도가 신전에서 함께 음식을 먹었던 우상 숭배자들(고전 8:1-11:1, cf. 10:27)로 보고, 이 말씀을 만일 그들이 신전 출입을 멈추지 않으면 그들 역시 믿지 않은 자로 취급할 것이라는 뜻으로 해석하는 이들이 있다(Barnett, Martin, cf. 13:5). 그러나 이 단어는 고린도전·후서에서만 14차례 사용되며, 믿음 공동체 밖에 있는 불신자들을 뜻하는 보편적인 단어다(Guthrie, cf. 고전 5:10; 6:6, 12-20; 7:12-15; 10:27; 14:22-24; 고후 4:4; 6:14-15).

이 말씀은 그리스도인으로서 불신자들과 적절하지 않은 관계를 멈추라는 권면이다(Guthrie). 누구와 어떤 관계를 형성하는가는 그리스도인에게 매우 중요하다. 바울과 거짓 선생들의 관계에서는 그들을 믿지 않는 자로 취급하겠다는 의사 표현이다(Hafemann, Keener). 그들은 다른 복음과 다른 예수를 전하고 있기 때문이다(cf. 11:4). 그러므로 고린도 성도들도 그들과의 관계를 끊어야 한다.

신약에서 '멍에를 매다'(ἑτεροζυγέω)는 이곳에서 단 한 차례 사용된다. "소와 나귀를 겨리하여 갈지 말며"(신 22:10)라는 말씀을 배경으로 한다(cf. 레 19:19). 소는 정결한 짐승이고 나귀는 부정한 짐승이다. 그러므로 성도와 불신자는 같이 일하지 않아야 한다는 의미로 해석할 수도 있다(cf. NAS, NIV).

이 말씀의 핵심은 두 짐승의 크기가 현저하게 다르다는 데 있다(Hafemann, cf. ESV, NRS). 만일 소와 나귀에게 같은 멍에를 지워 일을 시키면 나귀가 혹사당해 죽을 수도 있다. 믿는 사람이 불신자와의 관계를 완전히 단절할 수는 없다. 다만 너무 깊은 관계로 발전시키지 말라는 뜻이다(Guthrie). 가치관과 세계관이 다른 사람들이 깊은 관계를 유지하는 것은 바람직한 일이 아니다.

바울은 왜 믿는 자와 믿지 않는 자가 멍에를 함께 메면 안 되는지 다섯 쌍의 상반된 것을 예로 들어 설명한다(14b-16a절). 극과 극을 이루는 이 다섯 개의 쌍은 영원히 같이할 수 없는 것들이다. 그리스도인이 지향하는 것과 세상이 추구하는 것은 절대 같이 있을 수 없다. 그러므로 이 말씀은 교회의 세속화에 대한 경고로도 읽힐 수 있다.

그리스도인	불신자
의(δικαιοσύνῃ)	불법(ἀνομίᾳ)
빛(φωτὶ)	어두움(σκότος)
그리스도(Χριστου)	벨리알(Βελιάρ)
믿는 자(πιστῷ)	믿지 않는 자(ἀπίστου)
하나님의 성전(ναῷ)	우상(εἰδώλων)

'의와 불법'은 예수님 안에서 성도와 불신자가 맺고 있는 하나님과의 관계를 표현한다(Hafemann). 하나님은 그리스도를 통해 우리를 의롭다

고 하셨다. 반면에 불신자들은 하나님 보시기에 아직도 불법을 행하는 죄인이다.

'빛과 어두움'은 도덕과 윤리에 관한 표현이다(Guthrie). 그리스도의 빛 안에 거하는 사람은 하나님께 순종하는 새로운 삶을 시작했다. 어둠 안에 있는 사람은 아직도 마귀의 지배 아래 있다.

'그리스도와 벨리알'은 도무지 조화될 수 없는 존재들이다. '벨리알'(Βελιάρ)은 사탄의 이름이며, 히브리어 명사(בְּלִיַּעַל)를 헬라어로 음역한 것이다(Keener). 이 히브리어 단어는 '가치 없는 자, 야비한 자, 사악한 자'라는 뜻이다(cf. 삼상 10:27; 25:17; 삼하 23:6; 욥 34:18; 잠 6:12). '조화'(συμφώνησις)는 두 목소리가 화음을 이루는 것을 뜻한다. '심포니'(symphony)가 이 단어에서 유래했다. 예수님과 마귀는 절대 조화를 이룰 수 없다.

'믿는 자와 믿지 않는 자'는 그리스도인과 불신자의 신앙 상태를 표현하는 것이다. 그러나 사도가 '의와 불법'을 통해 그리스도인과 불신자에 대해 이미 언급했으므로, 이곳에서는 고린도 교회 안에서 참 성도와 그렇지 않은 자들을 차별화하는 표현이다(Hafemann). 바울은 자기를 공격하는 거짓 선생들을 믿지 않는 자들로 표현한다(Barnett, cf. Martin).

'하나님의 성전과 우상'은 교회 공동체와 우상 숭배자들이다. '성전'(ναός)은 성전에서 가장 거룩한 공간인 '지성소'(holy of holies)다(Hafemann, cf. 막 14:58; 15:29; 요 2:19-20). 우리말 번역에는 차이가 없지만, 성전 전체를 뜻하는 일반적인 헬라어 단어는 'ἱερόν'이다(Hafemann, cf. 막 11:11; 12:35; 13:1). 사도는 하나님의 '지성소'인 예수 안에 있는 그리스도인이 신전을 출입하며 우상 숭배자와 음식을 함께 먹는 것은 있을 수 없는 일이라 한다.

사도는 더 나아가 우리가 살아 계신 하나님의 성전이라 한다(16b절). '살아 계신 하나님의 성전'(ναὸς θεοῦ ἐσμεν ζῶντος)은 살아 계신 하나님이 머무시는 지성소라는 뜻이다(cf. Hafemann). 교회는 하나님이 영원히 거하시는 성전이다. 고린도전서 3:16은 우리가 성령이 거하시는 하나님의 성전이라고 했다: "너희는 너희가 하나님의 성전인 것과 하나님의 성령이 너희 안에 계시는 것을 알지 못하느냐." 우리는 하나님이 거하시는 성전을 깨끗하고 거룩하게 관리해야 한다.

신약에서 '하나님께서 이르시되'(εἶπεν ὁ θεὸς)라는 표현은 이곳이 유일하다(16c절). 사도가 구약을 인용하면서 이렇게 말하는 것은 구약을 하나님의 말씀으로 확신하기 때문이다. 인용되는 구약 말씀은 레위기 26:11-12을 인용한 것이며, 거의 같은 말씀이 에스겔 37:27에도 기록되어 있다.

하나님은 주의 백성에게 세 가지를 약속하셨다. 첫째, 그들 가운데 거하며 두루 행하실 것이다. 하나님의 임재가 그들 중에 계속 머물며 활동(사역)하실 것이라는 뜻이다. 그들은 하나님의 성전이기 때문이다. 둘째, 하나님은 그들의 하나님이 되실 것이다. 하나님이 먼저 그들의 하나님으로 찾아오셨다. 셋째, 그들은 하나님의 백성이 될 것이다. 하나님의 택하심을 받은 자들의 신분이 비천한 자에서 귀한 하나님의 백성으로 바뀌었다.

바울이 17절에서 인용하는 말씀은 이사야 52:11의 일부다: "너희는 떠날지어다 떠날지어다 거기서 나오고 부정한 것을 만지지 말지어다 그 가운데에서 나올지어다 여호와의 기구를 메는 자들이여 스스로 정결하게 할지어다." 사도는 그리스도인들이 하나님의 백성이 되고 하나님이 그들의 하나님이 되신 것(16절)을 근거로 이 말씀을 인용하며 주의 백성은 세상 사람 중에서 나와 따로 있어야 한다고 한다. 세상 사람들과 다른 도덕적 기준과 윤리를 가지고 거룩하게 살라는 권면이다. 그들은 부정한 것은 만지지도 말아야 한다. 신전에 가서 우상 숭배자들과 함께 음식을 먹는 일부 고린도 성도에게 참으로 필요한 말이다.

세상 사람들과 다른 도덕적 기준과 윤리를 가지고 거룩하게 살면 하나님이 그들을 영접해 그들의 아버지가 되시고 그들은 하나님의 자녀가 될 것이다(18절). 사무엘하 7:8, 14(cf. 사 43:6)을 인용한 말씀이다(Harris). 16절에서 인용한 말씀은 그들이 하나님의 백성이 될 것이라고 했는데, 이번에는 관계가 더 향상(발전)되어 하나님이 그들의 아버지가 되신다고 한다. 전능하신 주의 말씀이다. 하나님이 이렇게 될 것을 보장하신다는 뜻이다.

사도는 고린도 성도들을 사랑하는 자들이라고 부르며 권면을 이어간다(7:1a). 항상 형제들(ἀδελφοί)이라 부르다가(고전 1:10, 11, 26; 2:1; 3:1; 4:6; 7:24, 29; 10:1; 11:33; 12:1; 14:6, 20, 26, 39; 15:1, 31, 50, 58; 16:15; 고후 1:8), 처음으로 고린도인들(Κορίνθιοι)로 부르더니(6:11), 이번에는 사랑을 듬뿍 담아 '사랑하는 자들'(ἀγαπητοί)이라고 한다. 고린도 성도 중 일부가 거짓 선생들에게 놀아나 그의 사도직에 문제가 있다며 비방해도 바울은 여전히 그들을 사랑한다. 그들이 사랑받을 만한 일을 해서가 아니라, 하나님이 그들을 사랑하시기 때문이다(Hafemann).

바울은 고린도 성도들이 하나님을 두려워하는 가운데서 거룩함을 온전히 이루어 육과 영의 온갖 더러운 것에서 자신을 깨끗하게 해야 한다고 한다(1b절). '더러운 것'(μολυσμός)은 종교적·도덕적 부정함이다(BDAG, cf. 렘 23:15). 그러므로 '육과 영'(σαρκὸς καὶ πνεύματος)의 '온갖 더러운 것'(παντὸς μολυσμοῦ)은 사람이 저지를 수 있는 모든 육체적·영적 죄를 뜻한다. 죄라면 하나도 남기지 말고 깨끗하게 씻어 내자는 권면이다.

사도의 이러한 권면은 고린도 성도들과 직접적인 연관이 있어 보인다. 고린도 교회 안에는 부도덕함이 만연하다(cf. 고린도전서). 신앙적으로도 정결하다고 할 수 없다. 신전에 가서 우상 숭배자들과 음식을 나누며 교제하고 있다(Harris, 고전 8:10; 10:14-22). 또한 유대 지방에서 온 거짓 선생들과 부적절한 관계를 유지했다(Guthrie).

이러한 상황에서 바울은 온갖 더러운 것을 끝내고 거룩함을 온전히 이루자고 한다. '온전히 이루다'(ἐπιτελέω)는 '완성하다, 끝내다'라는 뜻이다(BDAG). 더러운 죄를 멀리하고 거룩함을 이루기 위해서는 하나님을 두려워하는 마음이 우리를 사로잡아야 한다. '하나님을 두려워하는 가운데'(ἐν φόβῳ θεοῦ)는 하나님의 놀라운 사역에서 우러나는 경외에 사로잡혀야 거룩함을 온전히 이룰 수 있다는 뜻이다.

바울은 고린도 성도들에게 마음으로 자기 사역팀을 영접하라고 한다(2a절). '영접하다'(χωρέω)는 '마음에 자리를 만들다'(make room in hearts)라는 의미다(cf. ESV, NAS, NIV, NRS). 앞(6:13)에서는 마음을 넓히라(πλατύνθητε)고 하더니 이제는 그들의 마음에 사역 팀을 위한 자리를 만들라(마음에 들어가게 허락하라)고 한다. 고린도 성도들이 자기 마음에 사도를 위한 자리를 마련하려면 먼저 거짓 선생들을 마음에서 내보내야 한다. 사도는 선택을 강요하고 있다(Harris).

사도는 자기 팀이 고린도 성도들에게 거부당할 일은 한 적이 없다며 세 가지를 말한다(2b절). 이 세 가지는 거짓 선생들이 바울을 비난하면서 한 말로 보인다(Harris). 첫째, 사도는 아무에게도 불의를 행하지 않았다. 그 누구도 부당하게 대하지 않았다는 뜻이다(Thrall). 둘째, 그 누구도 해롭게 하지 않았다. 누군가에게 물리적 해를 입히지 않았다는 뜻이다(Guthrie). 셋째, 아무에게서도 속여 빼앗은 일이 없다. 누군가를 착취하거나 이용하는 행위를 하지 않았다는 뜻이다(BDAG).

바울이 고린도 성도들에게 이렇게 증언하는 것은 그들을 정죄하려고 하는 것이 아니다(3a절). 그들이 왜곡되고 잘못된 정보와 생각으로 사도를 비방하는 죄를 범했다고 하려는 것이 아니다. 그들은 분명 사도에게 잘못했다. 그러나 그들의 죄를 지적하는 것이 사도가 이렇게 말하는 목적은 아니다.

그가 이렇게 말하는 이유는 그들과 함께 죽고, 함께 살고자 해서다(3b절). 그리스-로마 문화에서는 지속되는 우정을 이렇게 표현했다고 한다(Furnish). 그러나 이것은 바울의 기독교적 표현이다. 그리스-로마

시대의 표현은 함께 살고 함께 죽는 것을 강조한다. 반면에 사도는 함께 죽고 함께 살자며 죽음을 먼저 언급한다. 먼저 그리스도의 죽음에 동참하고, 그다음 그분의 부활을 통해 함께 살자는 것이다. 영원히 함께하고 싶다는 사랑의 고백이다.

함께 죽고 함께 사는 것은 모든 그리스도인의 사역과 공동체와 개인적인 삶의 성향이 되어야 한다(cf. 2:16; 4:10-12; 5:14-15; 6:9). 우리는 하나님이 하나로 묶어 주신 운명 공동체다.

바울은 고린도 성도들을 향해 담대한 것이 많다고 한다(4a절). 그들을 전적으로 믿고 신뢰한다는 뜻이다(새번역, 공동, 아가페, NAS, RSV). 또한 그들을 위해 자랑하는 것도 많다고 한다(4b절). 고린도 성도들은 사도에게 사역의 열매다. 그러므로 고린도 성도들을 참으로 자랑스럽게 생각한다(cf. 1:14; 3:3, 8; 7:14; 8:24; 9:2-3; 10:12-18).

그러므로 사도는 모든 환난 가운데서도 고린도 성도들을 생각하면 위로가 가득하고 기쁨이 넘친다(4c절). 일부는 바울의 속을 썩이지만, 대다수는 참 기쁨을 준다. 그러므로 사도는 환난을 겪을 때마다 고린도 교회를 생각하며 자신을 위로한다. 또한 그들을 생각할 때마다 기쁨이 넘친다. '넘치다'(ὑπερπερισσεύω)는 이곳과 로마서 5:20에서만 사용되는 단어이며, '매우 크다'라는 의미를 지닌다.

이 말씀은 믿는 자들은 불신자들과 멍에를 지면 안 된다고 한다. 관계를 완전히 단절하라는 말이 아니다. 깊은 교제를 삼가라는 뜻이다. 교제하다 보면 서로가 서로에게 영향을 미치는 것은 당연한 일이다. 그리스도인은 세상 사람들에게 경건하지 않은 영향을 받지 않도록 주의해야 한다. 그러기 위해서는 어느 정도 거리를 두고 교제하는 것이 좋다.

우리는 세상 사람들과 다르게 살아야 하는 하나님의 백성이다. 더 나아가 하나님이 가장 아끼시는 자녀다. 하나님 아버지를 닮아 가는 자녀가 되기 위해서는 세상 사람들처럼 살 수 없다. 다르게 살아야 한다. 또한 거룩하신 아버지에 대한 경건한 두려움이 있을 때 우리도 경건하게 살 수 있다.

교회는 살아 계신 하나님의 성전이다. 하나님의 성전은 경건하고 거룩해야 한다. 교회는 인간의 죄가 오염시켜서는 안 되는 곳이다. 우리는 공동체에 속한 사람들이 매일 조금 더 경건해질 수 있도록 격려하고 도와주어야 한다.

하나님은 우리를 그리스도와 함께 죽고, 그리스도와 함께 사는 운명공동체로 묶으셨다. 서로를 사랑하고 섬기며 하나님 나라를 함께 이루어 나가야 한다. 그러기 위해서는 하나님이 우리 각 사람을 사랑하시는 이유만으로도 서로를 사랑할 수 있어야 한다.

Ⅳ. 고린도에서 온 희소식
(7:5-16)

5 우리가 마게도냐에 이르렀을 때에도 우리 육체가 편하지 못하였고 사방으
로 환난을 당하여 밖으로는 다툼이요 안으로는 두려움이었노라 6 그러나 낙
심한 자들을 위로하시는 하나님이 디도가 옴으로 우리를 위로하셨으니 7 그
가 온 것뿐 아니요 오직 그가 너희에게서 받은 그 위로로 위로하고 너희의
사모함과 애통함과 나를 위하여 열심 있는 것을 우리에게 보고함으로 나
를 더욱 기쁘게 하였느니라 8 그러므로 내가 편지로 너희를 근심하게 한 것
을 후회하였으나 지금은 후회하지 아니함은 그 편지가 너희로 잠시만 근심
하게 한 줄을 앎이라 9 내가 지금 기뻐함은 너희로 근심하게 한 까닭이 아니
요 도리어 너희가 근심함으로 회개함에 이른 까닭이라 너희가 하나님의 뜻
대로 근심하게 된 것은 우리에게서 아무 해도 받지 않게 하려 함이라 10 하
나님의 뜻대로 하는 근심은 후회할 것이 없는 구원에 이르게 하는 회개를
이루는 것이요 세상 근심은 사망을 이루는 것이니라 11 보라 하나님의 뜻대
로 하게 된 이 근심이 너희로 얼마나 간절하게 하며 얼마나 변증하게 하며
얼마나 분하게 하며 얼마나 두렵게 하며 얼마나 사모하게 하며 얼마나 열심
있게 하며 얼마나 벌하게 하였는가 너희가 그 일에 대하여 일체 너희 자신
의 깨끗함을 나타내었느니라 12 그런즉 내가 너희에게 쓴 것은 그 불의를 행

한 자를 위한 것도 아니요 그 불의를 당한 자를 위한 것도 아니요 오직 우리를 위한 너희의 간절함이 하나님 앞에서 너희에게 나타나게 하려 함이로라
13 이로 말미암아 우리가 위로를 받았고 우리가 받은 위로 위에 디도의 기쁨으로 우리가 더욱 많이 기뻐함은 그의 마음이 너희 무리로 말미암아 안심함을 얻었음이라
14 내가 그에게 너희를 위하여 자랑한 것이 있더라도 부끄럽지 아니하니 우리가 너희에게 이른 말이 다 참된 것 같이 디도 앞에서 우리가 자랑한 것도 참되게 되었도다
15 그가 너희 모든 사람들이 두려움과 떪으로 자기를 영접하여 순종한 것을 생각하고 너희를 향하여 그의 심정이 더욱 깊었으니
16 내가 범사에 너희를 신뢰하게 된 것을 기뻐하노라

사역에 관해 말하느라 드로아 사역 후 마게도냐로 떠난 일(2:12-13)에서 멈춘 고린도 방문 계획 회고가 마게도냐에 대한 언급으로 다시 시작된다(7:5). 또한 이 섹션은 바울이 왜 고린도 성도들을 자랑스럽게 여기며 환난 중에도 그들에게 위로를 받아 기뻐하는지(cf. 7:4) 구체적으로 설명한다. 그러므로 이 섹션은 다른 주제에 관해 말하느라 잠시 멈췄던 이야기를 이어 가는 부분이며, 앞뒤 문맥과도 잘 어울린다.

정황은 이러하다. 사도는 매우 뼈아픈 고린도 방문(두 번째 방문)을 마치고 에베소로 돌아왔다. 이후 '눈물의 편지'로 알려진 세 번째 편지를 보냈다(cf. 2:1-11; 7:8-12). 이 편지는 주후 54년 여름에 저작한 것이며, 디도를 통해 고린도 교회에 전달했다(cf. 2:4, 13).

바울이 디도가 가지고 돌아올 고린도 교회 소식을 기다리는 동안 에베소 은장색들이 바울로 인해 우상이 잘 팔리지 않는다며 폭동을 일으켰다(cf. 행 19:23-41). 에베소 성도들은 위험에 처한 바울을 급히 에베소에서 탈출시켰다(cf. 1:8-10).

그는 에베소를 떠나 드로아로 가서 매우 성공적인 사역을 했다(2:12). 많은 사람이 그리스도의 복음을 영접한 것이다. 그러나 그의 편지를 들고 고린도로 간 디도가 좀처럼 돌아올 기미가 보이지 않자, 초조해진 바울은 이듬해인 주후 55년 봄에 드로아를 떠나 마게도냐로 건너갔다(13절).

마게도냐는 바울이 2차 선교 여행 때 방문해 많은 열매를 맺은 지역이다(행 16:9-12, 15; 17:4, 12; cf. 살전 1:3; 빌 4:1). 이후 마게도냐 교회들은 바울의 선교 사역을 물심양면으로 도왔으며, 예루살렘 교회를 위한 구제 헌금도 모았다(8:1-4). 또한 여러 사람이 사도의 사역에 동참했다(cf. 행 19:29; 20:4).

특히 바울과 빌립보 교회의 관계가 특별했는데, 아마도 이곳에서 디도를 기다린 것으로 보인다(Barnett). 앞서 이 서신이 마게도냐에서 어느 정도의 기간에 걸쳐 작성되었다고 했는데, 대부분 빌립보 교회에서 작성된 것으로 보인다(Guthrie).

마게도냐로 건너온 사도와 선교 팀은 참으로 정신적·육체적으로 어려운 시간을 보냈다(5절). 육체가 편하지 못했다. 사방으로 환난을 당해 밖으로는 다툼이요 안으로는 두려움뿐이었다고 한다. '사방에서'(ἐν παντὶ)는 '모든 일로(가는 곳마다)'라는 뜻이다(ESV, NAS, NIV, NRS). 마치 완전히 포위된 상태에서 모든 방향에서 오는 공격을 받는 것과 같았다. 매우 심각한 수준의 육체적인 핍박과 심리적인 압박을 이겨 내야 했다. 그러므로 한 학자는 이러한 상황을 '마게도냐 고통'(Macedonian misery)이라 한다(Hughes). 바울이 이처럼 혹독한 고통 속에 있었던 것은 디도의 도착이 늦어졌기 때문이다(cf. 2:13).

그리스도인 사역자는 하나님께 많은 위로와 보상을 받는 것이 사실이지만, 스트레스와 좌절 같은 직업병도 있다(Guthrie). 사역자는 자신의 육체적·영적 갈등과 실패를 감당해야 할 뿐 아니라, 영적으로 역기능적(dysfunctional)인 사람들과도 일해야 한다. 설교자로 유명한 스펄전 목사(Charles Spurgeon)도 이런 고백을 남겼다: "나는 너무나 두려운 우울증에 빠져 있습니다. 나는 여러분 중 누구도 나처럼 혹독한 우울증에 빠지지 않기를 바랍니다"(Hughes).

드디어 디도가 돌아오자 바울은 하나님의 큰 위로를 경험했다(6절). 가뭄에 단비가 내리는 경험이었을 것이다. 동역자 디도가 건강하게 돌아온 것만으로도 안심이 되고 큰 위로가 되었다. 또한 디도가 가져온 좋은 소식으로 하나님이 선교 팀을 위로하셨다.

사도가 아들처럼 아낀 디도가 건강하게 돌아온 것만으로도 고마운 일인데(7a절), 참으로 기쁜 소식을 가지고 돌아왔다. 첫째, 디도는 먼저 자신이 고린도 성도들에게 받은 위로와 사랑으로 바울과 동역자들을 위로했다(7b절). 고린도 성도들이 사도가 보낸 사람을 환대한 것은 참으로 좋은 소식이다.

둘째, 디도는 고린도 성도들이 바울을 다시 만나기를 간절히 사모할 뿐 아니라 애통하며 사도에 대한 열심이 있음을 알려 주었다(7c절). 신약에서 '사모함'(ἐπιπόθησις)은 이곳 외에 11절에서 한 번 더 사용되는데, '갈망, 욕망'을 뜻한다(BDAG). 그들은 바울이 다시 방문하기를 간절히 바라고 있다. '애통'(ὀδυρμός)은 고린도 성도들이 바울에게 잘못해 관계가 틀어진 일을 회개한다는 뜻이다(Thrall). 그들은 바울을 비난하는 거짓 선생들의 농간에 놀아나 사도와 그의 사역에 큰 죄를 지었다. 고린도 성도들이 바울에 대해 '열심'(ζῆλος)이 있다는 것은 사도와 사역에 열렬한 관심을 가졌다는 뜻이다(cf. BDAG). 이미지로 말하자면, 사도 앞에 서서 길을 막던 자들이 이제는 사도 뒤에 서서 적극적으로 그를 지지하기 시작했다. 고린도 성도들에 대한 디도의 보고를 들은 바울은 더욱 기뻤다(7d절).

바울은 디도를 통해 '눈물의 편지'를 보낸 일을 후회했다(8a절). 고린도 성도들이 바울의 마음을 헤아리지 못해 상처받을까 봐 걱정했다. 그러나 지금은 후회하지 않는다(8b절). 그들이 편지를 받고 처음에는 근심했지만 잠시였고, 더 좋은 일로 이어졌기 때문이다. '근심'(ἐλύπησεν)은 슬퍼하는 것이다(BDAG, cf. 2:2, 4–5).

바울의 편지를 받고 근심에 잠긴 고린도 성도들이 회개했으므로, 그들이 상처받을까 봐 염려했던 바울은 기뻐했다(9a절). 그들이 회개한 것을 보면 바울의 서신을 받아 들고 근심한 것은 하나님의 뜻에 따라 일어난 일이다(9b절). '하나님의 뜻대로 근심'(ἐλυπήθητε κατὰ θεόν)을 직역하면 '하나님에게서 비롯된 근심'(grief according to God, godly grief)이다(cf. ESV, NAS, NRS, RSV). 하나님이 사도가 보낸 서신을 통해 마음의 벽을 허무신 것이다.

하나님이 고린도 성도들로 회개하게 하신 것은 그들이 아무 해도 받지 않게 하기 위해서다(9c절). 만일 그들이 사도의 서신을 받고 회개하지 않았다면, 그들은 바울로 인해 심기만 더 불편해져서 더 큰 상처를 받았을 것이다. 또한 가짜 선생에게 현혹되어 복음에서 멀어진 그들은 더 멀리 갔을 것이다. 그러므로 하나님은 이런 상황을 고려해 그들이 사도로 인해 더 큰 상처를 받지 않고 회개하게 하셨다.

세상에는 두 가지 근심이 있다(10절). 고린도 성도들의 근심은 하나님의 뜻에 따라(κατὰ θεὸν λύπη) 하는 것이며, 구원에 이르게 하는 회개를 이룬다(10a절). 하나님에게서 비롯된 근심은 회개로 이어져 구원에 이르게 하므로 축복이다. 이런 근심은 언제든 해도 좋다.

두 번째 근심은 세상 근심이다. '세상 근심'(τοῦ κόσμου λύπη)은 근심하는 사람을 죽음에 이르게 한다(10b절). 세상 근심은 영적인 것에는 전혀 관심이 없고, 오직 육적인 것만 걱정하고 애통한다. 성경의 예로 다음 사례를 들 수 있다(Garland).

> 땅의 상인들이 그를 위하여 울고 애통하는 것은 다시 그들의 상품을 사는 자가 없음이라 그 상품은 금과 은과 보석과 진주와 세마포와 자주 옷감과 비단과 붉은 옷감이요 각종 향목과 각종 상아 그릇이요 값진 나무와 구리와 철과 대리석으로 만든 각종 그릇이요 계피와 향료와 향과 향유와 유향과 포도주와 감람유와 고운 밀가루와 밀이요 소와 양과 말과 수레와 종들과 사람의 영혼들이라(계 18:11–13).

고린도 성도들이 하나님의 뜻대로 하게 된 근심은 한마디로 그들을 완전히 바꿔 놓았다. 대단한 효과를 발휘한 것이다. 사도는 그들의 변화를 일곱 가지로 말한다(11a절). 이 중 첫 문구만 '얼마나(πόσην, how much) + 동사(κατειργάσατο, 이루다) + 적극적으로, 열심히(σπουδή)'로 구성되어 있다. 나머지 여섯 문구는 모두 '부정 접속사(ἀλλὰ, 그러나) + 명사'로 구성되어 있다. 첫 문구와 같은 의미로 읽으라며 행동을 묘사하는 명사를 제시하는 것이다. 개역개정처럼 모든 문구를 '얼마나'로 시작하는 것은 본문의 의미를 잘 전달한다.

	고린도 성도들의 변화(고후 7:11)
1	얼마나 간절하게 하며(πόσην κατειργάσατο ὑμῖν σπουδήν)
2	얼마나 변증하게 하며(ἀλλὰ ἀπολογίαν)
3	얼마나 분하게 하며(ἀλλὰ ἀγανάκτησιν)
4	얼마나 두렵게 하며(ἀλλὰ φόβον)
5	얼마나 사모하게 하며(ἀλλὰ ἐπιπόθησιν)
6	얼마나 열심 있게 하며(ἀλλὰ ζῆλον)
7	얼마나 벌하게 하였는가(ἀλλὰ ἐκδίκησιν)

'얼마나 간절하게 하며'는 그들의 잘못된 것을 바로잡으려는 것, 곧 바울과의 관계에서 잘못한 것을 회개하고 바로잡아 자신들의 명예를 회복하려는 노력이다(cf. ESV, NAS, NIV, NRS).

'얼마나 변증하게 하며'는 법정에서 하는 변호/방어를 배경으로 한다(cf. 행 25:16; 딤후 4:16). 회개한 고린도 성도들이 문서(고전 9:3)와 구두(행 22:1)로 거짓 선생들과 그들에게 현혹된 자들에게 바울을 변호했다는 뜻이다.

'얼마나 분하게 하며'에서 '분'(ἀγανάκτησιν)은 이곳에 단 한 차례 사용되는 단어다. '불쾌감, 짜증, 분개, 분노' 등을 뜻한다(TDNT). 바울을 공격하던 사람들이 어느덧 사도가 그동안 받은 공격과 부당한 대우에 분노하고 있다(Guthrie).

'얼마나 두렵게 하며'는 그동안 바울에게 참으로 어리석게 굴었다는 사실을 깨닫고 두려움을 느낀다는 뜻이다. 이 두려움은 하나님을 경외하는 데서 비롯되었다(5:11). 그들은 미워하던 바울을 진심으로 존경하게(경외하게) 되었다.

'얼마나 사모하게 하며'는 바울을 다시 만나고자 하는 그들의 간절함을 표현한다. 그들의 염원대로 사도는 그들을 꼭 방문할 것이다. 그리고 그들을 다 용서했다며 괜찮다고 할 것이다.

'얼마나 열심 있게'는 고린도 성도들이 이제라도 모든 것을 바로잡으려고 얼마나 노력하고 있는지를 설명한다. 그들은 사도와의 관계를 회복하기 위해 노력하고 있으며, 사도에 대한 교회의 태도도 열심히 바꿔 가고 있다.

'얼마나 벌하게 하였는가'는 거짓 선생들을 내치고 그들을 추종한 자들도 징계했다는 뜻이다. 바울을 대하는 태도만 바뀐 것이 아니라, 거짓 선생들과 그들의 잘못된 가르침을 대하는 태도도 완전히 바뀌었다.

바울의 편지를 받은 고린도 성도들은 이와 같이 일곱 가지 일을 실천함으로써 그 일에 대해 일체 자신의 깨끗함을 나타냈다(11b절). '그 일'(τῷ πράγματι)에서 '일'(πρᾶγμα)은 소송(lawsuit)을 뜻한다(고전 6:10). 만일 회개하지 않았다면 그들은 하나님께 정죄를 받았을 텐데, 이제는 정죄를 받지 않게 되었다(Hafemann). 그들은 '일체'(ἐν παντὶ), 곧 모든 일에서 잘못된 일을 바로잡아 자신의 깨끗함을 나타냈다(Guthrie). 문제를 일으킨 사람들을 적절하게 징계하고 온 공동체가 함께 책임을 통감한 것이다(Harris). 그러므로 그들은 사도가 나열한 일곱 가지를 실천해 자신들의 깨끗함을 드러냈다.

사도는 자신이 보낸 편지가 목적을 달성한 것에 감사한다(12절). 첫째, 그는 그 불의를 행한 자들을 위해 편지를 보내지 않았다(12a절). 만일 그들이 편지를 읽고 회개했다면 도움이 되었을 것이다. 혹은 당장 회개하지 않더라도 자기 잘못을 생각하게 할 수도 있다.

둘째, 불의를 당한 자들을 위해서 편지를 보낸 것도 아니다(12b절). 거짓 선생들의 농간에 놀아난 자들이 분노하는 것은 좋은 일이다. 당장 회개하지 않더라도 그들의 잘못된 생각을 조금은 흔들어 놓았을 것이다.

셋째, 오직 바울 일행을 위한 고린도 성도들의 간절함이 하나님 앞에서 그들에게 나타나게 하고자 편지를 보냈다(12c절). '간절함'(σπουδή)은 적극적인 헌신과 근면으로 일을 해내는 것을 뜻한다(BDAG). 고린도 성도들이 사도와 그의 사역을 적극적으로 지원하기 시작한 것이다. 그들이 하나님 앞에서 바울의 지지자가 되었다는 것은 하나님이 인정하시는 순수한 동기에서 이렇게 했다는 뜻이다. 바울을 반대하던 사람들이 이제는 동역자가 되었다.

이러한 표현은 히브리인의 비교법에서 온 것이다. 서신의 처음 두 가지도 중요하지만, 세 번째 것에 비하면 별거 아니라는 뜻이다(Thrall). 야곱과 에서에 대해 하나님이 하신 말씀도 이러한 표현법이다: "에서는 야곱의 형이 아니냐 그러나 내가 야곱을 사랑하였고 에서는 미워하였다"(말 1:2-3). 그러므로 바울이 보낸 서신은 세 가지 목적을 모두 달성했지만, 그중에서도 세 번째 목적을 가장 확실하게 달성했다(Harris).

고린도 성도들이 바울을 비난하던 거짓 선생들을 내보내고 그의 든든한 지지자가 되었다는 소식은 바울 일행에게 큰 위로가 되었다(13a절). 또한 디도가 고린도 성도들로 인해 기뻐하는 것을 보고 사도 일행도 더 많이 기뻐했다(13b절). 사실 바울의 '혹독한 편지'를 들고 고린도를 방문하는 것은 참으로 부담스러운 일이었다. 만일 그들이 바울의 메시지를 부인하면 디도는 참으로 어려운 상황에 처하게 된다. 다행히 고린도 성도들이 하나님의 감동을 받아 회개하고 잘못을 반성했다. 그러므로 디도도 참으로 큰 위로를 받았고 기뻤다. 그의 기쁨은 그를 보내 놓고 조마조마하는 마음으로 기다리던 바울 일행에게도 큰 기쁨이 되었다.

또한 사도는 디도의 마음이 고린도 성도들로 인해 안심함을 얻은 일로도 기뻐한다(13c절). '안심함을 얻다'(ἀναπαύω)는 '생기를 되찾다'(refresh)라는 뜻이다(ESV, NAS, NIV). 어려운 일을 하다가 잠시 쉬면서 영혼이 소생함을 느끼는 것이다. 더운 날 길을 가다가 잠시 쉬며 뼛속까지 시원하게 하는 냉수를 마시는 장면을 떠올리면 된다.

바울은 예전에 디도에게 고린도 성도들을 자랑한 적이 있다(14a절). 그들과 사도의 관계가 원만하지 않을 때는 자랑한 것이 부끄럽게 느껴질 수도 있었다. 그러나 사도는 고린도 성도들을 믿고 그들을 계속 자랑스럽게 생각했다. 이번 일로 인해 자기가 고린도 성도들에 대해 디도에게 자랑한 것이 사실로 드러났다(14b절). 이날 바울은 참으로 마음이 뿌듯하다.

바울이 써 준 편지를 가지고 고린도 교회를 방문한 디도도 이번 일을 통해 영원히 바뀌었다(15절). 그가 편지를 전달하고자 고린도에 갔을 때 모두가 두려움과 떨림으로 그를 영접했다(15a절). 디도의 도착과 그가 가져온 바울의 편지를 매우 공손한 태도로 심각하게 대했다는 뜻이다(Guthrie).

어떤 이들은 두려움과 떨림에 대한 말씀이 이사야 19:16을 인용한 것이라 하지만(Hafemann), 보편적인 표현인 만큼 바울이 특정한 구약 말씀을 인용하는 것으로 보이지는 않는다. 우리가 '인용구 기준'으로 삼는 NAS도 이 말씀을 인용구로 표기하지 않는다.

디도가 바울이 써 준 '눈물의 편지'를 들고 고린도를 찾아갔을 때, 바울에게 많은 상처를 안겨 주었던 고린도 성도들의 강퍅한 마음이 바뀌어 있었다. 편지를 읽은 성도들이 모두 회개하며 바울의 가르침에 순종한 것이다(15b절)! 하나님이 그들의 강퍅함을 제거하신 것이다! 고린도 성도들의 변화된 태도는 디도를 감동시켰고, 그들을 향한 마음이 더욱 깊어졌다(15c절). 디도가 애틋한 마음으로 고린도 성도들을 아끼고 사랑하게 되었다는 뜻이다.

디도를 통해 고린도 성도들에 대한 보고를 들은 바울은 자신이 고린도 성도들을 믿고 신뢰한 것을 기뻐한다(16절). 상처 주기를 서슴지 않고 인신공격까지 해 온 사람들을 믿어 주고 기다려 주는 일은 쉽지 않았을 것이다. 그러나 인내하며 믿어 주니 이렇게 좋은 날이 왔다! 바울은 하나님이 고린도 성도들을 변화시켜 가신다는 것을 확신했으므로 항상 그들을 자랑스럽게 생각했다(cf. 7:4).

이 말씀은 사역자의 정신 건강도 신체 건강만큼 중요하다고 한다. 바울이 디도를 통해 고린도 성도들에 대해 보고를 받을 때까지 그는 육신적·영적으로 참으로 힘든 시간을 보냈다. 에베소를 급히 탈출한 지 얼마 안 되는 때였기 때문에 그의 세계가 무너지는 듯한 아픔을 경험하고 있었을 것이다. 다행히 계속 기도하며 정신적 건강을 유지했기 때문에 이겨 낼 수 있었다. 사도의 경험은 우리 사역자들에게 시사하는 바가 크다.

사역자와 성도의 관계는 신뢰 위에 세워져야 한다. 사도는 자신을 공격해 오는 고린도 성도들에 대한 신뢰를 버리지 않았다. 그들 안에서 일하시는 하나님을 믿었다. 그리고 드디어 그의 신뢰가 헛되지 않았다는 것이 드러났다! 누구를 믿어 주는 것은 참으로 어려운 일이다. 그러나 끝까지 믿어 줄 만한 가치가 있다.

누구를 참으로 사랑한다면 때로는 모험을 해야 한다. 바울은 부모의 마음으로 고린도 성도들을 오히려 더 강팍하게 할 수 있는 '눈물의 편지'를 보내고 후회도 여러 번 했다. 다행히 그의 모험은 참으로 좋은 열매를 맺었다. 마치 부모가 자식에게 하듯 믿고 사랑하는 마음으로 모험을 한다면 일이 잘못될 확률보다 좋은 결과로 이어질 확률이 더 높지 않을까!

우리는 누군가가 진심으로 회개하면 다시 그를 껴안아 주어야 한다. 사도는 자신에게 참으로 많은 상처를 준 고린도 성도들을 모두 용서하고 사랑했다. 종종 용서를 무기로 삼아 사람들을 공격하는 자들을 본다. 용서는 방어용이지 공격용이 아니다.

V. 예루살렘 교회를 위한 연보
(8:1-9:15)

고린도 성도들이 회개하고 바울과의 관계를 회복하기를 간절히 바란다는 소식을 들은 바울은 오래전부터 계획했지만 한동안 미루어 두었던 프로젝트를 다시 꺼내 든다. 극심한 가난에 시달리는 예루살렘 성도들을 위해 모금하는 일이다(cf. 고전 15:25-28). 연보에 관한 이 섹션은 다음과 같이 구분된다.

A. 자비로운 도움 필요(8:1-15)
B. 디도의 임무(8:16-9:5)
C. 리소스와 결과(9:6-15)

V. 예루살렘 교회를 위한 연보(8:1-9:15)

A. 자비로운 도움 필요(8:1-15)

1 형제들아 하나님께서 마게도냐 교회들에게 주신 은혜를 우리가 너희에게
알리노니 2 환난의 많은 시련 가운데서 그들의 넘치는 기쁨과 극심한 가난이

그들의 풍성한 연보를 넘치도록 하게 하였느니라 3 내가 증언하노니 그들이
힘대로 할 뿐 아니라 힘에 지나도록 자원하여 4 이 은혜와 성도 섬기는 일에
참여함에 대하여 우리에게 간절히 구하니 5 우리가 바라던 것뿐 아니라 그들
이 먼저 자신을 주께 드리고 또 하나님의 뜻을 따라 우리에게 주었도다 6 그
러므로 우리가 디도를 권하여 그가 이미 너희 가운데서 시작하였은즉 이 은
혜를 그대로 성취하게 하라 하였노라 7 오직 너희는 믿음과 말과 지식과 모
든 간절함과 우리를 사랑하는 이 모든 일에 풍성한 것 같이 이 은혜에도 풍
성하게 할지니라 8 내가 명령으로 하는 말이 아니요 오직 다른 이들의 간절
함을 가지고 너희의 사랑의 진실함을 증명하고자 함이로라 9 우리 주 예수
그리스도의 은혜를 너희가 알거니와 부요하신 이로서 너희를 위하여 가난하
게 되심은 그의 가난함으로 말미암아 너희를 부요하게 하려 하심이라 10 이
일에 관하여 나의 뜻을 알리노니 이 일은 너희에게 유익함이라 너희가 일
년 전에 행하기를 먼저 시작할 뿐 아니라 원하기도 하였은즉 11 이제는 하던
일을 성취할지니 마음에 원하던 것과 같이 완성하되 있는 대로 하라 12 할 마
음만 있으면 있는 대로 받으실 터이요 없는 것은 받지 아니하시리라 13 이는
다른 사람들은 평안하게 하고 너희는 곤고하게 하려는 것이 아니요 균등하
게 하려 함이니 14 이제 너희의 넉넉한 것으로 그들의 부족한 것을 보충함은
후에 그들의 넉넉한 것으로 너희의 부족한 것을 보충하여 균등하게 하려 함
이라 15 기록된 것 같이

많이 거둔 자도 남지 아니하였고
적게 거둔 자도 모자라지 아니하였느니라

사도가 2-7장에서 자신의 사역과 고린도 교회와의 회복된 관계에 대해 말하다가, 잠시 8-9장에서 예루살렘 성도들을 위한 연보로 주제를 바꾼다. 이후 10-13장은 다시 바울이 자신의 사도직을 방어하는 내용으로 이어진다. 또한 9장은 8장과 내용이 상당히 비슷하다.

이러한 상황에 대해 일부 학자는 8-9장이 책의 흐름을 방해하는 일

탈(deviation)이라 한다. 저자의 생각 흐름이 8장에서 멈췄다가 10장에서 다시 시작한다는 뜻이다. 그러므로 이들은 8-9장에 '괄호'를 쳐도 된다고 한다. 심지어 바울의 원본에 다른 사람(들)이 삽입한 것이라고 주장하는 이들도 있다(cf. Hafemann).

사도는 7장에서 고린도 교회와의 관계가 회복된 것을 참으로 기뻐했다. 마치 탕자가 아버지의 품에 돌아온 듯한 느낌이다(눅 15:11-32). 사도는 회복된 관계를 바탕으로 한동안 미뤄 두었던 시급한 프로젝트를 추진하고자 한다. 빈곤에 처한 예루살렘 성도들을 돕기 위해 이방인 교회들이 모금하는 일이다. 이 프로젝트는 사도가 1년 전부터 마게도냐 교회들을 대상으로 진행해 왔지만, 고린도 교회의 경우 악화된 관계로 인해 추진하지 못했다. 이러한 상황을 고려하면 8-9장은 서신의 전체적인 문맥과 잘 어울린다.

바울은 하나님이 마게도냐 교회들에게 주신 은혜를 고린도 성도들에게 알리고자(자랑하고자) 한다(1절). 사도는 2차 선교 여행 때 마게도냐 지역에 있는 빌립보와 데살로니가와 베뢰아에 교회를 세웠다. 바울은 하나님이 이 교회들에 은혜를 주셨다고 한다.

'은혜'(χάρις)는 매우 다양한 뉘앙스를 지닌 단어인데, 하나님이 성도들을 위해 혹은 성도들을 통해 하시는 많은 일이 은혜다. 본 텍스트에서 전개되는 내용을 보면 하나님이 마게도냐 교회들에 주신 은혜는 예루살렘 성도들을 돕고자 하는 간절한 마음이다. 그들은 영적인 빚(예루살렘에서 그리스도의 복음이 전파되기 시작해 마게도냐까지 온 것)을 나눔과 섬김(헌금)으로 갚고자 한다. 이런 빚은 자주 지고, 자주 갚아야 한다.

예루살렘 성도 중 상당수가 매우 가난했다. 게다가 핍박(cf. 행 11:19)과 흉년(cf. 행 11:27-30)도 끊이지 않았다. 바울은 바나바와 함께 안디옥 교회의 헌금을 예루살렘 교회에 전달한 적이 있다(cf. 행 11:29-30; 12:25; 갈 2:1). 이번에도 그들을 돕고자 모금하고 있다(롬 15:25-26, 31; 고후 8:4, 13-15, 19-20; 9:1, 12-13). 바울은 평생 가난한 자들에 대한 안타까움을 마음에 품고 사역했다(갈 2:10).

고린도가 위치한 아가야 지역은 그리스에서 가장 부유한 지역인 데 반해 마게도냐는 가장 가난한 지역이었다(Barrett). 그러므로 가난한 지역에 있는 마게도냐 교회들도 풍요로울 리 없다. 실제로 마게도냐 교회들은 남을 도울 만한 상황이 아니었다. 사도는 마게도냐 교회가 환난의 많은 시련 가운데 있고, 극심한 가난을 겪고 있다고 한다(2절). '환난의 많은 시련'(πολλῇ δοκιμῇ θλίψεως)에서 '환난'(θλῖψις)은 억압과 고통을 뜻한다(cf. 2:4; 4:17). '시련'(δοκιμή)은 환난을 통해 오는 '연단'(test, proof)이다. 정확히 어떤 이유 때문인지는 알 수 없지만, 마게도냐 교회들은 환난을 당하고 있으며 이 환난은 그들에게 많은 시련을 안겨 주었다. 남을 도울 만한 형편이 못 된다는 것이다.

'극심한 가난'(βάθους πτωχεία)은 혹독한 궁핍이다(cf. BAGD). 궁핍함은 마게도냐 사람들에게 익숙했던 상황이다(cf. 행 17:5-8; 빌 1:28-30; 살전 1:6; 2:14; 3:3-4; 살후 1:4-7). 바울은 마게도냐 성도들의 형편을 생각하면 그들은 절대 남을 도울 만한 위치에 있지 않다고 한다.

가뜩이나 가난한 마게도냐 성도들은 환란으로 인해 깊은 시련 가운데 있지만, 그들에게는 넘치는 기쁨이 있다(2a절). 이 기쁨은 자신이 처한 어려운 상황에서도 예루살렘에 사는 더 어려운 그리스도인 형제자매들을 도울 수 있다는 감격이다. 그들의 기쁨은 풍성하게 넘치는 연보로 이어졌다(2b절).

당시 문화에서는 가난한 사람을 돕는 일은 부자들만 하는 것이라 했다(Keener). 그러므로 참으로 가난하고 큰 환난 중에 있는 마게도냐 성도들이 예루살렘 성도들을 위해 모금한 것은 참으로 대단한 일이다. 형편이 어려운 사람도 남을 도울 수 있다며 생각의 틀을 바꿨기 때문이다. 헌금은 남을 도울 만한 여건이 되어서 하는 것이 아니다.

그들이 이렇게 할 수 있었던 것은 자신이 처한 상황만 바라보지 않고 눈을 들어 오병이어의 기적을 행하신 하나님을 보았고, 이어서 고통

속에 있는 예루살렘 성도들을 보았기 때문이다. 자신에게서 눈을 떼니 완전히 새로운 세상이 보였다. 나중에 예수님이 서머나 교회에 하실 말씀을 이들은 이미 경험하고 있다: "내가 네 환난과 궁핍을 알거니와 실상은 네가 부요한 자니라"(계 2:9).

바울은 예루살렘 성도들을 위한 마게도냐 교회들의 헌금에 대해 세 가지를 말한다. 첫째, 마게도냐 교회들은 여력보다 더 많이 헌금했다(3절). 사도는 그들의 어려운 형편을 잘 알고 있다. 그러나 그들은 옆에서 지켜보기에 짠할 정도로 헌신적으로, 많이 드렸다.

둘째, 마게도냐 교회들은 자원해서 모금에 참여했다(4절). 사도가 예루살렘 성도들의 어려운 형편을 말하며 그들을 돕기 위해 모금한다고 하자 마게도냐 성도들은 '이 은혜로운 일'(τὴν χάριν), 곧 '성도 섬기는 일'(τὴν κοινωνίαν τῆς διακονίας τῆς εἰς τοὺς ἁγίους)에 참여할 수 있도록 허락해 줄 것을 바울에게 간절히 구했다. 사도는 그들의 삶도 넉넉하지 않기 때문에 강요할 생각은 전혀 없었다. 그런데 이게 웬일인가! 그들은 모금에 참여하게 해 달라고 애원하다시피 했다! 마게도냐 성도들은 참으로 가난한 중에 풍요로운 사람들이다(cf. 계 2:9).

셋째, 마게도냐 성도들은 헌금을 드릴 때 하나님의 뜻에 따라 먼저 자신을 주께 드리고 그다음 사도 일행에게 바쳤다(5절). 그들에게 헌금은 단순히 물질을 나누는 일이 아니었다. 먼저 하나님께 자신을 드리는 일이었다. 많은 기도와 감사로 자신이 이 일에 참여할 수 있도록 허락하신 하나님께 온전히 헌신한 것이다. 그런 다음 모금한 돈을 예루살렘 성도들을 돕는 연보로 써 달라고 사도에게 부탁했다. 이러한 일은 바울이 기대하지 못한 일이었다. 그는 그들이 돈만 모아줄 것으로 생각했다(5a절). 그런데 그들은 모금을 삶으로 하나님을 예배하는 일로 승화시킨 것이다! 바울도 감격했지만, 하나님은 얼마나 기뻐셨을까!

마게도냐 교회에서 모금이 참으로 아름답게 시작되자 바울은 고린도 교회에도 이 은혜로운 일에 참여할 기회를 주기로 했다. 그는 디도를 권해 고린도에서도 예루살렘 성도들을 위한 모금이 실현되게 하라고 했고, 그가 이미 이 일을 시작했다(6절).

그러므로 이제 남은 것은 고린도 성도들이 믿음과 지식과 모든 간절함과 사도를 사랑하는 마음이 풍성한 것처럼 풍성한 기부로 모금에 참여하는 것이다(7절). 고린도 성도들은 그들의 믿음과 지식과 하나님을 사모하는 마음과 바울을 비롯한 사역자들에 대한 사랑이 넘친다고 했다. 이제 이 모든 것을 예루살렘 성도들을 위한 연보로 실천할 때다. 모세가 히브리 노예를 내보낼 때 빈손으로 내보내지 말고 “네 하나님 여호와께서 네게 복을 주신 대로” 후하게 주어 내보내라고 한 말씀이 생각난다(신 15:13-14). 고린도 성도들이 복음을 영접한 후 하나님께 받은 은혜가 크다고 생각하면 이 모금을 위해 하나님께 헌신적으로 드려야 한다.

바울이 고린도 성도들에게 모금에 대해 명령하는 것은 아니다(8a절). 다만 다른 사람들의 간절함을 가지고 그들의 사랑이 진실하다는 것을 증명하고자 한다(8b절). ‘증명하다’(δοκιμάζω)는 시험해 보겠다는 뜻이다(BAGD, cf. NIV, NRS). 형편이 매우 어려운 상황에서도 예루살렘 성도들을 위해 희생적으로 드리는 마게도냐 성도들의 사랑만큼이나 고린도 성도들의 사랑도 진실하다는 것을 보여 달라는 뜻이다.

예수님은 그리스도인이 어려운 성도들을 위해 헌신할 때 모델로 삼아야 할 분이다. 그분은 참으로 부요하신 분이지만 우리를 위해 가난하게 되셨다(10a절). 주님은 자신의 가난함으로 인해 우리를 부요하게 하고자 하셨다(10b절). 빌립보서 말씀이 그리스도가 우리를 위해 가난하게 되신 일을 가장 잘 설명한다.

> 그는 근본 하나님의 본체시나 하나님과 동등됨을 취할 것으로 여기지 아니하시고 오히려 자기를 비워 종의 형체를 가지사 사람들과 같이 되셨고 사람의 모양으로 나타나사 자기를 낮추시고 죽기까지 복종하셨으니 곧

십자가에 죽으심이라(빌 2:6-8).

하나님이신 예수님이 우리를 구원하시고자 모든 것을 비우시고 종의 몸으로 이 땅에 오셔서 자신을 낮추시고 죽기까지 복종하셨다는 사실을 생각하면, 우리가 주님께 드릴 수 있는 그 어떤 것도 아깝지 않다. 그분의 십자가 죽음으로 인해 우리가 하나님께 나아가 하나님의 자녀가 되는 축복을 누리게 되었기 때문이다. 하나님의 자녀로서 우리는 세상 그 누구보다도 부요하다.

예루살렘 성도들을 위한 모금은 고린도 성도들에게도 유익한 일이다(10절). 그들이 1년 전에 먼저 시작했으므로 그들이 마무리해야 하는 일이기 때문이다: "이 구제 사업에 대해서 내 의견은 이렇습니다. 이 일은 일 년 전에 여러분이 먼저 시작했을 뿐만 아니라 또 자원해서 한 일이니 여러분이 완성하는 것이 좋겠습니다"(공동). 그들이 시작한 일에 마게도냐 교회들이 헌신적으로 동참했으니, 이제 고린도 교회가 이를 마무리할 때가 되었다.

이제는 고린도 교회가 모금을 마무리할 때다(11a절). 그러므로 바울은 고린도 성도들이 처음에 프로젝트를 시작했을 때 생각했던 대로 끝맺기를 원한다. 그러나 있는 대로 하라고 당부한다(11b절). '있는 대로'(ἐκ τοῦ ἔχειν)는 의욕이 앞서서 무리하면서까지 하지 말고, 자기 형편에 따라 합리적으로 헌금하라는 뜻이다(Calvin, Thrall, cf. 공동, ESV, NAS, NIV). 사도는 우리가 빚을 내서까지 헌금하는 것을 원하지 않는다. 남들보다 형편이 나은 사람은 더 많이 하고, 형편이 어려운 사람은 적게 해도 된다.

하나님은 할 마음만 있으면 있는 대로 받으시며, 마음이 없는 것은 받지 않으신다(12절). 우리가 헌금을 드리면, 하나님이 우리의 마음을 보시고 받을 것인지 받지 않을 것인지 판단하신다는 뜻이다. 그러므로 누구에게 강요당해 억지로 드리는 예물, 마음에 없는 예물은 받지 않으신다. 헌금도 하나님을 예배하는 행위이며 참으로 선한 일이다. 그러므로 큰 액수를 헌금할 때 가장 경계해야 하는 것은 이 좋은 일을 하면서 시험에 드는 것이다. 헌금은 드릴 수 있는 것에 감사하며 기쁜 마음으로 드려야 한다. 이에 예수님은 참으로 적은 액수를 드린 과부가 모든 사람보다 많이 헌금했다고 하셨다.

> 한 가난한 과부는 와서 두 렙돈 곧 한 고드란트를 넣는지라 예수께서 제자들을 불러다가 이르시되 내가 진실로 너희에게 이르노니 이 가난한 과부는 헌금함에 넣는 모든 사람보다 많이 넣었도다 그들은 다 그 풍족한 중에서 넣었거니와 이 과부는 그 가난한 중에서 자기의 모든 소유 곧 생활비 전부를 넣었느니라 하시니라(막 12:42-44).

바울이 권면하는 것은 다른 사람들은 평안하게 하고 고린도 성도들을 곤고하게 하기 위해서가 아니다(13a절). 사도는 고린도 성도들이 모금으로 인해 부담스러워하는 것을 염려한다. 사실은 그들이 부담을 느낄 만하다. 이 일은 고린도에서 1년 전에 시작되었고, 가난한 마게도냐 성도들이 참으로 헌신적으로 참여했다. 고린도 교회는 마게도냐 교회들보다 훨씬 더 부유하다. 그러므로 그들이 모금을 마무리해야 하는 시점에서 형편이 되는 대로 드리라는 사도의 말까지도 큰 부담이 될 수 있다.

사도가 고린도 교회에 권면하는 것은 모든 사람에게 공평하게 하고자 해서다(13b절). 그들이 시작한 일이니 그들이 끝내야 한다. 마게도냐 교회는 참으로 헌신적으로 기쁜 마음으로 드렸지만, 액수는 그다지 크지 않았다. 이번에 고린도 교회가 넉넉하게 헌금해 마게도냐 교회의 부족한 것을 보충하면, 후에 그들의 형편이 더 나아졌을 때(성도가 더 많이 늘어나고, 그들의 형편이 더 좋아지면) 더 큰 몫을 감당할 수도 있다(14절).

헌금할 때 우리가 기억해야 할 말씀은 "많이 거둔 자도 남지 아니하였고 적게 거둔 자도 모자라지 아니하였느니라"다(15절). 이스라엘이 매일 광야에서 만나를 거두어들일 때 있었던 일을 회고하는 출애굽기 16:18 말씀이다. 하나님은 자기 백성 중 많이 거둔 자도 남지 않고, 적게 거둔 자도 모자라지 않기를 원하신다. 하나님은 많이 거두는 자가 적게 거두는 자를 도우라는 의미에서 이렇게 말씀하셨다(Garland). 만일 우리가 누리는 물질적인 풍요로움이 하나님으로부터 온 축복이라 생각한다면, 헌금할 때마다 생각해 볼 원칙이다.

이 말씀은 하나님은 우리가 헌금으로 인해 시험에 들지 않기를 원하신다고 말한다. 너무 많이 가진 사람은 부유함으로 인해 시험에 들 수 있고, 너무 적게 가진 사람은 가난함으로 인해 시험에 들 수 있다. 모두 다 각자의 믿음과 형편에 따라 기쁜 마음으로 드려야 한다. 헌금은 가장 기본적이면서도 가장 고상한 신앙 표현이다. 우리는 헌금을 통해 그리스도를 닮아 가야 한다.

그러므로 헌금을 할 때 가장 중요한 것은 마음이다. 액수에 상관없이 기쁜 마음으로 드리지 않는다면, 하나님은 받지 않으신다. 헌금을 드릴 수 있는 것은 특권이고 영광이다. 하나님이 주신 것으로 남을 도울 수 있다는 것이 특권이며, 내가 도움을 받는 자가 아니라 드릴 수 있는 자라는 것이 영광이다. 또한 우리가 누구를 도울 수 있을 때 자존감과 자신감이 생긴다.

V. 예루살렘 교회를 위한 연보(8:1-9:15)

B. 디도의 임무(8:16-9:5)

바울은 디도와 두 형제를 이 서신과 함께 고린도로 보낸다. 디도는 이미 고린도 성도들이 예루살렘 성도들을 위한 모금을 시작하게 했고, 이번에 가면 모든 일을 지휘할 것이다. 두 형제는 모금이 잘 진행되도록 디도를 돕기 위해 함께 간다. 이 섹션은 다음과 같이 구분된다.

A. 디도와 두 동역자(8:16-24)
B. 헌금 모금(9:1-5)

V. 예루살렘 교회를 위한 연보(8:1-9:15)
B. 디도의 임무(8:16-9:5)

1. 디도와 두 동역자(8:16-24)

16 너희를 위하여 같은 간절함을 디도의 마음에도 주시는 하나님께 감사하노
니 17 그가 권함을 받고 더욱 간절함으로 자원하여 너희에게 나아갔고 18 또
그와 함께 그 형제를 보내었으니 이 사람은 복음으로써 모든 교회에서 칭찬
을 받는 자요 19 이뿐 아니라 그는 동일한 주의 영광과 우리의 원을 나타내기
위하여 여러 교회의 택함을 받아 우리가 맡은 은혜의 일로 우리와 동행하는
자라 20 이것을 조심함은 우리가 맡은 이 거액의 연보에 대하여 아무도 우리
를 비방하지 못하게 하려 함이니 21 이는 우리가 주 앞에서뿐 아니라 사람 앞
에서도 선한 일에 조심하려 함이라 22 또 그들과 함께 우리의 한 형제를 보
내었노니 우리는 그가 여러 가지 일에 간절한 것을 여러 번 확인하였거니와
이제 그가 너희를 크게 믿으므로 더욱 간절하니라 23 디도로 말하면 나의 동
료요 너희를 위한 나의 동역자요 우리 형제들로 말하면 여러 교회의 사자들
이요 그리스도의 영광이니라 24 그러므로 너희는 여러 교회 앞에서 너희의
사랑과 너희에 대한 우리 자랑의 증거를 그들에게 보이라

본 텍스트는 디도와 함께 고린도를 방문할 두 사역자에 대한 일종의 추천서라 할 수 있다(Harris). 디도는 팀장이 되어 이 두 사람과 함께 고린도 교회에서 예루살렘 성도들을 위한 모금 운동을 지휘할 것이다.

바울은 하나님이 고린도 성도들에 대한 간절함을 디도에게 주신 것

을 감사한다(16절). '간절함'(σπουδή)은 7장이 시작된 이후 여러 차례 쓰인 단어이며 '열정, 열심' 등을 뜻한다(BAGD, cf. 7:11–12; 8:7–8). 신약에서 '하나님께 감사하노니'(χάρις δὲ τῷ θεῷ)는 여섯 차례 등장하는 표현이며, 바울만 사용한다(Guthrie, cf. 2:14). '감사'(χάρις)는 매우 광범위한 의미를 지닌 단어이며 8장에서는 하나님의 친절, 호의, 연보, 연보에 참여하는 특권 등을 뜻한다(BAGD, cf. 8:4, 6–7, 19).

고린도 성도들에 대한 디도의 열정과 헌신은 사도의 것에 버금가며, 하나님이 그에게 주신 거룩한 감정이다(Barrett, Hafemann, Plummer). 그는 바울의 서신을 들고 고린도를 방문했으며, 사도는 고린도 성도들에 대한 디도의 사랑이 매우 각별하다고 했다(7:15). 본문이 '은혜 신학'(theology of grace)을 계발하는 것은 아니지만, 하나님은 인간이 행하는 선한 일에 영감을 주시고 가능하게 하시는 분이라는 생각이 이 장 전체에 배어 있다(Matera).

디도는 바울의 권유를 받고 더욱 간절함으로 자원해 고린도 성도들에게 나아갔다(17절). '나아갔다'(ἐξῆλθεν)는 부정 과거형(aorist)으로 이미 일어난 일을 뜻한다. 그러나 디도는 아직 바울과 함께 있으며, 이 서신(고린도후서)이 완성된 후에야 고린도로 갈 것이다(Harris, Wallace). 이러한 사용을 서신적 부정 과거형(epistolatory aorist)이라 한다.

바울은 디도와 함께 두 형제를 고린도로 보냈다. '형제'(ἀδελφός)는 본문에서 사역자를 뜻하는 것으로 보인다(Ellis, Guthrie). 그들은 디도를 돕는 동역자다. 바울이 이 형제들의 이름을 밝히지는 않지만, 이 서신을 읽을 고린도 성도들은 그들의 이름을 이미 알고 있다.

첫 번째 형제는 복음으로 인해 모든 교회에서 칭찬받는 사람이다(18절). 마게도냐 교회들은 그에 대해 잘 알고 있으며 모두 다 그를 존경한다는 뜻이다(Thrall). 또한 그는 동일한 주의 영광과 바울의 사역 팀이 원하는 바를 나타내기 위해 여러 교회의 택함을 받아 선교 팀이 하는 은혜의 일(복음을 전파하는 일)로 그들과 동행하는 자다(19절). '우리가 원하는 바'(τῇ χάριτι ταύτῃ τῇ διακονουμένῃ ὑφ' ἡμῶν)는 예루살렘 성도들을 위한 모금을 마무리해 전달하는 일이다(Harris, Matera). 마게도냐 교회가 사도의 모금과 전달을 도우라며 선교 팀과 함께하도록 세워 준 사역자라는 뜻이다(Sampley, Thrall).

바울이 고린도 교회의 연보를 디도 혼자서 주관하지 않고 두 형제와 함께 감당하게 한 것은 이 거액의 연보에 대해 아무도 사도 일행을 비방하지 못하게 하기 위해서다(20절). 모금 같은 선한 일을 할 때는 주님 앞에서뿐 아니라 사람들 앞에서도 조심하고 신중해야 하기 때문이다(21절). 누가 보아도 문제가 없는 투명성을 확보하고자 세 사람을 팀으로 보내 함께 일하게 한 것이다.

신약은 돈에 대해 자주 경고한다(마 6:24; 21:12; 막 6:8; 눅 3:14; 9:3; 16:11; 행 8:18, 20; 딤전 6:10; 딤후 3:2; 히 13:5). 지도자들은 돈을 매우 신중하게 대해야 한다(딤전 3:8; 딛 1:7; 벧전 5:2; cf. 고후 2:17). 돈과 관련해 아무리 선하고 좋은 일이라도 투명성이 문제가 되어 비난을 받게 된다면, 차라리 하지 않는 것만 못하다. 가난한 마게도냐 성도들이 헌신적으로 드린 것에 부유한 고린도 교회가 더하면 참으로 큰 액수가 될 것이다. 그러므로 사도는 투명성에 투명성을 더하기를 원한다.

디도와 함께 가는 두 번째 형제는 '실전에서 뼈가 굵은 베테랑' 사역자다(Guthrie). 사도는 그에게 여러 가지 일을 맡겼으며, 그때마다 열심히 하여 사도가 성실함을 인정하는 사역자다(22a절). 아마도 고린도 교회와 바울이 매우 어려운 시간을 보내고 있을 때 그의 곁을 지킨 동역자였을 것이다(Guthrie). 또한 그는 고린도 성도들을 크게 믿으며 더욱 간절하다(22b절). 하루라도 빨리 디도와 함께 고린도로 가서 성도들을 섬기며 돕고 싶어 한다는 뜻이다.

바울은 디도를 자기 동료이자 동역자라 한다(23a절). '동료'(κοινωνός)는 함께하는 파트너를, '동역자'(συνεργός)는 함께 사역하는 자라는 뜻이다. 바울은 자기보다 훨씬 어린 디도를 매우 귀하게 여기고 있다. 그와 함께 고린도로 향하는 두 형제는 여러 교회가 파송한 사자들이며, 그리스도의 영광이다(23b절). '사자들'(ἀπόστολοι)은 공식적으로 파송한 메신저라는 뜻이다. 그들은 마게도냐 교회가 파송한 사절(envoys)로서 이 일에 참여하고 있다. '그리스도의 영광'(δόξα Χριστοῦ)은 목적격으로 이 형제들이 그리스도를 영화롭게 하는 자들, 곧 그리스도께 영광을 돌리는 자들이라는 뜻이다(Garland).

그러므로 사도는 고린도 성도들에게 그들의 사랑과 사도가 그들을 자랑스럽게 여기는 증거를 이 사절들에게 보이라고 한다(24절). 그들을 환대할 뿐 아니라, 예루살렘 교회를 위한 모금에 적극적으로 동참해 그들을 감격시키라는 뜻이다.

이 말씀은 사역과 섬김에 대한 열정은 하나님이 주시는 은혜라 한다. 사역과 섬김은 경제적인 손실을 감수해야 하는 일이라는 뜻이다. 그러므로 인간은 이런 일을 스스로 할 수 없다. 하나님의 특별한 은혜가 있어야 섬기고 사랑할 수 있다. 우리는 이 은혜를 사용해 서로를 잘 섬기고 사랑함으로써 하나님께 영광을 돌려야 한다.

사역에서 투명성은 참으로 중요하다. 돈과 연결된 일에는 더욱더 그렇다. 아무리 선한 의도로 좋은 일을 하더라도 제도적인 투명성을 먼저 확보한 다음에 진행해야 한다. 좋은 일을 하면서 욕을 먹거나 의심을 받는 것은 옳지 않다.

V. 예루살렘 교회를 위한 연보(8:1-9:15)
B. 디도의 임무(8:16-9:5)

2. 헌금 모금(9:1-5)

1 성도를 섬기는 일에 대하여는 내가 너희에게 쓸 필요가 없나니 2 이는 내가 너희의 원함을 앎이라 내가 너희를 위하여 마게도냐인들에게 아가야에서는 일 년 전부터 준비하였다는 것을 자랑하였는데 과연 너희의 열심이 퍽 많은

사람들을 분발하게 하였느니라 [3] 그런데 이 형제들을 보낸 것은 이 일에 너희를 위한 우리의 자랑이 헛되지 않고 내가 말한 것 같이 준비하게 하려 함이라 [4] 혹 마게도냐인들이 나와 함께 가서 너희가 준비하지 아니한 것을 보면 너희는 고사하고 우리가 이 믿던 것에 부끄러움을 당할까 두려워하노라
[5] 그러므로 내가 이 형제들로 먼저 너희에게 가서 너희가 전에 약속한 연보를 미리 준비하게 하도록 권면하는 것이 필요한 줄 생각하였노니 이렇게 준비하여야 참 연보답고 억지가 아니니라

어떤 이들은 8장과 9장은 두 개의 모금에 대한 독립적인 편지를 하나로 합한 것이라고 한다(Betz, Furnish). 그렇기 때문에 9장이 8장을 상당 부분 반복한다고 한다. 그러나 9장은 8장 내용을 재차 확인하는 차원에서 반복하는 것이다(Barrett, Guthrie, Hafemann, Stowers). 예루살렘 성도들을 위한 모금이 순조롭게 진행되는 것은 사도에게 매우 중요한 일이기 때문이다.

바울은 모금에 대해 고린도 성도들이 무엇을 원하는지 알고 있기 때문에 다시 설명할 필요를 느끼지 못한다(1-2a절; cf. 8:1-11). 그들은 이 일을 적극적으로 추진하기로 했다. 바울은 고린도 성도들의 진취성(initiative)에 감동해 마게도냐인들에게 예루살렘 성도들을 위한 모금이 아가야에서는 일 년 전부터 시작되었다고 자랑했다(2b절). 사도가 고린도가 아니라 아가야주를 언급하는 것은 고린도 주변 아가야 지역 교회들도 이 일에 동참하고 있음을 암시한다(Hafemann). 고린도 성도들이 시작한 선한 일은 마게도냐 성도들에게 큰 영감이 되어 많은 사람을 분발하게 했다(2c절). 그들도 모금에 참여한 것이다.

사도가 디도와 두 형제를 함께 고린도 교회로 보내는 것은 이 프로젝트와 관련해 사도가 마게도냐 성도들에게 고린도 교회에 대해 자랑한 것이 사실이라는 것을 드러낼 준비를 하게 하기 위해서다(3절). 바울이 얼마 후 고린도를 방문할 때 마게도냐인도 몇 명이 함께 갈 텐데, 그때까지 고린도 교회의 연보가 준비되지 않으면 고린도 교회뿐 아니라 그들을 자랑했던 사도도 부끄러움당할 것을 우려한다(4절).

그러므로 사도가 고린도 성도들에 대해 마게도냐 교회들에게 자랑한 것이 하나도 틀리지 않았다는 것을 입증하기 위해서라도 이 세 사역자가 먼저 가서 그들의 모금을 도울 것이다(5a절). 이렇게 준비해야 참 연보답고 억지가 아니다(5b절). 연보는 사전에 충분한 시간을 두고 기도하며 준비해야 하며, 마지못해 급하게 준비하는 것은 바람직하지 않다(cf. 새번역). 헌금에서 가장 중요한 것은 드리는 자의 감사와 기쁨인데, 마지못해 급하게 드리면 이런 기쁨과 감사가 없다.

이 말씀은 빈 말을 삼가고 진실한 말을 해야 한다고 한다. 고린도 성도들은 1년 전에 예루살렘 성도들을 돕겠다며 적극적으로 나섰다. 이제 그들의 말을 실천으로 옮길 때가 되었다. 만일 그들의 말이 빈말로 드러나면 그들은 물론 사도까지 부끄러움을 당할 것이다. 처음부터 모금을 하지 않겠다고 한 것보다 못하게 되는 것이다. 우리는 책임질 수 있고 실천할 수 있는 말만 하려고 노력해야 한다. 우리의 말은 곧 우리의 신용장이 되어야 한다.

어려운 그리스도인을 돕는 일은 우리가 해야 할 필수적인 섬김이라 할 수 있다. 그러나 즉흥적인 결정에 따라 하는 것보다, 어느 정도 시간을 두고 기획하고 진행하는 것이 바람직하다. 성도도 각자 기도하며 하나님의 감동과 인도하심에 따라 각자의 몫을 결정할 시간이 필요하다. 모금을 진행하고 각자의 역할(몫)을 결정할 때 기억해야 할 원칙은 많이 거두는 자도 남지 않고, 적게 거두는 자도 모자라지 않는다는 사실이다.

V. 예루살렘 교회를 위한 연보(8:1–9:15)

C. 리소스와 결과(9:6–15)

6 이것이 곧 적게 심는 자는 적게 거두고 많이 심는 자는 많이 거둔다 하는
말이로다 7 각각 그 마음에 정한 대로 할 것이요 인색함으로나 억지로 하지
말지니 하나님은 즐겨 내는 자를 사랑하시느니라 8 하나님이 능히 모든 은혜
를 너희에게 넘치게 하시나니 이는 너희로 모든 일에 항상 모든 것이 넉넉
하여 모든 착한 일을 넘치게 하게 하려 하심이라 9 기록된 바

그가 흩어 가난한 자들에게 주었으니
그의 의가 영원토록 있느니라

함과 같으니라 10 심는 자에게 씨와 먹을 양식을 주시는 이가 너희 심을 것
을 주사 풍성하게 하시고 너희 의의 열매를 더하게 하시리니 11 너희가 모든
일에 넉넉하여 너그럽게 연보를 함은 그들이 우리로 말미암아 하나님께 감
사하게 하는 것이라 12 이 봉사의 직무가 성도들의 부족한 것을 보충할 뿐 아
니라 사람들이 하나님께 드리는 많은 감사로 말미암아 넘쳤느니라 13 이 직
무로 증거를 삼아 너희가 그리스도의 복음을 진실히 믿고 복종하는 것과 그
들과 모든 사람을 섬기는 너희의 후한 연보로 말미암아 하나님께 영광을 돌
리고 14 또 그들이 너희를 위하여 간구하며 하나님이 너희에게 주신 지극한
은혜로 말미암아 너희를 사모하느니라 15 말할 수 없는 그의 은사로 말미암
아 하나님께 감사하노라

예루살렘 성도들을 위한 모금에 대해 바울은 “적게 심는 자는 적게 거두고 많이 심는 자는 많이 거둔다”(6절)라는 말로 최대한 많이 헌금할 것을 당부한다. 헌금은 드리는 만큼 기쁨과 감사와 나중에 거두게 될 축복이 비례한다는 것이다.

‘많이 심는 자는 많이 거둔다’(ἐπ’ εὐλογίαις ἐπ’ εὐλογίαις καὶ θερίσει)에서 ‘많이’(εὐλογίαις)는 주로 ‘찬양’(계 5:23)과 ‘축복’(롬 15:29; 고전 10:16; 엡

1:3; 약 3:10; 히 6:7)의 의미로 많이 쓰이는 단어다. '많이'라는 의미로 사용되는 곳은 이곳이 유일하다(BDAG). 그러므로 저자가 많이 헌금하면 많은 축복을 누린다는 의미를 곁들이기 위해 이 단어를 사용한 것으로 보인다.

이와 비슷한 말이 구약과 유대인 문헌에 흔하게 등장한다(Harris, Scott, cf. 잠 11:24-25; 19:17; 22:8-9; 호 8:7; 욥 4:8). 신약에도 비슷한 가르침이 있다(눅 6:38; 갈 6:7). 또한 당시 헬라어 문헌에도 흔하게 사용되었다(Keener, Thrall). 우리말에도 '심은 대로 거둔다'라는 말이 있다. 많이 걷으려면 많이 심어야 한다. 세상은 적게 심고 많이 거두려 하는 것을 '도둑놈 심보'라고 한다.

헌금할 때는 각각 그 마음에 정한 대로 해야 한다(7a절). 율법은 히브리 노예를 내보낼 때 그가 궁핍함으로 인해 다시 자신을 노예로 파는 일이 없도록 주인에게 이렇게 권면한다: "너는 반드시 그에게 줄 것이요, 줄 때에는 아끼는 마음을 품지 말 것이니라 이로 말미암아 네 하나님 여호와께서 네가 하는 모든 일과 네 손이 닿는 모든 일에 네게 복을 주시리라"(신 15:10). 바울은 이 말씀을 생각하며 마음이 정한 대로 헌금하라고 한다(Hafemann). 또한 마음으로 정하는 것은 공개적으로 알리는 것이 아니라, 각자 개인적으로 조용히 결정하라는 의미를 포함하고 있다(Bellville).

연보를 할 때 인색함이나 억지로 하는 것은 옳지 않다(7b절). '인색함'(λύπη)은 '슬픔, 애통함' 등을 뜻한다(BDAG, cf. 2:1, 3, 7; 7:10). 행복의 반대말이다(Guthrie). 헌금할 때는 죄책감이나 미안함으로 해서는 안 된다. '억지'(ἀνάγκη)는 주변의 압력으로 인해 마음에 없는 일을 마지못해 하는 것이다(BDAG). 이런 기부는 좋지 않다.

하나님은 즐겨 내는 자를 사랑하신다(7c절). 하나님이 우리에게 은혜 내리기를 즐겨 하시는 것처럼, 우리가 가난한 성도들을 돕는 일을 기쁨으로 하기를 원하신다. 헌금의 액수도 중요하지만, 더 중요한 것은 어떤 마음으로 드리느냐다. 헌금은 하나님께 드리는 것인데, 인색함과 억지로 드린다면 받으시는 하나님이 얼마나 기분이 상하시겠는가!

바울은 헌금할 때 기쁜 마음으로 많이 하는 것이 좋다고 했는데, 8-9절이 그 이유를 설명한다. 하나님께 많이 드릴수록 하나님이 더 많이 주실 것이기 때문이다. 이것이 기부에 대한 성경적 원칙이다.

누구든지 많이 헌금했다고 해서 절대 부족하지 않을 것이다. 하나님이 능히 모든 은혜를 그에게 넘치게 하실 것이기 때문이다(8a절). 하나님은 우리가 모든 일에 항상 모든 것이 넉넉해 착한 일을 넘치게 하길 원하신다(8b절). 하나님이 우리에게 많은 복을 끊이지 않게 내리시는 것은 선한 일을 더 많이 하게 하기 위함이다. 우리는 하나님의 축복으로 하나님의 일을 하는 것이지, 우리의 능력으로 하는 것이 아니라는 사실을 고백해야 한다.

사도가 9절에서 인용한 말씀은 시편 112:9이다: "그가 재물을 흩어 빈궁한 자들에게 주었으니 그의 의가 영구히 있고 그의 뿔이 영광 중에 들리리로다." 그러므로 본문의 '그'는 하나님이시다. 우리가 헌금해서 가난한 사람들을 돕는 것 같지만, 실상은 하나님이 우리를 통해 가난한 사람들을 도우시고 그분의 의를 드러내신다. 우리는 하나님의 손과 발이 되어 하나님이 하시는 일을 하는 것뿐이다.

그렇다면 우리를 통해 가난한 사람들을 구제하시는 하나님은 우리를 위해 무엇을 하시는가? 하나님은 심는 자인 우리에게도 심을 씨앗과 먹을 양식을 풍성하게 주시며, 의의 열매를 더 많이 수확하게 하신다(10절). 이 말씀은 이사야 55:10과 호세아 10:12 등을 배경으로 하며 농경사회에서 온 이미지다. 하나님이 우리가 뿌릴 씨앗을 주시며, 곡식이 자랄 때까지 먹을 양식도 주시고, 추수철이 되면 풍성히 거두게도 하신다(Matera).

우리가 뿌리는 씨앗은 하나님 말씀의 씨앗, 곧 복음이다(Hafemann). 우리는 연보를 통해 어려운 형편에 처한 사람을 도울 뿐 아니라, 말씀의 씨앗을 뿌린다. 우리가 뿌린 말씀의 씨앗이 자라면 하나님은 많은 열매를 거두실 텐데, 이는 우리의 의를 드러내는 열매다. 우리는 하나님께 순종해 말씀의 씨앗을 뿌리고 수확하여 하나님께 영광을 돌리는 의를 행한 사람들이 된다.

하나님은 헌금을 통해 말씀의 씨를 뿌리는 사람들에게 풍성하게 주겠다고 하셨다(cf. 10절). 그러므로 모든 일에 넉넉함을 경험한 사람은 더 많이 연보할 것이다. 또한 헌금의 수혜자들(예루살렘 성도)은 기부자들(고린도 성도)에게 헌금하도록 권면한 사도들로 인해 하나님께 감사하게 될 것이다(11절). 기부자들은 헌금하지 않았다면 절대 누리지 못했을 감격과 기쁨을 누리게 될 것이며 재정적으로도 더 풍요로워질 것이기에 더 헌신적으로 헌금하게 될 것이다. 이것은 헌금에 대한 하나님의 약속이다.

이 봉사의 직무(헌금을 모아 예루살렘 성도들을 돕는 일)는 예루살렘 성도들의 부족한 것을 보충할 뿐 아니라 이 프로젝트에 연관된 수많은 사람으로 하나님께 감사하게 한다(12절). 예루살렘 성도들은 재정적인 도움을 받은 일에 감사할 것이다. 헌금한 사람들은 하나님이 주신 풍요로움으로 기쁘게 헌금한 일을 감사할 것이다. 사도들은 이 프로젝트를 진행해 성도들의 영적인 교통을 도모하고, 하나님께 많은 감사와 영광이 돌아가게 한 일에 감사할 것이다.

또한 이 직무(고린도 성도들이 헌금을 모아 예루살렘 성도들을 돕는 일)는 그들이 그리스도의 복음을 진실하게 믿고 순종하는 것에 대한 증거다(13a절). 이웃을 위해 아낌없이 주신 그리스도의 말씀을 몸소 실천하는 일이기 때문이다. 또한 고린도 성도들은 후한 연보로 말미암아 하나님께 영광을 돌린다(13b절). 고린도 성도들이 물질로 섬기는 예루살렘 성도들만 기뻐하는 것이 아니라, 하나님도 기뻐하신다. 자녀들이 서로 돕고 사는 것이 하나님께는 가장 큰 기쁨이자 보람이다.

연보가 예루살렘에 도착하면, 예루살렘 성도들은 고린도 성도들을 위해 간구하며 하나님이 고린도 성도들에게 내려 주신 지극한 은혜로 말미암아 그들을 사모할 것이다(14절). '지극한'(ὑπερβάλλουσαν)은 상상을 초월하는, 기대한 것보다 훨씬 더 큰 것을 의미한다(BDAG). '은혜'(χάρις)는 친절, 호의(8:1; 9:8), 연보에 참여하는 특권(8:4), 연보 자체(8:6, 7, 19), 감사의 표현(8:16; 9:15) 등 다양한 의미로 사용되는 단어다. 이곳에서는 헌금하고 싶어 하는 고린도 성도들의 마음을 뜻한다. 예루살렘 성도들은 그들에게 헌금을 보낸 고린도 성도들을 위해 하나님께 간절히 기도하며, 그들을 사모할 것이다.

이 헌금 프로젝트가 사도들에게, 수혜자인 예루살렘 성도들에게, 기부자인 고린도 교회에, 또한 동참한 마게도냐 교회들에 어떤 의미를 지니는지 묵상한 바울의 감정이 감격으로 복받쳐 오른다. 그러므로 그는 형언할 수 없는 은사, 곧 이 모든 일을 시작한 그리스도의 은혜(Barrett, Garland, Harris)로 말미암아 하나님께 감사한다(15절). 마게도냐와 고린도 성도들에게 헌금할 수 있는 은혜를 주신 하나님이 바울을 찬양하게 하신 것이다(Furnish).

예루살렘 교회를 위한 사도의 모금 운동은 성공적이었는가? 바울은 디도 일행을 통해 이 서신을 보내고 난 후 5개월이 지나 고린도를 방문한다(Harris, cf. 12:14; 13:1). 그는 고린도에서 3개월을 머물며 로마서를 보낸다(cf. 행 20:2–3). 로마서 15:26은 "마게도냐와 아가야 사람들이 예루살렘 성도 중 가난한 자들을 위하여 기쁘게 얼마를 연보하였음이라"라고 한다. 고린도 성도들이 모금에 동참해 프로젝트가 성공적으로 마무리된 것이다.

이 말씀은 헌금은 기쁜 마음으로 넉넉하게 해야 한다고 한다. 처음 헌금할 때는 아깝다는 생각이 들 수도 있다. 그러나 몇 번 하다 보면 하나님이 내가 드린 것에 비해 훨씬 더 큰 기쁨을 주시며, 드린 것보다 더 많이 주실 것이다. 이런 경험을 하고 나면 기쁜 마음으로 넉넉하게 드릴 수 있다. 그러므로 기부는 은혜를 경험할 때까지 계속해야 하는 훈련이라 할 수 있다.

한 주석가는 본문을 바탕으로 다음과 같이 헌금에 대해 정리한다 (Guthrie). 첫째, 헌금은 형편이 어려운 성도들의 필요를 충족시킨다. 둘째, 헌금은 많이 드릴수록 많이 거둔다. 셋째, 헌금은 강요가 아니라 기쁨에 따라 하는 것이다. 넷째, 헌금은 하나님이 주신 물질로 하는 것이며, 주님이 돕고자 하는 자들을 돕는 일이다. 다섯째, 헌금은 복음에 순종하는 증거다. 여섯째, 헌금은 드리는 사람들과 받는 이들이 서로 교제하게 한다.

Ⅵ. 사도직 변호
(10:1–13:10)

이 섹션이 시작되면서 주제가 바뀌고, 사도의 태도도 매우 강경해진다. 이러한 변화에 대해 학자들은 다음과 같은 해석을 제시했다(Harris). 첫째, 사도가 편지를 써 내려가다가 고린도에서 들려온 좋지 않은 소식을 듣고 주제를 바꾸었다. 둘째, 본 텍스트도 1–7장처럼 절제된 논쟁(polemics)이므로 주제가 바뀌었다고 할 수 없다. 셋째, 바울이 전략적으로 고린도 교회가 불편해할 수 있는 말을 마지막에 둔 것이다. 넷째, 사도가 1–7장에서 자신의 사도직 권위가 어떤 것인지 정리한 다음, 10–13장에서 그 권위를 활용해 거짓 선생들에 관한 문제를 해결하려는 것이다. 다섯째, 주제가 급변하고 사도의 태도도 바뀌었다고 하는 것은 1–9장과 10–13장의 차이를 지나치게 강조하는 것이다. 고린도후서 전체가 논쟁적인(polemic) 성향을 지니고 있으며, 10–13장은 이러한 성향을 강화한 것에 불과하다. 여섯째, 서신의 대상이 바뀌고 있다. 1–9장은 고린도 교회 전체를 대상으로 쓴 내용이지만, 10–13장은 아직도 교회에 남아 있는 거짓 선생들과 추종자들을 대상으로 쓴 내용이다. 일곱째, 고린도 성도들이 회개했다는 것에 확신이 없어서 '확인 사살'을 하는 것이다. 여덟째, 이때까지 사도가 마음에 담아 두었던 말을 표현하는 것이다.

본문의 주제와 태도적 변화는 한 가지 이유로 빚어진 일이 아니며, 위에 나열된 이유 중 두세 가지가 함께 작용한 것으로 보인다. 바울은 유대 지역에서 내려온 거짓 선생들로부터 참으로 많은 공격을 당했다. 그들은 인신공격을 서슴지 않았고, 바울의 사도직에 문제를 제기하기도 했다. 그들의 농간에 놀아난 고린도 성도들도 자신의 영적 아버지인 바울을 맹렬히 비난했다. 결코 있어서는 안 될 일이 벌어진 것이다.

고린도 성도들이 잘못을 회개하고 거짓 선생들을 교회에서 내보냈다는 소식을 들은 바울은 자신의 사도직을 포함해 사역자들과 사역에 대해 설명을 했다(1:12-7:16). 이제 바울은 자신의 사도직에 대해 그동안 마음에 쌓아 두었던 말을 어느 정도의 냉소(sarcasm)를 곁들여 풀어낸다(Matera). 본 텍스트는 다음과 같이 구분된다.

A. 바울의 권위(10:1-11)
B. 정당한 자랑과 부당한 자랑(10:12-18)
C. 어리석은 자처럼 자랑함(11:1-12:13)
D. 세 번째 방문을 위한 준비(12:14-13:10)

VI. 사도직 변호(10:1-13:10)

A. 바울의 권위(10:1-11)

1 너희를 대면하면 유순하고 떠나 있으면 너희에 대하여 담대한 나 바울은
이제 그리스도의 온유와 관용으로 친히 너희를 권하고 2 또한 우리를 육신
에 따라 행하는 자로 여기는 자들에 대하여 내가 담대히 대하는 것 같이 너
희와 함께 있을 때에 나로 하여금 이 담대한 태도로 대하지 않게 하기를 구
하노라 3 우리가 육신으로 행하나 육신에 따라 싸우지 아니하노니 4 우리의

싸우는 무기는 육신에 속한 것이 아니요 오직 어떤 견고한 진도 무너뜨리는
하나님의 능력이라 모든 이론을 무너뜨리며 5 하나님 아는 것을 대적하여 높
아진 것을 다 무너뜨리고 모든 생각을 사로잡아 그리스도에게 복종하게 하
니 6 너희의 복종이 온전하게 될 때에 모든 복종하지 않는 것을 벌하려고 준
비하는 중에 있노라 7 너희는 외모만 보는도다 만일 사람이 자기가 그리스도
에게 속한 줄을 믿을진대 자기가 그리스도에게 속한 것 같이 우리도 그러한
줄을 자기 속으로 다시 생각할 것이라 8 주께서 주신 권세는 너희를 무너뜨
리려고 하신 것이 아니요 세우려고 하신 것이니 내가 이에 대하여 지나치게
자랑하여도 부끄럽지 아니하리라 9 이는 내가 편지들로 너희를 놀라게 하려
는 것 같이 생각하지 않게 함이라 10 그들의 말이 그의 편지들은 무게가 있
고 힘이 있으나 그가 몸으로 대할 때는 약하고 그 말도 시원하지 않다 하니
11 이런 사람은 우리가 떠나 있을 때에 편지들로 말하는 것과 함께 있을 때에
행하는 일이 같은 것임을 알지라

바울을 비난한 자들은 사도가 보낸 '눈물의 편지'에 대해 혹평했다. 사도의 두 번째 고린도 방문은 그에게 큰 상처가 되었다. 많은 사람이 그를 대적했기 때문이다. 그는 반발하는 성도들을 제압할 생각은 하지 않았다. 그저 겸손히 그들이 하는 말을 들어 주고 에베소로 돌아왔다. 한 번도 큰소리를 내지 않고 고린도를 급히 떠난 사도는 그들에게 '대면하면 유순한 자'였다(1a절).

그는 에베소에서 보낸 '눈물의 편지'를 통해 고린도 성도들과 거짓 선생들에게 여러 가지 뼈아픈 말을 했다. 그랬더니 그를 대적하는 자들은 바울이 '떠나 있으면 담대하다'며 그를 비난했다(1b절). 하룻강아지 범 무서운 줄 모르고 까불어 댄 것이다.

바울은 더는 그들을 묵인하려 하지 않는다. 이제부터 그는 친히 그리스도의 온유와 관용으로 고린도 성도들과 그들 안에 있는 반대자들을 권하고자 한다(1c절). '권하다'(παρακαλέω)는 '격려하다, 초대하다, 위로하다, 요청하다, 옆으로 불러오다' 등 다양한 의미를 지닌다(BDAG, cf. 1:4, 6; 2:7-8; 5:20; 6:1; 7:6-7, 13; 8:6; 9:5). 이곳에서는 '요청하다'라는 뜻으로 사용된다(Guthrie). 사도는 자신이 고린도를 방문하기 전에 성도들이 스스로 거짓 선생들과 추종자들 문제를 확실하게 해결하기를 요청하고 있다. 아직 회개하지 않은 자들이 교회 안에 있기 때문이다(Hafemann). 그는 교회를 방문했을 때 얼굴을 붉히며 그들과 맞서는 일(confrontation)이 생기지 않기를 바란다.

그렇다고 해서 사도가 이 일에 대해 강경한 자세를 취하거나 고린도 교회가 강경한 자세를 고수한 채로 문제를 해결하길 바라는 것은 아니다. 그는 이 일에 연루된 모든 사람이 자신이 하는 것처럼 그리스도의 온유함과 관용으로 이슈를 해결해 나가기를 바란다. '온유'(πραΰτης)와 '관용'(ἐπιεικείας)은 의미가 서로 겹치는 단어다(Guthrie). '겸손, 예의, 배려, 자비' 등을 뜻한다(BDAG). 바울은 고린도를 방문했을 때 그들에게 상처를 받으며 마음에 담아 두었던 말을 꺼내고자 한다. 그러나 그는 그리스도가 모범을 보이신 겸손과 배려와 온유함으로 이야기를 시작한다. 그는 고린도 교회도 이 문제를 그리스도의 온유와 관용으로 접근하기를 원한다.

바울을 비판한 자들은 바울이 육신에 따라 행하는 자라고 했다(2a절). 학자들은 '육신에 따라'(κατὰ σάρκα)를 두 가지로 해석한다. 첫째, 바울이 성령의 능력이 부족하거나 어떤 면에서는 영적이지 않다는 뜻이다(Barnett, Hafemann, Matera). 둘째, 바울이 특정한 인적 기준에 미치지 못하거나 사역에 필요한 인적 자원을 가지고 있지 않다는 의미다(Furnish, Garland, Guthrie, Keener, Scoot, Witherington). 바울이 영적이지 않다는 말은 성도들을 설득시키지 못했을 것이다. 그러므로 두 번째 해석이 옳다. 거짓 선생들은 인간적인 기준에서도 바울이 사도가 갖추어야 할 것들을 제대로 갖추지 못했다고 한 것이다.

이에 대해 사도는 고린도 교회가 자신을 비방하는 자들에 관한 문제를 사전에 해결함으로써 그가 방문했을 때 그들과 교회를 담대한 태도로 대하지 않게 해 달라고 한다(2b절; cf. 9:4-5; 12:14, 20-21; 13:1-2, 10). '담대하다'(τολμάω)는 어떤 일에 '용기를 내다, 대담하다'라는 뜻을 지닌다(BDAG, cf. 10:12; 11:21). 바울은 얼마든지 '온유와 관용의 선'을 넘어 그들을 징계할 수 있는 사도의 권위를 지녔다(Harris). 비방자들의 주장과 달리 바울은 직접 대면해도 얼마든지 담대할 수 있다. 그러나 바울은 되도록 자신의 권위를 행사하고 싶지 않다. 그러므로 고린도 성도들이 이 문제를 스스로 해결해 사도가 온유와 관용의 선을 넘지 않게 해 주기를 바란다(Garland, Guthrie, cf. 13:2).

비방하는 자들이 바울과 동역자들을 가리켜 육신에 따라 행하는 자들이라 하지만(2절), 그들은 인간이기 때문에 육신으로 행하는 것(육신을 지닌 사람의 삶을 사는 것)은 맞다. 하지만 그렇다고 해서 '육신에 따라'(κατὰ σάρκα) 싸우지는 않는다(3절). 그들처럼 남을 헐뜯는 등 세상적인 방법으로 사역하지 않는다는 뜻이다.

'싸우다'(στρατεύω)는 군사적 용어로 신약에서 일곱 차례 사용된다(눅 3:14; 고전 9:7; 고후 10:3; 딤전 1:18; 딤후 2:4; 약 4:1; 벧전 2:11). 전쟁 중인 군인 혹은 군대와 연관된 일을 하는 것을 뜻한다(BDAG). 바울은 고린도 교회 안에 있는 거짓 선생들과 추종자들과 자신의 갈등을 영적인 전쟁으로 묘사하고 있다. 바울은 군인이 포위된 성을 공격하듯 그들과 싸우고 있다(Harris).

바울을 비방하는 자들은 그가 육신적으로 약하며, 사용하는 무기도 육신적인 것이라 했다. 그러나 사도와 동역자들이 사용하는 무기는 육신에 속한 것이 아니며 어떤 견고한 진도 무너뜨리는 하나님의 능력이다(4a절). 그가 사용하는 '무기'(ὅπλα)는 성벽을 무너뜨리는 무시무시한 무기다(Bruce). 그가 거짓 선생들과 대립하는 것을 '우리의 싸움'(τῆς στρατείας ἡμῶν)이라고 하는 것은 그리스도인 사역자들이 해야 할 일 중 하나는 거짓 가르침을 퍼트리는 자들과 싸우는 일임을 암시한다(Guthrie).

사도는 자기 일행을 가리켜 하나님의 능력을 무기로 삼아 싸우는 군인이라 한다(Harris, Thrall). 그러므로 그는 절대 연약하거나 유순하지만은 않다. 필요하면 언제든 용맹스럽게 싸우는 군인이 된다. 이어지는 말씀에서 전쟁 중인 군대 비유가 세 가지 이미지를 통해 계속된다(4c-6절).

첫째, 하나님의 능력으로 무장한 군대는 포위된 성벽을 무너뜨리듯 거짓 선생들의 모든 이론을 무너뜨린다(4b절). '이론'(λογισμός)은 생각, 디자인, 이해 등 논리와 연관된 것이다(BDAG). 그러므로 거짓 선생들의 이론을 무너뜨리는 '하나님의 능력'(δυνατὰ τῷ θεῷ)은 복음과 하나님 말씀을 근거로 하는 올바른 신학이다. 기독교에 대한 잘못된 이론은 오직 그리스도의 복음과 하나님 말씀에 대한 올바른 통찰력(신학)으로만 무너뜨릴 수 있다.

하나님의 능력으로 무장한 우리가 무너뜨릴 모든 이론은 하나님 아는 것을 대적해 높아진 것들이다(5a절). '하나님을 아는 것'(τῆς γνώσεως τοῦ θεοῦ)은 우리가 지녀야 할 가장 고상하고도 생명으로 인도하는 지식이다. 우리는 그리스도의 복음을 통해 이 아름다운 지식을 접한다. 세상의 이론과 논리도 보편 은총의 일부이기 때문에 대부분 경우에는 하나님을 아는 것과 양립한다.

그러나 어떤 논리는 처음부터 복음과 하나님 아는 것을 반대하고 대적하기 위해 세워진다. 이런 이론들은 절대 기독교적 세계관과 공존할 수 없다. 그러므로 하나님은 그리스도인들을 통해 이런 이론을 모두 무너뜨리고자 하신다. 여호와의 날에 모든 높아진 자와 모든 높아진 것을 무너뜨리실 것이라는 경고가 생각난다: "그 날에 눈이 높은 자가 낮아지며 교만한 자가 굴복되고 여호와께서 홀로 높임을 받으시리라 대저 만군의 여호와의 날이 모든 교만한 자와 거만한 자와 자고한 자에게 임하리니 그들이 낮아지리라"(사 2:11-12).

둘째, 하나님의 능력으로 무장한 군대는 모든 생각을 사로잡아 그리스도에게 복종하게 한다(5b절). 본질적으로 반(反)기독교적인 이론이 아니라면, 그것을 그리스도의 복음에 복종시켜야 한다. 기독교 세계관에 위배되지 않고 그리스도가 구주이심을 인정하는 이론은 교회에서도 사용할 수 있다.

셋째, 그리스도의 복음에 복종하기를 거부하는 것은 모두 처벌해야 한다(6b절). 여기에는 끝까지 사도 비방하기를 멈추지 않는 자들이 포함되어 있다. 그들은 분명히 처벌을 받을 것이다. 그러나 이런 일이 실현되기 전에 고린도 성도들이 먼저 온전하게 복종해야 한다(6a절). 그들이 온전하게 복종하면, 바울을 대적하는 자들의 죄가 더 확실하게 드러난다. 그러므로 그들을 처벌할 더 확고한 근거가 마련된다.

바울은 고린도 성도들이 외모만 본다고 비난한다(7a절). 교회 지도자들이 깊이 생각하지 않고 눈에 보이는 것(현상적인 것)으로만 생각하고 결론을 내렸다는 비난이다. 그들은 바울의 삶과 사역에 대해 깊이 생각하지 않았다. 거짓 선생들에 현혹되어 그들과 함께 사도를 비방했다.

생각해 보면 절대 있어서는 안 될 일이다. 고린도 성도들은 자신이 그리스도에 속한 하나님의 백성이라고 믿는다(7b절). 그러나 그들은 바울 일행도 그리스도에 속한 사람들이라는 사실을 생각하지 못했다(7c절). 만일 이러한 사실을 생각했더라면 바울이 정당한 사도가 아니라며 비방하는 일은 없었을 것이다. 그러므로 사도는 그들에게 다시 생각하라고 한다(7d절). 바울은 그들보다 훨씬 더 성경을 깊이 알고 신학적인 조예가 깊다(Guthrie). 그러므로 겉으로 드러나는 것만으로 생각하지 않고, 조금 깊이 생각하면 고린도 성도들은 절대 그들의 영적인 아버지인 바울의 정통성에 문제를 제기할 수 없다. 자기 얼굴에 침 뱉는 일이기 때문이다.

고린도 성도들은 바울을 비방하는 자들이 하는 짓과 사도의 사역을 비교해 보아야 한다. 바울은 주께서 주신 권세로 고린도 교회와 성도들을 세우는 일을 해 왔다(8a절). 바울은 그리스도인의 사역을 집이나 건물을 세우는 일에 자주 비유한다(cf. 롬 14:19; 15:2, 20; 고전 3:9-10, 12, 14; 8:1; 14:3, 5, 12, 26; 살전 5:11). 새 언약 사역자들은 세우는 사역을 하기 때문이다. 사도의 세우는 사역에 대한 생각은 예레미야가 새 언약에 대해 예언하면서 세우고 심는 일을 강조한 것에 근거한다(Hafemann).

> 여호와의 말씀이니라 보라 내가 사람의 씨와 짐승의 씨를 이스라엘 집과 유다 집에 뿌릴 날이 이르리니 깨어서 그들을 뿌리 뽑으며 무너뜨리며 전복하며 멸망시키며 괴롭게 하던 것과 같이 내가 깨어서 그들을 세우며 심으리라 여호와의 말씀이니라(렘 31:27-28).

그러므로 새 언약의 사역자로 자부심을 가지고 있는 바울은 자신이 하는 세우는 사역을 자랑스럽게 생각한다(8b절). 반면에 그를 비방하는 거짓 선생들은 어떠한가? 그들은 바울 같은 사역자들이 세워 놓은 것을 무너뜨리고 있다! 그들로 인해 교회가 분란에 휩싸였고, 바울의 사도직을 무너뜨리려 했다. 만일 고린도 교회가 잠시 멈춰 서서 생각했더라면 짓지 않았을 죄, 곧 바울을 비방하고 율법주의로 빠지려 한 죄를 지은 것이다.

사도가 이처럼 말하는 것은 그들을 자기 편지로 놀라게 하기 위해서가 아니다(9절). 그를 대적하는 자들은 바울이 편지로는 담대하고, 만나면 유순하다고 했다(1절). 그러나 그들의 말은 사실이 아니다. 그러므로 바울이 서신들을 통해 때때로 담대하게 말하는 것이 그들의 주장이 옳다는 것을 입증하는 것은 아니다. 사도는 고린도 성도들을 놀라게 할 목적으로 담대하게 편지를 쓴 적이 없다.

그러므로 비방하는 자들이 바울의 편지들은 무게가 있고 힘이 있지만, 대면할 때는 약하고 말도 시원하지 않다고 하는 말은 사실이 아니다(10절). 그들은 바울이 대면할 때나 떠나 있어 편지로 말할 때나 다르지 않고 같다는 사실을 알아야 한다(11절). 필요하다면 다음 방문에서 얼굴을 붉히며 그들과 맞설 만반의 준비가 되어 있다는 뜻이다. 주변에서 종종 듣는 말이 생각난다: “나를 물로 보지 마!”

가장 좋은 시나리오는 바울이 고린도를 방문해 자신에게 적대적인 자들과 얼굴을 붉히며 맞서는 것이 아니다. 고린도 교회가 사전에 거짓 선생들을 내보내고 그들에게 동조한 자들을 징계하고 회개하게 하는 것이다. 사도는 이런 상황을 기대하며 이 서신을 보내고 있다. 그는 무너뜨리는 사역이 아니라, 세우는 사역에 집중하고 싶기 때문이다.

이 말씀은 지도자의 권위는 그리스도의 온유와 관용을 바탕으로 집행되어야 한다고 한다. 아무리 심각한 죄라 할지라도 냉정을 잃지 않고 부드럽지만 확고한 자세로 처리해야 한다. 그리스도께서 그렇게 모범을 보이셨기 때문이다.

사역자로서 우리가 해야 할 일은 교회에서 잘못된 이론(생각)과 신학을 제거하는 일이다. 이런 것들이 성도를 사로잡으면 엄청난 혼란과 분란이 생긴다. 그러므로 사역자들은 항상 말씀과 건전한 신학으로 무장되어 있어야 하며, 이단적인 것을 경계해야 한다.

VI. 사도직 변호(10:1–13:10)

B. 정당한 자랑과 부당한 자랑(10:12–18)

12 우리는 자기를 칭찬하는 어떤 자와 더불어 감히 짝하며 비교할 수 없노라
그러나 그들이 자기로써 자기를 헤아리고 자기로써 자기를 비교하니 지혜가
없도다 13 그러나 우리는 분수 이상의 자랑을 하지 않고 오직 하나님이 우리
에게 나누어 주신 그 범위의 한계를 따라 하노니 곧 너희에게까지 이른 것
이라 14 우리가 너희에게 미치지 못할 자로서 스스로 지나쳐 나아간 것이 아

**니요 그리스도의 복음으로 너희에게까지 이른 것이라 [15] 우리는 남의 수고
를 가지고 분수 이상의 자랑을 하는 것이 아니라 오직 너희 믿음이 자랄수
록 우리의 규범을 따라 너희 가운데서 더욱 풍성하여지기를 바라노라 [16] 이
는 남의 규범으로 이루어 놓은 것으로 자랑하지 아니하고 너희 지역을 넘어
복음을 전하려 함이라**

[17] 자랑하는 자는 주 안에서 자랑할지니라

**[18] 옳다 인정함을 받는 자는 자기를 칭찬하는 자가 아니요 오직 주께서 칭찬
하시는 자니라**

바울은 자기 사도직에 대해 자랑하지만, 주께서 공동체를 세우는 사역을 하라며 주신 권위에 적합한 자랑을 한다고 했다(cf. 10:8). 이 섹션에서는 그의 사역 팀과 대조를 이루는 자들, 곧 그를 비방한 거짓 선생들이 고린도 성도들에게 자랑하는 것들에 관해 말한다. 그들은 바울이 육신에 따라 사역한다고 하지만(10:2), 실상은 그들이 육신에 따라 사역하며 자랑한다.

사도는 자기를 칭찬하는 어떤 자들과 더불어 감히 짝하며 비교할 수 없다고 한다(12a절). 그를 비난하는 거짓 선생들은 스스로 자기를 칭찬하고 자랑하기를 서슴지 않는 자들이다. 그들은 자신이 바울보다 우월하다며 사람들 앞에서 스스로 높인다. 바울은 자기 선교 팀은 이런 자들과 같은 부류가 되려 하지도 않고, 그들을 비교 대상으로 여기지도 않는다. 그들은 교만하고 착각 속에 사는 자들이다. 그러므로 그들과 사도의 팀은 비교가 불가하다.

거짓 선생들은 자기로써 자기를 헤아리고 자기로써 자기를 비교하니 지혜가 없는 자들이다(12b절). 그들은 자신을 기준으로 삼아 스스로 평가한다. 그러므로 자화자찬에 빠져 자기 능력을 스스로 높이 평가한다(Hafemann). 바울은 자랑을 하더라도 주님 안에서 하라고 했는데, 이들은 사람들 앞에서 스스로를 자랑한다. 사역에 대한 평가는 하나님으로

부터 와야 하는데, 그들은 스스로 평가하고 있으니 지혜가 없는 어리석은 자들이다.

바울 일행은 그들과 달리 분수 이상의 자랑을 하지 않는다(13a절). 마땅한 정도까지 자랑하지, 그 이상으로 한계를 벗어나 자랑하지 않는다는 뜻이다(cf. 새번역). 사역을 할 때도 하나님이 정해 주신 범위의 한계를 따라 한다(13b절). 바울이 고린도에 가서 교회를 세운 일도 하나님이 정해 주신 범위의 한계를 따라 사역하다가 된 일이다(13c절). 반면에 거짓 선생들은 하나님의 지침에 따라 사역하지 않기 때문에 바울이 세운 고린도 교회에 와서 하나님이 바울에게 정해 주신 영역을 침범했다. 게다가 바울이 세운 것들을 무너뜨리려 했다. 그들은 갈라디아서 2:1–10이 제시하는 사역 범위에 관한 원칙을 범했다(Harris). 그러므로 그들을 그리스도인 사역자라 하기는 어렵다.

바울의 선교 팀은 고린도에 가지 못할 이유가 없다(14a절). 하나님이 그들에게 정해 주신 사역 범위의 한계 안에 고린도가 포함되어 있기 때문이다. 그러므로 그들은 그리스도의 복음을 가지고 고린도를 찾아가 선교했고, 전도가 맺은 열매를 바탕으로 고린도 교회를 세웠다(14b절).

바울은 남의 수고를 가지고 분수 이상의 자랑을 하지 않는다(15a절). 그의 팀은 다른 사람이 수고한 일(사역의 열매)을 마치 자신이 한 일인 것처럼 자랑하지 않는다는 뜻이다. 거짓 선생들은 바울과 동역자들이 수고해 세운 고린도 교회를 마치 자신이 맺은 사역의 열매인 듯 자랑하고 있다는 것을 암시한다.

사도의 선교 팀은 고린도 성도들의 믿음이 자랄수록 자신들의 규범을 따라 그들 가운데서 더욱 풍성해지기를 바란다(15b절). 고린도 성도들의 신앙이 성장함에 따라 고린도 교회 안에서 자신들의 활동 범위가 점차적으로 더 넓게 확장되기를 바란다는 뜻이다(cf. 새번역). 바울은 고린도 교회를 계속 지켜볼 것이다. 또한 그들의 영적인 아버지로서 그들의 신앙이 성장해 감에 따라 좋은 가르침을 더 많이 주고자 한다.

바울은 여건이 허락하면 고린도 지역을 넘어 복음을 전하고자 한다(16b절). 그는 거짓 선생들처럼 남들이 이미 이루어 놓은 일을 가로채 마치 자기가 한 일처럼 자랑하지 않는다(16a절). 그러므로 바울이 세운 고린도 교회는 계속 자라야 하며, 그와 좋은 관계를 유지해야 한다. 그는 고린도 교회를 베이스캠프로 삼아 로마 제국의 서쪽으로 가서 복음을 전파하는 계획을 세워 두었다(cf. 롬 15:24, 28).

누구든 자랑할 것이 있으면 주 안에서 자랑해야 한다(17절). 예레미야 9:23-24을 매우 느슨하게 인용한 말씀이다(Harris). 예레미야는 오직 여호와를 자랑하라는 의미에서 이렇게 말했다. 그러므로 그리스도인은 오직 주님만을 자랑해야 한다. 반면에 거짓 선생들은 사람들 앞에서 자신을 자랑한다(cf. 12절). 그러므로 그들은 어리석으며 하나님이 보내신 자가 아니다.

옳다고 인정함을 받는 자는 자기를 칭찬하는 자가 아니라 오직 주께서 칭찬하시는 자다(18절). 참으로 인정받을 사람은 스스로 자기를 내세우는 자가 아니라 주님께서 세워 주시는 사람이라는 뜻이다(cf. 공동).

이 말씀은 그리스도인에게 자화자찬은 금물이라 한다. 우리를 판단하고 인정하시는 분은 오직 하나님이다. 그러므로 사람이 스스로 자랑하고 자신을 내세우는 것은 허세요 교만이다. 우리는 이런 사람들을 멀리해야 한다.

사역자들은 하나님이 정해 주신 범위와 영역 안에서 사역해야 한다. 남에게 정해 주신 범위와 영역을 탐하거나 침범하는 것은 옳지 않다. 남의 사역을 마치 자기 사역인 것처럼 간주하는 일도 하지 않아야 한다.

자랑하고 싶은 충동이 생기면 주 안에서 자랑해야 한다. 하나님을 아는 것과 하나님이 긍휼과 공평과 공의를 세상에 실현하는 것을 좋아하신다는 것을 자랑해야 한다(cf. 렘 9:24). 우리 자신은 철저하게 십자가 뒤에 숨겨야 한다. 이렇게 할 때 하나님이 우리를 칭찬하실 것이다.

Ⅵ. 사도직 변호(10:1-13:10)

C. 어리석은 자처럼 자랑함(11:1-12:13)

바울은 이 섹션에서 자신의 사도직이 정당하다는 것을 조목조목 증명한다. 아마도 거짓 선생들이 그에 대해 제기한 문제에 답하는 것으로 보인다. 이 과정에서 바울은 자신에 대해 많은 것을 자랑한다. 자신은 거짓 선생들과 비교해도 전혀 손색이 없는 사도라는 것을 강조하고자 자랑을 수사학적인 도구로 사용하는 것으로 보인다. 이 섹션은 다음과 같이 구분된다.

A. 나를 용납하라(11:1-6)
B. 복음 전파와 재정(11:7-12)
C. 거짓 사도들(11:13-15)
D. 어리석은 자랑의 정당성(11:16-21)
E. 히브리 배경과 주를 위한 고난(11:22-29)
F. 다메섹에서 도피함(11:30-33)
G. 환상과 후유증(12:1-10)
H. 정당한 사도(12:11-13)

Ⅵ. 사도직 변호(10:1-13:10)
C. 어리석은 자처럼 자랑함(11:1-12:13)

1. 나를 용납하라(11:1-6)

1 원하건대 너희는 나의 좀 어리석은 것을 용납하라 청하건대 나를 용납하라
2 내가 하나님의 열심으로 너희를 위하여 열심을 내노니 내가 너희를 정결한
처녀로 한 남편인 그리스도께 드리려고 중매함이로다 그러나 나는 3 뱀이 그
간계로 하와를 미혹한 것 같이 너희 마음이 그리스도를 향하는 진실함과 깨

끗함에서 떠나 부패할까 두려워하노라 [4] 만일 누가 가서 우리가 전파하지 아니한 다른 예수를 전파하거나 혹은 너희가 받지 아니한 다른 영을 받게 하거나 혹은 너희가 받지 아니한 다른 복음을 받게 할 때에는 너희가 잘 용납하는구나 [5] 나는 지극히 크다는 사도들보다 부족한 것이 조금도 없는 줄로 생각하노라 [6] 내가 비록 말에는 부족하나 지식에는 그렇지 아니하니 이것을 우리가 모든 사람 가운데서 모든 일로 너희에게 나타내었노라

사도는 고린도 성도들에게 자신의 어리석음을 용납하라는 말로 시작한다(1절). '용납하다'(ἀνέχομαι)는 '참아 달라, 눈감아 달라'라는 의미다(공동, 아가페). 바울이 지금부터 하는 말은 평소에 그가 고린도 성도들에게 하던 말과 다르게 들릴 것이라며 양해를 구한다. 그들은 이미 거짓 선생들의 어이없는 가르침을 용납했으므로 지금부터 바울이 작정하고 하는 말을 용납하는 것은 별로 어려운 일이 아닐 것이다.

'어리석은 것'(ἀφροσύνη)은 '분별력, 신중함, 판단력의 부족'을 의미한다(BDAG). 사도는 지금부터 자신에 대해 자랑을 늘어놓을 것이다(11:1-12:10). 고린도 성도들이 바울 스스로 자랑하지 않으면 안 되는 상황까지 몰고 갔기 때문이다. 바울은 거짓 선생들에 맞서 자신의 사도직을 변호해야 한다. 그러기 위해서는 자랑도 해야 한다.

바울은 왜 자랑하는 것을 어리석은 일이라 하는가? 그는 그리스도 안에서 자랑하는 것은 좋은 일이지만, 사람들 앞에서 자랑하는 것은 좋지 않다고 생각한다. 그럼에도 불구하고 지금은 그러한 기준을 벗어나 자신을 비방하는 자들의 방식에 따라 변호해야 한다. 따라서 어리석은 일인 줄 알면서도 자신과 자기 능력을 자랑해야 한다(Hafemann, Matera, cf. 10:12-13; 11:18-19). 사도가 비방하는 자들의 수준에 맞추어 자랑하는 것은 어리석은 일이다. 그러나 만일 그가 이렇게라도 자신을 변호하지 않는다면, 그는 더 어리석은 자들에게 고린도 성도들을 잃게 될 것이다(Garland).

사도는 고린도 성도들을 위해 열심히 사역했다(2a절). 그는 고린도 성도들을 정결한 처녀로 한 남편인 그리스도께 드리려고 중매했다(2b절). '중매하다'(ἁρμόζω)는 '약혼시키다'라는 뜻이다(TDNT, cf. 새번역, 공동, ESV, NAS, NIV, NRS). 즉, 바울은 자신을 중매쟁이가 아니라 딸을 약혼시키는 아버지에 비유한다(Keener, Matera, cf. 고전 4:15).

선지자들은 하나님과 그분 백성의 관계를 결혼 관계로 묘사한다(사 49:18; 50:1-2; 54:1-8; 62:5; 렘 3:1; 겔 16:23-33; 호 2:19-20). 안타까운 것은 이스라엘은 신실하지 않은 아내(신부)였다는 사실이다(호 1:1-2:2; 겔 23:5-8; 렘 2:2; 3:6; 사 54:6-7). 지금의 고린도 교회도 마찬가지다.

그럼에도 불구하고 바울은 고린도 교회가 그리스도의 정결한 신부가 되는 꿈을 품고 이때까지 그들을 양육해 왔다. 고린도 성도들은 교리적인 순결을 유지해야 하는데, 마치 뱀이 간계로 하와를 미혹한 것처럼 거짓 선생들의 미혹에 넘어가 그리스도를 향한 진실함과 깨끗함에서 떠나 부패하려 한다(3절). 거짓 선생들이 그리스도 복음의 순수성을 훼손시켰다는 뜻이다. 그러므로 바울의 싸움은 그리스도의 복음을 훼손하는 이론과 신학을 고린도 교회에서 몰아내는 것이다(cf. 1:1-10).

바울은 거짓 선생들이 자신이 전한 것과 다른 예수와 다른 영과 다른 복음을 가르치는데도 고린도 성도들이 그들을 잘 용납한다며 냉소적으로 비판한다(4절). 바울이 전한 예수는 십자가에서 죽으시고 부활하신 주님이시다(고전 1:23; 15:1-4; 살전 4:14). 학자들은 거짓 선생들이 고난을 받아 죽은 메시아를 매우 불편하게 느꼈던 것으로 추정한다(Guthrie, Martin, Witherington).

하나님은 예수님을 믿는 자들에게 성령을 주셨다(롬 8:9; 고후 1:22). 거짓 선생들은 만일 바울이 성령을 받았다면 성령이 그를 모든 어려움에서 구원했을 텐데, 아직도 온갖 고난에서 벗어나지 못하는 것은 그가 성령을 받지 못했다는 증거라고 했을 것이다(Hafemann).

바울은 하나님이 우리 죄를 자기 아들에게 대속하게 하심으로써 우리와 화목하려 하신다는 복음을 전했다(롬 1:16; 고후 5:19). 거짓 선생들이 유대 지역에서 온 율법주의자라는 점을 고려하면 그들은 우리의 죄 문제를 해결하려면 그리스도의 죽음 외에 율법도 지켜야 한다고 가르쳤을 것이다.

'예수-영-복음'은 기독교 신앙의 요약이다(Harris). 거짓 선생들은 바울이 선포한 예수와 다른 예수, 그가 가르친 영과 다른 영, 그가 전한 복음과 다른 복음을 전했다. 고린도 성도들의 기독교 신앙의 근간을 모두 흔들어 놓은 것이다.

바울은 지극히 크다는 사도들보다 부족한 것이 조금도 없다고 생각한다(5절). '지극히 크다는 사도들'(τῶν ὑπερλίαν ἀποστόλων)에 대한 학자들의 논쟁이 뜨겁다. 사도는 누구를 두고 이렇게 말하는가?

바울이 이 호칭을 냉소적으로 사용하는 것으로 해석하는 학자들은 그가 거짓 선생들을 '슈퍼 사도'(super-apostles)라고 비꼬는 것이라 한다(Barnett, Furnish, Garland, Guthrie, Matera, Thrall, cf. ESV, NIV, NRS). 반면에 그가 예수님의 열두 제자를 두고 하는 말이라고 해석하는 이들도 있다(Hafemann, Harris, Martin, Witherington, cf. NAS). 자신을 그 어떤 사도와 비교해도 '꿀릴 것' 하나 없다고 한다는 것이다. 바울은 이들을 가리켜 '거짓 사도들'이라며 그들로부터 거리를 유지한다(11:13). 그들을 아예 사도로 인정하지 않는 것이다. 그런 점에서 바울이 자신을 사탄의 하수인인 거짓 선생들과 비교할 정도로 자신을 낮출 필요는 없어 보인다. 그러므로 그는 예수님의 열두 제자 중 그 누구와 비교해 보아도 자신이 빠지지 않는다고 한다.

사도는 다른 사도들에 비해 자신이 말에는 부족하지만, 지식에는 그렇지 않다고 한다(6a절). 그 어느 사도보다도 하나님의 말씀과 복음에 대해 잘 안다고 자랑하고 있다. 다른 사도들은 부르심을 받기 전에 대부분 어부였다. 반면, 바울은 바리새인 훈련을 받기 위해 어릴 때부터 성경을 가까이했다. 또한 다메섹으로 가는 길에 예수님을 만나 주님께 직접 복음을 들었다. 그러므로 그가 이렇게 말하는 것은 당연한 일이다.

바울은 이러한 사실을 말로 증명하려 하지 않고, 고린도 성도 중에 드러냈다(6b절). 바울이 고린도에서 한 사역을 생각해 보면 그의 말에 전적으로 동의할 것이라는 뜻이다. 하나님의 나라는 말에 있지 않고 오직 능력에 있는데(고전 4:20), 사도는 고린도에서 큰 능력이 드러나는 사역을 했다.

이 말씀은 교회는 그리스도의 순결한 신부가 되어야 한다고 한다. 교회가 순결을 유지하려면 건전한 신학과 영성으로 무장해 진짜와 가짜 기독교 신앙을 구분할 줄 알아야 한다. 이러한 목적을 이루기 위해 우리는 더 열심히 하나님의 말씀인 성경을 연구하고 묵상해야 한다. 하나님이 기뻐하시는 신학과 영성은 쉽게 얻어지는 것이 아니다. 많은 노력과 인내가 필요하다.

성경이 전하는 예수와 영과 복음이 아닌 '다른 예수'와 '다른 영'과 '다른 복음'은 사람을 죽음의 길로 인도한다. 우리는 많이 공부하고 기도하며 분별력을 키워야 한다. 진리를 잘 알면 누가 거짓을 말할 때 쉽게 감이 온다.

Ⅵ. 사도직 변호(10:1–13:10)
C. 어리석은 자처럼 자랑함(11:1–12:13)

2. 복음 전파와 재정(11:7–12)

7 내가 너희를 높이려고 나를 낮추어 하나님의 복음을 값없이 너희에게 전함으로 죄를 지었느냐 8 내가 너희를 섬기기 위하여 다른 여러 교회에서 비용을 받은 것은 탈취한 것이라 9 또 내가 너희와 함께 있을 때 비용이 부족하였으되 아무에게도 누를 끼치지 아니하였음은 마게도냐에서 온 형제들이 나의 부족한 것을 보충하였음이라 내가 모든 일에 너희에게 폐를 끼치지 않기

위하여 스스로 조심하였고 또 조심하리라 [10] 그리스도의 진리가 내 속에 있으니 아가야 지방에서 나의 이 자랑이 막히지 아니하리라 [11] 어떠한 까닭이냐 내가 너희를 사랑하지 아니함이냐 하나님이 아시느니라 [12] 나는 내가 해 온 그대로 앞으로도 하리니 기회를 찾는 자들이 그 자랑하는 일로 우리와 같이 인정 받으려는 그 기회를 끊으려 함이라

거짓 선생들은 바울이 고린도에서 돈을 받지 않고 복음을 전파한 것을 비난했다. 돈을 받을 만한 가치가 있는 귀한 메시지를 전하는 그들과 달리 사도가 돈을 받지 않은 것은 그가 전한 복음이 도저히 돈을 받을 수 없는 '싸구려'이기 때문이라는 논리로 공격한 것이다.

우리 정서에는 사례를 받지 않는 것이 왜 이상한지 의문이 생길 수 있다. 그러나 그리스-로마 사회에서는 대중적인 연설을 하는 사람은 모두 사례를 받았다. 사례를 받지 않으면 가치가 없다고 생각했다(Hafemann). 듣는 사람들도 연설자에게 사례하는 일을 당연하게 여겼다. 많은 경우 부유한 후원자가 사례비를 감당했다.

사도는 고린도 성도들을 높이려고 자신을 낮추어 하나님의 복음을 값없이 전한 것이 죄가 되느냐는 수사학적인 질문으로 섹션을 시작한다(7절). 결코 죄가 아니라는 뜻이다. 바울이 어떻게 자신을 낮추었는가? 당시 사람들은 손으로 노동하는 사람을 사회적 지위가 낮은 자로 간주했다(Barnett, Martin). 바울은 가는 곳마다 자비량 선교를 위해 가죽으로 천막 만드는 일을 했다. 고린도에서도 마찬가지였다(행 18:3). 그는 사례를 받지 않으려고 스스로 가장 낮은 노동자 그룹에 속해 일하면서 복음을 전파한 것이다. 자신과 비교할 때 고린도 성도들의 사회적 신분을 상대적으로 높이고자 해서였다. 또한 바울 자신은 육신적으로 고생하는 낮은 자이지만, 고린도 성도들은 영적으로 부유함을 누리는 높은 자가 되기를 원했다(Barrett, cf. 6:10; 9:11).

고린도 성도 중 일부는 이러한 바울이 못마땅했다. 그가 손으로 노동하는 것도 문제지만, 율법에 어느 정도 익숙한 사람들은 매일 가죽(죽은 짐승)을 만지는 것이 그를 부정하게 한다고 생각했다. 그때 마침 유대에서 온 율법주의자인 거짓 선생들이 그들의 불편한 심기를 자극했다(cf. Guthrie). 그들은 함께 바울을 비방한 것이다.

만일 바울의 사역 팀이 교회에 재정적인 요구를 했다면 분명히 모든 성도가 헌금으로 그들을 돕는 것이 아니라, 일부 부유한 사람들이 후원자로 나섰을 것이다. 바울은 그들에게 얽매이는 것을 원하지 않았다(Barrett, Guthrie, cf. 고전 9:19-22).

바울과 동역자들은 고린도 교회에 재정적인 지원을 요구할 권리가 자신에게 있다는 것을 안다. 그러나 그들이 권리를 행사하지 않은 것은 그리스도의 복음에 아무 장애가 없게 하기 위해서였다(고전 9:12). 교회에 재정적인 지원을 요구하는 것이 어떻게 복음에 장애가 될 수 있는가?

이미 회심한 사람에게는 사역자를 후원하는 것이 당연한 일이지만, 아직 그리스도인이 되지 않은 사람, 혹은 주저하는 사람에게는 교회와 성도가 사역자들을 재정적으로 후원하는 것이 걸림돌이 될 수 있다. 그들도 그리스도인이 되면 헌금을 해서 사역자들을 도와야 할 것이라는 부담을 가질 수 있기 때문이다. 그러므로 바울 일행은 최대한 많은 사람을 그리스도께 인도하기 위해 이때까지 친히 손으로 일하며 복음을 전파했다(cf. 고전 4:12).

사도는 고린도 교회를 섬기기 위해 다른 여러 교회에서 비용을 받았다(8a절). 여러 교회가 그의 선교 사역을 후원한 것이다. 마게도냐 교회들이 후원했고(9절), 특히 빌립보 교회는 평생 후원했다(cf. 빌 4:15-17).

바울은 다른 교회들로부터 후원받은 것을 탈취한 것이라 한다(8b절). '탈취하다'(συλάω)는 강도가 빼앗는 행위(BAGD), 혹은 군인이 민간인에게 징발하는 행위를 뜻한다(Guthrie). 매우 강력한 의미를 지닌 단어다. 자신을 비방하는 자들의 주장을 반박하기 위해 이처럼 강력한 의미를 지닌 동사를 사용하는 것으로 보인다(cf. Furnish, Matera). 바울을 비방하는 자들은 그가 다른 교회들의 후원은 받으면서 고린도 교회의 지원만 거부하는 것은 그들을 무시하는 처사라고 했다.

이에 대해 사도는 모든 것이 때가 있다는 취지로 이 말을 하고 있다. 고린도 교회가 마게도냐 교회들처럼 든든하게 세워지면, 고린도 성도들이 말하지 않아도 강도가 갈취하듯 그들에게 빼앗아서라도 사역비로 쓰겠다는 뜻이다. 그러나 지금은 아니다. 그들은 아직 온전하지 못하다. 그들은 자신의 영적 아버지를 비방하고 있고, 교회 안에는 온갖 분란이 있으며, 은사로 인해 잡음이 끊이지 않는다. 이러한 상황에서 후원을 요청하면 더 큰 혼란을 가중시킬 뿐이다. 그러므로 이 말씀은 '내가 아무것도 염려하지 않고 다른 교회에서 빼앗아(후원을 받아) 사역하는 것처럼 너희들에게도 편한 마음으로 빼앗는(후원을 받는) 날이 속히 왔으면 좋겠다'라는 사도의 희망을 담고 있다(cf. 10:13-16).

사도는 어디를 가든 교회를 개척하면 그 교회가 든든하게 세워지기 전에는 후원을 구하지 않는다는 원칙을 고수해 왔다. 그러므로 고린도에서도 사역에 필요한 비용이 부족하더라도 아직 온전히 세워지지 못한 고린도 교회에 누를 끼치지 않고자 아무에게도 재정적인 도움을 청하지 않았다(9a절). 대신 마게도냐에서 온 형제들을 통해 마게도냐 교회들이 보낸 후원금으로 부족한 것을 보충했다(9b절). 이 형제들은 마게도냐 출신 동역자일 수도 있지만(cf. 8:18, 22-23; 9:3, 5), 아마도 실라와 디모데였을 것이다(1:1, 19; cf. 행 18:5).

바울은 고린도 성도들에게 폐를 끼치지 않기 위해 조심하고 또 조심했다(9c절). 어떻게 해서든 고린도 교회에 재정적인 폐를 끼치지 않으려고 최선을 다했다는 뜻이다. 앞으로도 사도는 같은 원칙을 고수할 것이다. 이 사역 원칙은 오늘날에도 유효하다. 선교사들은 선교지에 교회를 세울 때 돈을 요구하지 않는다. 바울은 부자 교회가 아니라, 신앙적으로 성숙한 교회의 후원만 받았다.

사도는 그리스도의 진리가 그의 마음속에 있으므로 앞으로도 돈을 받지 않고 사역하는 원칙을 계속 자랑할 것이라 한다(10절). 거짓 선생들처럼 온전히 세워지지 못한 고린도 교회에서 돈을 받고 사역하는 것이 오히려 부끄러운 일이라는 것이다.

바울이 자비량 선교를 자랑스럽게 생각하는 것은 그에게 '그리스도의 진리'(ἀλήθεια Χριστοῦ)가 있기 때문이다. 이 소유격(genitive)은 '그리스도께서 주신 진리'를 뜻하는 출처격이다(Harris). 그는 다메섹으로 가는 길에 만난 주님이 그에게 직접 주신 복음을 회상하고 있다(Barnett). 바울의 삶과 사역의 모든 것은 이 일에서 경험한 그리스도의 진리에서 비롯되었다(Guthrie). 마치 선지자들이 소명을 받을 때 경험한 하나님이 그들을 영원히 사로잡은 것처럼, 다메섹 경험은 그의 사역과 삶을 영원히 사로잡았다. 그러므로 오직 성숙한 교회에서만 후원받는다는 그의 사역 원칙은 협상의 여지가 없다(Sampley). 이 원칙을 포기하느니 차라리 죽음을 택할 것이다(cf. 고전 9:15-18).

바울이 고린도 교회에서 후원을 받지 않으며 사역하는 것은 절대 그들을 사랑하지 않아서가 아니다(11a절). 그가 고린도 성도들을 얼마나 많이 사랑하는가에 대해서는 하나님이 증인이시다(11b절). 거짓 선생들이 고린도 교회에서 돈 받는 것을 정당화하기 위해 바울이 돈을 받지 않은 것은 그들을 사랑하지 않기 때문이라고 주장한 것으로 보인다. 바울은 때가 되면 고린도 교회의 후원을 받아 제국의 동쪽에 있는 스페인으로 갈 계획이다(cf. 롬 15:24-28).

사도는 지금까지 고수해 온 사역 원칙을 그대로 준수할 것이다(12a절). 자신도 바울과 별반 다를 바 없으며, 그처럼 일한다고 주장하는 사람들에게 빌미를 주지 않기 위해서다(12b절, cf. 공동). 이 말씀을 통해 사도가 방어에서 공격으로 전환하고 있다(Hafemann).

이 말씀은 금전적 대가를 요구하지 않고 복음을 전하는 것은 부끄러운 일이 아니라 아름다운 일이라고 한다. 바울은 고린도 교회를 개척

할 때 아직 성숙하지 못한 교회의 도움을 받지 않으려고 최선을 다했다. 그는 자비량으로, 또한 부족한 부분은 마게도냐 교회들의 후원금으로 충당했다.

오늘날로 말하자면 그는 '이중직 사역'을 했다. 이중직은 피할 수 있으면 피하는 것이 좋다. 복음 전파에 온전히 힘쓸 수 없기 때문이다. 그러나 다가오는 세대에는 대부분 사역자가 이중직을 피할 수 없게 될 것이다. 이중직은 부끄러운 것이 아니라 오히려 자랑스러운 것이다. 성경적인 사역자의 삶이기 때문이다.

Ⅵ. 사도직 변호(10:1–13:10) C. 어리석은 자처럼 자랑함(11:1–12:13)

3. 거짓 사도들(11:13–15)

[13] 그런 사람들은 거짓 사도요 속이는 일꾼이니 자기를 그리스도의 사도로 가장하는 자들이니라 [14] 이것은 이상한 일이 아니니라 사탄도 자기를 광명의 천사로 가장하나니 [15] 그러므로 사탄의 일꾼들도 자기를 의의 일꾼으로 가장하는 것이 또한 대단한 일이 아니니라 그들의 마지막은 그 행위대로 되리라

바로 앞 절(11:12)에서 방어에서 공격으로 전환한 사도가 거짓 선생들에 대한 비난을 본격적으로 시작한다. 그들은 거짓 사도요 속이는 일꾼이며, 자기를 그리스도의 사도로 가장하는 자들이다(13절). '거짓 사도들'(ψευδαπόστολοι)은 바울이 만들어 낸 단어다(Harris). 신약은 '거짓 선지자'(마 7:15; 24:11, 24; 막 13:22; 눅 6:26; 행 13:6; 요일 4:1; 계 16:13; 20:10), '거짓 메시아'(마 24:24; 막 13:22), '거짓 선생'(벧후 2:1), '거짓 형제'(11:26; 갈 2:4)라는 말을 사용하지만, '거짓 사도'라는 말은 이곳이 유일하다. 요한계시록은 '사도라 하되 아닌 자들'(ἀποστόλους καὶ οὐκ εἰσὶν)이라는 말을 사용한다(계 2:2).

'속이는 일꾼들'(ἐργάται δόλιοι)에서 '속이는'(δόλιος)도 신약에서 단 한 차례 사용되는 단어지만, 칠십인역(LXX)에서는 흔히 사용된다(TDNT). 악의적인 목적을 가지고 남을 속이는 것이다(BAGD). 고린도 성도들을 현혹한 거짓 선생들은 그들을 죽음으로 몰아가고자 한다.

거짓 선생들은 사도가 아니며 속이는 자에 불과하다. 그들은 사도로 가장한 자들이다(13b절). '가장하다'(μετασχηματίζω)는 '변장하다, 위장하다'라는 뜻이다(BAGD). 다른 서신에서 바울은 이런 자들을 '개들'이라고 칭하며 멀리하라고 한다(빌 3:2). 고린도 성도들은 그리스도인도 아닌 자들에게 놀아났다.

거짓 그리스도인들, 그것도 사역자로 위장한 자들이 고린도 교회 안에서 활개를 친 것이 이상하지 않은가? 사도는 전혀 이상하지 않다고 한다(14a절). 그들의 우두머리인 사탄도 광명의 천사로 가장하기 때문이다(14b절). 사탄은 어둠이다(6:14-15). 그는 그리스도인들을 속이기 위해 마치 자기가 빛인 것처럼 위장한다.

그러므로 사탄의 일꾼들이 자기를 의의 일꾼으로 가장하는 것은 새로운 일도, 대단한 일도 아니다(15a절). 우리가 그리스도를 닮으려고 하는 것처럼, 그들은 속임수의 달인인 사탄을 닮기 위해 마치 자신이 의의 일꾼인 것처럼 속임수를 쓴다.

그들의 마지막은 그 행위대로 될 것이다(15b절). 그들이 마치 의의 일꾼인 것처럼 성도들을 기만한 것에 대해 대가를 치를 날이 오고 있다. 하나님이 그들을 심판하실 것이다.

이 말씀은 교회 안에도 사탄의 하수인들이 있다고 한다. 그러므로 우리는 하나님의 말씀으로 무장해 그들에게 농간당하지 않도록 기도하며 우리 자신과 교회를 지켜야 한다. 그렇게 하기 위해서는 건전하고 성경적인 신학이 필수다.

4. 어리석은 자랑의 정당성(11:16-21)

**16 내가 다시 말하노니 누구든지 나를 어리석은 자로 여기지 말라 만일 그러
하더라도 내가 조금 자랑할 수 있도록 어리석은 자로 받으라 17 내가 말하는
것은 주를 따라 하는 말이 아니요 오직 어리석은 자와 같이 기탄 없이 자랑
하노라 18 여러 사람이 육신을 따라 자랑하니 나도 자랑하겠노라 19 너희는
지혜로운 자로서 어리석은 자들을 기쁘게 용납하는구나 20 누가 너희를 종으
로 삼거나 잡아먹거나 빼앗거나 스스로 높이거나 뺨을 칠지라도 너희가 용
납하는도다 21 나는 우리가 약한 것 같이 욕되게 말하노라 그러나 누가 무슨
일에 담대하면 어리석은 말이나마 나도 담대하리라**

바울은 11:1-6에서 언급한 '어리석은 자랑'에 대한 말을 이어 간다(Hafemann, Harris). 그는 거짓 선생들이 주장하는 것이 거짓임을 증명하기 위해 평상시에 하지 않는 자기 자랑을 하고 있다. 그러므로 어리석은 자처럼 자랑을 늘어놓더라도 고린도 성도들이 바울을 어리석은 자로 여기지 않기를 부탁한다(16a절). 만일 그들이 사도의 부탁을 들어주지 않고 자기 자랑을 늘어놓는 어리석은 자로 여긴다 할지라도, 그는 조금 더 자기 자랑을 하고자 한다(16b절). 지금은 거짓 선생들의 주장이 거짓임을 드러내는 것이 중요한 이슈이기 때문이다.

사도는 평상시에는 주님을 따라 겸손한 말만 한다. 그러나 지금은 거짓 선생들처럼 어리석은 자가 되어 주저하지 않고 자기 자랑을 늘어놓겠다고 선언한다(17절). 그의 자랑은 그들이 하는 것처럼 육신을 따라 하는 자랑이다(18절). '육신을 따라 하는 자랑'(καυχῶνται κατὰ σάρκα)은 핏줄, 학력 등 그리스도 안에서 자랑하는 영적인 것과는 상관없는 것들이다. 그는 육신에 따라 자랑하는 거짓 선생들을 상대로 전면전(fight fire with fire)을 펼치고 있다(Guthrie, Harris).

바울은 거짓 선생들을 본격적으로 공격하기 전에 먼저 그들의 농간에 놀아나 한 편이 되어 사도를 공격한 고린도 성도들을 비난한다. 이 서신에서 19-21절은 가장 냉소적인 비난이다(Harris). 사도는 고린도 성도들이 스스로 참으로 지혜롭다고 하면서도 정작 가장 어리석은 거짓 선생들을 기쁘게 받았다고 한다(19절). 바울은 그들이 거짓 선생들을 기쁘게 맞이한 일은 곧 그들을 해하러 온 자들을 환영한 것이라고 비난한다(20절): (1)종으로 삼음, (2)잡아먹음(씹어 삼킴), (3)빼앗음(납치), (4)스스로 높임(교만), (5)뺨을 침(인격 무시). 사도는 거짓 선생들이 고린도 교회에 이러한 해를 입히고 있는데도 정작 그들은 참 선생들만 미워하고 멀리한다고 한다.

자신을 항상 연약한 사람이라고 생각했던 사도는 그동안 거짓 선생들처럼 자랑을 늘어놓지 않았다. 그러나 이제는 자기도 그들처럼 담대하게 자랑을 늘어놓겠다고 한다(21절). 공동번역이 의미를 잘 살려 번역했다: "부끄럽게도 나는 너무 약해서 그런 짓까지는 하지 못했습니다. 그러나 누가 무슨 자랑을 한다면 나도 그와 똑같은 자랑을 해보겠습니다. 이것은 물론 내가 어리석은 사람이라 치고 하는 말입니다."

이 말씀은 사역자는 자기 자랑을 해야 할 때가 있다고 한다. 바로 공동체가 거짓 선생들의 육신적인 자랑에 현혹되어 하나님과 참 스승을 멀리할 때다. 사람이 육신적인 자랑에 현혹되면, 영적인 것은 잘 보이지 않는다. 그들의 영이 혼탁해졌기 때문이다. 이열치열이라고, 이런 때는 육신적인 자랑으로 거짓 선생들의 육신적인 자랑이 별 의미 없음을 드러내야 한다. 현혹되었던 자들이 정신을 차리면 그때부터는 다시 그리스도 안에서 영적인 것을 자랑해야 한다.

Ⅵ. 사도직 변호(10:1–13:10)
C. 어리석은 자처럼 자랑함(11:1–12:13)

5. 히브리 배경과 주를 위한 고난(11:22–29)

**22 그들이 히브리인이냐 나도 그러하며 그들이 이스라엘인이냐 나도 그러하
며 그들이 아브라함의 후손이냐 나도 그러하며 23 그들이 그리스도의 일꾼
이냐 정신 없는 말을 하거니와 나는 더욱 그러하도다 내가 수고를 넘치도록
하고 옥에 갇히기도 더 많이 하고 매도 수없이 맞고 여러 번 죽을 뻔하였으
니 24 유대인들에게 사십에서 하나 감한 매를 다섯 번 맞았으며 25 세 번 태
장으로 맞고 한 번 돌로 맞고 세 번 파선하고 일 주야를 깊은 바다에서 지
냈으며 26 여러 번 여행하면서 강의 위험과 강도의 위험과 동족의 위험과 이
방인의 위험과 시내의 위험과 광야의 위험과 바다의 위험과 거짓 형제 중의
위험을 당하고 27 또 수고하며 애쓰고 여러 번 자지 못하고 주리며 목마르고
여러 번 굶고 춥고 헐벗었노라 28 이 외의 일은 고사하고 아직도 날마다 내
속에 눌리는 일이 있으니 곧 모든 교회를 위하여 염려하는 것이라 29 누가
약하면 내가 약하지 아니하며 누가 실족하게 되면 내가 애타지 아니하더냐**

이 섹션은 바울의 유대인 혈통과 그가 그리스도의 복음을 전파하면서 경험한 온갖 고난에 대한 회고다. 또한 앞에서 거짓 선생들처럼 자랑하겠다던 자랑의 핵심 내용이다. 그러므로 그는 신분적으로도 그리스도의 사역자로서도 그들과 비교했을 때 무엇 하나 못한 것이 없다고 한다.

그가 고난을 자랑하는 것은 반문화적(anti-cultural)이라 할 수 있다. 당시 사람들, 특히 신분이 높은 사람일수록 승리주의적인 생각에 젖어 있었고, 지혜자들은 고난이 지혜롭게 사는 사람과 이질적인 것이라 했기 때문이다(Barrett, Fitzgerald cf. 10:10; 11:6). 고린도의 엘리트 성도들이 바울을 가볍게 보는 데에는 그가 당한 고난도 한몫했다.

바울은 고린도 교회를 괴롭힌 거짓 선생들이 유대에서 온 유대인인

자신들만 정통이고 바울은 좀 부족한 사람이라는 식으로 말한 것에 대해 자기는 그들보다 더 나으면 낫지 못할 것이 없다고 한다(22절). 사도는 자신을 히브리인–이스라엘인–아브라함의 후손이라 한다.

이스라엘인과 아브라함의 후손은 비슷한 말이다(Guthrie). 그런데도 아브라함의 후손을 언급하는 것은 거짓 선생들이 스스로 기독교인이라고 주장하는 헬라화된 유대인(Hellenistic–Jews)임을 암시한다(Furnish). 그들은 기독교인이라고 하면서도 유대교를 버리지 못했다.

바울이 한때 자신을 반율법주의자로 몰아가는 거짓 선생들보다 더 열심 있는 율법주의자였던 것은 온 세상이 아는 사실이다: "나는 팔일 만에 할례를 받고 이스라엘 족속이요 베냐민 지파요 히브리인 중의 히브리인이요 율법으로는 바리새인이요 열심으로는 교회를 박해하고 율법의 의로는 흠이 없는 자라"(빌 3:5–6). 바울은 유대주의자로서 거짓 선생들에 비해 하나도 부족한 것이 없다. 그러므로 그들은 상대를 잘못 골랐다.

거짓 선생들은 자신들을 가리켜 그리스도의 일꾼이라 하지만(23a절), 그들이 하는 일(사역)을 바울이 그리스도의 일꾼으로서 겪은 일과 비교하면 그리스도의 일꾼이라 할 수 없다. 바울은 자기 입으로 이런 말을 하는 것이 '자랑질'로 느껴져 불편하다. 그러나 고린도 성도들이 정확히 알아야 하기 때문에 '정신없는 말을 하는 사람처럼'(자랑하는 사람처럼) 말하지만 자신은 더욱 그리스도의 일꾼이라 한다(23b절).

지금부터 사도는 자신이 그리스도의 일꾼으로서 복음을 전파하다가 겪은 고통을 회고하고자 한다(23b–28절). 먼저 자신이 겪은 여러 가지 환난과 고통을 네 가지로 요약한다(23b절). 네 가지 모두 '전치사(ἐν) + 명사 + 부사'로 구성되어 있다.

첫째, 바울은 '수고를 넘치도록 했다'(ἐν κόποις περισσοτέρως). 그는 자신을 가리켜 사도가 아니라고 비방하는 자들보다 훨씬 더 어려운 여건에서 더 많은 사역을 해 왔다(cf. 고전 3:8; 15:58; 고후 10:15; 살전 1:3; 살후 3:8). 어떤 이들은 그가 한 '수고'를 육체적인 어려움으로 제한하기도 하지만(Thrall), 그럴 필요는 없다(Furnish). 사역과 연관된 모든 육신적·영적(심적) 고통을 의미한다(Guthrie).

둘째, 옥에 갇히기도 거짓 선생들보다 더 많이 했다. 그의 선교 여행을 요약하는 사도행전은 바울이 로마에 도착할 때까지 여러 곳에서 상당히 많은 시간을 감옥에서 보냈음을 보여 준다(행 13:50; 14:19; 16:22-23; 17:5; 18:12; 19:29-30; 21:30-36; 23:35). 셋째, 그는 매도 수없이 맞았다. 때로는 돌로 죽도록 맞기도 했다. 넷째, 바울은 여러 번 죽을 뻔했다. 배를 타고 가다가 죽을 뻔했고, 가장 최근에는 에베소에서 폭도의 손에 죽을 뻔했다. 그는 사역하면서 여러 번 죽을 고비를 넘겼다.

바울은 자신이 겪은 구체적인 고난 사례(24-25절)와 항상 노출되어 있는 위험과 고난(26-27절)에 대해 말하고자 한다. 스스로 그리스도의 사도라 하는 거짓 선생들은 이런 일을 겪어 본 적이 없다. 안타깝게도 사도행전을 아무리 살펴보아도 바울이 드는 사례 중에 그가 언제, 어디서 겪은 일인지 도무지 알 수 없는 것이 대부분이다. 누가가 사도행전을 집필할 때 바울의 1-3차 선교 여행을 기반으로 삼기는 했지만 그가 알려 주는 것은 지극히 제한적이기에, 우리가 바울의 선교와 고난에 대해 아는 것보다 모르는 것이 더 많다(cf. Guthrie).

바울은 자신이 경험한 구체적인 고난 사례로 네 가지 일을 회고한다(24-25절): (1)사십에서 하나 감한 매를 다섯 번 맞음, (2)세 번 태장으로 맞음, (3)한번 돌로 맞음, (4)세 번 파선해 일 주야를 깊은 바다에서 지냄.

첫째, 그는 사십에서 하나를 감한 39대의 매를 다섯 차례 맞았다(24절). 신명기는 누구를 매로 징벌할 때 이렇게 하라고 한다: "악인에게 태형이 합당하면 재판장은 그를 엎드리게 하고 그 앞에서 그의 죄에 따라 수를 맞추어 때리게 하라 사십까지는 때리려니와 그것을 넘기지는 못할지니 만일 그것을 넘겨 매를 지나치게 때리면 네가 네 형제를 경히 여기는 것이 될까 하노라”(신 25:2-3). 매의 수를 40회로 제한하는 이유는 맞는 자가 천히 여김을 받지 않게 하기 위해서다.

율법이 40대까지 때릴 수 있다고 하는데도 불구하고 유대인들이 39대로 제한한 것은 혹시 실수로 40대 넘게 때려 율법을 위반하게 될 것에 대한 우려에서 비롯되었다(Plummer). 유대인들은 각 회당 단위로 이런 징벌을 범죄자들에게 내렸으며, 집행할 때는 반드시 회당장이 참석했다. 이때 사용한 채찍은 세 개의 가죽 줄로 만든 것이며, 때리는 횟수의 3분의 2는 등에, 3분의 1은 가슴에 가했다(Bruce).

바울은 다섯 차례나 맞으면서도 새로운 도시를 방문하면 항상 회당을 먼저 찾았다(cf. 행 13:14-15, 43; 14:1; 17:1-2, 10, 17; 18:4, 7-8, 19, 26; 19:8). 사도가 방문한 회당들의 회당장들은 그를 특이한 유대인 형제라고 생각했지만, 배교자(변절자)로 생각하지는 않았다. 만일 그를 배교자로 생각했다면, 매로 때려 생각을 바로잡으려 하지 않고 곧바로 쫓아냈을 것이기 때문이다(Matera).

둘째, 그는 세 번 태장으로 맞았다(25a절). ‘태장으로 맞다’(ῥαβδίζω)는 우리말로 곤장(막대)으로 맞는 것을 의미한다. 로마 사람들의 징벌이며, 죄인을 다스리는 관리(lictor)는 옆에 막대를 쌓아 두고 부러지면 바꿔 가며 죄인을 심하게 내리쳤다. 심지어 도끼로 참수하기도 했다(Thrall). 사도행전 16장은 바울과 실라가 빌립보에서 점치는 귀신 들린 여종에게서 귀신을 쫓아낸 일로 인해 로마 관료들에게 이러한 징벌을 받았다고 한다(행 16:20-40). 이에 대해 그들은 부당하다며 문제를 제기했다. 바울은 로마 시민이기 때문에 정당한 재판 없이 이런 징계를 가하는 것은 로마법(Lex Porcia)이 불법으로 규정하고 있었기 때문이다(Barrett, Furnish, Thrall). 바울은 세 번이나 이런 일을 겪었다고 하는데, 사도행전에 기록된 일은 이 사건이 유일하다. 사도행전의 저자 누가가 바울이 겪은 모든 일을 낱낱이 회고하지 않았다는 것을 암시한다.

셋째, 바울은 한 번 돌로 맞았다(25b절). 사람을 돌로 쳐 죽이는 것도 율법이 규정하는 처형법이다(cf. 신 17:5-7; 22:22-24). 하나님의 백성 중 배교(레 20:2; 신 13:10-11; 17:2-7), 망언(레 24:14, 16, 23), 점(레 20:27), 안식일 위반(민 15:35-36), 부모께 순종하지 않는 아들(신 21:21), 간음을 행한 신부(신 22:21, 24) 등 심각한 종교적 범죄를 저지르는 사람이 대상이었다. 바울은 이런 짓을 하지 않았으므로 그가 돌에 맞은 것은 부당했다(행 14:19-20). 그러나 모세도 백성이 돌로 치려 하는 일을 경험했고(출 17:4; 민 14:10), 스데반도 폭도의 돌에 맞아 순교했다(행 6:13-14; 7:58-59).

넷째, 그는 타고 있는 배가 파괴되는 일을 세 번 경험하며 하루를 깊은 바다에서 지냈다(25c절). '일 주야'(νυχθήμερον)는 '하루 밤낮'이라는 뜻이다(BDAG, cf. 새번역, 공동). 아마도 한 번은 파괴된 배 조각을 붙잡고 깊은 바다에서 표류하다가 구조되었던 것으로 보인다. 그러므로 사도가 실제로 경험한 위험과 고난에 대해 말하는 네 가지 중 절정에 도달하는 마지막 사건으로 적절하다(Guthrie).

지중해 여행은 주로 5-9월 말에 이뤄졌으며, 10월이면 이듬해 봄까지 모든 뱃길이 끊겼다. 파도와 바람 때문이었다. 배를 타고 여행하는 것이 위험하기는 했지만, 걸어가는 것보다 빠르고 편안했기 때문에 당시 사람들은 먼 여정이라면 이런 방식으로 여행하는 것을 선호했다.

바울은 육로를 선호했지만, 배도 자주 이용했다(cf. 행 13:4, 13; 14:25-26; 16:11; 17:14-15; 18:18-22, 27; 고후 2:1). 그가 지중해 항해 중 경험한 가장 큰 위기는 이 서신이 저작된 후 몇 년이 지나서 일어난 일이다. 그는 로마 황제에게 상소해 죄인의 몸으로 로마로 이송되는 도중 거센 바람에 배가 밀리며 혹독한 고생을 했다. 결국 배가 파선했지만, 하나님이 그에게 자비를 베풀어 배에 타고 있던 군인들과 죄인들을 모두 살리셨다(행 27장). 바울이 본문에서 회고하는 세 차례 파선 중 단 하나도 사도행전에 기록되어 있지 않다는 것은 누가가 제한된 범위에서 정보를 제공하고 있음을 보여 준다(Guthrie).

이와 같이 그의 생명을 위협한 사건들 외에도 바울은 선교하기 위해 지역에서 지역으로 이동할 때마다, 또한 가는 곳마다 항상 위험을 당면한다(26절). 이 구절에서 나열하는 위험이 늘상 경험하는 위험이라는 것은 이 일들을 모두 복수형으로 말하는 데서도 알 수 있다: 강들의 위험들(κινδύνοις ποταμῶν), 강도들의 위험들(κινδύνοις λῃστῶν), 동족들의 위험들(κινδύνοις ἐκ γένους), 이방인들의 위험들(κινδύνοις ἐξ ἐθνῶν), 시내들의 위험들(κινδύνοις ἐν πόλει), 광야들의 위험들(κινδύνοις ἐν ἐρημίᾳ), 바다들의 위험들(κινδύνοις ἐν θαλάσσῃ), 거짓 형제들 중의 위험들(κινδύνοις ἐν ψευδαδέλφοις). 고린도 교회와 연관해서는 마지막인 '거짓 형제들로 인한 위험'이 사도를 가장 괴롭힌다(Thrall).

사탄은 절대 사역자들을 내버려 두지 않는다. 모든 것을 동원해 위협한다. 하나님이 사역자들을 보호하지 않으시면 그들은 사역을 할 수 없다. 그러므로 우리는 "누가 우리를 그리스도의 사랑에서 끊으리요 환난이나 곤고나 박해나 기근이나 적신이나 위험이나 칼이랴"(롬 8:35)라고 고백한다.

바울은 항상 수고하며 애쓰고, 자지 못하고, 주리며 목마르고, 여러 번 굶고, 춥고 헐벗었다(27절). 이런 일은 그가 수시로 겪는 일이다. 그는 참으로 어려운 여건에서 사역했다. 우리는 하나님이 함께하시면 죽도록 고생하지 않을 것이라는 착각에서 벗어나야 한다.

지금까지 사도가 회고한 것은 모두 육체적인 고통이라 할 수 있다. 하지만 영적으로도 엄청난 스트레스를 받으며 일한다(28–29절). 그는 아직도 날마다 자기 속에 눌리는 일이 있다고 한다(28a절). 마음이 편하지 않다는 것이다. 무엇이 그를 짓누르는가? 바로 모든 교회에 대한 염려다(28b절). 이방인을 위한 사도로 세우심을 받은 그는 한곳에 오래 정착할 수가 없다. 세상은 넓고 복음을 전파해야 할 곳은 많기 때문이다. 그러다 보니 그가 개척하고 떠난 교회는 많은 문제와 씨름하기 일쑤였다.

바울은 이 교회들의 영적인 아버지로서 그들이 논쟁에 휘말릴 때마다 마음이 괴롭다. 누군가가 약하면 자기의 약함으로 생각하고, 누군가가 실족하면 자기가 실족한 것처럼 애가 탄다(29절). 고린도 교회가 실족함으로 사도는 무척 애가 탄다. 그에게 교회들은 평생 지고 가야 할 십자가다. 사역자의 심정이 이러해야 한다.

이 말씀은 때로는 세상적인 자랑이 필요할 때가 있다고 한다. 바로 이런 것을 앞세워 성도를 현혹하는 자들을 잠잠하게 해야 할 일이 발생할 때다. 거짓 선생들은 자신이 바울보다 훨씬 더 잘났다고 떠들어 댔다. 이에 자랑하는 일을 정말 싫어하는 사도는 그들을 잠재우기 위해 어쩔 수 없이 자기 자랑을 했다.

그리스도인의 사역에는 엄청난 고난이 따른다. 심지어 죽을 고비를 여러 번 넘길 수도 있다. 세상은 하나님을 미워하기 때문에 주님의 사역자들을 더욱더 미워한다. 게다가 그리스도의 복음은 세상 문화와 가치와 함께 어우러지지 않는 메시지를 선포한다. 그러므로 사역자들은 고난 없이 사역할 수는 없다. 성도들도 믿음으로 인해 고난을 당한다.

사역자들이 감당해야 하는 가장 큰 고난은 교회 외부에서 오는 핍박이 아니라, 교회 내부에서 일어나는 일들이다. 바울은 항상 교회에 대한 염려로 마음 편할 날이 없다. 게다가 고린도 교회는 거짓 선생들의 농간에 놀아나 그를 내부에서 공격하고 있다.

Ⅵ. 사도직 변호(10:1–13:10)
C. 어리석은 자처럼 자랑함(11:1–12:13)

6. 다메섹에서 도피함(11:30–33)

30 내가 부득불 자랑할진대 내가 약한 것을 자랑하리라 31 주 예수의 아버지 영원히 찬송할 하나님이 내가 거짓말 아니하는 것을 아시느니라 32 다메섹에서 아레다 왕의 고관이 나를 잡으려고 다메섹 성을 지켰으나 33 나는 광주리

를 타고 들창문으로 성벽을 내려가 그 손에서 벗어났노라

그동안 '어리석은 자로서 기탄없이 자랑한'(11:17) 사도가 이제는 그의 연약함을 자랑하고자 한다(30절). 하나님 아버지께서 지금부터 자랑할 연약함이 사실이라는 것에 대한 증인이시다(31절, cf. Witherington).

바울은 예루살렘 제사장들이 써 준 편지를 들고 그리스도인들을 잡아들이기 위해 다메섹으로 가다가 예수님을 만났다(행 9장). 갈라디아서 1:15-17에 따르면 그는 회심한 후 아라비아로 떠났다. 이후 다메섹으로 [잠시] 돌아왔다가 3년이 지난 후 사도들을 만나러 예루살렘을 방문했다. 대부분 학자는 사도가 갈라디아서에서 하는 말을 그가 3년의 대부분을 아라비아에서 보낸 것을 의미하는 것으로 해석한다. 이와는 대조적으로 누가는 바울이 마치 회심한 후 한동안 다메섹에 머물고 있다가 곧바로 예루살렘을 방문한 것처럼 묘사한다(cf. 행 9:26-30).

이러한 차이를 도저히 극복할 수 없는 차이라고 하는 이도 있고(Barrett), 누가와 바울이 각자 사실로 아는 바를 말하는 것이라고 하는 이도 있다(Hengel & Schwemer). 바울의 다메섹 사역이 아라비아 여정을 양쪽에서 책 받침대처럼 감싸고 있다고 해석하는 이들도 있다(Williams, cf. Schnabel): 다메섹 사역(행 9:19-22)-"여러 날"[곧, 3년 동안 아라비아를 다녀옴](9:23a)-다메섹 사역(9:23b-25). 이때 바울의 아라비아 여정이 있었던 것으로 해석하는 이들은 그가 3년 중 18개월에서 2년은 아라비아를 방문하고, 나머지 시간은 아라비아 여정 전후에 다메섹에서 보낸 것으로 생각한다(cf. Fitzmyer, Haenchen, Marshall).

우리가 기억해야 할 것은 누가는 사도행전에서 바울의 전기(biography)를 쓰는 것이 아니라 그의 삶에서 교회와 연관된 일들만 기록한다는 사실이다. 그러므로 누가가 이때 3년 동안 아라비아를 다녀왔다는 말을 바울에게 들었더라도 교회와 연관된 이야기가 아니라 바울의 사생활이라고 판단했다면 그 여정을 언급할 필요가 없다(Bock,

Witherington). 그러므로 '여러 날'을 바울의 아라비아 여정을 포함하는 것으로 해석하는 것이 바람직하다. 사도행전과 갈라디아서 1장을 바탕으로 바울의 이 여정을 정리하면 다음과 같다(cf. Longenecker).

순서	있었던 일	비고
1	바울의 회심과 부르심(행 9:1-19a)	31/32년(Schnabel), 33-36년(Bock)
2	바울이 회심한 직후 다메섹에 있는 회당들을 순회하며 복음을 전함(행 9:19b-22)	
3	바울이 아라비아를 방문함(갈 1:17)	이때 아라비아에서도 선교함
4	바울이 다메섹으로 돌아옴(행 9:23-25)	유대인들과 아레다왕 고관들이 성문을 지킴(cf. 11:32)
5	바울이 회심한 후 3년 만에 처음으로 예루살렘을 방문함(행 9:26-30; 갈 1:18-24)	이후 가이사랴, 시리아, 길리기아도 방문함

누가는 바울을 죽이려고 밤낮으로 다메섹 성문을 지킨 자들이 유대인이라고 하는데(행 9:23-24), 바울은 지키고 있던 자들이 아라비아를 다스리던 아레다왕(Aretas Ⅳ)의 고관이었다고 한다(32절). 무슨 일이 벌어지고 있는가? 다메섹은 시리아의 도시였지만, 시리아-아라비아 접경 지역에 있었기 때문에 실상 아라비아는 다메섹성에서 시작해 남쪽으로 형성되어 있는 나라라 해도 과언이 아니었다. 오늘날의 요르단(Jordan)을 중심으로 형성된 나라였으며, 나바티아 왕국(Nabatean Kingdom)으로 불렸다. 다메섹에 인접한 보스트라(Bostra)와 영화 〈인디아나 존스〉의 배경이 된 페트라(Petra)가 있는 곳이다.

바울이 다메섹을 떠나 주로 아라비아(나바티아 왕국) 북부에 머문 것으로 생각되며, 아라비아에 머무는 동안 전도 활동을 어느 정도 이어 간 것으로 보인다. 바울이 전한 복음은 아라비아에 사는 유대인 가운데 상당한 분란을 초래했으며, 지역을 다스리던 왕으로서 아레다왕은 다메섹 성문을 지키다가 분란을 초래한 장본인이 나오면 죽이라고 고관들을 파견한 것으로 보인다. 그러므로 바울을 잡기 위해 다메섹 성문을 지키던 자들은 유대인과 아라비아 고관 등 두 부류다. 이 일은 주후 34년경에 있었던 일이며, 아레다왕은 주후 40년에 죽었다(Guthrie). 바울의 생명이 위험하다고 생각한 그의 제자들이 바울을 광주리에 담아 성벽에서 달아 내려 다메섹을 탈출하게 했다(33절; cf. 행 9:25).

이 말씀은 우리의 연약함은 부끄러운 일이 아니라 오히려 자랑거리라고 한다. 하나님이 우리의 연약함을 통해 역사하시므로 우리는 내세울 것이 없으며, 오직 하나님의 영광만이 드러나기 때문이다. 바울 사도도 평생 이런 마음으로 자신의 연약함을 자랑하며 사역했다.

고난은 우리 연약함의 일부다. 그러므로 고난을 부끄러워할 필요가 없다. 특히 그리스도의 복음을 전파하기 위해 겪는 고난은 영광의 훈장이다. 하나님은 우리를 이 땅에 보내신 목적이 모두 이루어질 때까지 항상 우리를 보호하신다.

Ⅵ. 사도직 변호(10:1–13:10)
C. 어리석은 자처럼 자랑함(11:1–12:13)

7. 환상과 후유증(12:1–10)

[1] 무익하나마 내가 부득불 자랑하노니 주의 환상과 계시를 말하리라 [2] 내가 그리스도 안에 있는 한 사람을 아노니 그는 십사 년 전에 셋째 하늘에 이끌려 간 자라 (그가 몸 안에 있었는지 몸 밖에 있었는지 나는 모르거니와 하나님은 아시느니라) **[3] 내가 이런 사람을 아노니** (그가 몸 안에 있었는지 몸 밖에 있었는지 나는 모르거니와 하나님은 아시느니라) **[4] 그가 낙원으로 이끌려 가서 말로 표현할 수 없는 말을 들었으니 사람이 가히 이르지 못할 말이로다 [5] 내가 이런 사람을 위하여 자랑하겠으나 나를 위하여는 약한 것들 외에 자랑하지 아니하리라**

**6 내가 만일 자랑하고자 하여도 어리석은 자가 되지 아니할 것은 내가 참말
을 함이라 그러나 누가 나를 보는 바와 내게 듣는 바에 지나치게 생각할까
두려워하여 그만두노라 7 여러 계시를 받은 것이 지극히 크므로 너무 자만하
지 않게 하시려고 내 육체에 가시 곧 사탄의 사자를 주셨으니 이는 나를 쳐
서 너무 자만하지 않게 하려 하심이라 8 이것이 내게서 떠나가게 하기 위하
여 내가 세 번 주께 간구하였더니 9 나에게 이르시기를 내 은혜가 네게 족하
도다 이는 내 능력이 약한 데서 온전하여짐이라 하신지라 그러므로 도리어
크게 기뻐함으로 나의 여러 약한 것들에 대하여 자랑하리니 이는 그리스도
의 능력이 내게 머물게 하려 함이라 10 그러므로 내가 그리스도를 위하여 약
한 것들과 능욕과 궁핍과 박해와 곤고를 기뻐하노니 이는 내가 약한 그 때
에 강함이라**

사도가 이곳에서 회고하는 경험은 바울 서신에서 큰 논쟁이 되는 이야기 중 하나다(Guthrie). 정확히 그가 무엇을 경험했는지 확실하지 않다. 환상 중에 이런 일을 경험한 것인가, 혹은 실제로 경험한 일인가? 바울이 자신의 경험을 말하는가, 혹은 그의 선교 팀에 속한 팀원 중 하나의 경험을 회고하는가, 혹은 거짓 선생들이 자랑으로 삼아 말한 것을 냉소적으로 말하는가? 만일 사도 자신의 경험이라면 왜 '한 사람'의 경험이라며 3인칭으로 말하는가? 셋째 하늘과 낙원은 어디인가? 그가 평생 경험했던 '육체에 가시'는 무엇인가? 이처럼 해결되지 않는 질문으로 학자들 사이에 많은 논란이 있다.

사도는 11:1 이후 자신을 '스스로 자랑하는 어리석은 자'라며 자랑을 이어 왔다. 무엇보다도 그를 공격하는 거짓 선생들이 잘못되었고, 자랑할 것 역시 그들보다 훨씬 더 많다는 것을 강조하기 위해서였다. 이번에도 바울은 자신이 그리스도의 사도임을 그들에게 각인시키기 위해 자신이 경험한 영적인 일을 부득불 자랑한다(1절).

'부득불 자랑하다'(καυχᾶσθαι δεῖ)는 '자랑할 필요가 있다'는 뜻이다(cf.

NAS, NIV, NRS). 그가 영적 경험을 자랑해야 하는 필요성을 느끼는 것은 아마도 거짓 선생들이 바울을 가리켜 영적 체험이 없는 가짜 사도라고 했기 때문일 것이다. 자신들이 바울보다 영적인 체험을 훨씬 더 많이 했다는 것이다.

'주의 환상들과 계시들'(ὀπτασίας καὶ ἀποκαλύψεις κυρίου)은 그가 지금부터 말하는 것은 자의적인 일이 아니라, 그리스도께서 그에게 허락하신 일이라는 점을 강조한다. 또한 복수형으로 말하는 것은 자신이 주께서 허락하신 여러 환상과 계시를 경험했으며, 그중 하나를 말하고자 한다는 뜻이다.

구약 선지자들에게 환상과 비전은 흔한 일이었다(사 1:1; 6:1; 겔 1:1; 렘 1:11; 단 7:1; 10:5-7). 바울도 이때까지 수많은 환상과 비전을 경험했지만, 누가가 사도행전에 기록한 것은 (1)아나니아가 찾아와 기도하고 있던 바울에게 안수하자 눈에서 비늘 같은 것들이 떨어져 다시 보게 된 일(행 9:11-12), (2)마게도냐로 넘어 오라는 사람 환상(행 18:9-10), (3)고린도에서 주님을 뵌 일(행 18:9-10), (4)예루살렘 성전에서 황홀 중에 예루살렘을 속히 떠나라는 말씀을 받은 일(행 22:17-21) 등이다. 이 서신을 고린도에 보낸 후에도 바울은 환상을 계속 경험한다(행 23:11, 27:23-24).

그러나 바울은 자신의 여러 서신에서 이 같은 경험에 대해 말하지 않는다. 그가 유일하게 말하는 것은 다메섹으로 가는 길에 그리스도를 만난 일이다. 고린도전·후서에서도 자신의 회심 경험만 반복적으로 회고할 뿐이다(고전 9:1; 15:1-11; 고후 2:14-16; 3:4-6; 4:5-6). 자신이 경험한 영적인 경험을 나누는 일에는 별로 관심이 없기 때문이다(Hafemann). 그가 경험한 것들은 순전히 사적인 경험이므로 하나님과 자기 사이에만 두고자 했던 것이다. 이러한 이유에서 본문에 기록된 경험도 마치 자기 이야기가 아닌 것처럼 3인칭으로 회고한다.

사도는 그리스도 안에 있는 한 사람이 14년 전에 셋째 하늘에 이끌려 간 일이 있었다고 한다(2a절). 학자 중에는 바울의 동역자(Gooder) 혹은 거짓 선생 중 하나가 경험한 것이라고 주장하는 이들도 있지만(Furnish), 거의 모든 사람이 바울의 경험으로 본다. 그가 '셋째 하늘'과 '14년 전' 등 구체적인 디테일을 언급하는 것이 이 일이 자신의 경험임을 암시하기 때문이다(Guthrie, Hafemann, Harris, Sampley). 또한 그의 경험이 아니라면 이 일로 인해 바울이 '육체에 가시'를 갖게 된 일이 설명되지 않는다.

고린도후서는 주후 55년경에 보낸 것이므로, 집필하기 14년 전이면 그가 고향인 다소(Tarsus)에 있거나 안디옥(Antioch)에 있을 때 일이다(Hafemann, cf. Harris). 그는 2-3년 후(주후 44년)에 바나바와 함께 안디옥 교회의 파송을 받아 1차 선교 여행을 떠났다.

그는 왜 자신의 경험을 3인칭으로 말하면서 그가 아는 사람의 경험이라고 하는 것일까(cf. 3a절)? 자기를 부각시키지 않고, 환상에 집중하게 하려는 수사학적인 기술이다(Keener). 또한 이러한 경험은 누구에게든 있을 수 있는 일이라며 자신에게 관심이 집중되는 것을 피하고자 해서다(Garland).

1세기 유대인들은 하늘이 여러 층으로 되어 있다고 했다(Gooder, Hafemann). 그들은 네 개 층에서 열 개층까지 있다고 했다. 사도는 셋째 하늘을 경험했다. 셋째 하늘은 하나님이 계시는 가장 높은 곳이 확실하다(Guthrie, Hafemann). 그가 이 셋째 하늘을 하나님이 계시는 낙원이라 하기 때문이다(4절; cf. 행 8:39; 살전 4:17; 계 12:5).

바울은 "그가 몸 안에 있었는지 몸 밖에 있었는지 나는 모르거니와 하나님은 아시느니라"라는 말을 두 차례나 반복한다(2b, 3b절). 환상 중에 셋째 하늘로 올라간 것인지, 혹은 에스겔 선지자처럼 유체 이탈을 경험한 것인지 자신도 확실하지 않기 때문이다. 중요한 것은 이 경험이 수동태로 묘사되어 하나님이 하신 일(그를 끌고 가심)임을 강조한다는 점이다(2, 4절).

하나님이 계시는 셋째 하늘에 이끌려 간 바울은 말로 표현할 수 없고 사람이 가히 이르지 못할 말을 들었다(4절). 그가 천상에서 오간 대화를 알아들을 수 없었다는 뜻이 아니다. 하나님이 금하셨으므로 말할 수 없다는 뜻이다(Hafemann). 사도직의 바탕이 신비로운 경험이나 입신이 되어서는 안 되기 때문이다. 사도는 복음을 명확하고 명쾌하게 전파하는 사람이다.

그는 14년 전에 셋째 하늘로 들림받은 사람을 자랑하고자 한다(5a절). 하나님이 그를 데리고 가셨기 때문이다. 반면에 자신이 자랑하고자 하는 것은 연약함뿐이라 한다(5b절; cf. 11:30). 사도는 자랑할 것이 없어서 자랑하지 않는 것이 아니다(cf. 11:1-30). 단지 하나님이 아니라 자신이 드러날까 봐 자랑하지 않는 것이다. 바울이 연약함을 자랑하는 것은 하나님의 영광을 드러낸다.

그러나 설령 바울이 어리석은 자처럼 자신을 자랑하더라도 어리석은 자가 되지는 않는다(6a절). 그가 자랑하는 것은 모두 사실이기 때문이다(6b절). 그럼에도 불구하고 그가 자랑하지 않는 것은 사람들이 그를 보는 것과 그에게 들은 것으로 지나치게 생각할까 두렵기 때문이다(6c절). 우리는 사람을 평가할 때 그에 대해 들은 것과 본 것을 바탕으로 평가한다. 그러나 객관적으로 평가할 수 없는 것으로 사람을 평가하는 일은 옳지 않으며, 각 사람이 경험하는 계시와 환상은 절대 객관적으로 평가될 수 없다(Hafemann). 그러므로 사도가 염려하는 것은 이런 영적인 일을 자랑하면 들은 사람들이 그를 과대평가하는 것이다.

하나님은 바울에게 참으로 많은 은혜를 베푸셨다. 그에게 지극히 큰 계시를 여러 개 주신 것이다(7a절). 또한 하나님의 은혜가 큰 만큼 그가 교만하지 않도록 '안전장치'도 주셨다(7b절). 곧 사도에게 '육체에 가시'를 주신 것이다. 바울은 이 가시에 대해 다음과 같이 말한다(7b-8절, Guthrie): (1)하나님은 바울이 자만심에 사로잡히지 않도록 이를 주셨다, (2)주께서 바울에게 주셨다, (3)그의 육체(육신)와 연관된 것이다, (4)사탄의 사자다, (5)그를 반복적으로 때린다, (6)제거해 달라고 세 차례 간구했다. 바울이 자랑하지 않는 것은 스스로 결정한 일이 아니라, 하나님이 육체의 가시를 통해서 하시는 일이다(Harris).

학자들은 이 '육체에 가시'(σκόλοψ τῇ σαρκί)에 대해 세 가지 해석을 내놓았다(cf. Guthrie, Hafemann, Harris, Sampley): (1)말라리아, 간질 두통, 시력 감소 등 육체적인 질병(cf. Barrett, Hafemann, Marshall), (2) 불안 장애, 교회를 핍박한 것에 대한 양심의 가책, 유대인 회심자가 많지 않은 것에 대한 무력함과 고통, 우울증 등 심리적 고통(Furnish), (3)유대주의자와의 갈등, 구리 세공인 알렉산더와 같은 특정 반대자, 일반적인 반대자 등의 반대(Keener). 만일 이 중 한 가지를 택해야 한다면 육체적인 질병이 가장 가능성이 커 보인다. 도저히 알 수 없다는 사람도 많다(Garland, Hughes, Matera). 그가 구체적으로 밝히지 않는 것을 존중해야 한다는 이들도 있다(Hafemann).

바울은 하나님께 이 '육체에 가시'를 제거해 달라며 여러 차례 기도했다. 그러나 하나님은 그에게 "내 은혜가 네게 족하도다 이는 내 능력이 약한 데서 온전하여짐이라"라며 제거해 주지 않으셨다(9a절). 하나님의 능력이 인간의 약한 데서 온전해진다는 사실을 깨달은 바울은 더는 가시를 제거해 달라고 기도하지 않고 도리어 크게 기뻐하며 자신의 여러 약한 것을 자랑했다(9b절). 그리스도의 능력이 그가 연약할수록 그 안에 머문다는 사실을 알게 되었기 때문이다(9c절).

그러므로 사도는 그리스도를 위해 자신의 약한 것들과 능욕과 궁핍과 박해와 곤고를 기뻐한다(10a절). 그가 약한 때에 그리스도가 그 안에서 강하게 되시기 때문이다(10b절). 하나님께 사로잡혀 그분이 우리의 연약함을 통해 역사하시는 삶을 살고자 한다면, 우리도 우리의 약함을 부끄러워할 것이 아니라 하나님이 사용해 그분의 강함을 드러내시도록 하나님께 드려야 한다.

이 말씀은 그리스도의 복음을 영접한 일은 자주 간증하더라도, 각 개인이 경험한 영적인 일은 쉽게 말하는 것이 아니라 한다. 바울은 자신의 경험을 14년 만에 처음으로 회고한다. 그것도 거짓 선생들을 반박하기 위해서다. 영적인 경험은 되도록 자랑하지 않는 것이 좋다. 자칫 교만해질 수 있기 때문이다. 또한 하나님과 우리 사이에 있었던 사적인 경험은 둘만의 이야기로 간직하는 것이 좋다.

계시와 환상은 고통을 동반한다. 사도는 많은 계시와 환상을 경험했다. 하나님은 그가 영적인 은사들로 인해 교만하지 않도록 그의 육체에 가시를 주셨다. 구약의 선지자들도 환상을 보고 나서 참으로 고통스러워했다. 에스겔과 다니엘이 대표적이다. 그러므로 환상과 계시를 받는 것이 좋은 일만은 아니다. 육체에 가시를 동반할 수 있기 때문이다.

하나님이 '육체에 가시'를 바울에게 주셨지만, 이는 또한 사탄의 사자였다. 사탄이 때로는 육신의 가시를 이용해 우리를 공격한다는 뜻이다. 그러므로 우리의 육체적 고통은 하나님이 허락하신 것일 수도 있고, 사탄에게서 오는 것일 수도 있다. 많은 기도와 분별이 필요하다.

Ⅵ. 사도직 변호(10:1–13:10)
C. 어리석은 자처럼 자랑함(11:1–12:13)

8. 정당한 사도(12:11–13)

**11 내가 어리석은 자가 되었으나 너희가 억지로 시킨 것이니 나는 너희에게
칭찬을 받아야 마땅하도다 내가 아무 것도 아니나 지극히 크다는 사도들보
다 조금도 부족하지 아니하니라 12 사도의 표가 된 것은 내가 너희 가운데서
모든 참음과 표적과 기사와 능력을 행한 것이라 13 내 자신이 너희에게 폐를
끼치지 아니한 일 밖에 다른 교회보다 부족하게 한 것이 무엇이 있느냐 너
희는 나의 이 공평하지 못한 것을 용서하라**

바울이 지금까지 자신에 대해 자랑한 것은 어리석은 자나 하는 일이

라 한다(11a절). 그가 자신을 자랑한 것은 원해서가 아니라, 고린도 성도들이 억지로 시킨 것이나 다름없다(11b절). 만일 그들이 사도를 칭찬했더라면(인정했더라면) 그가 스스로 자랑하는 일은 없었을 것이기 때문이다. 안타깝게도 그들이 거짓 선생들을 인정하고 따랐기 때문에 바울은 자신을 자랑할 수밖에 없었다. 그러므로 그가 자신을 자랑한 것은 고린도 성도들이 억지로 시킨 것이나 다름없다.

사도는 자신이 아무것도 아니라 한다(11c절). 그러나 바울은 자신이 '지극히 크다는 사도들'(τῶν ὑπερλίαν ἀποστόλων)보다 조금도 부족하다고 생각하지 않는다(11d절). 이 사도들이 누구인가에 대해서는 11:5에서처럼 두 가지 견해로 나뉜다: (1)바울을 공격하는 거짓 선생들(Guthrie, cf. ESV, NIV, NRS), (2)열두 사도 중에서도 지도자급 사도들(Hafemann, Harris, cf. NAS). 이미 언급한 것처럼 바울은 거짓 선생들을 비교 상대로 생각하지 않는다. 그들은 마귀의 하수인이기 때문이다. 그러므로 베드로와 야고보 등 영향력 있는 사도들에 자신을 비교한다. 그는 이 사도들에 비해 꿀릴 것이 하나도 없다고 한다. 실제로 바울은 베드로를 심하게 비난한 적이 있다(cf. 갈 1장).

바울이 참 사도라는 것은 고린도 성도들도 잘 안다. 그가 고린도 교회에 있는 동안 사도의 표가 되었기 때문이다(12a절). '되었다'(κατειργάσθη)는 부정 과거형 수동태다. 하나님이 바울이 사도라는 사실을 '표들'(σημεῖα, 징조들)을 통해 드러내셨다(Hafemann). 하나님이 바울을 통해 드러내신 사도의 표는 모든 참음과 표적과 기사와 능력이었다(12b절). 칠십인역(LXX)에서 '표적'(σημείοις)과 '기사'(τέρασιν)는 출애굽과 연관된 것들이다(출 3:20; 7:3; 8:23; 10:1-2; 15:11; 민 14:22; 신 4:34; 6:22; 7:19; 26:8; 29:3; 34:11). 하나님이 성령을 부어 주실 때는 이 두 가지에 '능력'(δυνάμεσιν)을 더하신다(cf. 행 2:22, 43; 4:30; 5:12; 14:3; 갈 3:1-5; 히 2:4). 그러므로 이 세 가지는 예수님의 죽음과 부활을 선포하는 일(복음 전파)을 동반한다(Barnett).

사탄의 하수인인 거짓 사도들도 이 세 가지를 흉내 낼 수 있다. 그러나 교회를 세우는 일은 흉내 낼 수 없다. 교회를 세우려면 회심자들이 있어야 하는데, 사람의 회심은 성령이 하시는 일이다. 그러므로 거짓 사도들은 흉내도 낼 수 없다(Hafemann).

바울이 고린도 교회를 다른 교회와 다르게 대한 것은 딱 한 가지, 곧 그들에게 폐를 끼치지 않은 것이다(13a절). 그는 고린도 성도들에게 부담을 주고 싶지 않아 자비량으로 사역하면서 부족한 부분은 마게도냐 교회에서 온 후원금으로 충당했다(cf. 11:9). 이 일을 고린도 성도들이 서운하게 여긴다면, 그는 모든 교회에 공평하지 못한 것(고린도 교회에서만 후원받지 않은 것)에 대해 그들에게 용서를 구한다(13b절).

이 말씀은 성도는 사역자들을 존경하고 인정해야 한다고 한다. 거짓 선생들에게 현혹된 고린도 성도들은 바울을 인정하지 않았다. 이로 인해 사도는 어리석은 자가 되어 자신을 자랑해야 했다. 고린도 성도들에게 거짓 선생들이 얼마나 어이없는 짓을 하고 있는지 알리기 위해서였다. 우리는 참 사역자들을 칭찬하는 일에 인색하지 않아야 한다.

우리의 사역은 참음과 표적과 기사와 능력을 동반해야 한다. 이 중 모든 것을 참고 견디는 것이 가장 필요하다. 표적과 기사와 능력은 사라질 수도 있는 성령의 은사이지만, 참음은 우리가 평생 맺어야 할 성령의 열매 중 하나다.

VI. 사도직 변호(10:1-13:10)

D. 세 번째 방문을 위한 준비(12:14-13:10)

바울은 거짓 선생들에게 놀아난 고린도 성도들에게 곧바로 다시 오겠다던 방문 계획을 수정한 것에 대해 비난받았다(cf. 2:1). 이제 그는 머지않아 이 서신을 들고 고린도를 향하는 디도와 두 형제의 뒤를 따르고자 한다. 바울은 고린도 성도들에게 그의 세 번째 방문이 회개하지 않은 자들에게는 혹독할 것이라며 사전에 알고 있으라고 한다. 이번 방문의 목적은 책임 추궁(accountability)이기 때문이다. 이 섹션은 다음과 같이 구분된다.

A. 세 번째 방문 계획(12:14-21)
B. 하고자 하는 일들(13:1-10)

VI. 사도직 변호(10:1-13:10) D. 세 번째 방문을 위한 준비(12:14-13:10)

1. 세 번째 방문 계획(12:14-21)

[14] 보라 내가 이제 세 번째 너희에게 가기를 준비하였으나 너희에게 폐를 끼
치지 아니하리라 내가 구하는 것은 너희의 재물이 아니요 오직 너희니라 어
린 아이가 부모를 위하여 재물을 저축하는 것이 아니요 부모가 어린 아이
를 위하여 하느니라 [15] 내가 너희 영혼을 위하여 크게 기뻐하므로 재물을 사
용하고 또 내 자신까지도 내어 주리니 너희를 더욱 사랑할수록 나는 사랑
을 덜 받겠느냐 [16] 하여간 어떤 이의 말이 내가 너희에게 짐을 지우지는 아니
하였을지라도 교활한 자가 되어 너희를 속임수로 취하였다 하니 [17] 내가 너
희에게 보낸 자 중에 누구로 너희의 이득을 취하더냐 [18] 내가 디도를 권하고
함께 한 형제를 보내었으니 디도가 너희의 이득을 취하더냐 우리가 동일한
성령으로 행하지 아니하더냐 동일한 보조로 하지 아니하더냐 [19] 너희는 이
때까지 우리가 자기 변명을 하는 줄로 생각하는구나 우리는 그리스도 안에
서 하나님 앞에 말하노라 사랑하는 자들아 이 모든 것은 너희의 덕을 세우
기 위함이니라 [20] 내가 갈 때에 너희를 내가 원하는 것과 같이 보지 못하고
또 내가 너희에게 너희가 원하지 않는 것과 같이 보일까 두려워하며 또 다
툼과 시기와 분냄과 당 짓는 것과 비방과 수군거림과 거만함과 혼란이 있을

까 두려워하고 [21] 또 내가 다시 갈 때에 내 하나님이 나를 너희 앞에서 낮추실까 두려워하고 또 내가 전에 죄를 지은 여러 사람의 그 행한 바 더러움과 음란함과 호색함을 회개하지 아니함 때문에 슬퍼할까 두려워하노라

바울은 곧 고린도를 방문할 계획이다(cf. 2:1, 3; 9:3-5; 10:6). 이번이 세 번째 방문이다(14a절). 그는 이번 방문이 서로에게 기쁨이 되고(cf. 2:3), 예루살렘 성도들을 위한 연보를(cf. 9:4) 마무리하는 기회가 되기를 희망한다. 또한 고린도 교회의 질서를 확립하고 분위기를 바꾸고자 한다. 그러므로 그는 여러 가지 기대를 안고 고린도를 방문할 것이다.

그가 고린도를 방문하면 이번에도 성도들에게 폐를 끼치지 않을 생각이다(14b절). 고린도 교회에서 사례나 후원을 받지 않고 머물며 사역할 것이라는 뜻이다(cf. 고전 9:15; 고후 10:11; 11:6, 12; 12:12). 바울은 주후 55년 가을에 디도 편으로 이 편지를 보내고 있으며, 몇 주 후에 직접 고린도를 찾아갈 것이다(Harris).

사도는 고린도 성도들에게 재물이 아니라 그들의 마음을 얻기를 원한다(14c절). 재물은 어린아이가 부모를 위해 저축하는 것이 아니라, 부모가 어린아이를 위해 베푸는 것이다(14d절). 고린도 성도들은 사도와 자신들의 관계를 그들과 거짓 선생들의 관계처럼 '후원자-고객'(patron-client) 관계로 본다(Guthrie). 그러므로 거짓 선생들이 그들에게서 사례를 받는 것은 당연한 일이며, 사례를 받지 않은 바울은 비난받기에 마땅하다고 생각했다(cf. 11:11; 12:13).

반면에 바울은 그들과의 관계를 부모-자녀 관계로 본다(cf. 고전 4:14-15; 고후 2:4; 6:13; 11:11). 부모는 자식에게 모든 것을 아낌없이 베풀며 조건 없이 사랑한다. 사도도 영적인 자녀인 고린도 성도들에게 베풀고 섬기며 사랑하기를 원한다. 아직 신앙적으로 온전히 세워진 교회가 아니기 때문에 그들에게 후원받을 생각은 전혀 없다. 만일 받는다면 부모가 아직 자립하지 못한 아이에게 재정적 지원을 받는 것과 비슷하다.

바울은 고린도 성도들을 부모가 자식을 기뻐하듯 기뻐하므로 그들을 위해 재물을 사용하고 심지어 자신까지 그들을 위해 내어 주어도 아깝지 않다(15a절). 물론 자식이 부모를 도와야 할 때도 있다(cf. 고전 9:3-14; 고후 11:8-9; 빌 4:15-16). 그러나 지금은 아니다. 그들은 영적으로 더 성숙한 후에야 사도를 도울 수 있다.

사도가 고린도 성도들을 더욱 사랑할수록 그들은 그를 덜 사랑할 것인가(15b절)? '그렇지 않다'라는 답을 요구하는 수사학적 질문이다. 사도가 그들을 더 사랑할수록 그들도 사도를 더 많이 사랑할 것이다. 바울은 이번 방문 때 그들에게 어떠한 폐도 끼치지 않음으로써 그들에게 무한한 사랑을 표현하고자 한다.

'하여간'(῎Εστω δέ)(16a절)은 '그렇다면 좋겠다'(so be it)라는 뜻을 지니며, 앞 문장과 연결하면 '너희를 더욱 사랑할수록 나는 사랑을 덜 받을지라도'라는 의미가 된다(Guthrie, cf. 공동). 그러나 대부분 번역본은 뒷문장과 연결한다(새번역, ESV, NAS, NIV, NRS).

어떤 이들은 바울이 고린도 성도들에게 짐을 지우지는 않았지만, 교활한 자가 되어 그들을 속임수로 취했다고 한다(16절). 거짓 선생들의 말이다. '속임수'(δόλος)는 '사기'(fraud), '배신'(treachery) 등을 뜻한다(BDAG). 사도가 사기를 쳐서 고린도 교회를 혼란에 빠트렸다는 뜻이다(Guthrie). 바울의 입장에서는 참으로 어이없고, 억울하다.

그러므로 바울은 그들의 주장이 사실인지 거짓인지 지난 일들을 되돌아보며 직접 판단해보라고 한다(17-18절). 바울이 보낸 자 중에 고린도 성도들에게서 이득을 취한 자가 있는가(17절)? 디도와 함께 한 형제(cf. 8:6, 16-24)를 보냈는데, 디도가 그들에게서 이득을 취했는가(18a절)? 둘 다 '그렇지 않다'라는 답을 기대하는 질문이다.

사도도 그럴 리 없다고 확신한다. 그와 그가 보낸 사람들은 모두 동일한 성령으로 행하기 때문이다(18b절). '동일한 성령'(τῷ αὐτῷ πνεύματι)

에서 '성령'(πνεῦμα)을 고유 명사 '성령'으로 이해하는 이들도 있지만 (Guthrie, NIV, cf. 롬 8:4; 고전 12:9; 갈 5:16), 일반 명사 '영'이다(Hafemann, Harris, Sampley, cf. 새번역, 공동, ESV, NAS, NRS). 일반 명사로 간주하면 '같은 정신'(새번역, 공동), '같은 심정'(아가페)이라는 의미를 지닌다. 바울과 그가 보낸 사람들은 모두 같은 심정으로 고린도 성도들을 섬기고 사랑했다. 그들은 항상 동일한 보조로 모든 일을 했다(18c절). '동일한 보조'(τοῖς αὐτοῖς ἴχνεσιν)는 '같은 걸음걸이'(the same steps)를 의미한다(cf. ESV, NAS, NIV, NRS). 사도와 그가 보낸 사람들은 한결같이 같은 방식으로 살며 사역했다(cf. 새번역). 그들은 고린도 성도들에게 사기를 치거나 이득을 취하지 않았다.

바울은 이때까지 한 말을 고린도 성도들이 그와 사역자들이 그들에게서 돈을 받지 않은 것에 대한 자기변명으로 오해할 수 있다는 사실을 인정한다(19a절). 그러나 그는 그리스도 안에서 하나님 앞에서 말한다(19b절). 일부 번역본은 '그리스도 안에서'(ἐν Χριστῷ)를 '그리스도를 믿는 사람으로서'로 번역하는데(새번역, 공동), 그냥 '그리스도 안에서'로 두는 것이 좋다(아가페, ESV, NAS, NIV, NRS). '그리스도를 믿는 사람으로서'는 고린도 성도들이 사도 일행의 진실성을 의심하기 때문에 그들이 그리스도인이라는 사실을 바탕으로 진실을 말하는 듯한 느낌을 주기 때문이다.

'하나님 앞에서'(κατέναντι θεοῦ)는 하나님만이 그를 판단하실 수 있다는 뜻이다(cf. 롬 14:10; 고전 4:3-5; 고후 5:10). 바울은 하나님 앞에서 당당하게 속임이 없는 진실만을 말한다. 또한 그는 하나님이 세우신 사도이기 때문에 하나님만이 책임(accountability)을 물으실 수 있다(Harris). 바울이 그리스도 안에서 또한 하나님 앞에서 고린도 교회로부터 사례나 후원을 받지 않은 것은 그들에게 상처를 주기 위해서가 아니라, 그들의 덕을 세우기 위해서다(19c절). 때가 되면 그들이 말하지 않아도 사도가 먼저 후원을 요청할 수 있다. 특히 그가 계획하고 있는 스페인 선교가 실현된다면 그는 고린도 교회에 지원을 요구할 것이다(cf. 롬 15:24, 28). 그러나 지금은 고린도 교회의 덕을 세우기 위해 사례를 받지 않고 참으로 사랑하는 고린도 성도들을 섬긴다.

사도는 많은 기대를 안고 고린도 교회를 방문할 계획이다. 그러나 두 번째 방문이 참으로 고통스럽게 끝났기 때문에 세 번째 방문이 두렵기도 하다. 그는 자신의 염려를 네 가지로 정리한다(20-21절).

첫째, 바울은 서로에 대한 기대가 어긋날 수 있다는 것을 염려한다(20a절). 고린도 성도들이 그의 기대에 어긋나는 것도 염려스럽지만, 그 자신이 고린도 성도들의 기대에 어긋나는 것도 염려스럽다. 서로 상대에 대해 실망할 수 있다는 것이다. 사실 이런 일을 두려워해서 원래 계획한 방문을 이때까지 보류하고(1:23-2:1), 대신 눈물의 편지를 보냈다(2:3-4).

둘째, 바울은 고린도 교회가 아직도 온갖 죄에 시달리는 공동체일 수 있다는 것을 염려한다(20b절). 고린도 교회 안에 아직도 다툼과 시기와 분냄과 당 짓는 것과 비방과 수군거림과 거만함과 혼란이 있을까 봐 걱정한다. 그는 두 번째 방문에서 겪었던 일들을 이번에는 겪고 싶지 않다(Harris).

셋째, 바울은 하나님이 그를 고린도 성도들 앞에서 낮추실까 두려워한다(21a절). 고린도 성도들로 인해 하나님께 부끄러움을 당할까 봐 걱정한다는 뜻이다(새번역, 공동). 고린도 교회를 세우고 양육한 사역자는 바울이다. 만일 그들이 부끄러운 일을 계속하면, 바울은 하나님 앞에서 얼굴을 들 수가 없다.

넷째, 바울은 전에 죄를 지은 사람들이 회개하지 않음으로 인해 슬퍼할까 두려워한다(21b절). 그들은 지난 방문 때 성적인 죄(음란함과 호색함)를 짓고도 회개하지 않는 자들을 보았다. 디도가 가져간 고통스러운 편지로 인해 고린도 교회는 죄를 지은 사람을 대부분 징계했지만(cf. 7:7-11, 13-16), 아직도 뻔뻔하게 회개하기를 거부하는 사람들이 있을 수 있다. 바울은 그들이 회개하지 않는 것을 많이 슬퍼할 것이다. 그러므로 가장 이상적인 상황은 그가 고린도를 방문하기 전에 그들이 모두 회개하는 것이다. 그렇게만 된다면 바울은 그들의 죄로 인해 슬퍼하는 것을 두려워하지 않고 고린도 교회를 방문할 수 있다.

이 말씀은 사역자들은 부모의 사랑으로 성도들을 사랑하라고 한다. 바울은 부모가 자식에게 모든 것을 베풀고 사랑하듯 고린도 성도들을 섬기고 사랑하고 싶어 한다. 우리도 이 같은 사랑으로 성도들을 보살피고 사랑해야 한다.

사역은 사역자들이 이득을 취하는 수단이 아니다. 그러므로 적당한 사례는 받되 과하다 싶은 사례는 받지 않는 것이 좋다. 사역은 하나님의 일이며, 하나님이 자기 일꾼들을 먹이고 입히실 것이다. 우리는 이러한 사실을 마음에 새기며 사역해야 한다. 필요하면 하나님은 '까마귀 떼'도 보내실 수 있다.

사역은 덕을 세우는 일이다. 바울은 신앙적으로 아직 성숙하지 않은 고린도 성도들을 배려하고 덕을 세우기 위해 모든 사례를 거부했다. 어떤 일에 대해 확신이 없으면, 그 일이 공동체에 덕이 되는지 생각해 보면 된다.

사역자와 성도 사이에도 깊은 교제와 이해가 필요하다. 고린도 성도들은 바울이 사례를 거부한 일을 오해해 사도가 그들을 사랑하지 않아서 사례를 받지 않았다고 생각한다. 만일 그들이 사도와 더 깊이 교제해 그의 마음을 헤아렸다면 이런 오해는 없었을 것이다. 같은 공동체에 속한 사람들은 영적 교제가 끊이지 않도록 계속 노력해야 한다.

사역자가 죄 지은 사람을 직접 대면하는 것은 쉽지 않다. 바울도 두려워하고 염려한다. 그러나 반드시 해야 할, 피할 수 없는 일이라면 사랑과 온유로 해야 한다. 많은 기도로 준비하고 만나야 한다.

VI. 사도직 변호(10:1–13:10)
D. 세 번째 방문을 위한 준비(12:14–13:10)

2. 하고자 하는 일들(13:1–10)

1 내가 이제 세 번째 너희에게 가리니 두세 증인의 입으로 말마다 확정하리라 2 내가 이미 말하였거니와 지금 떠나 있으나 두 번째 대면하였을 때와 같이 전에 죄 지은 자들과 그 남은 모든 사람에게 미리 말하노니 내가 다시 가면 용서하지 아니하리라 3 이는 그리스도께서 내 안에서 말씀하시는 증거를 너희가 구함이니 그는 너희에게 대하여 약하지 않고 도리어 너희 안에서 강하시니라 4 그리스도께서 약하심으로 십자가에 못 박히셨으나 하나님의 능력으로 살아 계시니 우리도 그 안에서 약하나 너희에게 대하여 하나님의 능력으로 그와 함께 살리라 5 너희는 믿음 안에 있는가 너희 자신을 시험하고 너희 자신을 확증하라 예수 그리스도께서 너희 안에 계신 줄을 너희가 스스로 알지 못하느냐 그렇지 않으면 너희는 버림 받은 자니라 6 우리가 버림 받은 자 되지 아니한 것을 너희가 알기를 내가 바라고 7 우리가 하나님께서 너희로 악을 조금도 행하지 않게 하시기를 구하노니 이는 우리가 옳은 자임을 나타내고자 함이 아니라 오직 우리는 버림 받은 자 같을지라도 너희는 선을 행하게 하고자 함이라 8 우리는 진리를 거슬러 아무 것도 할 수 없고 오직 진리를 위할 뿐이니 9 우리가 약할 때에 너희가 강한 것을 기뻐하고 또 이것을 위하여 구하니 곧 너희가 온전하게 되는 것이라 10 그러므로 내가 떠나 있을 때에 이렇게 쓰는 것은 대면할 때에 주께서 너희를 넘어뜨리려 하지 않고 세우려 하여 내게 주신 그 권한을 따라 엄하지 않게 하려 함이라

이미 바울이 여러 차례 언급한 것처럼 그는 곧 고린도를 세 번째 방문할 계획이다(cf. 1:15–23; 2:12–13; 7:5–7; 9:3–4; 12:14). 이번 방문을 통해 그를 비방하는 자들이 하는 말이 사실이 아님을 확실히 증명하고자 한다. 그들은 바울이 멀리 떨어진 곳에서 보낸 편지를 통해서는 강하지만, 직접 대면하면 유순하다고 한다(10:1–2). 이러한 주장이 사실이 아님을 보여 주기 위해서라도 그는 강경하게 행동할 것이다(13:2).

바울은 고린도에 도착하면 두세 증인의 입으로 말마다 확정하겠다고 한다(1절). 사도가 율법을 바탕으로 세운 원칙이다: "사람의 모든 악에 관하여 또한 모든 죄에 관하여는 한 증인으로만 정할 것이 아니요 두 증인의 입으로나 또는 세 증인의 입으로 그 사건을 확정할 것이며"(신 19:15). 누군가를 죄인으로 판결할 때 최소 두세 명의 증언이 필요한 것은 최대한 위증을 예방하기 위해서다(cf. 신 19:16-21). 로마와 그리스의 법에는 이런 제도가 없었다(Guthrie).

'확정하다'(ἵστημι)는 '정하다'(put, place, set)라는 뜻으로 이곳에서는 모든 혐의와 비난 등이 사실로 입증되어야 한다는 의미다. 바울이 고린도를 방문하면 거짓 선생들과 일부 성도가 바울에 대해 하는 말이 사실인지 증인들을 통해 확인할 것이다. 또한 거짓 선생들과 징계해야 할 성도들이 하는 말이 사실인지 혹은 거짓인지도 증인들을 통해 다퉈볼 생각이다(cf. 12:20-21). 그러므로 증인으로 설 사람들은 대부분 고린도 성도다(Garland, Welborn). 사도가 원래 방문 계획을 취소하고 대신 '눈물의 편지'를 보낸 것은 이런 질책(confrontation)을 피하고 싶었기 때문이다(cf. 1:23). 이제는 고린도에 있는 모든 사람을 대면할 때가 되었다. 더는 소극적이지 않고 적극적으로 나서서 그들을 징계할 계획이다(Guthrie).

바울이 지금은 고린도 교회에서 떠나 있지만, 두 번째 방문 때 죄 지은 자들을 대면해 회개를 권면했던 것처럼 이번 방문에서도 죄 지은 자들과 그 남은 모든 사람에게 회개를 권면할 것이며, 그들이 회개하지 않으면 용서하지 않을 생각이다(2절). '남은 모든 사람'(τοῖς λοιποῖς πᾶσιν)은 고린도 성도 중에 죄를 짓지는 않았지만 강력한 경고가 필요한 사람들이다(Harris). 옆에서 죄짓는 사람들을 방관한 자들이다. 바울은 죄인에게는 회개를 요구하고, 방관자에게는 앞으로는 형제들의 죄를 방관하지 않도록 경고할 것이다.

사도가 고린도를 찾아가 성도들을 대면하고자 하는 것은 그들 중에 일부가 그리스도께서 바울 안에서 말씀하시는 증거를 요구하기 때문이다(3a절). 바울이 그리스도의 사도라는 사실을 증명해 보이라고 한 것이다. 참으로 어이없는 요구다.

그리스도께서는 바울이 세운 고린도 교회 안에 강하게 역사하고 계신다(3b절). 만일 사도가 그리스도의 사도가 아니라면, 그리스도께서 그가 세운 교회 안에 강하게 역사하실 리 없다. 그러므로 그들이 바울의 사도직에 의문을 제기하는 것은 사도를 통해 전수받은 신앙의 정체성을 스스로 부인하는 행위라 할 수 있다. 그들은 분명 바울을 통해 신앙을 전수받았는데, 자신들만 그리스도 안에 있고 바울은 그렇지 않다고 하니 말이다.

그리스도는 약하심으로 십자가에 못 박히셨다(4a절). 그러나 그분은 하나님의 능력으로 부활해 살아 계신다(4b절). 바울도 그리스도 안에서는 약하다(4c절). 그러나 문제를 일으키고 있는 고린도 성도들과 거짓 선생들에게는 하나님의 능력으로 주와 함께 살 것이다(4d절, cf. NAS). 그는 이 사람들을 매우 강경하게 대할 것을 경고한다. 그들로 인해 고린도 교회의 건강이 위협받고 있기 때문이다. 일부 성도가 하나님의 참 사도와 관계를 단절하고, 오히려 거짓 사도들과 놀아나며 온 공동체를 오염시키고 있다.

일부 성도가 바울에게 참 사도임을 증명하라고 하는 것처럼, 사도는 고린도 성도들에게 그들이 믿음 안에 있다는 것이 사실인지 시험해 보고 확증하라고 한다(5a절). '확증하다'(δοκιμάζω)는 시험을 통해 증명하는 것을 뜻한다(BDAG). 만일 그들이 그리스도의 믿음 안에 있다면, 바울이 참 사도임을 깨닫게 될 것이다. 같은 믿음을 공유하는 자들은 영적으로 서로 교통하기 때문이다.

고린도 성도들이 믿음 안에 있다는 것은 예수 그리스도께서 그들 안에 계신다는 사실을 깨닫는 일로 확증할 수 있다(5b절). 만일 그리스도께서 그들 중에 계시지 않는다는 결론에 도달하면, 그들은 주님께 버림받은 자들이다(5c절). 모든 그리스도인 공동체에는 예수님이 함께하신다. 그러므로 그리스도가 없는 공동체는 기독교 공동체가 아니다.

바울은 같은 원칙을 적용해 고린도 성도들이 자신과 동역자들이 버림받은 자들이 아니라는 사실을 알게 되기를 바란다(6절). 그들이 사도의 선교 팀 안에 예수님이 함께하신다는 사실을 깨닫게 되면 바울이 참 사도라는 것도 인정하게 될 것이다. 믿음 안에 거하는 사람은 그리스도 안에 있고, 그리스도께서는 그 사람 안에 계신다.

사도는 하나님께 고린도 성도들이 악을 조금도 행하지 않게 해 달라고 기도한다(7a절). '악'(κακός)은 옳은 일에 반대되는 것이다(Guthrie, cf. 고전 10:6; 13:5; 15:33; 고후 13:7). 바울은 고린도 성도들이 행하는 악으로 자신이 옳다는 것을 드러내고자 하지 않는다(7b절). 그는 오직 고린도 성도들이 선을 행하며 살기를 바라는 마음으로 하나님께 그들이 악을 행하지 못하게 막아 달라고 기도한다(7d절). 이렇게만 될 수 있다면 자신은 하나님께 버림받은 자처럼 되어도 기뻐할 것이다(7c절). 부모의 마음이다.

바울은 진리를 거슬러 아무것도 할 수 없다(8a절). 그는 오직 진리를 위해 사랑하고 섬길 뿐이다(8b절). 그를 지배하는 하나님이 진리이시기 때문이다. 그러므로 사도는 자신이 약할 때에 고린도 성도들이 강한 것을 기뻐하고, 항상 그들이 믿음 안에서 온전하게 세워지기를 기도한다(9절). 그들의 영적 아버지의 간절한 바람이다.

사도는 이러한 바람을 담아 이 서신을 보내고 있다(10a절). 그는 고린도 성도들이 그들의 영적인 아버지의 심정을 이해하기를 바란다. 서로에 대한 신뢰가 있으면 바울의 세 번째 방문은 그들을 넘어뜨리는 것이 아니라 세우는 일이 될 것이다(10b절). 그들을 격려해 더 건강하고 온전한 공동체가 되게 하는 방문이 될 것이라는 뜻이다.

사도는 이번 방문에서 하나님이 그에게 주신 사도의 권한을 최대한 사용하지 않기를 희망한다(10c절). 권한을 행사하는 것은 죄인을 문책하는 것이고 회개하지 않는 자를 징계하는 일이다. 그러므로 징계당하는 자들도 아프지만, 권한을 행하는 이도 아프다. 최대한 권한을 행하지 않는 것이 서로에게 좋은 일이다. 바울은 그가 고린도에 도착하기 전에 교회가 스스로 이런 문제들을 해결하기를 바란다.

이 말씀은 언행에 반드시 책임을 져야 한다고 한다. 바울의 세 번째 고린도 방문이 회개하지 않는 죄인들에게는 참으로 수치스럽고 아픈 시간이 될 것이다. 자신의 말과 행동에 책임을 져야 할 것이기 때문이다. 그러므로 대면해서 얼굴을 붉히는 것보다 회개하고 용서를 구하는 것이 지혜다. 죄는 반드시 책임 소재가 가려져야 한다. 그대로 두면 공동체를 오염시키기 때문이다.

사역자의 마음은 성도들이 주님 안에서 선을 행하며 평안을 누리기를 바라는 것이다. 성도들의 온전한 믿음을 위해 사역자는 모든 헌신과 희생을 각오하며 섬기고 가르쳐야 한다. 그렇게 하기 위해서는 진리를 거슬러서는 아무것도 하지 않아야 하며, 오직 진리에 따라 사역해야 한다.

교회에 다닌다고 해서 자동적으로 그리스도인이 되는 것은 아니다. 일부 고린도 성도와 거짓 선생들은 참 사도인 바울을 공격하고 있다. 회개할 생각도 없다. 그들은 빛의 사자로 가장해 사기를 치는 마귀의 하수인이다.

우리는 항상 자신을 돌아보아야 한다. 우리도 믿음에 대해 착각할 수 있고, 하나님과의 관계에 대해 오해할 수 있기 때문이다. 항상 기도와 묵상으로 자신과 이웃의 관계도 돌아보아야 한다.

Ⅶ. 마무리 인사
(13:11–13)

[11] 마지막으로 말하노니 형제들아 기뻐하라 온전하게 되며 위로를 받으며 마음을 같이하며 평안할지어다 또 사랑과 평강의 하나님이 너희와 함께 계시리라 거룩하게 입맞춤으로 서로 문안하라 [12] 모든 성도가 너희에게 문안하느니라 [13] 주 예수 그리스도의 은혜와 하나님의 사랑과 성령의 교통하심이 너희 무리와 함께 있을지어다

'마지막으로'(λοιπόν)로 시작하는 마무리 인사는 신약의 다른 서신들처럼 여러 개의 짤막한 권면과 인사와 축복으로 구성되어 있다(Barnett, cf. 고전 16:19–24; 살전 5:16–28; 살후 3:16–18; 히 13:20–25; 벧전 5:12–14). 어떤 이들은 이 인사가 훗날 삽입된 것이라 하지만, 그렇게 볼 만한 근거는 없다(Garland).

바울은 다섯 개의 현재형 명령문(present imperative)으로 마지막 권면을 시작한다(11a절): (1)기뻐하라, (2)온전하게 되라, (3)위로를 받으라, (4)마음을 같이하라, (5)평안하라. 이 다섯 가지 중 처음 세 가지는 바울과 고린도 성도들의 관계에 대한 것이고, 나머지 두 가지는 고린도 성도들 사이에 맺은 관계에 대한 것이다(Hafemann).

유대에서 내려온 거짓 선생들로 인해 사도와 일부 고린도 성도의 관계가 적대적으로 변했거나 서먹서먹해졌다. 바울은 세 번째 방문을 통해 그들을 용서하고 화해하기를 원한다. 화해가 실현되면 그들은 다시 함께 그리스도의 기쁨을 나누고, 서로의 신앙을 더 온전하게 하고, 서로 위로하고 격려하는 관계가 될 것이다. 바울은 이런 날이 속히 오기를 기대하고 있다.

그동안 고린도 교회는 자체적으로 많은 파란과 분란을 겪었다. 거짓 선생들을 내보내고 그들에게 놀아나 교회를 어지럽힌 사람들을 징계하면 다시 마음을 같이하여 한 마음이 될 수 있을 것이다. 물론 시간이 걸릴 것이다. 서로 상처받고 나뉜 교회가 치료되어 하나가 되려면 많은 시간이 필요하다. 그때까지 서로 기다려 주어야 한다.

평안은 성도가 누릴 수 있는 가장 큰 축복에 속한다. 우리는 그리스도의 은혜로 말미암아 하나님과 평안하다. 또한 다른 성도와도 평안해야 한다. 안타깝게도 고린도 성도들 사이에 있던 평안이 거짓 선생들과 분란으로 인해 사라졌다. 이제 하나 됨으로 하나님이 주시는 평안을 다시 누려야 한다.

고린도 성도들이 바울과 함께 기뻐하고, 온전하게 되고, 위로하고, 자신들 사이에 마음을 같이하여 평안하게 되면, 사랑과 평강의 하나님이 그들과 함께 계실 것이다(11b절). 그들 중에 있는 하나님의 사랑과 평강이 그들의 신앙과 관계가 회복되었다는 것을 뜻한다. 하나님이 그들 중에 계시기 때문이다.

개역개정만 "거룩하게 입맞춤으로 서로 문안하라"(11c절)를 11절에 포함했다. 나머지 번역본들은 모두 이 문장을 다음 절인 12절의 일부로 구분한다(새번역, 공동, 아가페, ESV, NAS, NIV, NRS). '거룩한 입맞춤'(ἁγίῳ φιλήματι)은 보편화된 그리스도인들의 인사법이다(cf. 롬 16:16; 고전 16:20; 살전 5:26; 벧전 5:14). 그리스-로마 문화에는 이러한 인사법이 없었다. 그러므로 이 인사법은 순전히 그리스도인의 방식이다. 초대교회는 서로 다른 사회 계층 사람들이 하나 됨을 표현하고, 성별과 신앙과 국가와 민족의 분열을 초월하는 사랑의 따뜻함을 표현하는 의미에서 거룩한 입맞춤을 인사법으로 사용했다. 고린도 성도들에게는 더욱더 필요한 인사법이다.

사도는 모든 성도가 그와 함께 고린도 교회에 문안한다고 한다(12절). 이 세상에 고린도 성도들 외에도 수많은 성도가 있다는 사실은 혹독한 분란을 겪고, 온갖 윤리적 문제로 진통을 앓고 있으며, 엘리트 의식에 빠져 있는 고린도 교회를 겸손하게 하는 말씀이 되어야 한다. 고린도 교회는 하나님의 유일한 교회가 아니다. 고린도 교회 외에도 세상에는 수많은 그리스도의 교회가 있다. 그러므로 고린도 성도들은 자신의 언행이 다른 교회에 영향을 미칠 수 있다는 생각으로 신중하고 겸손하게 신앙생활을 해 나가야 한다.

바울은 오늘날 교회들이 예배를 마무리할 때 모델로 삼는 축도로 이 서신을 마무리한다(13절): "주 예수 그리스도의 은혜와 하나님의 사랑과 성령의 교통하심이 너희 무리와 함께 있을지어다." 바울 서신에서 유일하게 삼위일체적 구조를 지닌 축도다(Hafemann). '주 예수 그리스도의 은혜'(ἡ χάρις τοῦ κυρίου Ἰησοῦ Χριστοῦ), '하나님의 사랑'(ἡ ἀγάπη τοῦ θεοῦ), '성령의 교통하심'(ἡ κοινωνία τοῦ ἁγίου πνεύματος)은 모두 출처 소유격(genitive of source)을 지닌다. 사도가 빌어 주는 축복은 그리스도가 우리에게 베푸시는 은혜, 우리에 대한 하나님의 사랑, 성령이 우리에게 주시는 교통(친교)이다. 인간이 스스로 할 수 있는 것이 아니라 삼위일체 하나님이 주시는 것들이다.

또한 '그리스도의 은혜'라 해서 삼위 중 예수님만 우리에게 은혜를 베푸시고, '하나님의 사랑'이라 해서 삼위 중 하나님만 사랑을 베푸시는 것이라 할 필요가 없다. 바울은 고린도 서신에서 '하나님의 은혜'(고전 1:4), '그리스도의 사랑'(5:14), '예수 그리스도의 교통하심'(고전 1:9)이라는 표현을 사용한다. 그러므로 이 축도는 삼위일체 하나님의 은혜와 사랑과 교통하심을 함께 빌어 주는 것이다.

이 말씀은 우리의 믿음은 기쁨과 회복과 위로를 추구해야 한다고 한다. 서로의 관계가 서먹하면 이런 은혜를 누릴 수 없다. 그러므로 관계 회복에 힘쓰고 하나님이 주시는 은총을 누리며 신앙생활을 하도록 노력해야 한다. 같은 공동체에 속한 성도들이 한마음이 되어 평안을 누리는 것은 우리를 향한 하나님의 뜻이다. 우리가 노력하면 사랑과 평강의 하나님이 함께하실 것이다.

우리는 항상 세상에 있는 수많은 그리스도의 교회 중 하나라는 것을 기억하며 신앙생활을 해야 한다. 다른 교회와 다양하게 교류하는 것도 좋다. 또한 우리의 믿음이 나비효과를 발휘해 다른 교회에 영향을 미칠 수 있다는 사실을 인지하며 겸손히 섬기는 자세로 공동체 생활에 임해야 한다. 우리가 꿈꾸는 교회는 그리스도의 은혜와 하나님의 사랑과 성령의 교통하심이 넘치는 공동체 생활이 되어야 한다.